Ole Wittmann

TATTOOS IN DER KUNST

Materialität – Motive – Rezeption

Ole Wittmann

TATTOOS IN DER KUNST

Materialität
Motive
Rezeption

Reimer

Gedruckt mit freundlicher Unterstützung der Hamburger Stiftung zur Förderung von Wissenschaft und Kultur

Bibliografische Information der Deutschen Nationalbibliothek
Die Deutsche Nationalbibliothek verzeichnet diese Publikation in der Deutschen Nationalbibliografie; detaillierte bibliografische Daten sind im Internet über http://dnb.d-nb.de abrufbar.

Die vorliegende Arbeit wurde 2015 als Dissertation an der Universität Hamburg unter folgendem Titel eingereicht: *Der menschliche Körper als Bildträger für Tätowierungen. Studien zu den materialspezifischen Charakteristika des Tattoos und seiner Ikonografie unter besonderer Berücksichtigung einer Arbeit von Damien Hirst.*

Layout und Umschlaggestaltung: Alexander Burgold · Berlin
Umschlagabbildung: Foto: Pascal Bagot
Wim Delvoye, *Tim* (Tim Steiner), © VG Bild-Kunst, Bonn 2017

Papier: 115 g/m² Magno Volume
Schrift: Brandon Grotesk, Garamond

Druck: Beltz Bad Langensalza GmbH · Bad Langensalza

www.reimer-verlag.de

Printed in Germany
Gedruckt auf alterungsbeständigem Papier

ISBN 978-3-496-01569-7

Inhaltsverzeichnis

Dank

Die vorliegende Arbeit ist eine leicht überarbeitete Fassung meiner Dissertation, die im Juni 2015 an der Fakultät für Geisteswissenschaften/Kunstgeschichtliches Seminar der Universität Hamburg eingereicht wurde. Die Entstehung und Veröffentlichung dieser Arbeit verdanke ich einem Promotionsstipendium und einer Druckkostenübernahme der Hamburger Stiftung zur Förderung von Wissenschaft und Kultur.

Charlotte Schoell-Glass, Iris Wenderholm und Wolfgang Kemp – die die Betreuung und Begutachtung meiner Arbeit übernahmen – halfen mir mit wertvollen Anregungen und standen mir jederzeit mit gutem Rat zur Seite.

Viele Doktoranden des Seminars haben Teile der Arbeit mit mir diskutiert, wovon ich erheblich profitiert habe. Ihnen allen danke ich herzlich für den Austausch. Eine große Hilfe war die Unterstützung meiner Familie, der dieses Buch gewidmet ist.

Henstedt-Ulzburg, im Februar 2017

1 Die Tätowierung: vom Motiv zum künstlerischen Medium

Bis zur zweiten Hälfte des 20. Jahrhunderts erschien die Tätowierung in der Kunst ausschließlich als Attribut dargestellter Personen. Sei es auf der Tafel eines Altarretabels von Jörg Breu dem Älteren aus dem Jahr 1501, in Gottfried Lindauers Maori-Portraits aus dem 19. Jahrhundert oder in der Malerei der Neuen Sachlichkeit – Tattoos wurden aus unterschiedlichen Beweggründen als in die Haut eingebrachtes, körperliches Merkmal abgebildet, teilweise auch modifiziert oder erdacht.[1] In den 1970er Jahren änderte sich der Status der Tätowierung in der bildenden Kunst grundlegend. Zeitgleich mit einem Entwicklungsschub hinsichtlich der Qualität und Vielfalt der Arbeiten von Tätowierern wurde das Stechen von Tattoos im Rahmen der Performance Art als künstlerisches Verfahren entdeckt.[2] Damit bekam die ursprünglich ‚kunstferne' Praxis der Tätowierung – vornehmlich mit Funktionen im Kontext sozialwissenschaftlicher Bedeutungsfelder – die Möglichkeit, ‚eigenständige' Kunstwerke hervorzubringen.

Entsprechend existieren im Okzident seither zwei primäre Systeme, in denen Tattoos produziert werden: Zum einen gibt es die von Tätowierern geschaffenen Bilder, die auf Nachfrage von Kunden angefertigt werden. Hierbei handelt es sich um eine Dienstleistung, die in der Tradition des Kunsthandwerks steht. Allerdings streben es Tätowierer im Hinblick auf die Sozialversicherung immer wieder an, als Künstler definiert zu werden. Entsprechende Versuche, mittels einer gerichtlichen Klage in die Künstlersozialkasse aufgenommen zu werden, scheitern meist.[3] Diesbezüglich liefert eine Stellungnahme der Kunsthistorikerin Monika Wagner einen Einblick in die Frage, inwiefern es sich bei der Tätigkeit eines Tätowierers um eine künstlerische oder eine kunsthandwerkliche handelt.[4] Sie wurde bei einem entsprechenden Rechtsstreit als Sachverständige vom Sozialgericht Hamburg geladen.

Zum anderen kreieren bildende Künstler Tattoos, die im Rahmen kunstinstitutioneller Bedingungen realisiert werden.[5] Die Zwischenbereiche sind zunehmend komplex:[6] spätestens seit den 1960er Jahren gibt es Tätowierer, die an Kunsthochschulen studierten; seitdem sind immer mehr von ihnen künstlerisch ausgebildet, zunehmend entsprechen ihre Arbeiten den Konventionen der Kunstwelt.[7] Eine pauschale Unterscheidung zwischen Berufstätowierern und Künstlern, die sich des Mediums der Tätowierung bedienen, ist heute nicht mehr möglich und wenig adäquat.[8] Tattoo-Arbeiten müssen differenziert betrachtet werden, um im jeweiligen Einzelfall zu klären, innerhalb welchen Gegenstandsbereichs sie zu verorten sind. Hierbei ist die Frage, ob es sich bei einer Tätowierung überhaupt um ein ‚eigenständiges' Werk der bildenden Kunst handeln kann – wie aus dem einleitenden Absatz hervorgeht –, seit beinahe einem halben Jahrhundert obsolet. Im Sinne der Kunstgeschichte als Bildwissenschaft geht es in diesem Zusammenhang auch nicht um eine hierarchische Abgrenzung von *‚high and low'*. Vielmehr ist es von Bedeutung, die Vielschichtigkeit der zeitgenössischen Tätowierung als „bildstiftende Instanz" und Hervorbringer sowohl nicht-künstlerischer als auch künstlerischer Bilder und die damit einhergehenden Korrelationen zu berücksichtigen.[9] So gibt es, beispielsweise im Hinblick auf deren Produzenten und Entstehungskontexte, Arbeiten von graduierten Kunsthochschülern, die eine rein kunsthandwerkliche Ausrichtung haben und Kundennachfragen bedienen ebenso wie Werke von Berufstätowierern, die frei von einer Einflussnahme durch ihre menschlichen Träger gestochen werden und aufgrund ihrer künstlerischen Qualität in Museen oder Galerien gezeigt werden.[10] In diesem Zusammenhang spielt der Medientransfer eine zentrale Rolle, zumal Tätowierungen beispielsweise in Form von fotografischen Reproduktionen überhaupt erst dauerhaft ausstellbar werden, wenn auch das Stechen und Zeigen von Originalen im Galerie- oder Museumsraum gelegentlich praktiziert wird.[11] Ebenso von Bedeutung sind Gemälde, Zeichnungen oder Druckgrafiken, die es ermöglichen, das Schaffen von Tätowierern in diversen Medien in einem kunstinstitutionellen Ausstellungskontext zu präsentieren.[12] Die hier umrissenen Punkte bilden den Hintergrund für die im Folgenden definierten Fragen.

1.1 Untersuchungsgegenstand und Fragestellung

Die erhöhte Präsenz von Tattoos, sowohl in der bildenden Kunst als auch in der Populärkultur, hat zu deren neuer gesellschaftlicher und kunstwissenschaftlicher Relevanz geführt. Dennoch waren Tätowierungen in der kunsthistorischen Forschung bislang kein Gegenstand eingehender Analysen. Tattoos wurden bisher vor allem in engem Bezug zu deren Trägern – aus anthropologischer, soziologischer oder medizinischer Perspektive – untersucht. Hierbei standen psychologische Aspekte, symbolische Bedeutungen, Fragen der Zugehörigkeit und Identifikation oder der Stigmatisierung im Vordergrund. Selten wurden Tätowierungen als eigenständige Werke betrachtet, die Anwendung kunsthistorischer Methoden bei ihrer Untersuchung blieb weitgehend aus. Dabei können Tattoos in diesem Zusammenhang auch frei von psychologischen Motivationen ihrer Träger oder sozialwissenschaftlichen Kontexten, sondern vielmehr als ‚eigenständige' Kunstwerke analysiert werden.

Der Akt des Tätowierens ist ein Vorgang, bei dem Farbpigmente mittels Nadeln in die Haut eines lebenden Bildträgers eingebracht werden. Im Rahmen der Werkgenese ist es Aufgabe des Tätowierenden, die materialspezifischen Eigenheiten des Körpers zu berücksichtigen. Hierbei ist dessen Beschaffenheit in vielerlei Hinsicht maßgeblich und ebenso einschränkend. Anders als konventionelle Medien ist die Haut ein lebendiges Organ – ein Bildträger, der sich grundlegend von den üblicherweise in Malerei, Grafik oder Zeichnung verwendeten unterscheidet. Eine Studie, die eine ausführliche Auseinandersetzung mit dem Material Haut und dem menschlichen Körper als Bildträger für Tattoos liefert, liegt bisher nicht vor. Daher wird sich die vorliegende Arbeit unter anderem mit der Frage befassen, inwiefern die gattungsspezifischen Eigenschaften der Tätowierung einen Einfluss auf die Möglichkeiten der künstlerischen Produktion haben. Hierzu werden mediale Charakteristika des Tattoos und seines Trägermaterials, auch in Bezug auf seine Ikonografie, herausgearbeitet.

In der sogenannten Hochkunst spielen die Interdependenzen zwischen dem lebendigen menschlichen Körper, der Haut und der Tätowierung seit dem Aufkommen der Performance- und Aktionskunst eine Rolle. In dieser Zeit wurden konventionelle Medien abgelehnt und traditionelle Werk- und Gattungsbegriffe negiert. Der statische Kunstbegriff wurde kritisch hinterfragt und damit das Verständnis der Beziehung von Künstler, Kunstwerk und Betrachter. Auf der Suche nach neuartigen Ausdrucksformen und im Zuge des Strebens nach einer Auflösung der Trennung von Kunst und Leben wurde der Körper des Künstlers selbst Medium und Kunstwerk zugleich.[13] In der Body Art setzten Künstler häufig ihre nackten Körper im Rahmen von Selbstbemalungs- und Selbstverletzungsaktionen ein, in denen die Haut Material und Austragungsort der künstlerischen Aktion war.[14] Hatte beispielsweise Yves Klein bei seinen *Anthropometrien* um das Jahr 1960 noch Modelle – und wenige Male sich selbst – mit blauer Farbe bemalt und Abdrücke mit ihren Körpern auf Leinwänden gemacht, bearbeiteten Künstler nun nicht mehr ein ihnen gegenüberstehendes Material wie einen Bildträger aus Gewebe oder Papier; stattdessen bezogen sie sich auf ihren eigenen Körper.[15]

Die Performance-Kunst hat künstlerische Handlungsspielräume erweitert. Die damit einhergehende Nutzung des Körpers als form- und veränderbares Material ermöglichte es, die Tätowierung als Medium für die bildende Kunst zu entdecken.[16] Schließlich ergaben sich aus diesen neuartigen Handlungsweisen ein neues Verständnis und eine neue Gebrauchspraxis von künstlerischen Materialien. Diese zeichnen sich durch grundverschiedene Eigenschaften aus: Ein konventionelles Kunstwerk, wie eine Marmorskulptur oder ein Gemälde auf Leinwand, ist hinsichtlich seiner Materialität eher statisch und nur langsamen Veränderungen durch Alterungsprozesse unterworfen. In der Regel überdauert es die Lebensspanne eines Menschen. Der Performance hingegen liegt eine unwiederholbare Ereignishaftigkeit zu Grunde. Sie ist von kurzer Dauer und ihre Ephemerität löst sowohl die Grenzen zwischen Produktion und Rezeption als auch die des Kunstwerks auf. Obwohl Aktionen dokumentiert werden, überwiegt der Aufführungscharakter gegenüber dem Artefaktcharakter.[17] Eine der wesentlichen Eigenschaften der Performance-Kunst ist also ihre Vergänglichkeit, da das eigentliche Artefakt, beispielsweise ein bemalter Körper, die Aktion nicht überdauert. Allenfalls bleiben Fotografien, Filmaufnahmen oder Gegenstände, die Bestandteil einer Performance waren, erhalten. Bei Aktionen, in denen Tätowierungen involviert sind, muss der Aspekt der Ephemerität differenzierter betrachtet werden: Durch den Tätowierprozess wird ein permanentes Hautbild geschaffen; ein Kunstwerk, das – sofern es nicht konserviert wird – bis zum Tod seines Trägers erhalten bleibt. Gewissermaßen wird ein Aktions-Kunstwerk durch eine Tätowierung materialisiert, das Einbringen von Farbe in die Haut macht das Tattoo zum Bild und den Körper zum Bildträger. Zwar unterliegt die Lebensdauer einer solchen Arbeit ebenfalls der Endlichkeit, doch bewirkt der Tätowiervorgang eine dauerhafte Präsenz des originären Werkes. Somit kann eine derartige Arbeit nicht nur in Form von fotografischer oder filmischer Dokumentation rezipiert werden, sondern bietet zudem die Möglichkeit, das Tattoo als genuines Artefakt wahrzunehmen. Hierdurch bekommt eine Tätowier-Performance eine zusätzliche Qualität hinsichtlich ihrer Betrachtungsoptionen, was ihre Nachhaltigkeit erhöht.

Die Möglichkeiten der Rezeption bleiben jedoch eingeschränkt, da eine Tätowierung auf einem lebendigen, menschlichen Körper nicht dauerhaft in einem kunstinstitutionellen Rahmen ausgestellt werden kann.[18] Tattoos eignen sich somit nicht als konventionelle museale Exponate und die Tätowierkunst kann nicht im Kontext der gängigen Ausstellungspraxis gezeigt, betrachtet und verstanden werden.[19] Die Rezeptionssituation von Tätowierungen ist meist offen; der Betrachter nimmt sie üblicherweise unvorbereitet, en passant im öffentlichen Raum und ohne den „psychologischen Halt" eines Galerie- oder Museumsraumes wahr.[20] Gegenstand der vorliegenden Arbeit ist somit auch die Frage, welchen Rezeptionsmechanismen und Zugangsbedingungen Tätowierungen unterliegen. Hierbei ist auch die grundlegende Besonderheit eines Tattoos, dass der menschliche Körper ihm als Bildträger dient, entscheidend für seine Wahrnehmung. Im Unterschied zu gängigen Trägermaterialien, wie einem Blatt Papier oder einer Leinwand, ordnet sich ein lebendiger Körper einem Bildmotiv weniger unter, sondern wird zugleich eigenständig rezipiert. Hiermit wird eine gewohnte Wahrnehmungssituation von Kunst durchbrochen, was zu einer ablehnenden Haltung seitens der Betrachter führen kann.[21] Ein tätowierter Körper entspricht nicht der Vorstellung seiner idealen Unversehrtheit, was bei Rezipienten eine Empfindung der Abneigung oder gar des Ekels evozieren kann.[22] Entscheidend ist auch, dass eine Tätowierung eine ungewöhnliche Beziehung zwischen Bild und Körper herstellt, da hier der Körper selbst Bild wird. Hier tritt das tätowierte Bild in einen Konflikt mit seiner eigenen Materialität. Die traditionelle Distanz von Körper und Bild wird aufgehoben und der Blick des Betrachters richtet sich zwangsläufig mit auf den Körper.[23]

Auch wenn Tätowierungen nicht an eine statische Ausstellungssituation gebunden sind, haben sie einen lokalen Kontext, einen konkreten Bestimmungsort: den Körper des Trägers. Bei ihrer Umsetzung sind Größe, Platzierung und Form die wesentlichen kompositionellen Aspekte. In der bisherigen Forschung sind entweder die tätowierte Person oder das Tattoo Gegenstand der Betrachtung. Daher sollen in der vorliegenden Arbeit beide Faktoren in Bezug zueinander gesetzt werden. Es wird der Versuch unternommen, die Korrelationen vom Körper des Trägers, dem darin eingebrachten Tattoo, dessen Motiv und seiner Ikonologie zu beleuchten. Um diesen neuartigen Ansatz eingehend zu exemplifizieren, liegt ein Schwerpunkt der Untersuchung auf dem von Damien Hirst konzipierten Werk *butterfly, divided* (Abb. 1), einem auf einer Vulva platzierten Tattoo mit dem Motiv eines Schmetterlings. Die Arbeit wurde im Rahmen der Einführung des *Garage Magazine* konzipiert, von dem Tätowierer Mo Coppoletta auf der Trägerin Shauna Taylor umgesetzt und in Form einer Fotografie von Hedi Slimane auf dem Cover und im Innenteil der von Mike Meiré gestalteten Zeitschrift publiziert. Einer Untersuchung dieses Werkes bedarf es nicht nur, weil es bisher nicht eingehend besprochen wurde. An ihm lassen sich auch die entwickelten Fragestellungen exemplarisch beantworten.

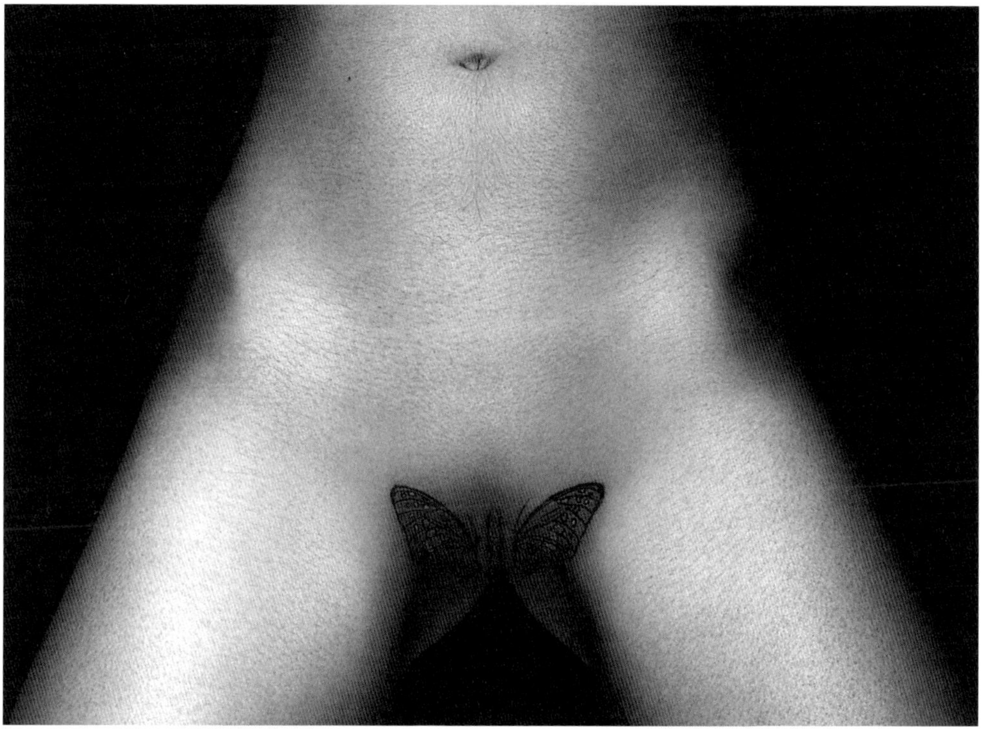

Abb. 1 Damien Hirst/Hedi Slimane, *butterfly, divided*, 2011, Tätowierung/Fotografie.

Das Motiv des Falters ist sowohl ein immer wiederkehrendes Sujet bei Hirst als auch eines der gängigsten Tattoo-Motive überhaupt.[24] In der westlichen Tätowierung ist es, vor allem seit dem ausgehenden 19. Jahrhundert, vielfach nachweisbar. Es taucht in unterschiedlichen Kontexten mit verschiedenen Sinngehalten auf, die teilweise auch in Verbindung zur topografischen Platzierung des Motivs auf dem Körper stehen. Für die vorliegende Arbeit ist es daher notwendig, die Motivgeschichte des Schmetterlings in der Tätowierung zu ergründen und die Verbreitung des Motivs zu analysieren. Dies wird zeigen, dass bisherige Deutungen zum Teil unzureichend und wenig reflektiert sind. Um Hirsts Tattoo-Arbeit – die sich ja ebendieser *lowbrow*-Kultur bedient – umfassend analysieren und einordnen zu können, muss die Ikonologie des Schmetterlings in der Geschichte der Tätowierung daher ebenso betrachtet werden wie die Bedeutung des Motivs im Œuvre von Hirst. Diesem Ansatz liegt die Auffassung zu Grunde, dass ein angemessener Zugang zu einem Werk nur erfolgen kann, wenn auch dessen historische Prägung Gegenstand der Analyse ist.[25]

Ferner wird ein Fokus auf der Untersuchung der spezifischen Eigenheiten des Körpers als Bildträger im Hinblick auf die Wechselbeziehungen vom Motiv, seiner Komposition und den Möglichkeiten der Präsentation liegen. Hirst bedient sich einer kompositionellen Metamorphose von einer Tätowierung und ihrer Trägerin, um Zweiteilung, Symmetrie und die Antipoden von Leben, Schönheit, Vergänglichkeit und Tod zu thematisieren. Hierbei handelt es sich um Inhalte, die sein Werk seit Jahrzehnten dominieren. Tote und lebendige Schmetterlinge verwendet Hirst seit etwa 1990 als künstlerisches Material, ihre Darstellung in seiner Malerei und Druckgrafik ist hingegen vergleichsweise jung. Bei *butterfly, divided* handelt es sich somit um die Übersetzung eines häufig bearbeiteten Themas in das Medium der Tätowierung. Dies bietet die Gelegenheit, ihre materialimmanenten Spezifika und Unterschiede im Vergleich zu bisher von Hirst verwendeten Medien herauszuarbeiten.

Die leitenden Fragestellungen der vorliegenden Arbeit sind somit folgende: Welche materialspezifischen Eigenheiten zeichnen den menschlichen Körper als Bildträger für Tätowierungen aus? In welcher Form, Ausprägung und Häufigkeit tritt der Schmetterling in der Tätowierung seit dem ausgehenden 19. Jahrhundert auf und welche Rolle spielen interkulturelle Austauschprozesse hierbei? Insbesondere am Beispiel Hirst kann danach gefragt werden, in welchem Zusammenhang die Platzierung von Tattoos mit deren Ikonografie und ikonologischer Bedeutung steht. Wie lässt sich die Arbeit *butterfly, divided* in Hirsts Gesamtwerk verorten und welche Intention liegt ihr zu Grunde? Ferner wird die Frage aufgeworfen, ob das Motiv des Schmetterlings auf einer Vulva Wurzeln in der Geschichte der Tätowierung hat und worauf die Arbeit und deren Präsentation im *Garage Magazine* im Hinblick auf die Kunstgeschichte rekurrieren. Wie ist der Entstehungskontext der Arbeit und welche Funktion kommt den zahlreichen Beteiligten zu? Schlussendlich stellt sich die Frage, welche Auswirkungen der gewählte Veröffentlichungsmodus auf die Rezeption des Werkes hat.

1.2 Vorgehensweise und Methoden

In den vorangehenden Ausführungen wurde bereits angedeutet, dass das Medium der Tätowierung bisher kaum Gegenstand kunsthistorischer Analysen war. Eine Darlegung des Forschungsstandes wird zeigen, dass sich Untersuchungen zunächst mit der Legitimierung und später mit dem Stellenwert innerhalb der bildenden Kunst beschäftigt haben. Ein aktueller Beitrag untersucht die Tätowierung unter Berücksichtigung bildanthropologischer Erkenntnisse, bei einem weiteren handelt es sich um eine differenzierte ikonografische Studie, die das emotive Potential von Tattoos in das Zentrum der Betrachtung stellt.[26] Gegenstand der vorliegenden Untersuchung ist der menschliche Körper als Bildträger für Tätowierungen mit einem Fokus auf deren materialspezifischen Charakteristika. Ebenso soll herausgearbeitet werden, in welcher Verbindung die ikonologische Bedeutung eines Tattoo-Motivs mit dessen Komposition respektive Platzierung auf dem Körper stehen kann. Hierbei ist die grundsätzliche Besonderheit von Tätowierungen zu bedenken, die darin besteht, dass einem Motiv eine subjektive Bedeutung durch den Träger zugeschrieben werden kann, sie somit von gebräuchlichen ikonografischen Zuschreibungen abzuweichen vermag. Daher sollen Erkenntnisse aus der Motivgeschichte in Bezug zu Hirsts Arbeit gesetzt werden. In diesem Zuge können Unterschiede zwischen der Bedeutung der Ikonografie in der Tätowierung und der bildenden Kunst aufgezeigt werden. Die Einzelbetrachtung des Schmetterling-Motivs ist von Relevanz, da bisher kaum eingehende ikonologische Untersuchungen von Tattoo-Motiven vorliegen, geschweige denn von deren Verwendung in der sogenannten Hochkunst.

Um den Gebrauch des Mediums der Tätowierung und seine Rezeption in der Kunst zu erfassen, ist eine interdisziplinäre Darstellung des Forschungsstandes erforderlich. Zum einen, weil kunsthistorische Untersuchungen erst seit den 1980er Jahren vorliegen und die europäische Tätowierung bis dahin ausschließlich Gegenstand anderer Fachbereiche wie der Medizin, der Kriminalanthropologie, der Volkskunde und später der Soziologie war. Zum anderen steht die Rezeption der Tätowierung seit dem 18. Jahrhundert bis zur Zeit des Nationalsozialismus in engem Zusammenhang mit ihrer Verortung im Kunstsystem und ihrem Gebrauch als künstlerisches Medium. Nachdem in einem Kapitel die kunsthistorische Forschung dargestellt wird, widmet sich ein Abschnitt der Verwendung des Mediums in der Kunst seit 1970. Dies soll Aufschluss darüber geben, wie Hirsts *butterfly, divided* im Kontext dieser Werke zu verorten ist.

Anschließend werden organische Eigenschaften des menschlichen Körpers respektive der Haut betrachtet, die bei der Herstellung von Tätowierungen berücksichtigt werden müssen. Hierbei ist relevant, welchen Einfluss diese auf die Möglichkeiten der künstlerischen und nicht-künstlerischen Produktion von Tattoos haben. Ein besonderes Augenmerk soll auf dem mit der Alterung einhergehenden Spezifikum der Unschärfe von Tätowierungen liegen, da es im Hinblick auf deren Gestaltung von wesentlicher Bedeutung ist.

Im dritten Kapitel ist die physiognomische Beschaffenheit des Körpers Gegenstand der Untersuchung, zumal er maßgeblich für die Komposition von Tätowierungen ist und deren Platzierung an einer bestimmten Körperstelle mit ihrem Sinngehalt korrelieren kann. Hinsichtlich der Kompositionsstrategien werden Aspekte der japanischen Tätowierung aufgegriffen, um klären zu können, in welche Tattoo-Tradition Hirsts Arbeit einzuordnen ist. Weiter spielen humoristische und illusionistische Ansätze eine Rolle, bei denen anatomische Gegebenheiten des Körpers wesentlicher Bestandteil der Gestaltung sind.

Das umfangreiche vierte Kapitel fächert die Komplexität von Schmetterlingsdarstellungen in der Tätowierung en détail auf. Diese Darlegung der Motivgeschichte ist erforderlich, um Hirsts Arbeit in diesem Kontext deuten zu können. Um die Verbreitung des Motivs zu untersuchen, werden Veröffentlichungen aus den oben erwähnten Fachbereichen und verschiedenste tattoospezifische Publikationen, seien es Biografien, Bildbände, Magazine oder Zeitungsartikel, analysiert. In diesem Zuge soll auch überprüft werden, inwiefern das Motiv des Schmetterlings als ein geschlechtsspezifisches bezeichnet werden kann, das – angeblich – insbesondere von weiblichen Trägern gewählt wird. Behandelt wird in diesem Abschnitt auch Christian Schads Portrait des Reporters Egon Erwin Kisch, da die in das Gemälde integrierte Schmetterlingsdarstellung – ein auf dem Griff eines Schwertes, das den abgeschlagenen Kopf eines Asiaten durchbohrt, sitzender Falter – in Form einer Tätowierung von der bisherigen Forschung nicht besprochen wurde. Zudem wird geklärt, inwiefern die tatsächliche Ikonografie des Motivs von Kischs eigener Darstellung abweicht. Bevor auf das Motiv unter dem Aspekt des interkulturellen Austausches und unter Berücksichtigung des Japonismus eingegangen wird, wird anhand historischer Fotografien gezeigt, dass der Schmetterling als Genitaltätowierung durchaus eine Tradition innerhalb der Tattoo-Kultur hat. Anschließend wird das Vorkommen des Falters in der ostasiatischen Tätowierpraxis behandelt, um daraufhin auf die Adaption der japanischen Tätowierung durch westliche Tätowierer einzugehen, wodurch der heutige Stilpluralismus unter anderem zu begründen ist.

Auf die Untersuchungen zur Motivgeschichte des Schmetterlings folgt die ausführliche Besprechung von *butterfly, divided*. Hierbei wird demonstriert, wie der Sinngehalt des Tattoos durch die Wahl einer bestimmten Tierart und die Platzierung auf dem Körper der Trägerin bestimmt wird. Entscheidend ist auch die Darlegung des Entstehungskontextes der Arbeit, um zu klären, welche Funktion den an der Umsetzung Beteiligten zukommt. Gewöhnlich obliegt die Herstellung eines Kunstwerkes dem Künstler; hier waren von der Konzeption bis zur Publikation neben Hirst ein Tätowierer, ein Fotograf, ein Art Director, eine Kuratorin und nicht zuletzt die Trägerin involviert.

Anschließend wird *butterfly, divided* im Kontext von Hirsts Gesamtwerk betrachtet, wobei der Schwerpunkt auf seinem Gebrauch des Schmetterlings als Material und Motiv liegt. Hierbei bietet sich die Möglichkeit, die medienspezifischen Besonderheiten des Falter-Tattoos im Vergleich zu zuvor verwendeten Medien herauszuarbeiten. Diskutiert werden die intentionale Mehrdeutigkeit und die verschiedenen Lesarten, die Hirsts Arbeit erlaubt. Sie stützen sich auf die christliche Ikonografie, antike Mythen – die in den gestaltverändernden Eigenschaften des Schmetterlings begründet sind – und nicht zuletzt auf die Ästhetik der fotografischen Darstellung des Werkes durch Hedi Slimane. Abschließend wird der Zusammenhang zwischen Hirsts Vermarktungsstrategien und seiner Tattoo-Arbeit betrachtet, wobei das Phänomen der ‚Young British Artists' von Bedeutung ist.

Was die kunsthistorischen Methoden anbelangt, erfordert das Vorgehen einen pluralistischen Ansatz, da die zu klärenden Fragen in unterschiedliche Forschungsbereiche fallen. Neben der Ikonologie, auf deren Relevanz bereits eingegangen wurde, liefern Studien zur Materialästhetik wesentliche theoretische Überlegungen. Die spezifischen Eigenschaften und Funktionen der Haut und des Körpers als Material werden, wie bereits kurz bei der Darstellung des Untersuchungsgegenstandes ausgeführt, seit den 1970er Jahren im Rahmen der Body Art von Künstlern thematisiert. In der Studie *Das Material der Kunst* untersucht Monika Wagner ebendiese neuartigen Verwendungsweisen und Bedeutungen von Materialien in der Kunst des 20. Jahrhunderts.[27] Sie lenkt den Blick auf den stofflichen Charakter von Kunstwerken und versteht das Material nicht bloß als technische Voraussetzung, sondern als Ausdrucksmittel und Inhalt.

Der Ansatz, Werke zu untersuchen, die nicht in den Bereich der ‚Hochkunst' fallen, ist in der Bildwissenschaft begründet.[28] Ihr Gegenstandsbereich ist nicht eingeschränkt und schließt Bildzeugnisse jeglicher Art in die kunsthistorische Praxis ein. Diese Herangehensweise und der erweiterte Bild-Begriff erweisen sich für das Vorhaben deshalb als relevant, da sich die Tätowierung im Spannungsfeld zwischen *‚high and low'*, Kunst und Kunsthandwerk, ‚Hochkunst' und Populärkultur bewegt.[29] In diesem Zusammenhang sind die Transformation eines Bildes in ein Tattoo in technisch-medialer Hinsicht und die damit einhergehende Bedeutungs- und Wahrnehmungsverschiebung zu betrachten.

Wie bereits erläutert, kommt der Rezeption der Tätowierung eine herausgehobene Bedeutung zu. Im Forschungsgebiet der Rezeptionsästhetik werden die institutionalisierten

Gebrauchsformen von Artefakten und die historischen – oft architektonisch manifestierten – Konventionen, in denen Werk und Betrachter aufeinandertreffen, untersucht. Von Interesse sind hier die Veränderungsprozesse, die einsetzen, sobald ein Werk in neue Kontexte überführt wird.[30] Dieser Aspekt ist von besonderer Relevanz, da die Tätowierung seit etwa drei Jahrzehnten einen derartigen Prozess in Form einer Musealisierung erfährt. Die diesbezüglichen Ausführungen in den folgenden Kapiteln zum Forschungsstand fallen laut Definition von Wolfgang Kemp in den Bereich der „Geschichte des Geschmacks".[31] Hierbei handele es sich um ein Gebiet der Rezeptionsforschung, welches die „faktische Rezeption von Kunstwerken" durch die Sammeltätigkeit oder den Kunsthandel untersuche. Weiterhin finde hier eine Auseinandersetzung mit der Präsentation und Vermittlung von Kunstwerken statt sowie eine Untersuchung „des institutionalisierenden Verhaltens vor Kunstwerken". Im Unterschied zur eigentlichen Rezeptionsästhetik, die werkorientiert arbeite und auf der Suche nach dem „implizierten Betrachter", nach der Betrachterfunktion im Werk sei, gelte das Interesse der Betrachterforschung realen Personen. Neben deren Rezeption könne sie die Einwirkung der Kunstinstitutionen auf das ästhetische Verhalten der Rezipienten untersuchen.

1.3 Forschungsstand

Aus dem obigen Abschnitt geht hervor, dass die Auseinandersetzung mit der Tätowierung und ihren Bilderzeugnissen im Rahmen der vorliegenden Arbeit eine interdisziplinäre Vorgehensweise erfordert. Das verlangt auch die Darstellung der Forschungslage. Bevor auf kunsthistorische Beiträge eingegangen wird, soll daher im Folgenden die Tätowierung als Gegenstand anderer Fachbereiche besprochen werden. Die Berücksichtigung anderer Disziplinen ist notwendig, da eine Untersuchung der Motivgeschichte und Ikonografie von Tattoo-Motiven eine eingehende Analyse insbesondere volkskundlicher Forschungsliteratur voraussetzt – zumal die Tätowierung erst ab den 1980er Jahren Gegenstand kunsthistorischer Untersuchungen ist und bis heute äußerst wenige Beiträge aus kunstgeschichtlicher Perspektive vorliegen.

Im folgenden Überblick wird ebenso auf Aspekte der Geschichte der europäischen Tätowierung und ihrer Rezeption seit dem 18. Jahrhundert eingegangen, da diese maßgeblich mit ihrer wissenschaftlichen Erforschung verknüpft sind. Hierbei soll keine umfassende Darstellung der Rezeption in Literatur und Wissenschaft erfolgen, zumal hierzu bereits eingehende Studien vorliegen.[32] Vielmehr soll der Versuch unternommen werden aufzuzeigen, inwiefern die Forschung anderer Fachbereiche und die Rezeption von Tätowierungen eine Beschäftigung mit ihnen in der Kunstgeschichte beeinflusst haben mag. Hierbei sind Stigmatisierungs- ebenso wie Legitimierungsprozesse von Bedeutung im Hinblick auf die Anwendung des Kunstbegriffs auf Tätowierungen, also ihre Definition als ‚Kunst' außerhalb des institutionellen Kunstsystems. Entsprechend soll der folgende Teil als theoretische Grundlegung dienen.

1.3.1 Wissenschaftliche Forschung und Rezeption

Im 19. Jahrhundert lieferte insbesondere die kriminalanthropologische Forschung einen entscheidenden Beitrag zur wissenschaftlichen Auseinandersetzung mit der Tätowierung.[33] Gerichtsmediziner und Kriminologen veröffentlichten Studien, in denen einzelne Tattoo-Motive sowie die Umstände und Motivationen zu deren Erwerb dokumentiert wurden. In der ersten Hälfte des 19. Jahrhunderts wurden Tätowierungen noch als Exotismus von Bürgern der unteren Gesellschaftsschichten bewertet. Man war der Ansicht, das Tätowierbrauchtum sei im 18. Jahrhundert von Seeleuten aus der Südsee importiert worden und so an Soldaten und Arbeiter in Europa gelangt. Der Mythos, die europäische Tätowierung sei durch den Kontakt von James Cooks Schiffsbesatzung zu indigenen Völkern entstanden oder neu belebt worden, hält sich teilweise bis heute, so Anna Friedman.[34] Tatsächlich gibt es unzählige – vorwiegend schriftliche – Belege der Tätowierung in Europa vor Cook.[35] Die ältesten Tätowierungen befinden sich auf der Gletschermumie ‚Ötzi', die im Jahr 1991 in der Nähe des Hauslabjochs in Südtirol geborgen wurde.[36] Der Todeszeitpunkt wurde mit Hilfe der Radiokarbonmethode auf circa 3250 v. Chr. datiert.[37] Bei den Markierungen handelt es sich um Strichbündel und kreuzförmige Zeichen, die aus therapeutischen Gründen in die Haut eingebracht wurden und schmerzlindernd wirken sollten.[38] Ferner sind Tätowierungen in der Antike schriftlich dokumentiert.[39] Die bereits in der Einleitung erwähnte *Dornenkrönung* (Abb. 2) Jörg Breus des Älteren aus dem Jahr 1501 zeigt, als äußerst frühe bildliche Darstellung in der Malerei, eine stark tätowierte Bleckerfigur.[40] In einem Reisebericht beschreibt der Hamburger Otto von der Gröben seine zahlreichen Pilger-Tätowierungen aus der Mitte des 17. Jahrhunderts.[41] Abbildungen der im Jahre 1669 tätowierten Arme (Abb. 3) eines Jerusalem-Pilgers namens Ratge Stubbe dokumentieren die zu der Zeit verbreitete Tätowierpraxis ebenso.[42]

Die Auseinandersetzung mit der Tätowierung im Kontext der Entdeckungsreisen führte bereits im 19. Jahrhundert zu einer Beschäftigung der Anthropologie und Ethnologie mit dem Phänomen. Jonas Nesselhauf verweist darauf, dass die kulturelle Praxis der Tätowierung in einer literatursoziologischen Dimension den Umgang mit dem eigenen und fremden Körper nachzeichnen und Unterschiede im Körperverhältnis der jeweiligen Kultur und Zeit sowie diachrone Entwicklungen über die Jahrhunderte aufzeigen würde. Tattoos, so wird in seinem Aufsatz zur Literaturgeschichte der Tätowierung argumentiert, „schwanken in ihrer literarischen Darstellung zwischen den Polen des Eigenen, Fremden und des Zeichens selbst, oszillieren also zwischen Identität, Alterität und Materialität."[43] Reich Tätowierte wurden auf Jahrmärkten zur Schau gestellt. Die Fremdheitserfahrung habe ihren konjunkturellen Niederschlag in Reiseberichten und Abenteuergeschichten der Zeit gefunden, schwanke dabei aber in der jeweiligen Bewertung zwischen ästhetischem Kunstwerk und primitivem Kultus. Wie bei kaum einer anderen kulturellen Praxis ließen sich am Beispiel der Tätowierung Unterschiede im Körperverständnis aufzeigen: Sei der Leib in der christlichen Tradition zunächst unantastbar, seine ‚Entweihung' durch dauerhafte Bemalungen nicht gestattet, hätten ab dem Hochmittelalter ausgerechnet Tätowierstuben in Pilgerstätten zu deren Verbreitung und Anerkennung beigetragen. Tätowierungen würden somit je nach Ansicht zwischen

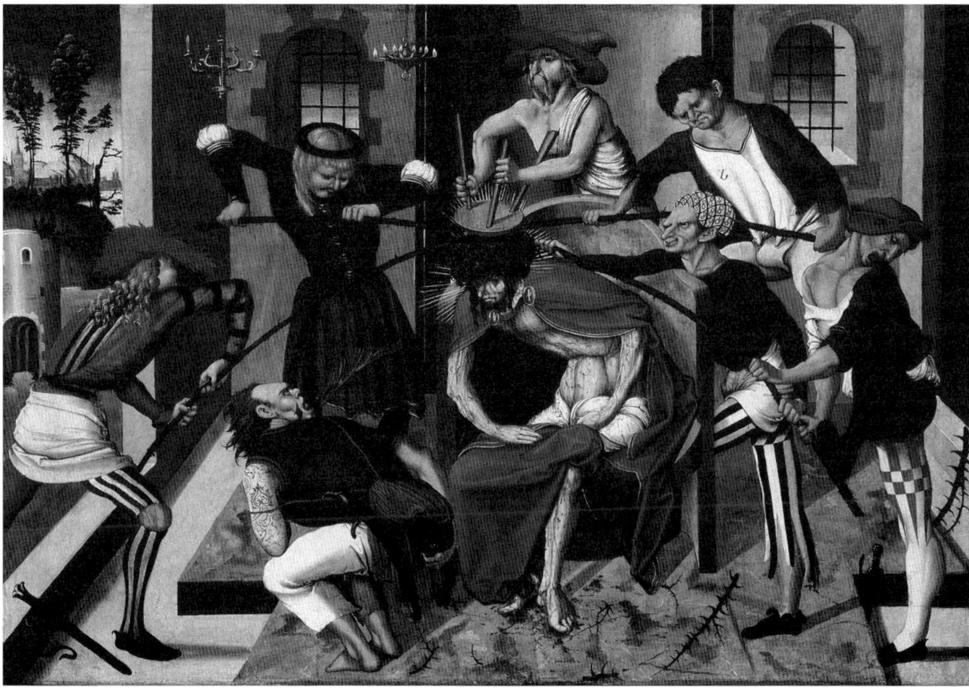

Abb. 2 Jörg Breu d. Ä., *Dornenkrönung* (Aggsbacher Altar), 1501, Öl auf Holz, 86,5 × 126,5 cm, Stift Herzogenburg.

primitiver Bemalung und ästhetischer Kultivierung des Körpers schwanken, seien dadurch immer Marker einer Fremdheitserfahrung, welche die Gruppenzugehörigkeit festlege.[44]

Einen Beleg hinsichtlich der hohen Verbreitung, Sichtbarkeit und Rezeption von Tätowierungen im 19. Jahrhundert liefert Wilhelm Joests Beitrag *Tätowiren, Narbenzeichnen und Körperbemalen* aus dem Jahr 1887. Er berichtet, dass die Verbreitung dieses Brauchs ein viel bedeutenderer sei, als im Allgemeinen angenommen werde. Abgesehen von Marine und Armee, von Reisenden und Seeleuten fänden sich auch unter der – keinerlei fremdem Einfluss ausgesetzten – binnenländischen deutschen Bevölkerung zahlreiche Freunde und Anhänger des Tätowierens. Wer sich die Mühe mache, darauf zu achten, so Joest, werde überrascht sein über die Häufigkeit, mit der ihm die Tätowierung in öffentlichen Bädern oder auch tagtäglich auf der Straße entgegentrete.[45] Ihre Verbreitung bei verschiedensten Trägern mit unterschiedlichen Motivationen zur Tätowierung illustriert Joest wie folgt:

> „[…] zumal Schlächter und Küfer sind es, die, vielleicht als Ueberlieferung früherer Zunftzeichen, diesem Brauche huldigen. Ihre Merkzeichen entsprechen natürlich ihrer Lebensstellung: gerade so wie sich etwa ein Matrose einen Anker einstechen lässt, so wählt der Schlächter ein Paar gekreuzte Beile, ein sentimental gestimmter Jüngling wird die bekannten Embleme von ‚Glaube, Liebe, Hoffnung' vorziehen u. s. w."[46]

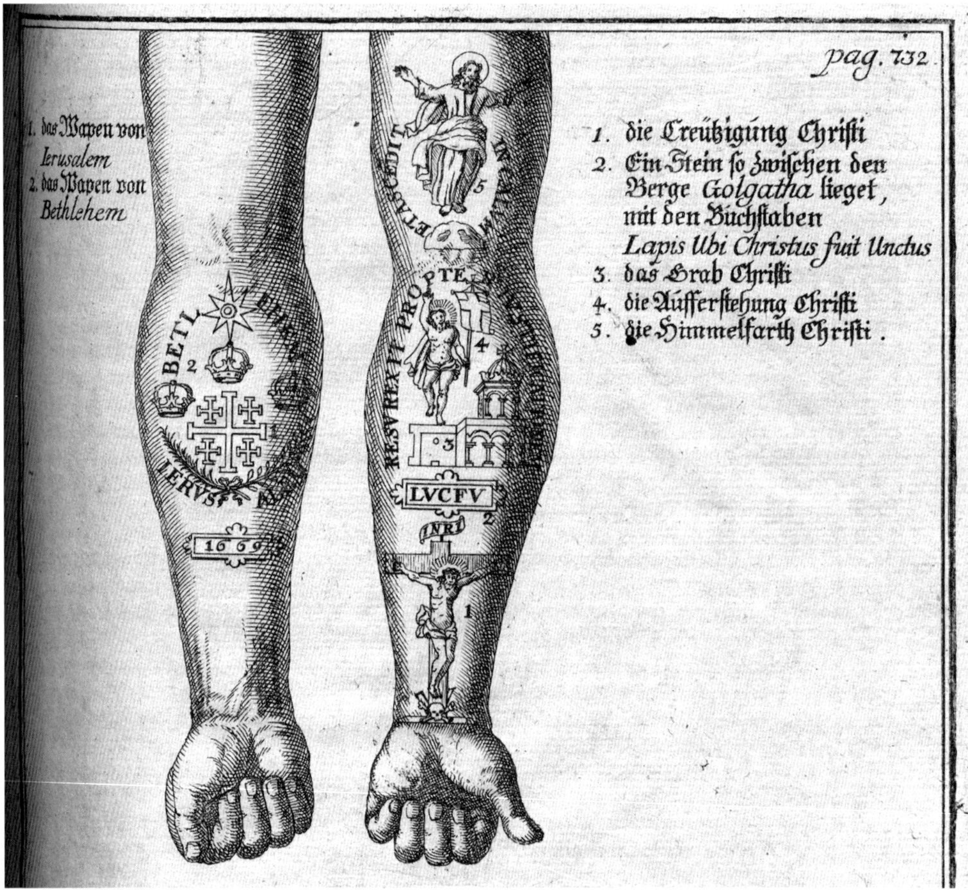

Abb. 3 Hans Martin Winterstein, *[Die tätowierten Arme des Itzehoer Jerusalempilgers Ratge Stubbe aus dem Jahre 1669]*, 1676, Kupferstich, ca. 13 × 6 cm (Arme).

Im 18. Jahrhundert wurde die Tätowierung weniger pathologisiert oder gar als Indikator kriminellen Verhaltens angesehen, sondern eher als unzivilisierte – und bisweilen auch törichte – Form der körperlichen Ornamentierung.[47] Den ersten in Europa rezipierten tätowierten Südseeinsulanern wurde um das Jahr 1700 noch Bewunderung entgegengebracht, Anfang des 19. Jahrunderts galten sie, so Igor Eberhard, gar als ausgesprochen modisch.[48]

Eine der frühesten positiv konnotierten und die Ästhetik betreffende Beschreibungen jener Zeit liefert Charles Darwin in einem Bericht seines Aufenthaltes auf Tahiti aus dem Jahr 1835. In der Passage, die im Jahr 1875 in dem Band *Reise eines Naturforschers um die Welt* auch in Deutschland erschien, heißt es:

> „Die meisten Männer sind tättowirt und die Verzierungen folgen den Krümmungen der Körperlinien in einer so graciösen Weise, dasz sie eine sehr elegante Wirkung hervorbringen. Ein sehr häufiges, in seinen Details

> abänderndes Muster ist in etwas der Laubkrone eines Palmbaums ähnlich. Es entspringt von der Mittellinie des Rückens und schlängelt sich graciös um beide Seiten des Körpers. Der sich mir aufdrängende Vergleich mag etwas fantastisch erscheinen, aber mir kam es vor, als sei der Rumpf eines in dieser Weite [sic] verzierten Mannes wie der Stamm eines edlen Baumes, welchen eine zarte Schlingpflanze umgebe."[49]

Neben der geäußerten Wertschätzung der Tätowierung und der Hervorhebung ihrer mit dem Körper korrespondierenden Komposition ist bemerkenswert, dass bereits Darwin darauf hinweist, dass die Gestaltung einer Tätowierung stets der aktuellen Mode unterworfen ist, man aber mit ihrer Unveränderlichkeit leben muss. Das Spezifikum der Unauslöschbarkeit der Tätowierung macht ihren Träger quasi zu einem visuellen Zeugnis der Vergangenheit:[50]

> „Bei vielen der älteren Leute sind die Füsze mit kleinen Figuren bedeckt, die so angeordnet sind, dasz sie einer Socke ähnlich sind. Indessen ist diese Mode zum Theil vorüber gegangen und andere sind an ihre Stelle getreten. Obgleich die Mode durchaus nicht unveränderlich ist, so musz sich doch ein jedes Individuum mit der genügen lassen, welche zur Zeit seiner Jugend herrschte. Auf diese Weise trägt ein alter Mann für immer den Stempel seiner Zeit auf seinem Körper und kann nicht das Ansehen eines jungen Dandy annehmen. Die Frauen sind in derselben Weise tättowirt wie die Männer und sehr gewöhnlich auch an ihren Fingern. Eine sehr schlecht kleidende Mode herrscht jetzt ganz allgemein: nämlich, sich das Haar vom obern Theil des Kopfs in einer kreisförmigen Weise rasiren zu lassen, so dasz nur auszen ein Ring stehen bleibt. Die Missionäre haben die Leute zu überreden versucht, diese Gewohnheit aufzugeben; es heiszt aber: ‚es ist so Mode', und diese Antwort genügt ebenso gut in Tahiti wie in Paris."[51]

Im Jahr 1856 konstatierte Gottfried Semper, dass die „kannibalische Sitte" des Tätowierens „nach und nach eine zivilisiertere Form angenommen und [sich] seine Ausläufer bis in die neuesten Zeiten und bei den allerkultiviertesten Völkern fortgesetzt" hätten.[52] Semper beschreibt die zu seiner Zeit teils positive, ja gar bewundernde Haltung gegenüber der Tätowierung und sieht den Ursprung einiger Flächenornamente in der „Tätowierungskunst":

> „Das Tätowieren mag als ein Fortschritt in dieser Kunstrichtung [der Hautfärberei] gelten, in welcher unter den lebenden Völkern die *Neuseeländer* und *Südseeinsulaner* es am weitesten brachten, die ihren Körper nach Unterschied des Standes, des Reichtums und der persönlichen Auszeichnung mit sehr zierlichen Arabesken mehr oder weniger bedecken. Der Geschmack, den sie bei dieser Hautenkaustik entwickeln, indem sie die Formen und Richtungen der Muskeln mit Hilfe der Schnörkel und Ornamente verfolgen und hervorheben, soll bewundernswert sein, wobei eine Verwandtschaft dieser ornamentalen Formen mit denen auf den Geräten und Monumenten der *Assyrer*, *Ägypter*, *Etrusker* und älteren *Griechen* unverkennbar hervortritt, so daß es nicht zu paradox wäre, den Ursprung gewisser überlieferter Flächenornamente in der Tätowierungskunst zu suchen."[53]

Aus der Aussage, die Tätowierung solle bewundernswert sein, geht hervor, dass Semper derartige Tattoos selbst nie gesehen hat. Dennoch beschreibt er die kompositorischen Eigenheiten der Tätowierungen der Neuseeländer gänzlich zutreffend. Gar wirkt die Aussage, dass die Tätowierung „die Formen und Richtungen der Muskeln […] verfolgen und hervorheben" wie eine direkte Übernahme von Darwins obiger Beschreibung. Abschließend merkt Semper in seiner Ausführung an, dass die Sitte des Tätowierens gar mit den Anfängen der Kunst im „innigsten Zusammenhange" stehe.[54]

Auch in wissenschaftlichen Beschreibungen des laut Stephan Oettermann „berühmteste[n] Tätowierte[n] des 19. Jahrhunderts", dem ‚Tätowierten von Birma', werden dessen Hautbilder positiv rezipiert.[55] So bezeichnet unter anderem der auch im Bereich der Ethnologie tätige Mediziner Rudolf Virchow im Jahr 1872 die Tattoos des vermeintlichen Burmesen als „Kunstwerk".[56] Die Verwendung des Begriffs ‚Kunst' in Bezug auf die japanische Tätowierung – insbesondere in Abgrenzung zur Europäischen – ist ebenfalls vielfach dokumentiert.[57] Diese subjektiven Einzelbetrachtungen sagen nichts über den damaligen Kunst-Status der Tätowierung aus. Wie aus der Einleitung hervorgeht, sollte es noch recht genau einhundert Jahre dauern, bis Tattoos in kunstinstitutionellen Kontexten Akzeptanz fanden.[58] Doch vermitteln Beschreibungen wie die Darwins, Sempers oder Virchows und die Rezeption der japanischen Tätowierung ein Bild von der Würdigung und unvoreingenommenen Betrachtungsweise dieser ‚Kunstform' bis zu den 1870er Jahren.

Der vorurteilsfreie Umgang sollte sich durch folgende Entwicklungen wenig später grundlegend ändern: Was an den Fürstenhöfen des 19. Jahrhunderts noch als Noblesse galt, wurde schließlich im 20. Jahrhundert, so Stefanie Dathe, bald nur noch im subkulturellen Milieu, von Matrosen und Schaustellern, Animierdamen, Prostitutierten und Zuhältern zur Schau getragen.[59] Diese These kann nicht verallgemeinert werden – Tattoos fanden sich weiterhin in allen Bevölkerungsschichten;[60] dennoch trifft es zu, dass Tätowierte ab der zweiten Hälfte des 19. Jahrhunderts zunehmend sozial ausgegrenzt und als Verbrecher oder Degenerierte stigmatisiert wurden. Im Zuge des Kolonialismus des 19. Jahrhunderts wurde aus dem „edlen Wilden" der Aufklärung das „dunkelhäutige, tätowierte, armselige, renitente und arbeitsscheue Gesindel".[61] Um das Jahr 1870 begannen Tätowierungen umfassender Bestandteil kriminalistischer und medizinischer Debatten zu werden.[62] Hierbei standen die Erörterung möglicher Gesundheitsrisiken im Vordergrund sowie die Erforschung eventueller Zusammenhänge zwischen Tätowierungsmotivationen und Kriminalitätsbereitschaft oder psychischen Krankheiten. Eine für viele Forschungen prägende Arbeit war die 1876 von Cesare Lombroso veröffentlichte kriminalanthropologische Publikation *L'uomo delinquente*.[63] Der Autor vertritt darin die These, dass der Verbrecher einen anthropologischen Typus darstelle und dass zwischen seinen körperlichen Eigenschaften und seinem kriminellen Verhalten ein kausaler Zusammenhang bestehe.

> „[…] findet sich die Sitte des Tättowirens […] aber nur unter den niedersten Ständen, bei Bauern, Matrosen, Hirten, Handarbeitern, Soldaten, weit mehr indes unter der Verbrecherklasse verbreitet. Bei der letzteren ist sie so häufig, dass sie für die gerichtliche Anatomie zu einem neuen, spezifischen Merkmale geworden ist."[64]

In seiner *Geschichte der Tätowierung in Europa* fasst Stephan Oettermann Lombrosos Thesen pointiert zusammen:

> „[…] der Kriminelle [sei] an nichts so sehr erkennbar, wie daran,
> daß er *tätowiert* sei. […] Wilde und Verbrecher sind tätowiert –
> ergo: wer sich tätowiert, ist ein Wilder oder ein Verbrecher.“[65]

Bei Straftätern vorhandene Tätowierungen deutete Lombroso als einen Atavismus, der Beleg für die psychische Degeneration und Stumpfheit von Delinquenten sei.[66] Dieses Denken war geprägt vom Einfluss der naturwissenschaftlichen Theorien Charles Darwins.[67] Zu der Zeit wurde versucht, menschliches Verhalten weniger als göttlich vorbestimmtes Schicksal, sondern vielmehr als dem Menschen angeborenes Erbe anzusehen.[68] Die Schwäche von Lombrosos Studien lag darin, dass er seine Forschung ausschließlich in Strafanstalten betrieb. Zwar lag es nahe, dort die Eigenschaften des „geborenen Verbrechers“ zu finden, doch stellte er keinerlei Vergleiche mit der nicht-kriminellen Bevölkerung an.[69] In den Gefängnissen fand er schließlich, was seinem Blick ansonsten entgangen war: Tätowierungen. Sie waren ihm nur durch Reiseberichte von Seefahrern und Forschern bekannt, die „fremde Kulturen bereist und bei vermeintlich primitiven Völkern unter anderem auch auf diese Form des Körperschmucks gestoßen waren.“ Da sie bei zivilisierten Völkern scheinbar nicht vorkamen, schlussfolgerte er, dass es sich bei den Tätowierungen von zivilisierten Menschen um eine „Rückkehr zu […] überwundenen primitiven Ritualen“ handele, einen Rückfall in eine „vorzivilisierte Kultur“. Lombroso, der es sich zur Aufgabe gemacht hatte, nach einem angeborenen menschlichen Verhalten zu suchen, zog hier die falsche Schlussfolgerung: Der tätowierte Kriminelle musste entweder primitiv geworden oder als primitiverer Mensch geboren worden sein. Der Verbrecher sei nach Lombroso somit ein menschlicher Atavismus, „ein Rückfall in eine frühere Entwicklungsstufe des Menschen“, den man unter anderem an seinen Tätowierungen ausfindig machen könne.[70]

Lombrosos Thesen wurde früh vehement widersprochen.[71] So weist Wilhelm Joest in seinem Beitrag *Tätowiren, Narbenzeichnen und Körperbemalen* schon im Jahr 1887 darauf hin, dass

> „[sich] bei einem grossen Theil des Publicums die vollständig irrige Ansicht gebildet [hat], dass sich Träger von Tätowirungen vorwiegend nur aus solchen Kreisen recrutirten, deren Mitglieder steckbrieflich verfolgt zu werden pflegen oder deren Porträts das Verbrecheralbum zieren. Diese irrige Ansicht wird allerdings unterstützt durch leichtfertige Aeusserungen, wie sie z. B. LACASSAGNE in seiner oben erwähnten Arbeit ‚Les tatouages‘ macht. Derselbe nennt (in 20 Zeilen) Tätowiren bei Occidentalen ein ‚aus Unwissenheit, Thorheit und Müssiggang hervorgegangenes kindisches, Verbrecher und Prostituirter würdiges Treiben‘. LACASSAGNE hat aber ganz vergessen, dass er seine eingehenden Studien über das Tätowiren der Europäer bei 3 algerischen ‚Bataillons d’Afrique‘, d. h. bei dem Auswurf an Verbrechern, Sträflingen, Mördern und Galeerensclaven der ganzen französischen Armee gemacht hat! Er weiss es einfach nicht, dass es viele Tausende braver, solider Europäer giebt, die tätowirt sind.“[72]

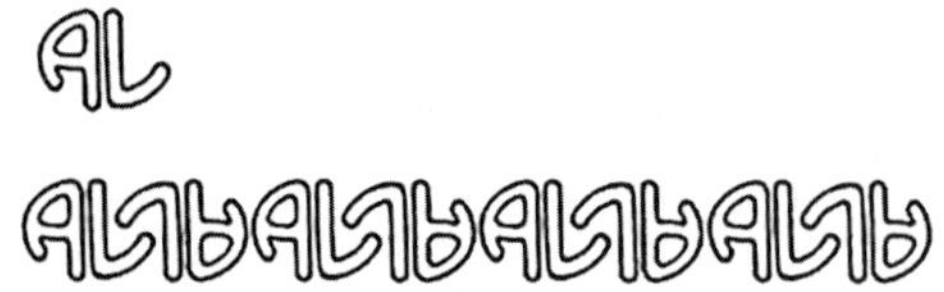

Abb. 4 Carla Guerra, Bartolomeo Vanzetti, *Loos Tribal Tattoo*, 2010, Entwurf für eine Tätowierung.

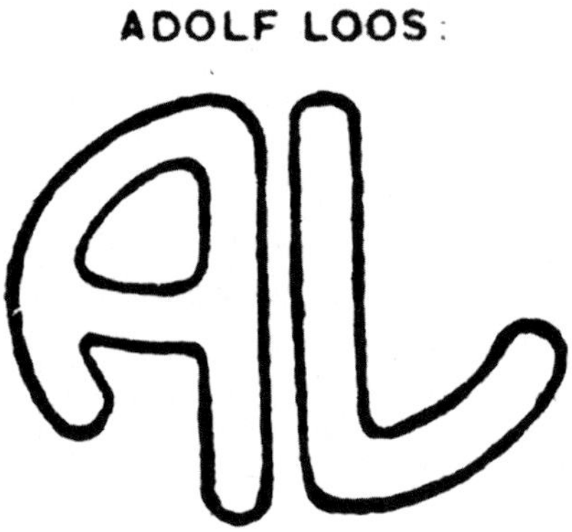

Abb. 5 Adolf Loos, Signet, um 1900.

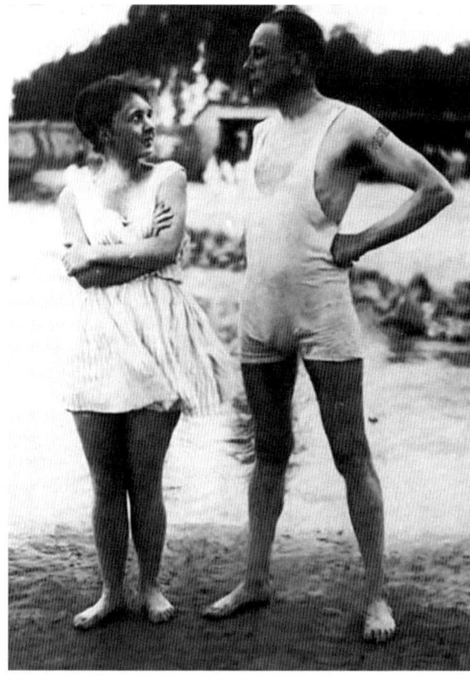

Abb. 6 Carla Guerra, Bartolomeo Vanzetti, *Adolf Loos mit Elsie Altmann-Loos im Gänsehäufel in Wien, um 1920*, 2010, bearbeitete Fotografie.

Trotz der rasch aufkommenden Gegenpositionen war die Wirkung von *L'uomo delinquente* so groß, dass Lombrosos Thesen in der Forschung bis in das späte 20. Jahrhundert weitergeführt wurden.[73] Eines der prominentesten Beispiele ist Adolf Loos' Beitrag *Ornament und verbrechen* aus dem Jahr 1908, in dem er sich wie folgt über die Tätowierung äußert:

> „Das kind ist amoralisch. Der papua ist es für uns auch. Der papua schlachtet seine feinde ab und verzehrt sie. Er ist kein verbrecher. Wenn aber der moderne mensch jemanden abschlachtet und verzehrt, so ist er ein verbrecher oder ein degenerierter. Der papua tätowiert seine haut, sein boot, seine ruder, kurz alles, was ihm erreichbar ist. Er ist kein verbrecher. Der moderne mensch, der sich tätowiert, ist ein verbrecher oder ein degenrierter. Es gibt gefängnisse, in denen achtzig prozent der häftlinge tätowierungen aufweisen. Die tätowierten, die nicht in haft sind, sind latente verbrecher oder degenerierte aristokraten. Wenn ein tätowierter in freiheit stirbt, so ist er eben einige jahre, bevor er einen mord verübt hat, gestorben."[74]

Auch wenn Loos auf Quellenangaben verzichte, – so Kai Bammann – sei der Bezug zu Lombrosos Ansätzen unverkennbar. Zwar handele es sich hier nicht um eine kriminalanthropologische Schrift, sondern um eine polemische „Streitschrift gegen ‚das Ornament' in Kunst und Kultur", doch benutze er Lombrosos Ansätze, um zu verdeutlichen, dass er in

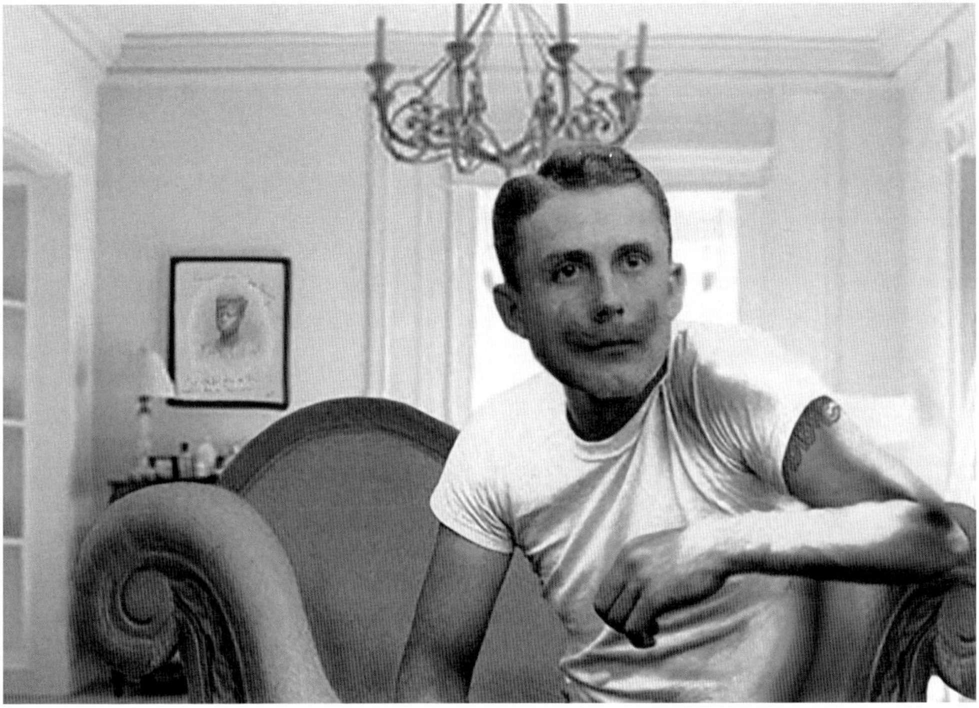

Abb. 7 Carla Guerra, Bartolomeo Vanzetti, *Adolf Loos in einem unbekannten (Wiener?) Interieur, vermutlich 1898/99*, 2010, bearbeitete Fotografie.

dem Verzicht auf Schmuck und Tätowierungen den „Fortschritt des modernen Menschen" sehe.[75]

In ihrem Aufsatz *Loos Tribal Tattoo* aus dem Jahr 2011 führten Carla Guerra und Bartolomeo Vanzetti Loos' Position ad absurdum: Anhand von Fotografien gaben sie vor zu belegen, dass Loos selbst eine Tätowierung in Form eines Ornamentfrieses (Abb. 4), geformt aus den eigenen Initialen (Abb. 5), an seinem linken Oberarm getragen habe (Abb. 6).[76] Der Entwurf sei Loos selbst zuzuschreiben und alles spreche dafür, dass der junge Architekt – das Tattoo finde sich bereits auf einer Fotografie aus dem Jahr 1898/1899 (Abb. 7) – sich dabei eines typografischen Designs bedient habe, das er um die Jahrhundertwende gelegentlich auch als Signet für seine Möbel verwendet habe.[77] Es bestehe aus den schwarz konturierten Initialen ‚AL', die in einen imaginierten Kreis eingeschrieben seien. Für die Umsetzung als Tätowierung habe Loos das Signet serialisiert und zu einem Ornamentband gefügt, wobei jedes zweite Buchstabenpaar um 180 Grad gedreht sei.[78] Dadurch greifen die Arme der Ls ineinander und führen zu einer Verkettung der einzelnen Signets. Es sei Guerra und Vanzetti gelungen, das Motiv zu rekonstruieren, das Loos zeit seines Lebens verborgen habe, um seine Kredibilität als Gegner des Ornaments nicht in Frage zu stellen, so die Autoren. Der Umstand, dass Loos als „Verächter des Ornaments" – das ein Verbrechen darstelle, weil es Handwerker zwang, überflüssige Arbeit zu leisten und es somit den sozialen und

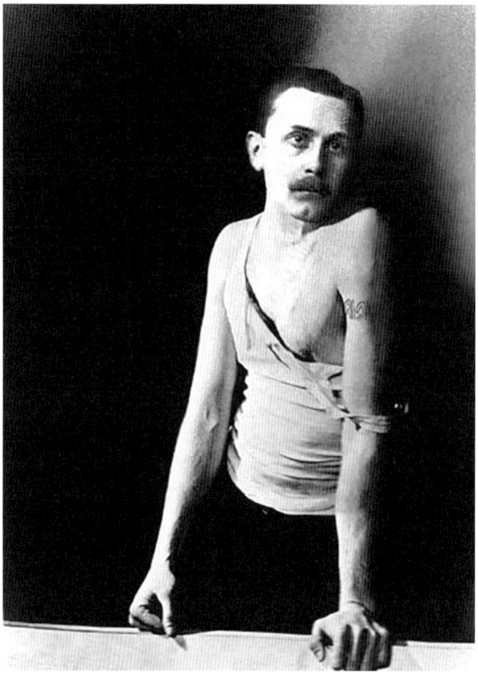

Abb. 8 Carla Guerra, Bartolomeo Vanzetti, *Adolf Loos, an einem Fenster posierend, um 1902*, 2010, bearbeitete Fotografie.

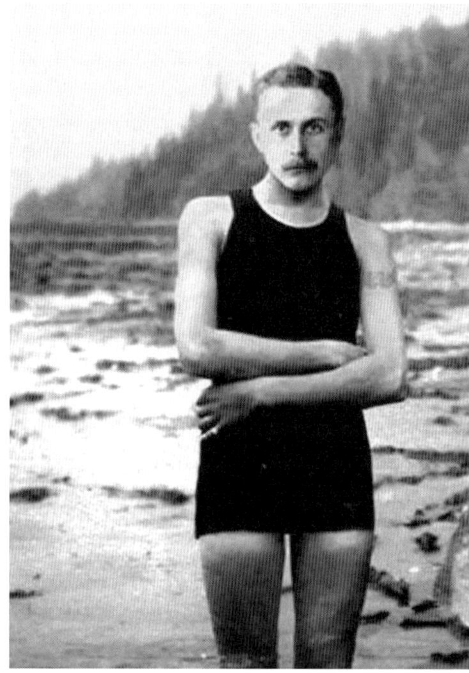

Abb. 9 Carla Guerra, Bartolomeo Vanzetti, *Adolf Loos bei einem Badeausflug (Salzkammergut oder Semmering), vermutlich im Sommer 1903*, 2010, bearbeitete Fotografie.

technischen Fortschritt behinderte – selbst tätowiert war, sei als „Gipfel eines abgründigen und schonungslosen Humors" zu verstehen.[79] Guerra und Vanzetti attestieren Loos anhand der Fotografien (Abb. 8) eine „ungenierte und selbstbewusste Körperlichkeit". Seine Tätowierung scheine die aufreizend-erotische Selbstgewissheit des jungen Mannes (Abb. 9) noch zu verstärken. Es sei dahingestellt, so die Autoren, ob das Tattoo ursprünglich als Schmuck zur Verstärkung sexueller Reize, als rituelles Initiationszeichen oder gar als gesellschaftliche Provokation intendiert gewesen sei. Jedenfalls müsse bezweifelt werden, dass es sich bei der Loos'schen Tätowierung lediglich um eine leichtfertige Jugendsünde handele.[80] Der Aufsatz ist das Produkt eines Kunstprojektes, bei dem das Künstlerduo Guerra/Vanzetti Fotomontagen als historische Fotografien ausgab.[81] Die Arbeit verdeutlicht, dass die historische Rezeption der Tätowierung von Relevanz für die zeitgenössische Kunst ist.[82] Zudem suggeriert das vermeintliche Tattoo des eigenen Signets auf dem Körper, Loos hätte sich als Produkt seines eigenen kreativen Schaffens gekennzeichnet. Es gibt vor, dass er sich zu einer Kunstfigur gemacht hätte, die durch die Selbstsignierung Teil ihres Gesamtwerks geworden wäre. Eine Anlehnung an Timm Ulrichs' *Selbst-Signierung (Tätowierung)* (Abb. 10) ist hier unverkennbar; im Jahr 1971 ließ dieser sich – „als Kunstmarkt konformes Echtheitszertifikat seiner Selbst" – die eigene Signatur samt Datierung auf den linken Oberarm stechen. Im Jahr 2005

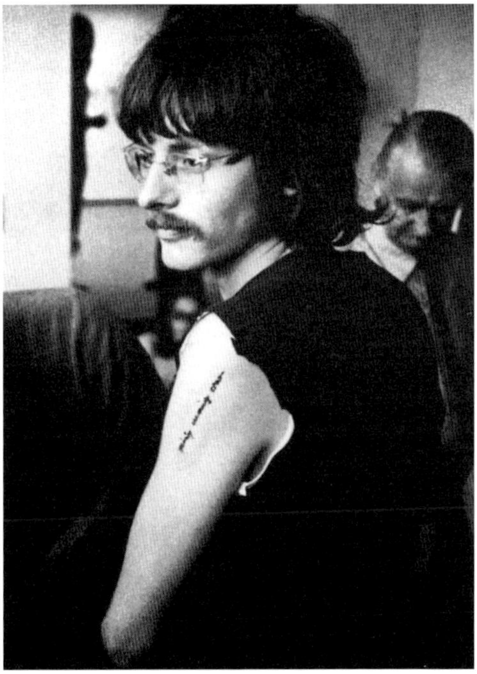

Abb. 10 Timm Ulrichs, *Selbst-Signierung (Tätowierung)*, 1971, Tätowierung.

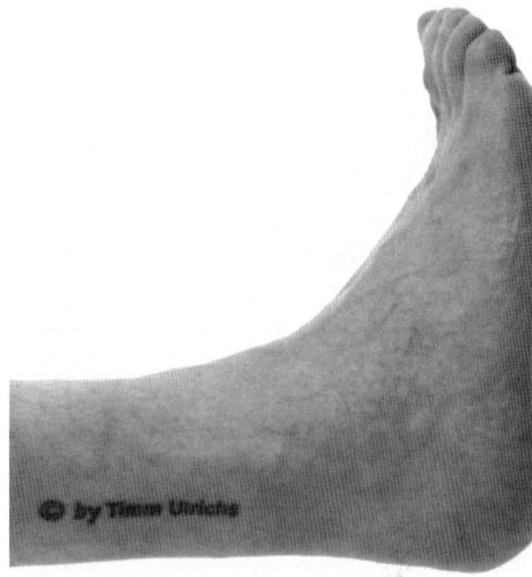

Abb. 11 Timm Ulrichs, *Copyright by Timm Ulrichs*, 2005, Tätowierung.

ließ Ulrichs sich den Schriftzug *Copyright by Timm Ulrichs* (Abb. 11) tätowieren, „um sich fachgerecht gegen Urhebermissbrauch zu schützen".[83] Bevor mit Lombroso und der kriminalanthropologischen Literatur fortgefahren wird, sei noch ergänzend angemerkt, dass sich ein tätowierter Loos – im Sinne seines eigenen Textes – quasi selbst als „verbrecher oder [...] degenerierter" bezeichnet hätte, um zwanzig Jahre nach der Publikation der entsprechenden Schrift wegen der „Verführung einer zur Aufsicht anvertrauten Person zur Begehung oder Duldung einer unzüchtigen Handlung" verurteilt zu werden.[84]

Lombrosos Behauptungen waren so prägend, dass die damit einhergehenden Ressentiments im Hinblick auf die Akzeptanz und Rezeption von Tätowierungen teilweise bis heute anhalten.[85] Trotz der Pathologisierung und Diffamierung von Tätowierten ist Lombrosos Arbeit dennoch von signifikanter Bedeutung für die Geschichte der Tätowierung: Sie lieferte eine der ersten statistischen Erhebungen über die Häufigkeit und die Motive von Tätowierungen. Auch wurden in seinen Veröffentlichungen erstmals Illustrationen von Tattoos publiziert.[86] In der Forschung wurde dieser empirische Ansatz weiterverfolgt – in den folgenden Jahrzehnten erschienen zahlreiche Publikationen, die stets nach ähnlichem Muster aufgebaut waren: Zunächst erfolgte eine kurze Zusammenfassung des Forschungsstandes, gefolgt von einem Forschungsprotokoll des Autors und einer Dokumentation der gesichteten Tätowierungen.[87] Hierbei wurden die gesammelten Daten in der Regel in Anlehnung an die Kategorisierungsmethode von Alexandre Lacassagne klassifiziert.[88] Auch erschienen rein deskriptive Publikationen, in denen lediglich Inhaftierungsdaten sowie Anzahl und Gestalt der Häftlingstätowierungen dokumentiert wurden.[89] Zwar wurden die Erhebungen dieser Daten stets in einem sehr begrenzten Feld durchgeführt – was sie mitnichten repräsentativ für die Gesamtheit der Bevölkerung macht –, doch handelt es sich hierbei um wertvolle kulturhistorische Belege für das Tätowierbrauchtum seit der zweiten Hälfte des 19. Jahrhunderts.[90]

Eng verknüpft mit der Rezeption der Tätowierung ist ihre Instrumentalisierung im Nationalsozialismus. Stephan Oettermann hat bereits darauf hingewiesen, dass der Faschismus die Tätowierung als Zeichen der Herrschaft wieder aufgegriffen habe, allerdings in zwiespältiger Praxis. Einerseits sei die Blutgruppen-Tätowierung der Waffen-SS über die vorgeschobene Praktikabilität bei Verwundungen hinaus als adelndes Ingroup-Zeichen eines rassebewussten Männerbundes verstanden worden. Andererseits seien Häftlinge des Konzentrationslagers Auschwitz mit der Funktion der Outgroup-Stigmatisierung gebrandmarkt worden.[91] Wohl ausgehend von Deutschland verschwanden Tätowierte und Tätowierer aus Europa und der Öffentlichkeit. Viele seien Opfer der ‚Euthanasie'-Programme geworden oder in Konzentrations- und Vernichtungslager gekommen, wo sie als ‚Asoziale' gebrandmarkt und ermordet wurden, so Igor Eberhard.[92] Das Regime belegte Schaustellerinnen mit Auftrittsverboten, 1938 wurden „Schaustellungen von ekelerregenden menschlichen Abnormitäten […], die das gesunde Volksempfinden gröblich verletzen und die Bestrebungen des nationalsozialistischen Staates widersprechen" auf der Basis eines Runderlasses von Heinrich Himmler verboten. Es wurde angeordnet, derart zur Schau gestellte Personen, unter denen Oettermann Tätowierte vermutet, in „Heil- oder Pflegeanstalten" unterzubringen.[93] Hierbei handelte es sich um Euphemismen der Nationalsozialisten für deren Ermordung in Tötungsanstalten und Krankenhäusern.[94]

Der vielfach beschriebene Umstand, dass bereits der sogenannte Bracht'sche Erlass, auch bekannt als Zwickel-Erlass, von 1932 die Zurschaustellung von Tätowierungen verbot, kann nicht eindeutig bestätigt werden.[95] Das Gesetz bezieht sich lediglich auf die Bademode und die Sichtbarkeit des Körpers im Kontext des Badens; Tätowierungen werden in der entsprechenden Badepolizeiverordnung nicht direkt erwähnt. Jedoch heißt es im zweiten Paragrafen, dass im und am Wasser jedes Verhalten zu unterlassen sei, „das in sittlicher Beziehung Ärgernis zu geben geeignet ist."[96] Natürlich ist es denkbar, dass die Tätowierung per se als unsittlich ausgelegt wurde und ein Verbot von Tätowierungen auf Grundlage dieses Gesetzes legitimiert war.[97] Eine eingehende Untersuchung des Zeigeverbotes von Tätowierungen und der Untersagung der Tätowierpraxis im Nationalsozialismus liegt bisher nicht vor; auch kann eine Analyse der entsprechenden Verfügungsblätter und insbesondere die Realisierung der entsprechenden Anweisungen im Rahmen der vorliegenden Arbeit nicht in umfassender Weise geleistet werden. Zwar bleibt die Frage nach dem tatsächlichen Wortlaut eines eventuell vorhandenen Tattoo-Verbotes im Nationalsozialismus und die Umsetzung eines solchen Gesetzes somit an dieser Stelle unbeantwortet, doch geben der ‚Bracht'sche Erlass' und dessen Rezeption in der Presse Aufschluss über damalige Moral- und Sittlichkeitsvorstellungen, die auch in Bezug zu den Ideologien des Nationalsozialismus stehen. So verweist Adelheid von Saldern in ihrem Aufsatz zum ‚Zwickel-Erlass' darauf, dass der in diesem Zusammenhang verwendete Begriff des Volkskörpers weitergehende Assoziationen aufgerufen habe, die auf Eugenik und Rassenhygiene ausgerichtet waren.[98] Die Nacktkultur sei mit der „biopolitischen Regulation des ‚Volkskörpers' verbunden" worden.[99] Die Nacktheit habe alle Stärken und Schwächen des Körpers und damit auch alle Abweichungen von der Norm sichtbar gemacht.[100] Tätowierungen wurden als vermeintlicher Makel unmittelbar erkannt. In Himmlers oben erwähnter Anordnung heißt es zudem, dass Schaustellungen von anatomischen Präparaten, die das Sittlichkeits- oder Anstandsgefühl verletzen oder geeignet seien, die bevölkerungspolitischen Bestrebungen des ‚Dritten Reiches' zu stören, zu unterlassen seien. Sie seien Aufgabe des Staates und würden sich nicht für Vergnügungsplätze und Volksfeste eignen. Sogenannte plastische Schaustellungen würden zudem jedes Empfinden für nationale Würde vermissen lassen, da Wachsbilder von Persönlichkeiten wie Hindenburg oder Moltke unter anderem neben Mördern gezeigt würden. Auch sei die Schaustellung von Bildern führender Männer von Partei und Staat sowie aus der deutschen Geschichte und führender Männer befreundeter Staaten zu überprüfen, da es sich zum Teil um fürchterlich minderwertige oder gar entstellende Bildnisse handele. Zudem verweist der Erlass auf das Gesetz zum Schutze der nationalen Symbole. Diese Anordnung mag in Bezug auf tätowierte Bilder angewendet worden sein, zumal Portraits bekannter Persönlichkeiten in Form von Tattoos durchaus verbreitet waren.[101]

Hinweise zum Umgang mit Tätowierten im Nationalsozialismus befinden sich in der von Marcel Feige verfassten Biografie des Zeitzeugen Theodor Vetter. Der Bericht ist in diesem Kontext relevant, da er einerseits die teilweise von Nazis geduldete Tätowierpraxis belegt und andererseits die Verfolgung von Tätowierten schildert. Es wird beschrieben, dass Christian Warlichs Hamburger Gastwirtschaft, in der er auch tätowierte, in den Jahren 1941 und 1942 „Dreh- und Angelpunkt des Hamburger Nazi-Lebens" war:[102]

> „Auch wenn Warlich selbst politisch nie Stellung bezog, er gewiss kein Rechtsgesinnter war, Parteimitglied schon lange nicht, stand er irgendwie trotzdem immer mitten drin. Matrosen, die am nächsten Tag mit den Kriegsschiffen auf die hohe See ausliefen, trafen sich zum letzten Bier. Soldaten stärkten sich für die zukünftige Feldschlacht. Selbst für SS-Offiziere war die Kneipe ein stadtbekannter Treffpunkt."[103]

Auch Feige geht auf das Auftrittsverbot tätowierter Schausteller und den damit einhergehenden wirtschaftlichen Ruin ein. Schließlich sei aus dem Verbot Verfolgung geworden: Ganzkörpertätowierte Bürger seien von einem Tag auf den anderen verschwunden. Einige seien anfangs Verhören unterzogen und mit der Argumentation konfrontiert worden, Tätowierungen zersetzten die Grundlagen eines Volkes und zerstörten den Staat.[104] Weiter heißt es in Vetters Biografie:

> „Nach den Prostituierten und den Luden waren jetzt also auch die Tätowierten dran, von denen Tausende in KZs landeten. Doch keine Regel ohne Ausnahme. Bei Warlich duldeten die SS-Offiziere die Tätowierarbeit stillschweigend. Immerhin war die Kneipe mit ihrer Tätowierecke eine von vielen

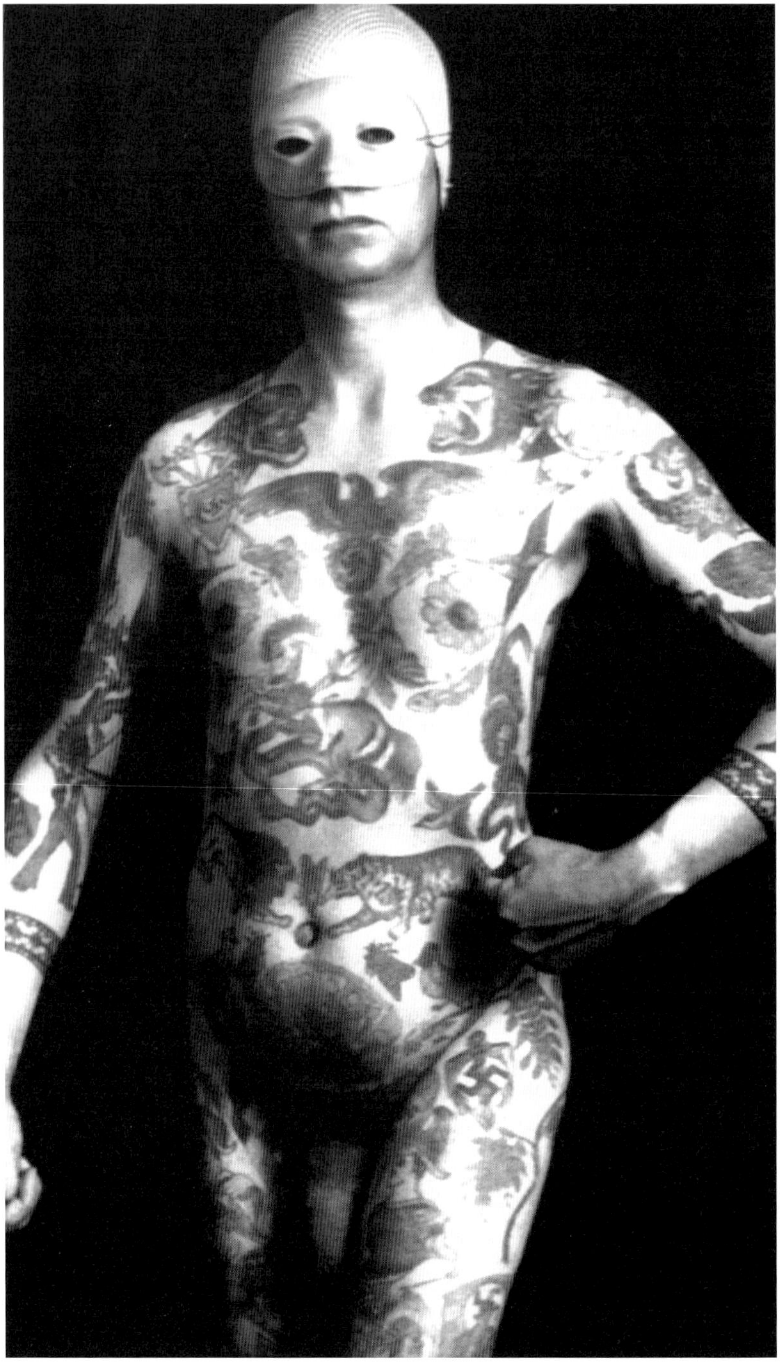

Abb. 12 Aktfotografie eines Mannes, vermutlich zwischen 1933 und 1945.

> Möglichkeiten, staatsfeindliche ‚Objekte' aus- und dingfest zu machen. Doch die Wahrheit ist: Auch die Soldaten und SS-Offiziere schmückten sich mit Hautbildern. Häufig waren es die gleichen Soldaten, die wenige Stunden später vollständig tätowierte Männer und Frauen deportierten. Die Bildmotive der SS-Offiziere waren indes selten groß. Meist umfaßten Sie den Adler mit dem Hakenkreuz auf der Brust oder eine deutsche Fahne auf dem Arm. [...] Andere ließen sich die Blutgruppe tätowieren [...]. Häufig kamen Soldaten wenige Tage, bevor sie in die Kaserne einrücken mußten oder zum Fronteinsatz geschickt wurden."[105]

Diese Beschreibung stützt Oettermanns oben erwähnte These, dass sich deutsche Soldaten nationalsozialistische Symbole als Zeichen der Zugehörigkeit tätowieren ließen. Auch zeigt sie, unter welch widersprüchlichen und willkürlichen Umständen einzelne Bevölkerungsgruppen verfolgt wurden. Ein Zeugnis dieser Zeit ist die Aktfotografie eines stark tätowierten Mannes (Abb. 12). Neben Tattoos, deren Motive und Platzierung typisch für die erste Hälfte des 20. Jahrhunderts sind, ist er mit mehreren Hakenkreuzen versehen. Seine Identität ist unbekannt, das Bild ist nicht datiert. Zunächst lässt die Tatsache, dass die abgebildete Person maskiert ist, vermuten, dass das Foto nach dem Krieg entstanden ist. In diesem Fall würde die Maskierung die Funktion haben, den Träger der Tattoos nicht als ehemaligen Anhänger des Nationalsozialismus zu entlarven. Tatsächlich gibt das Verbergen des Gesichtes keinen Aufschluss über den Entstehungszeitpunkt der Fotografie – schließlich könnte es als Schutz vor den Gesinnungsgenossen des Mannes gedient haben, die ihn wegen der zahlreichen Tätowierungen möglicherweise deportiert hätten. Eine weitere Fotografie zeigt die gleiche Person ohne Maske, seine Tätowierungen – darunter bereits die Hakenkreuze – sind identisch (Abb. 13). Zwar ist sein Gesicht bemalt, dennoch ist der Mann, dessen Tattoos Marcel Feige Christian Warlich zuschreibt, zu erkennen.[106] Da hier deutlich weniger Tätowierungen vorhanden sind, muss das Portrait vor dem anderen Foto entstanden sein, vielleicht in den frühen 1930er Jahren. Bemerkenswert an diesem Bild ist, dass der Träger zu diesem Zeitpunkt noch nicht befürchtete, erkannt zu werden. Es existiert eine weitere Fotografie, die jüngste der drei, auf der sich der Mann wieder maskiert zeigt; allerdings sind zum Zeitpunkt der Aufnahme alle Hakenkreuze übertätowiert (Abb. 14).

Einen weiteren Hinweis auf die Rezeption der Tätowierung im Nationalsozialismus liefert eine Schilderung Herbert Hoffmanns:

> „1933 wurden wir von der Schule aus in eine Ausstellung in Berlin geführt. Titel: Der Bolschewismus ohne Maske. Es waren viele Kommunisten abgebildet. Von ihnen waren die meisten tätowiert. Die Tätowierungen sollten die Ausstellungsbesucher abschrecken. Unterschwellig war immer die Parole im Raum, Tätowierte sind Verbrecher. Tätowiert werde nur im Knast, die Kommunisten seien tätowiert. Um sie zu diffamieren, stellte man Verbrecher, Tätowierte und Kommunisten in eine Reihe. Alle hatten Angst, zu tätowieren."[107]

Zwar gibt es eine mögliche Unstimmigkeit bezüglich des von Hoffmann angegebenen Datums, doch vermittelt der Zeitzeugenbericht einen Eindruck von der verunglimpfenden

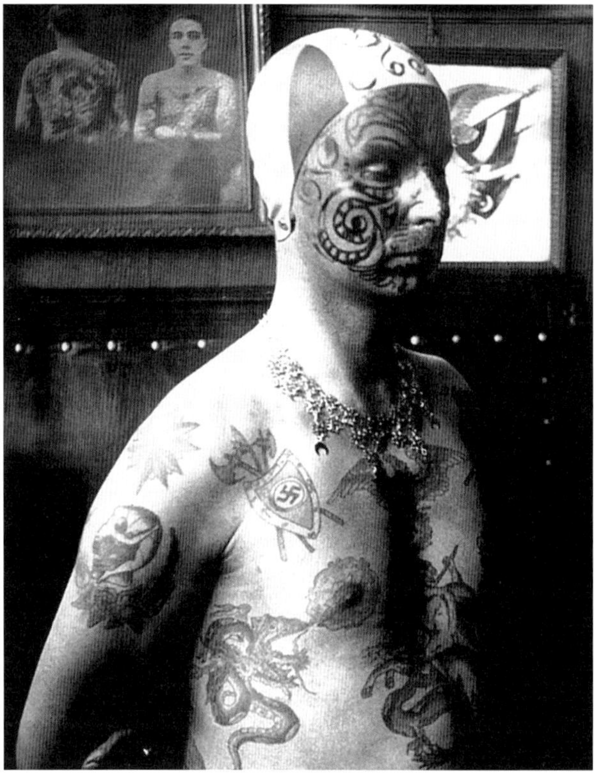

Abb. 13 Fotografie eines Mannes, vermutlich um 1930.

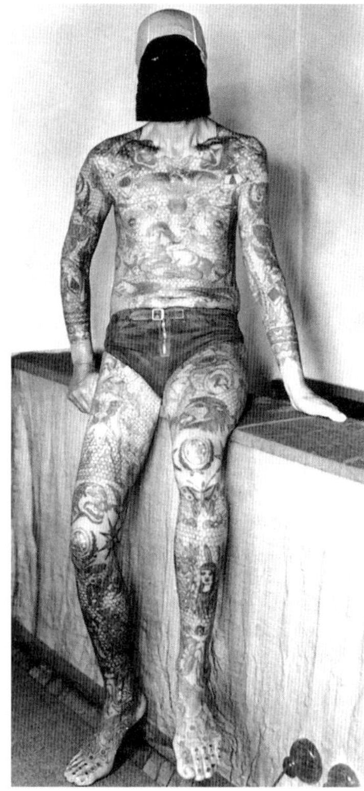

Abb. 14 Fotografie eines Mannes, vermutlich um 1950.

Haltung der Nationalsozialisten gegenüber der Tätowierung.[108] Schließlich möchte eine Passage den Beleg dafür liefern, mit welcher Entschlossenheit die Nazis anscheinend gegen Tätowierte und Tätowierer vorgingen:

> „Dann kamen die Nazis, und Tätowierungen waren verboten. ‚Plötzlich ging die Parole durch Deutschland: Nur Verbrecher sind tätowiert!' Für Hoffmann ein Unding: ‚Jetzt hatte ich das Alter, um mich tätowieren zu lassen, aber es gab weit und breit keinen Tätowierer mehr. Blumberg, Kuchenbäcker [Kuchenmüller, siehe Fußnote] und Heinze kamen 1933 ins KZ. Amateurtätowierer wagten auch nicht mehr zu tätowieren. Ich sagte allen, ich möchte auch tätowiert werden', erinnert sich Hoffmann. ‚Sie erwiderten, das ist verboten. Ich kannte so viele, die es hätten tun können. Einer antwortete mir, er sei gerade aus dem KZ gekommen, er wollte nicht wieder dahin.'"[109]

Ob Heinze, Kuchenmüller und Blumberg wegen ihrer Tätowier-Tätigkeit inhaftiert wurden, konnte im Rahmen der vorliegenden Arbeit nicht überprüft werden. Ebenso möglich ist eine Deportation aus anderen Gründen, beispielsweise eine jüdische Herkunft, wie sie bei Blumberg naheliegt.

Pascal Honisch vermutet einen direkten Bezug zwischen den Theorien Lombrosos und dem Führungsapparat des nationalsozialistischen Regimes. Er stellt die These auf, dass Lombrosos Theorien zum ‚geborenen Verbrecher', der über physiognomische und phrenologische Merkmale zu erkennen sei, regen Zuspruch bei den Nazis fanden. Man könne argumentieren, so Honisch, dass gerade seine Ansichten zur Physiognomie des Verbrechens der rassistischen Leitvorstellung der Nationalsozialsten wichtigen ‚wissenschaftlichen' Rückhalt gaben. Womöglich wäre es auch seiner literarischen Vorabverurteilung tätowierter Personen mit zu verdanken, dass diese in den Konzentrationslagern zahlreichen grausamen Experimenten zum Opfer fielen.[110]

Zusammenfassend lässt sich feststellen, dass ein Verbot der Tätowierung im Nationalsozialismus vornehmlich in Zeitzeugenaussagen erwähnt wird. Indes tätowierte Warlich während des Zweiten Weltkrieges unbehelligt von Restriktionen. Auch wenn ein tätowierter Körper sicherlich nicht dem Idealbild der Rassenideologie entsprach, konnte ein explizites Tattoo-Verbot in Form eines entsprechenden Erlasses nicht nachgewiesen werden.[111] Weder der oftmals kolportierte ‚Bracht'sche Erlass' noch Himmlers Anordnung zum Verbot von Schaustellungen enthält eindeutige Verweise auf die Tätowierung. Offen bleibt hierbei die Auslegungspraxis dieser Texte einhergehend mit ihrer eventuellen Durchführung. Auch die Dissertation von Erich Wagner, die der Lagerarzt des Konzentrationslagers Buchenwald im Jahr 1940 von dem Häftling Paul Grünewald verfassen ließ, enthält keinen Hinweis auf ein Tattoo-Verbot im ‚Dritten Reich'.[112] Für die Studie wurden 800 tätowierte Häftlinge nach ihrer sozialen Herkunft sowie Motivation und Art der Tätowierungen untersucht. Unter anderem wird ein tätowierter Häftling erwähnt, der sich nach seiner Freilassung von Christian Warlich habe tätowieren lassen wollen. Wäre seine bereits vorhandene Tätowierung der Inhaftierungsgrund gewesen, hätte er diesen Wunsch sicherlich nicht geäußert.[113] Weiter berichtet Wagner in einem Kapitel zur Tattoo-Entfernung:

> „Voll Entrüstung sagte mir einer auf meine diesbezügliche Frage, warum er sich denn überhaupt habe tätowieren lassen, wenn die Tätowierung jetzt wieder entfernt werden solle, schließlich sei doch gar nichts Unrechtes daran, zumal er doch keine unsittlichen Bilder dabei habe."[114]

Bemerkenswert ist, mit welcher Konstanz die Überlieferung eines angeblichen generellen Tattoo-Verbotes in der Literatur bis heute Erwähnung findet, wodurch sie maßgeblich zu einer möglichen Legendenbildung beiträgt. Ein Teil der KZ-Gefangenen war tätowiert; dass diese Körpermodifizierungen stets der Grund für die Inhaftierungen waren, ist aufgrund der dargestellten Ergebnisse zweifelhaft. Das obige Zitat zeigt, dass Tätowierungen von Wagner, seines Zeichens SS-Sturmbannführer und Offizier der Wehrmacht, grundsätzlich als „nichts Unrechtes" bezeichnet wurden. Jedoch kann es aufgrund seiner Aussage – im Hinblick auf Himmlers Anordnung zu „plastische[n] Schaustellungen" politischer Persönlichkeiten – möglich gewesen sein, dass Tätowierte aufgrund des Tragens von „unsittlichen Bildern" inhaftiert wurden.

Eine fortschrittliche Betrachtungsweise der Tätowierung setzt – ironischerweise – im Jahr der Machtergreifung 1933 ein. Adolf Spamers bedeutende volkskundliche Studie *Die Tätowierung in den deutschen Hafenstädten* verfolgt einen völlig neuartigen Ansatz.[115] Er ging die

Behandlung des Themas nicht von der tätowierten Person aus an, sondern vom Bildgut der Produzenten – also den Tätowierern – selbst. Ihm gelang eine Beschreibung des damaligen Tätowierbrauchtums und er bemühte sich, gängige Motive ikonografisch zu klassifizieren.[116] Spamers Text hat – zumindest in der volkskundlichen Literatur – den Grundstein dafür gelegt, dass die Tätowierung als ein wichtiges Kulturgut und eigenständiges kulturelles Phänomen wahrgenommen wird.[117] Sein Grundlagenwerk ist eine wertvolle Quelle zur Geschichte der Tätowierung in Deutschland und liefert neben biografischen Informationen von Tätowierern und deren Arbeitsweise umfassende Analysen populärer Bildmotive der damaligen Zeit. Somit ist seine Studie auch für die vorliegende Arbeit eine unverzichtbare Referenz, insbesondere hinsichtlich der Motivgeschichte des Schmetterlings und der Beschreibung von Christian Warlichs Arbeitspraxis. Bezüglich des vorigen Abschnittes zur Tätowierung im Nationalsozialismus und ihrem Bezug zu Lombroso sei noch angemerkt, dass Spamer in seiner „Vorbemerkung zur Geschichte und Literatur der Tätowierung" schreibt:

> „Die Beschäftigung der Juristen und Kriminalisten aller Länder mit dem Hautbild löste 1876 Cesare Lombrosos Werk ‚L'uomo delinquente' aus. Lombrosos Anschauung, der tätowierte Mensch stelle einen anthropologischen Typ mit atavistischen Rückschlagserscheinungen dar und das Hautbild sei darum das spezifische Kennzeichen des geborenen Verbrechers und der geborenen Dirne, führte zu lebhaften Erörterungen für und wider. Heute hat, unseres Erachtens zu Recht, die Milieutheorie fast völlig die These Lombrosos verdrängt."[118]

Heute wissen wir, dass die Milieutheorie in Bezug auf kriminelles Verhalten ebenso wie auf Tätowierungen nur zum Teil anwendbar ist.[119] Die Praxis der Tätowierung ist nur in bestimmten Kontexten auf das Umfeld zurückzuführen, von dem ein Individuum geprägt wird. Vielmehr sind Tattoos eine kulturhistorische Konstante, es hat sie – wenn auch zu unterschiedlichster Art und Verbreitung – zu jeder Zeit und in jeder gesellschaftlichen Schicht gegeben. Eine aktuelle Studie belegt beispielsweise, dass es keine Korrelation zwischen vorhandenen Tätowierungen und der Schulbildung von deren Trägern gibt.[120] Dennoch verdeutlicht Spamers Schilderung dieses zu Beginn des ‚Dritten Reiches' fortgeschrittenen Forschungsstandes, welch überholter und absurder Thesen sich die Nationalsozialsten auch im Hinblick auf die Tätowierung bedienten, um ihre perfide und willkürliche Verfolgungspolitik zu legitimieren.

Die Rezeption der Tätowierung in der breiten Bevölkerung sollte sich erst – einhergehend mit einer differenzierteren und spezifischeren Forschung – in den 1970er Jahren ändern.[121] Seit dieser Zeit scheinen Tattoos zunehmend Einzug in die Gesellschaft zu halten, sich zu verbreiten und an Präsenz in vielerlei, beispielsweise medialer, Hinsicht zu gewinnen.[122] Somit fand die Tätowierung Beachtung in weiteren wissenschaftlichen Disziplinen. Es wurden soziologische und interdisziplinäre Ansätze entwickelt, die die gesellschaftlichen und sozialen Funktionen der Tätowierung untersuchten, beispielsweise ihre Funktion als kommunikatives Medium.[123] Wie Jonas Nesselhauf bereits bemerkte, liegen inzwischen kulturwissenschaftliche Analysen ebenso hinreichend vor wie empirische Untersuchungen zu Tätowierungs-Motivationen aus soziologischer und psychologischer Sicht.[124]

In der Einleitung wurde darauf verwiesen, dass es zwei primäre Systeme gibt, in denen Tätowierungen produziert werden. Dabei ist im jeweiligen Einzelfall zu klären, ob eine Tätowierung einem kunsthandwerklichen oder einem kunstinstitutionellen Kontext, also der bildenden Kunst, zuzuordnen ist. Oben wurde am Beispiel Darwins, Sempers und Virchows gezeigt, dass Tattoos bereits im frühen 19. Jahrhundert in den unterschiedlichsten wissenschaftlichen Kontexten und Disziplinen als ‚Kunst' bezeichnet wurden. Nachdem die Tätowierpraxis, wohl auch durch ihre Verfemung im Nationalsozialismus, nach dem Zweiten Weltkrieg wenig Beachtung in der Forschung fand, häuften sich in den 1990er Jahren insbesondere soziologische Studien, in denen das Verhältnis der Tätowierung zur Kunst untersucht wird.[125] Exemplarisch ist Clinton R. Sanders' Publikation *Customizing the Body* zu nennen, in der er unter anderem der Frage nachgeht, nach welchen Faktoren künstlerische Hervorbringungen bemessen werden und unter welchen sozialen oder marktwirtschaftlichen Bedingungen sie in den Geltungsbereich der bildenden Kunst fallen.[126] Sanders äußert, dass die Tätowierung in dieser Hinsicht und im Vergleich zu anderen Kunstformen eine Sonderstellung einnimmt; sie müsse zunächst von devianten Assoziationen gelöst werden, um als Kunst legitimiert zu werden. Erschwerend komme hinzu, dass Tattoos keinen Wiederverkaufswert haben. Zudem seien Begleiterscheinungen der Produktion – wie Schmerzen oder Blutverlust – Faktoren, die die Chancen der Tätowierung, als Modus der künstlerischen Produktion akzeptiert zu werden, schmälern.[127] Auch wenn Verkäuflichkeit und der Mangel an Übelkeit erregenden Eigenschaften längst keine Voraussetzungen mehr für die Definition eines Objektes als Kunst sind – man denke an die Performance, Conceptual oder Abject Art –, hat Sanders' These insbesondere im Hinblick auf die Rezeption von Kunst innerhalb der breiten Bevölkerung noch heute Bestand. Auch verweist er auf das Problem, dass das Kunstwerk im Falle der Tätowierung nicht vom Träger gelöst betrachtet werden kann. Das habe dazu geführt, dass Museen und Galerien fotografische Reproduktionen von Tattoos oder Zeichnungen, wie beispielsweise Vorlagenblätter, ausstellen.[128] Auch verweist Sanders auf die in den 1980er Jahren aufkommenden Coffee Table Books, in denen zeitgenössische Tattoo-Arbeiten in Form von aufwändig produzierten Fotografien präsentiert werden.[129]

Ein maßgeblicher Teil der Legitimierung, so Sanders, gehe auf die neue Art der Träger, den „new tattooee", zurück. Sie kommen aus der Mittel- oder Oberschicht, seien wohlhabend und gut ausgebildet. Sanders ist sich bereits zum Zeitpunkt seiner Publikation im Jahr 1989 bewusst, dass diese Entwicklung schon seit etwa zwei Jahrzehnten – also den frühen 1970er Jahren – zu beobachten ist;[130] genau der Zeit, in der Tätowierer wie Norman ‚Sailor Jerry' Collins, Donald Edward ‚Ed' Hardy, Cliff Raven und Jamie Summers stilistische Innovationen hervorbrachten, die das Tätowieren nachhaltig veränderten.[131] Die Tatsache, dass dazu auch Stile zählten, die in der bildenden Kunst von Relevanz waren, habe zu einer positiven Rezeption der Kunstinstitutionen geführt.[132] Am Beispiel der Ausstellung *Aesthetics of Graffiti* zeigt Sanders, wie diese – ebenso marginale – künstlerische Ausdrucksform Einzug in die etablierte ‚Kunstwelt' hielt, und setzt sie in Bezug zur Praxis der Tätowierung.[133] Sanders resümiert:

> „It is imminently reasonable to anticipate that contemporary tattooing,
> with its demonstration of technical skill, consistent aesthetic appeal,

> organizational promotion, changing audience, gallery and museum exposure, and increasing academic and critical attention, will be at least as successful as was graffiti in achieving the status of a minor art form and acting as a source of stylistic innovation in established artistic genres. [...] The power of tattoo, like that of street graffiti, is primarily derived from its ability to outrage members of conventional society."[134]

Ein Jahr nach Erscheinen von Sanders' Studie wurde die Ausstellung *High & Low* im New Yorker Museum of Modern Art gezeigt, die ebendiese Wechselwirkungen der sogenannten Hochkunst, der Populärkultur und der künstlerischen Ausdrucksformen von Subkulturen thematisiert.[135]

Ein Anachronismus liegt Sanders' Studie zu Grunde: Die Forderung nach einer Befreiung von devianten Assoziationen, um als Kunst legitimiert zu werden, ist – aus kunsthistorischer Perspektive – obsolet. Zwar hat dieser Aspekt in Bezug auf die Rezeption von Tattoo-Kunst teilweise Bestand, doch sind Tattoo-Arbeiten zum Zeitpunkt der Publikation im Jahr 1989 schon seit zwei Dekaden im Bereich der ‚Hochkunst' präsent.[136]

In ihrem jüngst erschienenen Artikel *The Artification of Tattoo* beschäftigt sich Mary Kosut ebenfalls mit der Transformation der Tätowierung von der Nichtkunst zur Kunst.[137] Im Unterschied zu Sanders' Studie betrachtet Kosut in diesem Wandlungsprozess nicht die Rolle der Träger, sondern die der Tätowierer. Diese hätten, entweder durch eine akademisch-künstlerische Ausbildung oder eine tiefgehende Auseinandersetzung mit Gegenstandsbereichen der bildenden Kunst, eine Neudefinition von einem Handwerk hin zur *‚tattoo art'* bewirkt.[138] Diesen Vorgang beschreibt Kosut als die *‚internal artification'* der Tätowierung. Indem sie die Veränderungen in einem historischem Kontext verortet und die *‚tattooists'* des frühen 20. Jahrhunderts mit den zeitgenössischen *‚tattoo artists'* kontrastiert, illustriert sie die Unterschiede, die innerhalb der Tattoo-Gemeinschaft bestehen. Die Akademisierung der heutigen Tattoo-Kultur habe zu einem Prozess der Neudefinition geführt, bei dem sich einige ältere und etablierte Mitglieder der *‚tattoo community'* als kulturelle Außenseiter eines Umfeldes wahrnehmen würden, das sie selbst geschaffen hätten. Während einige Tätowierer von der Verbindung der kunsthandwerklichen Praxis der Tätowierung und der bildenden Kunst profitieren würden, seien nicht alle von den ästhetischen Veränderungen überzeugt. Der Prozess der *‚internal artification'* berge Konfliktpotential, bewirke eine Einteilung in verschiedene Gruppen und eine Abspaltung. Die zeitgenössische Tätowierer-Generation habe die Tattoo-Kultur neu definiert, so Kosut. Die Kategorie der *‚tattoo art'* im Gegensatz zu *‚tattoo'* und die ubiquitäre Verwendung des Begriffs *‚tattoo artists'* im Unterschied zu *‚tattooists'* innerhalb der Community seien ein Beleg dafür, dass Ideologien und Praktiken der bildenden Kunst innerhalb des Feldes weitgehend integriert und akzeptiert seien. Am Beispiel eines Tätowierers zeigt Kosut, dass eine Positionierung als Künstler zu einem beruflichen und ökonomischen Erfolg führen kann und zudem Autonomie und ein hohes Maß an künstlerischer Freiheit ermöglicht. Sollten Tätowierer mit akademischem Hintergrund weiterhin die Bedeutungen und Formen der Tätowierung transformieren, so Kosut, werde der kulturelle Status der Tätowierung weiter erhöht.

Mit der institutionellen Legitimierung der Tätowierung als ‚Kunst' außerhalb der Tattoo-Szene beschäftigen sich die folgenden Abschnitte. Nachdem die kunsthistorische Forschung zum Thema dargestellt wird, folgt ein Abriss zur Verwendung der Tätowierung in der bildenden Kunst seit 1970.

1.3.2 Kunsthistorische Forschung ab 1981

Im vorigen Kapitel wurde unter anderem auf soziologische Positionen eingegangen, die sich mit dem Verhältnis der Tätowierung zur bildenden Kunst auseinandersetzen; im Folgenden sollen explizit kunsthistorische Ansätze behandelt werden.

Der wohl früheste Beitrag, der die Tätowierung als zentralen Untersuchungsgegenstand betrachtet und sich dem Thema aus dezidiert kunsthistorischer Perspektive nähert, ist Marcia Tuckers Artikel *Tattoo. The State of the Art*, der im Jahr 1981 im Kunstmagazin *Artforum* erschien.[139] Der Aufsatz soll im Folgenden etwas detaillierter zusammengefasst werden, da er grundlegende Positionen enthält und Fragestellungen aufwirft, die bis in die heutige Forschung weitergeführt werden. Einleitend verweist Tucker auf das Wiederaufleben der Tätowierung seit etwa 1970 und gibt einen kurzen Überblick zu ihrer Verbreitung und Funktion. Wie im vorangehenden Kapitel erläutert, schrieb Sanders – etwa ein Jahrzehnt später –, die Tätowierung müsse von ihren devianten Assoziationen gelöst werden, um als Kunst legitimiert zu werden. Tucker konstatiert, dass ebendiese exotische Komponente, die das Verbotene und das Tabu beinhalte, zu ihrer Begehrlichkeit führe. Die Tätowierung werde oft mit kriminellen Bereichen der Gesellschaft und ihren Randgruppen in Verbindung gebracht. Tattoo-Träger, die der Oberschicht angehören, werden folglich mit denen assoziiert, deren persönliche Verhältnisse und Haltungen ansonsten grundsätzlich anders seien. Eine gewisse Ironie liege der Tatsache zu Grunde, dass Angehörige der Oberschicht schon seit frühester Zeit Aktivitäten und Ausdrucksformen der unteren Schichten übernähmen in der Annahme, dass deren Eigenschaften ihnen eine mysteriöse, eigenartige, abenteuerliche und exotische Aura verleihen würden. Die Arbeiterschaft – ebenso wie Kriminelle und Angehörige der Unterwelt – wiederum hätte dann ebendiese Attribute, die die Oberschicht ursprünglich von ihnen übernahm, als begehrlich erachtet und imitiert.[140] Bemerkenswert hieran ist die Analogie zwischen den schichtenübergreifenden Austauschprozessen hinsichtlich der Applizierung von Tätowierungen und der bei Sanders beschriebenen Vorgänge, durch die *lowbrow art* in das etablierte und institutionelle Kunstsystem integriert wird.[141]

Tucker beschreibt – und das im Jahr 1981 äußerst früh – das Aufkommen einer neuen Art von Trägern und Tätowierern.[142] Oftmals hätten sie eine künstlerische Ausbildung, seien gebildet und kämen aus der Mittelklasse. Sie würden die Tätowierung als eine Erweiterung ihrer Tätigkeiten im Bereich der Malerei, der Bildhauerei oder der Performance-Kunst betrachten, ohne dabei die traditionellen Kunstgattungen abzulehnen. Beispielhaft nennt sie Mike Bakaty, Ruth Marten und Jamie Summers, deren Werke in New Yorker Galerien gezeigt wurden.[143] Die Tattoo-Arbeiten dieser Künstler würden sich dadurch auszeichnen, dass es sich – im Gegensatz zur gängigen Praxis der Zeit – um maßgefertigte Unikate handelt, die kundenspezifisch konzipiert seien und ein hohes technisches Niveau hätten. Zudem würden sie die traditionelle Tattoo-Ikonografie meiden. Sie würden ihre Arbeiten auf dem menschlichen Körper als eine erweiterte Plattform für die Auseinandersetzung mit Fragen verstehen, die zu der Zeit in der bildenden Kunst aktuell gewesen seien. Derartige Künstler, so Tucker, hätten die zeitgenössische Tätowierung durch ihre neuartige Haltung bezüglich der bildlichen Darstellungen und der Funktion der Tätowierung geprägt. Sie hätten konzeptuelle Arbeiten, heidnische Elemente und die Abstraktion eingeführt, um die Tattoo-Kunst vor einer Stagnation zu bewahren. Einige Arbeiten Jamie Summers' seien derart hoch entwickelt, dass Rezipienten ihre Tätowierungen oftmals nicht einmal als solche erkannt hätten, sondern davon ausgingen, es handele sich um auf die Haut gemalte Entwürfe. Es sei offensichtlich, dass die Werke dieser Tätowierer der Theorie und Praxis der bildenden Kunst näher seien als die Bestrebungen ihrer Berufskollegen.

Tucker erwähnt die für die westliche Tätowierung charakteristische Eigenschaft, dass sich Designs von unterschiedlichen Tätowierern auf der Haut der Träger agglomerieren. Dies resultiere in einer Sammlung von Arbeiten, die sich hinsichtlich ihres Stils, ihrer Größe und ihrer Motive entgegenstünden. Künstler wie Bakaty, Marten und Summers hingegen würden ihre Arbeiten unter Berücksichtigung der Gesamtwirkung auf dem menschlichen Körper konzipieren. Dies beinhalte die richtige Platzierung eines Motivs, dessen inhaltliche Beziehung zum Träger sowie das Verhältnis zu bereits vorhandenen oder geplanten Tätowierungen. Die Muskelstruktur werde ebenso berücksichtigt wie altersbedingte Veränderungen des Körpers. Zudem verzichte Summers teilweise auf die traditionelle Arbeitsweise, bei der eine schwarze Umrisslinie die verschiedenen Farbflächen des Motivs umschließt. Durch die daraus resultierenden Farbverläufe entstehe eine elegante, ungewöhnliche und abstrakte Musterung. Tucker konstatiert, dass es nun möglich sei, nahezu alles, was auf Papier gemalt werden könne, auch auf dem Körper umzusetzen – mit dem Unterschied, dass die Arbeiten auf einem lebendigen Untergrund wirkungsvoller seien.[144]

Sie erläutert, dass die Tätowierung viel mit den Entwicklungen in der zeitgenössischen Kunst gemein hätte. Wie in der Performance-Kunst oder teilweise bei der Land Art seien die Werke von begrenzter Dauer. Sie werden auf einer lebendigen – und sich verändernden – Person ausgeführt und würden nach ihrer Fertigstellung eine Form der Eigenständigkeit erlangen, bei der sie in verschiedenen Kontexten und Situationen rezipiert werden. Zunehmend seien Künstler darauf bedacht, den Ausstellungskontext ihrer Arbeiten vorzugeben, ihn gänzlich zu eliminieren oder eigene zu schaffen. Dieses Problem bestehe nicht für Tattoo-Künstler, ebenso wenig die Frage nach einer Galerie-Repräsentanz. Während sich Maler und Bildhauer oft um die Permanenz ihrer Arbeiten sorgen und sich mit deren langfristiger ästhetischer und intellektueller Wirkung befassen würden, seien sich Tattoo-Künstler vor allem darüber im Klaren, dass ihre Arbeiten Menschen dauerhaft verändern. Tattoos würden nicht nur das Selbstbild der Träger verändern, sondern auch die Art und Weise, wie sie von anderen rezipiert werden.

Weiter geht Tucker auf die unterschiedlichen Motivationen von Trägern ein und spricht den voyeuristischen Charakter an, der der Praxis und ihrer Wahrnehmung zu Grunde liegt. Die Aufnahme der Tätowierung in den Bereich der bildenden Kunst, insbesondere in den Vereinigten Staaten, sei für Künstler wie Bakaty, Marten und Summers ein Beleg für die heterogene und populistische Natur der zeitgenössischen amerikanischen Kunst. Dabei werde es angestrebt, ein breites Publikum anzusprechen, außerhalb der traditionellen Medien zu arbeiten und die Arbeit in einen größtmöglichen Kontext zu platzieren.

Die Tätowierung verkörpere, so Tucker, die Subjekt-Objekt-Beziehung, mit der sich viele zeitgenössische Künstler befasst hätten, indem sie ihren eigenen Körper zum Kunst-Objekt machten. Einige konzeptuelle Tattoo-Arbeiten seien gar noch komplexer, da andere Personen – also nicht der Künstler selbst – zu einem Kunstwerk transformiert würden. Paradoxerweise sei die Tätowierung mit ihrer Permanenz, ihrem grafischen Charakter und dem zu ihrer Umsetzung notwendigen handwerklichen Können äußerst traditionell; insbesondere die damit verbundene Ausbildung verliere im Bereich der bildenden Kunst zunehmend an Bedeutung.

Da Tätowierer ihre Arbeiten auf Menschen unterschiedlicher sozialer Herkunft realisieren, sei die Gruppe der möglichen Rezipienten – erfolge eine Betrachtung der Werke vorsätzlich oder ungewollt – äußerst heterogen. Zudem sei die Reaktion des Rezipienten einer Tätowierung selten indifferent, was für Künstler, die mit konventionellen Medien arbeiten, beneidenswert sei, zumal starke Reaktionen auf ihre Arbeiten eher die Ausnahme seien. Deren Zugang zu Betrachtern sei beschränkt auf den Kontext, in dem ihre Werke gezeigt werden. Eine tätowierte Person hingegen – und damit auch die Arbeit des Künstlers – sei, sofern sie es wolle, jedem zu jeder Zeit zugänglich. Abschließend konstatiert Tucker, dass die Tätowierung als Kunstform kontrovers bleibe, da die dauerhafte Veränderung des menschlichen Körpers für viele Betrachter nicht akzeptabel sei.

Bisher wurden Werke von Tätowierern in der kunstgeschichtlichen Forschung unzureichend behandelt.[145] Gründliche Studien oder gar Werkverzeichnisse liegen nicht vor.[146] Lediglich eine Dissertation aus dem Jahr 2010, *Body Art: Body Modification as Artistic Practice* von Matthew Lodder, analysiert den künstlerischen Stellenwert von körperverändernden Eingriffen wie der Schönheitsoperation oder der Tätowierung ausführlich und berücksichtigt ebenso die Arbeiten von Berufstätowierern.[147] In diesem Kontext erläutert Lodder, dass der Tätowierer meist als das Organ verstanden werde, das die Ideen des Kunden umsetze. Tatsächlich sei es bei renommierten Tätowierern so, dass sie ihre künstlerische Vision in ihrem individuellen Stil auf dem Körper des Trägers realisieren. Auch nennt er Beispiele aus der Konzeptkunst, bei denen es sich genau gegensätzlich verhält: die Autorenrolle des Tätowierers werde minimiert und er setze die Idee eines Künstlers, bei dem es sich bisweilen auch um den Träger handelt, um. Lodder bemerkt, dass Tattoos nicht mehr nur als Form der Kommunikation des Trägers angesehen werden könnten. Vielmehr müssten sie isoliert als eigenständige Werke in einem künstlerischen Kontext betrachtet werden. Hierbei befasst er sich im Speziellen mit den Schwierigkeiten, die sich ergeben, sobald man eine Tätowierung als Kunstwerk versteht. Anhand einiger Fallbeispiele zeigt er Probleme in Bezug auf die Autorschaft oder den Wert von Tattoos auf, die sich im Hinblick auf den Kunsthandel oder Besitzverhältnisse manifestieren. Auf diesen Aspekt verweist auch Julius von Schlosser in seinem Beitrag zu den *Kunst- und Wunderkammern der Spätrenaissance*. Allerdings betrachtet er die Tätowierung hierbei natürlich nicht als künstlerisches Artefakt, sondern erwähnt sie in Bezug auf die Verzierung des eigenen Körpers durch Schmuck und die Eigenschaft des Tattoos, nicht ohne Weiteres vom Körper des Trägers gelöst werden zu können. Ganz im Sinne seiner Zeit – die Publikation erschien 1908, im gleichen Jahr wie Loos' *Ornament und verbrechen* – sieht Schlosser die Tätowierung als Phänomen niederer, „primitive[r]" Gesellschaftsschichten:

> „[...] nur auf eines wäre doch hinzuweisen, auf den engen Zusammenhang, in dem der Sammeltrieb mit der Vorstellung des persönlichen Eigentums und mit der nicht minder komplizierten des Schmucks, vor allem des eigenen Leibes, steht, und mit dieser letzteren einer der tiefsten Quellen aller bildenden Kunst überhaupt sich nähert. Das wird deutlicher, wenn wir hören, daß der primitive Mensch in sehr vielen Fällen seine eigene wandelnde Schatzkammer vorstellt, daß er aus leicht zu durchschauenden Gründen, was er persönlich wert hält und sein eigen nennen will, auch am eigenen Leibe, oft mit nicht geringem Mühsal, herumträgt; – und dazu gehört natürlich auch vor allem die dauerhaft in die Haut gravierte bunte Tätuierung, die ihm nur mit jener selbst genommen werden kann, ein materielles und groteskes Gegenbild zu den Leibsprüchlein des cynischen Philosophen. Daß dergleichen Dinge aber – wie bekanntlich der Tätuierung auch – bis in die Niederungen moderner und europäischer Kultur noch hineinragen, das lehrt manches klein- und vorstädtische Auslagenfenster mit den Photographien von Vereins- und Sporthelden niedriger Sphären, behangen und bebändert mit ganzen Sammlungen von Denk- und Ehrenmünzen [...]."[148]

Lodder bereitet mit seiner Untersuchung das Feld für die vorliegende Arbeit, auch weil er für die Tätowierung als emanzipierte Kunstform plädiert. So verweist er ebenfalls auf den Umstand, dass keine kunsthistorischen Monografien über die einflussreichsten Tätowierer vorliegen, kaum kunsttheoretische Studien existieren und dass Kunsthistoriker Tattoo-Ausstellungen in Museen und Galerien bisher wenig Aufmerksamkeit geschenkt haben. Lodders Studie liefert wertvolle Erkenntnisse, die in der vorliegenden Analyse – insbesondere in Bezug auf materialspezifische Charakteristika der Haut als künstlerisches Medium und ikonografische Aspekte – erweitert werden sollen, um die Tätowierung verstärkt in einem kunsthistorischen Kontext zu positionieren.

Einen weiteren wegweisenden Beitrag hinsichtlich der Rezeption des tätowierten Körpers lieferte Jennifer Daubenberger in ihrem Aufsatz *Die Ambivalenz der Tätowierung*.[149] Nachdem sie in ihrer Masterarbeit die europäische Tätowierung – insbesondere unter Berücksichtigung der bildanthropologischen Erkenntnisse von Hans Belting – untersucht hat, beschäftigt sie sich in ihrem Beitrag aus dem Jahr 2014 mit der Fähigkeit der Tätowierung, den menschlichen Körper „einerseits zu betonen und andererseits zu verschleiern."[150] In Anlehnung an Belting schreibt sie zur Tätowierung, dass diese dem menschlichen Körper seine naturgegebene Daseinsform nehme und ihn in eine von außen bestimmte, höhere Bedeutungsebene transferiere. Weiter konstatiert sie:

> „Der Körper wird diesbezüglich zu einem Trägermedium. Er übermittelt ein Bild – mehr noch, durch das ‚Überschreiben' seiner ‚natürlichen' Daseinsform, wird der Körper selbst in ein Bild verwandelt. Der naturgegebene Körper tritt hinter dem Bild visuell zurück. Vordergründig wird nun die Erscheinung des Körpers wahrgenommen, die die Tätowierung

> ihm verleiht und die damit einhergehende höhere Bedeutungsebene. Von dem Körper wird von nun an verlangt, sich bildkonform zu verhalten und sich wie ein Bild auszudrücken, er wird selbst zu einem ‚Bild'."[151]

Weiter habe das Bild am Körper, die Tätowierung, nicht nur Auswirkungen auf den Körper selbst, sondern auch auf sein soziales Verhalten und dementsprechend auf seine Umwelt. Innerhalb dieses Kontexts komme der Tätowierung ein zeichenhafter Charakter zu, welcher den Körper, neben der bereits erwähnten Funktion eines Trägermediums für ein Bild, gleichsam zum Träger einer Information mache; man könne sagen, der Körper werde zu einem ‚Kommunikationsmittel', so Daubenberger.[152]

Zudem verweist sie darauf, dass das Trägermedium von Tätowierungen genau genommen die menschliche Haut sei. Sie verleihe dem tätowierten Bild seine Gestalt. Trotzdem bleibe dieses Medium, ohne das die Tätowierung nicht existieren könne, meist unbeachtet. Das liege mitunter daran, „dass in der westlichen Kultur das Medium meist als reines Material zur Bildherstellung deklariert wird. Es wird ‚nicht gesehen'."[153] Die vorliegende Arbeit soll einen Beitrag dazu leisten, dieses bisherige Ausbleiben der Betrachtung der trägerspezifischen Eigenschaften im Hinblick auf die Tätowierung genauer zu untersuchen.

In diesem Zusammenhang sei darauf hingewiesen, dass die menschliche Haut seit Claudia Benthiens Studie aus dem Jahr 1999 in der kulturwissenschaftlichen Forschung berücksichtigt wird.[154] Benthien untersuchte den Zusammenhang von Wahrnehmung, Haut und Subjektivität in den Wissenschaften, der Literatur und den Künsten seit dem 18. Jahrhundert und versteht die Haut im 20. Jahrhundert als eine zentrale „Metapher des Getrenntseins".[155] In der kunstgeschichtlichen Forschung findet die Haut vor allem Beachtung in Studien zum Inkarnat, der Darstellung der menschlichen Haut in der Malerei. Der von Daniela Bohde und Mechthild Fend herausgegebene Sammelband *Weder Haut noch Fleisch* zeigt, wie Künstler seit dem Mittelalter versuchten, eine lebendige Wirkung des gemalten menschlichen Körpers zu erzielen.[156] Weitere Beiträge von Mechthild Fend – auf die an späterer Stelle näher eingegangen wird – gehören zu den wenigen, die sich eingehend mit Tattoo-Arbeiten von bildenden Künstlern auseinandersetzen.[157]

Daubenberger geht in ihrem Beitrag auf den der Tätowierung immanenten Aspekt ein, dass Veränderungen der Haut zur Persönlichkeitsdefinition beitragen würden – sei es durch die betreffende Person selbst oder durch Außenstehende.

> „Das Körperbild und die Haut stehen in engem Zusammenhang miteinander; unter sichtbaren Hautveränderungen leidet einerseits das Selbstwertgefühl der betroffenen Person, andererseits provoziert ‚kranke Haut' die Furcht vor Ansteckung und damit Antipathie, Ablehnung, Widerwille oder gar Ekel. Der makellose Körper scheint in der westlichen Welt nach wie vor als Schönheits-Ideal zu gelten."[158]

Der Haut komme die symbolische Bedeutung einer Art Filter zwischen Innen- und Außenwelt zu, sie schütze des Menschen Innerstes vor äußeren Einflüssen. Gleichermaßen könne die Haut als Repräsentant der Seele, des Wesens, angesehen werden. So würden wir mit der entblößten Haut den Zustand des Nacktseins verbinden, welcher, neben dem erotisierenden Aspekt, oftmals mit Schutzlosigkeit, Wehrlosigkeit und völligem Ausgeliefertsein assoziiert werde. Die Tätowierung könne den Mechanismen des Maskierens und Verbergens einerseits zuträglich sein, andererseits begünstige sie „die penetrierenden Blicke der anderen".[159] Das liege – vor allem in unserem Kulturkreis – daran, dass die Seele laut christlicher Überlieferung das Wesen des Menschen sei, welches im Idealfall frei von Schuld und ohne Sühne, ergo unbefleckt sein sollte. Betrachte man die Haut als ‚Spiegel der Seele', habe selbige folgerichtig auch ohne jegliches Mal und ohne jeglichen Makel zu sein. Die Tätowierung möge einerseits das Trägermedium Haut betonen, indem sie sich in ihr manifestiert, andererseits dränge sie das Medium hinter ihrer eigenen Bildlichkeit zurück. Der nicht außer Acht zu lassende Kontext des Körpers erinnere allerdings stets an die Präsenz der Haut und an ihre ‚Unnatürlichkeit' als Bildträger. Man könnte demnach von einer steten Wechselwirkung zwischen Körper, Bild und Medium sprechen. Selbige lasse sich am eindringlichsten bei der Anfertigung einer Tätowierung nachvollziehen. Denn hier werde das Bild schmerzhaft erlebbar.[160]

In Anlehnung an Beltings bildwissenschaftlichen Ansatz konstatiert Daubenberger, dass die Tätowierung im Hinblick auf die spezifische Auffassung des künstlerischen Bildes im westlichen Kulturkreis nicht als Bild per se aufgefasst werde, da das überlieferte Bildverständnis die Sichtweise begrenze.

> „Die westliche Kultur, generiert durch die griechisch-lateinische, betrachtet das Bild in der Regel als Wiedergabe der Wirklichkeit, das heißt die stoffliche Substanz muss hinter dem Sujet verschwinden. Da dies aber bei der Tätowierung nur bedingt der Fall ist, die Haut zwar verschwindet, der Körper aber betont wird, wird die Bildrezeption gestört und der daran nicht gewöhnte Betrachter unweigerlich irritiert."[161]

Hinzu komme die Gewöhnung an die meist übliche Präsentationsform eines Bildes, wie beispielsweise die Begrenzung des Darstellungsfeldes durch einen Rahmen, bei der der Betrachter ausgeschlossen werde. Weiter führt Daubenberger aus, dass die oftmals spontane Rezeptionssituation signifikant für die Tätowierung sei. Ebenso die Tatsache, dass tätowierte Bilder oftmals gar nicht mit einem Blick erfasst werden könnten und man – ähnlich wie bei einer Skulptur – um einen tätowierten Körper herumgehen müsse, um großformatige Kompositionen in ihrer Gesamtheit ergründen zu können.[162]

Weiter bezieht Daubenberger die von Belting geprägten Termini ‚innere Bilder' und ‚äußere Bilder' auf die Tätowierung und führt den Begriff der ‚gedoppelten Symbolik' ein. Hierbei geht es um den Umstand, dass einzelne Tattoo-Motive zwar eine definierte symbolische Bedeutung hätten, ihnen aber eine „weit über die eigentliche Bedeutung hinausgehende, ganz persönliche Symbolik" zu Grunde liegen könne, die für Außenstehende so gut wie nicht entschlüsselbar sei.[163]

An diesen Aspekt knüpft auch Gemma Angels Aufsatz *Roses and Daggers* an, bei dem es sich um eine der wenigen Studien handelt, die die Ikonografie von Tattoo-Motiven eingehend analysiert.[164] Daubenbergers Begriff der ‚gedoppelten Symbolik' liegt eine individuelle Bedeutung zu Grunde; Angel geht insbesondere darauf ein, dass tätowierte Bilder ein emotives Potential innehätten. Darüber hinaus weist sie darauf hin, dass einige Motive dahingehend entworfen seien, dass sie symbolisch mit der verkörperten emotionalen Erfahrung korrelieren würden. Diese seien gewissermaßen auf der Körperoberfläche vorgeführt. Dies treffe vor allem auf Tätowierungen zu, die emotionalen Schmerz ausdrücken würden. Die systematische symbolische Deutung von Tattoo-Motiven begann mit Kriminologen und Forensikern – wie den bereits erwähnten Lombroso und Lacassagne – im ausgehenden 19. Jahrhundert, die sich durch die Entschlüsselung der Bilder Informationen über den psychischen Zustand von deren Trägern erhofften. Das Problem dieser frühen ikonografischen Studien bestehe darin, so Angel, dass die explizite Verbindung, die zwischen der europäischen Tätowierung und der Kriminalität hergestellt wurde, einen maßgeblichen Einfluss auf die Lesart der europäischen Tattoo-Symbolik gehabt hätte. Die Forschungen zu ihrer Ikonografie seien von ihrer Pathologisierung überschattet worden. Angel beschreibt ihre gründliche und differenzierte Vorgehensweise wie folgt:

> „[...] as I will show, new archive research that draws together multiple sources, demonstrates that these interpretations are based upon a flawed approach to the reading of tattoo iconography, which rigidly conflates body location and motiv, as well as relying upon crude assumptions about the ‚criminal nature' of the subject."[165]

Insbesondere folgende Herangehensweise liegt ebenso der vorliegenden Arbeit zu Grunde:

> „I will explore the origins and development of some dagger-through-the-heart tattoo motif ‚variants', via an analysis of Christian symbolism and images drawn from popular European culture. Unlike designs drawn or painted on paper and canvas, however, it is important to emphasise that tattoos are not merely images, but rather are an integral aspect of the modified skin's materiality; thus any discussion of the symbolism and development of European tattoo iconography must also take into account the fleshy, three-dimensional body. The tattooed mark may tell a partial story of its own origins, of the techniques and tools used in its production, as well as suggesting a fragmentary biography of the tattooed individual, evoking hopes, desires and allegiances, often in enigmatically coded forms – but as an embodied, living art form, the tattoo cannot be fully understood without taking into consideration the surface it takes for its ground: the skin. [...] As an embodied art form, much of the iconography relies upon the specific body location of the tattoo, or reference to vernacular speech or sentiment."[166]

Angels Aufsatz verdeutlicht, warum es an differenzierten Untersuchungen zur Ikonografie von Tätowierungen mangelt und warum es ihrer so dringend bedarf. Sie weist darauf hin, welche Aspekte bei derartigen Analysen zu berücksichtigen sind, und erklärt, dass die Platzierung einer Tätowierung auf dem Körper mit seiner Bedeutung zusammenhängen kann, diese Beobachtung jedoch keineswegs generell auf alle europäischen Tätowierungen zutrifft.

1.3.3 Zur Tätowierung in der bildenden Kunst ab 1970

Auf Schriftquellen und Forschungsliteratur, die sich mit der Verflechtung der Tätowierung mit der bildenden Kunst seit dem 19. Jahrhundert beschäftigen, wurde in den vorigen Kapiteln eingegangen. Im letzten Abschnitt wurden theoretische Aspekte der kunsthistorischen

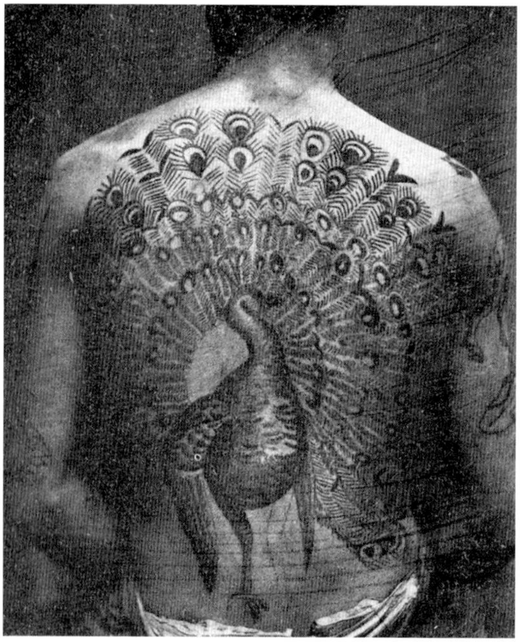

Abb. 15 Pfau mit aufgestelltem Federrad, Anfang des 20. Jahrhunderts, Tätowierung.

Forschung dargestellt. Daher soll der Fokus dieses Kapitels auf Tattoo-Arbeiten liegen, die von Künstlern angefertigt wurden, nachdem die Tätowierung seit den 1970er Jahren als legitime Kunstform in Erscheinung trat.

An den Aufsätzen und Beiträgen der letzten Jahre, die sich mit Kunst-Tattoos beschäftigen, ist augenfällig, dass ein immer wiederkehrender Kanon aufgerufen wird.[167] Im Mittelpunkt stehen hier meist die Arbeiten von Valie Export, Timm Ulrichs, Flatz, Santiago Serra und Wim Delvoye; Ulay und Spider Webb hingegen werden seltener erwähnt. Im Folgenden besteht nicht der Anspruch, erneut einen Überblick über bisherige Tattoo-Kunstwerke zu liefern, zumal die nachfolgend genannten Artikel auf die einzelnen Arbeiten eingehen. Außerdem wird sich die Dissertationsschrift von Jennifer Daubenberger ausführlich mit der Rezeption der Tätowierung und ihren verschiedenen Erscheinungsformen in der zeitgenössischen Kunst befassen, auch anhand von zahlreichen Werken, die bisher nicht in Forschungsbeiträgen besprochen wurden.[168] Vielmehr geht es im folgenden Abschnitt darum zu zeigen, welche Positionen mit Hilfe dieses für die Kunst neuen Mediums vornehmlich vertreten wurden, um Damien Hirsts – bisher nirgends eingehend analysierte – Arbeit *butterfly, divided* an späterer Stelle im Kontext dieser Werke zu betrachten.

Einleitend sei erwähnt, dass die wohl früheste bisher nachweisbare Tätowierung eines Künstlers, genauer Kunsthochschülers, auf die Zeit um 1930 zurückgeht. Auch wenn sie nicht in einem kunstinstitutionellen Zusammenhang entstanden ist, hat sie eine gewisse Aussagekraft in Bezug auf die Verortung der Tätowierung im Kunstsystem. In seinem Bericht *Un cas de tatouage artistique exécuté en France* berichtet Jean Lacassagne von einer Tätowierung

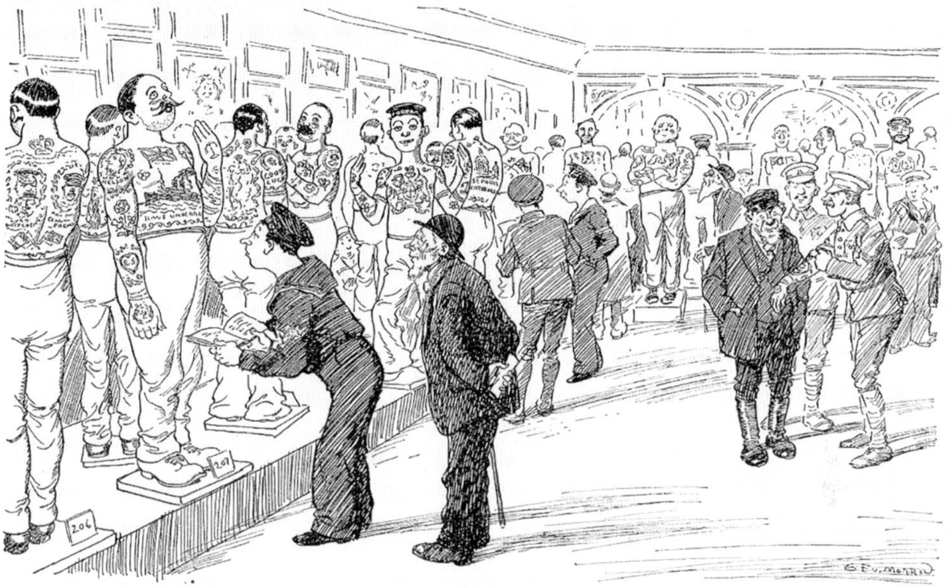

SIMULTANEOUSLY WITH THE PRIVATE VIEW OF THE ROYAL ACADEMY, THE ROYAL SOCIETY OF TATTOOISTS OPEN THEIR ANNUAL EXHIBITION.

Abb. 16 George Morrow, 1915, Karikatur.

– eine großformatige Pfauendarstellung mit aufgestelltem Federrad auf dem Rücken eines Mannes (Abb. 15) –, die von einem „Schüler der bildenden Kunst (!)“ ausgeführt worden sei.[169] Wie überraschend dieser Umstand für den Autor ist, wird an dem Ausrufezeichen deutlich, das in Klammern eingefügt ist. Diese Passage zeigt das Anachronistische, das einem tätowierenden Künstler – zumindest aus der Sicht des Franzosen Lacassagne – noch um das Jahr 1930 zu Grunde liegt. Weder die Überlieferung des Namens des Trägers noch der des Herstellers des Tattoos wurde, wie damals üblich, als notwendig erachtet. In England wiederum, wo die Tätowierung – im Gegensatz zu Frankreich oder Deutschland – keineswegs Bestandteil unzähliger kriminalanthropologischer Studien war, ist ein Zusammenhang zwischen westlichen Tätowierungen und bildender Kunst schon in der Zeit um die Jahrhundertwende weniger abwegig.[170] Nicht zuletzt wird diese wohlwollende Rezeption der Tätowierung in England auch auf Sutherland Macdonald zurückzuführen sein, dessen Arbeit bereits zu seinen Lebzeiten hoch geschätzt wurde.[171] So heißt es in einem Zeitschriftenartikel:

> „[…] in London at the present moment is produced the very finest tattooing the world has ever seen […] but it may be said without fear of contradiction that no one in the past, and no man living to-day, can compare with Macdonald in placing really artistic pictures on the human skin.“[172]

Eine Karikatur (Abb. 16) aus der englischen Satire-Zeitschrift *Punch* aus dem Jahr 1915 geht noch einen Schritt weiter als die bei Lacassagne beschriebene Arbeit des *„élève des Beaux-Arts (!)“*:[173] sie erhebt die Arbeiten von Berufstätowierern zu Kunstwerken. In seiner Persiflage positionierte der Illustrator George Morrow tätowierte Männer als lebendige Standbilder auf nummerierten Plinthen im Ausstellungsraum der Royal Academy of Arts. In der Bildunterschrift heißt es: „Simultaneously with the Private View of the Royal Academy, the Royal Society of Tattooists open their Annual Exhibition." Auch wenn dies eine humoristische Sichtweise ist, offenbart sie doch immerhin die Idee, Tätowierungen als emanzipierte Kunstwerke zu verstehen. Dieser Gedanke wird bereits einige Jahre zuvor – wieder in Bezug auf Macdonald und gar auf die Royal Academy – in einem Zeitschriftenartikel geäußert:

> „An artist whose studio is within a stone's throw of the Royal Academy, whose work is highly prized by those who own it in all classes of society from Royalty downwards, is to be found in every part of the world, yet is never seen on the walls of Burlington House, although always carried about during life by many of those men and women who go annually to gaze on the Pictures of the Year. Such is the unique position held by Sutherland Macdonald and his Art, for tattooing in his hands is clearly Art with a capital A [...]."[174]

Die in Morrows Scherzzeichnung visualisierte Idee sollte knapp einhundert Jahre später, in Form von Wim Delvoyes Arbeit *Tim* (Farbabb. 1–2), Realität werden: Im Jahr 2008 wurde das Werk – eine großflächige Tätowierung einer Madonnenfigur auf dem Rücken von Tim Steiner – in Kollaboration mit dem Tätowierer Matt Powers fertiggestellt.[175] Die Arbeit wurde von dem Hamburger Kunstsammler Rik Reinking für 150 000 Euro gekauft. Der Betrag wurde unter dem Künstler, dem Träger und der Galerie aufgeteilt. Mit dem Kauf erwarb Reinking das Recht, Steiner als Leihgabe weiterzureichen und auszustellen, zu verkaufen, zu vererben oder seine Haut nach dem Tode zu konservieren. Delvoye gelang es hiermit, ein nicht vermarktungsfähiges Objekt für den Kunstmarkt zugänglich zu machen und zugleich kritische „Fragen nach Macht, Herrschaft, und dem Verfügungsrecht über den menschlichen Körper" zu stellen.[176]

Einige Jahre zuvor, im Dezember 2004, gab es ein Ausstellungsprojekt mit dem Titel *Chaim Soutine*, an dem Delvoye ebenfalls beteiligt war. Inspiriert von Roald Dahls Kurzgeschichte *Skin*, in der das Auftauchen einer Tätowierung Soutines auf einer Kunstauktion die Ermordung von deren Träger impliziert, kontaktierte der Kurator Richard Adamson in Kooperation mit der Another Roadside Attraction Gallery 31 renommierte Künstler – darunter, neben Delvoye, beispielsweise David Shrigley und Gavin Turk – mit folgender Intention:[177]

> „Adamson invited [...] artists [...] with each producing drawings and designs in their own particular styles, and enjoined the services of Barry Hogarth [...] to produce the tattoos. The recipients were recruited via advertisements in tattoo and art magazines with the promise of free tattoos, and were allowed to choose a piece from the designs available on a first-come-first served basis. In a curatorial gesture, the exhibition was held, for one night only, on December 1st 2004, gathering the ‚works' together at the Barbican in London (though the artist's preparatory drawings were on display at Hogarth's studio, ‚Happy Sailor' in Hackney, for a number of weeks afterwards."[178]

Delvoyes Zeichnung wurde als Tattoo umgesetzt, allerdings fanden sich für das permanente Tragen vieler Entwürfe anderer Künstler keine Freiwilligen.[179] Adamson erklärte, dass die

Vermittlung des ironischen Konflikts zwischen dem Besitz eines Kunstwerkes, das man jedoch nicht verkaufen oder angemessen ausstellen könne, das Hauptanliegen der Ausstellung gewesen sei.[180] Matthew Lodder ergänzt, dass es sich bei den Tätowierungen keinesfalls um Performances gehandelt habe. Der Entstehungsvorgang sei in diesem Projekt weitgehend irrelevant gewesen, der künstlerische Inhalt bestehe in dem Status der Tätowierung als Zeichen in der Oberfläche. Zudem betone das Tätowieren unikaler Arbeiten von Künstlern, die selbst keine Tätowierer seien, dass das Tattoo als ästhetisches Objekt funktioniere und gelesen werden könne. Hierbei handele es sich nicht um einen persönlichen Ausdruck oder eine subjektive Intention des jeweiligen Trägers.[181]

Wurde bei diesem Kunstprojekt noch die Unmöglichkeit des Verkaufes eines Tattoos auf einem lebendigen Menschen thematisiert, verwirklichte Delvoye mit *Tim* vier Jahre später das Gegenteil. Da es sich bei dieser Arbeit nicht um eine Selbsttätowierung des Künstlers handelt, sondern um die Verwendung der Haut einer anderen Person im Rahmen einer kaufvertraglichen Vereinbarung, weist sie eine Parallele zu Santiago Serras Werken auf. Seit 1998 hat dieser gesellschaftlichen Außenseitern wie Arbeitslosen, Prostituierten oder Drogenabhängigen gegen ein geringes Honorar eine schwarze Linie auf den Rücken tätowiert.[182]

Künstlerische Tattoo-Arbeiten können, wie bei dem obigen Beispiel *Tim* bereits angedeutet, in zwei unterschiedlichen Modi hergestellt werden. Sabine Kampmann unterteilt in einem Beitrag folgerichtig in „Sich selbst tätowieren“ und „Andere Tätowieren“.[183] Zudem können Tattoos sowohl vom Künstler als auch in Kooperation mit einem Berufstätowierer ausgeführt werden, was aufgrund der notwendigen technischen Fähigkeiten üblich ist. Bevor die Tätowierung anderer die Regel wurde, trat sie im Rahmen der aufkommenden Performance Art zunächst als Selbsttätowierung der Künstler auf; womit nicht die eigenhändige Erschaffung einer Tätowierung auf sich selbst gemeint ist, sondern die Markierung des eigenen Körpers durch ein Tattoo. Eine oft behandelte Arbeit dieser Zeit, und wohl die erste, ist Valie Exports *Body Sign Action* (Abb. 17) von 1970: ein auf den linken Oberschenkel der Künstlerin tätowierter Strumpfhalter.[184] Marina Schneede schreibt zu einer Fotografie der Künstlerin in aufreizender Pose:

> „Unter dem hochgezogenen Rock wird auf dem linken Oberschenkel ein […] dargestelltes Strumpfband [sic] sichtbar. Der eigene Körper wird zur Projektionsfläche männlicher Phantasien erklärt, der gierige Blick wird bedient, jedoch nur mit einem Zeichen ohne Realitätswert. Es kommt hinzu, daß das Bild vom Strumpfband [sic] nicht aufgemalt, sondern in schmerzhaftem Prozeß tätowiert ist. Diese Tätowierung ist Schmuck und Brandmarkung in einem.“[185]

Aline Lenzhofers Aufsatz zur Ikonografie des Werkes orientiert sich an Erwin Panofskys Interpretationsmodell. Vor der Durchführung einer entsprechenden Analyse geht sie zunächst auf die Body Art als Teil der Perfomance-Kunst ein. Als den wesentlichsten Unterschied bezeichnet sie den Umstand, dass es sich bei der Body Art um eine „spezifische Form“ der Perfomance handelt und dass sie nicht notwendigerweise vor einem Publikum stattfinden müsse.[186] Hierbei stützt sich Lenzhofer auf Amelia Jones:

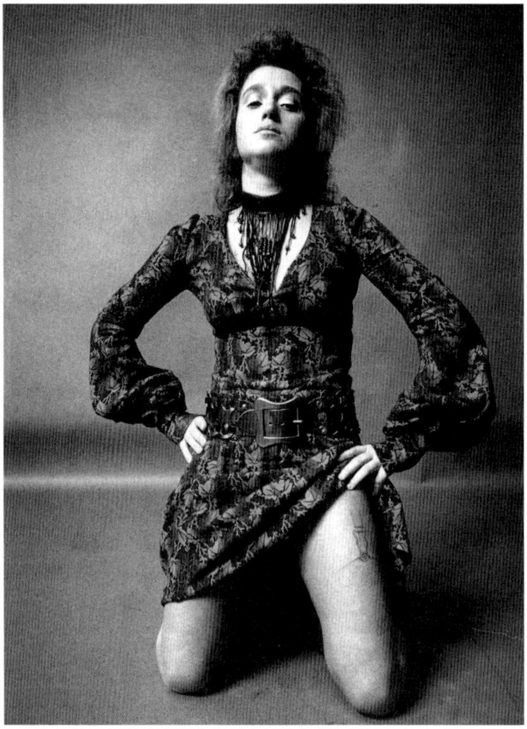

Abb. 17 Valie Export, *Body Sign B [Body Sign Action]*, 1970, Silbergelatineabzug, 105 × 70 cm, Teutloff Photo + Video Collection.

> „[...] I focus [...] on a particular moment in which the body emerged into visual artwork in a particularly charged and dramatically sexualized and gendered way. The work that emerged during this period – from the 1960s to the mid 1970s – was labeled ‚body art' or ‚body works' by several contemporaneous writers who wished to differentiate it from a conception of ‚performance art' that was at once broader (in that it reached back to dada and encompassed any kind of theatricalized production on the part of a visual artist) and narrower (in that it implied that a performance must actually take place in front of an audience, most often in an explicitly theatrical, proscenium-based setting)."[187]

Weiter verweist Lenzhofer darauf, dass Arbeiten der Body Art oft eine dauerhafte Modifikation des Körpers des Künstlers selbst zu Grunde liegt und dieser als Medium oder Kunstobjekt gelte.[188] Nach einer Bezugnahme auf den Wiener Aktionismus, dem das Œuvre von Export teilweise nahesteht, erwähnt sie die besondere Bedeutung des weiblichen Körpers in der Body Art. Die ausgeprägte Beteiligung von weiblichen Künstlerinnen sei nicht weiter verwunderlich, denn diese Kunstform stehe in enger Verbindung mit feministischen und postmodernen Konzepten, so Lenzhofer. Viele Künstlerinnen setzten die Body Art als ein Mittel der Präsentation ein, mit dem die „konventionellen und hegemonial-männlichen Interpretationen zerschlagen werden sollen".[189] Export verband mit dem Gedanken, dass

„der Körper der Frau und dadurch natürlich die Frau selbst von seiner Bestimmung, von seiner männlich definierten Geschichte befreit“ werden müsse.[190] Sie habe den Körper in ihren Aktionen deshalb „immer als Zeichenträger, als sozialen Code der Gesellschaft eingesetzt“, äußerte sie 1999.[191] Carmela Thiele schreibt hierzu, Export frage nach dem weiblichen Körper, der nur als Projektionsfläche männlicher Fantasien existiere, als Konstruktion des männlichen Blicks. Den natürlichen Körper der Frau gebe es nicht.[192]

Export habe die zu jener Zeit antibürgerliche Praxis der Tätowierung gewählt, um ihrem eigenen Körper ein Zeichen, welches für einen sexualisierten (Lust-) Körper stehen könne, aufzudrücken, so Lenzhofer.[193] Export selbst schrieb zur Wahl des Mediums:

> „Die Tätowierung demonstriert den Zusammenhang zwischen Ritual und Zivilisation. Als Tätowierung erscheint das Strumpfband [sic] als Zeichen einer vergangenen Versklavung, als Spur einer vergangenen Kultur, als Erinnerung. Ein soziales Signal ist in ein privates verwandelt worden.“[194]

Die Künstlerin spielt auf die Verwendung der Tätowierung als Brandmarkung und Eigentumszeichen von Sklaven, beispielsweise im Römischen Reich, an und setzt dieses Besitzverhältnis in Bezug zur Geschlechtszugehörigkeit.[195] Ausgehend von den gesellschaftspolitischen Umbrüchen seit 1968 und im Rahmen der Frauenbewegung wurde die Bewertung und Zuschreibung des weiblichen Körpers – aus männlicher Sichtweise – thematisiert. Feministinnen gingen von einer universellen Unterdrückung der Frau aus, die sie als in den privaten Bereich verdrängt betrachteten.[196] Lenzhofer resumiert:

> „Das Werk *Body Sign Action* baut auf diesen Gedanken auf, verweist auf die Mann-Frau-Dichotomie, die Zuschreibungen verschiedener Eigenschaften zu dem jeweiligen Geschlecht und geht auf die soziale Konstruktion von Körperlichkeit im Hinblick auf Körpernormen ein. […] Valie Export nahm die zentralen Ideen der Frauenbewegung auf, indem sie ihrem eigenen Körper mit der Technik der Tätowierung ein Zeichen aufdrückte, [… das auf die Brandmarkung anspielt und] gerade auch durch seine Permanenz eine unübersehbare Aussagekraft [besitzt].“[197]

Hinzu kommt die historische Komponente, dass das fetischisierte Kleidungsstück des Strapses im 19. Jahrhundert sowohl von Männern als auch von Frauen getragen wurde. Während die Herrenmode zu der Zeit Bein zeigte, trugen Frauen ihre Strumpfhalter *dessous*. Daher seien sie mit einem „geheimnisvollen Mythos“ belegt und mit bestimmten Handlungen verknüpft worden:

> „Das Lösen des Strumpfbandes war seit alters her eine hocherotische Angelegenheit, symbolisierte es doch die ‚Inbesitznahme der Frau‘ durch den Bräutigam oder Liebhaber.“[198]

Paradox scheint, dass Export sich die ‚Brandmarkung‘ auf eigenen Wunsch zufügen ließ, diese Tätowierung somit einen freiwilligen Akt der Selbstdefinition dokumentiert. Andrea Zell fasst sehr treffend zusammen, dass Export den Straps auf ihrem Oberschenkel einerseits zum Zeichen der Selbstbestimmung und andererseits die Frau als Sexualobjekt thematisiere. Export bezeichnet den Strumpfhalter als „Zeichen der Versklavung“ und der von Frauen „nicht selbstbestimmten Weiblichkeit“. Die Aktion entblöße ihn als „Symbol der Unterdrückung".[199] Dennoch unterstreiche sie die Nähe von Fetisch und weiblicher Sexualität in einer konfrontativen Direktheit, so Zell. Exports künstlerische Methode sei es dabei, zu exponieren, was sie eigentlich attackiere: den zum Lustobjekt gestempelten Körper der Frau. An Exports Schenkel veranschauliche der Straps die hierarchische Struktur unter den Geschlechtern und torpediere sie gleichermaßen. Um dieses Objekt ins rechte Licht zu rücken, übertreibe die Künstlerin maßlos: Sie ziehe ihn sich nicht an, sondern lasse ihn sich in die Haut stechen. Damit habe sie einen Stolperstein zwischen die gedankliche Verbindung von Straps und Lustobjekt gelegt, so dass das Bild des weiblichen Körpers in seiner klassischen Rollenzuschreibung ins Wanken gerate. Hierbei handele es sich um eine Strategie, die auch bei Künstlerinnen wie Cindy Sherman, Orlan oder Maureen Connor anzutreffen sei.[200]

Mechthild Fend verweist in ihrem Aufsatz zu *Body Sign Action* zudem auf das „mimetische Moment" der Arbeit, zumal der Strumpfhalter an der Stelle platziert ist, an der er gewöhnlich sitzt. Darüber hinaus befindet sich in dem tätowierten Motiv eine Linie, die einen Strumpfansatz andeutet. Dieser Hinweis ist in Bezug auf die vorliegende Arbeit entscheidend, da er nicht nur die Platzierung des Tattoos auf dem Körper thematisiert, sondern ebenso dessen Art. In bisherigen Beiträgen zu Exports Arbeit wurde noch nicht darauf hingewiesen, dass es sich bei dieser Sorte der Tätowierung um eine Ausprägung handelt, die eine Tradition innerhalb der Tätowierkultur hat, die möglicherweise bis in das 19. Jahrhundert zurückgeht. In einem späteren Kapitel wird auf derartige Trompe-l'Œil-Tätowierungen eingegangen. Dort befinden sich auch Hinweise auf historische Beispiele von illusionistischen Tattoos aus dem frühen 20. Jahrhundert, die den Eindruck eines am Körper befindlichen Kleidungsstückes erwecken.[201] *Body Sign Action* ist somit auch ein Beispiel dafür, wie ein historisches und populäres Sujet der Tätowierung durch die bildende Kunst übernommen wird, es somit in einen neuen Kontext eingebettet und um andere – wie hier gesellschaftspolitische – Inhalte erweitert wird. Das innovative Moment dieser Arbeit von Export besteht also keineswegs im Entwurf des Tattoo-Motivs und seiner Platzierung; vielmehr ist hier die erstmalige Verwendung des Mediums der Tätowierung für die Äußerung einer künstlerischen Position und die Integration der Tätowierpraxis in den kunstinstitutionellen Kontext entscheidend.[202]

2 Materielle Spezifika des Körpers als Tattoo-Bildträger

Neben der dreidimensionalen Form des menschlichen Körpers, die im Hinblick auf die Komposition, Platzierung und ikonologische Deutung von Tätowierungen von Relevanz ist – und auf die in einem späteren Kapitel eingegangen wird –, hat er spezifische, organisch bedingte Charakterisitika, die bei der Herstellung von Tattoos berücksichtigt werden müssen.[203] Nachdem oben auf Aspekte der Bedeutung des Körpers als Material in der Performance-Kunst eingegangen wurde, soll sich im Folgenden damit befasst werden, inwiefern körperliche Eigenschaften Einfluss auf die Möglichkeiten der künstlerischen – gleichermaßen nicht-künstlerischen – Produktion von Tätowierungen haben.

Das wesentliche Merkmal ist wohl jenes, dass ein menschlicher Bildträger ein unanfechtbares Vetorecht hinsichtlich jeder Tätowierung hat, sofern es sich nicht um eine Zwangstätowierung handelt. Matthew Lodder schrieb diesbezüglich:

> „Tattoos are always already intersubjective; always already collaborative in some sense. A living canvas imposes an unimpeachable limit on the singular subjectivity of the tattoo artist, especially as it retains the ultimate right of veto over any final design. A human being can always get up and walk out of the studio."[204]

Auch wenn Lodder sich hier auf Berufstätowierer bezieht, gilt dies ebenso für Arbeiten aus kunstinstitutionellen Kontexten. Man denke nur an das oben erwähnte Projekt des Kurators Richard Adamson und der Another Roadside Attraction Gallery, bei dem einige Arbeiten nicht ausgeführt werden konnten, da sich schlichtweg keine freiwilligen Träger für die Entwürfe der Künstler fanden.[205] Ebenso entscheidet der Tätowierte darüber, ob ein Werk fertiggestellt werden kann, was insbesondere bei größeren Arbeiten relevant ist. Die Durchführbarkeit mehrerer Tattoo-Sitzungen setzt das Vorhandensein zeitlicher Kapazitäten seitens des Kunden respektive Empfängers voraus und hängt ebenso – vor allem im gewerblichen Bereich – von seiner Zahlungsfähigkeit ab. Hierzu äußerte sich Dan Sinnes, ein renommierter zeitgenössischer Tätowierer, in einem Interview wie folgt:

> „I like doing conventions and guest spots and doing one shot tattoos I can finish that day so I can always travel to new destinations and don't have to return anywhere to finish tattoos. The people here [Montreal Tattoo Arts Show] I think lack discipline to finish pieces, they don't have the discipline to finish backpieces, they get tired of the pain, maybe they don't have the money anymore, maybe they don't

> give a fuck anymore and it's no longer important but they start them and they don't finish. I like one shots cause they get finished."[206]

In der mit *The Canvas that Talks Back* betitelten Passage seines Aufsatzes *Tattooing as a Medium* beschreibt Donald Edward ‚Ed' Hardy den Empfänger der Tätowierung als die größte Variable im Tätowierprozess, allerdings in organisch-anatomischer Hinsicht.[207] Die Haut, so Hardy, sei eine ungemein komplexe Oberfläche im Hinblick auf die Herstellung von Tattoos, die sich sowohl an jeder Körperstelle als auch von Person zu Person unterscheide. Weiter führt er aus:

> „An accomplished tattooer must develop a sixth sense of touch with the tools, as virtually all work is done in a puddle of pigment that obscures the exact location of the points, and skin accepts color differently depending on where it is being applied. Equal pressure while executing a long line, for instance, may not yield equal visual results. Changes in muscle mass or proximity of bone beneath the surface must be reckoned with. The pigment itself must be placed below the epidermis, into the top of the dermal layer. Too deep or shallow tattooing results in light or blurred designs, qualities often apparent only months or years after the image has healed into the skin. The finesse of touch required is equal to that of the most subtle Asian works on silk or rice paper, with greater necessity for assuredness. Each mark is indelible and must be done right the first time. [...] What's more, the tattooer is frequently called upon to fit his or her creations among, over, or around existing tattoos. The ‚blank canvas' is the exception rather than the rule. Different skins take tattooing differently, and sometimes the most dedicated collector will not have the ideal skin to accept the ink. Heredity, sun, diet, age, and lifestyle all contribute to how well skin will hold tattoos. Moreover, tattoo collectors tend to fill up their space, sacrificing the negative area that once surrounded an earlier-acquired masterpiece. While this can be disconcerting for the ego of an artist, who places a creation with consideration for the overall area, many interesting effects come into play with the addition of more work over the years. Succeeding layers of skin add to the diffusion of designs acquired over a period of many years, as pigments fade and the surface ages and sags. [...] Every tattoo is inherently a piece of process art – the qualities of the tattoos change with time [...]."[208]

Abschließend erwähnt Hardy, dass der Tätowierer die Gegenwart der Person akzeptieren müsse, die die Arbeit in Auftrag gegeben habe. Anders als bei konventionellen künstlerischen Medien werde das Werk hier in größtmöglicher Nähe, in einer unvermeidbaren Konfrontation mit physischer und psychologischer Intimität angefertigt. Eine effiziente Arbeitsweise sei daher von höchster Wichtigkeit. Zudem hätten die physische Verfassung und die Einstellung der zu tätowierenden Person immer einen Einfluss auf den Prozess.[209]

Hardy, Absolvent des San Francisco Art Institute und einer der einflussreichsten Tätowierer des 20. Jahrhunderts, setzt sich heute vornehmlich mit der Druckgrafik und Malerei auseinander.[210] Er bezeichnet die Tätowierung als ein künstlerisches Medium, das zunächst höchst abschreckend und entmutigend sei. Zu erreichen, dass die Farbe richtig in der Haut sitze, sei eine große Herausforderung, so Hardy. In der Dokumentation *Tattoo the World* weist er auf das nötige hohe handwerkliche Niveau hin und erwähnt die Schwierigkeiten im Umgang mit dem Material. Er vergleicht das Tätowieren aufgrund der notwendigen Präzision mit dem Kupferstich.[211]

In Vorbereitung für die vorliegende Arbeit wurde ein Interview mit dem zeitgenössischen Tätowierer Timo Vogt, bekannt unter dem Künstlernamen Kes One 3001, geführt.[212] Hierbei standen Fragen nach dem menschlichen Körper als Material und seinen spezifischen Eigenheiten im Mittelpunkt. In folgenden Ausschnitten sollten seine Charakteristika im Hinblick auf den Herstellungsprozess von Tattoos aufgezeigt werden:

> „Stell es dir so vor: Ich lege dir ein Blatt Papier hin und du schreibst einen Brief. Ihn zu schreiben dauert vier Stunden und ich wackle die ganze Zeit am Tisch. Dann mache ich das Papier auch noch nass und ich rede mit dir."[213]

Tätowierer müssen sich mit einem sich bewegenden, atmenden und kommunizierenden Bildträger auseinandersetzen. Die Arbeit unterliegt einer konstanten Ablenkungsgefahr und der Auseinandersetzung mit den Eigenheiten des Materials Haut:

> „Dann habe ich das Problem, dass Haut eine Zeit lang super ist, aber irgendwann dann auch aufgibt, Farbe aufzunehmen. Dann werden die Blutungen stärker und der Mensch wird unruhig. Man merkt, dass es immer mehr weh tut. Dann wird es anstrengender. Es ist auch eine Kopfsache beim Tätowierer. [...] Wenn Leute unter Spannung stehen, geht Farbe viel schwerer rein als wenn sie gelöst sind und Bock haben. Wenn Leute keine Lust mehr haben tätowiert zu werden, brauchst du eigentlich gar nicht weiterzumachen. Du merkst sofort, wie die Haut sich verändert. [Sie verschließt sich (Anm. d. Verf.).] Der Körper wehrt sich dagegen, irgendwas aufzunehmen. [...] [Wenn jemand entkräftet ist mag ich die Farbe vielleicht gut reinbekommen, aber die Wunde bleibt so lange offen,] dass der ganze Mist wieder rausläuft. Die Blutung und das Wundsekret nehmen die Pigmente wieder mit, es gibt Löcher und Flecken und das ganze macht keinen Sinn. Ich hatte mal einen Kunden, der kam nach seiner Nachtschicht zum Tätowieren. Er hat nicht aufgehört zu bluten und ich musste die Sitzung abbrechen. Bei seinem nächsten Termin war er ausgeruht und es ging ohne Probleme. [Ich teile die Kunden in Hauttyp-Schubladen ein.] Ich bin immer froh, wenn die Leute keine Gummihaut haben. Gummihaut ist das Schlimmste, was es gibt. Die sind so wie ich, ziemlich dünn, und du kannst die Haut gefühlte 50 Meter lang spannen. Da kannst du machen, was du willst: eine Linie zu stechen dauert ewig. [...] Dann gibt es Leute mit total fester Haut. Du kannst es vorher nie wissen. Du weißt immer erst nach der ersten Linie, ob das Tattoo gut wird oder nicht. Und dann kann ich dir auch sagen, wie lange es dauert. Weil ich dann auch erst weiß, wie ein Kunde ist, sich verhält, wenn er tätowiert wird. Es gibt die ganz ruhigen, die pennen. Dann gibt's die Nervösen, die Laberbacken, die Quatschköpfe, die

> Musikliebhaber, die Diskussionstypen, die Politischen, Engagierten, die Geschichtenerzähler, die Stöhner, die Schreier und die sich Windenden."[214]

Darüber hinaus ist die Hautbeschaffenheit an verschiedenen Körperstellen in Bezug auf den Umgang mit der Tätowiermaschine von Bedeutung:

> „Du solltest auf jeden Fall ein Gefühl dafür haben, an welcher Körperstelle du wie tief stechen musst, damit die Farbe satt drin ist. Wenn du an schwierigen Stellen wie Ellenbogen, Kniekehlen, Armbeugen oder am Hals zu schräg stichst, hast du einen Blowout und einen blauen Fleck drumherum. Arbeitest du zu vorsichtig, kommt alles wieder raus. Das Gefühl dafür entwickelt man dann mit der Zeit. [...] Wenn du zum Beispiel eine korpulente Frau am Steiß tätowierst und merkst, da geht keine Farbe rein, bringt es nichts, den Strom voll aufzudrehen. Dann musst du anders tätowieren. Wenn du schwarze Leute tätowierst, kannst du nicht mit Vollstrom kommen, weil du Dinge nicht siehst. Die siehst du nämlich erst ein paar Sekunden später, wenn sich das Schwarz ein bisschen von der dunklen Haut abhebt."[215]

Im Folgenden soll sich mit einer medienspezifischen Eigenheit befasst werden, die erst nach der Fertigstellung einer Tätowierung auftritt: der Diffusion von Farbpartikeln in der Haut.

2.1 Das Charakteristikum der Unschärfe

Bereits zu Beginn des 20. Jahrhunderts – und sicherlich ließen sich auch weitaus frühere Belege finden – wurde die Beobachtung dokumentiert, dass sich Tätowierungen verändern. So schreibt Otto Lauffer beispielsweise: „Solange die Tätowierung neu ist, bleibt das Bild klar. Später verwischt es sich [...]".[216] Im Folgenden soll auf diese Feststellung eingegangen und gezeigt werden, inwiefern sich in die Haut eingebrachte Farbe im Zuge der Werkalterung verhält und wie dies mit der Komposition von Tattoos korreliert.[217]

Im Jahr 2011 entwickelte der Mathematiker Ian Eames ein Bezugssystem, das sich mit der Veränderung von Tätowierungen nach bestimmten Zeiträumen beschäftigt.[218] In einem Artikel zur Studie heißt es, dass alle Tätowierungen mit den Jahren ausbleichen und verwischen, da die verwendete Farbe in der Haut wandere.[219] Sie ist in den Fibroblasten eingeschlossen und verbreitet sich mit der Teilung der Zellen oder verbleicht, wenn Zellen sterben und sich vom Körper ablösen. Eames' Modell berechnet voraus, wie Tätowierungen sich über längere Zeiträume von bis zu zwanzig Jahren verändern, indem er veranschaulicht, wie Hautzellen Farbpartikel verlagern. Darüber hinaus weist er darauf hin, dass neben einer Streuung durch Zellteilung und Erneuerung andere Faktoren wie Alter, Größe des Tattoos, Details, Platzierung, Hauttyp und Bestrahlung durch Sonnenlicht in Bezug auf die Verschlechterung der Bildqualität entscheidend sind.

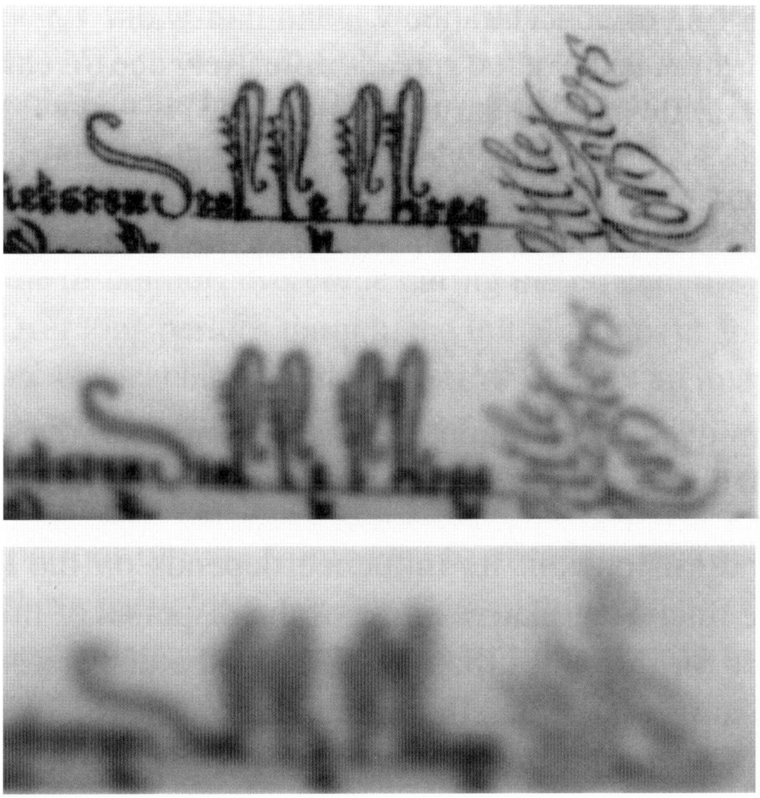

t=0

5 Jahre

20 Jahre

Abb. 18–20 Ian Eames, Alterung von Tätowierungen, 2011, bearbeitete Fotografie, Größe des Tattoo-Details ca. 10 × 3 cm, Herstellung der Tätowierung 2009.

Eine Abbildung aus Eames' Studie zeigt den Diffusionsprozess am Beispiel eines Detailausschnittes von zwei Lettering-Tattoos auf der Innenseite eines linken Oberarms (Abb. 18–20).[220]

Die Illustration veranschaulicht die zunehmende Undeutlichkeit der Tattoos nach fünf und nach zwanzig Jahren. Der Grund für Eames' Auswahl mag auf der formalen, kalligrafischen Gestaltung der Beispiele beruhen. Die Zierbuchstaben sind grafisch ornamentiert, die gebrochene Textura weist durch die geschwungenen Linien und hohlen Buchstabenstämme ein für Tätowierungen filigranes Detailreichtum auf. Die chronologische Sequenz zeigt, dass kleinere, eng zusammenstehende Elemente in den Tattoos zuerst an Deutlichkeit verlieren. „Komplexe Tätowierungen mögen gut aussehen, wenn sie frisch gestochen sind“, so Eames, „aber neigen dazu, ihre Definition nach fünfzehn Jahren zu verlieren – je nachdem, wie dünn die Linien sind.“[221] Infolgedessen seien Tattoos mit einem hohen Detailreichtum nach längeren Zeiträumen immer schwieriger zu erkennen.

Doch trifft dies nicht auf alle komplexen Tätowierungen per se zu. Wesentlich ist, dass die Größe von Tattoo-Designs und die Abstände der Linien fundamentale Faktoren im Hinblick

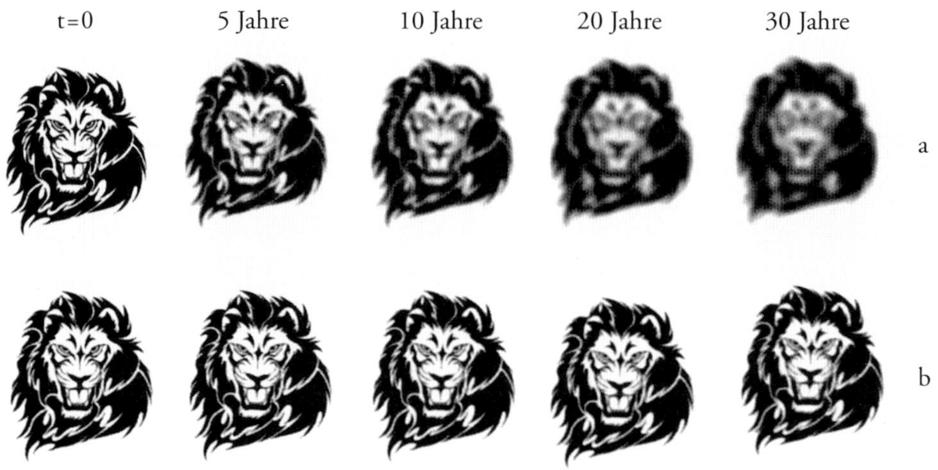

Abb. 21 Ian Eames, Alterung eines Tattoo-Designs, 2011, Illustration, in Reihe (a) beträgt die Breite des Designs 6 cm, in Reihe (b) 20 cm.

auf ihre langfristige Klarheit und Lesbarkeit sind. Denn je größer die Zwischenräume, desto weniger betrifft die Dispersion der Farbe das Erscheinungsbild einer Tätowierung. Auch wenn folgende Gegenüberstellung auf den ersten Blick unverhältnismäßig erscheint, veranschaulicht sie diesen Aspekt in durchaus vergleichbarem Maße. Die Größe des oben gezeigten Teils des Lettering-Tattoos entspricht in etwa zwei der dargestellten äußeren Blütenblätter einer Chrysantheme in dem Rücken-Tattoo *(backpiece)* des Tätowierers Filip Leu (Farbabb. 3).[222] Im Unterschied zu dem Lettering-Tattoo ist nicht zu erwarten, dass Leus Werk eine drastische Verschlechterung der Bildqualität erleiden wird. Dieser Umstand ist auf das Format der Arbeit und die entsprechend großen Abstände zwischen den Linien zurückzuführen.

Eine weitere Grafik (Abb. 21), ebenfalls Eames' Studie entnommen, illustriert diesen Diffusions-Effekt anhand eines Tattoo-Designs in zwei verschiedenen Größen. Die obere Reihe zeigt den Entwurf eines Löwen-Tattoos mit einer Breite von sechs Zentimetern. Dem gleichen Design darunter wird eine Breite von zwanzig Zentimetern zu Grunde gelegt. Es wird demonstriert, dass sich die größere Version des Designs als Tattoo nach einem Zeitraum von dreißig Jahren weniger verändern wird. Berücksichtigt man diese Entwicklung einer Tätowierung, ist voraussehbar, wie sich beispielsweise das kleinformatige Knöchel-Tattoo von Mario Sanchez (Farbabb. 4) in einigen Jahren hinsichtlich seiner Erkennbarkeit entwickeln wird.

In Bezug auf eine derartige Arbeit muss jedoch bedacht werden, dass nicht jedes Tattoo zwingend mit dem Anspruch lange zu halten gefertigt wird. Darüber hinaus liegt es in der Natur der Sache, dass Knöchel-Tattoos von kleiner Größe sind und ihre technische Umsetzung schwierig ist. Es ist recht anspruchsvoll, die Haut an diesem schmalen Körperteil beim Tätowieren zu spannen, um die Nadel der Tätowiermaschine richtig ansetzen zu können. Außerdem ist die dortige Hautschicht nicht von Fett gepolstert; sie liegt direkt auf dem Fingerknochen und hat eine konvexe Oberfläche, was das Tätowieren erschwert. Doch darf Mario Sanchez' Tattoo überhaupt als Versuch verstanden werden, eine klare und kräftige Tätowierung zu schaffen, die ihre Deutlichkeit und Bildqualität lange Zeit beibehält? Vielleicht handelt es sich vielmehr um das ehrgeizige Bestreben, technische Möglichkeiten auszuloten. Bedenkt man die materialspezifischen Voraussetzungen dieses Teils des menschlichen Körpers und die Eigenheiten des künstlerischen Mediums, so weist Sanchez' Arbeit einen erstaunlich hohen Ikonizitätsgrad auf. Dennoch kann man bei diesem Werk davon ausgehen, dass aufgrund oben beschriebener zytologischer Prozesse eine starke Abnahme der Deutlichkeit und somit auch der Lesbarkeit des Tattoos eintreten wird.

2.2 Diffusion und Umrisslinie

Nachdem die Bedeutung der Größe eines Tattoos und die Abstände zwischen den Linien *(outlines)* betrachtet wurden, soll nun die Linie an sich behandelt werden. Nach der traditionellen Arbeitsweise wird zunächst eine schwarze *outline* gestochen. Darauf folgt das Schattieren und das Füllen mit Farbe. Immer mehr Tätowierer geben dieses Vorgehen auf und schaffen Werke, die für die künstlerische Gattung der Tätowierung atypisch sind.[223] Einige, wie beispielsweise der ungarische Tätowierer Boris, verzichten auf schwarze *outlines* (Farbabb. 5); andere verleihen ihren Arbeiten eine Ästhetik, die an andere Medien – wie zum Beispiel die Pastellzeichnung – erinnern (Farbabb. 6).[224]

Ein Werk von Kamil Mocet wiederum hat einen betont malerischen Ansatz (Farbabb. 7). Die helle Konturierung der Blüte ruft die Assoziation eins weißen Trägerblattes hervor und die Umsetzung ist an die Ästhetik eines Aquarells angelehnt. Offenbar werden Regeln und Prinzipien wie ‚*bold will hold*', die die langfristige Lesbarkeit von Tätowierungen garantieren sollen, nicht länger von jedem Tattoo-Künstler befolgt. Marisa Kakoulas erklärt bezugnehmend auf Eames' mathematisches Modell, dass die Erkenntnis, dass kräftige Arbeiten mit dicken Linien und genügend Abstand zwischen ihnen langsamer an Definition verlieren als filigrane Tattoos mit dünnen Linien und vielen Farbabstufungen, nicht neu sei.[225] Gewiss ist Eames' Studie ein neuer Beitrag in Bezug auf die Berechnung der temporalen Veränderung von Tattoos, aber das Phänomen an sich, dass Tattoos verlaufen, ist seit jeher bekannt. Die Debatte in der Szene darüber, ob Tattoos wie die oben erwähnten – die nicht nach den bisher gültigen Maßgaben gefertigt wurden – ihre Qualität behalten, verliert nicht an Aktualität. Die entscheidende Frage hierbei ist: Kann man ein solides Tattoo stechen, wenn man auf dunkle *outlines* verzichtet und sich auf die Schattierung, Verteilung von Hell und Dunkel, Farbsättigung und Kontraste beschränkt? Die Zeit wird es zeigen. Man könnte unterstellen, derartige Arbeiten würden lediglich der Selbstdarstellung dienen und seien eine Effekthascherei, da sie ihre anfängliche Qualität verlieren. Der Tätowierer Kes One 3001 hält die Definition eines Tattoos durch *outlines* für unverzichtbar, da sie ihm eine Form geben und seine Lesbarkeit gewährleisten:

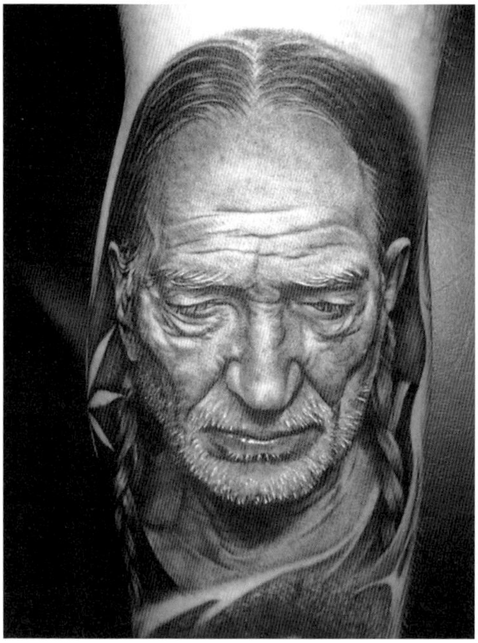

Abb. 22 Bob Tyrrell, zwischen 2000 und 2012, Tätowierung.

> „Es ist eben kein Bild oder Blatt Papier, das du in den Schrank legst oder im Rahmen hast, wo es sicher ist, sondern es ist auf der Haut. Haut ist Umwelteinflüssen ausgesetzt, arbeitet, ist immer in Bewegung. Sie lebt, ist ein Riesenorgan. Man kann von einem lebenden Ding ja nicht erwarten, dass es so bleibt, wie es am ersten Tag war. [...] Also muss ich einen Weg finden so zu arbeiten, dass das Bild diese ganzen Strapazen übersteht. Und das kann es nur, wenn es klar definiert ist und Platz hat."[226]

Es ist davon auszugehen, dass sich auch Tätowierer wie Sanchez, Boris oder Mocet darüber bewusst sind – doch warum werden atypische Tattoos geschaffen? Zum einen hat sich die Technologie weiterentwickelt: Tätowiertechniken sind differenzierter geworden. Unterschiedliche Typen von Maschinen und Nadeln bieten verschiedene Möglichkeiten, Farbe in die Haut zu bringen.[227] Andererseits sind derartige Werke das Ergebnis eines Strebens nach künstlerischer Innovation und Evolution. Arbeiten wie diese sollten als Versuch gedeutet werden, die materialspezifischen Möglichkeiten auszuloten. Insbesondere das einleitend erwähnte Ansteigen von ausgebildeten Illustratoren, Designern und Künstlern unter den Berufstätowierern mag zu dieser Entwicklung beigetragen haben.

Im Unterschied zu den Avantgarden des 20. Jahrhunderts und ihrem revolutionären Stilvokabular greifen die progressiven, formalen Experimente der zeitgenössischen Tätowierung oftmals auf eine Bildsprache oder Stilrichtungen zurück, mit denen sich andere Medien wie die Malerei vor Dekaden beschäftigt haben. Bei einem Portrait des Musikers Willie Nelson (Abb. 22) von Bob Tyrrell handelt es sich beispielsweise um eine explizite Anlehnung an den Fotorealismus der späten 1960er und frühen 1970er Jahre. Amanda Wachob, um ein

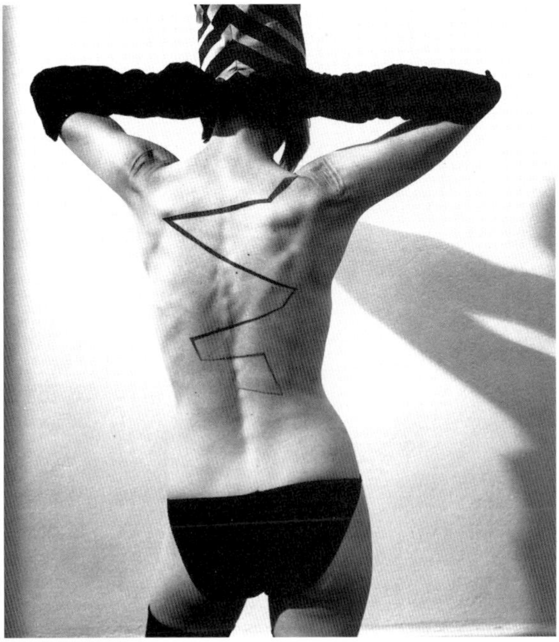

Abb. 23 Cynthia Witkin, *Tattoo as Medicine*, 1987, Tätowierung.

derzeit prominentes Beispiel zu nennen, orientiert sich in ihren Kompositionen (Farbabb. 8) laut eigener Aussage an den Arbeiten des abstrakten Expressionisten Hans Hofmann.[228] Sie ist – wie schon die Tätowiererin Jamie Summers in den frühen 1980er Jahren (Farbabb. 9) – bekannt für die Verwendung pastellfarbener, organischer Formen (Farbabb. 10).[229] Dies verdeutlicht den Gegensatz zwischen einem medienspezifischen Fortschritt auf der einen und einer anachronistischen Rückentwicklung in Bezug auf die Evolution künstlerischer Stile, Konzepte oder Positionen auf der anderen Seite. Bei derartigen Beobachtungen gilt es jedoch, sich des Unterschiedes zwischen künstlerischen Tattoos und kunsthandwerklich orientierten Arbeiten bewusst zu bleiben. Zudem besteht das innovative Moment hier weniger in der Entwicklung einer neuen Formensprache, sondern vielmehr in der Übersetzung von Motiven, Formen oder Stilen in das Medium der Tätowierung, einhergehend mit ihrer Anpassung an den menschlichen Bildträger. Schon im 19. Jahrhundert war die Adaption von bekannten Werken der bildenden Kunst gebräuchlich, beispielsweise erlangte eine Umsetzung von Leonardo da Vincis *Abendmahl* Bekanntheit.[230] Bereits seit den 1980er Jahren haben Tätowiererinnen wie Jamie Summers oder Cynthia Witkin Arbeiten hervorgebracht, die eine deutliche Nähe zu heutigen, vermeintlich progressiven Ansätzen zeigen (Abb. 23).[231]

Um auf den Aspekt der Linie zurückzukommen, sei auf die Tätowierung *Color Bar* (Farbabb. 11) von Witkin aus dem Jahr 1985 verwiesen: Hierbei handelt es sich um eine Arbeit, die gänzlich ohne die Verwendung von dunklen *outlines* konzipiert und umgesetzt wurde.[232] Die scheinbar aktuelle Diskussion um die Umrisslinie ist offenkundig eine, die seit Jahrzehnten geführt wird. Die Tatsache, dass sie an Aktualität nie verloren hat, zeigt ihre Signifikanz in dem künstlerischen Medium der Tätowierung. In gewisser Weise erinnert der Diskurs um

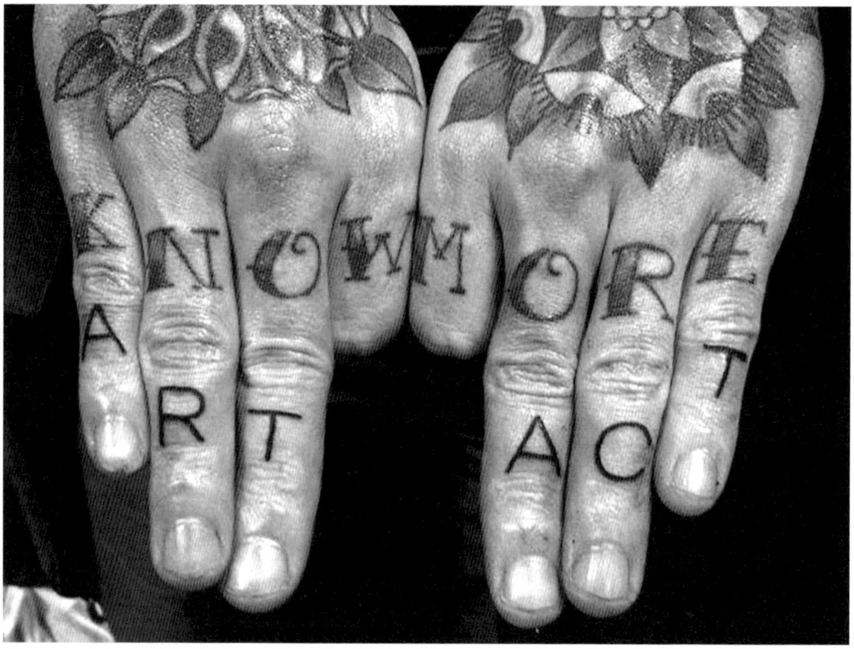

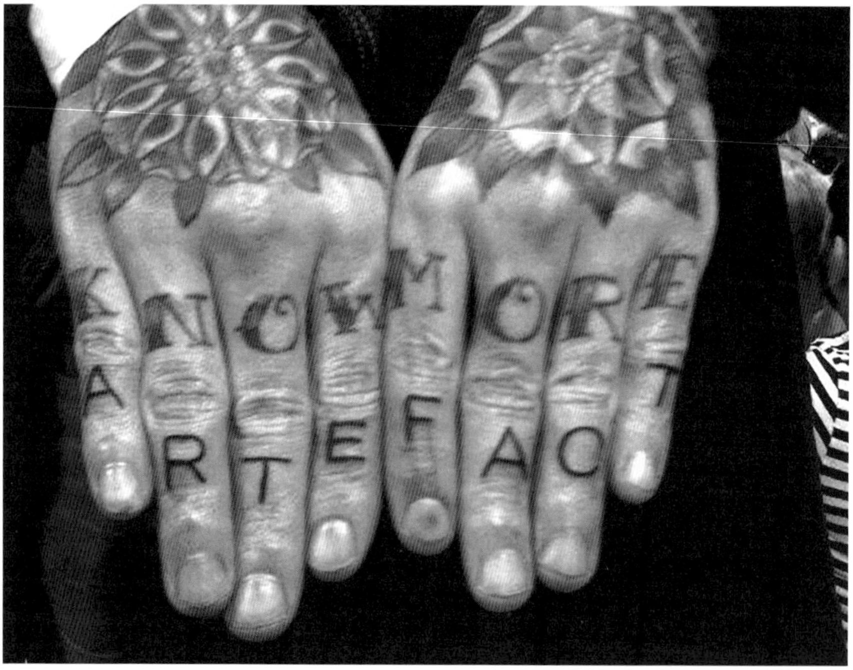

Abb. 24–25 Bob Done, *[ARTEFACT]*, 2012, Tätowierung. Drew Horner, *[KNOW MORE]*, 2010, Tätowierung. Peter Lagergren, *[Handrücken-Tattoo]*, um 2010, Tätowierung.

die *outline* an die Debatte um Disegno und Colore, doch geht es in der Tätowierung nicht um die intellektuelle Überlegenheit des einen über das andere, sondern lediglich um den Aspekt der Haltbarkeit respektive die langfristige Lesbarkeit eines Werkes.[233]

Mit einem fotorealistischen Tattoo (Farbabb. 12) von Ivan Krivorouchko soll der zuvor ausgeführte Aspekt der Dispersion wieder aufgegriffen werden. Neben der Thematisierung von Stil und Dauerhaftigkeit ist das bemerkenswerte an dieser Arbeit, dass Krivorouchko die Eigenschaft der Haut, eingefügte Farbe zu zerstreuen, hier antizipiert hat. Er vertritt nicht nur den Standpunkt, dass ein Tattoo keine dunklen *outlines* benötigt, auch erzeugte er einen Diffusions-Effekt bereits beim Stechen des Motivs. Krivorouchko bedient sich des visuellen Phänomens der Unschärfe als Gestaltungselement: Die Tiefenunschärfe simuliert das Verschwimmen der beiden Kirschen jenseits des Fokus der scharf konturierten Kirsche im Vordergrund. Er entdeckt die ästhetische Qualität der Unschärfe für sein fotorealistisches Tattoo.

Eine frisch in die Haut gebrachte Tätowierung (Farbabb. 13) ähnelt einem sogenannten temporären Tattoo (Farbabb. 14). Sie ist scharf konturiert, das Eintreten des medienspezifischen Diffusionsprozesses ist noch nicht sichtbar. Die Unterscheidung einer frischen Arbeit von einer älteren lässt sich nicht nur anhand der Schärfe der Kontur festmachen (Abb. 24–25).

Auch die Gesamterscheinung eines Tattoos erfährt durch die Dispersion eine ästhetische Veränderung. Farben verlieren an Intensität, tiefes Schwarz wandelt sich in Grautöne und über das Tattoo legt sich ein seidig-milchig erscheinender Schleier (Farbabb. 15). Die Zerstreuung der Farbe bringt eine Qualität mit sich, die in der bildenden Kunst seit der Renaissance eingesetzt wird. Die Wiedergabe von Unschärfe und die damit einhergehende Verringerung der Erkennbarkeit einzelner Bildelemente – die zu Beginn des 16. Jahrhunderts entwickelt wurde – hatte den Anspruch, visuelle Phänomene unter Berücksichtigung der Gesetze der Optik malerisch zu erfassen. Mittels der Luftperspektive wurde das Verhalten von Umrissen untersucht, die zunehmende Unschärfe von Objekten in der Ferne mit ihren brüchigen Konturen wurde wiedergegeben.[234]

Die Ausführungen haben gezeigt, dass das Phänomen der Unschärfe bei Tätowierungen von hoher Relevanz ist. Sie tritt in jedem Fall einhergehend mit dem Alterungsprozess einer Arbeit auf. Im Unterschied zu anderen Gattungen wie der Malerei kann Unschärfe bei Tattoos nicht nur in Anlehnung an die visuelle Wahrnehmung wiedergegeben werden; ihr späteres – organisch bedingtes – Auftreten muss, insbesondere bei der Komposition und Umsetzung, im Vorwege berücksichtigt werden. In diesem Kontext sollen die Arbeiten von Thomas Hooper Erwähnung finden (Abb. 26).

Seine ornamentalen Muster, inspiriert von tibetanischen Mandalas, bestehen überwiegend aus einzelnen Punkten *(dotwork)*. Im Laufe der Zeit werden entsprechende Tätowierungen aufgrund der Diffusion immer satter werden, da sich die nahe beieinanderliegenden Punkte zu Gunsten einer größeren Ausdehnung vereinen werden. Es kann angenommen werden, dass Hooper sich dieser Entwicklung bewusst ist und sich diese körperliche Eigenschaft zunutze macht, um dem traditionellen Postulat von Sättigung und Klarheit gerecht zu werden.

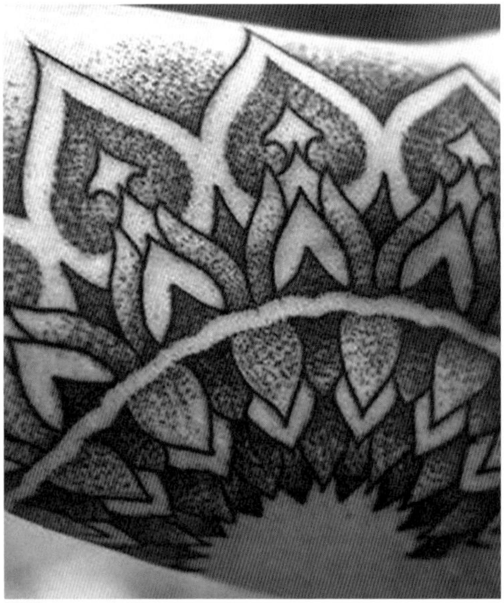

Abb. 26 Thomas Hooper, 2011, Tätowierung (Detail).

Jedes künstlerische Medium hat spezifische Merkmale, Möglichkeiten und Beschränkungen. Neben Aspekten hinsichtlich der Komposition, der Autorschaft, des Wertes, der Rezeption und Ausstellung ist die vergleichsweise schnelle Veränderung der Artefakte durch Alterungs- respektive zytologische Prozesse im menschlichen Körper im Vergleich zu konventionellen Kunstformen ein recht einzigartiges Charakteristikum der Tätowierung. Die aufgeführten Beispiele haben gezeigt, dass es spätestens seit den 1980er Jahren Ansätze gegeben hat, traditionelle Regeln des Handwerks abzulehnen. Leitlinien, die aufgestellt wurden, um die Eigenheiten von Haut und Körper bei der Anfertigung von Arbeiten hinsichtlich ihrer Haltbarkeit zu berücksichtigen. Einerseits sind Arbeiten ohne dunkle *outlines* oder in zu kleinem Format recht fragwürdig, da hier Werke geschaffen werden, die ihre Qualität möglicherweise nicht behalten. Da ein Tattoo nicht zurückgegeben, ausgetauscht oder wie ein Gemälde bei Bedarf abgehängt werden kann, könnte man derartige Arbeiten überspitzt formuliert als Fahrlässigkeit bezeichnen. Schließlich haben Tätowierer wie tätowierende Künstler bei der Anfertigung von Tattoos dem Empfänger gegenüber eine gewisse Verantwortung. Der wiederum ist maßgeblich selbst für die Qualität seines Tattoos verantwortlich, da er den Tätowierer auswählt beziehungsweise sich freiwillig für eine künstlerische Tattoo-Arbeit zur Verfügung stellt.[235] Andererseits sind experimentelle und unkonventionelle Tattoos unverzichtbar, da sie wesentliche Anforderungen der Kunst verkörpern: das Ausprobieren neuer Möglichkeiten, Fortschritt durch neue Technologien oder Materialien sowie der Wille zur Veränderung und der Drang nach einer Weiterentwicklung.

3 Komposition, Platzierung, Ikonografie: zur Genese der japanischen und europäischen Tätowierung seit dem 19. Jahrhundert

Im vorigen Kapitel wurden die organischen Eigenschaften der menschlichen Haut im Hinblick auf den Tätowierprozess untersucht. Folgend ist die Physis, im Sinne der Form des menschlichen Körpers, von zentralem Interesse. Sie ist hinsichtlich der Komposition von Tattoos maßgeblich, zudem kann deren Platzierung mit ihrer Bedeutung korrelieren.

Zunächst soll die Entwicklung der Tätowierung hinsichtlich ihrer Komposition betrachtet werden, um an späterer Stelle Rückschlüsse auf die Referentialität von Damien Hirsts *butterfly, divided* ziehen zu können. Bei seiner Arbeit handelt es sich um ein Tattoo, das sich durch eine ikonische Darstellung mit einer solitären Platzierung auszeichnet. Zudem ist das Werk von vergleichsweise geringer Größe. Die folgende Ausführung zeigt, dass diese Aspekte für eine Einordnung in die europäische Tätowiertradition sprechen.

In diesem Zusammenhang muss auch die Komposition der japanischen Tätowierung behandelt werden. Deren Darstellung veränderte sich mit Utagawa Kuniyoshis Illustrationen zum *suikoden*-Roman aus dem Jahr 1827 grundlegend. Die Tattoo-Motive einiger Charaktere wurden in seiner druckgrafischen Interpretation des Werkes nicht mehr willkürlich über den Körper verstreut, sondern in einen dunklen Hintergrund eingebettet (Farbabb. 16). Motive wurden in einer einheitlichen Komposition zusammengefasst und Tätowierungen erstreckten sich über den gesamten Körper des Trägers.[236] Hinzu entwickelte sich die Tendenz, die Arbeiten hinsichtlich ihrer Ausdehnung in Korrespondenz mit dem Körper symmetrisch anzulegen (Abb. 27).[237]

Auch unter dem Einfluss dieser und folgender *suikoden*-Publikationen verbreiteten sich großflächige, figurative Tätowierungen rasant.[238]

In der deutschen wissenschaftlichen Literatur wurde die japanische Tätowierung ausnahmslos als der europäischen überlegen beschrieben. Laut Spamer gehören die „japanischen Muster" – gemeint sind hiermit europäisierte Motive –, die in Komposition wie künstlerischer Durchbildung bei weitem die deutschen Muster übertreffen, zu den begehrtesten Vorlagen, wenn sie auch infolge ihrer höheren Preise in den letzten Jahren, wie alle Luxusbilder, weniger gefertigt worden seien.[239] Mit Recht gelte die „japanische Graphik der Tätowiernadel" als unerreicht und man sehe ihre Erzeugnisse denen des Stiftes und des Pinsels als ebenbürtig an. Aus Abbildungen wie denen aus Wilhelm Joests *Tätowiren, Narbenzeichnen und Körperbemalen* (Farbabb. 17) sei längst bekannt, dass die japanischen Hautstecher mit ihrem „[sicheren] Sinn für Form und Farbe" den „ganzen Körper mit bewegten und verschlungenen Bildern" zu überziehen vermögen.[240] Diese mit „bebilderten ‚Hauthemden' überzogene[n]

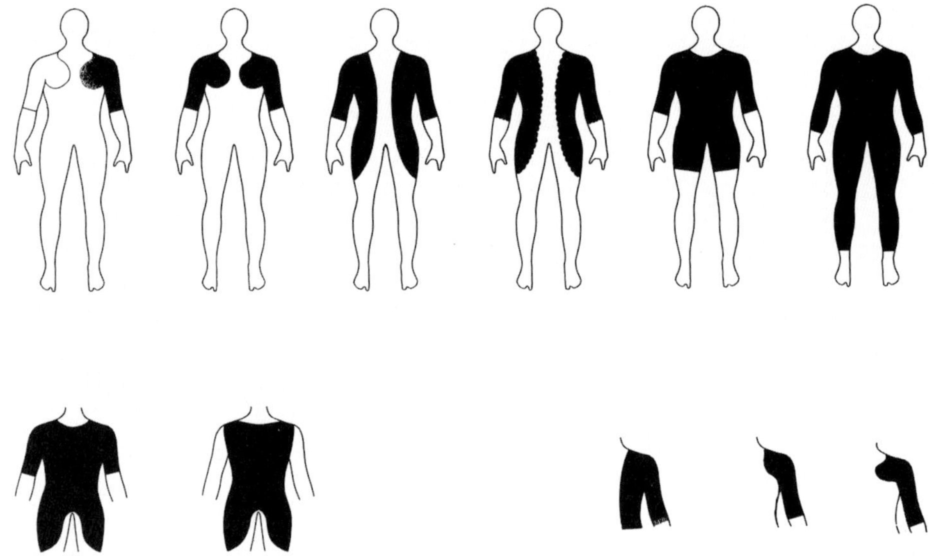

Abb. 27 Formen japanischer Tätowierungen, ca. 1979, Illustration.

Körper von Japanern" zeigen, so Spamer, unter anderem bekleidete weibliche Gestalten, alte Pilger, verschiedene Tiere, Ungeheuer, Masken, Wolken, Wellen und seien teilweise nach dem Vorbild von Prunkgewändern gefertigt.[241] Historische Darstellungen wechseln, so Spamer weiter, mit mythologischen und humoristischen, Helden-, Götter- und Frauenbilder mit Landschaften und um den ganzen Körper gewundenen Blumen. Auch seien erotische Motive nicht selten und berühmt seien „mikroskopisch kleine Hautbilddetails, die bisher nur japanischen Hautstechern gelangen", obwohl die Technik in „allen Kulturländern der Erde" nahezu die gleiche sei.[242] Die Motive seien Stoffen älterer Dramen, Helden-, Abenteuer- und Ritterromane entlehnt. Ebenso seien die Göttergestalten, Drachen und Fabeltiere vielfach literarischen Ursprungs.[243] Als den größten Unterschied zwischen der japanischen und der westlichen Tätowierung beschreibt Donald Richie später den Umstand, dass die Gesamtheit des Entwurfs von größerer Bedeutung sei als die seiner einzelnen Teile. So werde die Ästhetik einer großflächigen japanischen Tätowierung in ihrer Ganzheit bewertet. Sie werde von Beginn an – was auch immer die Absicht des Trägers oder die Reaktionen der Betrachter seien – als ein eigenständiges Kunstwerk verstanden.[244]

Aufgrund ihrer Genese im 19. Jahrhundert entwickelte sich die japanische Tätowierung in kompositorischer Hinsicht zum großflächigen Alloverdessin. Die Applizierung von Motiven im europäische Hautstich hingegen blieb dem Solitären verhaftet. Zwar ist in der Gestaltung teilweise eine Berücksichtigung der körperlichen Maßgaben und der Achsensymmetrie der Physis erkennbar, doch ist anzunehmen, dass in sich geschlossene, als einzelne Werke konzipierte, großflächige Tattoos im Europa des 19. und frühen 20. Jahrhunderts vergleichsweise weniger vorkommen. Die Tätowierung existiert nahezu ausschließlich als Einzelmotiv und in gehäufter Form als ein Konglomerat sukzessive addierter, in sich geschlossener Darstellungen. So beschreibt etwa Otto Lauffer die Verteilung der Bilder in der Zeit vor dem Ersten Weltkrieg als ein Schwanken zwischen „geringen Ansätzen und sinnloser Massenhaftigkeit" und charakterisiert den Formenschatz als sehr verschiedenartig. Hierbei mischen sich, so Lauffer, Handwerksembleme, Berufszeichen, lineare und pflanzliche Ornamente, gegenständliche und figürliche Darstellungen aller Art, Inschriften „mit kraß verschiedenartigem Inhalt", Bildnisse, Liebesembleme, Flaggen, erotische Motive und christliche Zeichen und Figuren „bunt durcheinander".[245] Auch Erhard Riecke bezeichnet die Hautzeichnung einige Jahre später „als im großen und ganzen bunt durcheinandergewürfelt [...]" und charakterisiert sie als eine „völlig plan- und ziellose Wiedergabe der verschiedenartigsten Bildnisse". Hierbei gebe es keinerlei Einheit in der Stimmung und in der Wahl der Motive: Erhabenstes stehe neben Gemeinstem, Ernstes und Scherzhaftes im bunten Durcheinander bei ein und demselben Individuum.[246] Paul Cattani konstatiert im Jahr 1922, dass die „Aneinanderreihung von verschiedenen Figuren ohne jeden inneren Zusammenhang, lediglich zur Raumausfüllung" dem Ganzen den Eindruck des Stillosen verleihen würden. An den Tatauierungen der Japaner gemessen, die den ganzen Grund dunkel auspunktieren und die Figuren in stilvoller Auswahl und Anordnung und unter reichlicher Verwendung von Schattierung und Farben aussparen oder ausarbeiten, sei das ein rechtes Stümperwerk. Von einem einheitlichen Eindruck könne dabei keine Rede sein.[247] Die Technik des Tatauierens in Europa zeige nichts von der hochentwickelten Kunst des Japaners, so Cattani. Tätowiert werde hauptsächlich in Kneipen, niederen Herbergen, bei Dirnen und Zuhältern, in Strafanstalten, auf Schiffen und Kähnen, im Zirkus und in öffentlichen Gartenanlagen, meist im Verborgenen. Dabei werde – oft beim Trunke – aus einem Album, das die gebräuchlichsten Zeichnungen enthalte, eine rasche Wahl getroffen.[248] Die Durchführung der Prozedur durch Berufstätowierer wie Christian Warlich oder von aus Japan stammenden Meistern war eher die Ausnahme; ausgeübt worden sei das Geschäft zu Beginn des 20. Jahrhunderts vornehmlich von stellenlosen Arbeitern und Handwerkern, Zuhältern, Kupplern, Dirnen, Handwerksburschen auf der ‚Walze', Artisten in Zirkus und Varieté.[249] Auch Riecke bemerkt, dass der Akt des Tätowierens zu der Zeit unter recht primitiven äußeren Bedingungen vor sich ging. Entsprechend der Lebensführung der meisten Tatauierer seien die Hefte oft unordentlich, zerrissen und zerschlissen, unsauber und abgenutzt. Es bedürfe keiner sonderlich vornehmen Aufmachung der Vorlagebücher, da der Schwerpunkt der Tatauierung nicht auf ästhetisch-künstlerischem Gebiete liege; kein religiöser oder sonst feierlicher Nimbus verleihe dem Akte der Hautpunktur ein höheres Gepräge, keine hochwertigen Hautgemälde entstünden in der Haut.[250]

Weiter sind die Auswahlprozesse bezüglich der Motive und die damit verbundenen Auswirkungen für deren ikonografische Bedeutung zu betrachten. Rudolf Virchow beschreibt die Tätowierung im Jahr 1897 als eine Mode, welche von äußeren Zufällen abhängig sei.[251] In einem kriminalanthropologischen Aufsatz aus jener Zeit ist dokumentiert, dass Tätowierungen oftmals „Ausfluss der Phantasie nicht des Trägers [...], sondern des Tätowirenden" sind.[252] Karl Gotthold behauptet gar, dass wohl sehr vielen, wenn nicht gar den meisten Tätowierten die symbolische Bedeutung der Bilder nicht geläufig sei, dass sie Darstellungen nur instinktiv oder aus Nachahmung wählen.[253] Arthur Leppmann spricht einem Teil der Tätowierungen eine symbolische Bedeutung gänzlich ab.[254] Gotthold berichtet außerdem, dass Befragte oftmals keinen rechten Grund dafür angeben können, weshalb ein bestimmtes Motiv ausgewählt wurde.[255]

Am Beispiel des Palmen-Motivs zeigt Stephan Oettermann, wie ein Sujet immer neue Bedeutungskomponenten erhält, kombiniert, abgewandelt und neu entworfen wird. Aus dem ursprünglichen Südsee- und Paradiesmotiv habe sich ein vielfältig in seinen Bedeutungen changierendes und in seiner Ikonografie buntschillerndes Motivgeflecht entwickelt. Oettermann vergleicht die Tätowierung hinsichtlich ihrer Bildelemente mit der Emblematik, wobei Tattoo-Motive keine Embleme im strengeren Sinne seien, sondern in ihrem Bedeutungsumfang stark variieren. Bildelemente und gegebenenfalls Inschriften würden wesentlich vager zusammengebracht, Bedeutungen seien variabel und bleiben individuell interpretierbar. Das Verfahren der Bild- und Bedeutungskomposition in der Tätowierung sei eher spielerisch als streng, eher naiv als gelehrt oder, wenn man so wolle, eher emotionell als intellektuell.[256] Hiermit wird eine grundlegende Eigenschaft der Tattoo-Ikonografie erkennbar: Die symbolische Bedeutung einer Darstellung ist – zu mehr oder weniger großen Teilen – immer auch subjektiv. Der Symbolgehalt eines Tattoo-Motivs ist selten eine fixe ikonografische Konstante, sondern wird immer auch vom Träger bestimmt und mit einer individuellen Bedeutung aufgeladen.

3.1 Humor und Illusion

Die obige Ausführung hat gezeigt, dass die Tätowierung im Europa des beginnenden 20. Jahrhunderts weniger auf die Formen des menschlichen Körpers abgestimmt ist und in eher geringem Maße mit ihm korespondiert. Entsprechend bemerkt Herbert Bellmann, dass die europäische Tätowierung im Gegensatz zu der der Primitiven nicht eine Einheit mit dem Körper bilde, sondern wahllos ausgepickt sei, und proklamiert: „wir haben den Sinn für unseren Körper verloren." Es werde höchstens der Hals mit einer Girlande umgeben, die Brustwarze zum Mittelpunkt eines Sterns gemacht, das Gesäß werde zum Gesicht.[257] Dieser Art der Tätowierung liegt offensichtlich ein humoristischer Aspekt zu Grunde. Er besteht darin, dass die anatomischen Gegebenheiten des Körpers immanenter Bestandteil der Komposition sind. Derartige Hautbilder haben eine visuelle Pointe und können aufgrund ihrer Platzierung beim Betrachter als obszön wahrgenommen werden. Einige Beispiele beschreibt Spamer:

> „Selten ist der Bildstich der *Gesäßbacken*, der sich fast ganz auf Volltätowierte [...] beschränkt. Scherzhafte Darstellungen bilden in ihm die Regel, besonders zwei sich zugewandte, auf Lauer stehende Schupogestalten mit gezücktem Gummiknüppel bzw. einem Revolver oder ein Schupo als Gegenstück eines keulenschwingenden Wilden; beidesmal mit der Beschriftung: ›Durch diese hohle Gasse muß er kommen‹.

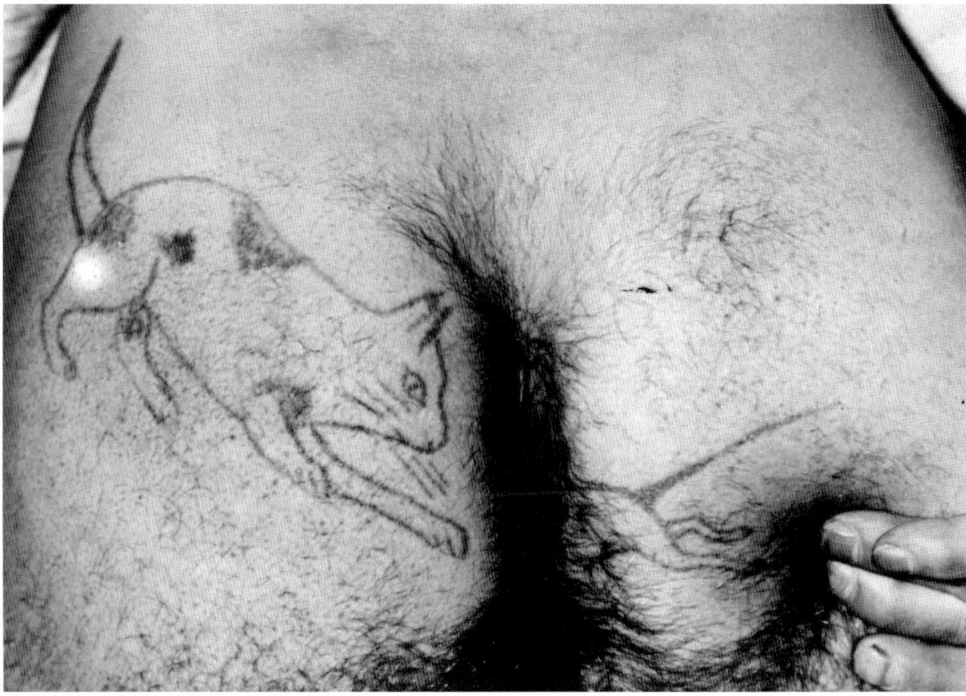

Abb. 28 *[Katze, die eine Maus jagt]*, 1921, Tätowierung, Sammlung Schönfeld.

> Zu den Ausnahmen gehören auch Tätowierungen der *Geschlechtsteile*, sogenannte ‚intime' Tätowierungen. Wo sie vorkommen, zeigen etwa die Vulva eine Maus, der Penis eine Fratze, die Testikeln zwei Jahreszeitenbilder, Sonne und Mond, Max und Moritz oder dergleichen. Auch im übrigen verheften sich gewisse Bilder gern bestimmten Körperstellen. Ringe, Halsketten, Armbänder und Beinfesseln sind ihrer Natur nach festgelegt. […] der Nabel wird mit Vorliebe Samenkolben einer Blume. Die Beweglichkeit der Knie gibt Anlaß zu den verschiedensten Scherzen ‚lebendiger' Bilder […]."[258]

Laut Spamer habe der Bildtyp der Schutzpolizisten auf den Gesäßbacken die zuvor beliebte ‚Jagd der Katze auf die sich verschlüpfende Maus' abgelöst, die auch als Frauentätowierung vorkomme.[259] Das Motiv des Katz-und-Maus-Spiels auf den Glutaen unter Benutzung des Afters als Unterschlupf für die Maus wird in mehreren Publikationen erwähnt und exemplarisch bei Schönfeld abgebildet (Abb. 28).[260] Die Möglichkeiten, die Morphologie des Körpers für humoristische Tätowierungen zu nutzen, sind unbegrenzt. So ist beispielsweise der Schriftzug ‚Vorsicht Eier' auf dem Hodensack eines Kunden Herbert Hoffmanns dokumentiert, ein weiterer ließ sich zwei Heizer auf die Glutaen stechen, die scheinbar Kohlen in die Analöffnung des Trägers schaufeln (Abb. 29).[261] Recht verbreitet war ein zum Genital weisender Pfeil auf der Bauchdecke, wahlweise in Kombination mit den eingeschriebenen Worten

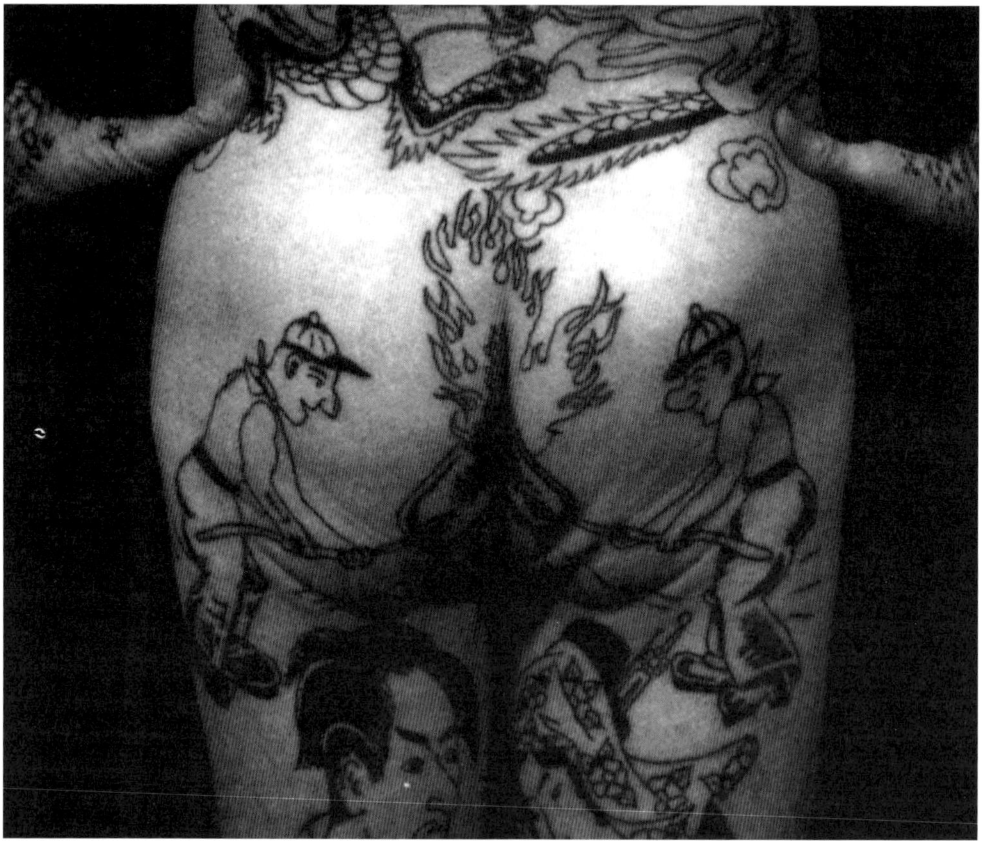

Abb. 29 Herbert Hoffmann, vermutlich um 1975, Fotografie (Detail).

‚Nur für Damen', ‚Mamas Liebling' oder ‚Nur für Dich' (Abb. 30).[262] Auch der Einbezug der Mamillen als körperliches Gestaltungselement, zum Beispiel als Nase, ist durchaus gängig (Abb. 31).[263] Weitere Beispiele humoristischer Tätowierungen – und auch solcher, die sich unter der Bewegung des Körpers verändern – liefern Dietrich Engelhardt, Walther Schönfeld sowie Robert Scutt und Christopher Gotch, die diesen Darstellungen eigene Kapitel in ihren Publikationen widmen.[264]

Neben Tätowierungen, die die menschliche Anatomie für eine humoristische Pointe nutzen, gibt es ähnliche Ausprägungen, die einen Schwerpunkt auf illusionistischen Wirkungen haben.[265] Bei einigen Tätowierungen handelt es sich um Trompe-l'Œils, andere suggerieren eine Metamorphose – eine Verwandlung, im Sinne einer Umgestaltung oder Nutzung eines Körperteils, zu einem Bestandteil der Tattoo-Komposition, wie es bereits oben am Beispiel der Mamillen als Nase erwähnt wurde. Zwei zeitgenössische Tätowierungen repräsentieren diesen Typus sehr eindrücklich: Im Kindesalter verlor der Norweger Heine Braeck seinen rechten Arm durch einen Unfall. Da er des Anblicks des Amputationsstumpfs müde war und bemerkte, dass er die Form eines Delfinkopfs hat, ließ er sich ebensolchen im Jahr 2011

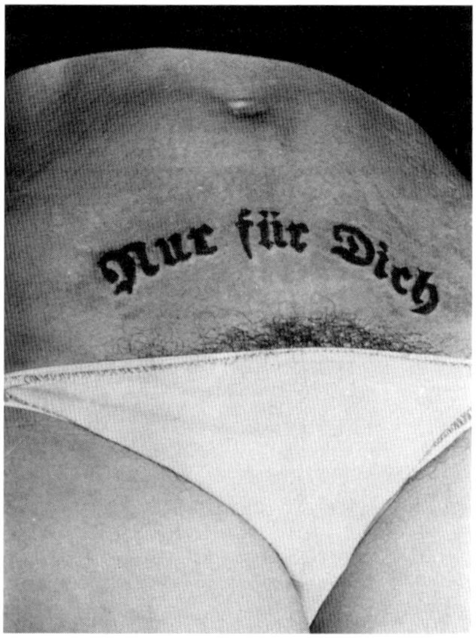

Abb. 30 *[Nur für Dich]*, vor 1981, Tätowierung.

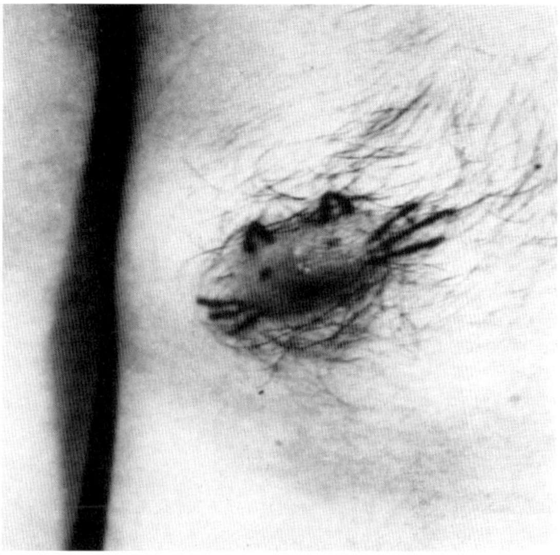

Abb. 31 *[Katze auf einer Brustwarze]*, 1969, Tätowierung.

auf den Stumpf tätowieren (Farbabb. 18).[266] Hier ist nicht die ikonografische Bedeutung des Meeressäugers von Relevanz, sondern allein Braecks individuelle körperliche Besonderheit – die Form, die die Abtrennung seines Armes hinterließ – war Inspiration für die Tätowierung.[267] Die Amputationsstelle wurde zwanzig Jahre nach ihrer Entstehung gewissermaßen in eine kolorierte Skulptur transformiert.[268]

In den Bereich dieser medizinischen Kategorie, die ihre Motivation aus der äußerlich sichtbaren Veränderung des menschlichen Körpers speist, fallen ebenso Tätowierungen, die aufgrund einer Mastektomie durchgeführt werden.[269] Bei dieser Art von Tattoos gibt es zwei Ausprägungen: die visuelle Wiederherstellung des ursprünglichen Zustands und die Kaschierung des operativen Eingriffs, der in Form einer Abtrennung oder einer Rekonstruktion durch Eigengewebe oder Prothesen durchgeführt werden kann. Die illusionistische Wiederherstellung von Brustwarzen durch Tätowierungen, der der Wunsch einer Rückeroberung des eigenen Körpers zu Grunde liegt, ist bei der Amputation von Mamillen möglich (Farbabb. 19). Bei der Abtrennung von Brustgewebe kommen meist großflächigere Tätowierungen zum Einsatz. Sie verbergen Wunden, indem sie sie scheinbar in einen farbigen Schleier hüllen.[270] Hierbei kann es sich sowohl um Trompe-l'Œil-Tätowierungen (Abb. 32) als auch um Arbeiten handeln, die keine illusionistische Wirkung haben (Abb. 33).[271]

Gängige Trompe-l'Œil-Tätowierungen – die ihre Begründung nicht in einer äußerlich sichtbaren, operativen Veränderung des Körpers haben – sind beispielsweise Tiere, die sich scheinbar auf der Haut des Trägers befinden (Farbabb. 20), Wunden (Farbabb. 21) oder Blicke unter die Haut.[272] Bei den hier am meisten verbreiteten Motiven handelt es sich um biomechanische Kompositionen (Farbabb. 22), anatomische Einblicke unter die körperliche Oberfläche (Farbabb. 23) oder surreale Bildideen (Farbabb. 24).

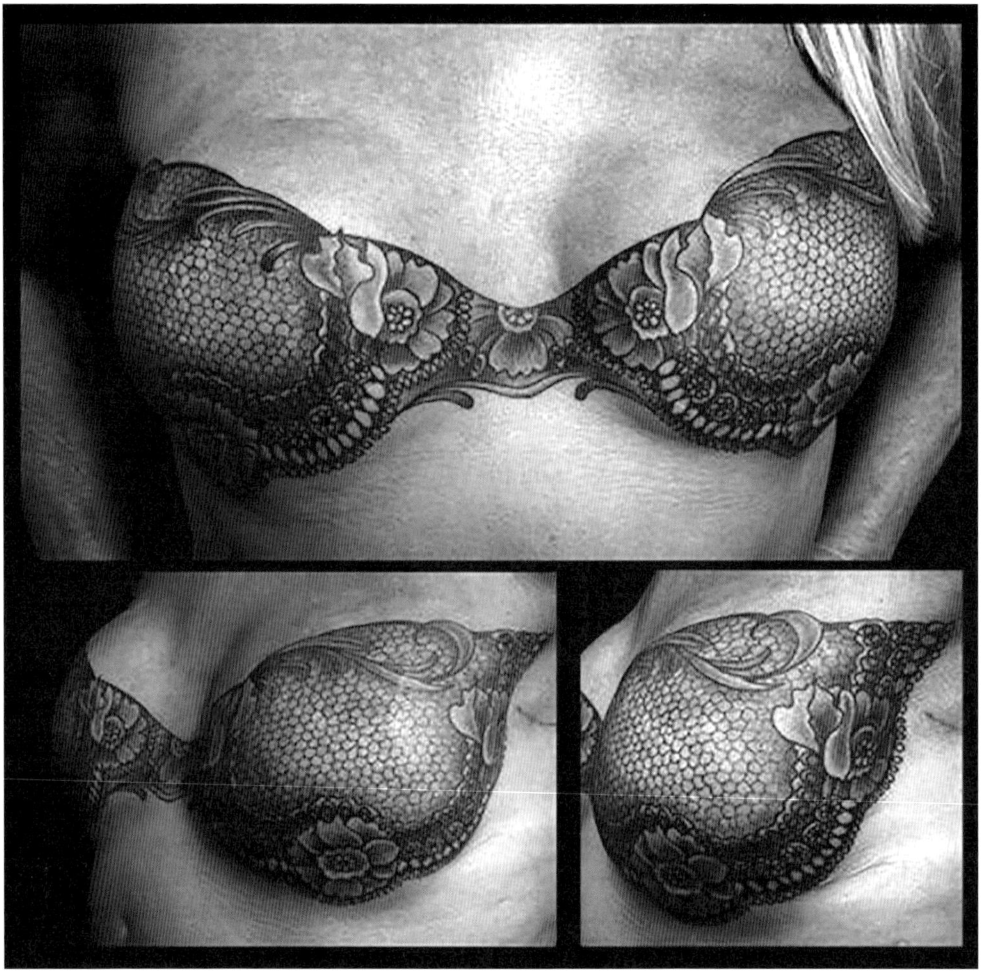

Abb. 32 Shane Wallin, um 2014, Tätowierung.

Ein weiteres Exempel dieser Kategorie der Tätowierung ist eine Darstellung der Comicfigur ‚Popeye' (Farbabb. 25). Die Figur befindet sich auf dem Unterarm eines Mannes, wobei die zum Schlag ausgestreckte Faust nicht in Form eines Tattoos dargestellt ist, sondern der leibhaftigen des Trägers entspricht. Die illusionistische Wirkung entfaltet sich am Handgelenk, wo der Arm der dargestellten Figur in die Hand des Trägers übergeht. Dieses Beispiel verdeutlicht, dass es sich bei den humoristischen, illusionistischen und metamorphischen Hautbildern oftmals um Mischformen der genannten Ausprägungen handelt.

Die in diesem Kapitel beschriebenen Formen der Tätowierung geben Aufschluss darüber, in welche Kategorie Hirsts *butterfly, divided* einzuordnen ist. Da der Körper des Falters aus der Schamspalte der Trägerin geformt ist, handelt es sich um ein ‚metamorphisches Tattoo'. Ein Element des menschlichen Körpers ist hierbei ein wesentlicher Bestandteil des Werks

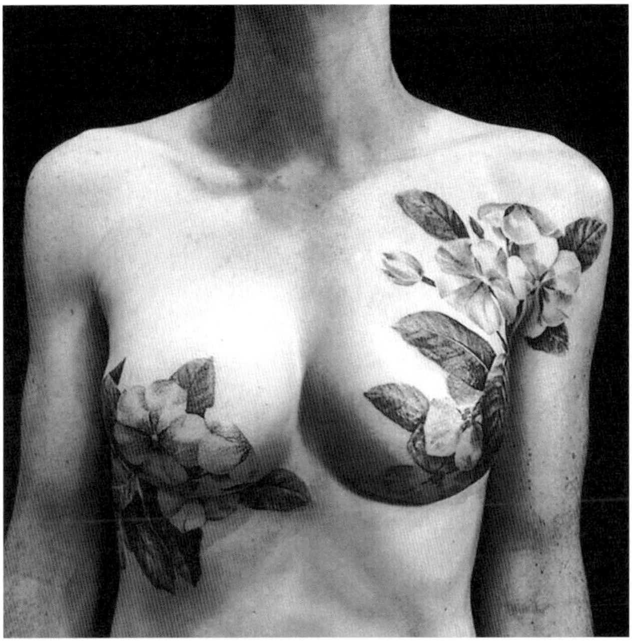

Abb. 33 David Allen, um 2014, Tätowierung.

und ersetzt eine Komponente der Tätowierung. Auf Tattoo-Farbe wurde an der entsprechenden Stelle verzichtet, stattdessen wurde die Tätowierung so platziert, dass die vorhandenen anatomischen Gegebenheiten für die Komposition genutzt werden konnten.

3.2 Symmetrie und Zweiteilung

Neben der kompositorischen Metamorphose der Tätowierung und des Körpers der Trägerin weist Hirsts Arbeit *butterfly, divided* weitere flagrante Merkmale auf: Das Motiv ist zweigeteilt und bilateral symmetrisch, beide Seiten der Darstellung entsprechen sich weitgehend.[273] Die Schamspalte von Shauna Taylor fungiert als Platzhalter für den Körper des Schmetterlings, seine Flügel spiegeln sich vertikal achsensymmetrisch an der Medianlinie der Trägerin. Folglich ist das Motiv in der Vorderansicht, also bei einem senkrechten Blick auf ihre Frontalebene, spiegelsymmetrisch. Auch Dagobert Frey weist in seinem Beitrag *Zum Problem der Symmetrie in der bildenden Kunst* darauf hin, dass die „Art des Erlebnisses einer symmetrischen Raumordnung" vom Standpunkt des Betrachters abhängt. Künstlerisch bedeute dies, dass der gestaltende Künstler durch Symmetrie dem Betrachter einen bestimmten ideellen Standpunkt der Betrachtung als künstlerisch entscheidend aufzwinge.[274] Außerdem werde die Symmetrie als Breitenentfaltung empfunden, indem sie den Betrachter zur frontalen Stellung nötige und die einander spiegelbildlich entsprechenden Raumpunkte als in einer zur Augachse normal und zu unserer eigenen körperlichen Breitenentfaltung parallel stehenden Bildebene liegend vorgestellt werden.[275] Zwar bezieht sich Frey auf die Architektur, doch gilt dies ebenso für symmetrische Darstellungen auf zweidimensionalen Bildträgern. Bezüglich der Wirkung von Symmetrien ist seine Berücksichtigung der zeitlichen Dimension weiterführend.[276] Zunächst ist es wesentlich für die Zeit, dass sie im Unterschied zu den drei Raumdimensionen in ihrer Bewegungsrichtung nicht umkehrbar ist. Daraus ergibt sich, dass es in der Zeit keine Symmetrie gibt, weil die spiegelbildliche Struktur eine Gegenbewegung fordern würde, die wohl räumlich, aber nicht zeitlich ausführbar sei. Die Breite könne als zeitlicher Ablauf erlebt werden, wie etwa auf einseitig richtungsbestimmten Figurenfriesen. Aber bei einer Gleichwertigkeit von Rechts- und Linksbewegungen können sie in einer symmetrischen Anordnung dazu gebracht werden, sich aufzuheben. Das heiße, mit der Symmetrie trete Ruhe ein; Symmetrie bedeute Ruhe, Aufheben der Zeitlichkeit durch eine Räumlichkeit. Das Erleben der Breitendimension in ihrer latenten Neigung zur Symmetrie sei seinem Wesen nach Erlebnis des Seins, der Existenz an sich. Das Existentielle und Zuständliche sei allen symmetrischen Kompositionen in der bildenden Kunst eigentümlich. Frey resümiert, dass es Symmetrie nur im Raum und nicht in der Zeit gebe und dass sie demgemäß immer Ausdruck der Ruhe und des Seins und daher überzeitlich sei. Alle Tendenzen, die Darstellung eines Vorgangs symmetrisch zu komponieren, würden das Geschehen als zeitlichen Ablauf aufheben und leiten aus dem Zeitlichen in die Sphäre reinen Seins über: Das Vergängliche werde zum Gleichnis und erhalte damit Dauer und Bestand. Auch wenn es bei Hedi Slimanes Fotografie von *butterfly, divided* nicht um die Darstellung eines Vorganges geht, ist eine temporale Referenz hier gänzlich abwesend, das Werk existiert ausschließlich in einer symmetrischen Breitendimension. Es gibt keinen Tiefenraum, der einen Bewegungsraum und somit räumliche und zeitliche Ferne suggeriert. Zudem steht die hier überzeitliche Symmetrie – die der Inbegriff von Dauer und Bestand ist – im Kontrast zur dargestellten Tätowierung, bei der es sich um ein ephemeres Kunstwerk handelt. Durch die symmetrische Darstellung erhebt Slimane das Motiv zu einem überzeitlichen Symbol, einer zeitlich begrenzten Erscheinung wird „eine überzeitliche prägnante Form" gegeben. In Bezug auf heraldische Symmetrie stellt Frey Folgendes fest, was ebenso für auf dem menschlichen Meridian liegende, achsensymmetrische Tätowierungen gilt: Durch die Prägnanz und die damit verbundene Konstanz der Gestalt werde dem im Symbol versinnbildlichten Gehalt Existentialität und Realität gewährleistet. Durch die wechselseitige Beziehung und Bindung der spiegelbildlichen Seiten werden diese stabilisiert, zu einem Dauerzustand erhoben. Das Gleiche gelte für die Frontalität. Profilstellung und Frontalität stünden sich gegenüber wie zeitliches und räumliches Erleben. Die Profilstellung sei Ausdruck eines Vorübergehens, sie weise über sich hinaus, indem sie gerichtet sei; sie suche Beziehung zu anderen, denen sie folge oder von denen sie gefolgt werde oder die ihr entgegentreten. Die Gestalt en face beruhe in sich selbst, sei an sich beziehungslos.[277] Julian Bielicki führt diesen Ansatz mit der Feststellung fort, dass die Symmetrie keinen Verweisungs-Charakter auf ein drittes Objekt besitze, sie bleibe der inneren Spannung zwischen den beiden Hälften verhaftet. Es gebe keinen Platz für einen Dritten; beide Hälften seien auf Gedeih und Verderb miteinander verschmolzen; der Untergang der einen Hälfte sei der Tod der anderen.[278]

Die bilaterale Symmetrie der Tätowierung und die des Körpers der Trägerin sind hier miteinander verknüpft. Das Falter-Tattoo und sein menschlicher Bildträger veranschaulichen nicht nur die Art der Symmetrie, die jeder bemerke und die für viele die „Symmetrie par excellence“ sei, auch verbildlichen sie mit ihrer symbiotischen Darstellungsweise das interdisziplinäre Konzept der Symmetrie.[279] In ihrer Veröffentlichung zu den verschiedenen Erscheinungsformen der Symmetrie und ihrer Allgegenwärtigkeit beschreiben István und Magdolna Hargittai sie als ein Bindeglied, ein „einzigartiges Instrument der Wiedervereinigung scheinbar längst getrennter Erkenntnisbereiche [wie der Physik, Chemie, Biologie.]“ Sie könne Aufschluss darüber geben, was im Zuge der Trennung der Naturwissenschaften, der Geisteswissenschaften und der Künste verlorengegangen sei. Unter dem Einbezug der Harmonie und der Proportion würden sich weitere Möglichkeiten erschließen Verbindungen zwischen Dingen herzustellen, die auf den ersten Blick nichts miteinander gemein hätten. Diese Eigenschaft der Symmetrie, Brücken zu schlagen, sei von größter Bedeutung – sie liefere einen Blickwinkel, unter dem die Welt wieder als Ganzheit wahrzunehmen sei.[280] Auch wenn diese Erkenntnis metaphysisch anmutet, so ist sie doch zutiefst naturwissenschaftlich fundiert – die Symmetrie ist ein biologisches Grundprinzip. Im Laufe der Evolution ist das Symmetrieprinzip immer in Erscheinung getreten, bei Einzellern und nahezu jedem mehrzelligen Organismus. Die Asymmetrie hingegen tritt höchst selten auf. Die Bilateralität der Mehrzeller beruht auf der evolutorischen Zweckmäßigkeit, nach der sie beschaffen sind. Sie ermöglicht die Entwicklung der verschiedenen Fortbewegungsweisen.[281] Somit ist die Symmetrie, die auch mit Starrheit und Ruhe assoziiert wird, paradoxerweise die elementare Grundvoraussetzung für die, hauptsächlich vorwärts ausgerichtete, Bewegung von Organismen.

Die Suche nach symmetrischen Ordnungsmöglichkeiten in der Kunst sowie die Symmetrisierung der Darstellung von Mensch und Natur können als Sichtbarmachung von inneren Gesetzmäßigkeiten verstanden werden – sowohl von denen der „Regelmäßigkeit und Schönheit“ als auch denen der biologischen Prinzipien.[282] So beschreibt Alois Riegl das Grundgesetz der Formbildung in der Natur, der die Formgesetze der Kunst folgen, wie folgt:

> „Das Grundgesetzt, nach welchem die Natur die tote Materie formt, ist dasjenige der Kristallisation, welcher hinwiederum der Symmetrie, d. i. die gleichmäßige horizontale Verteilung der kleinsten Moleküle zu den Seiten einer idealen Mittelachse, zugrunde liegt. Dagegen hat es den Anschein, als ob die Formen der belebten (d. i. bewegten) Materie anderen Gesetzen folgten; dem ist aber in Wahrheit nicht so, sondern auch ihnen liegt das Grundgesetz der symmetrischen Bildung zugrunde, nun tritt es da eben in Folge der den Werken der belebten Natur zustehenden Bewegungsfähigkeit (sei es durch Wachstum, sei es durch Ortsveränderung) nicht mehr so einfach und unverhüllt zutage. Genau das gleiche gilt von den Werken der bildenden Kunst des Menschen: teils sind sie um die Wette mit Formen der toten Materie, teils mit solchen der belebten Natur geschaffen, immer aber folgen sie im letzten Grunde jenem Grundgesetz, mag dasselbe auch noch so sehr verhüllt sein […].“[283]

In seinem Aufsatz zum „bilateral symmetrische[n] Künstler" Ferdinand Hodler weist Oskar Bätschmann auf die Parallelen zu Ernst Haeckels zeitgleich erschienener Publikation *Kunstformen der Natur* hin, die auf die Fragen von der Seite der naturwissenschaftlichen Morphologie antwortete.[284] Auf den Tafeln wurden die Abbildungen der Naturformen symmetrisch geordnet und sie schienen die genau entsprechenden Illustrationen zu den Ausführungen Riegls zu sein.[285]

Zwar erinnert die fotografische Wiedergabe von Hirsts Werk aufgrund ihrer symmetrischen Darstellung des menschlichen Körpers mit gespreizten Beinen gewissermaßen an Proportionsstudien nach Vitruv, doch steht sie inhaltlich in keinerlei Verbindung zum Anthropomorphismus.[286] Der Körper ist nicht in seiner Ganzheit erfasst, das Verhältnis seiner einzelnen Teile zueinander ist hier nicht von Bedeutung. Die bilaterale Symmetrie suggeriert vielmehr eine Geschlossenheit des dargestellten Körperfragments mit der Tätowierung, die sich an seinem Meridian spiegelt. Der ohnehin symmetrische Körperbau des Menschen wird hierdurch betont, seine Erscheinung einheitlich zusammengefasst.[287]

Taylors Körperfragment wurde in der fotografischen Darstellung als Torso inszeniert. Bezeichnete der Begriff zunächst die skulpturale Darstellung einer menschlichen Figur, der Kopf und Gliedmaßen fehlen, wurden später Plastiken und Bilder gleichermaßen unter dem Gesichtspunkt des Torso-Prinzips behandelt.[288] Die Ausstellung *Torso als Prinzip* weitete den Torso-Begriff auf alle Medien der bildenden Kunst aus und stellte die Betrachtungen analog zur Plastik.[289]

Grundsätzlich unterscheidet man zwischen einem „geschichtlichen Torso und dem intendierten, einer Plastik also, die von vorneherein als Torso konzipiert worden ist."[290] Bei dem historischen handelt es sich im Allgemeinen um eine anthropomorphe Figur, die durch Zerstörung zum Fragment geworden ist. Meist sei es der Rumpf, der durch sein Volumen Zerstörung eher Widerstand geboten habe als Gliedmaßen oder Kopf. Der Begriff habe sich an den Statuenfragmenten der Antike entwickelt. Der Torso sei das Resultat einer Zerstörung, einer beabsichtigten ebenso wie einer unbeabsichtigten.[291] Gunter Schweikhart verweist auf die Zerstörung der heidnischen Antiken als Bestätigung des christlichen Glaubens im frühen Christentum und deren Bedeutungsgehalt im Hinblick auf die Vergänglichkeit. So habe die Romerfahrung im späten 16. Jahrhundert die Metapher von Vergänglichkeit und Untergang unmittelbar nahegelegt. Der Torso war dazu prädestiniert, so Schweikhart weiter, zum Symbol der Vergänglichkeit zu werden. Die beschriebene religiöse Implikation habe sicher den Verweis beigesteuert, dass sich im Torso die zerstörte Welt des antiken Heidentums verkörpere. So werde der Torso zum Symbol der Hinfälligkeit alles Zeitlichen und Irdischen.[292] Entsprechend ist der Torso die konsequenteste Darstellungsweise von *butterfly, divided*, da sie die Vergänglichkeit des Werkes betont. Die oben analysierte symmetrische Darstellungsweise ohne Zeitbezug korrespondiert zusätzlich mit der „Hinfälligkeit alles Zeitlichen", für die der Torso stehe.[293]

Das Problem der Ergänzung stellt sich bei Slimanes Fotografie von Hirsts Arbeit nicht, die Zugehörigkeit des Torsos und die Identität der entsprechenden Person ist durch den oben beschriebenen Entstehungskontext des Werkes bekannt.[294] Zudem sind im *Garage Magazine* noch weitere Fotografien von Shauna Taylor veröffentlicht – ein Akt und ein Portrait, auf

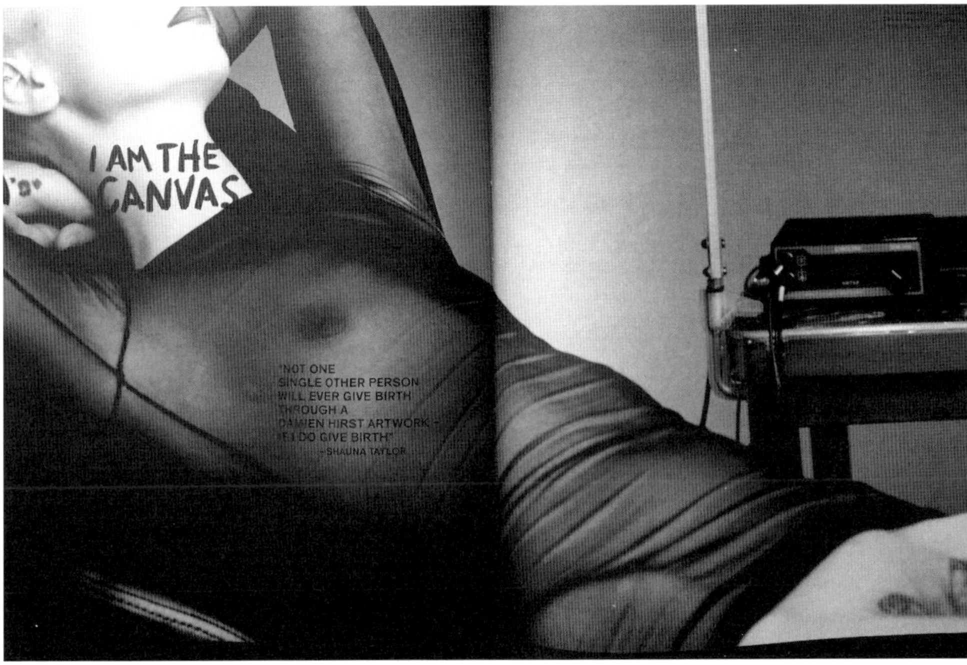

Abb. 34 Hedi Slimane, *[Shauna Taylor]*, 2011, Fotografie.

denen sie identifizierbar ist.[295] Ebenso wird ihr Name genannt.[296] Im Unterschied zu antiken Torsi handelt es sich bei der Fotografie um einen bewusst gewählten Ausschnitt, ein intentionales Fragment. Diesbezüglich ist die Komposition des Fotos eine Fortführung von Rodin, Maillol und anderen, die den Torso im ausgehenden 19. Jahrhundert als eigene künstlerische Form der Neuschöpfung in Erscheinung treten ließen.[297] Hier sei der Torso zum Beginn einer neuen Abstraktion geworden. Zudem falle er nicht mehr in die Problematik des Fragmentarischen, da er ja bewusst als Torso geschaffen und damit ‚vollendet' sei.[298]

Wie oben erläutert, ist jeglicher zeitliche Bezug bei der Fotografie von *butterfly, divided* absent, auch gibt es keine räumliche Referenz. So ist es nicht einmal bestimmbar, ob es sich bei der Kameraperspektive um eine Untersicht auf einen stehenden Körper oder eine Aufsicht auf einen liegenden Körper handelt.[299] Der Körper Shauna Taylors ist in erster Linie als Bildträger des Tattoos in Position gesetzt. Die frontale Sicht und das Spreizen der Beine ist ein kompositorisches Mittel zum Zweck – es ist notwendig, um das Tattoo-Motiv sichtbar zu machen und erkennbar abzulichten. Die symmetrische Starrheit, die Klarheit des dargestellten Körpers, die Makellosigkeit seiner rasierten Oberfläche lassen die Fotografie beinahe wie eine wissenschaftlich motivierte Ablichtung eines anatomischen Details erscheinen; sie verleiht dem Dargestellten die klinische Anmutung eines Schauobjektes.[300] Eine erotische Wirkung auf den Betrachter scheint nicht intendiert, dem anfänglichen – vielleicht auch provokativen – Überraschungsmoment des Blicks auf das entblößte Geschlecht folgt rasch eine Neugier auf die dargestellte Tätowierung und ihre kompositorischen Eigenheiten. Die

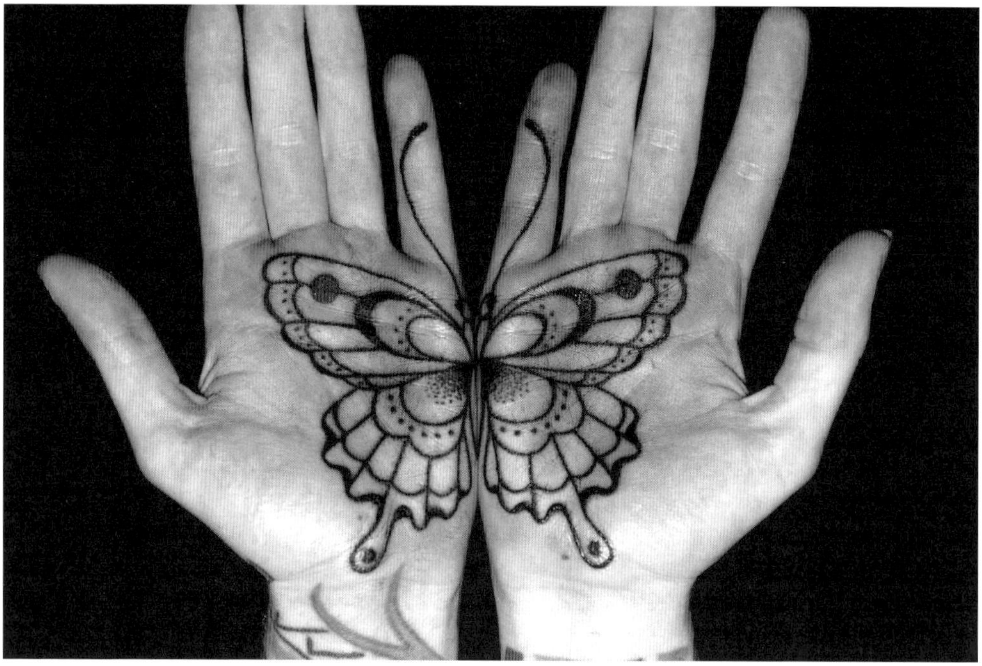

Abb. 35 Shane G. Coley, 2010, Tätowierung.

klinische und kompositorische Strenge der Fotografie schaffen eine gewisse Erhabenheit und Monumentalität, die keine Obszönität zulässt; zudem abstrahiert die Schwarz-Weiß-Fotografie: Eine farbige Wiedergabe des Inkarnats ist nicht gegeben, wodurch hier sexuelle Reize zusätzlich vermindert werden. Zudem hat die Arbeit die Anmutung einer Aufnahme aus einem bildgebenden Verfahren der medizinischen Diagnostik – obwohl sie keinen Blick in das Körperinnere gewährt, mutet sie beinahe wie das Bild-Ergebnis einer Kernspintomografie oder eines Röntgenvorgangs an. Obgleich die Fotografie von Hedi Slimane und nicht von Damien Hirst ist, scheint sie durchaus Hirsts Verständnis von fotografischer Ästhetik zu entsprechen.[301] So schreibt Brian Dillon, Hirst sei schon früh vom Tod in seiner ganzen Realität und den damit einhergehenden gerichtsmedizinisch-wissenschaftlichen Räumen und Gerätschaften fasziniert gewesen. Er habe sich schon in Jugendjahren eine umfangreiche Sammlung von Pathologie-Lehrbüchern zugelegt. Nach eigenen Aussagen fühlt er sich zu der Mischung aus hässlichem Lernstoff und makelloser, emotional unbeteiligter Fotografie magisch hingezogen; die Bücher enthielten für ihn „hervorragende, erstrebenswerte Aufnahmen".[302]

Mit der Wahl der Trägerin wird auf das Ideal ausgeprägter sekundärer Geschlechtsmerkmale verzichtet, so ist die Hüfte Taylors auffällig schmal, ihre Gesamterscheinung nahezu knabenhaft (Abb. 34).

Die androgyne Beschaffenheit ihres Körpers bringt eine Neutralität mit sich, die ihn zu Gunsten der Tätowierung in den Hintergrund treten lässt und auf die plakative Darstellung

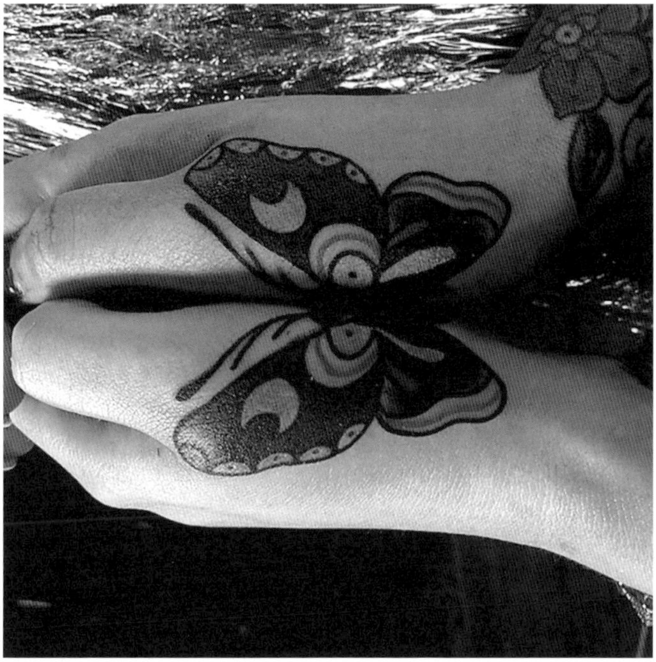

Abb. 36 Jody Dawber, 2013, Tätowierung.

weiblicher Reize verzichtet. Hiermit bildet Slimane eine klare Gegenposition zur zeitgenössischen, popkulturellen Fotografie von tätowierten Frauen, die neben einer Darstellung der Tattoos oftmals um eine erotisierende Inszenierung von Weiblichkeit bemüht ist.[303] Dies ist bei Slimane nicht der Fall – es gelingt paradoxerweise, obwohl eine Vulva zentraler Bestandteil des Motivs ist.

Dennoch hat die Fotografie eine signalhafte Wirkung. Zum einen ist das in der Darstellung des entblößten Genitals begründet, zum anderen in der bilateral symmetrischen Komposition des Motivs. So beschreibt Rudolf Wille, dass Symmetrie Aufmerksamkeit errege. In der vielgestaltigen Umwelt würden Zeichen, die unsere Aufmerksamkeit auf sich ziehen sollen, überwiegend symmetrisch gestaltet; bei den Verkehrszeichen sei es sogar so, dass die gewichtigeren Verbotszeichen durch eine symmetrischere Form besonders hervorgehoben werden. Werde die unregelmäßige Form eines lebenden Objektes plötzlich symmetrisch, erwecke das beim Betrachter erhöhte Aufmerksamkeit; so werde ein angegriffenes Tier alarmiert, wenn es die symmetrische Vorderansicht des Angreifers vor sich auftauchen sehe. Allgemein falle der Wahrnehmung Symmetrisches in asymmetrischer Umgebung auf. Auch Klaus Wolbert schreibt in seinem Beitrag *Symmetrien als Sprachformen der Kunst*, dass das menschliche Perzeptionsvermögen besonders stark auf symmetrische Gebilde anspreche, dass für die archetypisch präformierten Deutungen von Wahrnehmungen Symmetrien eine besondere Mitteilungskraft besäßen und dass in den menschlichen Gestaltungen Symmetrien daher die Funktion von Bedeutungsträgern hätten, deren Aussage interkulturell und apriorisch verständlich sei.[304] In Bezug auf die Veröffentlichung der Fotografie des Werkes *butterfly, divided* in der Erstausgabe des *Garage Magazine* scheint die Nutzbarmachung dieses Phänomens kein Zufall zu sein, sondern vielmehr ein Instrument, das möglicherweise dazu dienen sollte, den Absatz der Zeitschrift zu fördern.[305]

Bevor im folgenden Abschnitt Darstellungen von Schmetterlingen in der Tätowierung seit dem 19. Jahrhundert untersucht werden, sei bereits an dieser Stelle darauf hingewiesen, dass das Motiv des geteilten Falters auch in der zeitgenössischen Tätowierung verbreitet ist. Die Arbeiten von Shane Gallagher Coley (Abb. 35) und Jody Dawber (Abb. 36) beispielsweise sind auf den Handflächen ihrer Träger platziert und ebenso bilateral symmetrisch komponiert wie das Werk von Hirst.[306] Bemerkenswert an Coleys Arbeit ist, wie er die kleinen Finger der Trägerin nutzt, um die Fühler des Falters darauf zu platzieren. Dies ermöglicht eine größere Darstellung des Schmetterlings auf dem gegebenen Bildträger und korrespondiert mit der Anatomie der Hände. Im Unterschied zu Hirsts Werk gibt es bei diesen Tätowierungen jedoch keine metamorphische Nutzung eines Körperteils hinsichtlich der Komposition – die Metamorphose von Tattoo und Körper bleibt der Arbeit auf Shauna Taylor vorbehalten.

4 Schmetterlingsdarstellungen in der Tätowierung

Im folgenden Kapitel werden verschiedene tätowierte Schmetterlingsdarstellungen betrachtet, um Hirsts Arbeit auch im Kontext der Geschichte des Motivs deuten zu können.

Laut der *Tattoo Encyclopedia* ist der Schmetterling das meist tätowierte Insekten-Motiv.[307] Die *Encyclopedia for the Art and History of Tattooing* weist darauf hin, dass es insbesondere bei Frauen verbreitet sei.[308] Dirk-Boris Rödel zählt den Schmetterling zu den zehn „Klassikern" unter den Tattoo-Motiven, der eher von Frauen gewählt werde.[309] Die Verifizierung dieser Thesen ist jedoch problematisch: Es ist nur in begrenztem Maße möglich, fundierte Einschätzungen über die Häufigkeit oder gar die geschlechtsspezifische Verbreitung einzelner Tattoo-Motive in der Gesamtheit einer Gesellschaft zu geben. Zwar dokumentieren diverse Studien das Bildgut europäischer Tätowierungen seit dem 19. Jahrhundert, doch handelt es sich hier um Erhebungen, die ausschließlich in einzelnen Milieus oder Gesellschaftsschichten, wie Kriminellen oder Soldaten, vorgenommen wurden.[310] Zudem kann per se nur ein geringer Teil aller jemals angefertigten Tätowierungen in Wort oder Bild dokumentiert, geschweige denn publiziert worden sein. Im Folgenden soll dennoch der Versuch unternommen werden, eine Einschätzung über das Vorkommen des Schmetterlings als Tattoo-Motiv seit dem Ende des 19. Jahrhunderts in Europa und Ostasien zu geben.

Um die Verbreitung zu analysieren, werden kriminalanthropologische Studien, verschiedenste Tattoo-spezifische Publikationen sowie Abbildungen in Tätowier-Magazinen untersucht. Hierdurch soll dem Ursprung des Schmetterlings als Motiv in der Tätowierung nachgegangen werden. In diesem Zuge gilt es zu überprüfen, ob das Motiv tatsächlich geschlechtsspezifisch ist – also insbesondere von Trägerinnen gewählt wurde – und in welcher Form es in der Tätowierpraxis verbreitet ist. Anschließend wird der Versuch unternommen, eine Erklärung für die Ursache der Verbreitung dieses Motivs als Tätowierung zu finden. Die Frage hierbei ist, ob lediglich die symbolische Bedeutung oder ebenso die medienspezifischen Eigenheiten des menschlichen Körpers als Bildträger Aufschluss darüber geben.

4.1 Der Falter als Tattoo-Motiv in Europa, 1881–1960

Um Aussagen über die Verbreitung des Schmetterlingsmotivs in der Tätowierung treffen zu können, soll im folgenden Abschnitt das Ergebnis einer Sichtung der einschlägigen, insbesondere deutschen und französischen Literatur zwischen den Jahren 1881 und 1960 zusammengefasst werden. Da die in den Untersuchungen erfassten Personendaten auch Informationen über die Motive der dokumentierten Tätowierungen beinhalten, handelt es sich bei diesen Veröffentlichungen um wertvolle Quellen im Hinblick auf die Erforschung der Verbreitung einzelner Tattoo-Motive.

Die im Forschungsstand erwähnten, zunächst überwiegend kriminalanthropologischen Beiträge sollen im Folgenden dazu dienen, Aufschluss über die Existenz des Motivs zu geben. Findet sich bei Lombroso noch keine Abbildung und keine Erwähnung eines Falter-Tattoos, so liefert Alexandre Lacassagnes kriminalanthropologische Studie *Les tatouages* aus dem Jahr 1881 erste Hinweise auf das Schmetterlingsmotiv in der europäischen Tätowierung.[311] In seiner Funktion als Militärarzt dokumentierte er 1333 Tätowierungen bei 378 französischen Soldaten, die in afrikanischen Strafbataillonen stationiert waren.[312] Da es unter den damals gegebenen Umständen nur eingeschränkt möglich war die Hautbilder zu fotografieren, übertrug er sie auf Pauspapier.[313] Laut Steve Gilberts *Tattoo History* sammelte Lacassagne so über 2000 Abbildungen.[314] Hiervon wurden einige in *Les tatouages* publiziert. Die genannte Gesamtzahl der Zeichnungen wurde von Gilbert jedoch nicht belegt und kann nicht bestätigt werden: Im Rahmen ihres Dissertationsprojektes sichtete Gemma Angel den Nachlass Lacassagnes in der Bibliothèque municipale de Lyon.[315] Sie stellte fest, dass sich nur wenige Zeichnungen im Nachlass befinden und der Verbleib der Durchzeichnungen nicht bekannt ist.[316] Neben persönlichen Daten der Träger hielt Lacassagne ebenso die Platzierungen der Tattoos fest. Gilbert konstatiert, dass sich viele der von ihm dokumentierten Sujets noch heute großer Beliebtheit erfreuen. Neben weit verbreiteten Motiven wie Ankern, Dolchen, Schlangen oder Herzen zählt er ebenso Schmetterlinge auf.[317] Das häufige Vorkommen des Faltermotivs im Untersuchungsfeld Lacassagnes kann zudem durch Jérôme Pierrats und Eric Guillons Publikation *Mauvais garçons* belegt werden.[318] Sie veröffentlichten Portraitfotografien von tätowierten Sträflingen aus der Zeit zwischen 1890 und 1930. Bei dem Konvolut handelt es sich um Fotos, die aus dem Nachlass von Lacassagnes Sohn Jean stammen. Zusammen mit Edmond Locard führte er die Dokumentationsarbeit seines Vaters, der auch Fotografien von Tätowierten sammelte, fort.[319] Zwar sind Urheber und Provenienz der einzelnen Aufnahmen in *Mauvais garçons* nicht vermerkt, doch da sie partiell aus dem 19. Jahrhundert datieren, ist es möglich, dass ein Teil von ihnen aus der ursprünglichen Sammlung von Alexandre Lacassagne stammt.[320]

Bei der Mehrheit der Fotografien handelt es sich um Halbfiguren. Meist sind die Männer sitzend, stets mit freiem Oberkörper abgelichtet worden. Oft sind die Unterarme angeschnitten, Aufnahmen der Hände finden sich somit kaum. Es gibt sehr wenige Ganzkörperaufnahmen, selten werden die Abbildungen um Rückansichten der Personen ergänzt. Zwar sind aufgrund der gewählten Ausschnitte nicht alle Tätowierungen der jeweiligen Träger dokumentiert, doch befinden sich zu jener Zeit die meisten Tätowierungen auf den hier sichtbaren Oberkörpern und Armen.[321] Von den etwa 160 abgebildeten Männern tragen 41 ein Schmetterlingsmotiv als Tätowierung.[322] Mit dem daraus resultierenden Anteil von circa 25 Prozent kann dieses Motiv im betreffenden Umfeld als überaus häufig bezeichnet werden. Aufschluss über den Grund der hohen Verbreitung unter den Portraitierten gibt in diesem

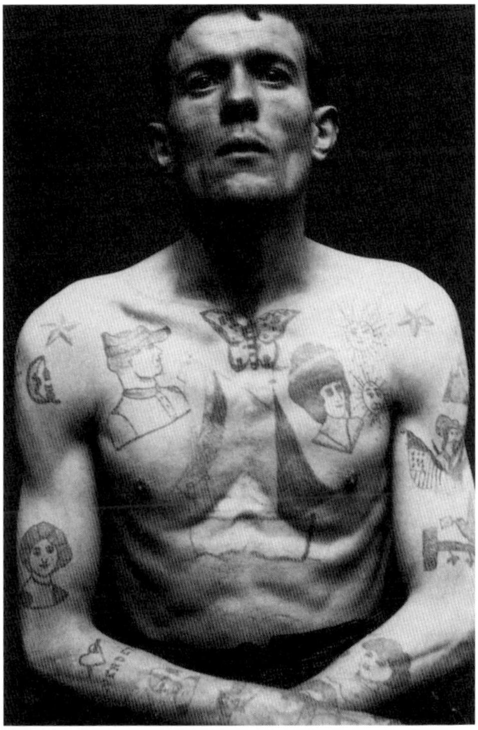

Abb. 37 zwischen 1890 und 1930, Tätowierung, Sammlung Pierrat/Guillon.

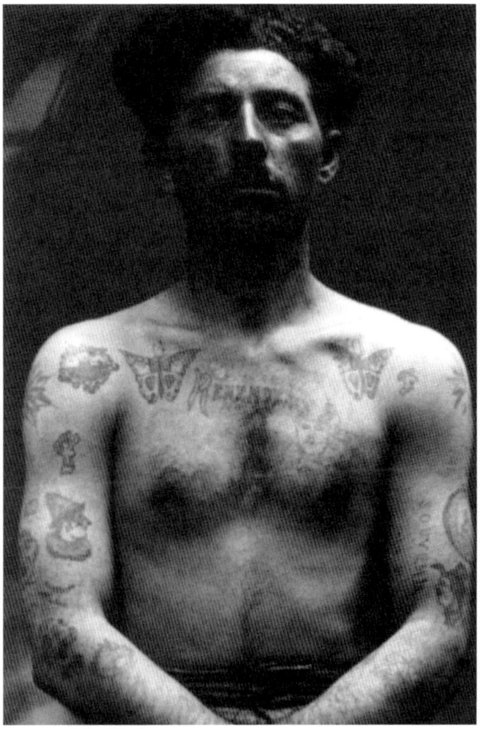

Abb. 38 zwischen 1890 und 1930, Tätowierung, Sammlung Pierrat/Guillon.

Fall die Bedeutung des Motivs im damaligen Kontext. Pierrat und Guillon beschreiben das Schmetterlingstattoo als Symbol der Diebe, das gelegentlich mit dem Text ‚*Comme lui je vole*' kombiniert wurde.[323] Aufgrund der Doppeldeutigkeit des Wortes ‚*voler*' kann dieser Satz sowohl mit ‚Ich fliege wie er' oder ‚Ich stehle wie er' übersetzt werden. In diesem Zusammenhang sei jedoch darauf hingewiesen, dass sich die kriminalanthropologische Forschung schon früh darüber einig war, dass die Motive von Tätowierungen in der Regel keine Rückschlüsse auf die Art der verübten Verbrechen ihrer Träger zulassen.[324]

Hinsichtlich der bei Pierrat und Guillon abgebildeten Tätowierungen ist auffällig, dass die Falter stets mit beidseitig gleichermaßen ausgebreiteten Flügeln und überwiegend in Symmetrie zu den Körpern ihrer Träger platziert sind.[325] Ein gutes Drittel der gezählten Schmetterlingstattoos befindet sich zwischen Brustbein und Hals oder im Bereich der Schlüsselbeine – in der Mehrzahl der Fälle als Einzelmotiv mittig (Abb. 37) und teils paarweise, achsensymmetrisch gespiegelt (Abb. 38).

Als symmetrisches Doppelmotiv angeordnet sind ebenso Tätowierungen auf den Schultergelenken, der Brust oder, wie bei einer Person, auf den Armen. Bei zwei Männern befindet sich ein Falter als Einzelmotiv in der Mitte des Abdomens (Abb. 39).

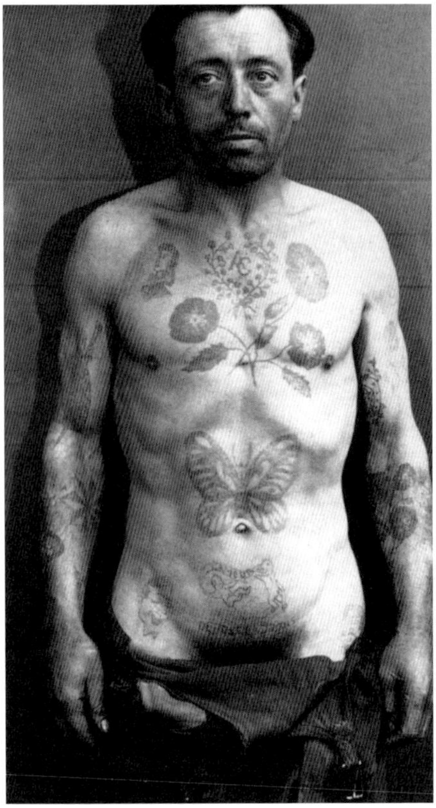

Abb. 39 zwischen 1890 und 1930, Tätowierung, Sammlung Pierrat/Guillon.

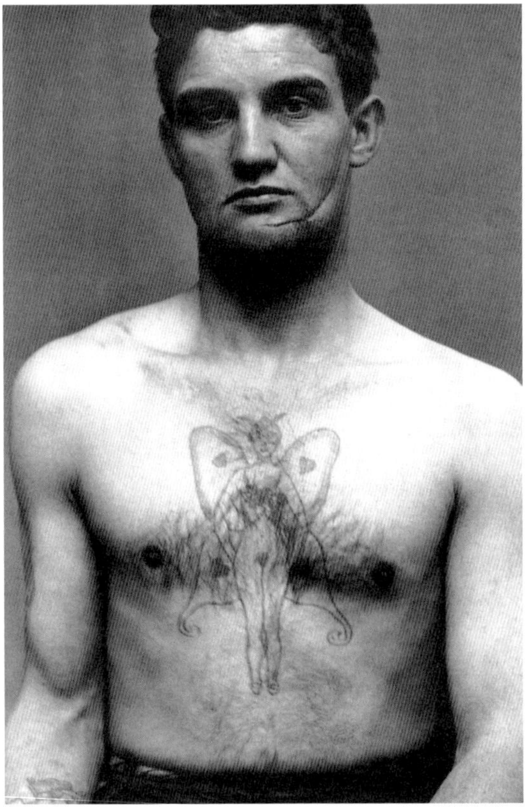

Abb. 40 zwischen 1890 und 1930, Tätowierung, Sammlung Pierrat/Guillon.

Zwei Drittel der 16 asymmetrischen Einzeldarstellungen von Schmetterlingen hingegen befinden sich auf Armen. Darüber hinaus sind in der Publikation zwei schmetterlingsflügelige Frauen abgebildet (Abb. 40).

Das Faltermotiv ist bis heute in verschiedenen Variationen unter Gefängnisinsassen verbreitet.[326]

Eine frühe fotografische Abbildung einer Schmetterlingstätowierung, die im Rahmen der hier durchgeführten Spurensuche gesichtet wurde, stammt aus einem Konvolut von 83 Fotografien von 64 Tätowierten, die das Museum für Hamburgische Geschichte laut Ulrich Bauche im Jahr 1907 von der Hamburger Polizeibehörde erhielt.[327] Im Jahr 1914 veröffentlichte Otto Lauffer – der damalige Direktor des Museums – den Artikel *Über die Geschichte und den heutigen volkstümlichen Gebrauch der Tätowierung in Deutschland*, in dem drei Fotografien des zu kriminalistischen Zwecken angefertigten Konvoluts publiziert wurden.[328] Eine Abbildung (Abb. 41) zeigt einen Mann aus Hamburg, auf dessen linkem Unterarm ein Schmetterling tätowiert ist. Neben diesen Aufnahmen erhielt das Museum fotografische Reproduktionen aus dem Vorlagenbuch des „damals bedeutendsten Hamburger

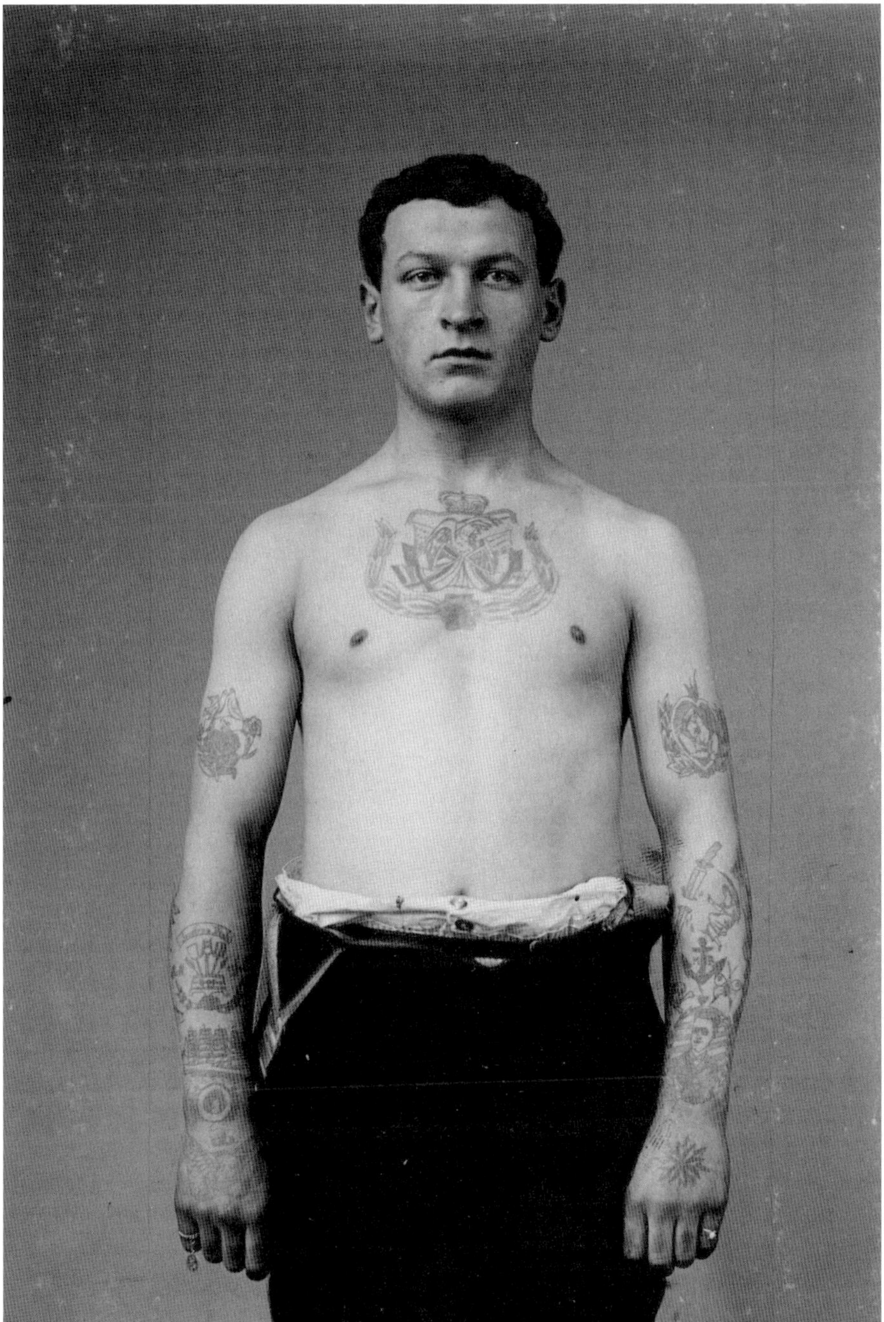

Abb. 41 *Tätowierter Mann aus Hamburg*, vor 1914, Fotografie, Stiftung Historische Museen Hamburg, Museum für Hamburgische Geschichte.

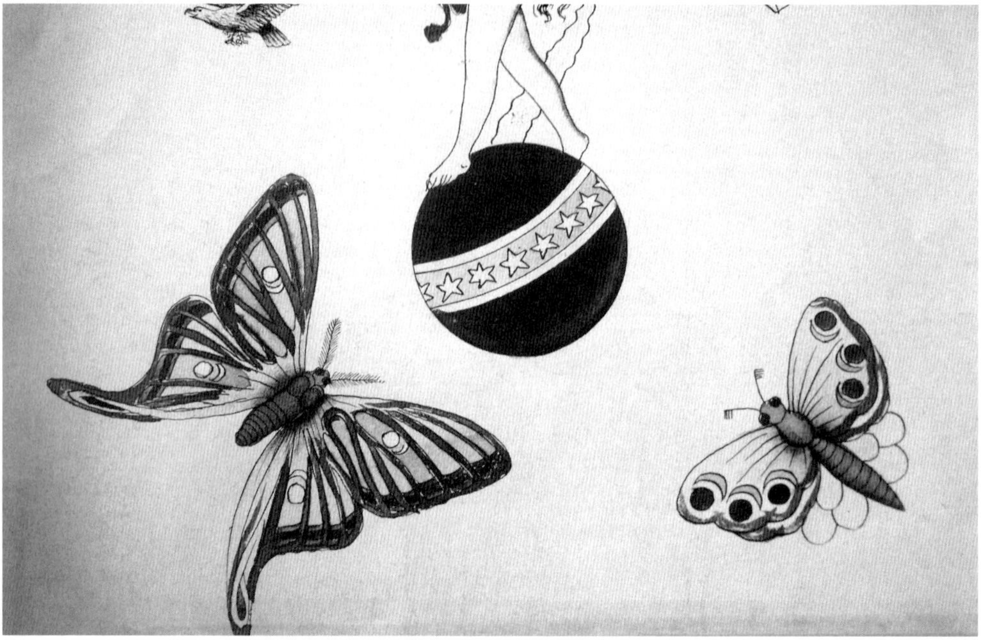

Abb. 42 Karl Rodemich, *[Schmetterlinge]*, um 1900, fotografische Reproduktion einer Vorlagezeichnung, Stiftung Historische Museen Hamburg, Museum für Hamburgische Geschichte.

Tätowierers" Karl Rodemich.[329] Unter diesen Fotos fanden sich bei der Sichtung des Konvoluts im Museum für Hamburgische Geschichte bisher unveröffentlichte Zeichnungen von Schmetterlingen (Abb. 42), die zum Zwecke einer späteren Umsetzung als Tätowierung angefertigt wurden.[330] Diese historischen Dokumente deuten bereits an, dass der Schmetterling in der Zeit um die Jahrhundertwende ein verbreitetes Tattoo-Motiv gewesen ist. Ebenso befindet sich unter Rodemichs Zeichnungen eine bisher nicht publizierte Darstellung von Amor und der mit Schmetterlingsflügeln versehenen Psyche als stehende, sich küssende Figuren (Abb. 43).

Dies ist ein Beleg dafür, dass dieses antike Sujet – auf das später noch näher eingegangen wird – in der Tätowierung um das Jahr 1900 ebenso rezipiert wurde wie in der bildenden Kunst.[331] Als Beispiel hierfür seien die Arbeiten des französischen Malers William Adolphe Bouguereau angeführt, der das Motiv in verschiedenen Versionen umsetzte. Bereits zu seinen Lebzeiten wurden diese Werke von Sutherland Macdonald in das Medium der Tätowierung übersetzt.[332] So auch in jüngster Vergangenheit: Im Jahr 2010 ließ sich der englische Profifußballer David Beckham ein Tattoo in Anlehnung an Bouguereaus Gemälde *Amor und Psyche* aus dem Jahr 1889 (Abb. 44) von Louis Molloy auf seinen linken Oberarm stechen (Abb. 45).[333]

Auf mediales Interesse stieß insbesondere die Tatsache, dass Psyche mit einem die Scham verhüllenden Tuch dargestellt ist, während sich das Original in naturalistischer Nacktheit übe.[334] Im Jahr 2013 folgten weitere – unverhüllte – Umsetzungen des Motivs durch den englischen Tätowierer Lal Hardy und den Franzosen Tin Tin.[335]

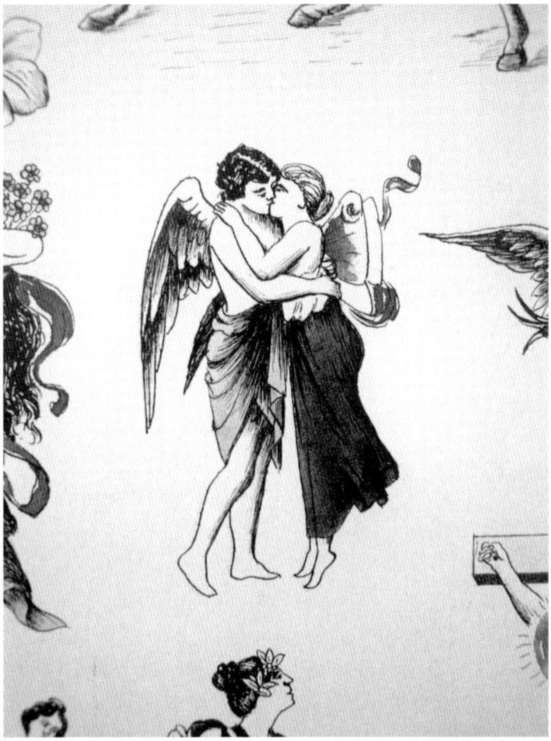

Abb. 43 Karl Rodemich, *[Amor und Psyche]*, um 1900, fotografische Reproduktion einer Vorlagezeichnung, Stiftung Historische Museen Hamburg, Museum für Hamburgische Geschichte.

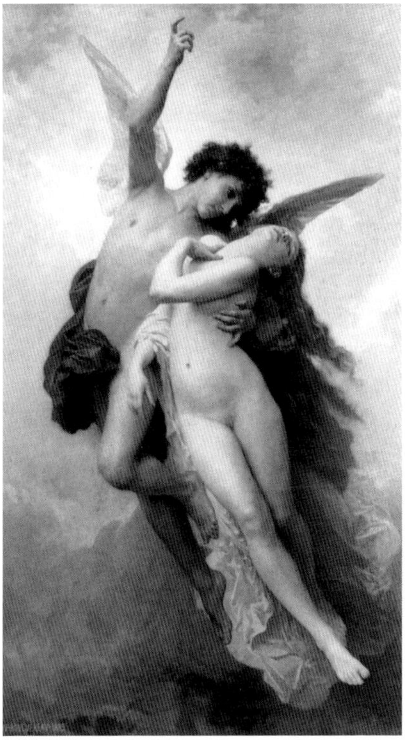

Abb. 44 William Adolphe Bouguereau, *Psyché et l'Amour*, 1889, Öl auf Leinwand, 200 × 116 cm, Hobart, Tasmanian Museum and Art Gallery.

Eine umfangreiche Untersuchung von Tätowierungen belgischer Strafgefangener führte Louis Vervaeck durch. In seiner Veröffentlichung aus dem Jahr 1906 zählt er einige Schmetterlingstattoos auf.[336] Eine Vielzahl davon sind auch in Johannes Jaegers Beitrag *Tätowierungen von 150 Verbrechern mit Personalbeschreibung* aus dem Jahr 1905 genannt.[337] Hierbei handelt es sich um eine rein deskriptive Veröffentlichung in Form einer Tabelle, in der neben den Initialen des Vor- und Zunamens, dem Alter bei Strafantritt, der Berufsbezeichnung, der Art der Bestrafung, Angaben zur Straftat und zum Vorleben auch „Art und Ort der Tätowierung" von männlichen Inhaftierten aufgeführt sind.[338] Während in den 150 Personalbeschreibungen aus dem 18. Band der Zeitschrift *Archiv für Kriminal-Anthropologie* keine Schmetterlingstätowierung vermerkt ist, werden in den 150 Beschreibungen aus dem 21. Band sechs Stück genannt.[339]

Hugo Ernst Luedecke geht in seinem Beitrag *Erotische Tätowierungen* von 1907 der Frage nach, ob eine Korrelation zwischen der Tätowierung und der Potenz sowie Libido besteht.[340] Nach einer Erläuterung seiner Beobachtungen schließt er mit einer Beschreibung der Motive eines Musterbuches eines Tätowierers ab, „zu dem die Angehörigen genannter

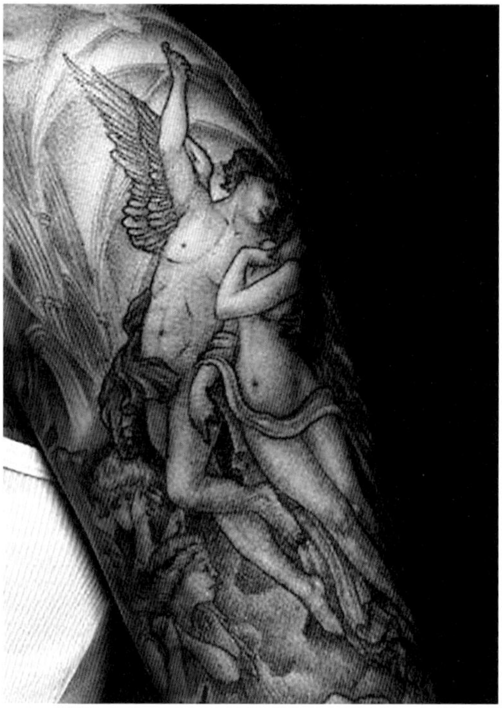

Abb. 45 Louis Molloy, *[Amor und Psyche]*, 2010, Tätowierung.

Kreise (Matrosen, Arbeiter, Artisten, Kellnerinnen, usw.) besonders gern kamen". In seiner Aufzählung der Motive findet sich „ein nacktes Weib mit großen Schmetterlingsflügeln".[341] Eine Abbildung zeigt den „‚Fakir' Hugo Schm.", auf dessen rechtes Knie ein Schmetterling tätowiert ist (Abb. 46).[342]

Im Jahr 1912 erschien ein Artikel in der Tageszeitung *Hamburgischer Correspondent*, der vom Tod einer englischen Dame berichtet, „die eine wunderbar tätowierte Nachbildung von Leonardo da Vincis Abendmahl trug".[343] Weiter wird davon berichtet, dass sich in England neben Angehörigen des Hochadels ebenso Bürger der Oberschicht tätowieren.[344] Auch „Seelenhirten" ließen „ihre religiösen Überzeugungen […] bildlich in den Körper ätzen". So gebe es einen Bischof, der „auf der Brust einen menschlichen Schädel mit einer Schlange, die aus einer Augenhöhle herauskommt, und einen schönen Schmetterling, der davonflattert", habe. Der Autor verweist zudem auf die Bedeutung des Motivs: Es sei ein „Symbol der Seele, die nach dem Tode den Körper verläßt".

Im Jahr 1914 erschien Karl Gottholds Studie *Vergleichende Untersuchungen über die Tätowierung bei Normalen, Geisteskranken und Kriminellen*.[345] Zweck seiner Untersuchung war es festzustellen, ob Unterschiede in der Häufigkeit und der Art der Tätowierungen zwischen „diesen drei Kategorien von Menschen" bestehen.[346] Um Vergleiche anstellen zu können, bediente auch Gotthold sich des oben erwähnten Musters von Lacassagne. Unter den 75 untersuchten Fällen zählt er vier Schmetterlingstätowierungen auf:[347] einen Falter auf dem

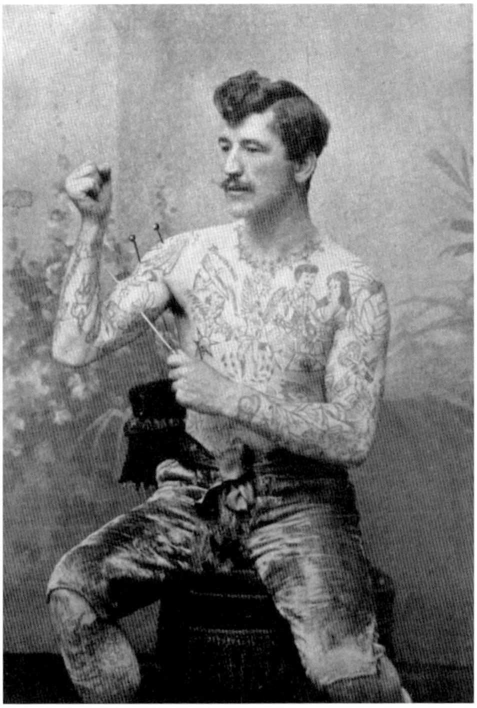

Abb. 46 *Der ‚Fakir' Hugo Schm. [Schmidt-Wölfers]*, vor 1907, Fotografie.

rechten Unterarm und ein Paar auf der Brust eines Tagelöhners, eine weibliche Figur mit Schmetterlingsflügeln auf dem Oberarm eines Bäckers sowie einen Schmetterling auf der Beugeseite des Unterarmes eines Arbeiters.[348]

In der Monografie *Das Tatauieren* schreibt Paul Cattani, dass sich überwiegend die „unteren Volksschichten", also Matrosen, Soldaten und niedere Handwerker, der Hautverzierung bedienen. Er weist jedoch darauf hin, dass man dies nicht allzu sehr verallgemeinern dürfe:

> „Auch für das Tatauieren spielen Mode und Nachahmungstrieb in den sozialen Oberschichten eine gewaltige Rolle. Zu Anfang der neunziger Jahre gehörte es am englischen Hof zum guten Ton, sich tatauieren zu lassen. Angesehenste Parlamentarier folgten dem Beispiel der höchsten Stellen, und bei Damen der besten Gesellschaft, die etwa ein Jahr in Indien verlebt hatten, war eine kleine diskrete Fliege oder ein Schmetterling am Arm ein sehr geschätztes Zeichen von Welt."[349]

Cattani zitiert auch Rudolf Virchows Beitrag aus dem Jahr 1897, in dem dieser von einer epidemischen Manie unter feinen Damen spricht, sich verzieren zu lassen.[350] Weiter erwähnt Cattani, dass er selbst Gelegenheit gehabt habe, eingestochene Zeichnungen auf den Armen von Damen der reichsten Klasse zu entfernen.[351] Bezüglich des europäischen Bildgutes der zweiten Hälfte des 19. Jahrhunderts sei an dieser Stelle noch Virchows These aufgeführt, dass bei Europäern sowohl die Häufigkeit als auch die Gegenstände der Darstellung sehr verschieden und wechselnd seien, da es sich bei der Tätowierung um eine Mode handele, welche von äußeren Zufälligkeiten abhängig sei. Dies wird – hier exemplarisch für die 1920er Jahre – anhand einer Passage aus den von Peter Leighton herausgegebenen ‚Memoiren' von George Burchett untermauert:[352] Dort wird berichtet, dass der Fund einer tätowierten Mumie im Jahr 1923 auf großes mediales Interesse stieß. Die zierlichen Tätowierungen der weiblichen Mumie hätten dazu geführt, dass er kurz nach den ersten Medienberichten mit Anfragen nach einem ‚zierlichen Tattoo wie dem der ägyptischen Prinzessin' überhäuft worden sei.[353]

Erwähnungen von Schmetterlingstätowierungen im 19. Jahrhundert finden sich in der bereits erwähnten Studie Adolf Spamers zur Tätowierung in deutschen Hafenstädten.[354] Spamers Arbeit, von besonderer Bedeutung für die Auseinandersetzung mit der Ikonologie von Tätowierungen, besteht aus eigenen Beobachtungen und beruht auf Bestandsaufnahmen aus den Jahren um 1930.[355] Er berichtet, wie sich Damen aus oberen Gesellschaftsschichten um die Jahrhundertwende mit tätowierten Figuren oder Symbolen, darunter auch Schmetterlinge, schmückten.[356] Etwa 70 Jahre vor Gilbert merkt Spamer an, dass neben Bildern von Schlangen und Drachen auch Schmetterlinge über längere Zeit besonders populär waren.[357] In seinem Artikel *Pictures on the Human Skin* aus dem Jahr 1897 beschreibt Gambier Bolton entsprechend, dass ihm der japanische Tätowierer Hori Chiyo berichtet habe, dass viele europäische Damen eine Schmetterlingstätowierung von ihm erhalten hätten.[358] Auch Sutherland Macdonald will, laut einem Artikel aus dem Jahr 1902, viele Damen mit Falter-Tattoos verziert haben.[359] R. J. Stephen berichtet in seinem Artikel *Tattooed Royalty* aus dem Jahr 1898 von einer englischen Schauspielerin, die einen Schmetterling auf ihrer Schulter tätowiert hatte.[360] In den oben erwähnten, vermeintlich von George Burchett selbst verfassten *Memoirs of a Tattooist* von Leighton wird beschrieben, wie eine gewisse R. T. Amedro – eine Dame der höheren Gesellschaft – als eine der ersten öffentlich mit einer zierlichen Schmetterlingstätowierung auftrat. Dies löste angeblich eine Auftragswelle aus, die ihm das Anfertigen zahlreicher Vögel, Schmetterlinge und roter Rosen ermöglichte.[361] Als eines der am stärksten verbreiteten Motive zählt auch Riecke unter anderem den Schmetterling auf:

> „Strahlenkränze, Freundschaftshände, Sterne, Ringe, Schlangenlinien, Wappen aller Arten, Flaggen, Palmen mit und ohne Schlangen, Blumen, Schmetterlinge, Tauben, Adler, Störche, Tiere aller Arten, Guirlanden, Kränze, Zweige, Dolche, Schwerter, Messer, Armbänder, Medaillons, Kreuze dienen als ornamentale Schmuckstücke."[362]

Bezüglich der vorangehenden Passage und des Umgangs mit Tattoo-spezifischen Quellen in der vorliegenden Arbeit sei grundsätzlich vermerkt, dass im Hinblick auf die Existenz von bestimmten Tattoos oder Motiven vier Evidenz-Stufen zu Grunde gelegt werden können. Auch wenn es Ausnahmen – man denke an Guerra/Vanzettis Loos-Arbeit – gibt, bringen Fotografien von Tätowierungen den höchsten Grad der Gewissheit über ihr Vorhandensein. Existente oder fotografisch dokumentierte Vorlageblätter oder -zeichnungen machen die Umsetzung von darauf gezeigten Tattoo-Designs wahrscheinlich. Es folgen amtliche, medizinische oder statistische Personenbeschreibungen, wie bei Gotthold oder Jaeger, die unter anderem im Rahmen kriminalanthropologischer Studien angefertigt wurden. Schwieriger verhält es sich bei bloßen Äußerungen über angeblich vorhandene Tätowierungen in Zeitungsartikeln oder populärwissenschaftlicher Literatur. Amelia Klem Osterud verdeutlichte dieses Problem – bei dem über Jahrzehnte kolportierte Gerüchte zu vermeintlichen Fakten werden – in einem Artikel über das angebliche Schlangen-Tattoo von Lady Randolph Churchill.[363]

4.2 Das Motiv der Kugelläuferin um 1900

Im *Archiv für Kriminal-Anthropologie* stellt Fritz Eller im Jahr 1905 das Vorlagenbuch eines Tätowierers vor, das sich unter den Habseligkeiten eines verhafteten Tagelöhners befand.[364] Unter den Abbildungen der damals stark verbreiteten Berufszeichen und Motive aus dem Bereich des Vereinssports, des Militärs oder der Seefahrt befindet sich die Darstellung einer schmetterlingsflügeligen, jonglierenden „Kugeltänzerin" (Abb. 47).

Nach Karl Gotthold handelt es sich bei der „Kugelläuferin" um ein damals häufig vorkommendes Sujet. In seiner Untersuchung von 75 Tätowierten zählte er dieses Motiv in verschiedenen Darstellungen bei zehn Personen unterschiedlicher beruflicher Herkunft auf.[365] Zwar könne man diese Figur für eine Gestalt aus dem Zirkus halten, etwa eine Akrobatin, doch widerspreche dem, so Gotthold, dass man derartige Darstellungen im Zirkus keineswegs so oft zu Gesicht bekomme, dass sie die Häufigkeit des Vorkommens gerade dieser Figur rechtfertigen könne. Von einem Tätowierten wurde ihm angegeben, dass dieses Bild allgemein mit dem Namen „Glück auf der Kugel" bezeichnet werde. Weiter nimmt Gotthold an, dass gerade die Häufigkeit der Darstellung dieser Glückshoffnung den Schluss auf einen gewissen, in jenen niedrigen Volkskreisen herrschenden Aberglauben nicht ganz ungerechtfertigt erscheinen ließen.[366] Anders als von Gotthold angenommen handelt es sich bei der Figur des auf einer Kugel stehenden oder laufenden akrobatischen Jongleurs durchaus um eine zu der Zeit im Zirkus verbreitete Form der Darbietung.[367] Aufgeführt sei an dieser Stelle der deutsche Artist Joseph Wallenda, der um die Jahrhundertwende als Jongleur auf einer rollenden Kugel auftrat (Abb. 48).[368]

Ein Plakat aus dem Jahr 1906 lobt die ‚Great Onri Troupe' aus, die für ihr wundervolles Jonglieren auf rollenden Kugeln international bekannt sei (Abb. 49).[369]

Aus dem Jahr 1880 ist ein Plakat des Pariser Café-Concert Aux Ambassadeurs dokumentiert, das den französischen Akrobaten Johnsonlee, auch bekannt als ‚the original black Fruton', zeigt (Abb. 50).[370]

Er trat als Harlekin mit weißer Maske auf und war auch noch um die Jahrhundertwende aktiv.[371] Weitere Abbildungen von auf Kugeln laufenden Balance-Akrobaten in Publikationen zur Geschichte des Zirkus und der Jonglerie lassen eine starke Präsenz derartiger Darbietungen vermuten.[372] Darstellungen von Kugelläuferinnen finden sich auch in der Kunst des frühen 20. Jahrhunderts; als Beispiel sei hier Pablo Picassos *Akrobatin auf einem Ball* (Abb. 51) aus dem Jahr 1905 erwähnt.[373] Ob die Häufigkeit des Motivs in der Tätowierung

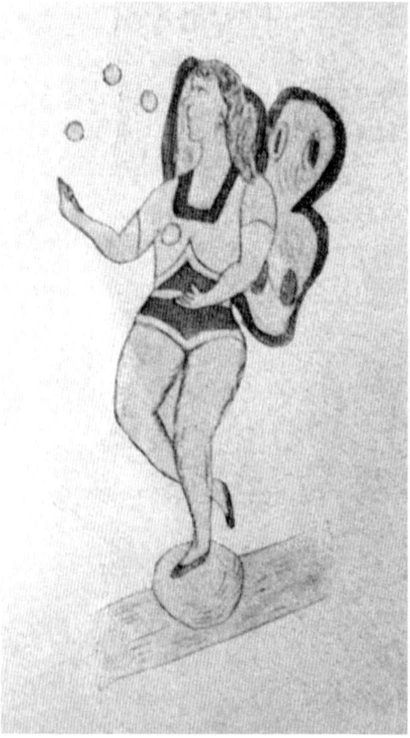

Abb. 47 *Kugeltänzerin*, vor 1905, Vorlagezeichnung.

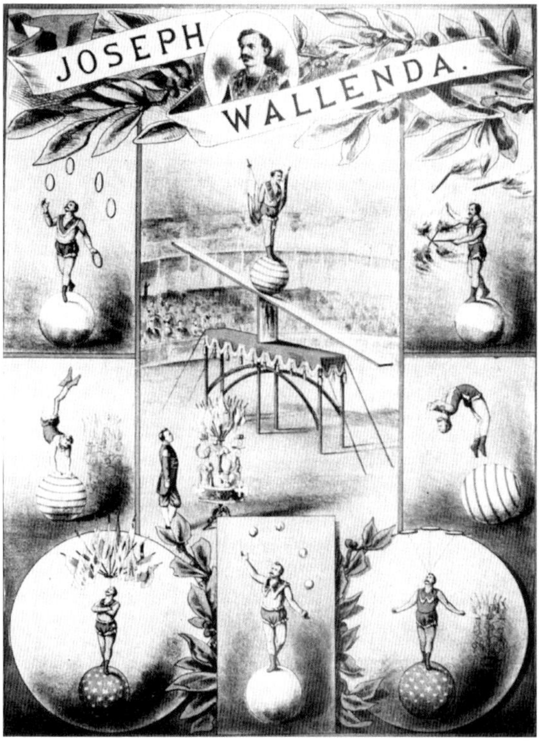

Abb. 48 *[Joseph Wallenda]*, 1901, Plakat.

tatsächlich mit der entsprechenden Darbietung in Zirkussen korreliert oder gar in ihr begründet sein mag, ist – wie Gotthold bemerkte – durchaus fraglich und kann nur schwer überprüft werden. Die oben genannten Beispiele zeigen jedoch, dass Darbietungen von auf Kugeln jonglierenden Artisten durchaus verbreitet und Teil der öffentlichen Wahrnehmung gewesen sind. Picasso, um beim genannten Beispiel zu bleiben, hat derartige akrobatische Einlagen als Gast der Pariser Café-Concerts und häufiger Besucher des Zirkus Médrano selbst intensiv rezipiert und sie zum Gegenstand seiner Malerei gemacht.[374] Laut Patrick O'Brian besuchte er den Zirkus, der sein ganzes Entzücken gewesen sei, teilweise drei- bis viermal die Woche. Er habe den Geruch, die Könnerschaft und Virtuosität der Artisten geliebt und sich an seine Vergangenheit erinnert gefühlt, da im Spanien seiner Kindheit überall Familientruppen von Akrobaten zu sehen gewesen seien.[375] – Ein weiterer Beleg für deren vermutete Omnipräsenz in den europäischen Varietés, Jahrmärkten und Zirkussen der Jahrhundertwende.[376] In seiner Abhandlung zur europäischen Tätowierung aus dem Jahr 1925 klassifiziert Erhard Riecke die gängigen Motive in folgende Bereiche:

„I. Ornamente, Symbolik und Romantik.
II. Oeffentliche Schaustellungen: Theater, Variété, Zirkus u. a.
III. Gewerbe.

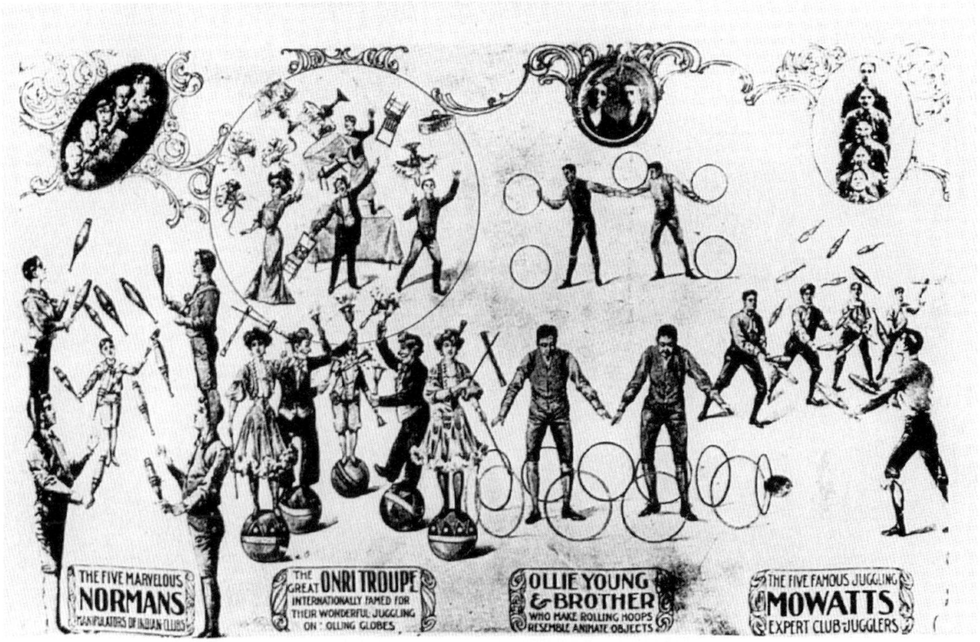

Abb. 49 *[The Great Onri Troupe]*, 1906, Plakat.

> IV. Patriotismus und Politik, Heer und Flotte.
> V. Erotik.
> VI. Religion.
> VII. Varia.“[377]

Auch diese Kategorisierung belegt die Verbreitung von Zirkusmotiven, zumal für die Reihenfolge der genannten Punkte die Häufigkeit der Tätowierungen maßgebend gewesen ist. Zudem betont Riecke, dass aus der Umwelt des Theaters, des Varietés und des Zirkus, der sportlichen Arena, des zoologischen Gartens und anderer Schaustellungen verwandter Art eine Unmenge von Vorlagen zu Tatauierungen hervorgehe. Meist seien solche Motive neben ganz anders gearteten Gegenständen dargestellt, aber gelegentlich sei auch eine größere Auswahl von Einzelbildern auf einem Individuum vorhanden, welche insgesamt aus der „Welt des Scheins“ stammen. Als gängiges Motiv aus diesem Bereich zählt Riecke auch „Kugelläufer und -Läuferinnen, fahnenschwingend oder kugelbalancierend, auch ikarische Spiele treibend“ auf.[378] Zudem führt er an:

> „Manche solcher [Schaustell-] Tatauierungen, welche einheitlich nur dem Zirkus oder dem Varieté oder der Sportarena entnommen sind, muten geradezu als Abzeichen des Berufs an und könnten als gewerblich angesprochen werden. Eine imponierende Mannigfaltigkeit macht sich gerade auf diesem Gebiete der Schaustellungstatauierungen geltend, und hier zeigt sich so recht der phantastische Zug, der durch das gesamte Tatauierungswesen

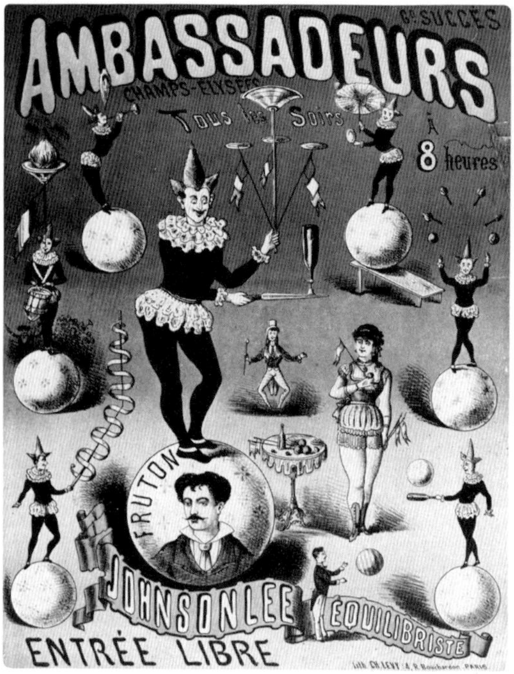

Abb. 50 *[Johnsonlee]*, 1880, Plakat.

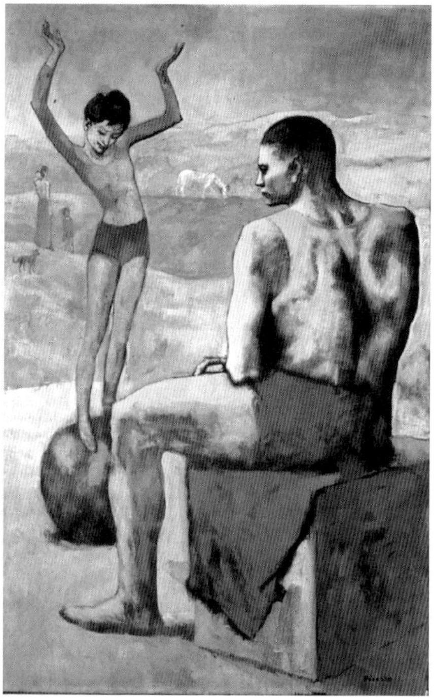

Abb. 51 Pablo Picasso, *Acrobate à la Boule*, 1905, Öl auf Leinwand, 147 × 95 cm, Moskau, Staatliches Museum für Bildende Künste A. S. Puschkin.

> von heute sich hindurchzieht; die freie Erfindung schafft Figuren und Vorkommnisse, wie man sie nie in Wirklichkeit finden wird und kann, während andererseits allerdings der Natur getreue Reproduktionen einschlägiger Gestaltungen nicht selten sind. Die Häufigkeit der Wahl von Vorlagen dieser Art zur Tatauierung entspricht der Vorliebe der in Betracht kommenden Volkskreise für die Darbietungen niederer Kunst."[379]

Bezüglich der Ikonografie der damaligen Tätowierung und ihrer nicht immer zu Grunde liegenden Übereinstimmung von ihrer Symbolik zur Biografie des Trägers führt Riecke weiter aus:

> „In einem gewissen Gegensatz zu dem abenteuerlichen Anstrich, welcher den meisten Tatauierungen auf schaustellerischem Gebiete zukommt, entbehren die gewerblichen Abzeichen nicht eines realen Hintergrundes. Nicht immer verdanken sie ihr Zustandekommen einem Zufall, mit einer gewissen Absichtlichkeit wird der Einstich der Merkmale des Berufs angestrebt, wie dies schon daraus erhellt, daß oft keine weiteren Bildnisse sich vorfinden. Gewerbliche Abzeichen nun sind namentlich bei bestimmten Berufen häufige Vorkommnisse. Im allgemeinen kann man damit

> rechnen, daß das Mal dem Berufe des Tatauierten entspricht; allerdings ist auch gelegentlich einmal aus geistloser Laune und alberner Stimmung heraus ein Nichtfachmann Träger eines solchen Abzeichens. So sahen wir noch jüngst ein Kutscherzeichen (Pferdekopf, Peitschen und Hufeisen) bei einem Handarbeiter, der nie in seinem Leben längere Zeit mit Pferden zu tun hatte, und wie er angab, nur ‚aus Blödsinn' diese Tatauierung sich hatte machen lassen. In der Bewertung würde forensisch jedenfalls große Zurückhaltung geboten sein, und es wird nicht angängig sein, auf Grund einer Berufstatauierung mit Sicherheit auf das entsprechende Gewerbe eines Delinquenten oder eines Getöteten zu schließen. Dabei wird ganz abgesehen von Berufszeichen, welche ganz allgemein bekannt und verbreitet, kaum noch als solche gelten können, dahin gehören beispielsweise Seemannsgegenstände wie Anker, auch Leuchttürme."[380]

Weiter ist in Bezug auf das Motiv der Kugelläuferin anzuführen, dass die Popularität des Sujets ihren Ursprung ebenso in der mythologischen Figur der Glücks- und Schicksalsgöttin Fortuna haben mag, die gemeinhin auf einer Kugel balancierend dargestellt wird.[381] Hierfür spricht auch Gottholds Schilderung, dass dieses Motiv als „Glück auf der Kugel" bezeichnet werde. Fortuna sei als Vorstellung einer Schicksalsmacht zu verstehen, so Ehrengard Meyer-Landrut in ihrer Monografie zur Göttin des Glücks, die als Ursache für alle unvorhergesehenen, oft scheinbar ungerechten, aber auch glücklichen, doch ständig wechselnden Ereignisse und Zufälle des irdischen Daseins gälte.[382] Ihre Gaben seien flüchtig und mit der Unbeständigkeit einer rollenden Kugel vergleichbar. Sie deute zudem auf ihre Macht über den Erdball hin und wohl auch auf ihr wankelmütiges, unstabiles Wesen.[383] Der von Gotthold erwähnte Bezug der Glückshoffnung zum Aberglauben von „niedrigen Volkskreisen" findet sich auch bei Meyer-Landrut: Fortuna sei eine Göttin „für das einfache Volk und seine vielfältigen Sorgen" gewesen.[384]

Warum die Kugeltänzerin bei Eller mit Schmetterlingsflügeln versehen ist und welche Bedeutung diese Variante des Motivs hat, ist nicht überliefert.[385] Ein Bezug zur Figur der Psyche ist aufgrund ihrer Darstellung auf einer Kugel eher auszuschließen; auch um eine eindeutige Fortuna-Ikonografie handelt es sich hier nicht, da ihr das Attribut der Schmetterlingsflügel nicht – wie Füllhorn oder Kugel – zugeschrieben ist. Allerdings sei insbesondere ihr wechselndes Erscheinungsbild die Konstante ihres Wesens, so Meyer-Landrut, das durch unterschiedliche Attribute und Funktionen immer wieder neu definiert worden sei. So berichtet sie auch von einer Darstellung aus dem 2. Jahrhundert v. Chr., die eine geflügelte Fortuna-Victoria zeigt (Abb. 52).

Die von Natur aus veränderliche Fortuna habe in der Zeitspanne von der Antike bis zum Barock viele Metamorphosen erlebt, überlebt habe nur ihr Name, „eine leere Formel für unbestimmte Glücksvorstellungen".[386] Da die Kugelläuferin bei Eller als jonglierende Akrobatin dargestellt ist, liegt ein Bezug zum Zirkus nahe.[387] In diesem Zusammenhang könnte es sich bei den applizierten Schmetterlingsflügeln um eine Requisite handeln, oder aber auch um eine vom Tätowierer oder Träger frei erfundene Ergänzung.[388] Ob Akrobatin oder modifizierte Fortuna – der symbolische Gehalt ist beiden gemein: Sie verdeutlichen die

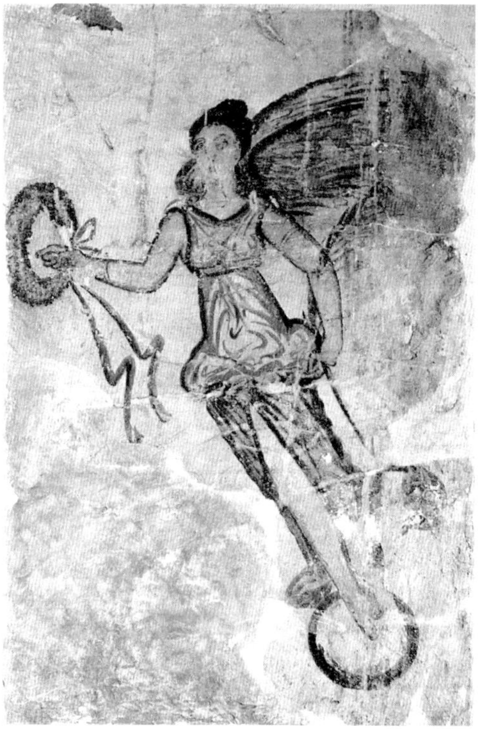

Abb. 52 *Siegesgöttin mit Kranz und Palmenzweig auf einer Kugel*, Fresko aus dem Bel-Tempel in Dura Europos am Euphrat, um 165 n. Chr., Damaskus, Nationalmuseum.

Nähe von Sieg und Niederlage, die Rolle des Zufalls und die Unberechenbarkeit, die über Erfolg oder Misserfolg entscheidet.

Die obige Ausführung zur schmetterlingsflügeligen Kugelläuferin verdeutlicht eine grundlegende Eigenheit der Ikonografie von europäischen Tätowierungen, die bei der Betrachtung des Bildgutes stets berücksichtigt werden muss: Ein Motiv kann die verschiedensten Bedeutungen haben. Dieser Umstand ist vor allem darin begründet, dass der Auswahlprozess durch den Träger meist rein subjektiv ist und auf den verschiedensten Beweggründen und Erklärungen hinsichtlich der persönlichen Bedeutung eines Motivs basiert. Herbert Bellmann führt das Beispiel an, dass ein Anker bei einem Seemann das Zeichen seines Berufes sei, ein anderer sehe darin das Symbol der Hoffnung und einem Dritten sei es ein reines Ornament ohne jede Ideenverbindung oder eine sinnlose Nachahmung eines zufälligen Vorbildes. Bellmann merkt an, man müsse sich hüten, zu viel hinter den Dingen zu suchen, denn der gewöhnliche Mensch tue so manches rein aus Nachahmung, ohne dass er sich darüber Rechenschaft geben könne. In vielen Fällen sei nicht einmal der Träger für die Wahl des Bildes verantwortlich, sondern die anwesenden Kameraden oder der Tatauierer, der seinen Kunden das aufschwatze, was er besonders gut könne oder was er selbst auf dem Arm trage oder was ihn sonst gerade zur Darstellung reize.[389] Welche Aktualität diese Aspekte bei der Motivfindung noch heute haben und wie dies im Bezug zu Hirsts *butterfly, divided* steht, wird an späterer Stelle ausgeführt.[390]

4.3 Zu Christian Schads Gemälde *Bildnis Egon Erwin Kisch*

In der Einleitung der vorliegenden Arbeit wurde darauf eingegangen, dass die Tätowierung in der bildenden Kunst vor 1970 nur als Abbildung in anderen Gattungen vorzufinden ist. Eine in der Kunstgeschichte prominente Darstellung von Tätowierungen zeigt Christian Schads Bildnis des Reporters Egon Erwin Kisch aus dem Jahr 1928 (Farbabb. 26). Amine Haase beschreibt den Maler in einem Artikel anlässlich seines Todes als jemanden mit einer Vorliebe für Modelle, die sich – wie Nachtfalter – vom künstlichen Licht angezogen fühlen. Er habe es verstanden, die menschlichen Schmetterlinge behutsam einzufangen, ohne den Schmelz ihrer zarten Flügel zu verletzen. Er habe sie mit seinem untrüglichen Blick durchstochen und konservierte sie für seine Sammlung exotischer Exemplare.[391] Umso erstaunlicher ist es, dass die Schmetterlingsdarstellung in Form eines Tattoos auf dem Portrait Kischs in der Forschung bisher nicht zur Kenntnis genommen wurde. Obwohl das Gemälde und die dargestellten Tätowierungen schon zentraler Bestandteil kunsthistorischer Untersuchungen waren, wurde das Detail des Falters bisher nicht besprochen.[392] Im Folgenden wird dargelegt, dass auch die tatsächliche Bedeutung der betreffenden Tätowierung mit dem zentralen Motiv eines enthaupteten Chinesen bis dato nicht geklärt wurde. Dieser Umstand ist wohl darin begründet, dass Kischs eigene Aussagen zum Ursprung des Motivs nicht richtig sind. Darüber hinaus wurde seine Überlieferung in Form des Essays *Meine Tätowierungen* ohne Überprüfung übernommen.[393] Anne-Christin Klare stellte Abweichungen von den verschiedenen Tattoo-Darstellungen zu den tatsächlich vorhandenen fest.[394] Laut aktuellem Forschungsstand habe Schad gar einige Tätowierungen frei erfunden und seiner Komposition hinzugefügt.[395] Diesbezüglich ist jedoch zu bedenken, dass zwischen der Entstehung des Gemäldes und einer zum Vergleich herangezogenen Fotografie (Abb. 53) von 1920 acht Jahre liegen, zwischen dem Gemälde und Kischs Beschreibung seiner Tattoos in seinem Essay von 1925 drei – ausreichend Zeit, um sich die vermeintlich von Schad ergänzten Tätowierungen tatsächlich stechen zu lassen.[396] Die Existenz des abgeschlagenen Kopfes auf Kischs Arm ist verbürgt, da er – wenn auch schemenhaft – auf genannter Fotografie erkennbar ist und sein Vorhandensein durch Schad bestätigt wird.[397]

Doch nun zu dem eigentlichen Tattoo. Auf der Innenseite von Kischs linkem Oberarm zeigt das Werk *Bildnis Egon Erwin Kisch* die Tätowierung eines abgeschlagenen Männerkopfes mit ostasiatischer Physiognomie. Der Zopf des Toten liegt auf seinem Mund, das Haupt ist von der rechten Schläfe aus von einem Krummschwert durchbohrt, der Blick des Mannes ist leer. Auf dem Griff der Stichwaffe ist ein rot gefärbter Schmetterling mit blauer Zeichnung platziert (Farbabb. 27). Im genannten Essay beschreibt Kisch die Entstehungsgeschichte des Tattoos.[398] Er habe sich das Motiv im Chinesenhaus der Triestiner Cività vecchia von einem „gelben Meister“ stechen lassen. Dieser sei erstaunt darüber gewesen, dass Kisch sich gerade dieses Bild aussuchte. Nach der Prozedur fragte er ihn, ob er die Bedeutung des Motivs kenne, ohne diese jedoch preiszugeben. Einige Jahre später besuchte Kisch das Londoner Bordell des Kriminellen Tschang Tu-Tao. Als eine chinesische Prostituierte die

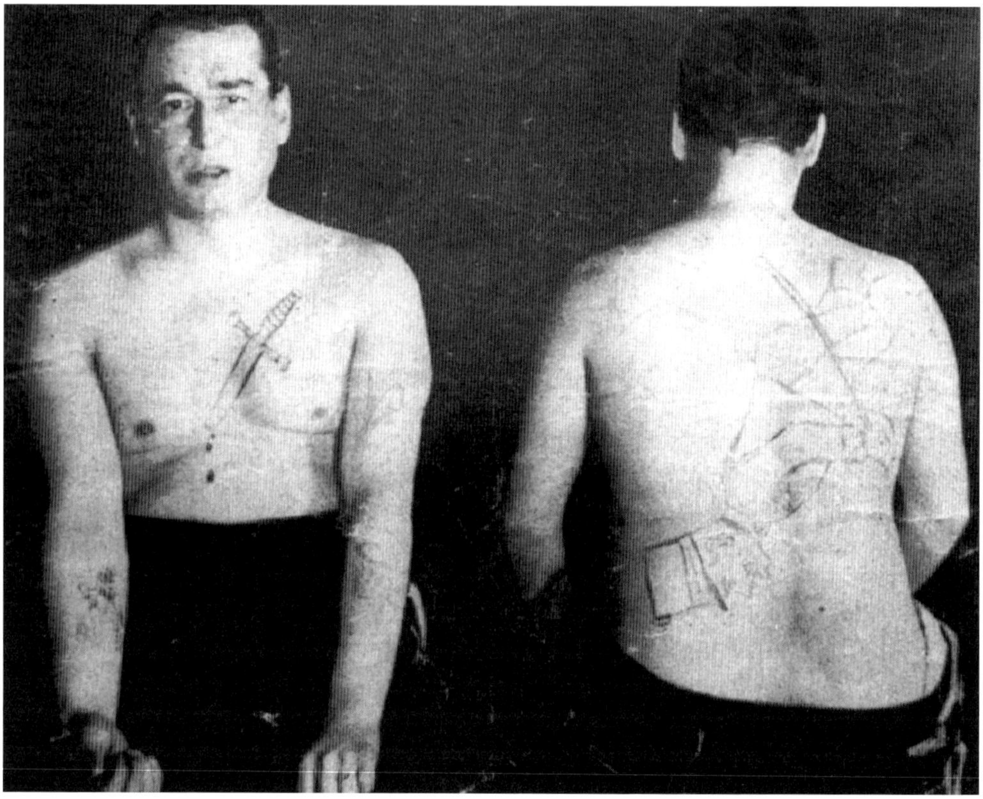

Abb. 53 *[Egon Erwin Kisch]*, 1920, Fotografie, Prag, Archiv des Museums der tschechischen Literatur.

Tätowierung beim Entkleiden Kischs sah, brach sie in Gelächter aus. Später erklärte ihm Tu-Tao, dass es sich um ein Eunuchenzeichen handele, das jedem Mann, der in den Dienst für die kaiserlich-chinesischen Frauenpaläste aufgenommen wurde, bei der Kastrierung tätowiert wurde. Der abgetrennte Schädel sei eine Mahnung an die Strafe bei einer Pflichtverletzung und diene als Kennzeichnung im Falle einer Flucht. In China seien diese Männer dem Hohn ausgesetzt und niemand verkehre mit einem sogenannten „Win-ho".

Da eine körperliche Metamorphose sowohl dem Schmetterling als auch dem Eunuchen gemein ist, könnte angenommen werden, dass der in Kischs Tätowierung involvierte Falter tatsächlich ein Sinnbild für Eunuchen des chinesischen Hofes ist.[399] Jedoch finden sich in Darstellungen von Eunuchen in der einschlägigen Literatur keine Hinweise auf Tätowierungen. In Bildern des höfischen Lebens werden sie vielmehr bartlos dargestellt.[400] Auch in einer ausführlichen Beschreibung der Kastrations-Prozedur aus dem 19. Jahrhundert werden Markierungs-Tätowierungen nicht als Merkmal von Eunuchen aufgeführt.[401] In der Forschungsliteratur existieren keinerlei Hinweise auf derartige Kennzeichnungen.[402] Darüber hinaus ist es nicht plausibel, dass ein verhältnismäßig aufwändig gestalteter, abgeschlagener Kopf als

Motiv für den bloßen Zweck einer – ebenso mahnenden wie stigmatisierenden – Kennzeichnung gedient haben soll. Das Stechen einer solchen Tätowierung wäre zeitlich womöglich gar aufwändiger gewesen als die eigentliche Kastration. Angesichts der großen Anzahl von Eunuchen am chinesischen Hof scheint dieses Vorgehen recht unwahrscheinlich.[403] Ohne an dieser Stelle ausführlich auf Straf- oder Zwangstätowierungen eingehen zu wollen, sei erwähnt, dass sich derartige Markierungen stets dadurch ausgezeichnet haben, dass sie eben keinen bildhaften Charakter hatten, sondern aus Buchstaben oder Zahlen bestanden, deren Einschreibung einer gewissen Ökonomie unterlag.[404]

Auch die von Kisch überlieferte Erklärung, das Motiv des Enthaupteten stehe für die zu erwartende Strafe bei einer Pflichtverletzung, ist wenig glaubwürdig. Laut einem Bericht über das Leben der Eunuchen am kaiserlichen Hof des 19. Jahrhunderts musste beispielsweise ein Flüchtiger lediglich mit Gefängnisstrafen rechnen. Eine Dekapitation drohte nur jenen, die Wertsachen des Kaisers stahlen.[405]

Kischs Schilderung der Situation, die Prostituierte habe beim Anblick des Tattoos fassungslos innegehalten, um dann – mit ihren Kolleginnen – darüber zu lachen, kann sich so nicht zugetragen haben, da das Motiv nicht die von Kisch angegebene Bedeutung hat. Ergänzend sei erwähnt, dass der Ausspruch ‚Möge ein Eunuch mit dir schlafen' eine verbreitete Verwünschung unter Prostituierten war. Dies soll auf den angeblichen Sadismus zurückzuführen sein, den Eunuchen beim sexuellen Verkehr an den Tag legten.[406]

Doch welchen Ursprung hat das Motiv des abgeschlagenen Kopfes in der Tätowierung dann? Wie auch in der Forschungsliteratur zu chinesischen Eunuchen gibt es in der Literatur zur Tätowiergeschichte Ostasiens keinerlei Hinweis auf eine Verbindung zu Kastraten des chinesischen Hofes.[407] Tatsächlich handelt es sich um einen weithin bekannten Topos der japanischen Tätowierung. Die sogenannten Namakubi-Darstellungen sind bis heute populäre Tattoo-Motive, die ihren Ursprung in der Mitte des 18. Jahrhunderts haben. Ab der Ära Hôreki um das Jahr 1760 waren derartige Geckentätowierungen *(datebori)* hauptsächlich in Edo verbreitet. Die Motive, wie zum Beispiel abgeschlagene Köpfe, leiteten sich laut Willem van Gulik aus Illustrationen der damals verbreiteten Literatur *(kana zôshi)* ab.[408] In der Mitte des 19. Jahrhunderts war Tsukioka Yoshitoshi als Meister des japanischen Farbholzschnitts ein bedeutender Vertreter derartiger Gewaltdarstellungen.[409] Eine Fotografie aus den 1880er Jahren zeigt einen japanischen Rikschafahrer mit einem Namakubi-Motiv auf seinem Oberkörper (Farbabb. 28). Abbildungen von Vorlagezeichnungen *(flash)*, wie die des englischen Tätowierers George Burchett (Abb. 54) oder von A. A. Palade (Abb. 55), belegen, dass es sich bei dem abgeschlagenen Kopf eines Asiaten auch im Europa des frühen 20. Jahrhunderts – also zu Kischs Lebzeiten – um ein gängiges Tattoo-Motiv handelte.[410] Namakubi-Darstellungen sind noch heute fester Bestandteil der Tätowierkultur und ihres Bilderkanons: Im Jahr 2004 fertigte der japanische Tätowiermeister Yoshihito Nakano (Horiyoshi III) ein Mappenwerk mit Druckgrafiken zu diesem Thema an.[411] Laut eigenen Aussagen stehen die Darstellungen dieses Bandes inhaltlich alle in Verbindung zu den Motiven Neid und Rache.[412]

In einem von Pascal Bagot geführten Interview mit Nakano aus dem Jahr 2015 geht der japanische Tätowiermeister auf die Darstellung des Motivs, seine Geschichte und dessen ikonologische Bedeutung ein.[413] Traditionsgemäß wurde das Motiv laut Nakano von Personen

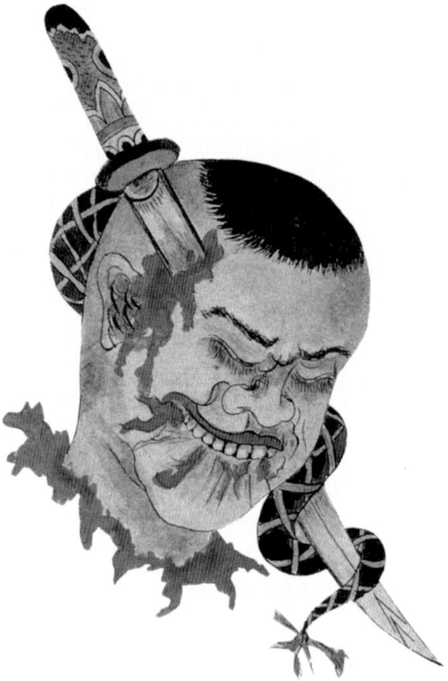

Abb. 54 George Burchett, Anfang 20. Jh., Vorlagezeichnung, Wasserfarbe auf Papier, San Francisco, Sammlung Lyle Tuttle.

getragen, die gefährliche Berufe ausübten – wie beispielsweise Gerüstbauer – oder ihre Stärke demonstrieren wollten. Dem Motiv wurden übernatürliche Kräfte nachgesagt; so sollte es vor Unfällen oder Verletzungen schützen, sie wurden gar als Glücksbringer angesehen.[414] Die Vorstellungen zur Funktion des Motivs für seine Träger können jedoch variieren – Kazuo Oguri (Horihide) tätowierte keine abgeschlagenen Köpfe, da daraus – seiner Meinung nach – kein Glück resultieren könne.[415] Die Darstellung des Motivs sei schwierig, so Nakano, da es sich bei einem Namakubi stets um einen frisch abgeschlagenen Kopf handele.[416] Die Herausforderung bestehe darin, den „Zustand zwischen Leben und Tod" einzufangen. Der Kopf müsse für das Lebende stehen, ohne am Leben zu sein. In den Augen dürfe kein Licht mehr sein, sie seien nebelhaft, leer und ohne Fokus. Auf der anderen Seite müssten diese Augen die Aufmerksamkeit des Betrachters auf sich ziehen. Das die Wangen durchbohrende Schwert stehe für Krieg; es werde auch eingesetzt, um dem Entwurf einen höheren Realitätsgrad zu verleihen oder zu verdeutlichen, dass der Geköpfte abgrundtief hassenswert war und es nicht reiche, ihm einfach nur den Kopf abzuschlagen. Das Köpfen sei ein Teil der japanischen Geschichte, herbeigeführt beispielsweise durch „Bestrafung, Krieg, Neid, persönliche Ressentiments".[417]

Spamer führt das Motiv des dolchdurchstoßenen Chinesenkopfes im Kontext der europäischen Rache-Ikonografie in der Tätowierung auf. Ebenso wie mit einem Dolch durchstoßene Herzen oder Totenschädel sei er „Drohung, Racheschwur, zuweilen wohl auch

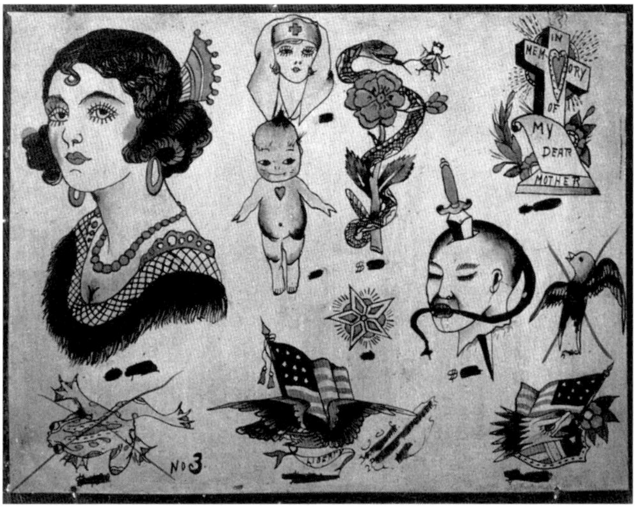

Abb. 55 A. A. Palade, Anfang 20. Jh., Vorlagezeichnung, Tinte und Wasserfarbe auf Karton, 27,9 × 35,6 cm, San Francisco, Sammlung Lyle Tuttle.

Gedenkzeichen einer schon vollbrachten Handlung".[418] Dies ist ein Beispiel dafür, wie ein japanisches Motiv in ein westliches Deutungsschema aufgenommen und eingepasst wurde und somit ein Teil seines ursprünglichen symbolischen Gehaltes in der Rezeption durch den anderen Kulturkreis verloren ging, um dann schließlich – wie im Fall Kischs – aufgrund der, zudem ikonografisch falschen, Überlieferung in seinem Essay gar nicht erst hinterfragt und ergründet zu werden.

Bei der in Schads Gemälde dargestellten Kombination eines Namakubi-Motivs mit einem Schmetterling handelt es sich nicht um eine überlieferte Darstellungsweise, hier wurde das traditionelle Motiv abgewandelt.[419] Es ist eine westliche Interpretation eines japanischen Topos, der um ein Motiv erweitert wurde, das wiederum in Europa stark verbreitet war. Dabei kann es sich um eine vom Tätowierer – oder gar dem Maler Schad – erdachte, hinzugefügte Komponente handeln oder um einen zusätzlichen Motivwunsch des Trägers Kisch, den er bei der Anfertigung des Tattoos äußerte. Die Symbolik betreffend lassen sich durchaus Parallelen zwischen den beiden Motiven ziehen. Beide können ebenso für das Leben stehen wie für den Tod; sowohl der Schmetterling, hinsichtlich seiner Metamorphose, als auch der frisch abgetrennte Namakubi-Kopf versinnbildlichen den Übergang von einem Wesenszustand in einen anderen.[420]

Die Beispiele zeigen, wie sich die Symbolik eines Motivs durch eine Adaption eines anderen Kulturkreises ändern kann respektive wie sie eingeschränkt wird. Auch kann durch Modifikationen oder andere Faktoren wie eine falsche Überlieferung mit anschließender Kolportage und einhergehender ausbleibender Überprüfung womöglich eine ikonologische Bedeutungsverschiebung eintreten.[421] Als sicher kann angesehen werden, dass sich Teile von Kischs Erzählung nicht wie beschrieben zugetragen haben können, man denke an seine Schilderung der Reaktion der Prostituierten beim Erblicken der Tätowierung. Offen bleibt die Frage, ob Kisch sich der tatsächlichen Bedeutung des Motivs bewusst war und was ihn zur Überlieferung der Eunuchen-Geschichte bewog. Denkbar ist durchaus, dass die exotisch-sexuellen Ausführungen, die die Deutung des Kopfes als Erkennungsmerkmal eines Eunuchen aus literarischer Perspektive den Unterhaltungswert seines Essays *Meine Tätowierungen* steigern und Stereotype bedienen sollte – die des fernen Ostens ebenso wie die der Tätowierung.

4.4 Der Schmetterling als Mischwesen

Der Schmetterling tritt als äußerlich korrekte Darstellung des Insekts auf sowie als Mischwesen mit menschlichem Kopf oder – wie bereits anhand eines Beispiels beschrieben – als Frauengestalt mit dorsalen Falterflügeln.[422] Im Rahmen seiner Vorstellung von Tätowierern des deutschen Küstengebietes bildet Spamer in seiner Publikation einen Musterkarton des Kieler Tätowierers Wilhelm Blumberg ab, auf dem sich zwei Schmetterlingsmotive befinden (Abb. 56).

Bei einem bildet der Kopf einer Frau den Thorax des Falters. In dem Abschnitt „Allgemeine Bildelemente der Erotik" beschreibt Spamer die Ikonografie und Modifikationen von Frauendarstellungen.[423] Als ein anhaltend beliebtes Motiv und eine Europäisierung japanischer Muster erwähnt er „zahlreiche Frauenköpfe und Frauenleiber als Schmetterlinge". Die erotische Konnotation von schmetterlingsflügeligen Frauendarstellungen wird auch in einer französischen Publikation aus dem Jahr 1950 beschrieben. Dort wird das Motiv der nackten Frau mit ausgebreiteten Schmetterlingsflügeln als „klassische" Tätowierung aus dem Bereich der „Liebe und Erotik" aufgeführt.[424] Spamer schreibt, Schmetterlinge seien Symbole der weiblichen Flatterhaftigkeit und Unbeständigkeit.[425] Die naheliegende Annahme, dass sich der historische Ursprung des Schmetterlingsmotivs aus Prostituierten-Tätowierungen ableiten lässt, kann nicht bestätigt werden: In seiner Untersuchung zur Prostitution in der Stadt Paris setzte sich Alexandre Parent-Duchâtelet in einem kurzen Abschnitt mit der Tätowierung auseinander. Albert Le Blond und Arthur Lucas veröffentlichten im Jahr 1899 eine Abhandlung, die sich ausschließlich mit Tätowierungen von Prostituierten beschäftigt, wenige Jahre zuvor erschien Rudolph Berghs Beitrag *Über Tätowierungen von Prostituierten*.[426] In keiner der genannten Publikationen sind Schmetterlingsdarstellungen erwähnt oder abgebildet.[427] Die obige Ausführung belegt, dass das Motiv durchaus eine erotische Bedeutung haben kann, jedoch nicht spezifisch für Prostituierte ist. Ohnehin sei, so Paul Cattani im Jahr 1922, nur etwa jede zehnte Dirne tätowiert, „meist aber in harmloser Art". Obszöne Inhalte seien bei Prostituierten – obwohl sie dort am ehesten zu erwarten seien – äußerst selten. Beliebt seien Namen von Liebhabern oder einer Freundin auf dem Unterleib.[428]

Zum vermeintlichen Zusammenhang zwischen den Tätowierungen von Frauen und ihrer sexuellen Verfügbarkeit führt Ulrike Landfester an, dass die Penetration der Haut durch die Nadeln des Tätowierers per Analogieschluss mit der sexuellen Penetration des weiblichen Körpers durch den Mann assoziiert wurde.[429] Die Zurschaustellung ihrer Spuren seien als

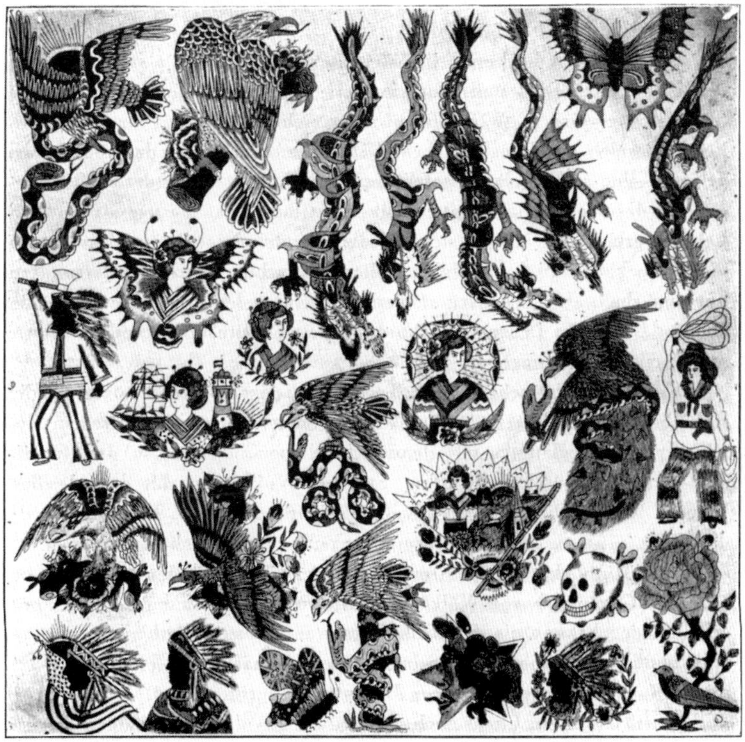

Abb. 56 Wilhelm Blumberg, Anfang 20. Jh., Vorlagezeichnungen.

öffentliches Eingeständnis verlorener Jungfräulichkeit verstanden und von dort aus als Werbungsverhalten einer mehr oder minder professionellen Promiskuität gedeutet worden. Wie weit derartige Deutungen in Einzelfällen gehen konnten, illustriert Alfred Parry in seiner 1933 erschienenen Publikation am Beispiel eines angeblich wenige Jahre zuvor in Boston verhandelten Vergewaltigungsfalles: Als der Staatsanwalt erfuhr, dass das Opfer auf einem Bein einen tätowierten Schmetterling trug, beantragte er die Einstellung des Verfahrens gegen die beiden Täter, mit dem Argument, die Frau habe ihren Peinigern durch ihre Tätowierung „sexuelle Erfahrung" und damit eine entsprechende Verfügbarkeit signalisiert. Ein Argument, dem Richter und Jury umstandslos folgten.[430] Bis heute ist die scheinbare Korrelation zwischen tätowierten Frauen und Promiskuität Bestand der öffentlichen Debatte. So schreibt Jenn Ashworth in einem Artikel in *The Guardian* aus dem Jahr 2013:

> „Some things I have heard about women's tattoos: they are chavvy, common, tasteless. They are a mark of the slut, the slapper, the loose woman. Men's tattoos might be about allegiance to a gang, a subculture, a faith or a family. They might be to memorialise a lover or a child, remember a journey, a period of time in prison or a religious conversion. Why are women's tattoos often viewed in terms of their sexual attractiveness, or

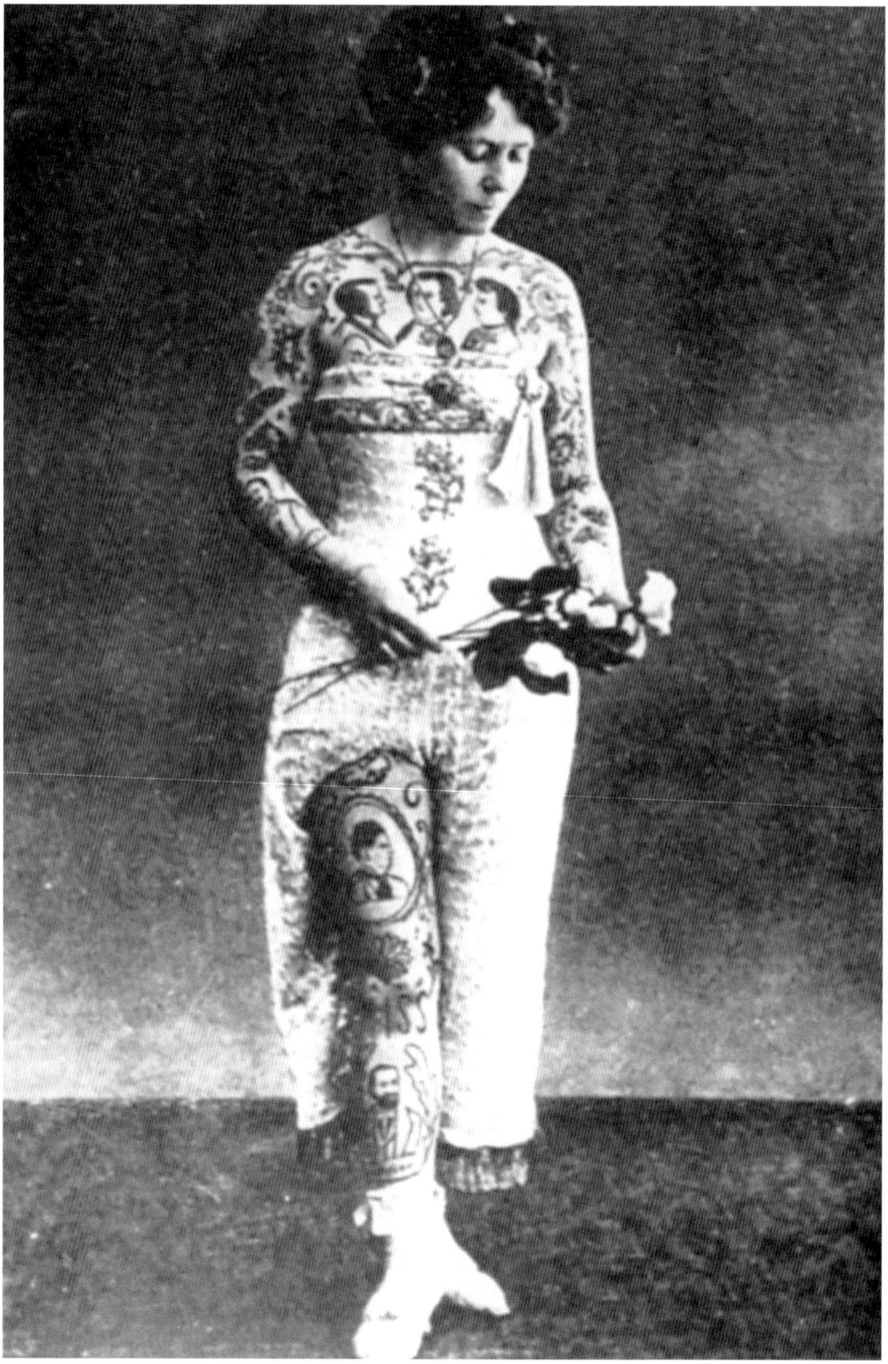

Abb. 57 *[‚Nandl, die fesche Tirolerin']*, um 1915, Fotografie, Sammlung Schönfeld.

> the indicator they are perceived to give about her availability? Why is women's skin still considered public property she has no right to alter?"[431]

Landfester konstatiert, dass die tätowierte Frau des beginnenden 20. Jahrhunderts – ob als stark tätowierte Schaustellerin oder weibliche Angehörige der Oberschicht, die ihr modisches Repertoire um Einzeltätowierungen ergänze – sich durch Tattoos eine Selbstbestimmtheit im Umgang mit dem eigenen Körper aneigne, die, bislang Privileg des Mannes, auch und gerade in ihrer sexuellen Dimension emanzipatorische Zeichen gesetzt habe.[432] Die angeführten Beispiele verdeutlichen, dass insbesondere die Schmetterlingstätowierung bei Frauen als Indikator einer Bereitschaft zu Geschlechtsverkehr mit beliebigen und häufig wechselnden Partnern gedeutet wurde. Eine Gegenposition hierzu bietet ein Tagebucheintrag Hugo Balls aus dem Jahr 1915, nachdem er eine Vorstellung von „Nandl, der feschen Tirolerin" (Abb. 57) besucht hatte:

> „Die tätowierte Dame heißt Frau Koritzky und nennt sich Nandl. Sie hat ein Kabinett in einer Bierwirtschaft, aus der sie die Gäste zu sich herübernötigt. Man zahlt dreißig Centimes, Artisten frei. Sie entblößt die Brust, die Arme und die Oberschenkel (Sittlichkeit ausgeschlossen, die Kunst hält das Gleichgewicht) und ist dann über und über mit Porträts, Seerosen, Blumenranken und Blattgewinden bedeckt. Der Gatte spielt Zither dazu. Das Gesäß bedecken 2 Schmetterlingsflügel. Das ist zart und zeugt für ästhetische Norm. [...] Nandl bietet in ihren Porträtmedaillons eher einen Kursus in der deutschen Musik- und Literaturgeschichte. Es betrifft die Bildung, nicht die Erotik. [...] Die blauen Samtfiguren im Fleisch sind nicht unschön und gewähren ein primitives Vergnügen."[433]

Die dokumentierte Rezeption der Tätowierung zeigt, dass der Dadaist Ball sie nach ideellen und ästhetischen Kriterien beurteilte – ein Jahrzehnt, bevor es unter den Malern der Neuen Sachlichkeit zu einer „obsessive[n] Leidenschaft für die Tätowierung" kam.[434] Oettermann sieht in der Aussage, Nandls Tätowierungen beträfen die Bildung, nicht die Erotik, das „Elend der europäischen Tätowierungsmotivik", da der Druck des diffamierenden Diskurses zur Sublimation gezwungen habe.[435]

4.5 Falter in der weiblichen Genitaltätowierung um 1950

Bevor auf Wechselwirkungen zwischen der europäischen und der ostasiatischen Tätowierung im Hinblick auf das Schmetterlingsmotiv eingegangen wird, soll noch eine Ausprägung der Genitaltätowierung betrachtet werden, die hinsichtlich ihrer Komposition in direktem Bezug zu Hirsts Arbeit *butterfly, divided* steht. Ebenso wie jede andere Stelle des Körpers lassen sich Menschen ihre Geschlechtsteile tätowieren.[436] Dokumentiert wurden derartige Hautbilder in Europa schon in der kriminalanthropologischen Literatur des ausgehenden 19. Jahrhunderts, in der sie vorwiegend als Ausnahmeerscheinung beschrieben werden.[437]

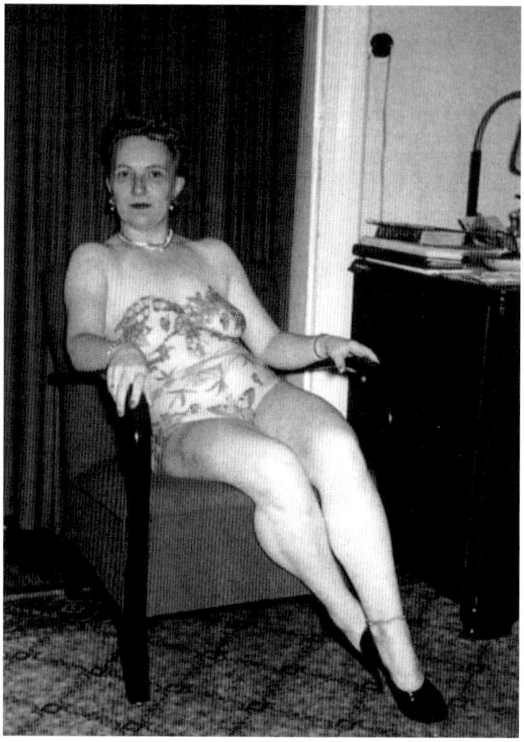

Abb. 58 *[Ruth Ullrich]*, um 1950, Fotografie.

Augenfällig ist das Vorkommen des Schmetterlings als Genitaltätowierung bei Frauen. Diese Form der körperlichen Ornamentierung kann anhand folgender Beispiele seit der Mitte des 20. Jahrhunderts nachgewiesen werden: Eine Fotografie (Abb. 58) zeigt eine unbekleidete, sitzende Frau mittleren Alters. Hierbei handelt es sich um Ruth Ullrich, die, laut Marcel Feige, um 1950 von Samy Streckenbach tätowiert wurde.[438] Auf ihrem Venushügel befindet sich ein Falter, der sich über weite Teile der Leistenregion erstreckt.[439] Ein Schmetterlingstattoo an der gleichen Körperstelle ist auf einer Fotografie aus den 1960er Jahren dokumentiert (Abb. 59).

Die Form der Steckdosen an der Wand im Hintergrund verrät, dass die Aufnahme in den Vereinigten Staaten entstanden ist. Im Jahr 2013 veröffentlichte das Amsterdam Tattoo Museum eine historische Fotografie im Internet, die das gleiche Tattoo-Motiv zeigt (Abb. 60):[440]

Portraitiert ist eine auf einem Sessel sitzende Frau. Mit gespreizten Beinen, die sie auf den Armlehnen abgelegt hat, gewährt sie dem Betrachter einen ungehinderten Blick auf ihr entblößtes Geschlecht. Auch hier befindet sich die Tätowierung unmittelbar auf der Vulva der Frau. Die topografische Nähe des Tattoos zum primären weiblichen Geschlechtsorgan lässt einen Zusammenhang von Motiv und Platzierung vermuten. Die obigen Ausführungen haben gezeigt, dass dem Falter in der Geschichte der Tätowierung durchaus eine erotische,

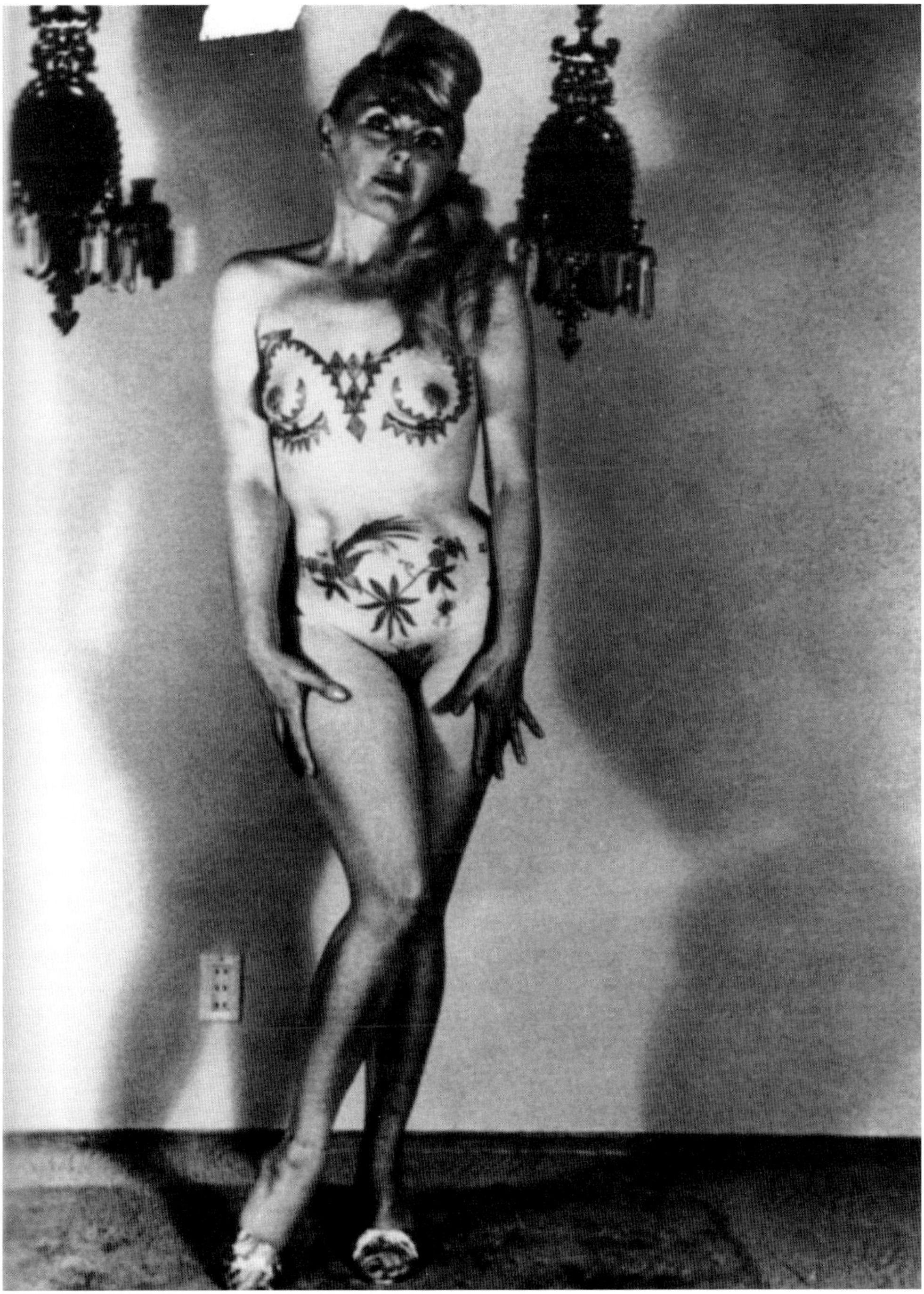

Abb. 59 *[Frauenakt]*, 1960er Jahre, Fotografie.

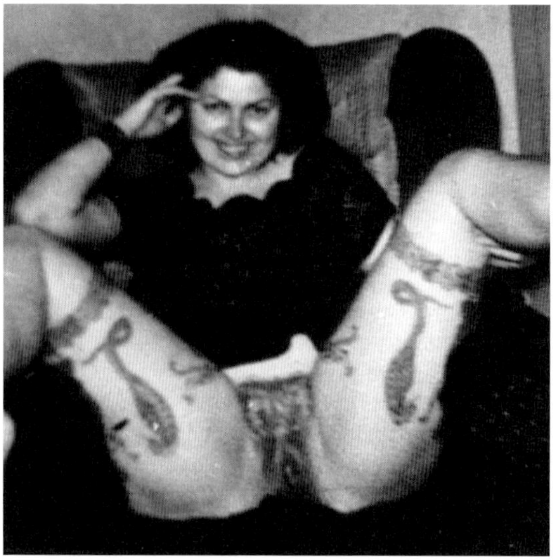

Abb. 60 Herbert Hoffmann (?), vermutlich 1950er Jahre, Fotografie, Amsterdam Tattoo Museum.

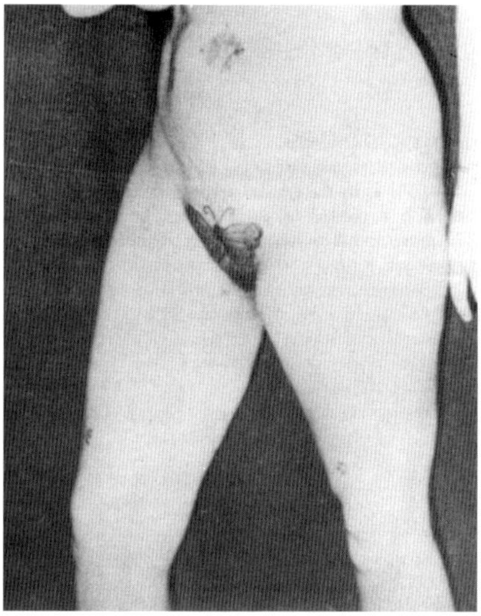

Abb. 61 vermutlich 1950er Jahre, Fotografie.

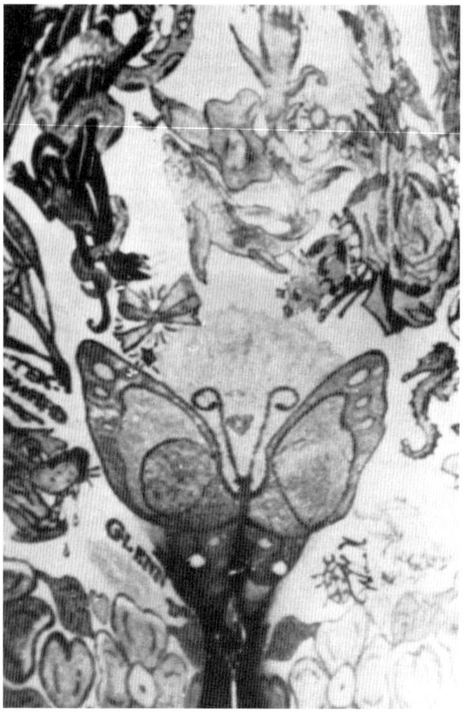

Abb. 62 etwa Mitte 20. Jh., Fotografie.

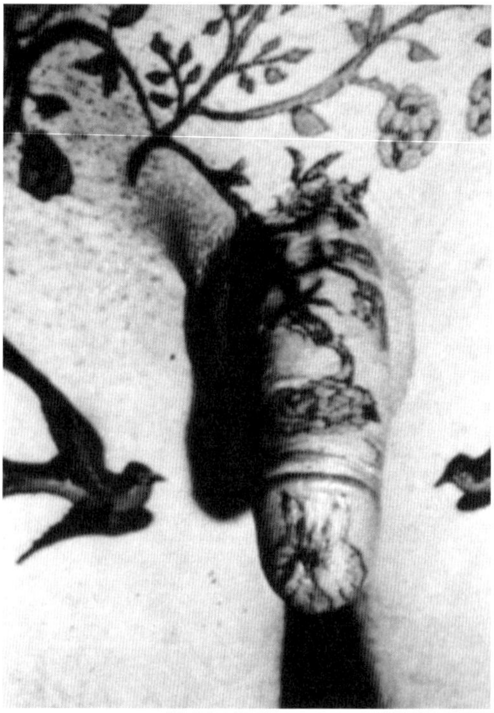

Abb. 63 etwa Mitte 20. Jh., Fotografie.

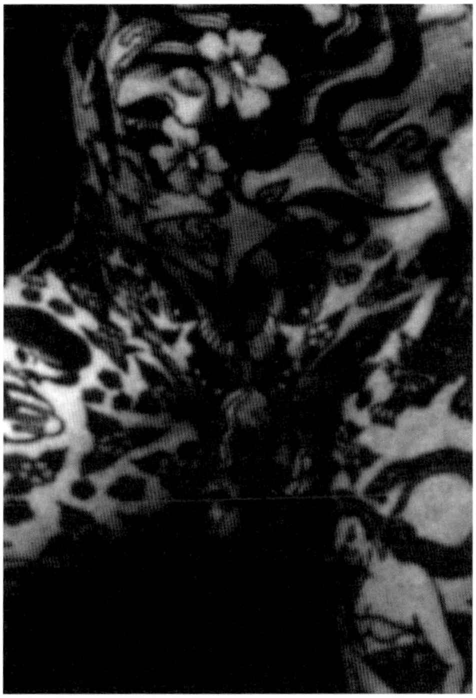

Abb. 64 Herbert Hoffmann, *[Portrait Alfred Jirschik]* (Detail), um 1970, Fotografie.

gar promiskuitive Konnotation zugeschrieben werden kann. Kommt einem Schmetterlingstattoo auf einer Vulva – dem Zentrum der weiblichen Sexualität – eine zusätzliche symbolische Bedeutung zu?[441] Tatsächlich liefert die *Encyclopedia for the Art and History of Tattooing* einen Hinweis darauf: Unter dem Eintrag ‚Butterfly Club' wird ein amerikanischer Damenclub der 1950er Jahre erwähnt, dessen Mitglieder sich – angeblich als Zeichen ihrer sexuellen Freiheit – Schmetterlinge auf ihre Vulven tätowieren ließen.[442] Auch wenn die Existenz dieses Clubs durch einen Zeitzeugen bestätigt wird, sollte dessen damaliges Bestehen nicht als verbürgt betrachtet werden, da hierfür keine eindeutigen Belege, wie Dokumente oder unmittelbare Aussagen von Mitgliedern, vorliegen.[443] Ohnehin wird es sich, sofern der Club denn bestand, wohl nicht um einen rechtsfähigen Idealverein gehandelt haben; vielmehr um einen Kreis von Frauen, die das gleiche Tattoo-Motiv auf ihrer Scham trugen. Die vermeintliche Existenz des Clubs in den 1950er Jahren wird lediglich vom oben genannten, männlichen – und damit qua Geschlecht außenstehenden – Zeitzeugen konstatiert. Als Mitglieder werden sowohl die oben erwähnte Ruth Ullrich als auch Mildred Hull bezeichnet.[444] Auf der Rückseite einer Postkarte, die ein Portrait von Hull zeigt, wird sie Mary genannt, „die tätowierte Frau, die vor zwei Jahren [1947] starb, den ganzen Körper tätowiert, vom Handgelenk bis zum Fußknöchel und ihr Sexualorgan tätowiert mit einem großen Schmetterling", dem „required membership tattoo", so das Tattoo Archive.[445] Anhand von Fotografien konnte dargelegt werden, dass derartige Tattoos – ob im Rahmen eines Clubs oder ohne ein gemeinschaftliches Bündnis – zweifelsohne existiert haben. Deren Aufladung mit dem Sinngehalt der sexuellen Freiheit in Form eines Zusammenschlusses, der eine vereinsimmanente Zielsetzung verfolgt, erscheint, insbesondere in den USA der 1950er Jahre, verfrüht.[446]

Weitere fotografische Nachweise von auf Vulven platzierten Falter-Tattoos liefern Robert Scutt und Christopher Gotch. Sie widmen der Genitaltätowierung in ihrer Publikation *Art, Sex and Symbol* ein eigenes Kapitel.[447] Sie äußern, dass das Phänomen weiter verbreitet sei als angenommen und dass es sich an einem reichen Spektrum humorvoller Beispiele bediene. Während die Genitaltätowierung bei Männern von ausgelassen-unzüchtigen Motiven geprägt sei, sei sie bei Frauen weniger üblich und scheine eher auf musterartige Entwürfe beschränkt.[448] Entsprechend werden hier zwei auf Vulven platzierte Schmetterlings-Tätowierungen abgebildet (Abb. 61 und 62).

Hier ist kein humorvoller Aspekt oder eine sexuelle Pointe Anlass der Tätowierung, sondern die Ornamentierung des weiblichen Körpers unter Berücksichtigung seiner Symmetrie.

Abschließend sei erwähnt, dass die Schmetterlingstätowierung im Genitalbereich keineswegs auf das weibliche Geschlecht beschränkt ist. Bei Scutt und Gotch ist ein Falter-Tattoo auf der Eichel eines Mannes abgebildet (Abb. 63), Herbert Hoffmann tätowierte einem seiner Kunden um das Jahr 1970 einen Schmetterling oberhalb seines Penis (Abb. 64).

4.6 Das Motiv des Schmetterlings im interkulturellen Austausch

Ein Blick zurück auf den bereits erwähnten Musterkarton von Blumberg (Abb. 56) aus dem frühen 20. Jahrhundert verdeutlicht, wie die asiatische Physiognomie des schmetterlingsbeflügelten Frauenkopfes einen japanischen Ursprung des Motivs suggeriert.[449] Ein großer Teil der deutschen „japanischen Muster" seien unmittelbare Kopien aus dem Bildgut des japanisches Hautstiches, so Spamer. Die Tätowiervorlagen seien in Form von kleinen, mit großer Feinheit ausgeführten Einzelbildern, „in denen die Tiervorstellungen überwiegen (Drache, Adler, Hühner, Reiher, Schmetterlinge, Fische, Frosch, Fliege, Spinne im Netz, der die Fliege schnappende Hahn u. dgl.)", in die Hände deutscher Tätowierer gelangt.[450] Ein ebensolches europäisiertes Musterblatt, wohl aus dem späten 19. Jahrhundert, ist in der *Encyclopedia for the Art and History of Tattooing* abgebildet (Abb. 65).

Tätowierungen, die in asiatischen Ländern vorgenommen wurden, so Peter Gerds, seien wegen ihrer hohen künstlerischen Ausführung sehr gefragt gewesen. Die Arbeiten schufen „eine Pracht, die die europäischen Tätowierer im allgemeinen nicht erreichten". Daher verschafften sich ambitionierte Tätowierer in Europa Zugang zu japanischen oder chinesischen Vorlagen, um ihren Kunden das neue Bildgut feilzubieten.[451] Spamer merkt an, dass die dargestellten Tiere meist einzeln, zuweilen aber auch in sehr „bildhaften Kombinationen" gezeigt werden, wie etwa ein Raubvogel, der auf ein Volk Hühner herabstoße. Daraus habe

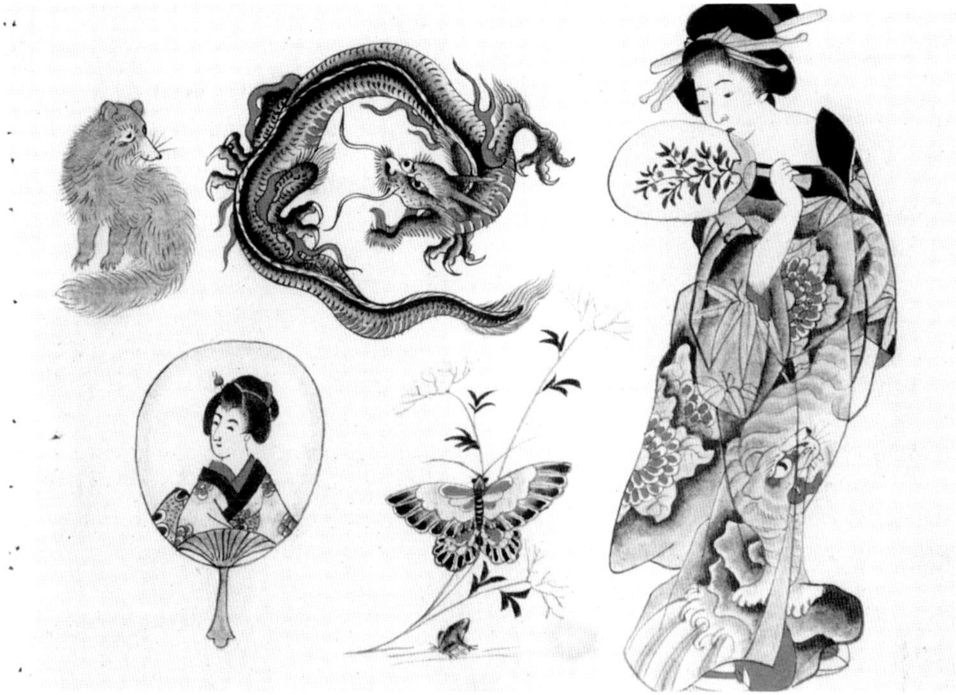

Abb. 65 spätes 19. Jh., Vorlagezeichnung.

sich eine Gruppe von Darstellungen entwickelt, die „mehr oder minder europäisiert" seien, wie bei dem beliebten Motiv des Kampfes von Adler und Schlange – einer symbolischen Darstellung des Widerstreits zwischen Gut und Böse.[452]

Überliefert ist, dass der Hamburger Tätowierer Christian Warlich ein „chinesisches Musterbuch" besaß, „das er schon als 13jähriger Knabe [also im Jahr 1904] begehrte". Zwanzig Jahre später sei das Buch in seinen Besitz übergegangen.[453] Warlich tätowierte seit etwa 1919 in der Kieler Straße 44 – heute Clemens-Schultz-Straße – im Hamburger Stadtteil St. Pauli, zur gleichen Zeit, in der ein chinesischer Tätowierer in der Schmuckstraße ansässig war.[454] Obwohl sich die Straßen südlich des Heiligengeistfeldes in unmittelbarer Nähe zueinander befanden, war der Chinese Warlich nicht bekannt.[455] Das mag darin begründet sein, dass die chinesischen Migranten der in der Schmuckstraße angesiedelten ethnischen Kolonie wenig Kontakt zur heimischen Bevölkerung hatten.[456] Eine Reproduktion von einem Vorlagealbum Warlichs belegt, dass auch er viele Schmetterlingsdarstellungen (Farbabb. 29) anfertigte, darunter ebenso Mischwesen aus Faltern und Frauen (Farbabb. 30 und 31).[457]

Laut Spamer dienten japanische Vorlagen auch Tätowierern aus chinesischen Hafenstädten als Muster. Dabei würden einige der Bilder gar ausgesprochen europäische Beeinflussungen zeigen.[458] Die interkulturellen Austauschprozesse können im Rahmen dieser Arbeit nicht näher untersucht werden. Doch kann davon ausgegangen werden, dass ostasiatische Stecher ebenso vom europäischen Bildgut inspiriert wurden wie deutsche Tätowierer von japanischen Motiven. So ist überliefert, dass Warlich Vorlagen in Form von Zelluloidschablonen mit Tätowierern „bis nach Amerika und Manila" austauschte.[459] Bei der Sichtung von etwa 200 Schablonen aus dem Nachlass Warlichs war evident, dass ein Großteil nicht von Warlich angefertigt wurde, sondern durch einen Austausch in seinen Besitz gelangte.[460]

Was den Einfluss japanischer Darstellungstraditionen auf die europäische Kunst und das Kunsthandwerk angeht, sei erwähnt, dass die hier angeführten Beispiele aus der Zeit um 1900 in eine Hochphase der westlichen Japanrezeption fallen.[461] In Bezug auf Warlich sind insbesondere die Ausprägungen des Japonismus in Hamburg von Interesse, da einige seiner Vorzeichnungen an die japanische Malerei und Bildtradition angelehnt sind (Farbabb. 32).[462] In diesem Zusammenhang ist auf Justus Brinckmann – den Gründer und ersten Direktor des Museums für Kunst und Gewerbe – einzugehen, der den Wert künstlerischer japanischer Elemente für die neue deutsche kunstgewerbliche Bewegung erkannt hatte und erstmalig in Deutschland japanische Kunst in einem Museum zu sammeln begann.[463] Mit kleineren Ankäufen auf der Pariser Weltausstellung im Jahr 1873 begann Brinckmann den Aufbau der japanischen Abteilung des Museums. In den 1880er Jahren bildeten die Ankäufe von japanischen Kunstwerken bereits den größten Posten, sie machten die Hälfte aller Ankäufe aus. Der Hauptteil der Erwerbungen bestand aus Schwertzierornamenten. Gemäß der japanischen Kunstauffassung ordnete Brinckmann sie nach den jeweiligen Pflanzen- und Tierdarstellungen. Neben diesen Objekten sowie Korbflechtarbeiten und Farbholzschnitten kamen später Keramik- und Lackarbeiten, Metallarbeiten, Schnitzerei und Gewebe hinzu.[464] Japanische Farbholzschnitte und illustrierte Bücher waren als Erwerbungen seit 1896 vermerkt; anhand von Brinckmanns Publikation *Kunst und Handwerk in Japan* lässt sich jedoch nachweisen, dass sich die Objekte schon vor 1889 im Besitz des Museums befanden.[465] Er sammelte nicht nur Werke bekannter Künstler wie Hokusai oder Hiroshige, sondern auch Vogel- und Blumenbilder von unterschiedlichen Künstlern, die als Anregung für das „neue Naturstudium" dienen sollten. Anhand von Berichten wurde dokumentiert, dass im Winter 1891/1892 ein Vortrag *Über japanische Bilderbücher der Museumssammlung* gehalten wurde und dass das Interesse an japanischen Holzschnitten erheblich war.[466] Im Jahr 1896 zeigte das Museum eine entsprechende Ausstellung, die von weiteren Vorträgen begleitet wurde. In ihrer Dissertation resümiert Nam-Sil Cho, dass das Hamburgische Museum für Kunst und Gewerbe durch die zielbewusst durchgeführte Sammlungsidee Brinckmanns zu einer der vorbildlichsten Sammlungen japanischer Kunst als Materialquelle für den Japonismus in Deutschland und in Europa überhaupt geworden sei.[467] Ebenso wie Brinckmann durch seine Tätigkeit zeitgenössische Hamburger Künstler wie Otto Eckmann zum Studium japanischer Kunst anregte, ist eine Rezeption dieser im Museum für Kunst und Gewerbe durch den Tätowierer Warlich denkbar.[468] Zwar sind Besuche nicht dokumentiert, doch ist überliefert, dass er um eine allgemeine „Anerkennung des Tätowierbildes als Kunst" bemüht war. Im Gegensatz zu anderen Tätowierern seiner Zeit habe Warlich nach einer steten Verbesserung der Formen gestrebt, hinzu habe sich der Wille zur Erneuerung des Bildgutes gesellt, so Adolf Spamer im Jahr 1933. Zu diesem Zweck habe er überall nach neuen Motiven gesucht und alles zusammengetragen, was sich irgendwie in ein Hautbild umsetzen ließ. Daneben

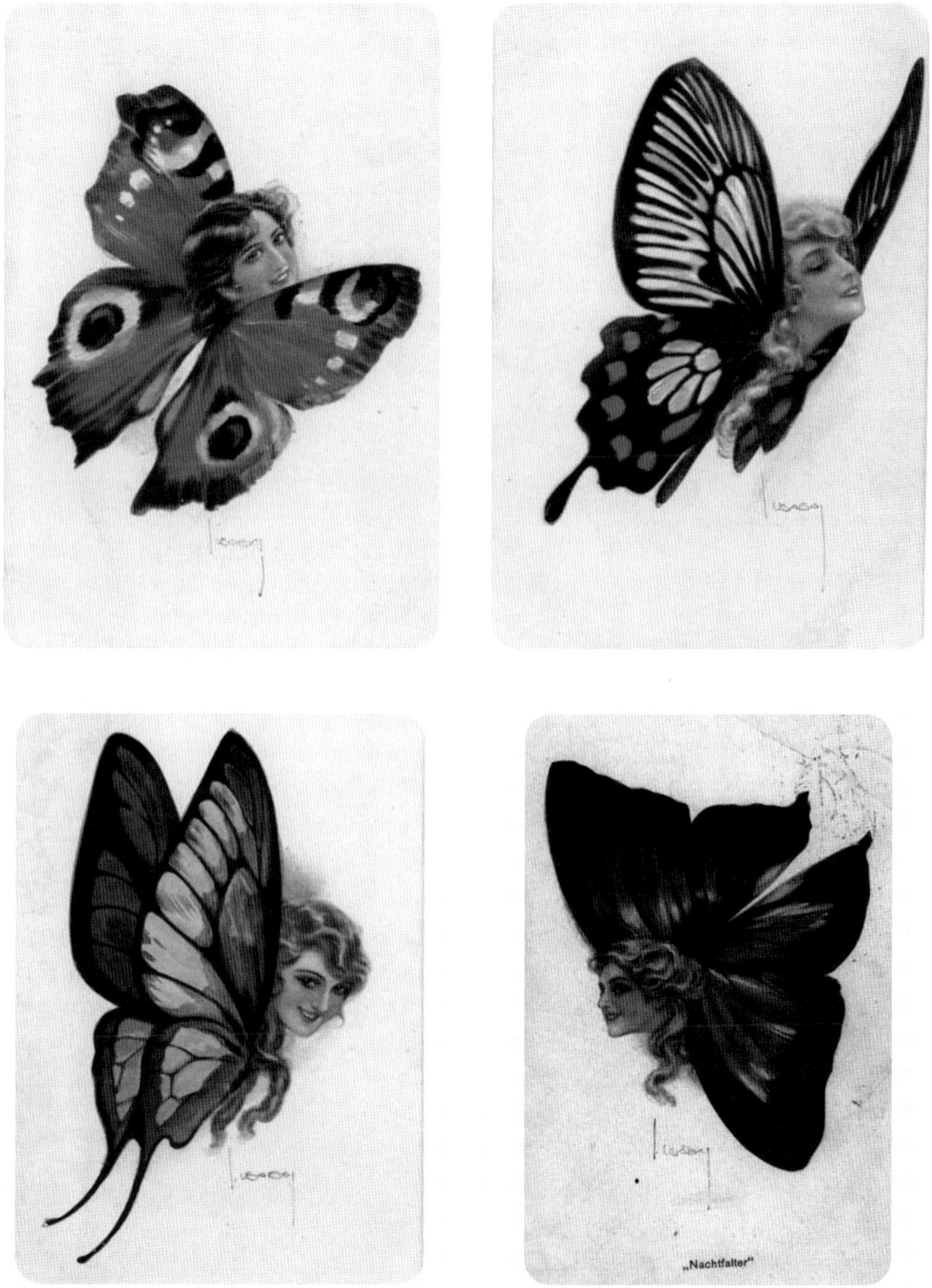

Abb. 66–69 Luis Usabal, um 1900, Postkartenillustrationen.

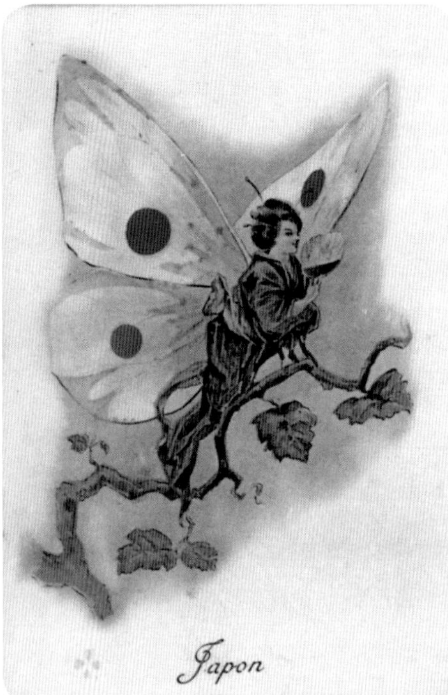
Japon

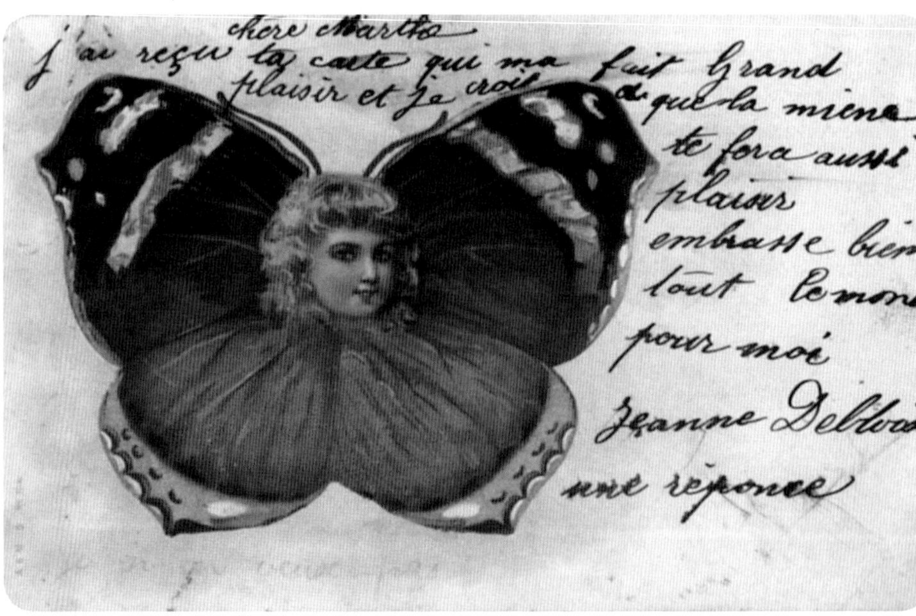
chère Martha
j'ai reçu ta carte qui ma fait grand
plaisir et je crois que la miena
te fera aussi
plaisir
embrasse bien
tout le monde
pour moi
une réponce

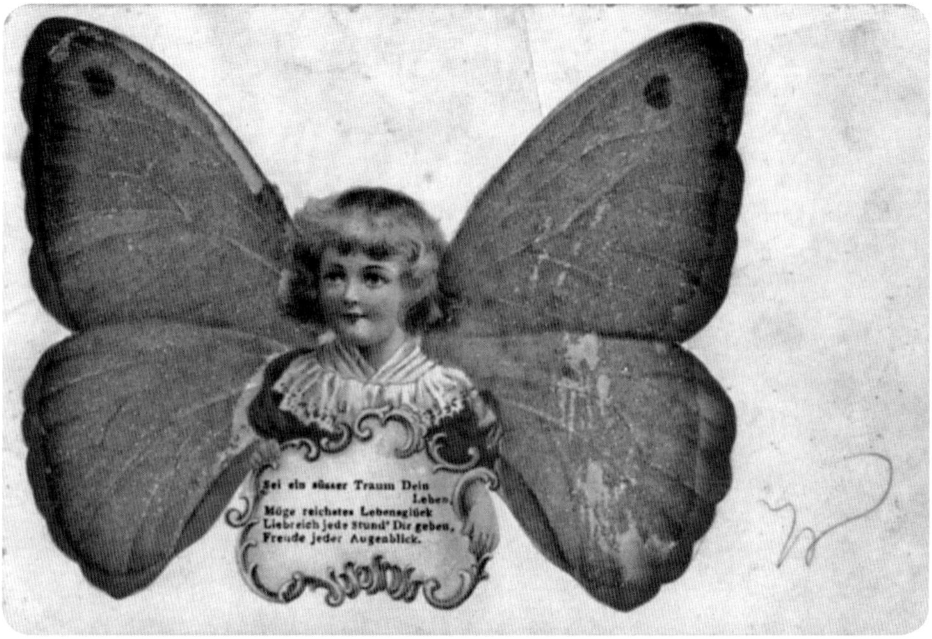

Abb. 70–72 um 1900, Postkartenillustrationen.

sammle er das einschlägige Schrifttum, und sein Hauptmusterbuch sei ein Gemisch eigener Zeichnungen, fremder Originale, von Reproduktionen, Fotos und Zeitungsartikeln. Neben dem bereits erwähnten chinesischen Musterbuch suche er Vorlagen ebenso in Kinoplakaten und Reklamebildern.[469] Ein ‚Tod als Lautenspieler' sei die Übersetzung einer japanischen Vorlage in die eigene Formensprache.[470] Eine Motivsuche in den Sammlungen der Hamburger Museen, insbesondere dem Museum für Kunst und Gewerbe, ist angesichts von Warlichs Methode der Motivsammlung und seines Verständnisses von der Tätowierung als Kunst naheliegend. Auch sei es eines seiner Hauptstreben gewesen, „anerkannte Kunstwerke ins Hautbild" zu übersetzen. Vor allem habe er Dürer geschätzt, dessen Blätter der *Grünen Passion* ihm besonders geeignet für Bein- und Armbilder erschienen.[471] Auf der Suche nach Motiven bemühte Warlich auch die Wiener Albertina, die ihm entsprechende Reproduktionen von Kupferstichen übersandt habe.[472]

Die japanische Kunst war seit der zweiten Hälfte des 19. Jahrhunderts eine Inspiration für die europäische. Ebenso groß war ihr Beitrag zur neuen kunstgewerblichen Bewegung.[473] Brinckmann hat die Tätowierung als gleichwertiges Kunsthandwerk beschrieben, deren Träger gar als „wandelnde Gemälde" bezeichnet. Er äußerte sich zur japanischen Tätowierung und verglich ihre kompositorischen Eigenheiten mit denen anderer kunstgewerblicher Objekte, die – wie der menschliche Körper – als Bildträger fungieren:

> „Unsere Betrachtung des Costüms der Japaner würde unvollständig sein ohne einen Blick auf die ihnen eigene Verzierung des nackten Leibes durch

> mehrfarbige Tätowirung. Der Ursprung derselben ist schwer festzustellen – wahrscheinlich reicht er in graue Vorzeit zurück, vielleicht ist er nach China zu weisen. Wenigstens finden wir mythische Helden China's in den japanischen Bilderbüchern nicht selten durch blaue Tätowierungen ausgezeichnet, deren Stil dem ornamentalen Geschmack Alt-China's freilich sehr wenig entspricht und in Allem den in Japan vorherrschenden Naturalismus verräth. Ganz abweichend von der Tätowierung der Südsee-Insulaner, welche die menschliche Haut mit symmetrischen, regelmäßigen, im Allgemeinen den Körperformen angepaßten Ornamenten bekleideten, wird dem Japaner die Haut des menschlichen Körpers zur Bildfläche, auf der er ganz nach Laune selbst figurenreiche Darstellungen hervorrufen und ebenso rücksichtslos um die Rundungen der Glieder herumführen darf, wie um die Kanten seiner Lackdosen und Thongefäße. So konnten die Europäer noch vor wenigen Jahrzehnten ganze Gebüsche roth, weiß und blaublühender Chrysanthemumstauden auf den Leibern nackter japanischer *Betto's* und Sänftenträger anstaunen; und mancher von diesen, nur mit einem Schamgürtel bekleidet seinem Tagewerk herzensfroh obliegenden armen Bursche trug auf der Brust oder auf dem Rücken, den eigenen Augen kaum oder garnicht erreichbar, ein Bild des jugendlichen Yoshitsune, oder eines anderen volksthümlichen Helden, oder allerlei lustige und selbst anstößige Figuren durch's Leben. Nachdem in unseren Tagen die Regierung das nackte Einherlaufen der *Betto's* verboten hat, sind diese wandelnden Gemälde im Aussterben."[474]

Linie und Fläche als grundlegendes Stilprinzip, ein Verzicht auf raumillusionistische Flächenverzierungen und die Betonung der Umrisslinie, die die zweidimensionale Fläche konturiert, beherrschen die japanische Kunst.[475] Gestaltungsprinzipien, die – wie bereits erläutert – in der Tätowierung ebenso wesentlich sind.[476] Diese Übereinstimmungen haben sicherlich zum Interesse der europäischen Tätowierer an japanischen Motiven beigetragen.

Obige Ausführungen lassen vermuten, dass es sich bei dem schmetterlingsflügeligen Frauenkopf – insbesondere aufgrund von eingangs erwähnter asiatischer Version Blumbergs – um ein Motiv japanischer Herkunft handelt. Dies kann jedoch nicht bestätigt werden. Spamer charakterisiert „die zahlreichen Schmetterlinge mit Frauenköpfen oder Leibern" als eine „japanisch-europäische Vermischung".[477] Wahrscheinlich ist Donald Hardys These zutreffend, dass es sich bei der „Butterfly Woman" um ein Motiv handelt, das Ende des 19. Jahrhunderts entstand und – wie oben belegt – Anfang des 20. Jahrhunderts als westliche Tätowierung ausgesprochen verbreitet war.[478] Diese These kann zudem durch Postkartenillustrationen mit derartigen Motiven bekräftigt werden, die ebenso um die Jahrhundertwende gängig waren (Abb. 66–72).[479]

So ist gar dokumentiert, dass Christian Warlich Bildpostkarten als Vorlagen für seine Vorzeichnungen verwendete.[480] Dies ist ein weiteres Beispiel dafür, wie Motive in das Medium der Tätowierung übersetzt wurden.

Auch wenn es für schmetterlingsflügelige Frauendarstellungen keinen Beleg in der japanischen Bildtradition gibt, handelt es sich bei dem Falter auch dort um ein Motiv mit

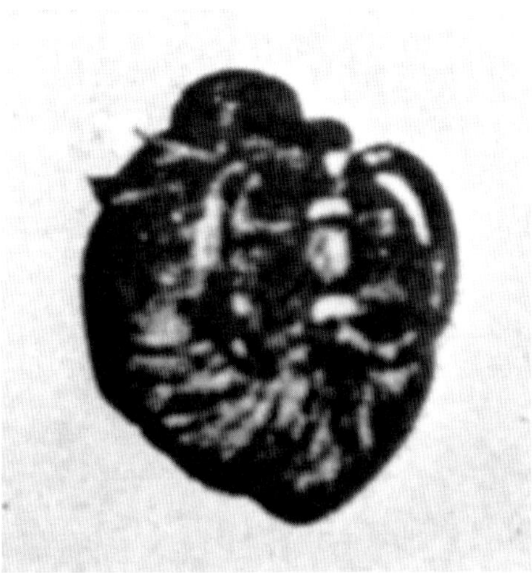

Abb. 73 Chôchô-Mage (Frisur), etwa 2. Hälfte des 19. Jh. (Ende der Edo-Zeit).

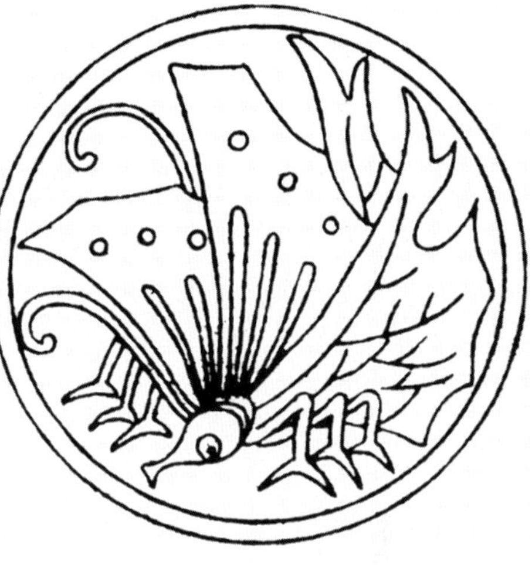

Abb. 74 Japanisches Design, vermutlich 19. Jh.

vielfältigem Symbolgehalt. Da im Zuge der Japanrezeption asiatische Falterdarstellungen von europäischen Kunsthandwerkern sowie Tätowierern weitergegeben und -entwickelt wurden, soll im Folgenden auf das Vorkommen des Schmetterlings in der ostasiatischen Tätowierung eingegangen werden.[481]

4.7 Der Falter in der ostasiatischen Tätowierung

Die ikonografische Bedeutung des Schmetterlingsmotivs in China und Japan ist umfassend beschrieben und soll daher nicht ausgeführt werden.[482] Zudem sei erwähnt, dass im Folgenden nicht scharf zwischen chinesischer und japanischer Ikonografie differenziert wird, da die japanische Bildtradition und Symbolik zu einem großen Teil von der chinesischen übernommen wurde.[483] In der japanischen Malerei tritt der Falter in Naturdarstellungen auf, im Kunsthandwerk auf unterschiedlichsten Objekten: als Dekor auf Textilien und Möbeln, bei Zierkämmen, in Emblemen oder gar in Form einer Haartracht (Abb. 73).[484]

Augenfällig ist auch das Vorkommen des Schmetterlings als Dekor bei Kissen-, Gewand- oder Deckendarstellungen in Shunga-Holzschnitten.[485] Dies mag darin begründet sein, dass er im Alten China das Sinnbild der Freude, des Sommers, der Glückseligkeit gewesen sein und die Liebenden zusammengeführt haben soll.[486] Ein in Amstutz' *Japanese Emblems and Designs* abgebildetes Zeichen in Form eines Falters in einem Doppelkreis (Abb. 74) weist eine starke Ähnlichkeit mit dem Hauswappen auf der Kleidung einer Kurtisane auf, die auf einem Gemälde Nishikawa Sukenobus dargestellt ist (Abb. 75).[487]

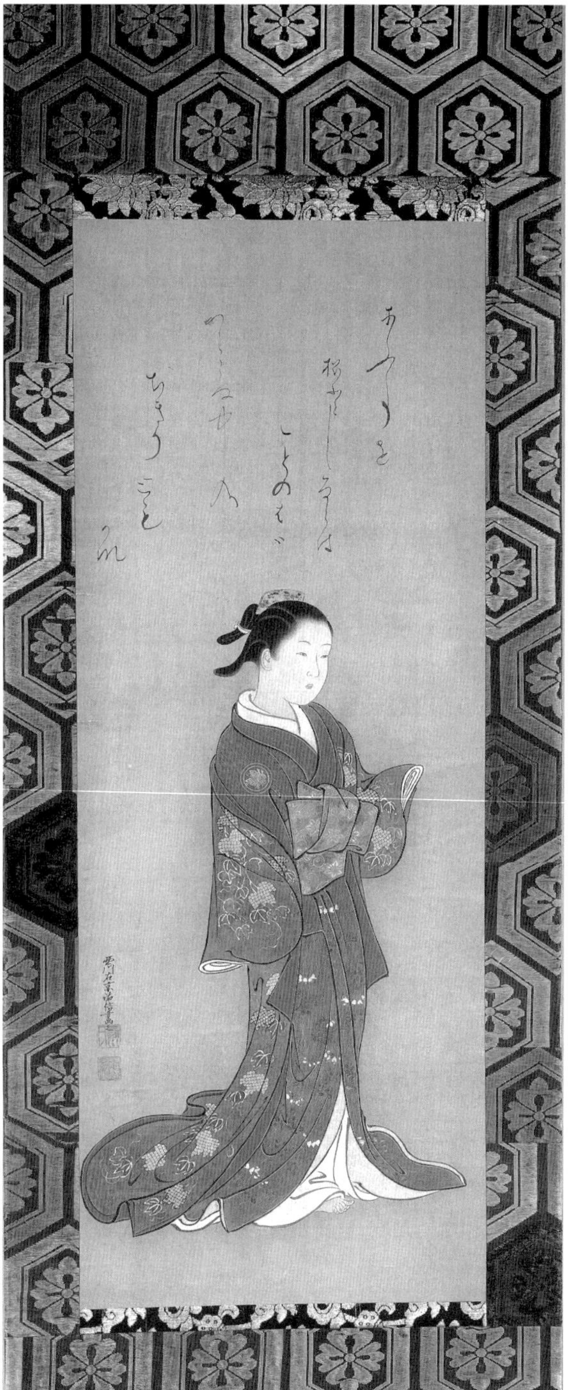

Abb. 75 Nishikawa Sukenobu, *Wartende Schönheit*, um 1740, Hängerolle, Tusche, Farben und Gold auf Seide, 78,4 × 30 cm, Staatliche Museen zu Berlin – Preußischer Kulturbesitz, Museum für Asiatische Kunst, Ostasien.

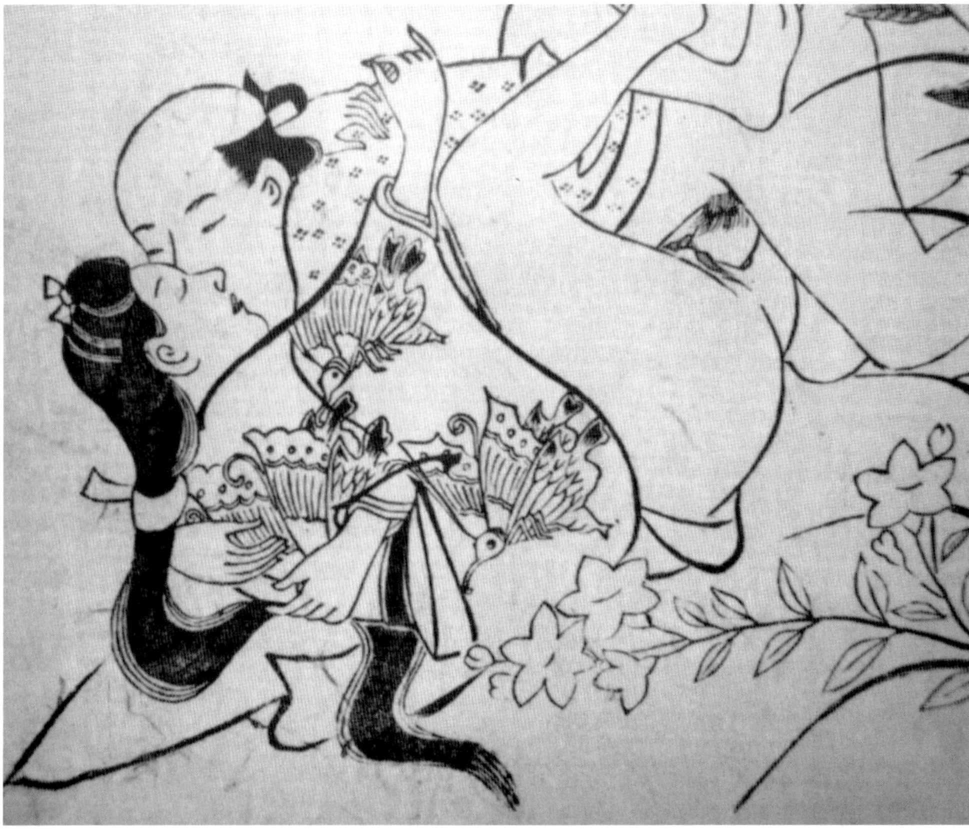

Abb. 76 Hishikawa Moronobu, *Liebespaare* (Detail), 1683, Holzschnitt, 22,6 × 29,6 cm.

Eine sehr ähnliche Darstellung eines solchen Schmetterlings ziert auch das Gewand einer Frau in einem Shunga-Holzschnitt Hishikawa Moronobus aus dem Jahr 1683 (Abb. 76).

Folgend soll das Motiv im Kontext der ostasiatischen Tätowierpraxis betrachtet werden. Auch wenn sich im Rahmen der Recherche zur vorliegenden Dissertation in der einschlägigen Literatur keine Abbildung einer historischen japanischen Tätowierung in Form einer Fotografie oder einer Druckgrafik finden ließ, die einen Schmetterling einschließt, wurde die Existenz des Falters als Motiv in der japanischen und chinesischen Tätowierkunst dokumentiert:[488] Louis Vervaeck berichtet von einer chinesischen Pubertätstätowierung aus dem 12. nachchristlichen Jahrhundert, bei der ehereife Mädchen der Oberschicht durch Frauen auf der Insel Hai-Nan mit Blumen, Schmetterlingen und Insekten versehen wurden.[489] In seiner Dissertationsschrift *Irezumi* beschreibt Willem van Gulik den Schmetterling *(cho)* als gängiges Motiv in der Tätowierung der Edo-Zeit nach 1750.[490] Donald Richie erwähnt den Schmetterling in seiner Beschreibung der Ikonografie japanischer Tattoo-Motive. Der dem Pekinesen ähnelnde chinesische Wächterlöwe werde verspielt und nach Faltern schnappend dargestellt.[491] Der US-amerikanische Japanreisende Charles Longfellow ließ sich in den

1870er und 1880er Jahren in Japan tätowieren, unter anderem mit einem Schmetterlingsmotiv.[492] Shuze Kurés ausführlichem Bericht *Ueber Tätowierung bei Verbrechern* in Japan aus dem Jahr 1898 ist zu entnehmen, dass Falter-Tattoos unter den Inhaftierten des Ischikawa-Jima-Gefängnisses verbreitet waren. Von den 1130 Männern waren 356 tätowiert, darunter fanden sich 22 Schmetterlingsdarstellungen.[493]

4.8 Japanische Tattoo-Kompositionen im Westen

Eine Fotografie des Tätowierers Yoshitsugu Muramatsu (Shodai Horiyoshi) aus den 1960er Jahren zeigt ein Schmetterlingstattoo unbekannter Urheberschaft auf seinem linken Arm (Abb. 77).[494]

Die ikonische Darstellung mit ihrer solitären Komposition und verhältnismäßig geringen Größe spricht – jedenfalls zu der Zeit – für eine Einordnung in die europäische Tätowiertradition.[495] Eine Zeichnung seines Schülers Yoshihito Nakano (Horiyoshi III) aus den 1980er Jahren zeigt Schmetterlinge in Verbindung mit Rosen (Abb. 78).

Es ist anzunehmen, dass es sich hierbei um eine ‚Japanisierung' eines westlichen Motives handelt, da die gewählte Rosensorte und ihre Darstellung eher der Formensprache der westlichen Tätowiertradition nahekommen.[496] Dafür spricht, dass es zu dieser Zeit bereits einen intensiven persönlichen Austausch mit amerikanischen Tätowierern, vor allem Donald Edward ‚Ed' Hardy, gab.[497] Somit ist es naheliegend, dass Nakano sich ebenso von westlichen Motiven inspirieren ließ wie Hardy von japanischen. Hardy und Norman ‚Sailor Jerry' Collins waren maßgeblich an der Einführung der Tätowierung nach japanischem Vorbild im Westen sowie der nach amerikanischem Vorbild in Japan beteiligt.[498] Sie tauschten sich seit 1969 intensiv aus. Sie schrieben sich mehrmals die Woche, übersendeten Fotos ihrer Arbeiten und vertieften Fragen der Ästhetik, der Technik und anderer Facetten der Tattookunst, so Hardy in seiner Autobiografie. Zudem forcierten sie die „‚epischen' Tattoos", neuartige Arbeiten mit asiatischen Motiven.[499] Bevor Hardy im Jahr 1973 als erster westlicher Tätowierer in einem traditionellen japanischen Umfeld bei Kazuo Oguri (Horihide) arbeitete, hatte Collins bereits in den 1960er Jahren enge Geschäfsbeziehungen zu Oguri aufgebaut und sich mit asiatischen Tätowierungen beschäftigt. Er tauschte amerikanische Tattoo-Maschinen und Nadeln gegen japanische Designs und Ratschläge ein. Collins sei besonders beeindruckt von der Verwendung der Farben, den Schattierungen und der Verwendung des gesamten Körpers als Bildträger für einen hochentwickelten künstlerischen Ausdruck gewesen, so Margo DeMello in ihrer Studie zur Kulturgeschichte der zeitgenössischen Tattoo-Gemeinschaft.[500]

Heute sind westliche Meister der japanischen Tätowierkunst ebenso zu finden wie Asiaten, die sich auf Motive spezialisiert haben, die ihren Ursprung in der westlichen Tätowiertradition haben.[501] Zudem verschwimmen die Grenzen zwischen westlicher und östlicher Formensprache, was ebenfalls auf Collins zurückzuführen ist. Zwar ließen sich europäische und amerikanische Tätowierer, wie am Beispiel Warlichs erläutert, schon zuvor von

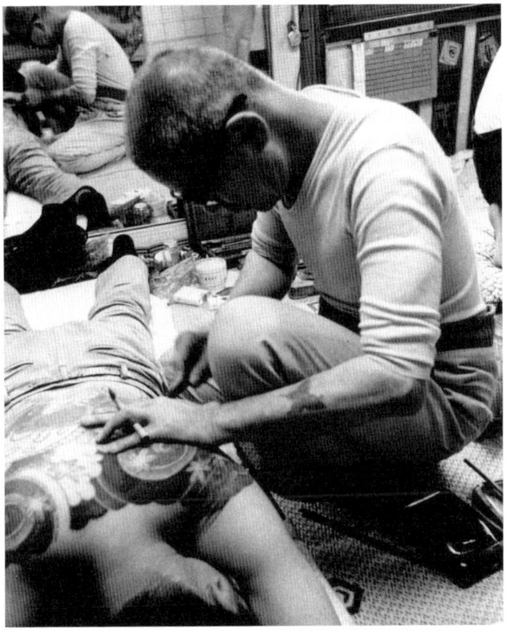

Abb. 77 *[Yoshitsugu Muramatsu (Shodai Horiyoshi)]*, 1960er Jahre, Fotografie.

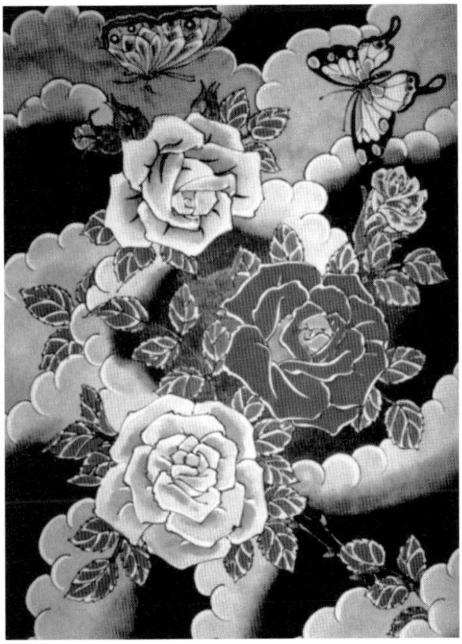

Abb. 78 Yoshihito Nakano (Horiyoshi III), *Rosen und Schmetterlinge*, 1980er Jahre, Wasserfarben auf Papier.

asiatischen Vorlagen inspirieren, doch entwickelte Collins die Übernahme der japanischen Formensprache – insbesondere hinsichtlich der Komposition – entscheidend weiter: Er bediente sich der Ästhetik von japanischen Tätowierungen, um einen darauf basierenden amerikanischen Stil zu entwickeln. Er vereinte japanische Hintergrund-Elemente wie Darstellungen von Wind oder Wasser mit amerikanischen Motiven (Farbabb. 33), um daraus großformatige Tätowierungen zu schaffen.[502]

Eine weitere Ursache für den Stilpluralismus der zeitgenössischen Tätowierung sind die individuellen Fähigkeiten der Tätowierer, die das Formenrepertoire in stilistischer Hinsicht zusehends erweitern. Dies ist unter anderem darauf zurückzuführen, dass – wie einleitend beschrieben – zum einen immer mehr und zum anderen zunehmend künstlerisch ausgebildete Personen Tätowierer werden.[503] Durch diese Entwicklung werden Tattoos immer heterogener, die Tätowierer können sich durch ihre jeweiligen Handschriften und technischen Weiterentwicklungen immer deutlicher voneinander abgrenzen. Eine wesentliche Entwicklung in der westlichen Tätowierung des 20. Jahrhunderts war die Applizierung von vorgegebenen Motiven, bei denen die Träger eine Tätowierung von Musterbögen auswählen konnten, hin zu individuell angefertigten Tattoos. Neben Hardy wären unter anderem Cliff Raven – ebenfalls Absolvent eines Kunststudiums –, Leo Zulueta und Thom DeVita als Wegbereiter der „maßgeschneiderte[n] Tattoos" zu nennen, bei denen Tätowierungen – abgesehen von der Wahl des Motivs – nach den Vorstellungen und künstlerischen Ansprüchen der Tätowierer gefertigt wurden.[504]

4.9 Zur Popularität des Schmetterlingsmotivs in der zeitgenössischen Tätowierung

Die vorigen Kapitel haben gezeigt, welche Bedeutung dem Motiv des Schmetterlings in der Tätowierung seit dem ausgehenden 19. bis in die Mitte des 20. Jahrhunderts zukommt. Bis heute bleibt es stark verbreitet; anders als oftmals konstatiert bei männlichen ebenso wie bei weiblichen Trägern.[505] Zum einen wurde dies in den vorigen Abschnitten anhand diverser Fälle belegt, ferner kann dies durch Abbildungen von Falter-Tattoos in zahlreichen Publikationen, wie Ausstellungskatalogen und insbesondere Bildbänden, nachgewiesen werden.[506] Zum anderen hat eine Sichtung von fotografischen Tattoo-Abbildungen in internationalen Tätowier-Magazinen diese These ebenfalls bestätigt: Tattoos von Schmetterlingen im Imaginalstadium sind auch heute überaus gängig.[507] Dabei ist die Verbreitung bei männlichen Trägern hoch: Im Rahmen einer Auswertung aller Ausgaben des *TätowierMagazins* aus dem Jahr 2012 durch den Verfasser wurde festgestellt, dass etwa ein Drittel der abgebildeten Schmetterlingstattoos bei Männern zu finden ist.[508] Falter sind bei männlichen Trägern also bis heute gebräuchlich und somit keineswegs als Motiv einzuordnen, das geschlechtsspezifisch ist und vornehmlich von Frauen gewählt wird.[509]

Die Verbreitung des Motivs ist sicherlich auf die verschiedenen ikonografischen Bedeutungen des Schmetterlings – und die damit einhergehenden, mannigfaltigen individuellen Interpretations- und Identifikationsmöglichkeiten für seine Träger – zurückzuführen. Sein symbolischer Gehalt ist somit nicht festgeschrieben; er ist variabel und kann an die aktuellen Lebenssituationen seiner Träger angepasst werden. Er erlaubt eine gewisse Bedeutungsverschiebung, was einen begünstigenden Einfluss auf die Wahl dieses Motivs haben mag. Ihm liegt eine interpretatorische Flexibilität zu Grunde, die bei weitem nicht jedes Motiv erlaubt. Zudem ist es aus kompositorischen Gründen überaus als Tattoo-Motiv geeignet: Zunächst biete die enorme Artenvielfalt – Schmetterlinge bilden eine der artenreichsten Insektenordnungen unserer Fauna – eine große Auswahlmöglichkeit, was im Hinblick auf den Individualitäts-Anspruch von Tätowierungen von Bedeutung ist.[510] Darüber hinaus erlaubt die wenig komplexe Morphologie eines Schmetterlings unbegrenzte Modifikationsmöglichkeiten bei der Gestaltung eines Tattoos. Farbe, Form und Größe lassen sich nahezu beliebig variieren, ohne dass die Wiedererkennung des Motivs beeinträchtigt wird. Zusätzlich ermöglicht die Varianz des Formates ein Falter-Tattoo an nahezu jeder Körperstelle.[511] Des Weiteren können bereits bestehende Tattoos mit einem Falter-Motiv erweitert und es kann in verschiedensten Stilen umgesetzt werden.

Nachdem in diesem Kapitel Untersuchungen zur Motivgeschichte des Schmetterlings in der Tätowierung vorgenommen wurden, soll im Folgenden ein Werk der zeitgenössischen Kunst behandelt werden, das die tätowierte Darstellung eines Falters als zentrales Motiv hat. Die bisherigen Analysen werden es erlauben, Damien Hirsts Arbeit *butterfly, divided* im Kontext der Tätowierung zu verorten – sowohl im Hinblick auf die Motivgeschichte als auch auf die Verwendung des Mediums in der bildenden Kunst. Zudem wird dargelegt, wie sich die Bedeutung eines Falter-Tattoos durch die Wahl einer spezifischen Art und dessen Platzierung auf dem Körper konkretisieren lässt. Oben wurde erläutert, dass die verschiedenen Deutungsmöglichkeiten des Motivs, auf die später noch weiter eingegangen wird, mannigfaltige Zugänge für Träger bieten.[512] Da es sich um ein Bildmotiv handelt, das nicht unmittelbar einer bestimmten Person oder einem konkreten Ereignis zugeordnet werden kann, bleibt die Auslegung des Inhaltes für Träger variierbar.[513] Warum gerade diese Eigenschaft für ein Werk von Hirst im Kontext der Hervorbringungen der ‚Young British Artists' relevant ist, wird am Schluss der Arbeit diskutiert.

5 Damien Hirsts *butterfly, divided*

Im Frühjahr 2011 ließ Damien Hirst den Tätowierer Mo Coppoletta das Motiv eines Schmetterlings auf die Scham einer Frau stechen.[514] Das Werk *butterfly, divided* (Abb. 1) entstand als Auftragsarbeit für die Einführung der Kunst- und Modezeitschrift *Garage Magazine*.[515] Neben Hirst entwarfen weitere Künstler Tattoo-Motive, die von Tätowierern umgesetzt wurden.[516] Nach eigenen Aussagen konzipierte die Kuratorin Becky Poostchi das Projekt nach dem Lesen von Roald Dahls Kurzgeschichte *Skin*, die – wie oben beschrieben – bereits als Inspiration für das Ausstellungsprojekt *Chaim Soutine* aus dem Jahr 2004 gedient hatte.[517] Hedi Slimane fotografierte die Arbeiten, am 5. September 2011 wurden sie in der ersten Ausgabe des Magazins veröffentlicht.[518] Die Zeitschrift erschien in drei Versionen, jeweils mit einem anderen Titelblatt (Abb. 79 und 80).

Auf einem ist Hirsts Werk in Form einer Aktfotografie abgebildet (Farbabb. 34). Die Schwarz-Weiß-Aufnahme zeigt den Rumpf der Trägerin Shauna Taylor von der Taille bis zur Mitte ihrer gespreizten Oberschenkel. Im Gegensatz zur Abbildung der Fotografie im Innenteil der Zeitschrift ist ihr entblößtes, tätowiertes Genital auf dem Cover nicht sichtbar, ein abziehbarer Aufkleber in Form eines grünen Schmetterlings verdeckt ihre Vulva.

Im Heftinneren ist Slimanes Fotografie des Werkes nicht zensiert: Der Blick des Betrachters wird aufgrund des streng vertikal achsensymmetrischen Bildaufbaus und der ausschnitthaften Darstellung des unteren Torsos auf den unverhüllten Intimbereich der Trägerin gelenkt. Bauchnabel und Schamspalte liegen auf der senkrechten Mittelachse der Komposition. Der Bildaufbau und die Nutzung eines starken Hell-Dunkel-Kontrastes als primäres Gestaltungsmittel erinnern an Robert Mapplethorpes Fotografie von Lydia Chengs Torso (Abb. 81), die Markierung auf dem weiblichen Körper unter Berücksichtigung seiner Anatomie lässt zudem an Man Rays *Le Violon d'Ingres* (Abb. 82) denken. Auch Mapplethorpes Aufnahme eines auf der Vulva von Lisa Lyon platzierten Skorpions bedient sich eines ähnlichen Bildausschnittes (Abb. 83).[519]

Der hell beleuchtete Körper Taylors tritt deutlich vor dem dunklen Hintergrund hervor, dessen Finsternis die Figur ortlos erscheinen lässt.[520] Ihre Körperoberfläche wird von einem augenfälligen Einsatz von Licht und Schatten modelliert. Die Oberschenkel, der Schamhügel übergehend in den Bereich der abdominalen Muskulatur am Unterbauch und die hervortretenden Darmbeinstachel an der Oberkante des Beckens sind am hellsten ausgeleuchtet. Weiche Hell-Dunkel-Übergänge an den Konturen verleihen dem Rumpf Plastizität. Schatten

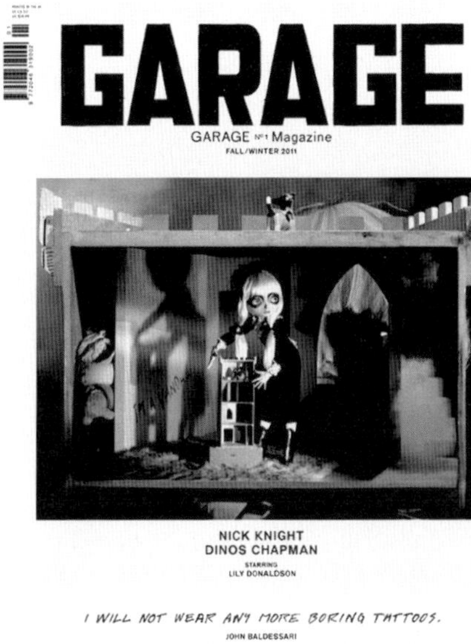

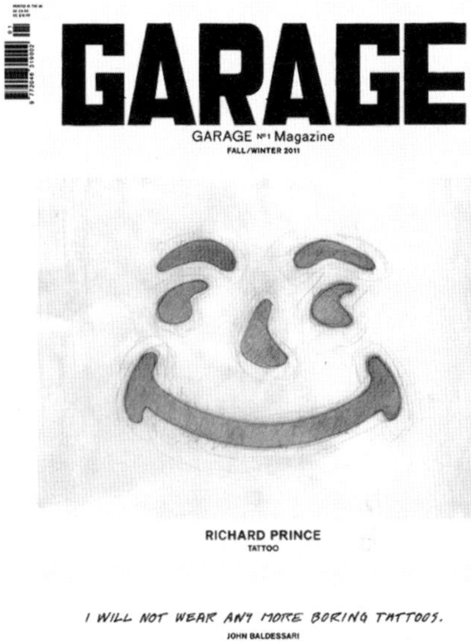

Abb. 79–80 Mike Meiré, *Garage Magazine*, 2011, Zeitschriften-Cover.

von der Taille entlang der äußeren seitlichen Bauchmuskulatur führen über den Venushügel bis in den Schritt der Fotografierten. Auf der Vulva, im Halbdunkel von Innenschenkeln und Gesäßansatz, befindet sich das zentrale Motiv der Fotografie: eine Tätowierung in Form eines Schmetterlings. Unmittelbar entlang der äußeren Schamlippen verlaufen die Innenränder seiner Hinterflügel sowie die Basalregionen der Vorderflügel. An ihnen sind hier – im Unterschied zu deren anatomisch korrekter Position am Kopf – die Fühler angesetzt.[521] Die unteren Enden der Hinterflügel liegen etwa auf Höhe der Vaginalöffnung, die Spitzen der Vorderflügel erstrecken sich über die beginnende Erhebung des Schambeins bis zu den Beinansätzen in der Leistenregion. Die Schamspalte fungiert als Platzhalter für den Körper des Schmetterlings. Klitorisvorhaut und innere Schamlippen formen Kopf, Brust und Hinterleib des Falters. Die Umrisslinien der Schmetterlingsflügel sowie deren Adern und Zeichnung in Form von rundlichen Flecken sind in der gleichen Linienstärke schwarz tätowiert. Die Flügel sind ausgefüllt; die Zeichnungsflecken ebenso, jedoch in einem helleren Ton. Aufgrund der Kameraperspektive erscheinen die Hinterflügel auf der Fotografie durch eine perspektivische Verkürzung verkleinert.[522] Jedoch komplettiert der Gesäßansatz das Bild des Falters, da er die Form seiner Hinterflügel annimmt und sie so metamorphisch ergänzt.

Auf der vorangehenden Doppelseite der Zeitschrift ist Hirsts Entwurf für die Tätowierung (Farbabb. 35) abgebildet; er diente als Vorlage für den Tätowierer.[523] Im Gegensatz zur fotografischen Wiedergabe des Tattoos auf seinem dreidimensionalen Bildträger gibt die farbige Illustration den Falter schematisch wieder. Abgesehen von einer vertikalen Durchtrennung seines Körpers entlang seiner Mittelachse, die die Teilung des späteren Tattoo-Motivs durch die Schamspalte andeutet, ist die Abbildung des Schmetterlings anatomisch präzise.

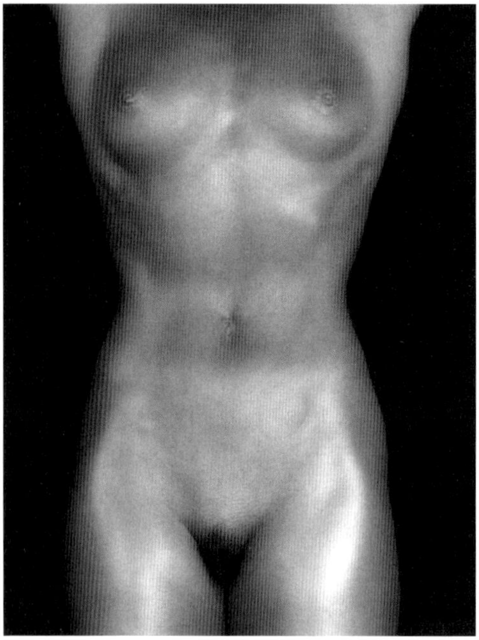

Abb. 81 Robert Mapplethorpe, *Lydia Cheng*, 1985, Fotografie.

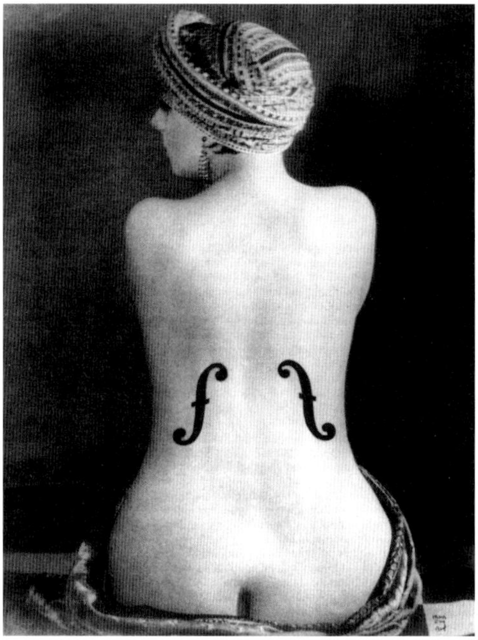

Abb. 82 Man Ray, *Le Violon d'Ingres*, 1924, Silberdruck, 29,6 × 22,7 cm, Man Ray Trust ADAGP.

Aufgrund der exakten Darstellung seiner Oberseite kann der abgebildete Tagfalter eindeutig bestimmt werden: Form, Farbe sowie Zeichnung und Geäder der Flügel weisen darauf hin, dass es sich um ein männliches Exemplar der Art *Morpho cypris* handelt.[524] Insbesondere die charakteristischen Zeichnungsflecken, die in zwei Reihen beinahe parallel zu den äußeren Rändern über Vor- und Hinterflügel reichen, lassen auf diese Art schließen.

Bezüglich des Entstehungskontextes der Arbeit ist es – insbesondere im Hinblick auf die obigen Ausführungen zu der kunsthistorischen Forschung und der Tätowierung in der Kunst seit 1970 – entscheidend, die Rolle des Tätowierers und der Trägerin im Herstellungsprozess darzulegen. Hierbei ist es von Bedeutung, unter welchen Umständen Taylor zu der Tätowierung kam und ob sie oder der Tätowierer möglicherweise an der Auswahl oder Modifizierung des Motivs beteiligt waren. Taylor wurde in dem Atelier einer Freundin am Chelsea College of Arts auf eine Anzeige in Papierform aufmerksam, die von einer Kollaboration zwischen Künstlern und Tätowierern für ein neues Magazin berichtete.[525] Die Platzierung der Anzeige an einer Kunsthochschule zeigt, dass nach einer Trägerin gesucht wurde, die eine Verbindung zur Kunstszene hat; oder es bestand die Erwartung seitens des Magazins, Freiwillige in diesem Umfeld zu finden. Die Anzeige versprach ein kostenloses Tattoo, woraufhin Taylor sich per E-Mail, inklusive eines Fotos von sich, bewarb. Daraufhin antwortete eine Mitarbeiterin des Magazins, dass es noch ein Design von Damien Hirst für eine Genitaltätowierung gebe. Taylor bekundete Interesse und wurde zu einem Bewerbungsgespräch geladen. Die Wahl fiel auf sie; zur finalen Entscheidung – an der auch Hirst und Slimane beteiligt waren – wurde

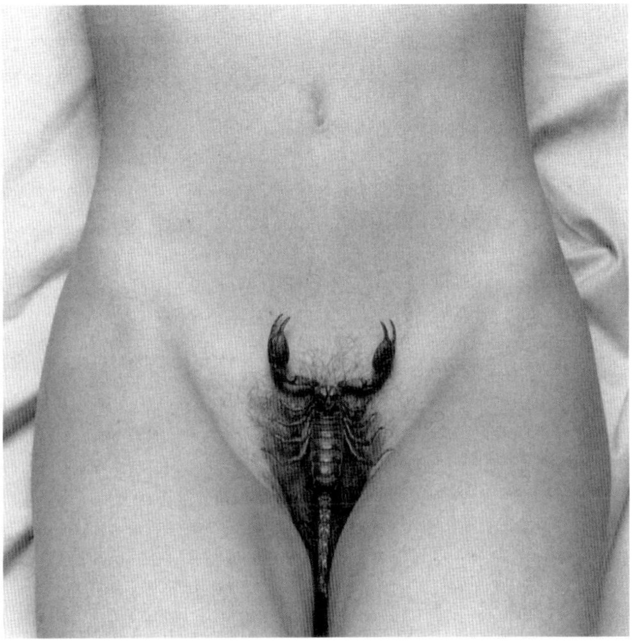

Abb. 83 Robert Mapplethorpe, *Lisa Lyon*, 1982, Fotografie.

sie gebeten, ein Foto ihres Genitalbereiches zu übersenden.[526] Laut der Kuratorin Poostchi habe es „hunderte von Bewerbern" für die Tätowierungen gegeben. Taylor habe sie bei jedem Treffen davon überzeugt, dass das Hirst-Tattoo für sie bestimmt sei und zu niemand anderem gehören könne.[527]

Die Tätowierung wurde in zwei Tattoo-Sitzungen *(sessions)* von Mo Coppoletta realisiert. Zunächst wurden die *outlines* in einem Studio gestochen, da diese Sitzung im Rahmen des Films *Skin*, eine Arbeit von Ryan Hope zum gesamten Projekt, gefilmt wurde.[528] Fertiggestellt wurde das Werk in einer zweiten *session* im Tattoo-Geschäft von Coppoletta, wo nur Taylor und der Tätowierer anwesend waren. Tatsächlich ist dokumentiert, dass er Änderungen an Hirsts Entwurf vornehmen musste, um ihn als Tattoo umsetzen zu können. Grund hierfür sind die oben aufgeführten körperspezifischen Eigenheiten, die bei Tätowierungen von Relevanz sind.[529] So berichtete Taylor:

> „[…] some of the details were too large to fit on a small delicate area so he had to change some of the more detailed parts that Damien had originally designed."[530]

Ebendies wird auch von Coppoletta selbst dargelegt:

> „The magazine informed me that Damien had handpicked me for this project and I agreed to take it on. I was curious about the design to be submitted, and on receiving it, we began to bounce the design backward and forwards until the final draft was agreed.

The butterfly needed to be adapted to the physicality of the area.
The final tattoo was very close to the original design, but I needed to modify a few elements for it to be more tattooable."[531]

Der Tätowierer war also am Entwurf der Arbeit beteiligt, Taylor blieb passive Empfängerin. An diesem Beispiel wird deutlich, inwiefern einer Tätowierung andere Gestaltungsmaßstäbe zu Grunde liegen als einer Zeichnung oder einem Gemälde auf einem zweidimensionalen, sich nicht verändernden Untergrund. Entscheidend hierbei ist, dass diese Charakteristika so spezifisch sind, dass es einiger Erfahrung in der Arbeit mit dem Medium der Tätowierung bedarf, um sich ihrer überhaupt bewusst zu sein.

Die fertige Arbeit wurde Hirst im Studio Coppolettas, in Anwesenheit von Jake und Dinos Chapman – die auch an dem Projekt beteiligt waren – und anderen präsentiert.[532] Die mit der Platzierung des Werkes einhergehende intime Rezeptionssituation, bei der aufgrund des Eindringens in die körperliche Privatsphäre der Trägerin der Aspekt der Scham eine gewisse Rolle spielt, entfaltete ihre Wirkung gar bei Hirst selbst. Obwohl er das Werk konzipiert hatte, wurde er von der Intimität der Betrachtungssituation und der spezifischen Platzierung dieser Arbeit auf dem menschlichen Körper überrascht. So berichtet Taylor, dass er zunächst verlegen gelacht habe; was – ihrer Meinung nach – daran lag, dass sie beim Zeigen des Tattoos einen Tampon trug.[533] Auch den bei der Präsentation anwesenden Chapman-Brüdern und Poostchi entging das intime Moment und Hirsts Reaktion nicht:

„BP [Becky Poostchi]: What do you think of the other artists' tattoos?
JC [Jake Chapman]: I like the butterfly on a string.
(Shauna showed her tattoo while wearing a tampon)
DC [Dinos Chapman]: The butterfly that had only one antenna.
JC: You've got a butterfly, don't you? You should get the string done.
You should definitely get the string, out of respect for that.
DC: Damien should have had it done on him.
JC: That was so funny, wasn't it?
BP: His face was a picture.
JC: I was halfway through saying, ‚We should leave the room to give her a bit of priva…' and she went, ‚Here it is! I don't fucking mind!' Jesus Christ, I wish I hadn't seen that."[534]

Die Scham scheint in diesem Fall keinesfalls auf Seiten der Trägerin aufzutreten, sondern ausschließlich bei den Betrachtern. Zum Dank schenkte Hirst Taylor eine Zeichnung des gleichen Schmetterlings auf einer Vulva, sie trägt den Titel *Love Is Like A Butterfly Tattoo (Apparently)*.[535]

Neben der Tattoo-Arbeit von Hirst – und hinsichtlich der Umsetzung ebenso von Coppoletta – ist die Fotografie von Hedi Slimane ein durchaus eigenständiges Werk. Bei dem Foto handelt es sich keineswegs um eine bloße Dokumentation, sondern um eine Arbeit mit künstlerischem Eigenwert. Die fotografische Umsetzung wurde nicht mit Hirst abgesprochen, ihre Ästhetik stimmt dennoch mit Hirsts visueller Strategie überein.[536] Die Aufnahmen der tätowierten Werke waren von Anfang an Teil des Konzepts und zwingend erforderlich, um sie im Rahmen der Erstausgabe des *Garage Magazine* publizieren zu können. Diesem

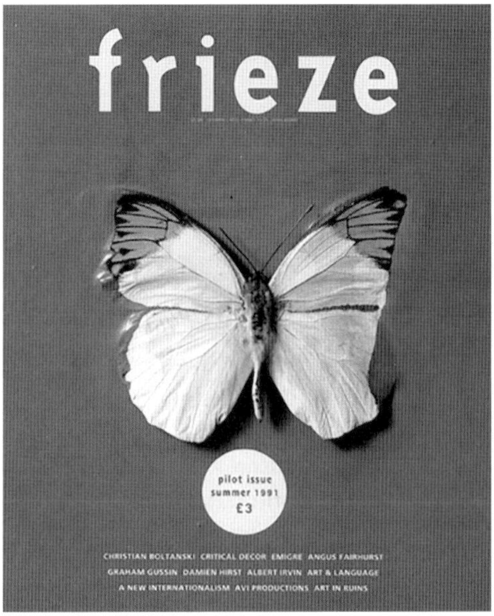

Abb. 84 *frieze*, 1991, Zeitschriften-Cover.

Veröffentlichungskontext kommt eine weitere Besonderheit zu: Wie zu Beginn dieses Kapitels beschrieben, erschien das Magazin in drei verschiedenen Versionen, jede mit einem anderen Cover. Die Variante, auf der sich Slimanes Foto von *butterfly, divided* befindet, ist zusätzlich mit einem Aufkleber versehen, der Taylors Scham verdeckt. An dieser Stelle sei der Vollständigkeit halber erwähnt, dass sich bereits das Cover der Erstausgabe des *Frieze Magazine* (Abb. 84) aus dem Jahr 1991 mit einer mittig platzierten Schmetterlingsarbeit von Hirst schmückte. Zu sehen war das Detail eines *Butterfly Colour Painting*, ein in blaue Farbe geklebter Falter der Art *Hebomoia glaucippe*. Die zwanzig Jahre später entstandene Darstellung des *Morpho cypris* in Form einer Tätowierung wurde auf dem Titelblatt in zweierlei Hinsicht modifiziert: einmal eindeutig, einmal weniger offensichtlich. Bei dem Aufkleber – der im Übrigen dazu führt, dass Leser dieser Magazin-Version das Werk zunächst in zensierter Form rezipieren – handelt es sich zum einen um die Darstellung einer anderen Falterart, ferner ist seine Farbe vom tatsächlichen Tier abweichend.[537] Obwohl sowohl der *Morpho cypris* als auch der auf dem Aufkleber dargestellte Tagfalter der Gattung *Morpho* in der Natur blaue Flügeloberseiten hat, sind sie hier grün. Da eine Abbildung des Werkes ausschließlich in Form einer Schwarz-Weiß-Fotografie veröffentlicht wurde, kann die tatsächliche Farbigkeit des Tattoos lediglich vor dem genuinen Artefakt am Körper der Trägerin rezipiert werden.[538] Die Presse schlussfolgerte aus der Farbigkeit des Aufklebers, dass auch das Tattoo grün sei.[539] Tatsächlich sind die in der Tätowierung dargestellten Flügeloberseiten blau koloriert (Farbabb. 36), die *outlines* sind der Tradition gemäß schwarz.[540]

Über die Wahl des Grüns für den Aufkleber seitens des *Garage Magazine* lässt sich nur spekulieren.[541] Eine Deutungsmöglichkeit ist mit einem Rekurs auf die Kunstgeschichte verbunden. Bevor dies ausgeführt werden kann, muss zunächst darauf hingewiesen werden, dass ein Bezug zu Andy Warhol offensichtlich ist. Der auf den rechten Vorderflügel des Schmetterling-Aufklebers weisende Text „Peel Slowly and See“ fordert den Leser auf, den Aufkleber zu lösen und den durch ihn verdeckten Intimbereich der Aktdarstellung zu entblößen. Dies ist ein Zitat von Warhols Plattencover-Design für das Album *The Velvet Underground & Nico* (Farbabb. 37), das mit dem gleichen Gimmick – allerdings in Form einer Bananenschale – ausgestattet ist und denselben Text verwendet. Beim Entfernen des Aufklebers wird hier das Fruchtfleisch der schräg aufgerichteten Banane sichtbar, „doppeldeutig und im Gegensatz zur natürlichen Farbe von Bananenfruchtfleisch, in Farbtonwerten zwischen Dunkelrot und Pink“.[542] Laut Mike Meiré, den Dasha Zhukova mit der Gestaltung des *Garage Magazine* beauftragt hatte, sei der Warhol-Rekurs sein Beitrag gewesen:

> „Wir wussten, dass es provozieren würde. Daher entschieden wir uns für drei Cover. Und den Intimbereich des Models haben wir ja überklebt. Ich hatte diese Idee, den Transfer zu leisten mit der Warhol-Banane auf dem Velvet Underground Plattencover, auf dem steht ‚Peel Slowly and See‘. Also haben wir das fast eins zu eins kopiert. Nur mit einem Schmetterling.“[543]

Ob ein derartiger Transfer auch in Bezug auf die Farbigkeit des Stickers stattgefunden hat, ist aufgrund folgender Darlegung möglich. Wie bereits durch den Rückgriff auf Warhol angedeutet, handelt es sich bei dem Schmetterlingsaufkleber um ein Bildelement, das mit dem Enthüllen und Verbergen, der An- und Abwesenheit von Vorhandenem spielt und im Kontext einer Kultur des Blicks situiert ist.[544] Traditionsgemäß wurde die Farbe Grün oftmals für Bildervorhänge gewählt, bei gemalten ebenso wie bei tatsächlich angebrachten.[545] So schrieb Giulio Mancini in seinen *Considerazioni sulla pittura:*

> „Kein Zweifel, daß die Vorhänge zum Zwecke der Erhaltung nützlich sind. Wenn möglich sollten sie von unten nach oben heraufgezogen oder von oben herabgelassen und nicht von den Seiten her zugezogen werden, damit der Blick und der Lichteinfall nicht behindert werden […]. Was ihre Farbe anbelangt, so würde ich Grün und Inkarnat, und als Material würde ich, um den Rang der Malerei zu betonen Taftseide oder Taft oder ein anderes und leichtfallendes Seidenmaterial vorschlagen.“[546]

Wolfgang Kemp wies darauf hin, dass bei vor Gemälden angebrachten Vorhängen konservatorische Gründe durchaus eine Rolle spielen, die Möglichkeit der zeitweisen Verhüllung aber auch deren Reiz und Kostbarkeit erhöhe – „was man nicht immer sehen könne, übe mehr Attraktion aus als ein allzeit zugängliches Objekt“.[547] Die fesselnde Faszination der Bilder rücke somit ins Licht von Voyeurismus, Fetischismus, Exhibitionismus, Halluzination und Paranoia.[548] Da die Arbeit *butterfly, divided* auch in einer Variante ohne sichtbares Genital auf dem Titelblatt der Publikumszeitschrift veröffentlicht wurde, ist hier ebenso der Aspekt der Zensur im Sinne des Jugendschutzes von Relevanz.[549] Da sie in Form eines grünen, verbergenden Elementes – hier ein Aufkleber an Stelle eines Vorhanges – erwirkt wurde, ist die Analogie zu Gustave Courbets *Ursprung der Welt* (Abb. 85) unverkennbar.[550] Beide Werke haben eine Vulva als zentrales Motiv, die Bildausschnitte ähneln sich; auch hinsichtlich dessen, was nicht sichtbar ist: Bei beiden Arbeiten handelt es sich um Darstellungen von Torsi, zudem wurde Courbets Gemälde zeitweise von einem grünen Vorhang verdeckt:

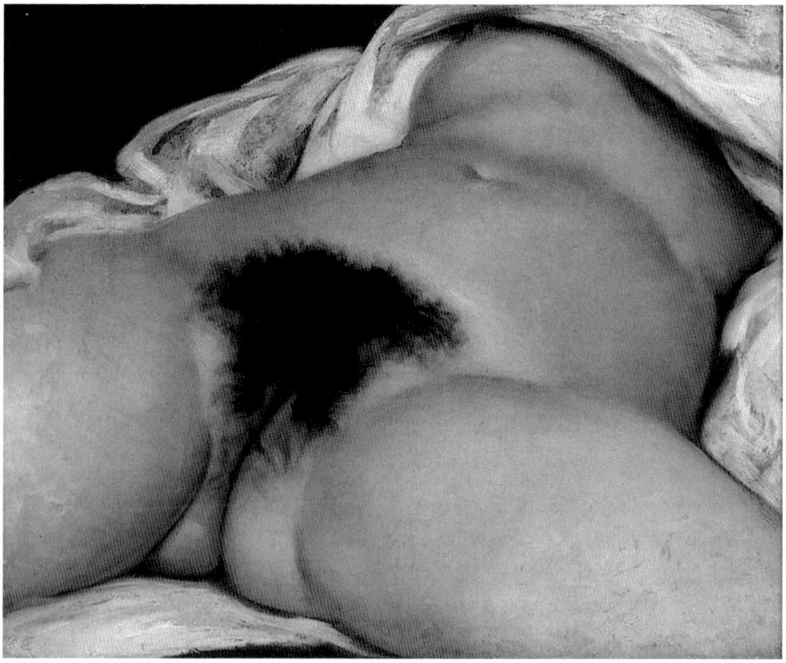

Abb. 85 Gustave Courbet, *L'origine du monde*, 1866, Öl auf Leinwand, 46 × 55 cm, Paris, Musée d'Orsay.

> „Im Ankleidezimmer dieser ausländischen Person sah man ein kleines Bild, verborgen unter einem grünen Vorhang. Wenn man den Vorhang zur Seite zog, war man erschüttert eine Frau zu erkennen, lebensgroß, von vorne gesehen […] außergewöhnlich ausgeführt, dargestellt *con amore*, wie die Italiener sagen, das letzte Wort des Realismus wiedergebend. Aber durch eine unfassbare Vergesslichkeit hat der Künstler, der sein Modell nach der Natur gemalt hat, versäumt, die Füße, die Beine, die Schenkel […] und den Kopf darzustellen."[551]

Doch damit endete die Praxis des Verbergens dieses Werkes nicht. Vor der Ausstellung des Gemäldes im Pariser Musée d'Orsay seit dem Jahr 1995 hatte es einer der Vorbesitzer, Jacques Lacan, viele Jahre hinter einer Komposition von André Masson (Abb. 86) versteckt. Er fertigte einen verschließbaren Doppelrahmen hinter einem gleichgroßen „cache-sexe" an, das „auf braunem Grund die Umrisse des Torso in weißer, fast ostasiatisch verschnörkelter Kalligrafie nachzeichnete, zwar alles zeigend, doch nichts darstellend".[552] Auch diese Verfremdung weist eine gewisse Analogie zur Vulva und dem darüber platzierten Schmetterlingsaufkleber des *Garage Magazine* auf.

Der Frage, warum ausgerechnet der Farbe Grün eine häufige Verwendung bei Vorhängen und deren malerischen Darstellungen zu attestieren ist, wird in der vorliegenden Arbeit nicht nachgegangen. Zu vermuten ist ihr Einsatz als Komplementärfarbe zu den Rotanteilen im

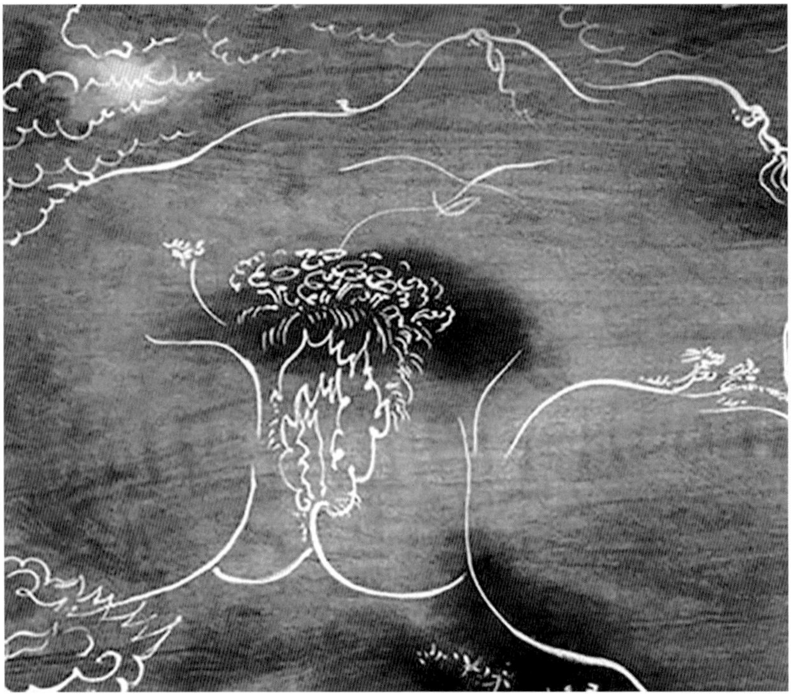

Abb. 86 André Masson, *Panneau-masque de L'origine du monde*, 1955, Leinwand, 46 × 55 cm, Paris, Privatsammlung.

dargestellten Inkarnat. Da es sich bei *butterfly, divided* um eine Schwarz-Weiß-Fotografie handelt, tritt dieser Farbkontrast hier nicht auf; dennoch bleibt die Bezugnahme auf die Funktion des Bildvorhangs offenkundig. Beim unikalen Werk – der tatsächlichen Tätowierung – übernimmt die Kleidung der Trägerin die Funktion des Verhüllens, über Zeigen oder Nicht-Zeigen der Arbeit entscheidet alleinig Taylor. In diesem Kontext ist ebenso die Intimrasur von Bedeutung, wie sie auch vor Slimanes Fotografie durchgeführt wurde. Diesbezüglich steht wohl weniger die Inszenierung eines körperlichen Ideals im Vordergrund: Eine Rasur der Vulva ist notwendige Voraussetzung dafür, die Sichtbarkeit der naturgemäß von Schamhaar verdeckten Arbeit zu ermöglichen.

Während die erwähnte Abweichung der Falterart beim Aufkleber – die auf den Art Director der Magazins Meiré zurückgeht – gestalterische Gründe hat, bietet sich für die Wahl des *Morpho cypris* für die Arbeit von Hirst durchaus eine spezifischere Erklärung an.[553] Der dargestellte Schmetterling wurde nach der Göttin Aphrodite benannt, die den Beinamen *Kýpris* – die ‚Zypriotin' – trägt, was auf ihren Entstehungsmythos zurückgeht. Hiernach ist sie aus dem Schaum des Meeres geboren und auf einer Muschelschale nach Zypern getrieben.[554] Aphrodite ist die Göttin der Liebe und Schönheit, wobei sie vor allem als jene der Sexualität, der Fruchtbarkeit, Zeugung und Fortpflanzung verehrt wurde. Sie symbolisiert das Aufblühen der Natur im Frühling und verkörpert die Attraktivität, Verführung und den

Genuss der körperlichen Liebe. Sie hatte die Macht, nahezu alle Gottheiten lüstern oder verliebt zu machen, sie stand eher für die sinnliche Leidenschaft als für das Bündnis der Ehe. Dementsprechend wird sie meist nackt oder halbnackt dargestellt, in der frühen Fassung des Praxiteles verbirgt sie ihre Scham und begründete damit den Typ der *Venus pudica*.[555] Das im antiken Mythos erwähnte Muschelmotiv, das später auch in der Malerei rezipiert wurde, teilt die Symbolbedeutung der Fruchtbarkeit und gleicht durch ihre Form dem weiblichen Geschlechtsorgan.[556] Das auf der Vulva der Trägerin – unmittelbar neben den sogenannten Venuslippen – platzierte Tattoo eines *Morpho cypris* kann somit als eine Analogie einer auf eine Muschel gesetzten Aphrodite gelesen werden, womit das Werk auf den Mythos ihrer Geburt verweisen würde. Bezugnehmend auf den Aspekt der Fortpflanzung äußerte Taylor:

> „Sonst niemand wird jemals ein Kind durch ein Kunstwerk von Damien Hirst auf die Welt bringen. Ich denke, man kann mit Sicherheit sagen, dass ich die konzeptionellste zeitgenössische Vagina auf dem Planeten habe."[557]

Hirsts Arbeit zeigt, wie entscheidend die Platzierung einer Tätowierung auf dem Körper im Hinblick auf dessen Deutung sein kann. Im Folgenden soll das Motiv des Schmetterlings im Œuvre von Hirst untersucht werden, um die Arbeit *butterfly, divided* in diesem verorten zu können.

6 *butterfly, divided* im Kontext von Hirsts Gesamtwerk

In ihrer Monografie *Bodies of Subversion* bezeichnet Margot Mifflin die Wahl des Schmetterlingsmotivs in einem kurzen Abschnitt zu *butterfly, divided* als die historisch vorhersagbarste für Frauen, nennt es ein „gendered image".[558] Die obigen Ausführungen zur Motivgeschichte des Schmetterlings in der Tätowierung seit dem späten 19. Jahrhundert haben gezeigt, dass es sich nicht um ein Motiv handelt, das weiblichen Trägern vorbehalten ist. Falter-Tattoos waren und sind bis heute auch unter Männern stark verbreitet. Hirsts Wahl des Motivs war sicherlich nicht darin begründet, dass es seit langem unter Tattoo-Trägern gängig und vermeintlich ‚typisch weiblich' ist, sondern weil es in einem engen Zusammenhang mit seinem Gesamtwerk und künstlerischen Konzept steht. Der Schmetterling ist seit den späten 1980er Jahren Gegenstand seines Œuvres und auch der bereits behandelte Aspekt der Teilung wurde in einigen Werken thematisiert.[559] Diese Gesichtspunkte stehen im Fokus der folgenden Kapitel.

6.1 Lepidoptera als Thema

Allein im – durchaus nicht vollständigen – Online-Werkverzeichnis des Künstlers sind unter dem Suchbegriff ‚butterfly' 152 Arbeiten verzeichnet.[560] Der Schmetterling wird in folgenden Werk-Kategorien thematisiert, die in Hirsts Online-Katalog wie folgt benannt sind: *Kaleidoscope Paintings* (Abb. 87), *Fact Paintings* (Abb. 88), *Butterfly Colour Paintings* (Abb. 89), *Spin Paintings* (Abb. 90), *After Beautiful Paintings* (Abb. 91), *Drawings* (Abb. 92), *Vitrines* (Abb. 93), *Entomology Cabinets* und *-Paintings* (Abb. 94 und Farbabb. 38), *Installations* (Abb. 95).

Im Jahr 2010 folgte mit der Serie *The Souls* (Abb. 96) eine Umsetzung von Schmetterlingsdarstellungen im Medium der Druckgrafik.[561] Bis in das Jahr 2007 war die bloße Darstellung von Faltern kein Gegenstand seiner Arbeit, stattdessen verwendete er tote und lebendige Schmetterlinge als künstlerisches Material. Erst mit einigen *Spin-*, *Fact-* und *After Beautiful Paintings* sowie mit *The Souls* begann Hirst, sich mit der malerischen und grafischen Darstellung der Tiere auseinanderzusetzen.[562] In ihrer Dissertationsschrift *„Shark Wanted"* legte Konstanze Thümmel im Jahr 1997 eine Untersuchung vor, die sich am Beispiel

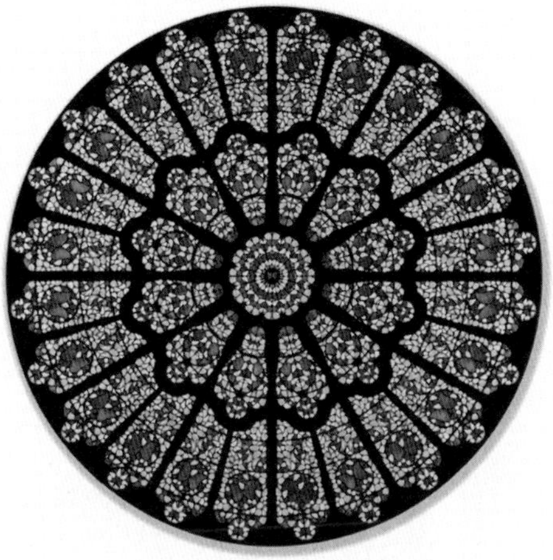

Abb. 87 Damien Hirst, *The Rose Window, Durham Cathedral*, 2008, Schmetterlinge und Metalleffektlack auf Leinwand, Ø 270 cm, Privatsammlung.

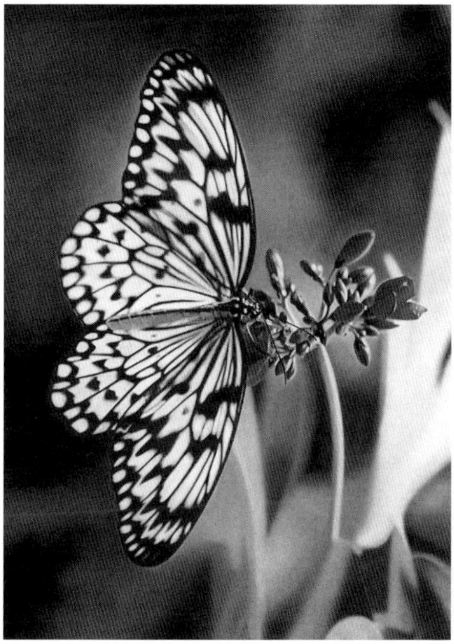

Abb. 88 Damien Hirst, *Idea leuconoe in Nerium oleander*, 2009–2010, Öl auf Leinwand, 182,9 × 118,1 cm, Privatsammlung.

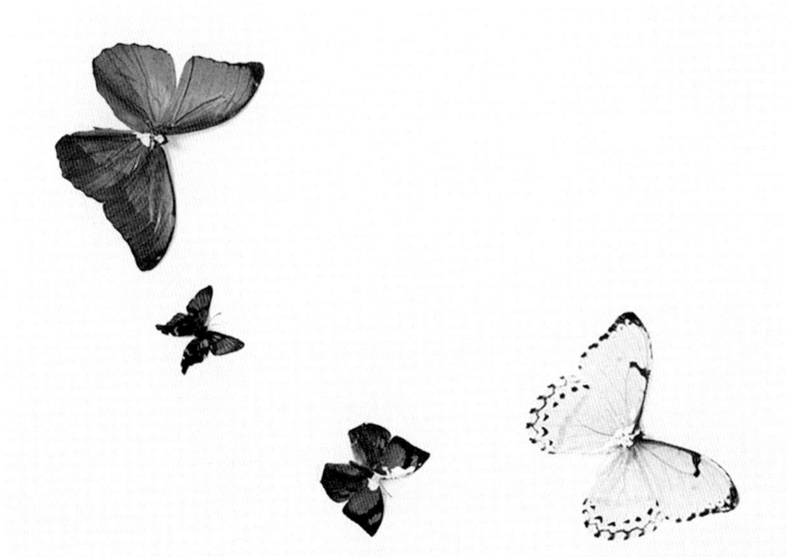

Abb. 89 Damien Hirst, *A Pure Virginal White Kiss*, 2006, Schmetterlinge und Glanzlack auf Leinwand, 30,5 × 40,6 cm, Privatsammlung.

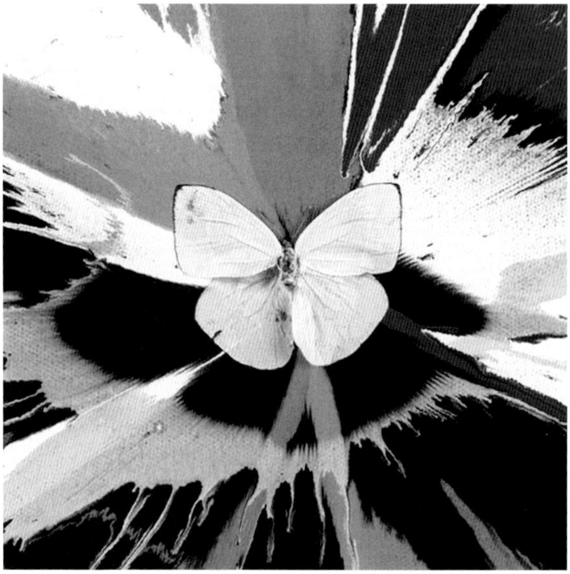

Abb. 90 Damien Hirst, *Elate*, 2008, Schmetterlinge und Glanzlack auf Leinwand, 15,2 × 15,2 cm, Privatsammlung.

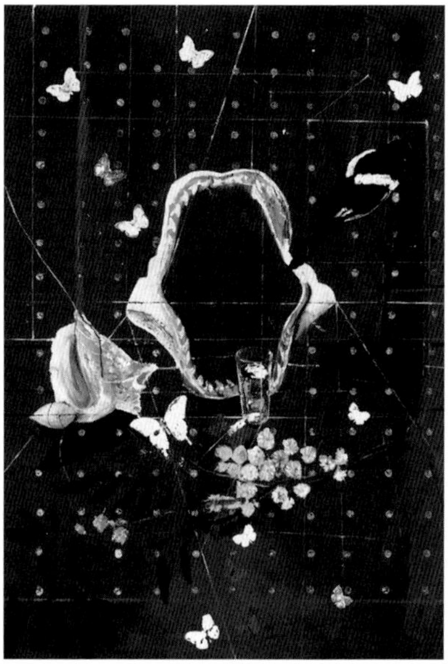

Abb. 91 Damien Hirst, *The Sorrow (with Magpie)*, 2008–2010, Öl auf Leinwand, 167,6 × 114,3 cm, Privatsammlung.

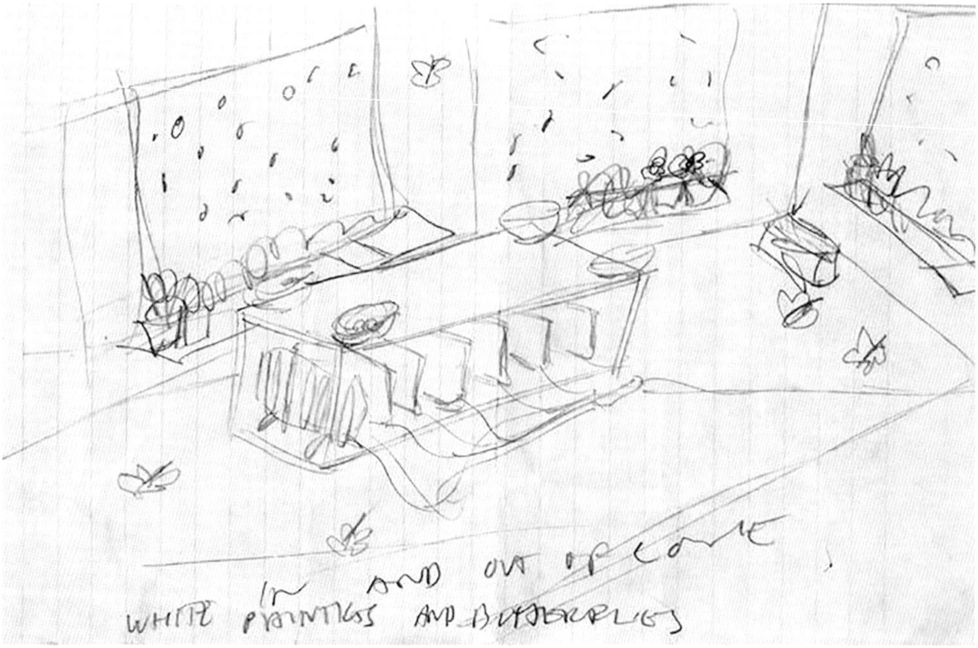

Abb. 92 Damien Hirst, *In and Out of Love (White Paintings and Butterflies)*, 1991, Bleistiftzeichnung, 15 × 22,8 cm, Privatsammlung.

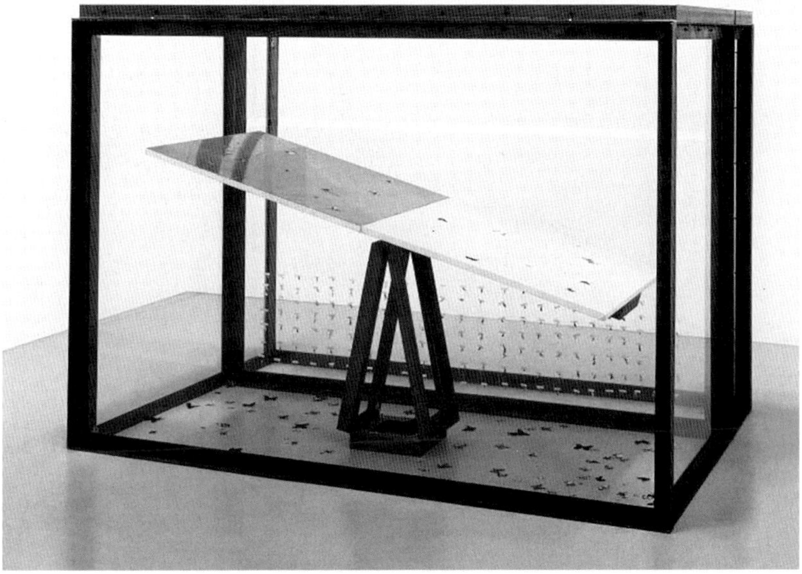

Abb. 93 Damien Hirst, *Still Pursuing Impossible Desires*, 1992, Stahl, Glas, Silikonkautschuk, Glanzlack auf Leinwand, Schmetterlinge, 221 × 304,8 × 213,4 cm, Privatsammlung.

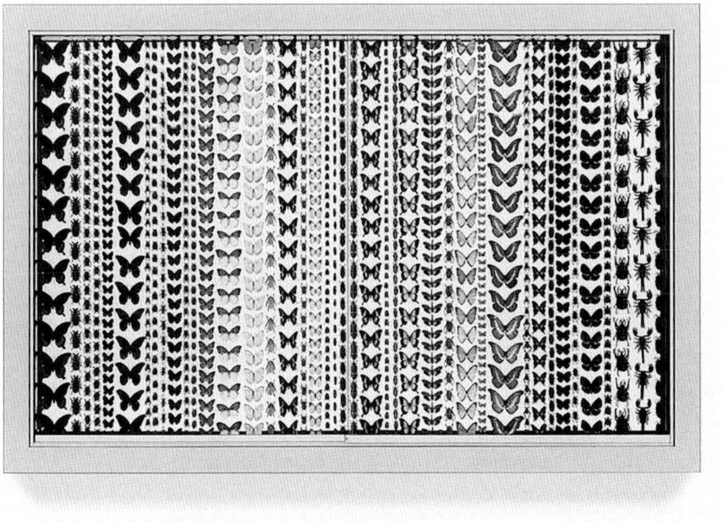

Abb. 94 Damien Hirst, *The Judged*, 2012, Glas, Stahl, Aluminium, Nickel, Plastazote [Schaumstoff], entomologische Präparate, 183,4 × 275,5 × 13,2 cm, Privatsammlung.

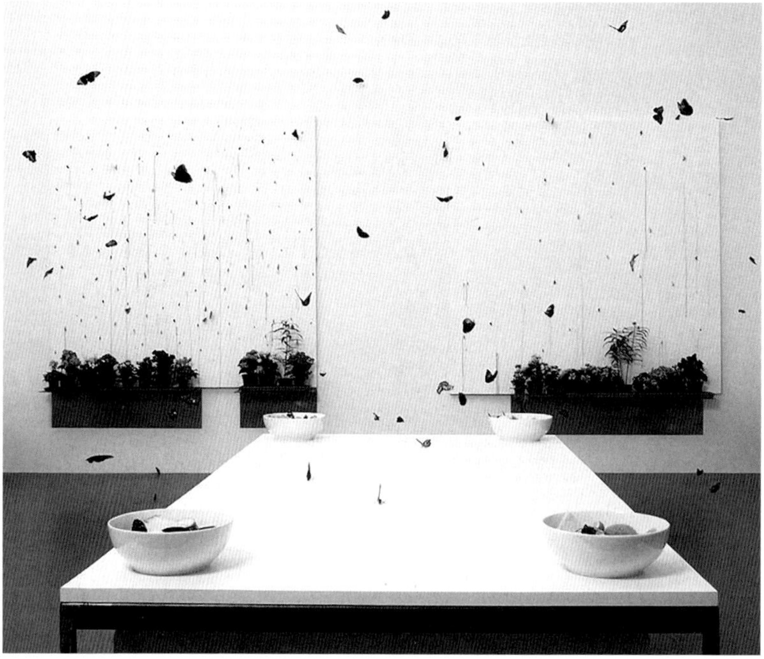

Abb. 95 Damien Hirst, *In and Out of Love (White Paintings and Live Butterflies)* (Detail), 1991, Installation, Grundierungsfarbe auf Leinwand mit Puppen, Stahl, Topfblumen, lebendige Schmetterlinge, Formica, MDF, Schalen, Zuckerwasser-Lösung, Früchte, Heizkörper, Belüfter, Lampen, Thermometer, Hygrostat.

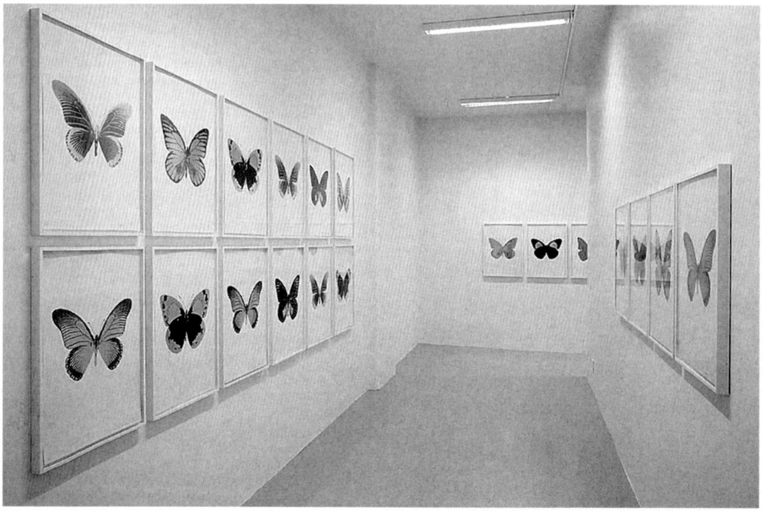

Abb. 96 Damien Hirst, *The Souls*, 2010, Prägefoliendruck, je 72 × 51 cm [Fotografie aufgenommen in der Galerie Stolper + Friends, Oslo, im Rahmen der Ausstellung *The Souls* (1.9.2011–1.10.2011)].

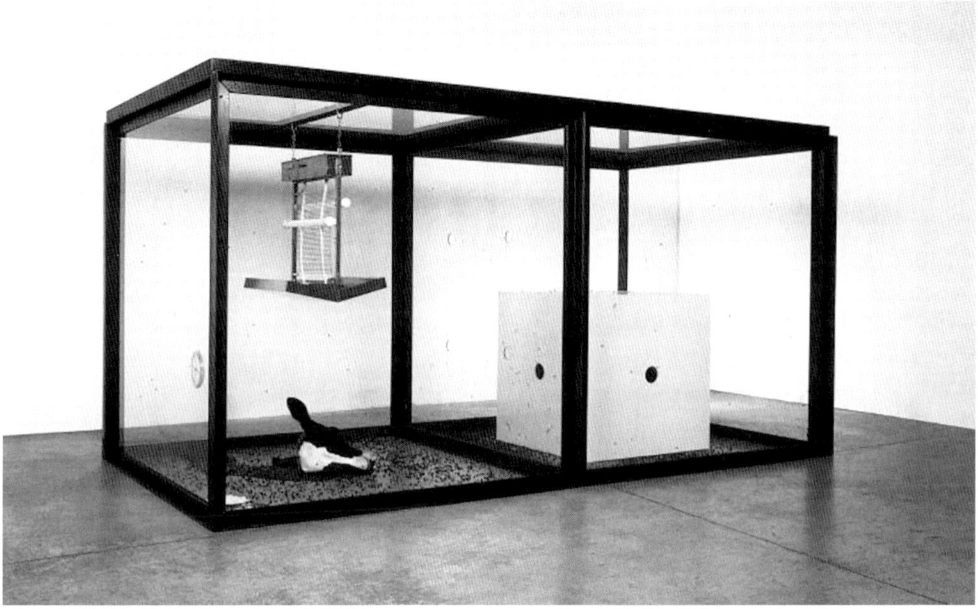

Abb. 97 Damien Hirst, *A Thousand Years*, 1990, Glas, Stahl, Silikonkautschuk, bemalte MDF, elektrischer Insektenvernichter, Kuhkopf, Blut, Fliegen, Maden, Metallschüsseln, Watte, Zucker, Wasser, 207,5 × 400 × 215 cm, Privatsammlung.

der Werke von Hirst eingehend mit dem Umgang zeitgenössischer Künstler mit lebenden und toten Tieren beschäftigt.[563] Eine Analyse von Hirsts Verwendung des Schmetterlings als Material liegt somit bereits vor. Die von ihm konzipierte Tätowierung *butterfly, divided* konnte noch nicht in Thümmels Studie berücksichtigt werden, dennoch ermöglicht sie eine grundlegende Orientierung.[564] Die für die vorliegende Arbeit relevanten Aspekte aus Thümmels Untersuchung werden daher im Folgenden detailliert aufgeführt, um die Tattoo-Arbeit darauf zu beziehen und sie in Damien Hirsts Gesamtwerk verorten zu können. Ferner werden insbesondere deren medienspezifische Besonderheiten herausgearbeitet.

Anhand einer Vielzahl von Beispielen zeigt sie, welch großen Raum die Verwendung von lebenden und toten Tieren innerhalb der zeitgenössischen Kunst einnimmt. Das Tier werde zur „Verbildlichung existentieller und allgemeinmenschlicher Phänomene wie Leben und Tod, aber auch zur Darstellung gesellschaftspolitischer Fragen" eingesetzt. In anderen Fällen, so Thümmel weiter, würden Analogien zwischen Tier und Mensch geschaffen.[565] Damien Hirst verwende Tiere in unterschiedlicher Weise als künstlerisches Material. Entweder lasse er den Tierkörper äußerlich unverletzt oder konserviere ihn ganz, oder er fragmentiere ihn und stelle ihn halbiert, gehäutet oder auch einzelne seiner Innereien aus.[566]

Bei Installationen wie *A Thousand Years* (Abb. 97) oder *In & Out of Love* (Abb. 95) präsentiert er gar lebendige Fliegen und Schmetterlinge. Obwohl die Falter im Gegensatz zu den Fliegen – die einem Insektenvernichter zum Opfer fielen – eines natürlichen Todes starben, wurde deren Ableben als skandalös empfunden.[567] Zwar wurden sie artgerecht gehalten und von einem Ethologen überwacht, doch würden Menschen den Tod von Stubenfliegen in Insektenvernichtern im Gegensatz zu dem natürlichen Dahinscheiden der Schmetterlinge als nicht so gravierend empfinden, so Thümmel.[568] Für Schmetterlinge bestehe somit eine höhere menschliche Wertschätzung. Hirst habe für seine Installationen Schmetterlinge eingesetzt, die selten, kostbar und empfindlich seien und normalerweise für die Aufzucht in Schmetterlingshäusern von Fachleuten betreut werden müssten. Nicht nur ihre äußere Erscheinung sei schön, sie würden sich elegant und sanft bewegen und so im Gegensatz zur Rastlosigkeit der Fliegen Ruhe ausstrahlen. Zudem rufe ihr zerbrechliches Äußeres im Menschen instinktiv das Bedürfnis wach, die Tiere zu schützen. Die Fliegen würden robuster wirken, so Thümmel weiter, und daher weniger unser Mitleid erregen als Schmetterlinge. Außerdem würden sie durch ihre Funktion als Bestäuber ihrer Wirtspflanzen in den Augen des Menschen einen größeren Nützlichkeitswert besitzen als Fliegen.[569]

Thümmel weist darauf hin, dass Hirsts Installationen mit lebenden Tieren eine Ähnlichkeit mit der Tierpräsentation in Zoos hätten. Dort werde in verglasten Räumen ein künstliches Klima für fremde Tierarten erzeugt, die sonst nicht überleben könnten. Aber trotz der äußerlichen Ähnlichkeit unterscheide sich Hirsts Art der Tierpräsentation grundlegend von der eines Zoos. Während Hirst den Todeskampf sterbender Fliegen und Schmetterlinge zum Thema mache, gebe der Tierpark vor, zum Erhalt bedrohter Arten beizutragen.[570] Obwohl das bei den Schmetterlingsinstallationen demonstrierte Prinzip der Tierhaltung und -ausstellung ein in jedem Zoo geläufiges sei, sei das Versetzen der Schmetterlinge in den Galerieraum für viele Besucher einer Tötung gleichgekommen, und Damien Hirst wurde des „Mißbrauchs von lebenden Kreaturen“ beschuldigt.[571] Zudem sei er dafür kritisiert worden, exotische Schmetterlinge aus ihrem natürlichen Lebensraum entfernt zu haben, obwohl sie in Europa gezüchtet worden waren. Im Zoo aber errege die Haltung von nicht heimischen Tieren nur bei wenigen Menschen Anstoß. Das eigentliche Skandalon scheine darin begründet, dass sich Hirst die Berechtigung zum Töten nur für künstlerische Zwecke herausnehme.[572]

Mit der Vitrine als Präsentationsform und dem Serientitel *Natural History Series* verweist Hirst auf naturkundliche Sammlungen, die er laut eigener Aussage für die „vollkommene Ausstellung“ hält.[573] Thümmel äußert, dass er hier den Wunsch zeige, dass Besucher Museen unvoreingenommen und ohne Schwellenängste betreten und sich von den Objekten ebenso in „kindliches Staunen“ versetzen lassen wie von denen eines Naturkundemuseums.[574] Durch die Wahl seiner pseudo-naturkundlichen Präsentationsmethode und auch durch mündliche Aussagen gebe Damien Hirst vor, einen emotionalen Abstand zwischen Objekt und Betrachter herzustellen, welcher den Tierleib zu einem wissenschaftlichen Objekt degradiere und folglich eine weitgehend emotionsfreie Betrachtung ermögliche.[575] Durch den Vitrinenraum werde der Betrachter einerseits physisch ausgegrenzt, andererseits aber durch die Transparenz des Glases visuell in den Raum miteinbezogen.[576] Brian Dillon bezeichnet Kabinette oder gläserne Schaukästen als „Abbild oder Gleichnis der Wissbegierde“.[577] Der Schaukasten verleihe den ausgestellten Objekten sowohl den Status eines wissenschaftlichen Panoptikums als auch einen gewissen stählernen Glanz und Glamour. Bei Hirsts Schaukästen würden wir ständig zwischen Vertiefung in das Objekt der Wissbegierde und ästhetischer Distanz hin und her pendeln. Weiter führt Dillon aus:

> „Hirsts Werke stützen sich auf die Faszination, die von der physischen Gegenwart des Todes ausgeht, und auf die Nachdenklichkeit des Betrachters angesichts der emotionalen Distanz, die er zur toten Materie einnimmt; sie wecken eindeutig ein Gefühl des Unbehagens, das verhindert, sich angesichts des Todes wohl in seiner Haut zu fühlen."[578]

Ein besonderes Phänomen vieler Arbeiten von Hirst liege darin begründet, so Thümmel, dass der Ausstellungsbesucher bei den meisten Installationen zu deren integralem Bestandteil gemacht werde. Bei der Installation *In & Out of Love* fand ein direkter Kontakt des Besuchers mit den lebendigen Schmetterlingen statt. Einige hätten dabei die direkte Berührung mit den pelzigen und krabbelnden Schmetterlingen offensichtlich als unheimlich und bedrohlich empfunden.[579]

Im Gegensatz dazu, so meine These, zeichnet sich die Arbeit *butterfly, divided* dadurch aus, dass kein örtlicher Ausstellungskontext existiert und bei der Rezeption somit ein emotionaler Abstand zum Artefakt gegeben ist. Es gibt keine physische Nähe und keinen Austausch zwischen dem Betrachter und dem Träger des Werkes.[580] Mögliche zwischenmenschliche Gefühle wie Scham oder Verlegenheit beim Zeigen und Betrachten des leibhaftigen Intimtattoos – wie bei der Begutachtung durch Hirst beschrieben – können nicht evoziert werden. Die Abwesenheit dieser unmittelbaren Rezeptionssituation, bei der Museums- oder Galeriebesucher direkt mit einer Arbeit konfrontiert und bisweilen gar Teil des Werkes werden, ist für das Œuvre von Hirst untypisch.[581] Thümmel bezeichnet gar den Menschen als den eigentlichen Protagonisten von Hirsts Vitrinen. In den Kästen, in denen sich tote und lebende Tiere befinden, könne

> „der Betrachter von der Tiergestalt abstrahieren und das Tier als Metapher, als Stellvertreter für einen den Menschen betreffenden Zustand oder eine Befindlichkeit stehen. Damit trifft auch auf die Tierkunst von Damien Hirst das uralte Phänomen zu, daß das Tier als Medium für die Darstellung der großen, den Menschen bewegenden existentiellen Fragen wie z. B. Tod und Religion eingesetzt wird [...]. Das eigentlich wertvolle Objekt, welches die Vitrine birgt, ist dann nicht mehr das, was wir als Vorhandenes erblicken, sondern das, was wir in unserem Kopf haben. Das reale Tier verwandelt sich in dieser Lesart vom wissenschaftlich interessanten und kostbaren Objekt zum ‚Blickfang' oder ‚Aufhänger', welcher den eigentlichen Protagonisten in die Vitrine einführt: den Menschen. Damit erhalten die Tiere bei Hirst eine ‚anthropomorphe' Rolle."[582]

Dies habe auch Konsequenzen für das Materialverständnis: Für diese Deutung sei es nicht mehr so wichtig, ob sich in der Vitrine ein echtes Tier oder eine Tierattrappe befinde, so Thümmel. Damit sei der Mensch aber nur scheinbar völlig aus dem Werk von Hirst verbannt. In Wirklichkeit sei er unablässig anwesend: vermittels des Betrachters, der den Platz innerhalb der Vitrine einnehme.[583]

Mit *butterfly, divided* hat Hirst erstmals einen lebenden menschlichen Körper zum Kunstwerk gemacht und damit seinen eigenen Anspruch, „die Kunst lebendiger zu machen", ebenso erfüllt wie bei der Ausstellung von lebenden Schmetterlingen. Der Unterschied besteht jedoch darin, dass der Mensch bei der Tattoo-Arbeit nicht nur als Bestandteil des Werkes bezeichnet werden kann, indem er einen Platz innerhalb einer Ausstellung einnimmt, sondern – als Bildträger – Voraussetzung für die Existenz der Werkes ist.[584]

Im vorigen Kapitel wurde dargelegt, dass die Falterdarstellung im Falle der Arbeit auf Shauna Taylor als Geburtsmythos der Venus gelesen werden kann. Hierbei muss das Motiv mit Sexualität und Fortpflanzung in Verbindung gebracht werden. Da sich ein Großteil von Hirsts Arbeiten mit dem Tod auseinandersetzt, muss ebenso diskutiert werden, ob der Schmetterling hier möglicherweise auch als Todesmetapher verstanden werden kann, zumal die christliche Ikonografie diese Lesart nahelegt.[585] Dieser Ansatz wird beispielsweise durch den Titel der Serie *The Souls*, die ausschließlich Schmetterlinge zeigt und an späterer Stelle besprochen wird, bekräftigt.[586] Im Kontext von *butterfly, divided* kann der Schmetterling als anthropomorpher Bedeutungsträger für die Sterblichkeit seiner Trägerin gedeutet werden. Auch wenn es sich nur um die Abbildung eines Falters handelt, wird hier durch den Körper der Trägerin eine gewisse Lebendigkeit suggeriert. Der Leib des Falters, in Form der Schamspalte der Trägerin, ist in metamorphischem Sinne lebendig. Das Werk steht somit ebenso für das Leben, dem immer auch die Vergänglichkeit innewohnt, und wird mit der medizinisch-morbiden Art der fotografischen Darstellung mit dem Tod kontrastiert. Hirsts Verwendung und Abbildung von toten Schmetterlingen sei, so Ulrich Blanché, als Metapher für den Menschen, der früher oder später sterben müsse, also als Memento Mori des 20. Jahrhunderts zu sehen.[587] Die Darstellung eines Falters auf der Haut eines lebendigen, menschlichen Körpers, dessen Lebensdauer weit kürzer ist als die einer Leinwand oder eines Blattes Papier, verdeutlicht dies umso eindringlicher.

Auch Thümmel verweist darauf, dass Schmetterlinge im Laufe der Kulturgeschichte mit positiven Todeskonnotationen verknüpft und in der christlichen Tradition als Symbol der Auferstehung übernommen worden seien. Sie ist der Auffassung, dass Hirsts Schmetterlingsinstallationen diesen Auferstehungsgedanken negieren. Dem Betrachter würden die Schmetterlinge als Lebewesen dargeboten, denen nur eine kurze Lebensspanne zugemessen sei. Mit dem Tod der Tiere endete die Ausstellung. Damit seien sie hier nicht als Auferstehungs-, sondern als bloße Vanitassymbole erschienen.[588] Gegen diese Position spricht allerdings, dass der Lebenszyklus vom Schlupf bis zum Tod gezeigt wurde – die Schmetterlingsraupen kamen verpuppt in den Ausstellungsraum, was den Aspekt der Transformation und Wiedergeburt durchaus visualisiert. Allerdings werde dem Betrachter mit diesem Vorgehen auch suggeriert, dass den Schmetterlingen kein Raupendasein vorausginge, denn Raupen würden im menschlichen Sinne als ‚Schädlinge' eingestuft, weil sie sich von Pflanzen ernähren und zudem als unästhetisch gelten. Die Auffassung des Schmetterlings als schönes und nützliches Tier werde durch Hirsts Installation bestätigt und gleichzeitig in Frage gestellt.[589]

Hirst simuliert in den Installationen einen Lebenszyklus. Durch diesen – wenn auch nur vorgetäuschten – Kreislauf werde der Betrachter angesichts der sterbenden Tiere an seine eigene begrenzte Lebensspanne erinnert.[590] Nicht einmal die Möglichkeit zur Fortpflanzung wird den Schmetterlingen in den Installationen gegeben. Übertragen auf *butterfly, divided* verdeutlicht das Foto Slimanes die begrenzte Lebensspanne des Menschen ebenso wie die

Vergänglichkeit des Trägermaterials. Andererseits kann der hier auf der Vulva platzierte Falter auch als ein Symbol der Überwindung des Todes verstanden werden, da das Reproduktionsorgan Ursprung des menschlichen Lebens ist und den Tod, im Sinne des Aussterbens seiner Art, durch eine mögliche Geburt von neuem Leben überwinden kann. Der Zusammenhang zwischen der Platzierung der Tätowierung auf dem Geschlechts- und Geburtsorgan der Trägerin und einem konkreten Geburtsmythos wurde im vorigen Kapitel ausgeführt.

Laut Thümmel erfolge mit der Wahl der Schmetterlinge als Symbolträger in Hirsts Werk eine Ästhetisierung des Todes.[591] Nach ihrem Tod verwesen sie – entsprechend ihrer Deutung als Unsterblichkeitsmetapher – nicht und würden das Bild der Möglichkeit eines ästhetisch schönen Todes entwerfen. Dies sei der Fall, weil ihr toter Körper dem ehemals lebendigen gleiche und damit unzerstörbare Schönheit verbildliche. Sie seien deshalb und wegen ihrer Artenvielfalt auch als Sammlerobjekte begehrt.[592] Das Sammeln von Objekten könne neben der Freude an dem Besitz schöner oder außergewöhnlicher Dinge auch als Ausdruck der Angst vor dem Tod verstanden werden. So würden auch die *Butterfly Paintings* von Damien Hirst an Schmetterlingssammlungen denken lassen, deren Wert nicht im Schmetterling als Lebewesen, sondern als ästhetischem Objekt liege. „Durch die Sammlungen werden die Schmetterlinge von sterblichen Lebewesen in ‚unsterbliche' Objekte transformiert", so Thümmel.[593]

Auch verweist sie darauf, dass Tiere in vielen Kulturen dazu verwendet würden, das mit Tabus beladende Thema Sexualität durch die Übertragung in das Reich der Fauna zur Darstellung zu bringen.[594] Die Wahl einiger Tierarten könne zwar auf ihr Paarungsverhalten oder ihre Fruchtbarkeit im biologischen sowie ihre Gestalt im psychoanalytischen Sinn zurückgeführt werden, in vielen Fällen lasse sich jedoch der Grund für die Wahl eines Tieres schwerlich nachvollziehen. Die ‚Prägung' eines Tieres als Metapher für Sexualität könne sich über Jahrhunderte hinweg halten, die Vorzeichen im Sinne einer negativen oder positiven Konnotation aber seien meist Veränderungen unterworfen, die von der Bewertung von Sexualität in der jeweiligen Kultur und Zeit abhängig seien.[595] Bei der Arbeit *butterfly, divded* ist zudem zu bedenken, dass nicht allein das Tier als Metapher verstanden werden kann, sondern ebenso dessen Platzierung auf der Vulva der Trägerin im Rahmen einer ikonologischen Deutung berücksichtigt werden muss. Hier ist die Platzierung nicht nur kompositorisch, sondern ebenso – wie erläutert – inhaltlich begründet.[596]

Bei den Installationen *In & Out of Love* und *Good Environment for Coloured Monochrome Paintings* stelle Hirst die Verbindung von Sexualität und Tod auf verschiedenen Ebenen her, so Thümmel. Zunächst rufe die Gestalt des Schmetterlings die in vielen Kulturen geläufige Deutung des Falters als Symbol der Liebe wach.[597] Für die Verwendung des Schmetterlings als Liebessymbol sei sicher nicht nur seine schöne Gestalt, sondern auch eine biologische Tatsache verantwortlich. Denn in der Schmetterlingsgestalt habe das Insekt, welches bis dahin die Entwicklungsstadien vom Ei über die Raupe bis zu deren Verpuppung und Transformation durchlaufen habe, nun das Stadium seines vielgestaltigen Lebens erreicht, welches allein der Vermehrung diene. Zur Fortpflanzung hätten diese Tiere ein ‚Hochzeitskleid' angelegt, nach Paarung und Eiablage sterben sie. Thümmel überträgt diesen Gedanken auf die beiden Installationen von Damien Hirst:

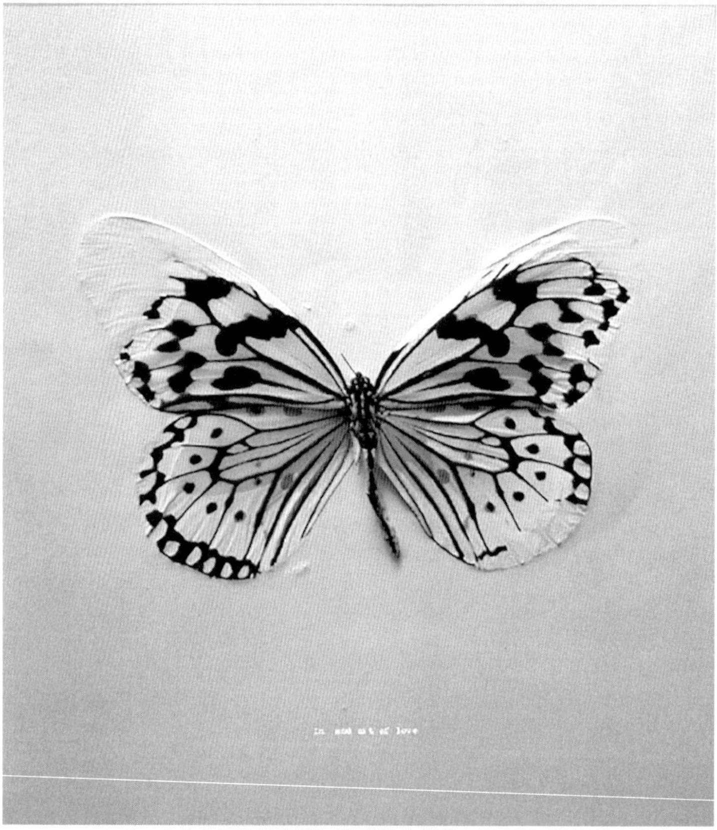

Abb. 98 Damien Hirst, *In & Out of Love (Butterfly Paintings and Ashtrays)* (Detail), 1991, Schmetterling und Glanzlack auf Leinwand, Privatsammlung.

> „[…] die im Ausstellungsraum ihr Verpuppungsstadium verlassenden, sich paarenden und eierlegenden, schließlich nach wenigen Tagen sterbenden Schmetterlinge [erscheinen] auf den ersten Blick wie ein Bild für eine ästhetisierte und sublimierte, weil leidenschaftslose und damit gewaltfreie Form der Liebe und Sexualität. Dieser Eindruck aber wird durch die Tatsache gestört, daß die Tiere nach ihrem der Vermehrung dienenden Schmetterlingsstadium sterben müssen.“[598]

Damien Hirst führe die monochromen Bilder der *In & Out of Love*-Installation mit seinen *Butterfly Paintings*, in deren glänzender Oberfläche bereits tote Falter versenkt wurden, fort (Abb. 98).

Die Schmetterlinge sind auf der glänzenden Oberfläche fixiert und würden so, nach Thümmel, das Bild einer „niemals zu verwirklichenden Annäherung“ entwerfen. Die Befestigung auf der Farboberfläche, welche auf den zarten Schmetterlingsflügeln Farbspuren hinterlässt, vermittele einen gewalttätigen Eindruck.[599] Ein ähnlich beklemmendes Gefühl des künstlichen, gewaltsamen und zum Tode verurteilten Festgehaltenwerdens würden die *Butterfly Paintings* transportieren, die auf Abstand wie ein Abbild lebendiger Schmetterlinge wirken würden. Erst beim Nähertreten würden die Farbspuren auf den Flügeln der Schmetterlinge sichtbar, mit denen sie auf der Farbunterlage haften. Dadurch entstehe der Eindruck, dass die Schmetterlinge noch im lebendigen Zustand in die tödliche Farbe versenkt wurden.[600] Der Aspekt der Gewalt ist ebenso bei *butterfly, divided* relevant. Das schmerzhafte Tätowieren der Bildträgerin Shauna Taylor ist als eine Nebenform der Gewalt zu bezeichnen, auch wenn es sich bei dem Prozess um eine eingewilligte Körperverletzung handelt. Zwar wurde der Akt im Einverständnis und ohne Aggression vollzogen, doch fällt die Inkaufnahme von starken Schmerzen, wie sie von Taylor beschrieben wurden, nach der Definition von Peter Imbusch in den Bereich der ritualisierten Gewalt.[601] Hierbei handele es sich um eine Form der kommunikativen Gewalt, die – wenn überhaupt – im Grenzbereich zur manifesten physischen Gewalt anzusiedeln sei, weil sie gerade keine Zwangseinwirkung auf eine andere Person mit dem Ziel der Überwindung eines Widerstands beziehungsweise einer Schädigung und Verletzung darstellen – also Machtaktionen im Popitz'schen Sinne wären. Vielmehr sei die Gewalt hier in eine Handlung oder ein Interaktionsgeschehen als Ritual eingebaut und auf ein anderes Ziel hin ausgerichtet. Gewalt sei dabei ganz wesentlich Inszenierung, die entweder über rein symbolisch vermittelte oder ganz ohne Über- und Unterordnungsprozesse gewaltsamer Machtaktionen mit ihren klar erkennbaren Opfer- und Täterrollen und vor allem ohne bösartige Verletzungsabsicht auskomme und auf der Freiwilligkeit und Egalität der Teilnehmer beruhe. Diese Formen der Gewalt, die häufig in spezifischen Subkulturen anzutreffen seien, würden durch ihre charakteristische Form der spielerisch-rituellen Inszenierung nicht zuletzt deshalb gemeinschaftsbildend und nicht gemeinschaftszerstörend wirken, weil sie in einer besonderen Weise normiert und reglementiert seien.[602]

Festzuhalten bleibt, dass die Trägerin des Werkes *butterfly, divided* während dessen Herstellung Schmerzen erlitt, sie jedoch freiwillig in Kauf nahm. Damit ist die Arbeit von einigen anderen zeitgenössischen Kunst-Tattoos, wie Delvoyes zwangstätowierten Schweinen, abzugrenzen.[603]

6.2 Teilung, Präparation, Präsentation

Der Aspekt der Zweiteilung unter Berücksichtigung der Symmetrie bei dem Werk *butterfly, divided* wurde bereits in einem früheren Kapitel behandelt.[604] Bei einer Betrachtung von Hirsts Gesamtwerk fällt auf, dass das Motiv der Teilung – ebenso wie das des Schmetterlings – seit langem Bestandteil seines Œuvres ist.[605] Auch bei diesen Arbeiten wird Gewalt thematisiert: Assoziationen von Gewalt erreiche Hirst durch den bloßen Einschluss eines Organismus wie einen Hai, eine Kuh oder ein Lamm in die geometrischen Formen der Vitrine. Diese nehme dadurch einen gewalttätigen Charakter an, so Thümmel. Dieser bewusst provozierte Gegensatz komme besonders bei seiner Arbeit *Mother and Child Divided* (Abb. 99)

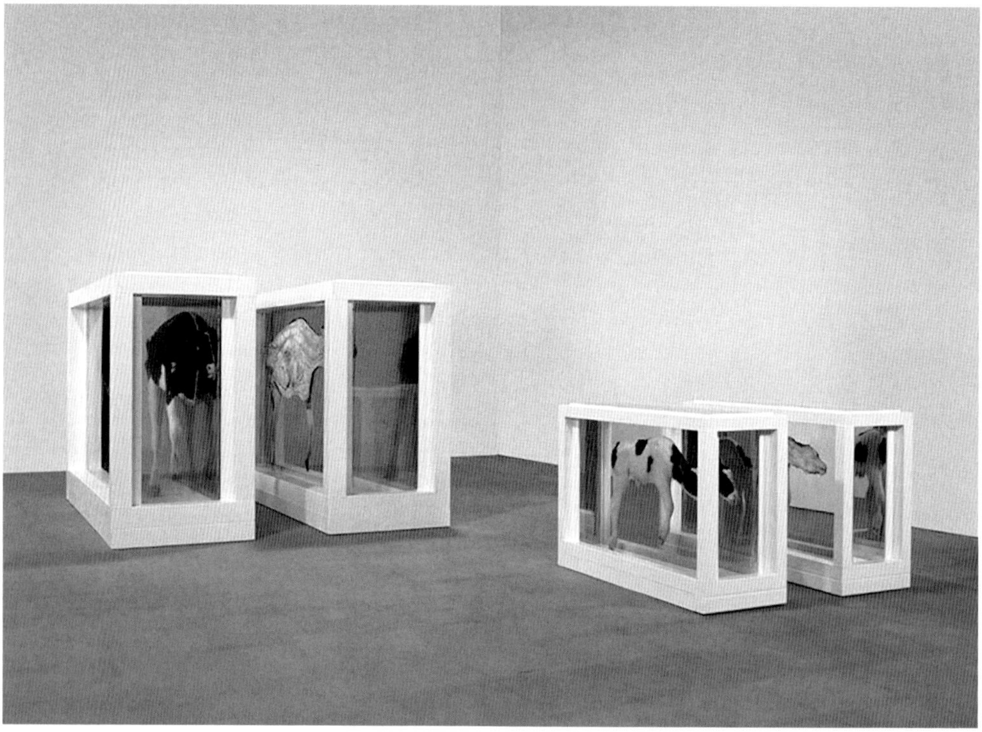

Abb. 99 Damien Hirst, *Mother and Child Divided*, 1993, Kuh, Kalb, Formaldehydlösung, Stahl, Glas, Plexiglas, glasfaserverstärkter Kunststoff, Silikon-Dichtungsmasse, vierteilig, zwei Teile je 189,9 × 322,6 × 109,2 cm, zwei Teile je 102,9 × 168,9 × 62,2 cm, Oslo, Astrup Fearnley Museet for Moderne Kunst.

zum Ausdruck. Zum einen würden die auf Plexiglas aufgenähten Kuhhälften und in die Vitrinen versenkten Tiere so wirken, als seien sie von dem Vitrinenglas selbst zerschnitten worden. Zum anderen werde einem organischen Körper, der niemals völlig symmetrisch sein könne, durch das Aufzwingen einer unorganischen Symmetrie Gewalt angetan.[606]

Hirst behauptet, er wolle durch die pseudo-wissenschaftliche Präsentationsweise eine weitgehend emotionsfreie Konfrontation mit dem Tod ermöglichen und den Betrachter so zwingen, über diesen nachzudenken.[607] Bei *Mother and Child Divided* sind Kuh und Kalb halbiert und würden damit eine ‚emotionsfreie', wissenschaftlichen Zwecken dienliche Darstellungsart suggerieren, so Thümmel. Diesem Prinzip laufe Hirst entgegen, indem er die Kuh als Mutterkuh mit zugehörigem Kalb darstelle und im Titel direkt auf Menschliches Bezug nehme: *Mother and Child Divided.* Die Teilung werde in diesem Sinne vom Betrachter nicht nur als organische „Zer-teilung" aufgefasst, sondern könne mit jeder schmerzlichen Trennung in einem sozialen Gefüge assoziiert werden.[608] Thümmel sieht hierin einen weiteren Beleg für die Ambivalenz von Hirsts Arbeiten – einerseits täusche er eine neutrale, objektive und emotionsfreie Präsentationsmethode vor, andererseits setze er die zu erwartenden Emotionen des Betrachters gezielt ein.[609] Diese Ambiguität ist auch bei *butterfly, divided* evident: Der Falter dient als Symbol für das Leben, ewige Schönheit, Reproduktion und Auferstehung; die publizierte Fotografie der Arbeit hingegen lässt eine Assoziation mit dem Tod zu und das gewählte Medium ist ephemer – die Existenz des genuinen Werkes ist auf die Lebensdauer seiner Trägerin begrenzt.

Anstelle eines Naturverständnisses auf dem Wege der Mythologie scheine Hirst auf den ersten Blick der naturwissenschaftlichen Methode zu huldigen. Mit seinen Tierkadavern in Formaldehyd führe er in pseudo-wissenschaftlicher Manier die Vorgehensweisen des Isolierens, Identifizierens, Klassifizierens und Archivierens vor.[610] Dem wissenschaftlichen Sezieren nachgeeifert erscheinen auch die zweigeteilten Kühe in *Mother and Child Divided*. Anstatt aber als Erkenntnisobjekt zu fungieren, entblöße diese Arbeit eine naive Seite, die jedem wissenschaftlichen Sezieren zugrunde liege – das Aufschneiden eines Lebewesens ermögliche zwar, die Organe sichtbar zu machen und ihre Lage zu bestimmen, könne aber nicht das Funktionieren eines lebendigen Organismus erklären. In die Kuh oder einen anderen lebenden Organismus hineinzusehen, heiße noch nicht, ihn zu verstehen, so Thümmel.[611] Hedi Slimanes Fotografie von *butterfly, divided* hat – wie oben erläutert – eine artifiziell-medizinische Anmutung. Ferner decken sich der kompositorische Schnitt des Falters und dessen Platzierung mit dem Meridian des weiblichen Körpers, auf dem sich – in Form der Scheide – ebenso eine Öffnung zum Körperinneren befindet. Im Unterschied zur Tattoo-Arbeit von Hirst besteht bei *Mother and Child Divided* jedoch die Möglichkeit für den Betrachter, sich zwischen die in den Vitrinen aufbewahrten Tierhälften zu begeben und das Innere der Tiere zu betrachten. Bei *butterfly, divided* hingegen wird die entsprechende Schnittstelle lediglich durch die Tätowierung markiert und – zumindest im Vergleich zu *Mother and Child Divided* – suggeriert.

Durch die Anwendung einer überkommenen Präparationsmethode von Tieren, aber auch mit seinen Installationen mit lebenden Tieren nehme Hirst auf die im 19. Jahrhundert noch bestehende Illusion Bezug, dass Sammlungen permanent sein könnten. Dem sakralisierten und damit erstarrten Museumkonzept setze Hirst mit seinen lebenden Schmetterlingen und Fliegen ein lebendiges Prinzip entgegen.[612] Mittels seiner konservierten Tiere in Formaldehyd befasse sich Damien Hirst mit der Auffassung vom Museumstempel als Ort der Todesleugnung, weil in diesem versucht werde, das Kunstwerk für immer zu konservieren. Da aber Kunst von lebenden und damit vergänglichen Wesen geschaffen werde, tue sich ein Paradoxon auf, welches an Arbeiten, die den Tod so explizit zum Thema haben wie die von Hirst, besonders augenfällig werde:

> „Das Museum versucht, die Werke, welche den Tod thematisieren, zu bewahren und wird damit selbst zu einem Ort, in dem – entgegen dem Memento-Mori-Motiv des Kunstwerkes selbst – die Hoffnung auf Ewiges und Unvergängliches zelebriert und aufrechterhalten wird. Jedoch ist die endgültige Konservierung eines Ausstellungsstückes ohnehin nicht möglich, sondern wird immer einem Sisyphusunternehmen gleichen: Wirkliche Konservierung ist nicht möglich, nur eine Verzögerung des Zerfalls."[613]

Petra Lange-Berndt bezog diesen Aspekt in ihrem Beitrag zum Verfahren der Nasspräparation auf die Arbeit *Mother and Child Divided:*

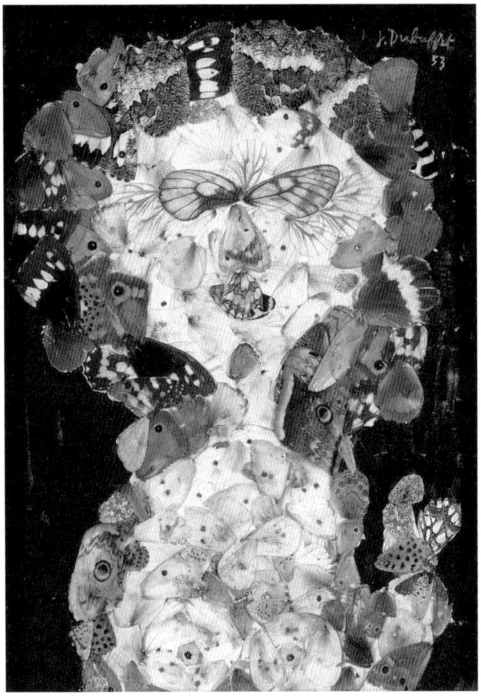

Abb. 100 Jean Dubuffet, *Belle au regard masqué*, 1953, Collage aus Schmetterlingsflügeln, 25 × 18 cm, Staatliche Museen zu Berlin – Preußischer Kulturbesitz, Nationalgalerie, Sammlung Scharf-Gerstenberg.

> „[…] ohne weitere Eingriffe würde das Bild von ‚Mutter und Kind' langsam zerfallen, denn die Naßpräparation hält die Zeit nicht auf, da auch dieses Verfahren den Zerfall des Materials zwar extrem verlangsamt, aber nicht außer Kraft setzt."[614]

Ebenso wie den Tod an sich thematisiert Hirst somit die Vergänglichkeit eines Kunstwerks. Ein besonders provozierendes Vanitasbild ergebe sich durch die Verwendung verwesenden Fleisches, so Thümmel. Damien Hirst habe die Veranschaulichung von Verwesung am Beispiel des Fleisches bisher nur sehr bedingt einsetzen können. Für *A Thousand Years* verwendete er einen gehäuteten Tierkopf, der täglich ausgewechselt werden musste.[615] Das Zitat des verrottenden Fleisches scheint wie die Übersetzung eines niederländischen Barockstilllebens in die Realität. Bei Hirsts Schmetterlingsarbeiten hingegen wird das Ausbleiben des Verwesungsprozesses thematisiert – die verstorbenen Falter zersetzen sich nicht, ihre Physis und Schönheit bleiben über den Tod hinaus bestehen. Von großer Relevanz ist hier ebenso das Zusammenspiel von Sexualität und Tod, da die biologische Reproduktion der Tiere mit ihrem Tod zusammenfällt.[616]

Thümmel resümiert, dass sich in den Tier-Arbeiten Hirsts verschiedene Topoi finden, die zu dem Genre des Stilllebens gehören: Verwesung, Schädel, Muscheln sowie das Nebeneinander von toten und lebenden Tieren.[617] Der Topos der organischen Zersetzung ist ebenso bei seiner Arbeit *butterfly, divided* evident: Die Abbildung eines Tieres ist in Form einer Tätowierung in lebendiges Fleisch eingeschrieben. Ein Material, das einem Alterungsprozess unterliegt und nach dem Tod der Trägerin verwesen wird.[618] Während das Tier-Material bei Hirst bisher allenfalls eine Metapher für den Menschen war, ist hier erstmals ein permanent modifiziertes und lebendiges, menschliches Wesen künstlerisches Material, Bildträger und Kunstwerk zugleich. Die Rezeption des originären Werkes ist aufgrund der Sterblichkeit der Trägerin auf wenige Jahrzehnte begrenzt. Hirsts Installationen mit lebenden Schmetterlingen konnten ebenso nur innerhalb eines bestimmten und weitaus kürzeren Zeitraums rezipiert werden.[619]

Während die *Butterfly Paintings* Nachfolger von Collagen wie *Belle au regard masqué* (Abb. 100) von Jean Dubuffet seien, schaffe Hirst mit lebenden Fliegen und Schmetterlingen auf seinen *Monochrome Paintings* eine neue Form einer ‚lebenden' Collage.[620] Die Fliegen und Schmetterlinge, die sich auf den monochromen Farbflächen niederlassen, ihre Ausscheidungen hinterlassen und wieder wegfliegen, würden sich ständig verändernde Collagen entwerfen, die heterogene Elemente wie Lebewesen und Bilder vereinigen.

Schmetterlinge seien ein Paradeobjekt für Tiersammlungen, bei denen sich das naturwissenschaftliche Interesse des Schmetterlingssammlers nicht nur mit der Jagd- und Sammelleidenschaft, sondern auch mit der Bewunderung des Schmetterlings als ästhetisch reizvolles ‚Objekt' verbinde.[621] Damien Hirst stelle diesen aufgespießten Schmetterlingen seine lebendigen, sich frei und unkontrollierbar im Raum bewegenden Flügelwesen entgegen, die in ihrer Artenvielfalt dargeboten werden, ohne den Wunsch, diese im einzelnen bestimmen zu wollen. Der Klassifizierungswut und dem Leben einfordernden Besitztrieb des Schmetterlingssammlers begegne Hirst mit der Präsentation lebendiger Wesen, die ihren eigenen Gesetzen gehorchen würden. Die Art der Darstellung des Schmetterlings auf Shauna Taylor hingegen erinnert aufgrund seiner symmetrischen Position mit ausgebreiteten Flügeln durchaus an ein Schmetterlingspräparat in einem Schaukasten. Auch die Zeichnung der Flügel ist – wie bereits oben erläutert – deutlich zu erkennen, was wiederum eine eindeutige Klassifizierung zulässt. Eine entsprechende Deutung hinsichtlich der von Hirst ausgewählten Art wurde im fünften Kapitel dargelegt. Im Folgenden soll ein Interpretationsansatz ausgeführt werden, der sich auf Aussagen des Künstlers stützt und sich an der christlichen Ikonografie orientiert.

6.3 Die Seele und der *Morpho cypris*

Damien Hirst habe für seine Werke ausschließlich Tiere gewählt, so Thümmel, die in der Kulturgeschichte über ein reiches Bedeutungsfeld verfügen und daher bei jedem Betrachter eine Vielfalt an Assoziationen auslösen würden.[622] Hirst stimme in einem wesentlichen Aspekt weitgehend mit der christlichen Tierikonografie überein: Sie sei eine überindividuelle und das sei diejenige von Hirst ebenso, da sich seine Tierverwendung auf die Ängste und Probleme einer größeren Menschengruppe beziehe.[623] Hinsichtlich der Symbolik des Schmetterlings wird in Katalogbeiträgen in Hirsts Online-Werkverzeichnis darauf verwiesen, dass sich insbesondere die *Kaleidoscope Paintings* auf die griechische Psyche- und die christliche Auferstehungs-Ikonografie beziehen würden.[624] Bei diesen Collagen aus Schmetterlingsflügeln, deren kreissymmetrische Kompositionen oftmals Fensterrosen nachbilden, verzichtet Hirst auf die Verwendung der eigentlichen Tierkörper. Nach eigenen Aussagen hat er sich dafür entschieden, nachdem jemand sagte, es sei eine Schande, dass diese schönen Tiere einen derart widerlichen, haarigen Körper in ihrer Mitte hätten.[625] Darüber hinaus birgt das Verwenden von einzelnen Flügeln den Vorteil, dass mehr Möglichkeiten bei ihrer Anordnung auf der Leinwand bestehen. Die symmetrischen Strukturen und regelmäßigen Muster aus unterschiedlich farbigen und großen Flügeln würden an Kaleidoskope oder Mandalas erinnern, so Ulrich Blanché. Durch die Art der Anbringung ist die Hintergrundfarbe wenig sichtbar und wirke wie Blei-Stege in gotischen Kirchenfenstern. Die Titel der *Kaleidoscope Paintings* enthalten entsprechend religiöse Anspielungen wie Namen von Kathedralen, Psalmen oder andere Begriffe, die religiöse Zusammenhänge assoziieren lassen.[626] In der Spätphase der Serie ließ Hirst real existierende Kirchenbuntglasfenster mit Schmetterlingsflügeln nachbilden und betitelte sie teilweise mit biblischen Psalmen. So zeigt ein Werk beispielsweise das Rosenfenster der Kathedrale von Durham (Abb. 87).[627]

Im Oktober 2010 – und damit etwa ein halbes Jahr vor der Umsetzung von *butterfly, divided* – legte Damien Hirst mit *The Souls* eine Serie vor, bei der er sich mit der Abbildung von Schmetterlingen im Medium der Druckgrafik auseinandersetzte.[628] Hierbei wurden die immer gleichen Darstellungen von vier Arten (Farbabb. 39–42) – darunter auch der *Morpho cypris* – in jeweils 80 unterschiedlichen Farbkombinationen hergestellt.[629] Die Blätter sind mit einer Folie geprägt, die vom Betrachter als glänzend wahrgenommen wird, wenn die Arbeiten in einem entsprechenden Winkel rezipiert werden und das auf der Folie reflektierte Licht sichtbar wird.[630] Allen Ausführungen ist die symmetrische Komposition mit ausgebreiteten Flügeln gemein. Diese Art der Darstellung entspricht der Tattoo-Arbeit und erinnert unweigerlich an Schmetterlingspräparate in Schaukästen. Auch die damalige Hängung von *The Souls* – einer Auswahl von 120 Blättern in der Paul Stolper Gallery – weckt derartige Assoziationen, da Hirst den Ausstellungsraum gewissermaßen in einen begehbaren Schmetterlingsschaukasten verwandelte (Abb. 96).[631] Hirst selbst verwies auf Parallelen zwischen der Präsentation der Grafiken und seinen insektenkundlichen Kästen, den *Entomological Cabinets*:

> „This comes from an idea to fill the gallery with butterflies, an idea that I've had before. When I think of *The Souls* I think of Judgment Day and *Jacob's ladder*. Many souls work better than one, so to hang them … and (to) use all the available space is a great way of doing it theologically."[632]

Einige der *Entomological Cabinets*, die zwischen 2008 und 2012 geschaffen wurden, tragen Titel wie *The Afterlife, Lost Souls* oder *Heaven* (Abb. 101).[633]

Da die Grafik-Edition mit *The Souls* ebenso einen Titel trägt, der eine Auferstehungsmetaphorik impliziert, kann davon ausgegangen werden, dass Hirst hier ebenfalls tote Schmetterlinge darstellt.[634]

Wie Hirst selbst angibt, ist er besessen von dem Gedanken, dass Schmetterlinge die Seele repräsentieren.[635] Auf die Frage, ob er ein „butterfly obessive" sei, antwortete er: „I'm

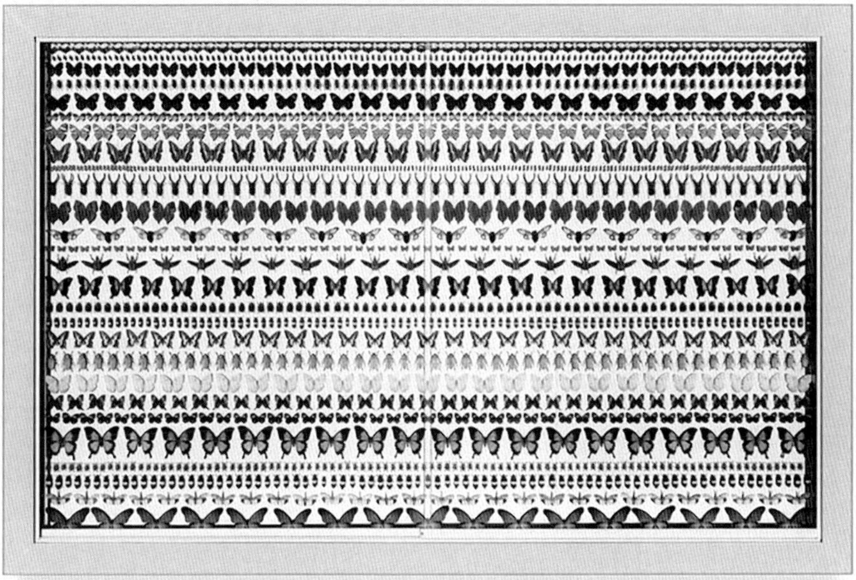

Abb. 101 Damien Hirst, *Heaven*, 2012, Glas, Stahl, Aluminium, Nickel, Plastazote [Schaumstoff], entomologische Präparate, 183,4 × 275,5 × 13,2 cm, Privatsammlung.

interested, first of all, in the fact they all look alive when they're dead. They represent the soul."[636] Den Effekt der schimmernden Folienprägung vergleicht Hirst mit der Art, wie die Flügel tatsächlicher Schmetterlinge das Licht reflektieren.[637] Bei *The Souls* wird insbesondere die über den Tod hinaus währende Schönheit des Schmetterlings thematisiert. Hirst kontrastiert die symmetrische und statische – übertragen auf die Schaukästen gar fixierte – Darstellung eines toten Insekts mit intensiven Farben, reflektierendem Licht, Glanz und einhergehenden Spiegelungen und Bewegungen bei der Rezeption der Blätter; Eigenschaften, die eher dem Leben als dem Tode zuzuordnen sind.

Ebenso gegenüberstellend verfährt Hirst bei *butterfly, divided*: Seine Darstellung eines toten Falters, das Symbol für das Unsterbliche im Menschen, auf einem ephemeren Bildträger ist auf einer Vulva – dem weiblichen Sexual- und Geburtsorgan – platziert. Hier vereint Hirst fünf Ebenen der menschlichen Existenz in einem Werk: die Zeugung, die Geburt, das Leben, den Tod und das Leben nach dem Tod.

6.4 Exkurs – Die Metamorphose der Psyche: Zur biologischen Entwicklung des Falters und seiner ikonologischen Deutung

Auf Darstellungen von Frauen mit Schmetterlingsflügeln in der Tätowierung wurde bereits eingegangen.[638] Ebenso auf deren möglichen Verweis auf den Mythos von Amor und Psyche. Bevor auf ikonologische Aspekte, die in dieser Lesart begründet sind, eingegangen wird, muss zunächst die außergewöhnliche, gestaltverändernde Entwicklung von Schmetterlingen näher betrachtet werden.

Die Reproduktion von Faltern unterscheidet sich durch die Metamorphose grundlegend von der anderer Insekten, was sie zu einem maßgeblichen Charakteristikum ihrer kulturellen Deutung macht. Die Imago, der als „Bild der Art" bezeichnete, fertig ausgebildete Schmetterling, hat bis zum Erreichen der Adultform bereits drei Entwicklungsphasen durchlaufen: das Ei-Stadium, die Larvenzeit und die Puppenruhe.[639] Der geschlechtsreife Falter mit seinen auffälligen Flügelfärbungen und charakteristischen Mustern befindet sich somit im vierten und zugleich letzten, dazu vergleichsweise kurzen Stadium seiner Entwicklung – Merkmale, die ihn nicht nur zu einem Symbol für Schönheit, sondern ebenso für Neubeginn, Veränderung und Vergänglichkeit machen. Zugleich ist er Sinnbild der Unsterblichkeit, da die Verpuppung des anscheinend leblosen Insekts als Analogie zum Tod und sein Schlupf als Auferstehung gedeutet werden können.[640] In der Antike führte die Beobachtung, dass sich der Schmetterling aus der Puppe wie die Seele aus dem Leichnam entwickele, zu einem Verständnis des Falters als Symbol der Seele und des Fortlebens nach dem Tode mit einer vorhergehenden Überwindung desselben.[641] Das Beispiel aus der Tierwelt scheine dem Menschen zu versprechen, dass auch sein Tod kein Ende, sondern nur ein Durchgang zu einem schöneren, besseren Leben sei: eine Metamorphose.[642] Im Vergleich zur Häutung der Schlange oder dem mythischen Vogel Phönix, der sich verbrennt, um aus seiner Asche verjüngt wieder aufzuerstehen, gebe es beim Falter einen grundlegenden Unterschied: Der Phönix sei immer ein Phönix, die Schlange noch immer eine Schlange; aber die Raupe werde zum Schmetterling, wie ein Same zur Pflanze.[643] Dies bedeute einen qualitativen Sprung in eine neue, höhere Gestalt. Und diese neue Gestalt entstehe erst dann, wenn die alte schon vergangen und vernichtet sei, und mit ihr scheinbar auch das, was in ihr lebte.

Bei einem mit Schmetterlingsflügeln ausgestatteten weiblichen Körper, wie es bei Hirsts Werk der Fall ist, wird eine Assoziation mit dem Mythos von *Amor und Psyche* ausgelöst.[644] Auch Daniel Kupper weist in seinen *Überlegungen zum Schmetterling in Anselm Feuerbachs ‚Iphigenie'* darauf hin, dass eine „weibliche Gestalt, sei sie schmetterlingsgeflügelt, geflügelt oder mit dem Attribut ›Schmetterling‹ versehen, […] nach der konventionellen Bildüberlieferung die personifizierte Psyche" ist.[645] In der Kunst wird sie somit häufig mit dem Attribut der – allerdings meist dorsalen – Falterflügel dargestellt.[646]

Im Folgenden sollen zunächst der Psyche-Mythos und seine künstlerische Umsetzung umrissen werden. Dies ist notwendig, um die Ikonologie des Schmetterlings herauszuarbeiten.

In diesem Zusammenhang soll dargelegt werden, dass das oben beschriebene Motiv der Überwindung des Todes einer der wesentlichen Aspekte der Erzählung *Amor und Psyche* ist, die Teil der elf Bücher umfassenden *Metamorphosen* des Apuleius aus dem 2. Jahrhundert n. Chr. ist.[647] Die Geschichte handelt vom Triumph der Liebe zwischen Amor und der Königstochter Psyche, deren Name dem griechischen Wort für ‚Seele' sowie dem für ‚Schmetterling' entspricht.[648] Nach vielen Prüfungen wird sie zur legitimen Gattin Amors und unter die Unsterblichen aufgenommen. Aufgrund der antiken Vorstellung vom Falter als Sinnbild der Seele wird sie seitdem mit dem Attribut der Falterflügel dargestellt. Doch worin besteht die Analogie zwischen der schmetterlingsflügeligen, mythologischen Figur und der Protagonistin aus Apuleius' Erzählung? Inwiefern kann die Vorstellung der Seele als beflügeltes weibliches Wesen auf die Figur im Mythos und dessen schriftliche Überlieferung übertragen werden? Weder wird Psyche in der Erzählung als Flügelwesen beschrieben, noch wird ein Falter im Text erwähnt. Ist die Entsprechung lediglich auf den Doppelsinn des Wortes ‚Psyche' zurückzuführen?[649] Florian Weiland-Pollerberg legt nahe, „Psyches Erlebnisse als Weg der menschlichen Seele im allgemeinen zu deuten", bei der sie für die menschliche Seele stehe, Amor die Verkörperung der göttlichen Liebe sei.[650] Doch welche Bedeutung kommt der Erlangung der Unsterblichkeit von Apuleius' Figur zu?

Im Verlauf der Erzählung werden zwei Ereignisse beschrieben, die als ein symbolischer Tod Psyches interpretiert werden können. Zum einen ist in einer göttlichen Prophezeiung durch einen Orakelspruch des Apollo von einer „Grabeshochzeit" die Rede, bei der

> „unter dem Gefolge des ganzen Volkes der lebendige Leich-
> nam hinausgeführt [wird]; und unter Tränen wandelt Psyche mit,
> nicht im Brautzug, nein, in ihrem eigenen Leichenzug."[651]

Ein weiteres Todes-Motiv tritt am Ende der Erzählung auf, als Venus Psyche zum Haus des Orkus in die Unterwelt entsendet, um Proserpina etwas von ihrer in einer Büchse aufbewahrten Schönheit zu schicken.[652] Aus Neugier – und um Amor zu gefallen – öffnet Psyche das Gefäß, um vom Inhalt zu kosten.[653] Es stellt sich heraus, dass in der Büchse keine Schönheit verwahrt wird,

> „sondern nur ein höllischer und wahrhaft stygischer Schlaf, der
> […] sie befällt, in einer dichten Schlummerwolke sich über alle
> ihre Glieder breitet und sie völlig umfängt, während sie auf der
> Stelle und mitten auf dem Wege zusammenbricht. Unbeweglich
> lag sie da und nicht anders als eine schlummernde Leiche."[654]

Die Textpassagen können als Analogien zur biologischen Metamorphose des Falters verstanden werden. Das Bild des lebendigen, aber unbeweglichen Körpers, der einem Leichnam gleich in einer „dichten Schlummerwolke", die den Organismus „völlig umfängt", schläft, entspricht der Puppenruhe; das gelingende Erwecken durch Amor dem Schlupf, der von Jupiters Erwirkung der Unsterblichkeit gefolgt wird.[655] Psyche durchläuft eine Metamorphose von einer Sterblichen zur unsterblichen Gemahlin einer Gottheit. Unverkennbar kann das im Text verwendete Gleichnis als ein Verweis auf die Verwandlung der Puppe zum Schmetterling und die antike Vorstellung eines besseren Lebens nach der Überwindung des Todes gedeutet werden. Ebendiese Verbesserung erfährt Psyche aufgrund der Legitimierung ihrer Liebe durch Jupiter, die anschließende göttliche Hochzeit und ihre Aussicht auf ein erfülltes Leben.[656] Es ist naheliegend, dass nicht nur der Doppelsinn von Psyches Namen ein Grund für ihre Darstellung mit Schmetterlingsflügeln ist, sondern ebenso die Analogie zwischen der biologischen Entwicklung des Falters und ihrer Metamorphose – der Überwindung ihres Lebens als Sterbliche und ihres vermeintlichen Todes zu einem besseren Dasein als unsterbliche Frau des Amor, der „ewiges Heil gewiß ist".[657]

Die Beifügung von Schmetterlingsflügeln zu einer weiblichen Gestalt, die dadurch als Seelenwesen bezeichnet werde, finde sich gar schon um 470 v. Chr.[658] Der Ursprung der Vorstellung des Schmetterlings als Seele wird im alten Ägypten gesehen. Dort dachte man sich die Seelen der Toten als kleine geflügelte Abbilder der Menschen, die um die Gräber schweben.[659] Dieses Motiv findet sich ebenfalls in Otto Kellers Publikation, in der er die Vorstellung der Seelenepiphanie im antiken Griechenland daraus ableitet, dass dort zur Sommerzeit an den blumengeschmückten Gräbern vor den Toren der Städte Hunderte von Faltern, „darunter der schrill pfeifende Totenkopf", umherschwirrten.[660] Der Totenkopfschwärmer, der bei Bedrohung einen zirpenden Laut von sich gibt, galt aufgrund der Zeichnung in Form eines Totenkopfes auf seinem Thorax lange Zeit als unheilvoll.[661]

Die Seelenlehre im antiken Griechenland beschäftigt sich mit der Frage, was den Menschen lebendig mache. Dabei werde unterschieden zwischen der Lebenskraft des Körpers, dem *thymos*, und der *psyche*, die den Menschen beseelt. Erhellend ist hierbei die bereits erwähnte Übereinstimmung des Wortes für Seele und Schmetterling: *psyche*. Deren gemeinsames Merkmal sei vor allem die Bewegung als Lebensprinzip. So wird die Seele bei Homer folgendermaßen geschildert:[662]

> „Die [psyche] entweicht beim Tod, löst sich aber nicht auf; vielmehr entfliegt sie, einem Traumbild ähnlich, flatternd, der Fledermaus vergleichbar, schwirrend. [...] Dabei bewegt sie sich rasch, unstet, Raum und Zeit überwindend, solange sie nicht in den Hades eingegangen ist; dort aber bleibt sie in Bewegung."[663]

Nach dem Tode bleibt die *psyche* als masken- oder schattenartiges Abbild des Menschen identifizierbar; als sein *eidolon*, was dem lateinischen Wort *imago* entspricht – der zoologischen Bezeichnung für einen ausgewachsenen Falter.[664] Nach dem Tode bleibt die *psyche* lebendig, ist unsterblich und dem Göttlichen nahe. Die Körperlichkeit hingegen sei ein schwaches Abbild des Lebens. „Der Mensch ist Hauch und Schatten nur", sagt Sophokles; Homer nennt ihn einen „Leichnam".[665] Die *psyche* sehne sich nach Befreiung aus dem Gefängnis des Leibes, der Tod erscheine als Erlösung der *psyche* vom „Leichnam" Körper, so Gabriele Schuth, wie der Schmetterling sich von der erstarrten Puppe trennen müsse, um wirklich zu leben. Ihre eigentliche Identität finde die *psyche* jedoch immer in der Verbindung von Körper und Geist, in der dialektischen Spannung von Tod und Leben. So werde sie in dieser Zeit selber zum Symbol, anschaulich im Schmetterling, mythologisch gestaltet im Bild der schmetterlingsflügeligen, durch Liebe unsterblich gewordenen schönen Gefährtin des Eros.[666]

Eine Auseinandersetzung mit Seelenvorstellungen antiken Ursprungs tritt umfassend in der bildenden Kunst auf; die Motivtradition der mit Schmetterlingsflügeln versehenen Psyche wird in unterschiedlichen Darstellungsformen und -schwerpunkten bis in das späte 19.

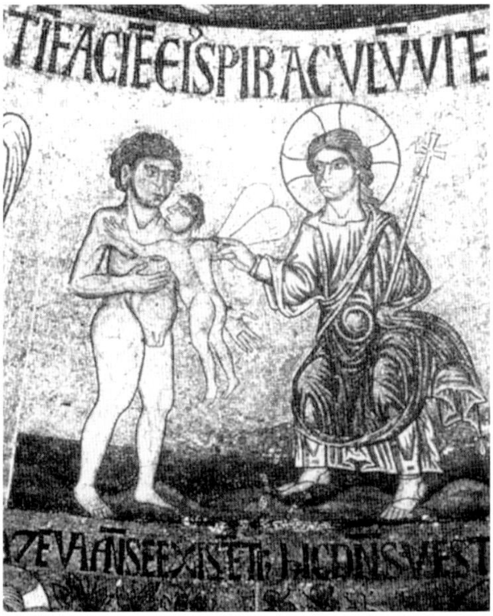

Abb. 102 *[Beseelung Adams]*, ca. 1216–1220, Mosaik (Detail), Venedig, Basilica di San Marco, Atrium, La Cupoletta della Genesi.

Jahrhundert weitergeführt.[667] So thematisiert ein Schöpfungs-Mosaik aus dem 13. Jahrhundert n. Chr. in der Basilica San Marco in Venedig die Beseelung Adams durch die Psyche in Gestalt eines kleinen, nackten Menschen mit Schmetterlingsflügeln (Abb. 102).[668]

In der Kunst des 16. Jahrhunderts sind Falter entsprechend Apuleius' Erzählung als Symbol der Liebe in Szenen der Liebe zwischen Göttern und mythologischen Figuren dargestellt.[669] Die Symbolbedeutung des Falters als nach dem Tode fortlebende Seele wurde von der christlichen Theologie übernommen und bezog sie, so Jutta Seibert, auf den Tod und die Auferstehung Christi und der Gläubigen. Ein Schmetterling in der Hand des Jesuskindes oder an den Blumen auf Madonnenbildern in Werken des 15. und 16. Jahrhunderts sei daher als Hinweis auf die Passion und die siegreiche Auferstehung zu verstehen. Als Sinnbild der Resurrektion und der damit einhergehenden Unsterblichkeit erscheinen Schmetterlinge vom Barock bis in das 19. Jahrhundert in der christlichen Kunst, insbesondere an Grabdenkmälern und in der Stilllebenmalerei.[670] Die klassizistische Grabmalskunst um 1800 griff nicht nur auf Schmetterlingsdarstellungen zurück, auch geflügelte Engel verkörperten das Hinübergleiten in eine andere Welt. Beide Motive zeigten sich auf Grabmälern als „Todesboten und Wegbegleiter – und repräsentierten nun das Bild vom sanften Tod."[671] Die Abbildung von Schmetterlingen in der Grabkunst ist jedoch kein Novum der christlichen Kunst, schon in der Antike finden sich mit Schmetterlingen versehene Sarkophage. Somit handelt es sich um einen Brauch, der dem „heidnischen Altertum" entlehnt sei.[672] Eine Darstellung der Psyche mit Schmetterlingsflügeln findet sich auf einem römischen Sarkophagrelief aus dem 4. Jahrhundert n. Chr. (Abb. 103).[673]

Hier symbolisiere sie das „Glück nach dem Tod", das man nach den Prüfungen des Lebens erreiche, was der oben beschriebenen Vorstellung eines besseren Lebens nach der

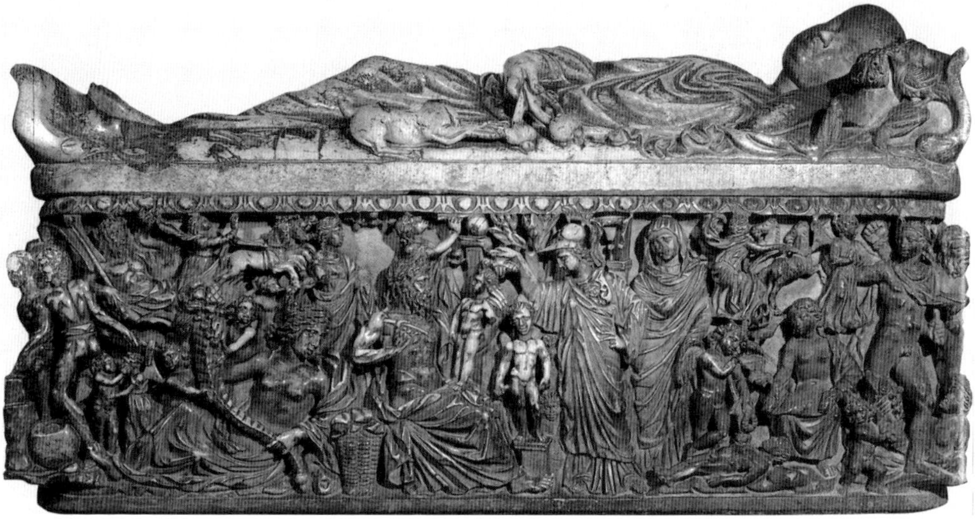

Abb. 103 *Prometheus-Sarkopharg*, nach 300 n. Chr., Rom, Musei Capitolini.

Metamorphose zu einem höheren Wesen entspricht.[674] Der zentrale Bereich des Reliefs zeigt Prometheus in seiner Funktion als Menschenbildner. Auf seinem Schoß befindet sich ein Menschlein aus Ton, das er mit seinem Modellierstab fertiggestellt hat. Von rechts schreitet Minerva ein und setzt dem Geschöpf den Psyche-Schmetterling auf den Kopf. Hinter Prometheus legt Lachesis, eine der Moiren, den frühen Tod des Knaben auf dem Himmelsglobus fest. Daneben spinnt ihre Schwester Klotho den Lebensfaden des Jungen. Rechts, etwa unter der Darstellung der schwebenden Psyche, liegt der leblose Knabe am Boden, dem der Psyche-Schmetterling wieder entfliegt. Carl Robert schildert eine Verbildlichung des Todes auf Sarkophagen, bei der Merkur als Seelenführer die Seele aus dem Leichnam entführt oder ein Schmetterling über dem Leichnam fliegt.[675] Der eigentliche Akt der Beseelung des durch Prometheus geschaffenen Menschen erfolgt dem Mythos nach durch Athene, die dem Tongeschöpf eine Chrysalide in den Kopf einführt.[676] Während des Menschenlebens entwickle sich die Puppe zu einem Mädchen mit Schmetterlingsflügeln. Durch die Chrysalide werde der Körper belebt; die Seele aber sei ein Wesen für sich, das eine Zeitlang im Körper Wohnung nehmen müsse. Und wie die Puppe sich zum Schmetterling entwickle, so würden der Psyche am Ende ihrer irdischen Laufbahn die Schmetterlingsflügel wachsen.[677]

Auch werden Beispiele für das Vorkommen von Schmetterlingen in der Malerei der frühen Neuzeit aufgeführt. Sigrid und Lothar Dittrich konzentrieren sich in ihren Ausführungen zur Tiersymbolik auf den Falter als Sinnbild für die Seele, die Auferstehung, das Böse, die Liebe und eine der Todsünden des christlichen Glaubens – die Luxuria.[678] Der damit einhergehende Aspekt der sexuellen Zügellosigkeit lässt sich ebenso aus der Erzählung *Amor und Psyche* ableiten. Christiane Holm analysiert den Text auf seinen erotischen Gehalt hin und kommt zu dem Ergebnis, Amor und Psyche seien zwei Pubertierende, deren Wollust im Dunkeln und außerhalb der geltenden Blickordnungen entstehe.[679] Als das Verhältnis

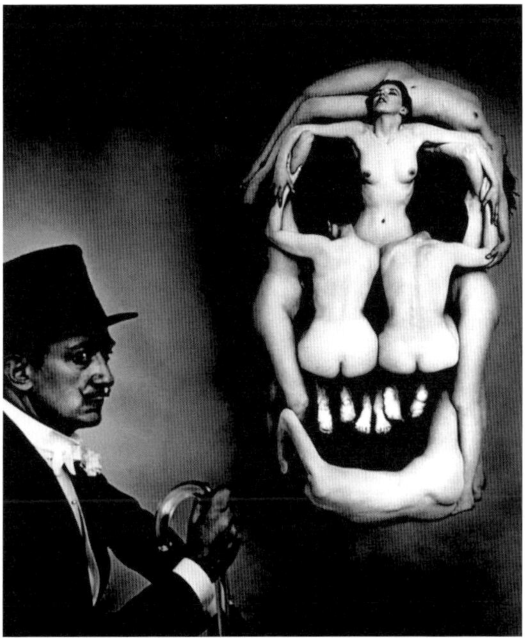

Abb. 104 Philippe Halsman, *Salvador Dalí ‚In Voluptate Mors', New York, 1951*, Fotografie.

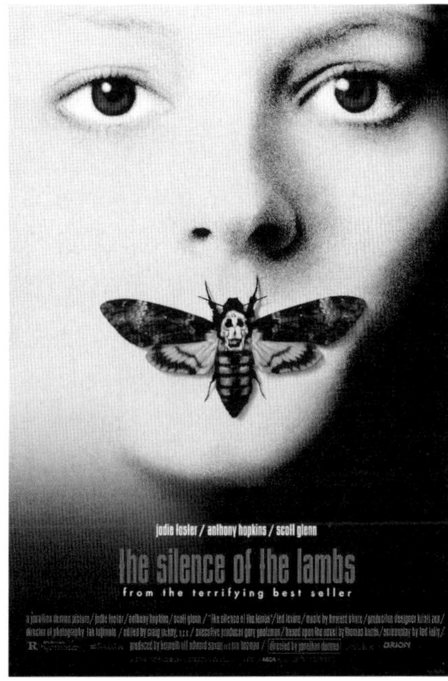

Abb. 105 Dawn Baillie, *Das Schweigen der Lämmer*, 1991, Filmplakat.

öffentlich wird, werden sie in die soziale Ordnung der Geschlechter eingeführt, worauf eine rechtskräftige Heirat folgt. Somit werde Psyche sogleich Göttin und Gattin des Amor, und deren Kind werde beim Namen genannt: Voluptas, die Wollust.[680] Die Fotografie *In Voluptate Mors* (Abb. 104) thematisiert den Aspekt der in das Verderben führenden Lust. Die 1951 in einer Kollaboration zwischen Salvador Dalí und Philippe Halsman entstandene Arbeit zeigt ein Portrait von Dalí neben einem Vexierbild in Form eines Tableau vivant bestehend aus sieben nackten Frauen, die einen Totenschädel formen.[681] Im Kontext dieses Kapitels sei erwähnt, dass Halsmans Fotografie als Inspiration für die Gestaltung des Plakats zum Spielfilm *Das Schweigen der Lämmer* verwendet wurde; ein ähnlicher aus Frauenkörpern geformter Schädel ist in Form einer Fotomontage auf dem Thorax des abgebildeten Totenkopfschwärmers eingefügt (Abb. 105).[682]

Die Darstellung des Nachtfalters bezieht sich auf die Figur Jame ‚Buffalo Bill' Gumb, einen Serienmörder, der sich aus der Haut seiner Opfer eine zweite Haut schneidern möchte. So wie die Puppe eines Schmetterlings in der Metamorphose zur Imago wird, möchte sich Gumb mit Hilfe der Frauenhaut in ein anderes, weibliches Wesen verwandeln. Um sich diesen Transformationsprozess zur mentalen Stimulation stets vor Augen führen zu können, züchtet Gumb Nachtfalter. Sein Vorgehen, Chrysaliden in die Münder seiner Opfer zu legen, erinnert an die oben beschriebene Beseelung des Menschen durch Prometheus und Minerva. Doch ist bei Gumbs Praktik das Gegenteil der Fall: Er platziert die Chrysaliden in Körpern, deren Seelen bereits entwichen sind. So wird die Puppe hier zu einem Sinnbild von Gumbs

Verwandlung, die eben nur durch die Körper seiner Opfer – und die Verwendung von deren Haut – möglich ist. Die Platzierung der Puppen in den Leichnamen verdeutlicht, dass die Opfer essenzieller Bestandteil seiner Metamorphose sind. Analog zu den scheinbar toten Chrysaliden und den Imagines wird durch die Verwendung der Opferhaut zur Schaffung des vom Täter ersehnten Ideals einer weiblichen Identität Totes in lebendige Schönheit transformiert. Insbesondere dem Totenkopfschwärmer – dem Insekt, das wohl, wie bereits erläutert, eine wesentliche Ursache für die Vorstellung der Seelenverkörperung des Schmetterlings ist – kommt in *Das Schweigen der Lämmer* eine prominente Stellung zu.

Die sexuelle Konnotation des Schmetterlings lässt sich aus der Morphologie und insbesondere dem Verhalten des Tieres ableiten. Seine fragile Schönheit, die Leichtigkeit, mit der er sich in seinem gaukelnden Flug scheinbar sprunghaft und unvorhersehbar von Blüte zu Blüte treiben lässt, symbolisieren die Leichtigkeit des Seins, Freiheit und eine damit einhergehende Promiskuität.

6.5 *The Souls, butterfly, divided* und der Kunstmarkt

Im Folgenden sollen Vermarktungsstrategien unter besonderer Berücksichtigung von Hirsts Schmetterlingsarbeiten betrachtet werden, um den Status von *butterfly, divided* vergleichend herausarbeiten zu können. Aufgrund erheblicher – und offensichtlicher – Unterschiede scheint dies auf den ersten Blick wenig hilfreich, zumal die Tattoo-Arbeit schlichtweg nicht verkäuflich ist. Doch zeigt der darauffolgende Abschnitt vorhandene Bezüge und Parallelen in einem übergeordneten Zusammenhang.

Mit der Grafik-Edition *The Souls* hat Damien Hirst eine Serie geschaffen, die mit einer Gesamtauflage von 4800 Blättern einer Vielzahl von Käufern zugänglich gemacht werden sollte.[683] Bei einem durchschnittlichen Verkaufspreis von 4200 Pfund Sterling pro Druck ist somit ein Gesamterlös von etwa 20,2 Millionen Pfund möglich, was circa 25,5 Millionen Euro entspricht.[684] Bisher hat *The Souls* einen Umsatz von mindestens 1,8 Millionen Pfund erwirtschaftet – ausverkauft sind 29 von 320 Teil-Editionen, was etwa neun Prozent entspricht.[685] Noch im Jahr 2008 verkaufte Damien Hirst auf seiner Auktions-„Performance" *Beautiful Insinde My Head Forever* bei Sotheby's alle 223 Werke innerhalb von zwei Tagen.[686] Der Großteil der Arbeiten wurde weit über dem Schätzpreis veräußert, der Gesamterlös betrug 140 Millionen Euro. Der Absatz von *The Souls* verläuft somit vergleichsweise schleppend, was möglicherweise auf das Zurückfallen des Gesamtniveaus der Hirst-Preise zurückzuführen ist.[687]

Schon bei der Ausstellung von Hirsts Installation *In & Out of Love* im Jahr 1991 spielte die merkantile Verwertbarkeit seines unverkäuflichen Werkes eine wesentliche Rolle. Während im Obergeschoss des Ausstellungsraumes dem Lebenszyklus der Schmetterlinge beigewohnt werden konnte, verkaufte Hirst im Untergeschoss monochrome *Butterfly Colour Paintings* mit toten, aufgeklebten Faltern. Ulrich Blanché, der sich in seiner Monografie *Konsumkunst*

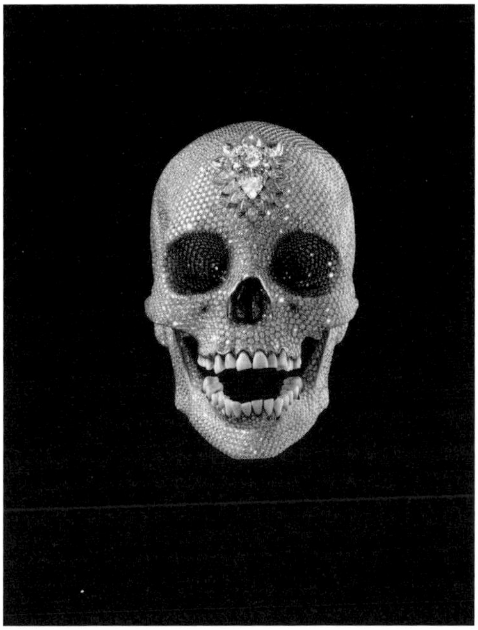

Abb. 106 Damien Hirst, *For the Love of God*, 2007, Platin, Diamanten und menschliche Zähne, 17,1 × 12,7 × 19 cm, Privatsammlung.

umfassend mit der Vermarktungsstrategie von Damien Hirst und der Verwischung der Grenzen zwischen Kunst und Gebrauchskunst sowie Design auseinandersetzt, leitet dieses Prinzip aus dem Marketing ab, bei dem er die Gemäldeserie als „kommerziell verwertbaren Ableger oder Spin-off der Installation" bezeichnet.[688] Zudem habe Hirst mit der Verwendung von Schmetterlingen eine universelle, meist positive Metapher, die ebenso zeitlos wie unabhängig vom soziokulturellen Kontext international und überzeitlich verständlich sei, gewählt.[689] Überträgt man diese Eigenschaften auf ein Konsumprodukt, wird unmittelbar deutlich, dass sie den optimalen Voraussetzungen für eine erfolgreiche Vermarktung entsprechen: ein Produkt, das positiv konnotiert ist und von jedem potentiellen Käufer zu jeder Zeit verstanden wird. Am Beispiel von Hirsts mit Diamanten besetztem Platin-Schädel mit dem Titel *For the Love of God* (Abb. 106) weist Isabelle Graw darauf hin, dass dieser Schädel auf der symbolischen Ebene nur stumpfeste Vanitas-Symbolik zu bieten habe. Der hohe Materialwert des Werks erscheine als eine Art Entschädigung für einen Symbolwert, der mit Plattitüden aufwarte. Man könne diese Arbeit höchstens zum Anlass nehmen, um über Tod und Vergänglichkeit oder darüber zu schwadronieren, dass Luxus allein nicht glücklich mache, zumal uns der Tod ja alle ereile.[690] Dies lässt sich ebenso – bezogen auf die Schönheit an Stelle des Luxus – auf den Schmetterling übertragen. Diese Überlegungen verfehlen für Graw jedoch die eigentliche Pointe des Werkes. Für sie liegt die Stärke der Arbeit gerade in ihrem Mangel an Komplexität respektive darin begründet, dass sie auf der symbolischen Ebene etwas schuldig bleibe. Indem sie hemmungslos Klischees über Tod und Vergänglichkeit aufrufe, verweigere sie jeden erkenntnistheoretischen Mehrwert, der von Kunstwerken spätestens seit der Historienmalerei erwartet werde. Sie sollen zu Einsichten führen, die andernorts nicht zu haben seien. Diesen traditionell für die Kunst erhobenen intellektuellen Anspruch scheine Hirst zu verweigern.[691]

Die Grafik-Edition *The Souls* ist eine konsequente Weiterführung von Hirsts Vermarktungsansatz und seiner Bildsprache: ein leicht verständliches Motiv, das fest im Gedächtnis kunstaffiner Verbraucher ist, da es seit zwei Jahrzehnten signifikanter Bestandteil seines Œuvres ist, wird erneut adaptiert und in einem Medium veröffentlicht, das eine hohe, Absatz versprechende Auflage ermöglicht. Die beschriebene Sotheby's-Auktion erbrachte einen Durchschnittspreis von knapp 630 000 Euro pro Werk. Mit einem durchschnittlichen Verkaufspreis von 4200 Pfund pro Original-Druckgrafik der Serie *The Souls* bleibt der Erwerb von Hirsts Arbeit nicht der finanzkräftigen Oberschicht vorbehalten, sie wird ebenso für den Mittelstand erschwinglich. Das Erschließen verschiedenster Käufergruppen soll nicht weiter ausgeführt werden. Erwähnt sei jedoch, dass Hirst seine Arbeit durch eine umfassende Vermarktungsstrategie und Diversifikation für eine breite Masse konsumierbar macht.[692]

Ulrich Blanché bemerkt diesbezüglich, dass Hirst immer wieder auf formale wie inhaltliche Gemeinsamkeiten seiner Serien untereinander hinweist, die sich um 2008 gelegentlich überlappen würden. Die Tatsache, dass Hirst seit 1991 und damit einen Großteil seiner künstlerischen Laufbahn variierte Serien schuf, finde Eingang in die Werke selbst. Dieser Umstand betone Hirsts Auseinandersetzung mit Kunst als Konsumprodukt. Die Serie selbst erweise der Massenproduktion Referenz, was durch ihre Verknüpfung noch gesteigert werde. Das Selbstreferenzielle zeige, so Blanché, dass „Hirsts Serien bereits als Marke oder bekanntes Produkt wie eine Ikone etabliert sind, so dass sie sich selbst zitieren". Der potenzielle Käufer oder Betrachter werde so Beteiligter des Hirst'schen Happenings. Er verstehe etwa, dass die „Silhouette eines Totenschädels in einem Spin Painting ebenso wie die Diamanten in einem Butterfly Painting auf ‚For the Love of God' anspielen".[693]

Im Jahr 2007 propagierte Hirst mit ebendieser Arbeit die „Rückkehr des Materialwertes".[694] Seinen Anspruch auf kulturelle Bedeutung reklamiere der Schädel in erster Linie über seinen horrenden Preis von 100 Millionen Dollar, so Graw. „Es wirkt so, als verschmelze dieser Schädel mit seinem Marktwert, der allein ihn schon als künstlerisch bedeutungsvoll ausweist." Hirst selbst habe den astronomischen Preis dieses Schädels mit dem Verweis auf dessen enormen Herstellungswert von 30 Millionen Dollar zu rechtfertigen versucht. Diamanten allein seien so teuer, dass sich der Aufschlag im Vergleich zu diesem Materialwert bescheiden ausnehme. Dieser Versuch von Hirst, den Preis, der ja Wertausdruck sei, mit dem Materialwert seiner Arbeit zu legitimieren, erinnere an die von Michael Baxandall beschriebenen Strategien der Renaissance-Künstler. Auch sie verwendeten die teure Blattgoldfarbe im Hinblick auf den dadurch in die Höhe schießenden Preis der Bilder.[695] Die Verwendung von Diamanten bei Hirst korrespondiere mit diesen historischen Anstrengungen, den Preis einer künstlerischen Arbeit qua Materialwert zu plausibilisieren, was dem grundsätzlich arbiträren Charakter der Preisbildung entgegenwirke. Denn der Preis einer künstlerischen Arbeit sei schon deshalb nicht zu rechtfertigen, weil er sich auf ihre symbolische Bedeutung berufe, deren Eigenheit darin bestehe, dass sie sich nicht nahtlos in ökonomische Kategorien übersetzen lasse. Dieser Symbolwert solle idealiter nicht mit Geld aufzuwiegen sein. „So gesehen basiert der Preis einer künstlerischen Arbeit auf der Annahme, dass sie preislos sei", so Graw.

In Anbetracht obiger Ausführungen wird deutlich, welche Sonderstellung die – de facto „preislos[e]" – Arbeit *butterfly, divided* innerhalb von Hirsts Œuvre einnimmt: Es handelt sich um ein unverkäufliches Werk mit geringen Produktionskosten und ohne jeglichen Markt- oder Wiederverkaufswert. Zudem hat die Arbeit keinen Kaufpreis – die Besitzerin musste die Arbeit nicht erwerben.[696] Erstmals bediente sich Hirst des Mediums der Tätowierung und des lebenden menschlichen Körpers als Material und Bildträger. Auch wurde das Werk nie ausgestellt, lediglich die beschriebene Fotografie der Arbeit wurde der Öffentlichkeit durch ihre Publikation im *Garage Magazine* präsentiert. Ein Großteil von Hirsts Werken umfasst von seinen Mitarbeitern gefertigte Massenprodukte – allein von seinen *Spot Paintings* sollen etwa 1500 Stück existieren.[697] Auch die Tattoo-Arbeit wurde nicht von Hirst selbst ausgeführt und hinsichtlich des Motivs sowie des beschriebenen Aspektes der Teilung ordnet sie sich überaus selbstreferenziell in sein Gesamtwerk ein; dennoch bleibt *butterfly, divided* eines der wenigen Werke, die nicht Teil einer Serie und unikal sind. Zwar ist es selbst nicht direkt kommerziell verwertbar, doch dient es ob seiner medialen und öffentlichkeitswirksamen Verwertung als Vermarktungsinstrument und möglicher Kaufanreiz für andere Werke oder Merchandise-Produkte. Konzeptionell steht die Arbeit dem Werk *In & Out of Love* gewissermaßen nahe, da es ebenso unverkäuflich ist. Während die Installation aus dem Jahr 1991 noch als absatzförderndes Nebenprodukt einer Verkaufsausstellung von *Butterfly Colour Paintings* gedeutet wurde, steht *butterfly, divided* in einem anderen Entstehungskontext. Wie bereits erläutert, handelt es sich um eine Auftragsarbeit für die Einführung einer Kunst- und Modezeitschrift. Ob Hirst ein Honorar für die Konzeption seiner Arbeit erhielt, ist nicht bekannt. Da geschäftliche sowie freundschaftliche Verbindungen zwischen der Herausgeberin Dasha Zhukova – der Lebensgefährtin des russischen Oligarchen Roman Abramowitsch – und Hirst sowie einigen der anderen beteiligten Künstlern bestehen, ist es durchaus denkbar, dass es sich um eine Beau Geste der Künstler in Form einer Public-Relation-Maßnahme für Zhukovas Lancierung des Magazins und ihr gemeinnütziges Garage Center for Contemporary Culture handelte.[698] Auch für Hirst war die Teilnahme an der nur in Form der Zeitschrift existenten Gruppenausstellung mit anderen namhaften zeitgenössischen Künstlern wie Jeff Koons, Paul McCarthy und Richard Prince durchaus öffentlichkeitswirksam.[699] Hirsts Werk, das auch als Titelmotiv verwendet wurde, führte dazu, dass der Verkauf der Ausgabe bei dem Zeitungsgeschäft WHSmith eingestellt wurde.[700] Dies war einer der Gründe, weshalb in verschiedenen Tageszeitungen von der Veröffentlichung des Magazins berichtet wurde.[701]

7 ‚high art lite' – low art high

Zu ebendieser Publikationsform des Werkes auf der Titelseite des *Garage Magazine* und dem damit verbundenen Aspekt der Öffentlichkeitswirksamkeit an späterer Stelle mehr, zunächst gehe ich auf die konkreten Ergebnisse ein.

Die vorliegende Arbeit ging den materialspezifischen Eigenheiten von Tattoos und deren Ikonografie nach. Auf der Grundlage einer Erforschung der Motivgeschichte des Schmetterlings in der Tätowierung anhand verschiedener Quellen und einzelner Betrachtungen spannte sie einen Bogen von den Anfängen der professionellen Tätowierung des ausgehenden 19. Jahrhunderts bis heute. Eines der Ziele war es, die daraus gewonnenen Erkenntnisse für die Analyse der bisher nicht untersuchten Arbeit *butterfly, divided* von Damien Hirst zu verwenden. Anhand dieses Exempels hat sie allgemeingültige Eigenheiten des künstlerischen Mediums der Tätowierung – hinsichtlich dessen Materialität, Ikonografie und Rezeption – herausgearbeitet.

Eine umfassende, interdisziplinäre Darstellung des Forschungsstandes war notwendig, um die Rezeptionsgeschichte der Tätowierung und ihre damit einhergehende Verortung sowie ihren Einzug in das Kunstsystem darzulegen. Entscheidend hierbei – und wohl auch ursächlich für die Verwendung des Mediums in der bildenden Kunst – waren die gesellschaftlichen Umbrüche der späten 1960er Jahre, die Erschließung neuer Ausdrucksmöglichkeiten im Rahmen der Body Art und die mit der Tätowierung assoziierte Stigmatisierung. Dabei sind insbesondere die bereits im 19. Jahrhundert einsetzende Pathologisierung sowie die Zwangstätowierungen im Nationalsozialismus relevant, was nicht zuletzt dadurch deutlich wird, dass künstlerische Tattoo-Arbeiten ebendiese Aspekte thematisieren. Man denke hier an Guerra und Vanzettis Projekt, bei dem Adolf Loos' Position ad absurdum geführt wurde, oder an Artur Zmijewskis Videoarbeit *80064*, die das vom Künstler erwirkte Nachstechen der Häftlingsnummer des Auschwitz-Überlebenden Josef Tarnawa dokumentiert.[702] Eine Analyse von Erlässen, Zeitzeugenberichten und einer Forschungsarbeit aus der Zeit des ‚Dritten Reichs' erlaubt die Schlussfolgerung, dass ein – oftmals kolportiertes – offizielles Tätowierverbot im Nationalsozialismus nicht bestanden hat. Zwar sind Inhaftierungen aufgrund einzelner – politisch ungewünschter – Darstellungen oder aus Willkür durchaus wahrscheinlich, doch ist nicht von einem generellen Tattoo-Verbot auszugehen. Bemerkenswert hieran ist, wie eine vermeintliche Untersagung der Praxis zu einer Legendenbildung beiträgt, die dazu führt, dass die Tätowierung weiter als eine Form der „Outgroup-Stigmatisierung" wahrgenommen wird.[703]

Ausführungen zu den organischen Spezifika des Materials Haut haben gezeigt, welche Rolle der bei Tattoos im Alterungsprozess eintretenden Unschärfe zukommt. Es wurde dargelegt, inwiefern ihr Auftreten bei der Komposition von Tätowierungen antizipiert und berücksichtigt oder negiert wird; sie also entweder auf eine lange Halt- und Lesbarkeit hin ausgelegt werden oder ihre Anfertigung eher einem experimentellen Ansatz unterliegt. Ferner wurde ausgeführt, wie sich die zu tätowierende Person und ihre körperliche Konstitution auf den Herstellungsprozess auswirken – weniger in konzeptioneller Hinsicht, sondern eher aus arbeitspraktischer Perspektive.[704] Auch die Eigenschaften der Haut als Bildträger wurden in diesem Zusammenhang anhand von Schilderungen von Tätowierern veranschaulicht.

Im Kontext der Beschäftigung mit der Physis des menschlichen Körpers im Sinne seiner äußeren Form wurde dargelegt, wie relevant seine Beschaffenheit für die Komposition von Tätowierungen ist und auf welche Weise deren Platzierung mit ihrer Bedeutung korrelieren kann. Die Betrachtung humoristischer und illusionistischer Ansätze, bei denen anatomische Voraussetzungen wesentlicher Bestandteil der Komposition sind, ermöglichte die Einordnung von Hirsts *butterfly, divided* in eine Tradition innerhalb der Tätowierkultur, die sich anhand der dargestellten Beispiele bis in das frühe 20. Jahrhundert zurückverfolgen lässt. Entscheidend bei diesen ‚metamorphischen Tattoos' ist die Tatsache, dass ein Element des menschlichen Körpers – bei Hirst die Schamspalte der Trägerin – eine Komponente des Motivs der Tätowierung, hier den Körper des Falters, ersetzt.

Ausgehend von der achsensymmetrischen Darstellung von Hirsts Falter-Tattoo wurden der Aspekt und die Wirkung der bilateralen Symmetrie sowie ihre Verbindung zur biologisch bedingten Formbildung beleuchtet. Es wurde dargelegt, inwiefern Slimanes Fotografie das Tattoo-Motiv zu einem überzeitlichen Symbol – ohne temporale oder räumliche Referenz – erhebt. So wird die symmetrisch angelegte Aufnahme, die das Inbild von Dauer und Bestand ist, mit dem Ephemeren der Tätowierung kontrastiert. Ferner unterstreicht die Darstellungsweise als Torso die Hinfälligkeit der Persistenz des Tattoo-Werkes. Neben der symmetrischen Starrheit verleiht die Fotografie dem Dargestellten die Anmutung eines medizinischen Schauobjektes, was auch Hirsts fotografischem Verständnis von Ästhetik und seinem konzeptuellen Ansatz entspricht. Abschließend wurde in dem betreffenden Abschnitt auf das Signalhafte eingegangen, das einer symmetrischen Komposition innewohnt. Derartige Formen erwecken beim Betrachter eine erhöhte Aufmerksamkeit, der Wahrnehmung fällt Symmetrisches – in einer weitgehend asymmetrischen Umgebung – auf. Die Nutzbarmachung dieses Phänomens im Rahmen der Veröffentlichung der Fotografie auf der Titelseite des *Garage Magazine* wird an späterer Stelle aufgegriffen.

Das vierte Kapitel widmete sich der Darstellung von Schmetterlingen in der Tätowierung. Die Ergründung der Geschichte des Motivs vom ausgehenden 19. Jahrhundert bis heute lieferte verschiedenartige Erkenntnisse, die jedoch ausnahmslos für die Analyse von *butterfly, divided* oder die Untersuchung der Ikonologie von Tattoos – und ihren medienspezifischen Besonderheiten – fruchtbar waren. Zunächst wurde festgestellt, dass es sich beim Schmetterling um ein weit verbreitetes Motiv handelt, das in verschiedenen Bedeutungszusammenhängen und bei Trägern unterschiedlichster Herkunft auftritt – sei es als angebliches Symbol der Diebe, in Form dorsaler Falterflügel bei der Darstellung der Psyche oder

Attribut der vermehrt um das Jahr 1900 auftretenden Kugelläuferin, bei der es sich ebenso um eine Fortuna-Darstellung handeln kann. Aufgeführt wurden Hinweise aus dem gleichen Zeitraum, die ein Vorkommen des Schmetterlingmotivs unter Damen der Oberschicht vermuten lassen. Augenfällig ist – wie anhand der Beispiele der Psyche-Darstellung und der Akrobatin auf einer Kugel erläutert –, wie Motive, die zur gleichen Zeit in der bildenden Kunst, hier zum Beispiel bei Bouguereau und Picasso, rezipiert wurden, auch in Tätowierungen Verwendung fanden. Zwar ist diese Parallele naheliegend, doch zeigt sie, inwiefern kulturelle Erscheinungen – wie das vermehrte Auftreten von Akrobaten in Zirkussen oder auf öffentlichen Plätzen – ebenso in der Tätowierung als Inspiration für Arbeiten gedient haben wie in anderen künstlerischen oder kunsthandwerklichen Medien. Im entsprechenden Abschnitt wurde zudem verdeutlicht, dass ein Motiv verschiedene ikonologische Deutungen zulässt, zumal das hier angeführte unter anderem als Fortuna-Darstellung oder schlicht als das Motiv einer Akrobatin verstanden werden kann, die mit Schmetterlingsflügeln als bloße Requisite ausgestattet sein kann. Weiter lassen subjektive Zuschreibungen von Trägern die Deutungsmöglichkeiten offen.

Christian Schads Portrait *Bildnis Egon Erwin Kisch* diente als Beispiel für die Darstellung eines tätowierten Schmetterlings in der Malerei; im Fokus stand hierbei insbesondere die Ikonografie der Motivkonstellation, in der der Falter hier in Erscheinung tritt. Auf das Insekt, das auf dem Griff eines Krummschwertes platziert ist, das den abgeschlagenen Kopf eines Asiaten durchbohrt, wurde in der Forschung bisher nicht eingegangen. Zudem übernahmen bisherige Ausführungen unkritisch die von Kisch in einem Text veröffentlichte Angabe, es handele sich um ein Motiv, das Eunuchen bei der Kastrierung tätowiert worden sei, als Mahnung an die drohende Strafe bei einer Pflichtverletzung und zur Kennzeichnung. Es konnte dargelegt werden, dass es sich bei dem Motiv tatsächlich um eine Namakubi-Darstellung handelt, einen bekannten Topos der japanischen Tätowierung, der bis heute verbreitet ist. Eine Sichtung von Vorlagezeichnungen führte zu dem Ergebnis, dass das Motiv schon zu Kischs Lebzeiten zum Standardrepertoire europäischer Tätowierer gehörte. Es wurde erläutert, inwiefern dieses japanische Sujet in die westliche Tattoo-Ikonografie aufgenommen und verändert wurde und somit einen Teil seiner ursprünglichen Bedeutung durch die Rezeption einer anderen Kultur verlor. Zudem bedingen die Bewegung des menschlichen Körpers und die gewöhnlich damit einhergehende Veränderung seines Aufenthaltsortes, dass darauf befindliche Tätowierungen in unterschiedlichen kulturellen und gesellschaftlichen Kontexten wahrgenommen und gedeutet werden.[705] So kann einem bestimmten Tattoo beziehungsweise Motiv je nach aktuellem Umfeld des Trägers ein gänzlich abweichender Sinngehalt seitens der jeweiligen Betrachter zugeschrieben werden, und dies kann zu einer verschiedenartigen, gar divergenten Wahrnehmung seiner Person führen. Hinsichtlich des dem Motiv hinzugefügten Schmetterlings kann es sich ebenfalls um eine westliche Abwandlung handeln. Die Bildkombination auf dem Arm des dargestellten Kisch ist nicht in der japanischen Tätowierung begründet, vielmehr wurde ein traditionelles Motiv um das Detail des Falters erweitert, der wiederum in Europa stark verbreitet war. Offen bleibt, was Kisch zum Hinzufügen des Schmetterlings bewogen haben mag – sofern er denn überhaupt vorhanden war und nicht von Schad im Gemälde hinzugefügt wurde, was ebenso möglich ist. Jedenfalls müssen Kischs

Darstellungen zur Entstehung und Rezeption des Namakubi-Tattoos in Bezug auf den Sinngehalt des Motivs im Wesentlichen fiktiv sein, sie dienen womöglich einer Steigerung des Unterhaltungswertes seines Essays *Meine Tätowierungen*. Auf das Namakubi-Motiv konnte im Rahmen der vorliegenden Arbeit nicht näher eingegangen werden; es wurde lediglich aufgegriffen, um dessen Ikonografie und Bezug zur Falterdarstellung zu klären. Eine nähere Auseinandersetzung mit diesem Sujet im Hinblick auf dessen Umsetzung im Medium der Tätowierung muss in einer Untersuchung betrachtet werden, die auf den in dieser Arbeit geschaffenen Grundlagen aufbaut. Hierbei wären die Rezeption des Topos in der *kana zôshi*-Literatur, das Motiv der Enthauptung und Varianten der Darstellung mit eventuell einhergehenden Bedeutungsverschiebungen zu berücksichtigen.

In einem weiteren Abschnitt wurde dargelegt, wie asiatische Vorlagen zu Beginn des 20. Jahrhunderts im Westen europäisiert wurden, um die Palette des Motivangebotes zu erweitern. Am Beispiel des Hamburger Tätowierers Christian Warlich wurde aufgezeigt, dass ostasiatische Stecher ebenso vom hiesigen Bildgut inspiriert wurden wie deutsche Tätowierer von japanischen Motiven. Die genauere Untersuchung, wie sich ebendiese interkulturellen Austauschprozesse bei Warlich gestalteten, würde die Grenzen dieser Arbeit sprengen und muss weiteren Forschungen vorbehalten bleiben. Aufgezeigt wurde ebenso, wie der Japonismus in Hamburg die Japanrezeption von Tätowierern respektive Warlich geprägt haben mag. Hier wurde auf die Tätigkeiten Justus Brinckmanns als zentrale Figur eingegangen, der die Träger von Tätowierungen schon im Jahr 1889 als „wandelnde Gemälde" bezeichnete.[706] Nicht zuletzt die Betonung der Umrisslinie als grundlegendes Stilprinzip, das sich in der Tätowierung ebenso findet wie in der japanischen Kunst, mag als Anreiz für ihre Aufnahme in das Vorlagenrepertoire europäischer Tätowierer gedient haben.

Nachdem schon auf schmetterlingsbeflügelte Frauen im Kontext von Psyche- und Kugelläufer-Darstellungen eingegangen wurde, sei an dieser Stelle auf weitere gewonnene Erkenntnisse über nackte Frauen mit Falterflügeln und andere Mischwesen, wie Schmetterlinge mit einem Leib in Form eines Frauenkopfes, verwiesen. Diese Darstellungen besitzen oftmals eine erotische Konnotation, was zum einen in Apuleius' Überlieferung des Psyche-Mythos und zum anderen, in älteren Forschungsarbeiten, mit der vermeintlich weiblichen – und sexuellen – Unbeständigkeit begründet wird. Dies wurde per Analogieschluss mit biologischen Eigenschaften des Schmetterlings, wie etwa seinem scheinbar sprunghaften und orientierungslosen Flugverhalten, in Verbindung gebracht. Ein Zusammenhang zwischen vorhandenen Tätowierungen und weiblicher sexueller Verfügbarkeit ist erstaunlicherweise bis heute Gegenstand der öffentlichen Debatte. Die „quasi sexuelle Inbesitznahme der Frau" durch die Malerei, wie es in Bezug auf Courbets *Ursprung der Welt* heißt, ist ein Aspekt, der auch in Bezug auf das Medium der Tätowierung aufgeführt wird.[707] Die Analogie, dass die Nadeln des Tätowierers die Haut penetrieren wie ein Glied die Vagina, tritt bereits in den 1930er Jahren auf.[708] Ulrike Landfester führt aus, dass diese Durchdringung der sexuellen Penetration der Frau durch den Mann gleichgestellt wurde, „so dass sich die Zurschaustellung ihrer Spuren als öffentliches Eingeständnis verlorener Jungfräulichkeit und von dort aus als Werbungsverhalten einer mehr oder minder professionellen Promiskuität deuten ließ".[709] Mit ihrem Werk *Body Sign Action* von 1970 thematisierte Valie Export Geschlechterhierarchien und Rollenzuschreibungen. Die Arbeit *butterfly, divided* wurde über vierzig Jahre später dafür kritisiert, dass sie von Männern konzipiert, ausgeführt und buchstäblich in das Geschlecht der Trägerin eingeschrieben wurde.[710] Der nachvollziehbare Grundgedanke dieser Kritik besteht wohl darin, dass die Rückeroberung des weiblichen Körpers in der Body Art der 1970er Jahre hier quasi in ihr Gegenteil verkehrt wurde. Unter Berücksichtigung der Fragestellung der vorliegenden Arbeit ist wesentlich, dass das Werk nur auf einem weiblichen Körper ausgeführt werden konnte; die weibliche Anatomie, weniger Über- und Unterordnungsprozesse, rückt hier in den Vordergrund.

Meine These, dass die Motividee Hirsts – die Platzierung eines Schmetterlingtattoos auf einem Venushügel – hinsichtlich des gewählten Falters nicht nur ein sich konstant durch sein Œuvre ziehendes Selbstzitat ist, sondern ebenso eine Tradition innerhalb der Tätowierkultur hat, wurde verifiziert. Vergleichend wurde festgestellt, dass diese Variante der Genitaltätowierung bereits in der Mitte des 20. Jahrhunderts vorkam. Die topografische Nähe des Motivs zum weiblichen Sexualorgan lässt einen Zusammenhang vom Motiv und dessen Platzierung vermuten, zumal ja bereits die promiskuitive Konnotation des Falters in der Geschichte der Tätowierung herausgestellt wurde. Tatsächlich fanden sich Hinweise darauf, dass es in den 1950er Jahren einen ‚Butterfly Club' gegeben haben soll; einen Damenclub, dessen Mitglieder sich – angeblich als Ausdruck ihrer sexuellen Freiheit – Schmetterlinge auf ihre Vulven tätowieren ließen. Dass Hirst hiervon bei der Konzeption von *butterfly, divided* Kenntnis besaß, ist nicht auszuschließen, da die englische Übersetzung des Lexikons, in dem der entsprechende Eintrag enthalten ist, ein Jahr vor dem Projekt des *Garage Magazine* erschien.[711] Auch Abbildungen derartiger Tätowierungen waren zu dem Zeitpunkt durchaus zugänglich; dabei muss im Kontext einer eventuellen Rezeption dieser durch Hirst insbesondere die Publikation *Art, Sex and Symbol* von Scutt und Gotch hervorgehoben werden, zumal sie in London erschien. Hierbei handelt es sich um ein Grundlagenwerk zur Tätowiergeschichte aus englischer Perspektive, vergleichbar mit Oettermann oder Schönfeld in Deutschland. Bei diesen Veröffentlichungen handelt es sich um Werke, die bei einer ersten Recherche zum Thema üblicherweise herangezogen werden. Überdies zeigen weitere Abbildungen, auch in Scutt und Gotch, dass die Schmetterlingstätowierung im Genitalbereich ebenso bei männlichen Trägern vorkommt.

Anhand der Analysen konnte dargelegt werden, welche Bedeutung dem Motiv des Schmetterlings in der Tätowierung von etwa 1880 bis 1960 zukam. Eine umfangreiche Prüfung verschiedenster Literatur und Quellen konnte belegen, dass Darstellungen von Schmetterlingen bis heute überaus gängig sind. Dabei zeigte sich, dass das Motiv keineswegs als eines einzuordnen ist, das geschlechtsspezifisch ist und vornehmlich von Frauen gewählt wird. Als Grund für die große Verbreitung des Motivs wurden dessen verschiedene ikonografische Bedeutungen und die damit einhergehenden vielfältigen – und auch individuellen – Interpretations- und Identifikationsmöglichkeiten dargelegt. Zudem bietet der Schmetterling einen großen Gestaltungsspielraum aufgrund seiner Artenvielfalt und der diversen Platzierungsmöglichkeiten auf dem menschlichen Körper.

Hirsts *butterfly, divided* existiert in drei Versionen: 1. im Original, in Form einer unikalen Tätowierung, auf der Trägerin Shauna Taylor; 2. als – für eine breitere Rezeption bestimmte

– Fotografie und 3. als deren zensierte Variante auf dem Cover des *Garage Magazine*. Es konnte nicht nur gezeigt werden, inwiefern ihre Rezeption divers ist, sondern ebenso, wie komplex der Entstehungskontext der Arbeit ist. Direkt beteiligt an Idee, Gestaltung und Umsetzung der drei hervorgebrachten Varianten waren sechs Personen: die Kuratorin Becky Poostchi, der Konzepter Hirst, der Tätowierer Mo Coppoletta, der Fotograf Hedi Slimane, der Art Director Mike Meiré und, in passiver Weise, die Trägerin Shauna Taylor. Das Konzept für das Gesamtprojekt stammt von Poostchi, die Idee für die Arbeit von Hirst. Coppoletta, Slimane und Meiré waren maßgeblich für das Ergebnis des Projektes verantwortlich. Shauna Taylors Beitrag ist als eher passiv zu bezeichnen, da sie sich für die Umsetzung eines bereits konzipierten Motivs – in der Tattoo-Szene ist diese Art der Arbeit als *‚wanna do'* geläufig – zur Verfügung stellte.[712] Zwar bewarb sie sich aktiv, doch hatte sie keinerlei Einfluss auf die Gestaltung des Motivs oder seine Platzierung. Hinsichtlich der der Tätowierung eigentümlichen Möglichkeit der subjektiven Bedeutungsaufladung des Trägers scheint Taylor allerdings einen emotionalen oder inhaltlichen Bezug zu dem Motiv zu haben, da sie, laut Poostchi, der Auffassung war, dass das Tattoo für sie bestimmt gewesen sei und nur ihr gehören könne.

Anhand von Hirsts Arbeit konnte ferner exemplifiziert werden, was einige Kapitel zuvor zu den medialen Spezifika der Tätowierung ausgeführt wurde. Es konnte belegt werden, dass Coppoletta Änderungen an Hirsts Entwurf vornehmen musste, um ihn in Form eines Tattoos realisieren zu können – ein Beispiel dafür, dass die Übersetzung einer Vorlage in das Medium der Tätowierung nur unter Berücksichtigung der körperlichen Charakteristika des Trägers gelingen kann.

Es wurde aufgezeigt, dass Meiré bei der Gestaltung des Magazin-Covers mit einem die Scham verdeckenden, grünen Schmetterlingsaufkleber Andy Warhol zitierte. Dies legt die Vermutung nahe, dass auch die Wahl der Farbe des Stickers, die von dem bei der Tätowierung verwendeten Blau abweicht, mit einem Rekurs auf die Kunstgeschichte verbunden ist. Entsprechend konnte eine Analogie des verbergenden Aufklebers mit verhüllenden Bildervorhängen hergestellt werden, zumal diese oftmals von grüner Farbe waren. Ferner verdeckte ein ebensolcher grüner Vorhang Courbets *Ursprung der Welt*, ein Gemälde, das *butterfly, divided* respektive dessen fotografischer Wiedergabe hinsichtlich des zentralen Motivs der Vulva und der Darstellung des Körpers als Torso ähnelt. Auch Hirsts Wahl der Falterart, die auf den *Morpho cypris* fiel, scheint durchaus eine bewusste gewesen zu sein. Der Schmetterling ist nach Aphrodite benannt, der Göttin der Sexualität, Fruchtbarkeit, Zeugung und Fortpflanzung. Das im antiken Entstehungsmythos erwähnte Muschelmotiv teilt den Symbolgehalt der Fruchtbarkeit und wird aufgrund seiner Form mit dem weiblichen Geschlechtsorgan assoziiert. Dies erlaubt die Schlussfolgerung, dass das auf dem Venushügel der Trägerin platzierte Tattoo eines *Morpho cypris* als Analogie zu einer auf einer Muschel platzierten Aphrodite gelesen werden kann, womit das Werk auf deren Geburtsmythos verweisen würde. Dieses Exempel verdeutlicht, wie entscheidend auch die Platzierung eines Tattoo-Motivs für dessen Deutung sein kann.

Auf Lepidoptera als Thema in Hirsts Gesamtwerk wurde detailliert eingegangen, um die vorherige Verwendung und die bisherigen Deutungsebenen herauszuarbeiten und sie auf die Arbeit *butterfly, divided* zu beziehen. Zunächst konnte festgestellt werden, dass letztere untypisch für das Œuvre von Hirst ist, da eine unmittelbare Rezeptionssituation, bei der dem Betrachter eine physische Nähe zum Original ermöglicht wird, hier nicht gegeben ist. Mit der Wahrnehmung des Werkes in Form einer fotografischen Reproduktion in einer Kunst- und Modezeitschrift, in der einer Aktfotografie ohnehin ein geringes Überraschungsmoment zukommt, behält der Betrachter einen emotionalen Abstand zur Arbeit – und hier ebenso zu ihrer Trägerin. Durch die Wahl dieses Publikationsmodus können Gefühle wie beispielsweise Scham, die beim Anschauen des leibhaftigen Intimtattoos zu erwarten wären, nicht evoziert werden. Eine Schilderung von Hirsts eigener – von Verlegenheit geprägter – erster Rezeption der Tätowierung nach deren Fertigstellung hat gezeigt, wie entscheidend dieser Aspekt bei der Wahrnehmung und Wirkung von Tattoo-Kunstwerken sein kann. Somit muss eine fotografische Inszenierung und Wiedergabe einer Tätowierung stets auch losgelöst vom unikalen Werk betrachtet werden, insbesondere hinsichtlich der Rezeption. Auch wenn Hirsts Arbeit nicht – wie beispielsweise Wim Delvoyes *Tim* – im Original betrachtet werden kann, hat er mit *butterfly, divided* erstmals einen lebenden menschlichen Körper als Bildträger verwendet und damit den Versuch unternommen, seinen Anspruch zu erfüllen, „die Kunst lebendiger zu machen".[713]

Die Ambiguität, die viele von Hirsts Werken prägt, liegt auch der Tattoo-Arbeit und deren Präsentation in Form von Slimanes Fotografie zu Grunde. Die Platzierung des Falter-Motivs auf Taylors Vulva lässt einen Verweis auf den antiken Geburtsmythos zu, wobei die Sexualität, Fruchtbarkeit und Fortpflanzung Deutungsmöglichkeiten darstellen. Dies korreliert auch mit der erwähnten Promiskuität, mit der das Motiv in Verbindung gebracht wird. Die vorherige Verwendung des Schmetterlings bei Hirst erlaubt andererseits eine Lesart, die in der christlichen Ikonografie begründet ist: Hiernach kann das Motiv als Todes- respektive Auferstehungsmetapher verstanden werden; ein Interpretationsansatz, der weniger für die Tattoo-Arbeit gelten mag, jedoch für Slimanes fotografische Darstellung des Werkes. Sie lässt die Assoziation eines anatomischen Schauobjektes zu, was auf die begrenzte Lebensspanne des Menschen und – angesichts der abgebildeten Tätowierung – auf die Vergänglichkeit des Trägermaterials verweist. Gleichzeitig erscheint die Aufnahme wie ein Hirst-Zitat, da die fotografische Inszenierung der Arbeit gewissermaßen an Hirsts Schaukästen erinnert. Diesbezüglich sei nochmals erwähnt, dass Slimane die Fotografie nicht in Kooperation mit Hirst anfertigte, sondern – laut Auskunft der Kuratorin – freie Hand hatte. Auch funktioniert der Falter in Slimanes Foto als Sinnbild der Überwindung des Todes, zumal die Vulva, als der Ursprung des menschlichen Lebens, den Tod – im Sinne des Aussterbens seiner Art – durch eine Hervorbringung von neuem Leben überwinden kann. Ferner wird in der Fotografie ein Höchstmaß an Starrheit, kompositorisch wie inhaltlich, vermittelt. Dies bildet eine deutliche Gegenposition zur sexuell konnotierten Aphrodite-Analogie in Form eines im Flug rastlos erscheinenden Falters auf einem lebendigen menschlichen Körper, der ebenso ständig in Bewegung ist.

Es wurde herausgearbeitet, dass bei Hirsts Schmetterlingsarbeiten – insbesondere jenen, bei denen tote Schmetterlinge als Material verwendet wurden – das Ausbleiben eines Verwesungsprozesses vorgeführt wird. Bei *butterfly, divided* hingegen erfolgt der oben beschriebene schleichende Prozess einer materialbedingten Veränderung, der in einer organischen Zersetzung des Werkes enden wird. Diesbezüglich lässt sich ebenso eine Parallele zu *A Thousand Years* ziehen wie zu den in Formaldehyd eingelegten Haien.[714] Hirsts Tattoo-Arbeit ist quasi ein in einem lebendigen Träger materialisiertes Feuchtpräparat. Eine Betrachtung der Auferstehungs- und Seelenmetaphorik im Werk von Hirst unter Berücksichtigung der christlichen Ikonografie und obiger Ausführungen hat gezeigt, dass *butterfly, divided* fünf Ebenen der menschlichen Existenz – von der Zeugung über die Geburt, das Leben, den Tod bis hin zum Leben nach dem Tod – vereint.

Im Laufe der Arbeit wurden Darstellungen der Psyche in verschiedenen Zusammenhängen besprochen. Daher war es erforderlich, den Mythos von Amor und Psyche zu betrachten sowie die dem Schmetterling eigene Metamorphose, um daraus weitere Erkenntnisse hinsichtlich seiner ikonologischen Deutung zu gewinnen. Es wurde festgestellt, dass in der antiken Erzählung von Apuleius zwei Ereignisse beschrieben werden, die als symbolischer Tod Psyches interpretiert und als Analogie zur biologischen Entwicklung des Falters verstanden werden können. Das Gleichnis ist ein Verweis auf die Verwandlung der Puppe zum Schmetterling und die antike Vorstellung eines besseren Lebens nach der Überwindung des Todes. Somit ist es naheliegend, dass nicht nur der Doppelsinn von Psyches Namen ein Anlass für ihre traditionelle Darstellung mit Falterflügeln ist, sondern ebenso die Analogie zwischen ihrer Metamorphose und der biologischen Entwicklung des Schmetterlings.

Das letzte Kapitel der Arbeit zeigte insbesondere unter dem Aspekt des Marketings, inwiefern Hirst seine Bildsprache konsequent wiederholt und variiert, ohne dabei den Verlust der Wiedererkennbarkeit seiner Werke zu riskieren. Zudem machte er seine Arbeiten, hier aufgezeigt am Beispiel der Grafik-Edition *The Souls*, für eine breite Masse konsumierbar. Der Arbeit *butterfly, divided* kommt innerhalb Hirsts Œuvre eine Sonderstellung zu, da es sich um ein unverkäufliches Werk mit geringen Produktionskosten und ohne jeglichen Markt- oder Wiederverkaufswert handelt. Außerdem hatte die Arbeit keinen Kaufpreis und das genuine Tattoo wurde nie öffentlich ausgestellt. Hinsichtlich des gewählten Motivs und des aufgegriffenen Aspekts der Teilung reiht sie sich höchst selbstreferenziell in Hirsts Gesamtwerk ein. Aufgrund des ausgewählten Mediums bleibt die Tattoo-Arbeit jedoch eine der wenigen, die nicht Teil einer Serie, sondern unikal ist. Das Werk ist nicht monetär verwertbar, dennoch kann es aufgrund seiner öffentlichkeitswirksamen Präsentation als Kaufanreiz für andere Arbeiten oder Merchandise-Produkte dienen. In Tageszeitungen rief die Arbeit vor allem deshalb Aufmerksamkeit hervor, weil Englands größte Buch- und Zeitschriftenhandlung den Verkauf des Magazins ob Hirsts Cover-Version einstellte.

Hirsts Werk *butterfly, divided* ist die Weiterführung eines bestehenden Themas in einem von ihm bislang nicht verwendeten Medium. Die geschilderte Ambiguität der Arbeit und deren offene Deutungsmöglichkeit sind ebenso charakteristisch für sein Schaffen wie die Wiederholung einzelner Motive. Der gewählte Falter der Art *Morpho cypris* wurde bereits zuvor von ihm dargestellt, so auch in der Serie *The Souls*. Daraus lässt sich schließen, dass dieser Schmetterling aus einem vorhandenen Repertoire für das Tattoo ausgesucht wurde. Die Untersuchung der Motivgeschichte hat gezeigt, dass es sich bei der Wahl des Motivs und dessen Platzierung um eine Darstellungstradition handelt, die bis in die 1940er Jahre zurückverfolgt werden kann. Gar bei dem Konzept des Projektes selbst handelt es sich um einen Ansatz, der, in ähnlicher Form, bereits einige Jahre zuvor von einer Galerie umgesetzt wurde. Einen deutlichen Unterschied weisen die Projekte in Bezug auf die Professionalität ihrer Durchführung und ihrer Inszenierung auf. Das Vorhaben des *Garage Magazine* war hinsichtlich der Einführung der Zeitschrift, der ausgewählten Künstler und der begleitenden Filmproduktion von Beginn an auf eine hohe Medienwirksamkeit ausgelegt. Slimanes Fotografie von *butterfly, divided* erzeugte die dafür notwenige Signalwirkung; sowohl visuell als auch in Bezug auf deren Rezeption durch die Presse. Julian Stallabrass nennt unter anderem ebendieses Spezifikum als eines, welches symptomatisch für Hervorbringungen der ‚Young British Artists' ist, die er als ‚high art lite' bezeichnet.[715] Neben der Kompatibilität dieser Kunst mit den Massenmedien greift sie auf Materialien zurück, die eine hohe Präsenz in der Populärkultur haben und sich auf spektakuläre Weise inszenieren lassen.[716] Zudem liege ihr eine Zugänglichkeit zu Grunde, womit sie jeder ohne Expertenwissen verstehe. Die Bezüge zur Massenkultur wiederum könnten dazu führen, dass die *lowbrow*-Themen der Arbeiten für Kunsthistoriker nicht greifbar sind.[717] Dieser Aspekt kann auch auf Tattoo-Arbeiten zutreffen, da sie bisher – wie bereits ausgeführt – nur selten Gegenstand kunsthistorischer Forschungen waren.

Brachte Hirst mit seiner Arbeit *In and Out of Love* noch lebende Schmetterlinge in den Galerieraum, exisitert *butterfly, divided* völlig losgelöst von jeglichem Austellungskontext außerhalb von Kunstinstitutionen. Die Ästhetik der Fotografie, die Familiarität des Motivs und seine Zweiteilung weisen eindringlich auf den Urheber der Arbeit. Trotz der unikalen Eigenschaften des Werkes bleibt es eine Bekundung einzelner, bereits vorhandener Ideen; die Einprägung eines Signets auf einem seinerseits neu erschlossenen Bildträger betont seine Intention eines crossmedialen Brandings. Die dargelegten kunsthistorischen Rekurse – wie der Geburtsmythos der Venus oder das Grün des Aufklebers – sind, nach Stallabrass, typisch für ‚high art lite', da sie vulgäres Material unter dem Deckmantel einer höheren Form präsentieren würden.[718] Abgesehen von diesen Verweisen und den ikonologischen Besonderheiten des gewählten Mediums ist Hirsts Thema banal und offensichtlich. Die Publikationsform von *butterfly, divided* führt erneut vor Augen, wie zugänglich und verwertbar Hirsts Arbeiten für die Massenmedien sind. Die hohe Wiedererkennbarkeit seiner Werke führt dazu, dass sie nicht ob ihres Inhaltes relevant sind, sondern mit dem Künstler assoziiert werden. Der Schmetterling ist also weniger, um einen Gedanken von Stallabrass aufzugreifen, ein Symbol für Leben, Tod und Auferstehung, sondern eines für Hirsts Medienpräsenz.[719]

Mit der Verwendung der Tätowierung als Medium und der Platzierung eines Falters auf einer Vulva brachte Hirst keine künstlerische Innovation hervor, sondern beschritt Wege, die sowohl in der bildenden Kunst als auch in der Tätowierkultur lange bestehen. Die Überführung dieses *lowbrow*-Mediums in die *high art* hatte etwa vierzig Jahre zuvor stattgefunden, die Motividee ist wenigstens über ein halbes Jahrhundert alt. Das Vorgehen, *low* in *high* zu transferieren und durch die Kontextverschiebung in die Sphären des Kunstsystems eine Novität zu schaffen, kann hier somit nicht greifen. Zudem ist die Strategie mit der der ‚Young British Artists' vergleichbar, einer Erscheinung, die ihren Zenit etwa fünfzehn Jahre vor *butterfly, divided* erreicht hatte. Als Tattoo-Arbeit eines bildenden Künstlers bleibt sie dennoch beispielhaft, da sie die Möglichkeit bot, wesentliche Aspekte des menschlichen Körpers als Bildträger für Tätowierungen zu untersuchen. Insofern zeigt sich an diesem Werk par excellence, welchen Stellenwert den körperspezifisch-medialen Überlegungen im künstlerischen Prozess zukommt.

Die vorliegende Abhandlung hat motivgeschichtliche und materialspezifische Aspekte bei der kunstgeschichtlichen Analyse und Deutung einer Tätowierung berücksichtigt, die im Geltungsbereich der sogenannten Hochkunst zu verorten ist. Damit liefert sie einen methodischen Ansatz für weitere Studien, die sich mit Tattoo-Kunstwerken beschäftigen.

Anmerkungen

1 Zum Altargemälde *Dornenkrönung* Jörg Breu d.Ä. siehe Kapitel 1.3.1. Zur Malerei Lindauers siehe *Gottfried Lindauer. Die Maori-Portraits*, hrsg. von Udo Kittelmann/Britta Schmitz, Nationalgalerie, Staatliche Museen zu Berlin, Ausst.-Kat., Köln: König 2014; J.C. Graham: *Maori Paintings. Pictures from the Partridge Collection of Paintings by Gottfried Lindauer*, Wellington (u.a.): Reed 1965. Mit dem Portraitieren von Maoris beschäftigte sich ebenso Charles F. Goldie. *Goldie*, hrsg. von Roger Blackley, Auckland Art Gallery Toi o Tamaki, Ausst.-Kat., 1997. Zur Tätowierung in der Malerei der Neuen Sachlichkeit siehe Burcu Dogramaci: „Doppelte Leinwand. Tätowierungen in der Malerei der Neuen Sachlichkeit", in: Sabine Kampmann/Anja Herrmann/Jörg Petri et al. (Hg.), *Tattoo*, Bielefeld: transcript 2011 (= *Querformat*, Heft 4), S. 36–39; Eva Karcher: *Eros und Tod im Werk von Otto Dix. Studien zur Geschichte des Körpers in den zwanziger Jahren*, Münster: Lit 1984 (= Kunstgeschichte: Form und Interesse, Band 7), zugl.: München, Univ., Diss., 1984, S. 21–29. Auf Christian Schads Gemälde *Der Reporter Egon Erwin Kisch* wird in Kapitel 4.3 eingegangen, wo auch eine eventuelle Modifizierung diskutiert wird.

2 Zur Entwicklung der westlichen Tätowierung seit den frühen 1970er Jahren siehe Kapitel 4.8.

3 O.V.: *Tätowierer sind keine Künstler*, Handelsblatt 2007, handelsblatt.com/karriere/nachrichten/urteil-des-bundessozialgerichts-taetowierer-sind-keine-kuenstler/2775864.html vom 12.12.2012; O.V.: *Tätowierer als Künstler anerkannt*, Spiegel Online 2008, spiegel.de/kultur/gesellschaft/gerichtsentscheidung-taetowierer-als-kuenstler-anerkannt-a-536890.html vom 12.12.2012.

4 Monika Wagner: *Stellungnahme zu der Frage, ob es sich bei der Tätigkeit von Herrn Ralph Tiedemann als Tätowierer um eine künstlerische Tätigkeit im Bereich der bildenden Kunst handelt*, Akte des Sozialgerichts Hamburg, Aktenzeichen 22 KR 365/95, 1998. Für den Einblick in das Dokument danke ich Monika Wagner (Universität Hamburg).

5 Meist werden Tätowierungen im Bereich der bildenden Kunst mit Hilfe eines professionellen Tätowierers umgesetzt. Zunehmend bedienen sich Künstler des Mediums ohne technische Vorbildung und ohne Kenntnisse der Hygieneanforderungen, was zu erheblichen gesundheitlichen Risiken führen kann. Siehe hierzu: Anna Felicity Friedman: *Conduite irresponsable ou art légitime? Considerations éthiques sur le tatouage dans les performances artistiques contemporaines*, Musée du quai Branly, Paris 2015 (= Vortrag im Rahmen der Konferenz ‚Images tatouées' und der Ausstellung ‚Tatoueurs Tatoués'). Die Veröffentlichung eines Tagungsbandes ist in Planung.

6 Eine umfassende Auseinandersetzung mit dem Kunst-Status von Tätowierungen liefert: Matthew C. Lodder: *Body Art: Body Modification as Artistic Practice*, Reading, Univ., Diss., 2010, S. 111–173. Auf Lodders grundlegende und wegweisende Arbeit wird in der Darstellung des Forschungsstandes näher eingegangen.

7 Zur Biografie von Donald ‚Ed' Hardy, der am San Francisco Art Institute studierte, siehe Kapitel 4.8.

8 Mit dem Begriff ‚Berufstätowierer' sind professionelle Tätowierer gemeint, die keine Ausbildung an einer Kunsthochschule genossen haben. Beim Tätowierer handelt es sich nicht um einen anerkannten Ausbildungsberuf. Anwärter erlernen das Handwerk meist im Rahmen eines formlosen Lehrverhältnisses. Siehe dazu D. A. Vail: „Slingin' Ink or Scratching Skin? Producing Culture and Claiming Legitimacy Among Fine Art Tattooists", in: *Current Research on Occupations and Professions*, Band 11, 2000, S. 55–73; Clinton R. Sanders: *Customizing the Body. The Art and Culture of Tattooing*, 2. Auflage, Philadelphia: Temple University Press 2008, zuerst erschienen 1989, S. 62–148, 174–176.

9 Horst Bredekamp: „Bildwissenschaft“, in: Ulrich Pfisterer (Hg.), *Metzler Lexikon Kunstwissenschaft. Ideen, Methoden, Begriffe*, Darmstadt: Wissenschaftliche Buchgesellschaft 2003, S. 56–58, hier S. 57. Folgende Ausstellungen haben sich in jüngster Vergangenheit mit der Tätowierung und ihren Bezügen zur bildenden Kunst beschäftigt: *Tattoo. From Maritime Heroes to World Art*, hrsg. von Brandts Museum for Art and Visual Culture, Odense, Ausst.-Kat., 2014; *Gestochen scharf*, hrsg. von Stefanie Dathe, Ausst.-Kat., Burgrieden-Rot 2013 (= Museum Villa Rot, Band 01/13); *Tattoo*, hrsg. von Gewerbemuseum, Winterthur, Ausst.-Kat. (Begleitheft zur Ausstellung), 2014. Eine vergleichsweise frühe Präsentation der Tätowierung in einem Kunstmuseum bietet der Katalog folgender Ausstellung: *Tattoo. Bilder die unter die Haut gehen*, hrsg. von Hans-Werner Schmidt, Kunsthalle zu Kiel, Ausst.-Kat., 1996.

10 Weiterführend hierzu: Mary Kosut: „The Artification of Tattoo: Transformations within a Cultural Field“, in: *Cultural Sociology*, Jg. 8, Nr. 2, 2014, S. 142–158; Margot Mifflin: „Cultures at a Crossroads: Fine Art and Tattoo“, in: Brandts Museum for Art and Visual Culture (Hg.), *Tattoo. From Maritime Heroes to World Art*, Ausst.-Kat., Odense 2014, S. 96–101. Mit der erwähnten Einflussnahme durch Träger und Tätowierer und der damit zusammenhängenden Frage der Autorschaft beschäftigt sich Lodder. Lodder 2010 – Body Art, S. 111–173. Eine Untersuchung zur Rezeption der Tätowierung in der zeitgenössischen Kunst ist derzeit in Bearbeitung: Jennifer Daubenbergers Studie beruht vorwiegend auf bildwissenschaftlichen Forschungsergebnissen, insbesondere auf den bildanthropologischen Erkenntnissen von Hans Belting. Jennifer Daubenberger: *Die Tätowierung in der zeitgenössischen Kunst (Arbeitstitel)*, Karlsruhe, Univ., Diss., 2018 (voraussichtlich). Siehe hierzu auch Jennifer Daubenberger: *Hautbilder, Körperbilder. Eine kunstwissenschaftliche Annäherung an die europäische Tätowierung*, Masterarbeit, Technische Hochschule Karlsruhe 2008. Einen Einblick in ihre Dissertation liefert folgender Artikel: Jennifer Daubenberger: „‚A Skin Deep Creed‘. Tattooing as an Everlasting, Visual Language in Relation to Spiritual and Ideological Beliefs“, in: *Image*, Nr. 14, 2011, S. 19–29.

11 Mifflin 2014 – Art and Tattoo, insbesondere S. 96 und 99. Zum Medientransfer und dem Tätowieren im Museumsraum am Beispiel von Projekten in der Kunsthalle Emden, dem Dordrechts Museum und dem New Museum for Contemporary Art siehe O. V.: *Kunst geht in Emden unter die Haut*, Hannoversche Allgemeine 2012, haz.de/Nachrichten/Kultur /Uebersicht/Kunst-geht-in-Emden-unter-die-Haut vom 3.9.2012; Kunsthalle Emden: *Große Resonanz auf das Tätowier-Projekt in der Kunsthalle Emden*, 2012, kunsthalle-emden.de/kunst-die-unter-die-haut-geht/ vom 3.9.2012; Jari Ortwig/Jan Kryszons: „Kunst, die unter die Haut geht“, in: Sabine Kampmann/Anja Herrmann/Jörg Petri et al. (Hg.), *Tattoo*, Bielefeld: transcript 2011 (= *Querformat*, Heft 4), S. 64–69; Henri Neuendorf: *New Museum Makes Push to Classify Tattoos as Art*, Artnet 2014, news.artnet.com/in-brief/new-museum-makes-push-to-classify-tattoos-as-art-195316 vom 15.1.2015; Katherine Brooks: *Tattoo Artist Amanda Wachob Transforms Skin Into Watercolor Paintings*, Huffington Post 2014, huffingtonpost.com/2014/12/11/amanda-wachob vom 15.1.2014. Zur Tattoo-Performance von Simone Westerwinter in der Städtischen Galerie Tuttlingen siehe Stefan Simon: *Was ein kleines Tattoo mit Kunst zu tun hat*, Südkurier 2013, suedkurier.de/region/schwarzwald-baar-heuberg/tuttlingen/Was-ein-kleines-Tattoo-mit-Kunst-zu-tun -hat;art 372539,6154695 vom 22.7.2013.

12 Siehe hierzu folgende Ausstellungsprojekte: *Dr. Lakra*, hrsg. von Amelia Hinojosa/Damián Ortega, The Institute of Contemporary Art, Boston, Ausst.-Kat., Barcelona: RM 2010; *Time. Tattoo Art Today*, hrsg. von Miki Vialetto, Somerset House, London, Ausst.-Kat., Mailand: Mediafriends 2014; *Pierced Hearts and True Love. A Century of Drawings for Tattoos*, hrsg. von Donald E.T. Hardy, The Drawing Center, New York, Ausst.-Kat., Honolulu: Hardy Marks 1995; *L'asino e la zebra. Origini e tendenze del tatuaggio contemporaneo*, hrsg. von Donald E.T. Hardy/Simona Carlucci/Giorgio Ursini Uršic, Mercati Traianei, Ausst.-Kat., Rom: De Luca 1985. *Tattoo*, hrsg. von Museum für Kunst und Gewerbe Hamburg, Ausst.-Kat. (Begleitheft zur Ausstellung), 2015; *Zuerst war die Haut*, hrsg. von Igor Manojlovic/Oliver Plöger/Jan Arend, Galerie Ruttkowski 68, Köln, Ausst., 2013 (= Lionheart Tattoo Gallery, Ausstellung Nr. 14), Online-Katalog: lionheartgallery.de/ausstellungen.html am 15.10.2013. Da die Teilnehmer dieser Gruppenausstellung bisher an keiner anderen Stelle aufgeführt wurden, seien sie hier erwähnt: Dan Sinnes, Hennes, Timo ‚Kes One 3001‘ Vogt, Susanne König, Sandor Jordan, Nick Knatterton, Andreas Coenen, Jacky Te Pas, Till Pulpanek, Lorena Morato, Diamond Jim, Mark Halbstark, Mätes, Florian Ziebart, Christian Eichenauer, Steven Burlton, Gian Andrea Signorell, Katharina ‚Katze‘ Bohn, Sebastian Winter, Ole Kröger, Erkan Keser, Clemens Hahn, Elisa Röwer, Niclas Hecht, Jens

Wucherpfennig, Sebastian Reschke, Ralf Ostermöller, Michael Giefer, Sara Kaltenhäuser, Jens Gössling, Kelu. Zum Medientransfer und zur Rezeption der Tätowierung in der bildenden Kunst siehe auch Margot Mifflin: *Inkside Out*, Artnews 2012, artnews.com/2012/12/10/% C2%ADinkside-out/ vom 24.3.2015.

13 Nach Philine Helas liegen hier Versuche vor, die Grenzen zwischen Leben und Kunst zu verwischen und einem Artefakt scheinbar Leben zu verleihen. Philine Helas: „Theatralität und Performanz", in: Ulrich Pfisterer (Hg.), *Metzler Lexikon Kunstwissenschaft. Ideen, Methoden, Begriffe*, Darmstadt: Wissenschaftliche Buchgesellschaft 2003, S. 352–354, hier S. 353. Dem Topos des ‚lebendigen Kunstwerks' und den Formen künstlerischer Belebungs-Akte widmet sich folgender Sammelband: Ulrich Pfisterer/Anja Zimmermann (Hg.): *Animationen, Transgressionen. Das Kunstwerk als Lebewesen*, Berlin: Akademie 2005 (= Hamburger Forschungen zur Kunstgeschichte. Studien, Theorien, Quellen, Band 4).

14 Meist wurden soziokulturelle und geschlechtertheoretische Aspekte sowie psychische und physische Funktionen der Haut thematisiert. Siehe Mechthild Fend: „Haut", in: Monika Wagner/Dietmar Rübel/Sebastian Hackenschmidt (Hg.), *Lexikon des künstlerischen Materials. Werkstoffe der modernen Kunst von Abfall bis Zinn*, München: C.H.Beck 2002 (= Beck'sche Reihe, Band 1497), S. 140–145, hier S. 142; Marina Schneede: *Mit Haut und Haaren. Der Körper in der zeitgenössischen Kunst*, Köln: DuMont 2002. Zur Verwendung des (nackten) Körpers in der Aktionskunst siehe Monika Wagner: *Das Material der Kunst. Eine andere Geschichte der Moderne*, München: C.H.Beck 2001, S. 271 ff.

15 Zu Yves Kleins *Anthropometrien* siehe *Yves Klein*, hrsg. von Sidra Stich, Museum Ludwig, Köln, Ausst.-Kat., Stuttgart: Cantz 1994, S. 171–191; Camille Morineau: „Von der Imprägnation zum Abdruck, vom Künstler zum Modell, von der Farbe zu ihrer Inkarnation", in: Museum Moderner Kunst Stiftung Ludwig Wien (Hg.), *Yves Klein*, Ausst.-Kat., Wien (u. a.): Springer 2007, S. 119–130. Im Rahmen eines Galaabends unter dem Motto *La nuit tatouée* bemalte Francis Picabia im Jahr 1931 den Rücken einer Frau. *Francis Picabia. Classique et Merveilleux*, Galerie Beaubourg, Vence, Ausst.-Kat., Paris: Éditions de la Différence 1998, S. 46.

16 Monika Wagner definiert Material als „solche natürlichen und artifiziellen Stoffe, die der Weiterverarbeitung dienen. M. [Material] unterliegt also der Veränderung durch Bearbeitung." Monika Wagner: „Material", in: Ulrich Pfisterer (Hg.), *Metzler Lexikon Kunstwissenschaft. Ideen, Methoden, Begriffe*, Darmstadt: Wissenschaftliche Buchgesellschaft 2003, S. 230–233, hier S. 230.

17 Helas 2003 – Performanz, S. 354.

18 Dieser Aspekt wird unter anderem in Wim Delvoyes Arbeit *Tim* thematisiert. Brandts Museum 2014 – Tattoo, S. 102–105; Mifflin 2014 – Art and Tattoo, hier S. 96; Dathe 2013 – Gestochen scharf, S. 87. Museum für Kunst und Gewerbe 2015 – Tattoo.

19 Gemeint ist hier die Ausstellung eines Kunstwerks in einem Museum oder einer Galerie über einen längeren Zeitraum.

20 Brian O'Doherty: „Die weiße Zelle und ihre Vorgänger", in: Wolfgang Kemp (Hg.), *Der Betrachter ist im Bild. Kunstwissenschaft und Rezeptionsästhetik*, Neuausg., erw. und bibliogr. auf den neuesten Stand gebracht, Berlin: Reimer 1992 (= Kunstgeschichte zur Einführung), zuerst erschienen 1985, S. 333–347, hier S. 338. Tätowierungen werden vornehmlich nicht nur en passant rezipiert, sondern meist auch fragmentarisch, da Teile von Kleidung verdeckt sein können und es üblicherweise nicht zu einer eingehenden Betrachtungssituation der Werke kommt. Zum Problem des Fragmentarischen in der Kunst siehe Sigrid Schade: „Der Mythos des ‚Ganzen Körpers'. Das Fragmentarische in der Kunst des 20. Jahrhunderts als Dekonstruktion bürgerlicher Totalitätskonzepte", in: Ilsebill Barta (Hg.), *Frauen, Bilder, Männer, Mythen. Kunsthistorische Beiträge*, Berlin: Reimer 1987 (= Kunsthistorikerinnentagung, Band 3), S. 239–260 sowie Kapitel 3.2.

21 Gemeint ist hier ein Bruch mit dem konventionellen Kunstverständnis. Zum veränderten Kunstverständnis in der zweiten Hälfte des 20. Jahrhunderts siehe Gerd de Vries (Hg.): *Über Kunst. On Art. Künstlertexte zum veränderten Kunstverständnis nach 1965. Artists' Writings on the Changed Notion of Art After 1965*, Köln: DuMont Schauberg 1974 (= DuMont Kunst, Praxis) {übersetzt von Wilhelm Höck und Gerd de Vries}.

22 Dieses Prinzips bedient sich die Abject Art. Allerdings ist sie – im Unterschied zur Tätowierung – darauf angelegt, Ekel auszulösen. Dies wird durch eine Auseinandersetzung mit Materialien wie beispielsweise menschlichen Ausscheidungen und Körperzuständen erreicht. Anja Zimmermann: *Skandalöse Bilder – Skandalöse Körper. Abject art vom Surrealismus bis zu den Culture Wars*, Berlin: Reimer 2001, zugl.: Tübingen, Univ., Diss.,

2001, S. 11. Eine ablehnende Haltung kann auch auf die mit Tätowierungen assoziierten Schmerzen zurückgehen. Zum Schmerz in der Performance Art siehe Helge Meyer: *Schmerz als Bild. Leiden und Selbstverletzung in der Performance Art*, Bielefeld: transcript 2008 (= Kultur- und Medientheorie), zugl.: Stuttgart, Univ., Diss., 2007; Anja Zimmermann: „‚Sorry for Having to Make You Suffer'. Body, Spectator, and the Gaze in the Performances of Yves Klein, Gina Pane, and Orlan", in: *Discourse*, Nr. 24.3, 2002, S. 27–46. Zum Aspekt der idealen Ganzheit siehe Schade 1987 – Körper.

23 Daubenberger 2008 – Hautbilder, S. 27, weiterführend S. 14–31.

24 Im Folgenden wird der Begriff ‚Falter' als Synonym für ‚Schmetterling' verwendet. In der vorliegenden Arbeit ist er nicht als generelle Differenzierung zwischen Tag- und Nachtfalter vorgesehen.

25 Bredekamp 2003 – Bildwissenschaft, hier S. 58.

26 Siehe Kapitel 1.3.2 sowie 1.3.3.

27 Wagner 2001 – Material.

28 Weiterführend siehe Klaus Sachs-Hombach (Hg.): *Bildwissenschaft. Disziplinen, Themen, Methoden*, Frankfurt am Main: Suhrkamp 2005 (= Suhrkamp-Taschenbuch Wissenschaft, Band 1751).

29 Weiterführend siehe James Elkins: *The Domain of Images*, Ithaca (u. a.): Cornell University Press 1999.

30 Vgl. Wolfgang Kemp: „Kunstwerk und Betrachter: Der rezeptionsästhetische Ansatz", in: Hans Belting/Heinrich Dilly/Wolfgang Kemp et al. (Hg.), *Kunstgeschichte. Eine Einführung*, 6., überarbeitete und erweiterte Auflage, Berlin: Reimer 2003, zuerst erschienen 1996, S. 247–265, hier S. 251 f. sowie exemplarisch die Einleitungs-Vignette von folgendem Artikel: Wolfgang Kemp: „Teleologie der Malerei. Selbstporträt und Zukunftsreflexion bei Poussin und Velázquez", in: Matthias Winner (Hg.), *Der Künstler über sich in seinem Werk*, Weinheim: VCH, Acta Humaniora 1992, S. 407–433.

31 Wolfgang Kemp (Hg.): *Der Betrachter ist im Bild. Kunstwissenschaft und Rezeptionsästhetik*, Neuausg., erw. und bibliogr. auf den neuesten Stand gebracht, Berlin: Reimer 1992 (= Kunstgeschichte zur Einführung), zuerst erschienen 1985, hier S. 21 f.

32 Auf die jeweiligen Publikationen wird im Folgenden an entsprechenden Stellen verwiesen.

33 Inhalte folgenden Absatzes teilweise aus Jane Caplan: „‚National Tattooing': Traditions of Tattooing in Nineteenth-century Europe", in: Jane Caplan (Hg.), *Written on the Body. The Tattoo in European and American History*, Princeton University Press 2000, S. 156–173, hier S. 156.

34 Anna Felicity Friedman: „Tattoo Historian", in: *Tattoo Culture Magazine*, Jg. 1, Nr. 1, 2013, S. 58–59, hier S. 58.

35 Anna Felicity Friedman: *Tattooed Transculturites. Western Expatriates Among Amerindian and Pacific Islander Societies, 1500–1900*, Chicago, Univ., Diss., 2012.
Zu interkulturellen Kontakten siehe auch Stephan Oettermann: *Zeichen auf der Haut. Die Geschichte der Tätowierung in Europa*, 2. Auflage, Frankfurt am Main: Syndikat 1985 (= Taschenbücher Syndikat, EVA, Band 61), zuerst erschienen 1979, S. 20–49; Nicholas Thomas/Anna Cole/Bronwen Douglas (Hg.): *Tattoo. Bodies, Art and Exchange in the Pacific and the West*, London: Reaktion 2005; Jonas Nesselhauf: „Auf dem Körper, unter der Haut. Eine kurze Literaturgeschichte der Tätowierung", in: Ute Seiderer/Michael Fisch (Hg.), *Haut und Hülle. Umschlag und Verpackung. Techniken des Umschließens und Verkleidens*, Berlin: Rotbuch 2014, S. 289–303; Michael C. Frank: „‚Ein unauslöschliches Zeichen'. Die polynesische Tätowierung in Reiseberichten des 18. und 19. Jahrhunderts", in: Barbara Thums/Annette Werberger (Hg.), *Was übrig bleibt. Von Resten, Residuen und Relikten*, Berlin: Trafo 2009 (= Frankfurter kulturwissenschaftliche Beiträge, Band 4), S. 163–190; Michael C. Frank: *„His Face Damaged for Life": The Taboo of Facial Tattooing in European and American Texts about the Marquesas Islands*, Humboldt-Universität zu Berlin 2014 (= Konferenz-Vortrag im Rahmen des Basisprojekts ‚Piktogramme' des Exellenzclusters Bild Wissen Gestaltung), der Vortrag wird in folgendem Tagungsband veröffentlicht: Iris Därmann/Thomas Macho (Hg.): *Unter die Haut. Tätowierungen als Logo- und Piktogramme*, München: Fink 2017 (voraussichtlich). Zum ‚Cook-Mythos' siehe Friedman 2013 – Tattoo Historian, hier S. 58; Landfester 2012 – Tätowierung, S. 210–256. Einen Überblick zur Geschichte der Tätowierung in Europa bieten Oettermann 1985 – Tätowierung und Landfester 2012 – Tätowierung. Siehe auch Manfred Kunter: „Zur Geschichte der Tatauierung und Körperbemalung in Europa", in: *Paideuma*, Band XVII, 1971, S. 1–20; Klaus Pichler: *Fürs Leben gezeichnet. Gefängnistätowierungen und ihre Träger*, Salzburg: Fotohof 2011, S. 16–20; Peter Gerds: *Anker, Kreuz und flammend Herz*, [Tätowierungen],

2. Auflage, Rostock: Hinstorff 1996 (= Hinstorff-Miniaturen), zuerst erschienen 1988; Stephan Oettermann: „Tätowierung in Europa", in: Stephan Oettermann (Hg.), *Christian Warlich. Tätowierungen. Vorlagealbum des Königs der Tätowierer*, 3. Auflage, Dortmund: Harenberg 1991 (= Die bibliophilen Taschenbücher, Band 277), zuerst erschienen 1981, S. 76–98. Zur Etymologie der Begriffe ‚Tattoo' und ‚Tätowierung' siehe FINKE 1996 – TÄTOWIERUNGEN, S. 24–28; Matthias Friederich: *Tätowierungen in Deutschland. Eine kultursoziologische Untersuchung in der Gegenwart*, Würzburg: Königshausen & Neumann 1993 (= Quellen und Forschungen zur europäischen Ethnologie, Band 14), zugl.: Marburg, Univ., Diss., 1991, S. 13–16.

36 Aaron Deter-Wolf/Benoît Robitaille/Lars Krutak/Sébastien Galliot: „The world's oldest tattoos", in: *Journal of Archaeological Science*, Reports 5, 2016, S. 19–24.

37 Georges Bonani/Susan D. Ivy/Irena Hajdas/Thomas R. Niklaus/Martin Suter: „AMS 14C Age Determinations of Tissue, Bone and Grass Samples From the Ötztal Ice Man", in: *Radiocarbon*, Jg. 36, Nr. 2, 1994, S. 247–250.

38 M.A. Pabst/I. Letofsky-Papst/E. Bock/M. Moser/L. Dorfer/E. Egarter-Vigl/F. Hofer: „The Tattoos of the Tyrolean Iceman. A Light Microscopical, Ultrastructural and Element Analytical Study", in: *Journal of Archaeological Science*, Jg. 36, Nr. 10, 2009, S. 2335–2341, hier S. 2338; Lars Krutak: *Spiritual Skin. Magical Tattoos and Scarification*, Aschaffenburg: Reuss 2012, S. 145–149; Lars Krutak: *Tattoos of the Early Hunter-Gatherers of the Arctic*, The Vanishing Tattoo 2011, vanishingtattoo.com/arctic_tattoos.htm vom 3.12.2014.

39 Eine Zusammenstellung von Belegen zur Tätowierung in der Antike liefert Walther Schönfeld: *Körperbemalen, Brandmarken, Tätowieren. Nach griechischen, römischen Schriftstellern, Dichtern, neuzeitlichen Veröffentlichungen und eigenen Erfahrungen, vorzüglich in Europa*, Heidelberg: Hüthig 1960; siehe auch Mark Gustafson: „The Tattoo in the Later Roman Empire and Beyond", in: Jane Caplan (Hg.), *Written on the Body. The Tattoo in European and American History*, Princeton University Press 2000, S. 17–31; Regina Zimmermann/Konrad Zimmermann: „Antike Tätowierungen aus heutiger Sicht", in: *Der Hautarzt*, Jg. 32, 1981, S. 324–330.

40 Weiterführend siehe Daria Dittmeyer: *Gewalt und Heil. Bildliche Inszenierungen von Passion und Martyrium im späten Mittelalter*, Köln (u.a.): Böhlau 2014 (= Sensus. Studien zur mittelalterlichen Kunst, Band 5), zugl.: Hamburg, Univ., Diss., 2012, S. 210.

41 Otto Friedrich von der Gröben: *Orientalische Reise-Beschreibung des Brandenburgischen Adelichen Pilgers Otto Friedrich von der Gröben: Nebst der Brandenburgischen Schifffahrt nach Guinea, und der Verrichtung zu Morea, unter ihrem Titel (1694)*, hrsg. von Ulrich van der Heyden, Hildesheim (u.a.): Olms 2013, S. 283–286; siehe auch SCHÖNFELD 1960 – KÖRPERBEMALEN, S. 37 f.

42 Eine Beschreibung und die in einem Stich Hans Martin Wintersteins wiedergegebenen Tätowierungen von Ratge Stubbe wurden veröffentlicht in Johannes Lundius: *Die Alten Jüdischen Heiligthümer, Gottesdienste und Gewohnheiten, für Augen gestellet, In einer ausführlichen Beschreibung des gantzen Levitischen Priesterthums, Und fünff unterschiedenen Büchern [...]*, Hamburg: Fickweiler 1711, zuerst erschienen 1701 (postum), S. 732 f. Siehe dazu auch Otto F.A. Meinardus: „Jerusalemer Pilgerstätten auf Hamburger Armen. Zur Tätowierung eines Hamburger Jerusalem-Pilgers, 1669", in: *Beiträge zur deutschen Volks- und Altertumskunde*, Nr. 26, 1991, S. 117–122; Ulrike Landfester: „Gestochen scharf. Die Tätowierung als Erinnerungsfigur", in: Roland Borgards (Hg.), *Schmerz und Erinnerung*, München: Fink 2005, S. 83–98, hier S. 89 f. und FRIEDMAN 2013 – TATTOO HISTORIAN, hier S. 59. Eine Abbildung des Stichs befindet sich auch in Herbert Bellmann: „Die Tatauierung", in: *Handbuch der Deutschen Volkskunde*, Nr. 3, [1934–1938], S. 57–65, hier S. 64. Zur Pilger-Tätowierung siehe auch Juliet Fleming: „The Renaissance Tattoo", in: Jane Caplan (Hg.), *Written on the Body. The Tattoo in European and American History*, Princeton University Press 2000, S. 61–82, hier S. 78 ff.; zur Tätowierung in der Antike und zu Pilger-Tattoos siehe auch Ulrike Landfester: *Stichworte. Tätowierung und europäische Schriftkultur*, Berlin: Matthes & Seitz 2012 (= Blaue Reihe Wissenschaft, Band 18), S. 189–209.

43 NESSELHAUF 2014 – TÄTOWIERUNG, S. 290.

44 Ebd., S. 291 f.

45 Wilhelm Joest: *Tätowiren, Narbenzeichnen und Körperbemalen. Ein Beitrag zur vergleichenden Ethnologie*, Berlin: Asher 1887, S. 104, 108.

46 Ebd., S. 108.

47 R.P. Lesson: „Du tatouage chez les différens peuples de la terre", in: *Annales maritimes et coloniales*, Teil II, 1820, S. 280–292, hier S. 289, zitiert nach CAPLAN 2000 – NATIONAL TATTOOING, S. 156; Alexandre-Jean-Baptiste

Parent-Duchâtelet: *Die Sittenverderbniß (la Prostitution) des weiblichen Geschlechts in Paris. Aus dem gesichtspunkte der Polizei, öffentlichen Gesundheitspflege und Sittlichkeit*, 1. Teil, Leipzig: Fleischer 1837. Französische Originalausgabe: *De la prostitution dans la ville de Paris. Considérée sous le rapport de l'hygiène publique, de la morale et de l'administration*, Paris: Baillière 1836 {übersetzt von G. W. Becker}, S. 54–55.

48 Igor Eberhard: „Ins Fleisch geschrieben. Tätowierungen zwischen Jahrmarkt und Kaiserhof", in: Stefanie Dathe (Hg.), *Gestochen scharf*, Ausst.-Kat., Burgrieden-Rot 2013 (= Museum Villa Rot, Band 01/13), S. 55–56, hier S. 56.

49 Charles Darwin: *Reise eines Naturforschers um die Welt*, Stuttgart: E. Schweizerbart'sche Verlagshandlung (E. Koch) 1875, S. 463 f. Zu Darwins Rezeption der Körper der Einwohner Tahitis siehe LANDFESTER 2012 – TÄTOWIERUNG, S. 226 f.

50 Ob die Komposition polynesischer Tattoos zu Darwins Zeit tatsächlich gewissen Moden unterworfen war, kann im Rahmen dieser Arbeit nicht überprüft werden. Folgende Literatur liefert möglicherweise weiterführende Hinweise: Makiko Kuwahara: *Tattoo. An Anthropology*, Oxford (u. a.): Berg 2005; THOMAS/COLE ET AL. 2005 – TATTOO.

51 DARWIN 1875 – REISE, S. 464.

52 Gottfried Semper: *Über die formelle Gesetzmässigkeit des Schmuckes und dessen Bedeutung als Kunstsymbol (1856)*, hrsg. von Hein Stünke, Berlin: Alexander 1987 (= Schriften zur Kunsttheorie, Band 3), S. 9.

53 Ebd., S. 9 f.

54 Ebd., S. 10.

55 OETTERMANN 1985 – TÄTOWIERUNG, S. 94–96.

56 Rudolf Virchow: „Der tättowirte Suliote Constanti", in: *Zeitschrift für Ethnologie*, Band 4 (Verhandlungen, Sitzung vom 15.6.1872), 1872, S. 201–202, hier S. 201.

57 Siehe Kapitel 3 und 4.

58 Weiterführend siehe Kapitel 1.3.3.

59 Stefanie Dathe: „Gestochen scharf. Tätowierung in der Kunst", in: Stefanie Dathe (Hg.), *Gestochen scharf*, Ausst.-Kat., Burgrieden-Rot 2013 (= Museum Villa Rot, Band 01/13), S. 10–16, hier S. 10. Siehe auch Roland Meyer: „Exzess der Gegenwart. Ökonomie der Tätowierung um 1900", in: Sabine Kampmann/Anja Herrmann/Jörg Petri et al. (Hg.), *Tattoo*, Bielefeld: transcript 2011 (= *Querformat*, Heft 4), S. 51–54, hier S. 51.

60 Siehe Kapitel 4.1.

61 OETTERMANN 1985 – TÄTOWIERUNG, S. 22 und 48 f.

62 Jean A. E. Berchon: *Histoire Médicale du Tatouage*, Paris 1869. Auch die späteren Studien des Baseler Arztes Paul Cattanie und die des Direktors der Göttinger Dermatologischen Universitätsklinik, Erhard Riecke, hatten eine medizinische Motivation. Paul Cattani: *Das Tatauieren. Eine monographische Darstellung vom psychologischen, ethnologischen, medizinischen, gerichtlich-medizinischen, biologischen, histologischen und therapeutischen Standpunkt aus*, Basel: Schwabe 1922; Erhard Riecke: *Das Tatauierungswesen im heutigen Europa*, Jena: Fischer 1925. Siehe auch Gemma Angel: „Atavistic Marks and Risky Practices. The Tattoo in Medical-Legal Debate, 1850–1950", in: Jonathan Reinarz/Kevin Siena (Hg.), *A Medical History of Skin. Scratching the Surface*, London: Pickering & Chatto 2013 (= Studies for the Society for the Social History Medicine, Band 10), S. 165–179. Weitere Beiträge zur europäischen Tätowierung, die im 19. Jahrhundert veröffentlicht wurden: Alexandre-Jean-Baptiste Parent-Duchâtelet: *De la prostitution dans la ville de Paris. Considérée sous le rapport de l'hygiène publique, de la morale et de l'administration*, Paris: Baillière 1836; Heinrich Wuttke: *Geschichte der Schrift und des Schrifttums von den rohen Anfängen des Schreibens in der Tatuirung bis zur Legung elektromagnetischer Drähte*, Leipzig: Fleischer 1872; Michael Haberlandt: „Über die Verbreitung und den Sinn der Tätowirung", in: *Mittheilungen der Anthropologischen Gesellschaft in Wien*, Band XV, 1885, S. 53–57; JOEST 1887 – TÄTOWIREN; Abraham Baer: *Der Verbrecher in anthropologischer Beziehung*, Leipzig: Thieme 1893; Leppmann, Arthur: „Die criminalpsychologische und criminalpraktische Bedeutung des Tätowirens der Verbrecher", in: *Vierteljahrsschrift für gerichtliche Medizin und öffentliches Sanitätswesen*, Folge 3, Band 8, 1894, S. 193–218; W. D. Purdy: *Tattooing. How to tattoo, what to use & how to use them*, London: Pike's Steam 1896; Albert Le Blond/Arthur Lucas: *Du tatouage chez les prostituées*, Paris: Société d'éditions scientifiques 1899; K. Maschka: „Zur Tätowierungsfrage", in: *Archiv für Kriminal-Anthropologie und Kriminalistik*, Band 1, Heft

4, 1899, S. 320–330. Eine umfangreiche Darstellung der wissenschaftlichen Forschung in der Kriminologie, Medizin, Volkskunde und Soziologie liefert FINKE 1996 – TÄTOWIERUNGEN, S. 57–116. Siehe auch Wolf-Peter Kächelen: *Tatau und Tattoo. Eine Epigrafik der Identitätskonstruktion*, Aachen: Shaker 2004 (= Berichte aus der Sozialwissenschaft), zugl.: Tübingen, Univ., Diss., 2003. Zur kriminalanthropologischen Tattoo-Forschung im 19. Jahrhundert siehe außerdem CAPLAN 2000 – NATIONAL TATTOOING; Jane Caplan: „‚One of the Strangest Relicts of a Former State'. Tattoos and the Discourses of Criminality in Europe, 1880–1920", in: Peter Becker/Richard F. Wetzell (Hg.), *Criminals and Their Scientists. The History of Criminology in International Perspective*, Cambridge (u. a.): Cambridge University Press 2006, S. 337–361; Kai Bammann: „Eine kurze Geschichte der Tätowierungen im Lichte der kriminologischen Forschung", in: Kai Bammann/Heino Stöver (Hg.), *Tätowierungen im Strafvollzug. Hafterfahrungen, die unter die Haut gehen*, Oldenburg: BIS-Verlag der Carl-von-Ossietzky-Universität Oldenburg 2006 (= Gesundheitsförderung im Justizvollzug, Band 13), S. 39–52; Gemma Angel: „The Tattoo Collectors. Inscribing Criminality in Nineteenth Century France", in: Horst Bredekamp/Jutta Helbig (Hg.), *Präparate*, Berlin: Akademie 2012 (= Bildwelten des Wissens, Band 9.1), S. 29–38; Gemma Angel: *In the Skin. An Ethnographic-Historical Approach to a Museum Collection of Preserved Tattoos*, London, Univ., Diss., 2013, S. 158–186; Peter Strasser: *Verbrechermenschen. Zur kriminalwissenschaftlichen Erzeugung des Bösen*, 2. Auflage, Frankfurt am Main (u. a.): Campus 2005 (= Campus-Bibliothek), zuerst erschienen 1984, S. 41–84. Siehe auch LANDFESTER 2012 – TÄTOWIERUNG, S. 293–312.

63 Cesare Lombroso: *L'uomo delinquente. In rapporto all'antropologia, alla giurisprudenza ed alle discipline carcerarie*, Turin: Bocca 1876.

64 Cesare Lombroso: *Der Verbrecher in anthropologischer, ärztlicher und juristischer Beziehung*, hrsg. von M. O. Fraenkel, Band 1, Hamburg: J. F. Richter 1887. Italienischer Originaltitel: *L'uomo delinquente. In rapporto all'antropologia, alla giurisprudenza ed alle discipline carcerarie*, Turin: Bocca 1876 {in deutscher Bearbeitung von M. O. Fraenkel}, S. 255.

65 OETTERMANN 1985 – TÄTOWIERUNG, S. 63 f.

66 Vergleiche FINKE 1996 – TÄTOWIERUNGEN, S. 60.

67 Charles Darwin: *On the Origin of Species. By Means of Natural Selection or the Preservation of Favoured Races in the Struggle For Life*, London: John Murray 1859.

68 Inhalt des folgenden Absatzes aus BAMMANN 2006 – TÄTOWIERUNGEN, hier S. 40 f.

69 Zitat aus Kurt Boas: „Über die Sitte und Bedeutung des Tätowierens bei Prostituierten", in: *Archiv für Kriminal-Anthropologie und Kriminalistik*, Band 39, Heft 1 und 2, 1910, S. 2–5, hier S. 2.

70 BAMMANN 2006 – TÄTOWIERUNGEN, hier S. 41.

71 BAER 1893 – VERBRECHER, S. 233–241; später insbesondere bei Karl Gotthold: *Vergleichende Untersuchungen über die Tätowierung bei Normalen, Geisteskranken und Kriminellen*, Halle: Marhold 1914, zugl.: Giessen, Univ., Diss., 1914, S. 50, 53–56; siehe auch MASCHKA 1899 – TÄTOWIERUNGSFRAGE, S. 329.

72 JOEST 1887 – TÄTOWIREN, S. 104. Joest bezieht sich auf Alexandre Lacassagne: *Les tatouages. Étude anthropologique et médico-légale*, Paris: Balliere 1881. Auf diese Arbeit wird in Kapitel 4 eingegangen.

73 Hans Kurella: *Naturgeschichte des Verbrechers. Grundzüge der Criminellen Anthropologie und Criminalpsychologie. Für Gerichtsärzte, Psychiater, Juristen und Verwaltungsbeamte*, Stuttgart: Enke 1893; Erich Wulffen: *Psychologie des Verbrechers. Ein Handbuch für Juristen, Ärtze, Pädagogen und Gebildete aller Stände*, Band 1, Groß-Lichterfelde-Ost: Langenscheidt 1908; Marie-Louise Klees-Wambach: *Kriminologische und kriminalistische Aspekte des Tätowierens bei Rechtsbrechern*, Freiburg im Breisgau, Univ., Diss., 1976. Siehe auch Günther Stockinger: „Freiwillig ins Folterstudio", in: *Der Spiegel*, Nr. 13, 2000, S. 298–300. Eine umfassende Auseinandersetzung mit neueren kriminologischen Arbeiten liefern FINKE 1996 – TÄTOWIERUNGEN, S. 63 ff. und KÄCHELEN 2004 – TATAU; siehe auch BAMMANN 2006 – TÄTOWIERUNGEN. Eine fotografische Dokumentation zeitgenössischer Gefängnistätowierungen liefert PICHLER 2011 – GEFÄNGNISTÄTOWIERUNGEN. Zum Einfluss Lombrosos siehe auch Rebecca B. Fleming: „Scanty Goatees and Palmar Tattoos. Cesare Lombroso's Influence on Science and Popular Opinion", in: *The Concord Review*, Jg. 10, Nr. 3, 2000.

74 Adolf Loos: „Ornament und verbrechen (1908)", in: Franz Glück (Hg.), *Adolf Loos. Sämtliche Schriften in zwei Bänden*, Wien (u. a.): Herold 1962, S. 276–288, hier S. 276.

75 Bammann 2006 – Tätowierungen, hier S. 43. Eine Ausführung dieses Diskurses liefert: Meyer 2011 – Tätowierung.

76 Carla Guerra/Bartolomeo Vanzetti: „Loos Tribal Tattoo. Ein Rekonstruktionsversuch", in: Sabine Kampmann/Anja Herrmann/Jörg Petri et al. (Hg.), *Tattoo*, Bielefeld: transcript 2011 (= *Querformat*, Heft 4), S. 56–58.

77 Zu dem Zeitpunkt war Loos etwa 29 Jahre alt (* 1870, † 1933). Das Signet (Abb. 5) existiert tatsächlich, weiterführend siehe Burkhard Rukschcio/Roland Schachel: *Adolf Loos. Leben und Werk*, Salzburg (u. a.): Residenz 1982 (= Veröffentlichungen der Albertina, Band 17), S. 63.

78 Guerra/Vanzetti 2011 – Loos, hier S. 58.

79 Ebd., hier S. 56.

80 Ebd., hier S. 57.

81 Birgit Huber: *Design Criminals Or a New Joy into the World. Neue Ausstellung im Rahmen der Kooperation ‚design> neue strategien' von departure und MAK [Österreichisches Museum für angewandte Kunst / Gegenwartskunst]*, Departure Wirtschaft, Kunst und Kultur 2010, expertenpool.departure.at/ jart/prj3/departure_web/main.jart?rel=de&reserve-mode=reserve&content-id=1315200993345 &presse_id=1279309298154 vom 14.5.2015 sowie Carla Guerra/Bartolomeo Vanzetti: *Loos Tribal Tattoo* [2010], guerravanzetti.com und guerravanzetti.com/index.php/mak vom 17.9.2013.

82 Ein weiteres Beispiel ist Artur Zmijewskis Arbeit *80064*, die in Kapitel 7 der vorliegenden Arbeit aufgegriffen wird.

83 Dathe 2013 – Tätowierung, S. 12; Sabine Kampmann: „Tattoo-Kunst und Kunst-Tattoos. Die Tätowierung als künstlerisches Medium seit den 1970er Jahren", in: Sabine Kampmann/Anja Herrmann/Jörg Petri et al. (Hg.), *Tattoo*, Bielefeld: transcript 2011 (= *Querformat*, Heft 4), S. 40–49, S. 41 f. Weiterführend siehe Lodder 2010 – Body Art, S. 111–178. Siehe auch: Roald Dahl: „Skin (1953)", in: *Skin. And Other Stories*, London: Puffin 2001, zuerst erschienen 2000, S. 1–21, „Skin" zuerst erschienen in: *Someone Like You*, New York: Knopf 1953; Dogramaci 2011 – Tätowierungen, S. 39.

84 Klaralinda Ma: „Der ‚Fall' Loos", in: Inge Podbrecky/Rainald Franz (Hg.), *Leben mit Loos*, Wien (u. a.): Böhlau 2008 (= Schriften des Verbands Österreichischer Kunsthistorikerinnen und Kunsthistoriker, Band 3), S. 161–171, hier S. 163. Loos wurde vorgeworfen, sich unter dem Vorwand, Aktzeichnungen anzufertigen, an Mädchen im Alter von acht bis zehn Jahren vergangen zu haben. Nachdem sich namhafte Freunde für ihn einsetzten, in den Medien hauptsächlich Partei für Loos ergriffen wurde und die Beweislage nicht eindeutig war, wurde die Anklage auf vollbrachte und versuchte Schändung fallen gelassen. Er wurde lediglich wegen der Begehung oder Duldung einer unzüchtigen Handlung zu vier Monaten Arrest mit dreijähriger Bewährungsfrist verurteilt. Der Gerichtshof wendete zudem das Gesetz der bedingten Verurteilung an, da eine Androhung der Strafe schmerzhaft genug für den Angeklagten sei. Ebd., hier S. 161–163.

85 Siehe hierzu Finke 1996 – Tätowierungen, S. 57–116; Pascal Honisch: „Geschichte und Wahrnehmung der Tätowierung. Im Zuge einer Analyse der gesellschaftsnivellierenden Funktionen von Körperlichkeit", in: Aline Lenzhofer/Igor Eberhard/Isabelle Poncette et al. (Hg.), *Stich:Punkte. Theorie und Praxis der Tätowierung*, Wien: HammockTreeRecords 2012 (= Reihe Junge Wissenschaft, Band 3), S. 23–42, hier S. 31–33. Zur Kriminalisierung von Tätowierungen siehe Friederich 1993 – Tätowierungen, S. 55–59. Siehe auch Sanders 2008 – Tattooing, S. 180 f.; Nicolas Guéguen/Myrna Armstrong: *Tattoos, Piercings, and Drinking*, hrsg. von Alcoholism: Clinical & Experimental Research 2012, eurekalert.org/pub_releases/2012-04/ace-tpa 040812.php vom 20.8.2012.

86 In der ersten Ausgabe von 1876 befindet sich eine Illustration. In späteren, erweiterten Auflagen folgen weitere. Einen zusammenfassenden Überblick über die veröffentlichten Illustrationen liefert folgender Atlas: Cesare Lombroso: *L'uomo delinquente. In rapporto all'antropologia, alla giurisprudenza eo alla psichiatria. Atlante*, 5. Auflage, Turin: Bocca 1897, Tafeln LXIV–LXIX.

87 Caplan 2000 – National Tattooing, S. 163.

88 Ebd., S. 163. Lacassagne 1881 – Tatouages, S. 20 f.

89 Siehe beispielsweise Johannes Jaeger: „Tätowierungen von 150 Verbrechern mit Personalbeschreibung", in: *Archiv für Kriminal-Anthropologie und Kriminalistik*, Band 18 und 21, 1905, S. 141–168 und 116–167. Weitere Hinweise in Caplan 2000 – National Tattooing, S. 163, Fußnote 20.

90 Einen Überblick über die Daten zur Verbreitung von Tätowierungen in verschiedenen Gruppen bis 1914 liefert GOTTHOLD 1914 – TÄTOWIERUNGEN, S. 34–36.

91 OETTERMANN 1985 – TÄTOWIERUNG, S. 109. Weiterführend zur Nummerntätowierung im Nationalsozialismus und ihrer Rezeption, auch in der bildenden Kunst, siehe Kapitel 4.3.

92 Igor Eberhard: „Das blaue Weib' und andere Zirkusfrauen. Theoretische Aspekte von Tätowierungen unter besonderer Berücksichtigung von ‚Tätowierten Damen' in Zirkus und Schaubuden untersucht am Beispiel der Sammlung Walther Schönfeld", in: *Mitteilungen der Anthropologischen Gesellschaft in Wien*, Nr. 141, 2011, S. 305–328, hier S. 306. Stephan Oettermann: „On Display: Tattooed Entertainers in America and Germany", in: Jane Caplan (Hg.), *Written on the Body. The Tattoo in European and American History*, Princeton University Press 2000, S. 193–211, hier S. 210 f. Zu den Kategorien der Gefangenen siehe Eugen Kogon: *Der SS-Staat. Das System der deutschen Konzentrationslager (1946)*, Hamburg: Nikol 2009, zuerst erschienen 1946, S. 67–74.

93 O. V.: „Volksbelustigung – aber ohne Auswüchse! Anordnung Reichsführer SS Himmler", in: *8 Uhr-Blatt*, Jg. 20, Nr. 33 vom 8.2.1938, S. 8; OETTERMANN 1985 – TÄTOWIERUNG, S. 92.

94 Siehe auch EBERHARD 2011 – ZIRKUSFRAUEN, S. 312. Zu Versuchen an Menschen und deren Ermordung siehe Ernst Klee: *Auschwitz, die NS-Medizin und ihre Opfer*, 5. Auflage, Frankfurt am Main: Fischer 2012 (= Die Zeit des Nationalsozialismus, Band 14906), zuerst erschienen 1997. Auf Experimente mit Tätowierten und die in der heutigen Forschung umstrittene Annahme, die Haut tätowierter KZ-Häftlinge sei präpariert worden, kann im Rahmen der vorliegenden Arbeit nicht eingegangen werden. Weiterführend s. ANGEL 2013 – IN THE SKIN, S. 190–194. Zu Erich Wagner: *Ein Beitrag zur Tätowierungsfrage*, Jena, Univ., Diss., 1940 siehe KOGON (1946) 2009 – SS-STAAT, S. 181 und Ralf B. Herden: *Promotion über Tätowierungen auf gegerbter Haut. Ließ der SS-Arzt Wagner für seine Doktorarbeit Menschenhaut gerben?*, Suite101 2009, suite101.de/article/promotion-und-taetowierung-ein-thema-fuer-die-ss-a54729#axzz2Eqq4HD Ox vom 12.12.2012. Zur Nummerntätowierung und zu Augenzeugenberichten siehe Kapitel 4.3.

95 EBERHARD 2011 – ZIRKUSFRAUEN, S. 312; OETTERMANN 1985 – TÄTOWIERUNG, S. 91; Marcel Feige: *Ein Tattoo ist für immer. Die Geschichte der Tätowierung in Deutschland*, Berlin: Schwarzkopf & Schwarzkopf 2003, S. 108.

96 „Badepolizeiverordnung" (Nr. 13778), in: *Preußische Gesetzsammlung*, Nr. 46, ausgegeben am 22.8.1932, S. 280 und eine Ergänzung (Nr. 13796), in: *Preußische Gesetzsammlung*, Nr. 56, ausgegeben am 30.9.1932, S. 324.

97 Auf die Willkür hinsichtlich der zur Inhaftierung führenden ‚Vergehen' verweist beispielsweise KOGON (1946) 2009 – SS-STAAT, S. 69.

98 Adelheid v. Saldern: „Der Zwickel-Erlass von 1932 oder: Die ‚Nacktheit der deutschen Seele'", in: Belinda Davis/Thomas Lindenberger/Michael Wildt (Hg.), *Alltag, Erfahrung, Eigensinn. Historisch-anthropologische Erkundungen*, Frankfurt am Main (u. a.): Campus 2008, S. 169–187, hier S. 175. Am Beispiel des Ausschlusses von Juden aus Badeanstalten zeigt von Saldern, dass Schwimmverbote auf Basis von lokalen Anordnungen in Eigeninitiative durchgesetzt wurden. Verbote durch das Reichsgesetz erfolgten erst später. Dieser Prozess lässt sich möglicherweise auf das Zeigeverbot von Tätowierungen übertragen. Vgl. ebd., S. 178.

99 Maren Möhring: *Marmorleiber. Körperbildung in der deutschen Nacktkultur (1890–1930)*, Köln (u. a.): Böhlau 2004 (= Kölner historische Abhandlungen, Band 42), zugl.: München, Univ., Diss., 2001, S. 380 ff., zitiert nach SALDERN 2008 – ZWICKEL-ERLASS, S. 175.

100 Ebd., S. 175.

101 Siehe beispielhaft OETTERMANN 1985 – TÄTOWIERUNG, S. 90.

102 Marcel Feige: *Tattoo-Theo. Der Tätowierte vom Kiez. Die Biographie der großen Hamburger Tattoo-Legende*, Berlin: Schwarzkopf & Schwarzkopf 2001, S. 52.

103 Ebd., S. 52 f.

104 Ebd., S. 53.

105 Ebd., S. 54.

106 FEIGE 2003 – TÄTOWIERUNG, S. 56.

107 Ebd., S. 108.

108 Die Hetzschrift *Der Bolschewismus ohne Maske*, möglicherweise ein Begleitheft zur Ausstellung, wurde im Jahr 1937 publiziert. Institut für Deutsche Kultur- und Wirtschaftspropaganda: *Große antibolschewistische Ausstellung*, Nebentitel: Bolschewismus ohne Maske, Berlin: Verlag für Kultur- und Wirtschaftswerbung Daenell & Co. [ca. 1937]. Eventuell hat Hoffmann sich bei der Jahresangabe geirrt oder die Schau wurde in gleicher oder ähnlicher Form schon zu einem früheren Zeitpunkt gezeigt, was im Rahmen der vorliegenden Arbeit jedoch nicht überprüft werden kann. Im Jahr 1933 war Hoffmann (*1919) 14, 1937 war er etwa 18 Jahre alt. Beide Zeiträume fallen in seine Schul- beziehungsweise Berufsschulzeit; der beschriebene Ausstellungsbesuch kann somit in jedem der angegebenen Jahre stattgefunden haben. Zur Biografie Hoffmanns siehe Feige 2003 – Tätowierung, S. 60–69.

109 Ebd., S. 60. Der erwähnte Albert Heinze war acht Jahre im Konzentrationslager. O. V.: „Schlange auf der Stirn", in: *Der Spiegel*, Nr. 10, 1951, S. 8–9, hier S. 8. Laut Kogon stellten Zugehörige der Kategorie ‚Asoziale' bei Entlassungen den höchsten Prozentsatz. Kogon (1946) 2009 – SS-Staat, S. 69. Mit ‚Kuchenbäcker' meint Hoffmann höchstwahrscheinlich den Emdener Tätowierer Kuchenmüller. Weiterführend zu Kuchenmüller und Blumberg siehe Adolf Spamer: *Die Tätowierung in den deutschen Hafenstädten. Ein Versuch zur Erfassung ihrer Formen und ihres Bildgutes*, hrsg. von Markus Eberwein und Werner Petermann, München: Trickster 1993, zuerst erschienen 1933 (in: *Niederdeutsche Zeitschrift für Volkskunde*, Nr. 11, 1933, S. 1–55; 129–182), hier S. 60, 71 f.

110 Honisch 2012 – Tätowierung, S. 35.

111 An dieser Stelle danke ich Birthe Kundrus (Universität Hamburg) und Reimer Möller (KZ-Gedenkstätte Neuengamme) für weiterführende Hinweise.

112 Wagner 1940 – Tätowierungsfrage; zu Grünewald siehe Christian Bode: *Zur Geschichte der Gerichtlichen Medizin an der Universität Jena im Zeitraum von 1901 bis 1945*, Jena, Univ., Diss., 2007, S. 108.

113 Wagner 1940 – Tätowierungsfrage, S. 10.

114 Ebd., S. 48.

115 Spamer 1993 – Tätowierung.

116 Als darauf folgende Bestandsaufnahmen der Tätowierpraxis in Deutschland sind folgende Werke aufzuführen: Friederich 1993 – Tätowierungen; Feige 2003 – Tätowierung.

117 Finke 1996 – Tätowierungen, S. 103. Zur Bedeutung von Spamers Text in der Volkskunde siehe auch Werner Petermann: „Die Kunst, die unter die Haut geht", in: Adolf Spamer, *Die Tätowierung in den deutschen Hafenstädten. Ein Versuch zur Erfassung ihrer Formen und ihres Bildgutes*, hrsg. von Markus Eberwein/ Werner Petermann, München: Trickster 1993, S. 7–17.

118 Spamer 1993 – Tätowierung, S. 36.

119 Aktuellen Studien zufolge gibt es einen Zusammenhang zwischen bestimmten Erbanlagen und der Empfänglichkeit für kriminelles Verhaltens. Guang Guo/Michael E. Roettger/Tianji Cai: „The Integration of Genetic Propensities into Social-Control Models of Delinquency and Violence Among Male Youths", in: *American Sociological Review*, Jg. 73, Nr. 4, 2008, S. 543–568. Einen Einblick in die Studie sowie eine Kontextualisierung in Bezug auf Lombroso liefert folgender Zeitungsartikel: Markus C. Schulte von Drach: *Gibt es den geborenen Verbrecher?*, Süddeutsche Zeitung 2010, sueddeutsche.de/wissen/frage-der-woche-gibt-es-den-geborenen-verbrecher -1.598237 vom 29.12.2014.

120 Hans J. Trampisch/Katja Brandau: *Tattoos und Piercings in Deutschland. Eine Querschnittsstudie*, Ruhr-Universität Bochum 2014, aktuell.ruhr-uni-bochum.de/meldung/2014/05/meld02014.html.de vom 29.12.2014. Zur Tätowierung als kulturhistorische Konstante siehe Robert Fletcher: *Tattooing Among Civilized People*, Anthropological Society of Washington 1882 (= Vortrag), veröffentlicht in Washington, D.C.: Judd & Detweiler 1883, S. 23.

121 Honisch 2012 – Tätowierung, S. 38; Igor Eberhard: „‚Unserer heutigen Welt ist es fremd geworden'. Zur theoretischen Konzeption von Tätowierungen am Beispiel der Darstellung Tätowierter bei Walther Schönfeld", in: *Curare*, Jg. 36, Nr. 1 und 2, 2013, S. 46–63, hier S. 48.

122 Einen maßgeblichen Anteil an der Verbreitung der Tätowierung in den 1970 Jahren hat die Einführung der Tätowierung nach japanischem Vorbild im Westen durch Norman ‚Sailor Jerry' Collins und Donald Edward ‚Ed' Hardy. Siehe Kapitel 4.8. Zur Verbreitung der Tätowierung siehe Elmar Brähler: *Verbreitung*

von Tätowierungen, Piercing und Körperhaarentfernung in Deutschland, Pressemitteilung Universität Leipzig 2009; Trampisch/Brandau 2014 – Tattoos; Samantha Braverman: *One in Five U.S. Adults Now Has a Tattoo*, The Harris Poll 2012, harrisinteractive.com/NewsRoom/HarrisPolls/tabid/447/mid/1508/articleId/970/ctl/ReadCustom%20Default/Default.aspx vom 24.2.2012.

123 Sanders 2008 – Tattooing; Michael Atkinson: *Tattooed. The Sociogenesis of a Body Art*, University of Toronto Press 2003; Kai Bammann/Heino Stöver (Hg.): *Tätowierungen im Strafvollzug. Hafterfahrungen, die unter die Haut gehen*, Oldenburg: BIS-Verlag der Carl-von-Ossietzky-Universität Oldenburg 2006 (= Gesundheitsförderung im Justizvollzug, Band 13); Kai Bammann: „Der Körper als Zeichen und Symbol. Tattoo, Piercing und *body modification* als Medium von Exklusion und Inklusion in der modernen Gesellschaft“, in: Daniela Klimke (Hg.), *Exklusion in der Marktgesellschaft*, Wiesbaden: VS Verlag für Sozialwissenschaften 2008, S. 257–271; Katrin Bischof: *Tätowierungen in Subkulturen. Hintergründe, Ausdrucksformen, Bedeutung in der sozialen Arbeit*, Saarbrücken: VDM Verlag Dr. Müller 2006; Wilfried Breyvogel (Hg.): *Eine Einführung in Jugendkulturen. Veganismus und Tattoos*, Wiesbaden: VS Verlag für Sozialwissenschaften 2005; Alexander Cherdron: *Untersuchung psychologischer Hintergründe und der Beeinflussung des Identitäts- und Körpergefühls bei tätowierten und gepiercten Personen unter besonderer Betrachtung von Geschlechterunterschieden*, Frankfurt a. M., Univ., Diss., 2007; Iris Dankemeyer: „Haut Couture. Zeitgenössische Tätowierung zwischen Mode und Authentzitätsbedürfnis“, in: Sabine Kampmann/Anja Herrmann/Jörg Petri et al. (Hg.), *Tattoo*, Bielefeld: transcript 2011 (= *Querformat*, Heft 4), S. 14–18; Margo DeMello: *Bodies of Inscription. A Cultural History of the Modern Tattoo Community*, 6. Auflage, Durham: Duke University Press 2007, zuerst erschienen 2000; Mindy Fenske: *Tattoos in American Visual Culture*, New York: Palgrave Macmillan 2007; Finke 1996 – Tätowierungen; Kächelen 2004 – Tatau; Kosut 2014 – Artification; Pichler 2011 – Gefängnistätowierungen; Elisabeth Rohr: „Vom sakralen Ritual zum jugendkulturellen Design. Zur sozialen und psychischen Bedeutung von Piercings und Tattoos“, in: Anke Abraham/Beatrice Müller (Hg.), *Körperhandeln und Körpererleben. Multidisziplinäre Perspektiven auf ein brisantes Feld*, Bielefeld: transcript 2010 (= KörperKulturen), S. 225–243; Christa Ruhnke: *Die Tätowierung. Eine soziokulturelle und medizinische Betrachtung*, Marburg, Univ., Diss., 1974; Samuel M. Steward: *Bad Boys and Tough Tattoos. A Social History of the Tattoo with Gangs, Sailors and Street-Corner Punks 1950–1965*, Binghamton: Haworth 1990 (= Haworth series in gay & lesbian studies, Band 3); Nikki Sullivan: *Tattooed Bodies. Subjectivity, Textuality, Ethics, and Pleasure*, Westport: Praeger 2001; D. A. Vail: „The Commodification of Time in Two Art Worlds“, in: *Symbolic Interaction*, Band 22, Ausgabe 4, 1999, S. 325–344; D. A. Vail: „The Outside of a Thigh Is Half a Back. Negotiating the Canvas Among Fine Art Tattoo Collectors“, in: *The Journal of Arts Management, Law, and Society*, Jg. 28, Nr. 4, 1999, S. 261–276; Vail 2000 – Tattooists; Angus D. Vail: „Tattoos Are Like Potato Chips … You Can't Have Just One. The Process of Becoming and Being A Collector“, in: *Deviant Behavior: An Interdisciplinary Journal*, Nr. 20, 1999, S. 253–273; Paula-Irene Villa (Hg.): *Schön normal. Manipulationen am Körper als Technologien des Selbst*, Bielefeld: transcript 2008 (= KörperKulturen); Silke Wohlrab/Bernhard Fink/Peter M. Kappeler: „Menschlicher Körperschmuck aus evolutionärer Perspektive. Diversität und Funktionen von Tätowierungen, Piercings und Skarifizierungen“, in: *Mitteilungen der Anthropologischen Gesellschaft in Wien*, Band 134/135, 2005, S. 1–10; Margo DeMello: „Not Just For Bikers Anymore. Popular Representations of American Tattooing“, in: *Journal of Popular Culture*, Jg. 29, Nr. 3, 1995, S. 37–52; Alix Lambert: *Russian Prison Tattoos. Codes of Authority, Domination, and Struggle*, Atglen: Schiffer 2003; Karen B. Halnon/Saundra Cohen: „Muscles, Motorcycles and Tattoos. Gentrification in a New Frontier“, in: *Journal of Consumer Culture*, Jg. 6, Nr. 1, 2006, S. 33–56; Angela Orend/Patricia Gagné: „Corporate Logo Tattoos and the Commodification of the Body“, in: *Journal of Contemporary Ethnography*, Jg. 38, Nr. 4, 2009, S. 493–517; Paul Sweetman: „Anchoring the (Postmodern) Self? Body Modification, Fashion and Identity“, in: *Body & Society*, Jg. 5, Nr. 2–3, 1999, S. 51–76; Jill A. Fisher: „Tattooing the Body, Marking Culture“, in: *Body & Society*, Jg. 8, Nr. 4, 2002, S. 91–107.

124 Nesselhauf 2014 – Tätowierung. Nesselhauf verweist auf Tobias Lobstädt: *Tätowierung, Narzissmus und Theatralität. Selbstwertgewinn durch die Gestaltung des Körpers*, Wiesbaden: VS Verlag für Sozialwissenschaften; Springer Fachmedien 2011, zugl.: Duisburg-Essen, Univ., Diss., 2011; Erich Kasten: *Body-Modification. Psychologische und medizinische Aspekte von Piercing, Tattoo, Selbstverletzung und anderen*

Körperveränderungen, München: Reinhardt 2006; Friederich 1993 – Tätowierungen; Alessandra Lemma: *Under the Skin. A Psychoanalytic Study of Body Modification*, New York: Routledge 2010. Siehe auch Lieven Vandekerckhove: *Tätowierung. Zur Soziogenese von Schönheitsnormen*, Frankfurt am Main: Anabas 2006. Niederländische Originalausgabe: *Tatoeage. Over de sociogenese van schoonheidsnormen*, Leuven: Acco 2002 {übersetzt von Jan Lanneau}; Tobias Prüwer: *Fürs Leben gezeichnet. Body Modification und Körperdiskurse*, Berlin: Parodos 2012 (= Gedanken, Band 12); Aline Lenzhofer/Igor Eberhard/Isabelle Poncette et al. (Hg.): *Stich:Punkte. Theorie und Praxis der Tätowierung*, Wien: HammockTreeRecords 2012 (= Reihe Junge Wissenschaft, Band 3); Oliver D. Bidlo: *Tattoo. Die Einschreibung des Anderen*, Essen: Oldib 2010; Boguslaw Antoszewski/Aneta Sitek/Marta Fijalkowska/Anna Kasielska/Julia Kruk-Jeromin: „Tattooing and body piercing – what motivates you to do it?“, in: *International Journal of Social Psychiatry*, Jg. 56, Nr. 5, 2010, S. 471–479, zuerst online erschienen am 3.8.2009; Kai Bammann: „Warum lassen Menschen sich heute tätowieren? Und warum werden es immer mehr? Einige Notizen und Forschungssplitter“, in: Kai Bammann/Heino Stöver (Hg.), *Tätowierungen im Strafvollzug. Hafterfahrungen, die unter die Haut gehen*, Oldenburg: BIS-Verlag der Carl-von-Ossietzky-Universität Oldenburg 2006 (= Gesundheitsförderung im Justizvollzug, Band 13), S. 13–37.

125 Nach dem Zweiten Weltkrieg erschienen lediglich folgende Publikationen zur westlichen Tätowierung: Jacques Delarue/Robert Giraud: *Les tatouages du ‚milieu‘*, Paris: La Roulotte 1950; Hanns Ebensten: *Pierced Hearts and True Love. An Illustrated History of the Origin and Development of European Tattooing and a Survey of its Present State*, 2. Auflage, London: Verschoyle 1953; George Burchett: *Memoirs of a Tattooist. From the Notes, Diaries and Letters of the late ‚King of Tattooists‘*, hrsg. von Peter Leighton, London: Oldbourne 1958; Schönfeld 1960 – Körperbemalen.

126 Sanders 2008 – Tattooing, S. 149–163. Ein Abschnitt aus Matthias Friederichs Studie beschäftigt sich mit der Ästhetisierung der Tätowierung. Darin weist er darauf hin, dass sowohl populärwissenschaftliche Publikationen wie auch andere Medien ein extrem ambivalentes Bild von Tätowierungen und deren Trägern zeichnen. Dabei stehe einer hochgradigen Idealisierung eine starke Antipathie gegenüber. Friederich 1993 – Tätowierungen, S. 49. Zur Darstellung der Tätowierung in den Medien siehe auch Finke 1996 – Tätowierungen, S. 167–179; DeMello 2007 – Tattoo Community, S. 97–135. Finke stellt zudem die These auf, dass die negative Beurteilung durch die kriminologische und medizinische Wissenschaft das Bild der Tätowierung in der Öffentlichkeit prägen. Finke 1996 – Tätowierungen, S. 184.

127 Sanders 2008 – Tattooing, S. 157 f. Inzwischen gibt es Positionen, die den Wiederverkauf von Tätowierungen thematisieren und ermöglichen. Siehe Kapitel 1.3.3.

128 Ebd., S. 159. Siehe hierzu auch Kapitel 1. Zur Geschichte der Vorlagezeichnung, dem sogenannten *flash*, siehe Matthew C. Lodder: „Vom Papier auf die Haut“, in: Edgar Hoill/Matthias Reuss (Hg.), *Tattoo Masters Flash Collection. Selected Styles Around the World,* Teil I, Aschaffenburg: Reuss 2015, S. 10–11; Hardy 1995 – Tattoos.

129 Sanders 2008 – Tattooing, S. 160. Er verweist u. a. auf Stefan Richter: *Tattoo*, London (u. a.): Quartet 1985; Chris Wróblewski: *Tattoo. Pigments of Imagination*, New York: van der Marck 1987; Sandi Fellman: *The Japanese Tattoo*, New York: Abbeville 1986.

130 Sanders 2008 – Tattooing, S. 160. Siehe auch DeMello 2007 – Tattoo Community, S. 136–184. Zu den Trägern aus verschiedenen sozialen Milieus und der Legitimierung der Tätowierung als ‚Kunst‘ durch unterschiedliche Printmedien siehe DeMello 1995 – American Tattooing; Donald E. T. Hardy (Hg.): *New Tribalism*, Honolulu: Hardy Marks 1988 (= Tattootime, Band 1), zuerst erschienen 1982.

131 Siehe Arnold Rubin: „The Tattoo Renaissance“, in: Arnold Rubin (Hg.), *Marks of Civilization. Artistic Transformations of the Human Body*, 3. Auflage, Los Angeles: University of California 1995, zuerst erschienen 1988, S. 233–262 und Kapitel 4.8.

132 Beispielhaft führt Sanders u. a. Fotorealismus, Minimalismus und Abstraktion an. Sanders 2008 – Tattooing, S. 161.

133 Ebd., S. 161 f. *Aesthetics of Graffiti*, hrsg. von Howard J. Pearlstein und Rolando Castellón, Museum of Modern Art, San Francisco, Ausst.-Kat., 1978. Auf Gemeinsamkeiten des Graffitis mit der Tätowierung weist bereits Robert Fletcher in einem Vortrag aus dem Jahr 1882 hin. Fletcher 1882 – Tattooing,

S. 23. Weiterführend zum Verhältnis zwischen der Ausdrucksform des Graffiti und dem Tattoo siehe DAUBENBERGER 2008 – HAUTBILDER, S. 52–56.

134 SANDERS 2008 – TATTOOING, S. 162.

135 *High & Low. Moderne Kunst und Trivialkultur*, hrsg. von Kirk Varnedoe/Adam Gopnik, Museum of Modern Art, New York, Ausst.-Kat., München: Prestel 1990.

136 Siehe Kapitel 1.3.3.

137 KOSUT 2014 – ARTIFICATION.

138 Folgender Absatz aus ebd., S. 13 f.

139 Marcia Tucker: „Tattoo. The State of the Art“, in: *Artforum*, Jg. 19, Nr. 9, 1981, S. 42–47.

140 Ebd., S. 42. Mit derartigen Prozessen beschäftigt sich die volkskundliche Theorie zum ‚gesunkenen Kulturgut‘. Reinhard Schmook: *‚Gesunkenes Kulturgut – primitive Gemeinschaft‘. Der Germanist Hans Naumann (1886–1951) in seiner Bedeutung für die Volkskunde*, Wien: Helmut-P.-Fielhauer-Freundeskreis – Gesellschaft für Volkskunde und Kulturanalyse c/o Institut für Volkskunde der Universität Wien 1993 (= Beiträge zur Volkskunde und Kulturanalyse, Band 7), zugl.: Berlin, Univ., Diss., 1988, S. 68–73.

141 Siehe Kapitel 1.3.1.

142 Sanders und der Kunsthistoriker Arnold Rubin folgen Ende der 1980er Jahre. SANDERS 2008 – TATTOOING. Folgender Absatz aus TUCKER 1981 – TATTOO.

143 Zu Summers, Marten und weiteren Tätowiererinnen der 1970er Jahre siehe Margot Mifflin: *Bodies of Subversion. A Secret History of Women and Tattoo*, 3. Auflage, New York: Power House 2013, zuerst erschienen 1997, S. 54–71.

144 Mit der Relevanz der Umrisslinie wird sich Abschnitt 2.2 beschäftigen.

145 Kai Bammann vertritt die These, dass sich die Kunstgeschichte der Tätowierung noch nicht ausführlich angenommen habe, da ihr eine rasche Vergänglichkeit innewohne. Die Artefakte seien nicht mehr greifbar, sobald ihre Träger vergehen. BAMMANN 2006 – WARUM TÄTOWIEREN?, hier S. 18.

146 Versuche, den Anforderungen eines Werkverzeichnisses gerecht zu werden, liefern Takahiro Kitamura (Hg.): *Shige*, San Jose: State of Grace 2009; Alex Reinke/Matti Sedholm (Hg.): *Mick*, London: Kofuu Senju 2014.

147 LODDER 2010 – BODY ART.

148 Julius v. Schlosser: *Die Kunst- und Wunderkammern der Spätrenaissance. Ein Beitrag zur Geschichte des Sammelwesens*, Leipzig: Klinkhardt & Biermann 1908 (= Monographien des Kunstgewerbes, Band 11), S. 1 f.

149 Jennifer Daubenberger: „Die Ambivalenz der Tätowierung. Verschleierung des Körperlichen, Betonung des Körperlichen“, in: Philipp Stoellger (Hg.), *Un/Sichtbar. Wie Bilder un/sichtbar machen*, Würzburg: Königshausen & Neumann 2014 (= Interpretation Interdisziplinär, Band 13), S. 173–195.

150 Ebd., hier S. 173. Daubenbergers Masterarbeit: DAUBENBERGER 2008 – HAUTBILDER.

151 DAUBENBERGER 2014 – TÄTOWIERUNG, hier S. 183.

152 Ebd., hier S. 183.

153 Ebd., hier S. 184.

154 Claudia Benthien: *Haut. Literaturgeschichte, Körperbilder, Grenzdiskurse*, 2. Auflage, Reinbek bei Hamburg: Rowohlt Taschenbuch 2001 (= Rowohlts Enzyklopädie, Band 55626), zuerst erschienen 1999. Weitere Beiträge mit kulturhistorischen, interdisziplinären Ansätzen: Ernst G. Jung (Hg.): *Kleine Kulturgeschichte der Haut*, Darmstadt: Steinkopff 2007; Steven Connor: *The Book of Skin*, Ithaca: Cornell University Press 2004; Caroline Rosenthal/Dirk Vanderbeke (Hg.): *Probing the Skin. Cultural Representations of Our Contact Zone*, Cambridge Scholars Publishing 2015.

155 BENTHIEN 2001 – HAUT, S. 7.

156 Daniela Bohde/Mechthild Fend (Hg.): *Weder Haut noch Fleisch. Das Inkarnat in der Kunstgeschichte*, Berlin: Gebrüder Mann 2007 (= Neue Frankfurter Forschungen zur Kunst, Band 3).

157 Mechthild Fend: „Zeichen in der Oberfläche. Valie Exports *body sign action*“, in: *Psychoanalyse im Widerspruch*, Jg. 15, Nr. 29, 2003, S. 51–59; Mechthild Fend: „Emblems of Durability: Tattoos, Preserves and Photographs“, Special Issue: *Transplantations*, in: *Performance Research*, Jg. 14, Nr. 4, 2009, S. 45–52. Siehe auch Kapitel 1.3.3.

158 DAUBENBERGER 2014 – TÄTOWIERUNG, hier S. 184 f., folgender Absatz S. 185.

159 Benthien 2001 – Haut, S. 115.
160 Daubenberger 2014 – Tätowierung, hier S. 187.
161 Ebd., hier S. 188.
162 Ebd., hier S. 189.
163 Ebd., hier S. 191.
164 Gemma Angel: „Roses and Daggers: Expressions of Emotional Pain and Devotion in 19th-Century Tattoos", in: Caroline Rosenthal/Dirk Vanderbeke (Hg.), *Probing the Skin. Cultural Representations of Our Contact Zone*, Cambridge Scholars Publishing 2015, S. 211–238.
165 Ebd., S. 214.
166 Ebd., S. 217 und 226.
167 Eine Ausnahme ist folgender Beitrag: Mifflin 2014 – Art and Tattoo.
168 Daubenberger 2018 (voraussichtlich) – Tätowierung.
169 „L'opérateur était un élève des Beaux-Arts (!) qui fit le dessin ‚de chic'." Jean Lacassagne: „Un cas de tatouage artistique exécuté en France", in: *Bulletin de la Société Française de Dermatologie et de Syphiligraphie*, Jg. 39, 1932, S. 322–323, hier S. 323. Siehe auch Jean Lacassagne: „Le tatouage ornemental", in: *Aesculape*, Nr. 10, 1933, S. 258–263 und Schönfeld 1960 – Körperbemalen, S. 103.
170 Zum Kriminalitäts-Diskurs in verschiedenen europäischen Ländern siehe Caplan 2006 – Tattoos and Criminality, hier S. 351 und 353.
171 Zur aktuellen Macdonald-Forschung siehe Matthew C. Lodder: *„Au mieux, joli et insignifiant; au pire, vulgaire et stupide." Le tatouage et l'estampe à Londres à la fin de l'époque victorienne*, Musée du quai Branly, Paris 2015 (= Vortrag im Rahmen der Konferenz ‚Images tatouées' und der Ausstellung ‚Tatoueurs Tatoués'), die Veröffentlichung eines Tagungsbandes ist in Planung. Siehe ebenso Matthew C. Lodder: *Tattoo: An Art History*, London: IB Tauris 2017 (voraussichtlich).
172 Gambier Bolton: „Pictures on the Human Skin", in: *The Strand Magazine*, Nr. 13, 1897, S. 425–434, hier S. 431 und 433.
173 Lacassagne 1932 – Tatouage artistique, hier S. 323.
174 Gambier Bolton: „A Tattoo Artist", in: *Pearson's Magazine*, Jg. 14, Nr. 80, 1902, S. 174–179, hier S. 174.
175 Die Informationen zum Werk wurden folgenden Beiträgen entnommen: Dathe 2013 – Tätowierung, hier S. 13; Brandts Museum 2014 – Tattoo, S. 105; Kampmann 2011 – Tattoo-Kunst, S. 44; Raffaela Oberer: *Die Tätowierung in der modernen Kunst. Ein Überblick über Geschichte, Entwicklung und Vorkommen der Hautstichkunst im Werk moderner Künstler*, Saarbrücken: AV Akademikerverlag 2013 (= Reihe Geisteswissenschaften), zugl.: Graz, Univ., Diplomarbeit, 2011, S. 110. Matthew Lodder bespricht die Arbeit in einem weiter gefassten Zusammenhang. Lodder 2010 – Body Art, S. 187–193. An dieser Stelle sei Timm Ulrichs Arbeit *erstes lebendes Kunstwerk* genannt, bei der er sich im Jahr 1961 selbst ausstellte. Klaus Hoffmann: *Kunst-im-Kopf. Aspekte der Realkunst*, Köln: DuMont Schauberg 1972, S. 150–159.
176 Dathe 2013 – Tätowierung, hier S. 13.
177 Dahl (1953) 2001 – Skin; eine Zusammenfassung der Kurzgeschichte bei Lodder 2010 – Body Art, S. 175–178.
178 Ebd., S. 179 f.
179 Ebd., S. 179, Fußnote 48. Ein Katalog mit den Zeichnungen liegt nicht vor; jedoch eine Liste, auf der die umgesetzten Arbeiten markiert sind. E-Mail-Korrespondenz Matt Lodder/Ole Wittmann am 2.4.2015.
180 Ebd., S. 185.
181 Ebd., S. 186.
182 Weiterführend siehe Katrin Weleda: „Santiago Serras ‚Tattooed Lines'", in: Sabine Kampmann/Anja Herrmann/Jörg Petri et al. (Hg.), *Tattoo*, Bielefeld: transcript 2011 (= *Querformat*, Heft 4), S. 73–77; Marc Spiegler: „When Human Beings Are the Canvas", in: *Art News*, Juni, 2003, S. 94–97; Lodder 2010 – Body Art, S. 235–240; Kampmann 2011 – Tattoo-Kunst, hier S. 45; Sandra Kratochwill: *Stich-Wort: Aktion. Tätowierungen in europäischen Performances seit 1960*, Diplomarbeit, Katholisch-Theologische Privatuniversität Linz 2010, S. 47–58; Oberer 2013 – Tätowierung, S. 102–107.
183 Kampmann 2011 – Tattoo-Kunst.

184 Weiterführend siehe FEND 2003 – VALIE EXPORT; Aline Lenzhofer: „Ikonographie des Werkes *Body Sign Action* von Valie Export", in: Aline Lenzhofer/Igor Eberhard/Isabelle Poncette et al. (Hg.), *Stich:Punkte. Theorie und Praxis der Tätowierung*, Wien: HammockTreeRecords 2012 (= Reihe Junge Wissenschaft, Band 3), S. 109–129; Andrea Zell: *Valie Export. Inszenierung von Schmerz. Selbstverletzung in den frühen Aktionen*, Berlin: Reimer 2000, zugl.: München, Univ., Diss., 1998, S. 152–156; Markus Brunner: „,Körper im Schmerz'. Zur Körperpolitik der Performancekunst von Stelarc und Valie Export", in: Paula-Irene Villa (Hg.), *Schön normal. Manipulationen am Körper als Technologien des Selbst*, Bielefeld: transcript 2008 (= KörperKulturen), S. 21–40; MEYER 2008 – PERFORMANCE ART, S. 185–189; SCHNEEDE 2002 – KÖRPER, S. 56–59; KAMPMANN 2011 – TATTOO-KUNST, S. 40–42; OBERER 2013 – TÄTOWIERUNG, S. 85–90; KRATOCHWILL 2010 – TÄTOWIERUNGEN, S. 30–46. Bei der oben bereits erwähnten Arbeit *Selbst-Signierung (Tätowierung)* von Timm Ulrichs aus dem Jahr 1971 und einer Transplantations- und Präparations-Arbeit von Ulay aus dem Jahr 1972 handelt es sich ebenfalls um frühe Werke, bei denen die Tätowierung als Medium verwendet wurde. KAMPMANN 2011 – TATTOO-KUNST, S. 41 f.; FEND 2009 – TATTOOS, hier S. 50 f. Zur Arbeit von Spider Webb seit 1976 siehe LODDER 2010 – BODY ART, S. 220–235, DAUBENBERGER 2008 – HAUTBILDER, S. 73–78; Spider Webb: *Pushing Ink. The Fine Art of Tattooing*, Atglen: Schiffer 2002, zuerst erschienen 1979. Auf die Eigenschreibweise VALIE EXPORT wird im Folgenden zu Gunsten eines einheitlichen Schriftbildes verzichtet.

185 SCHNEEDE 2002 – KÖRPER, S. 56.

186 LENZHOFER 2012 – BODY SIGN ACTION, S. 116.

187 Amelia Jones: *Body Art. Performing the Subject*, Minneapolis (u. a.): University of Minnesota Press 1998, S. 13.

188 LENZHOFER 2012 – BODY SIGN ACTION, S. 116. Zum Körper in der Kunst der 1990er Jahre siehe Sigrid Schade: „Andere Körper. Kunst, Politik und Repräsentation in den 80er und 90er Jahren", in: Sigrid Schade (Hg.), *Andere Körper*, Offenes Kulturhaus Linz, Ausst.-Kat., Wien: Passagen 1994 (= Offenes Kulturhaus, Band 8), S. 10–25.

189 LENZHOFER 2012 – BODY SIGN ACTION, S. 117.

190 Zum Motiv der Rückeroberung des weiblichen Körpers durch Body Modification im Kontext feministischer Debatten siehe Victoria L. Pitts: *In The Flesh. The Cultural Politics of Body Modification*, New York: Palgrave Macmillan 2003, S. 49–86.

191 Zitiert nach SCHNEEDE 2002 – KÖRPER, S. 56. Schneede gibt an, das Zitat befinde sich im *Kritischen Lexikon der Gegenwartskunst* (KLG). Im entsprechenden Artikel zu Valie Export, der in der folgenden Fußnote erwähnt wird, befindet sich das Zitat nicht. Eine Nennung des Zitates an anderer Stelle im KLG konnte im Rahmen der vorliegenden Arbeit nicht recherchiert werden.

192 Carmela Thiele: „Kunst als Gegenwehr", in: Kritisches Lexikon der Gegenwartskunst, Nr. 47, Heft 18, 1999, S. 3–11, hier S. 3. Weiterführend zu Exports Körperbegriff siehe FEND 2003 – VALIE EXPORT.

193 LENZHOFER 2012 – BODY SIGN ACTION, S. 123.

194 Der Text befindet sich auf einem Konzeptblatt zur Arbeit. Abbildung u. a. in FEND 2003 – VALIE EXPORT, S. 53.

195 Zur Sklaven-Tätowierung im Römischen Reiche siehe GUSTAFSON 2000 – ROMAN TATTOO.

196 LENZHOFER 2012 – BODY SIGN ACTION, S. 125.

197 Ebd., S. 125.

198 ZELL 2000 – VALIE EXPORT, S. 155.

199 Zitiert nach ebd., S. 155.

200 Ebd., S. 156.

201 Siehe Kapitel 3.1.

202 Zur Bedeutung des Bildträgers dieser Arbeit, der Haut, siehe FEND 2003 – VALIE EXPORT, hier S. 55 f.

203 Zu Komposition und Platzierung siehe Kapitel 5.

204 LODDER 2010 – BODY ART, S. 163.

205 Siehe Kapitel 1.3.3.

206 Crystal Morey: *Crystal Morey Talks to Dan Sinnes About His Genital Genius*, Tattoo Artist Magazine [2011], tattooartistmagazineblog.com/2011/10/10/crystal-morey-dan-sinnes-tattoos-genital-penis-vagina-tattoo-artist-

magazine-blog/ vom 26.2.2015. Zur Convention-Kultur siehe DEMELLO 2007 – TATTOO COMMUNITY; Andrea Hund: „Renaissance eines Kunsthandwerks. Zum Berufsbild der TätowiererInnen auf Conventions. Ein ethnographischer Praxisbericht", in: *parapluie*, Nr. 12, 2001.

207 Donald E.T. Hardy: „Tattooing as a Medium", in: Donald E.T. Hardy (Hg.), *Pierced Hearts and True Love. A Century of Drawings for Tattoos*, The Drawing Center, New York, Ausst.-Kat., Honolulu: Hardy Marks 1995, S. 14–27, hier S. 23 f.

208 Ebd., S. 23.

209 Ebd., S. 23 f.

210 Zu Hardys Biografie siehe Kapitel 4.8.

211 Emiko Omori (Regie): *Ed Hardy: Tattoo the World*, 2011.

212 Ole Wittmann: „‚Gummihaut ist das Schlimmste, was es gibt.' Das Material Haut in der Tätowierkunst. Ein Interview von Ole Wittmann mit dem Tätowierer Kes One 3001", in: Sabine Kampmann/Anja Herrmann/Jörg Petri et al. (Hg.), *Tattoo*, Bielefeld: transcript 2011 (= *Querformat*, Heft 4), S. 20–24.

213 Ebd., hier S. 21.

214 Ebd., hier S. 21 f. Die Reihenfolge der Sätze wurde hier modifiziert.

215 Ebd., hier S. 22.

216 Otto Lauffer: „Über die Geschichte und den heutigen volkstümlichen Gebrauch der Tätowierung in Deutschland", in: *Wörter und Sachen*, Nr. 6, 1914/15, S. 1–14, hier S. 9.

217 Einige Inhalte des folgenden Kapitels wurden in ähnlicher Form auf der 38th AAH Annual Conference sowie am University College London vorgetragen: Ole Wittmann: *Skin and the Body as Canvas. Material Specific Aspects of the Art of Tattoo*, The Open University, Milton Keynes 2012 (= Konferenz-Vortrag im Rahmen der 38th AAH Annual Conference, Session Tattoo Art History).

218 Ian Eames: „Effect of Aging on Tattoos", in: *Mathematics Today*, Jg. 47, Nr. 2, 2011, S. 90–92.

219 Catherine de Lange: *Short Sharp Science: Mathematical model reveals how tattoos age*, New Scientist 2011, newscientist.com/blogs/shortsharpscience/2011/04/mathematic-model-reveals-how-t.html vom 9.2.2012.

220 Bei der Trägerin der Tätowierung handelt es sich um Stefani Germanotta, die unter dem Künstlernamen Lady Gaga bekannt ist. Das linke Tattoo wurde im Jahr 2009 gestochen, dessen vollständiger Text „prüfen Sie, ob er in der tiefsten Stelle Ihres Herzens seine Wurzeln ausstreckt, gestehen Sie sich ein, ob Sie sterben müßten, wenn es Ihnen versagt würde zu schreiben. muß ich schreiben?" ist folgendem Brief von Rainer Maria Rilke entnommen: Rilke an Franz Xaver Kappus, Paris, 17. Februar 1903. Rainer M. Rilke: *Briefe an einen jungen Dichter*, Leipzig: Insel 1929 (= Insel-Bücherei, Band 406), S. 10. Der Satz „Dieses vor allem: fragen Sie sich in der stillsten Stunde Ihrer Nacht: [muß ich schreiben?]" wurde in der Tätowierung nicht übernommen. Der von Eames gewählte Ausschnitt zeigt die Wörter „Stelle Ihres". Der Text der Tätowierung rechts lautet: „Little Monsters", eine Bezeichnung Germanottas für ihre Fans. Jenni Zylka: *Venus im Neonregenmantel*, Der Tagesspiegel 2014, tagesspiegel.de /kultur/lady-gaga-gibt-konzert-in-berlin-venus-im-neonregenmantel/10820306.html vom 10.3.2015.

221 Im Original lauten die Zitate wie folgt: „might look good when they are first done"; „tend to lose their definition after 15 years – depending on how fine the lines are." LANGE 2011 – TATTOOS AGE.

222 Zur Arbeit von Filip Leu siehe Fabio Paleari: *The Leu Family's Iron*, London: Trolley 2003; Adrian Lee: *Bloodwork. Bodies*, San Jose: Analog Tattoo Arts Kolectiv 2011.

223 Siehe hierzu Hanno Stecher: *Tattoos als Mainstream: Kunst, die unter die Haut geht*, Zeit Online 2011, zeit.de/lebensart/mode/2011-05/tattoo-kunst-aka vom 9.2.2012.

224 Die Umsetzung von Kinderzeichnungen in das Medium der Tätowierung wurde schon in den 1980er Jahren von Bill Salmon praktiziert. *Forever Yes. Art of the New Tattoo*, hrsg. von Bryce Bannatyne Gallery, Santa Monica, Ausst.-Kat., Honolulu: Hardy Marks 1992, S. 62.

225 Marisa Kakoulas: *Mathematical Model on Aging Tattoos*, Needles and Sins Tattoo Blog 2011, needlesandsins.com/2011/04/mathematical-model-on-aging-tattoos.html vom 19.3.2012.

226 WITTMANN/KES ONE 3001 2011 – HAUT, hier S. 24.

227 Ebd., hier S. 22 f.

228 Mary A. Hobbs: *A Mortal Work of Art*, BBC 2013, bbc.co.uk/programmes/b039pdtg vom 10.9.2013.

229 Zu Summers siehe Cynthia Witkin: „Cynthesis Tattooing", in: Donald E.T. Hardy (Hg.), *Art From the Heart*, Honolulu: Hardy Marks 1991 (= Tattootime, Band 5), S. 43–51, hier S. 44; RUBIN 1995 – TATTOO RENAISSANCE; TUCKER 1981 – TATTOO, hier insb. S. 46.

230 OETTERMANN 1985 – TÄTOWIERUNG, S. 84 f.; Matthew C. Lodder: „But is it Art?", in: *Things & Ink*, Nr. 4 (The Art Issue), 2013, S. 48–50; Amelia Klem Osterud: *The Tattooed Lady: A History*, Golden: Taylor Trade 2014, zuerst erschienen 2009, S. 10–12. Weiterführend siehe Kapitel 4.1.

231 Zu Summers, Witkin und weiteren Tätowiererinnen der 1970er Jahre siehe MIFFLIN 2013 – WOMEN AND TATTOO, S. 54–71.

232 Das genannte Beispiel ist bei weitem nicht das einzige aus der Zeit. Im Jahr 1991 tätowierte Bill Salmon ein rotes Schachbrettmuster ohne *outlines*. BRYCE BANNATYNE GALLERY 1992 – NEW TATTOO, S. 63. Tucker verwies bereits in ihrem oben zusammengefassten Aufsatz (Kap. 1.3.2) von 1981 auf Tattoos ohne *outline*. TUCKER 1981 – TATTOO, hier S. 46.

233 Valeska v. Rosen: „Disegno und Colore", in: Ulrich Pfisterer (Hg.), *Metzler Lexikon Kunstwissenschaft. Ideen, Methoden, Begriffe*, Darmstadt: Wissenschaftliche Buchgesellschaft 2003, S. 71–73.

234 Marc Wellmann: „Unschärfeschichten in der Geschichte der Malerei", in: Hubertus Gaßner/Daniel Koep (Hg.), *Unscharf. Nach Gerhard Richter*, Hamburger Kunsthalle, Ausst.-Kat., Ostfildern: Hatje Cantz 2011, S. 50–61. Weiterführend siehe Frank Fehrenbach: „Der oszillierende Blick. Sfumato und die Optik des späten Leonardo", in: *Zeitschrift für Kunstgeschichte*, Band 65, Heft 4, 2002, S. 522–544; Marc Wellmann: *Die Entdeckung der Unschärfe in Optik und Malerei. Zum Verhältnis von Kunst und Wissenschaft zwischen dem 15. und dem 19. Jahrhundert*, Frankfurt am Main (u. a.): Lang 2005, zugl.: Berlin, Univ., Diss., 2004. Wolfgang Ullrich untersucht die Unschärfe als kulturelles Phänomen. Wolfgang Ullrich: *Die Geschichte der Unschärfe*, Berlin: Wagenbach 2002 (= Kleine kulturwissenschaftliche Bibliothek, Band 69).

235 Weiterführend zur Auswahl von Tätowierern siehe Kelli Savill: „What Makes a Piece of Art Tattooable", in: *Things & Ink*, Nr. 4 (The Art Issue), 2013, S. 32–33.

236 Dirk-Boris Rödel: *Alles über japanische Tätowierungen. Die japanische Tätowierkunst der Edo-Zeit und ihre Entwicklung bis zur Gegenwart*, Uhlstädt-Kirchhasel: Arun 2004, zugl.: Tübingen, Univ., Magisterarbeit, 1999, S. 45–47. Rödel erläutert die Genese der japanischen Tätowierung ausführlich. Zum *suikoden*-Roman als Auslöser einer Tätowier-Mode zu Beginn des 19. Jahrhunderts siehe S. 39–55.

237 Ebd., S. 66.

238 Ebd., S. 55; Michael Martischnig: *Tätowierung ostasiatischer Art. Zu Sozialgeschichte und handwerklicher Ausführung von gewerblichem Hautstich in Vergangenheit und Gegenwart in Japan*, Wien: Verlag der Österreichischen Akademie der Wissenschaften 1987 (= Mitteilungen des Instituts für Gegenwartsvolkskunde, Band 19), S. 17. Zur Verbreitung der Tätowierung im Japan des 19. Jahrhunderts siehe RÖDEL 2004 – JAPANISCHE TÄTOWIERUNGEN, S. 56–67.

239 Zitat sowie folgende Passage aus SPAMER 1993 – TÄTOWIERUNG, S. 92.

240 JOEST 1887 – TÄTOWIREN, Tafeln VIII–XI, hier insbesondere X und XI.

241 Weiterführend siehe Cynthia Shaver/Noriko Miyamoto/Sachio Yoshioka: *Hanten and Happi. Traditional Japanese Work Coats: Bold Designs and Colorful Images*, Kyoto: Shikosha 1998 (= Sumi Collection).

242 Zu erotischen Motiven in der japanischen Kunst siehe Timon Screech: *Sex and the Floating World. Erotic Images in Japan, 1700–1820*, 2. Auflage, London: Reaktion 2009, zuerst erschienen 1999; Rosina Buckland: *Shunga. Erotic Art in Japan*, London: British Museum Press 2010; Dorit Marhenke-Constantinescu/Ekkehard May: *Shunga, Erotic Art in Japan. Erotische Holzschnitte des 16. bis 19. Jahrhunderts*, Heidelberg: Braus 1995; *Shunga. Meisterwerke der erotischen Kunst Japans*, hrsg. von Albrecht-Dürer-Gesellschaft, Galerie im Pilatushaus, Nürnberg, Ausst.-Kat., 1975; Marco Fagioli: *Shunga. Ars amandi in Japan*, Tübingen: Wasmuth 1998. Italienische Originalausgabe: *Shunga. Ars amandi in Giappone*, Firenze: Octavo 1997 {übersetzt von Anton Ebner}.

243 SPAMER 1993 – TÄTOWIERUNG, S. 93.

244 Donald Richie/Ian Buruma: *The Japanese Tattoo*, New York (u. a.): Weatherhill 1980, S. 53. Zum Kunstcharakter der japanischen Tätowierung und deren Ursprung siehe Maarten H. van Dinter: *The World of Tattoo. An Illustrated History*, Amsterdam: KIT 2005, S. 66.

245 Lauffer 1914/15 – Tätowierung, S. 11.
246 Riecke 1925 – Tatauierungswesen, S. 7 und 22. Siehe auch Wagner 1940 – Tätowierungsfrage, S. 25.
247 Cattani 1922 – Tatauieren, S. 41 f.
248 Ebd., S. 30.
249 Ebd., S. 47.
250 Riecke 1925 – Tatauierungswesen, S. 28.
251 Rudolf Virchow: „[Europäische] Tättowirungen“, in: *Verhandlungen der Berliner Gesellschaft für Anthropologie, Ethnologie und Urgeschichte*, 1897, S. 328–331, hier S. 330.
252 Maschka 1899 – Tätowierungsfrage, S. 329 f.
253 Gotthold 1914 – Tätowierungen, S. 49. Zwar bezieht Gotthold sich hier auf die Motivkombination des Kreuzes mit Herz und Anker als Symbol des Glaubens, der Liebe und der Hoffnung, doch werden andere Motive ebenso nachgeahmt, ohne dass Träger Kenntnis von deren ikonografischer Bedeutung haben.
254 Leppmann 1894 – Tätowiren, S. 201.
255 Gotthold 1914 – Tätowierungen, S. 54.
256 Oettermann 1985 – Tätowierung, S. 52 f.
257 Bellmann [1934–1938] – Tatauierung, S. 60 f.
258 Spamer 1993 – Tätowierung, S. 50. Von Tattoos, die sich durch Bewegungen des Körpers verändern, berichtet auch Cattani. Cattani 1922 – Tatauieren, S. 38.
259 Spamer 1993 – Tätowierung, S. 123 (Fußnote 69).
260 Erwähnt wird dieses Motiv auch in folgenden Veröffentlichungen: Cattani 1922 – Tatauieren, S. 44; Riecke 1925 – Tatauierungswesen, S. 20.
261 Oliver Ruts/Andrea Schuler: *BilderbuchMenschen. Tätowierte Passionen. 1878–1952. Portraitiert und photographiert von Herbert Hoffmann*, Berlin: Memoria Pulp 2002, S. 230, 241.
262 Wagner 1940 – Tätowierungsfrage, S. 23, 28 f., 41.
263 Schönfeld 1960 – Körperbemalen, S. 74; Wagner 1940 – Tätowierungsfrage, S. 23.
264 Dietrich von Engelhardt: *Das Bild auf der menschlichen Haut. Motive und Motivationen der Tätowierung*, München: Moos 1972 (= Welt der Bilder, Band 1), S. 73–78; Schönfeld 1960 – Körperbemalen, S. 86–88; Robert W.B. Scutt/Christopher Gotch: *Art, Sex and Symbol. The Mystery of Tattooing*, 2. Auflage, London (u. a.): Cornwall Books 1986, zuerst erschienen 1974, S. 75–107. Diverse Beispiele derartiger Tätowierungen befinden sich auch in Maleen Pacha: *Herz in der Hose. Die Geheimnisse der Tätowierung*, München: Feder 1960. Siehe außerdem Gemma Angel: *From the Storage Archives. The Unseen Sailors' Tattoo*, Life & 6 Months 2012, lifeand6months.com/2012/05/22/from-the-storage-archives-the-unseen-sailors-tattoo/ vom 10.1.2013.
265 Zur Augentäuschung in der bildenden Kunst siehe *Täuschend echt. Illusion und Wirklichkeit in der Kunst*, hrsg. von Ortrud Westheider/Michael Philipp, Bucerius Kunst Forum, Ausst.-Kat., München: Hirmer 2010 (= Publikationen des Bucerius Kunst Forums); Eckhard Hollmann/Jürgen Tesch: *Die Kunst der Augentäuschung*, Neuauflage, München: Prestel 2010, zuerst erschienen 2004.
266 Emma Reynolds: *Man Who Lost Arm in Freak Accident Has Stump Transformed by Tattoo Artist into Dolphin's Head*, Mail Online 2011, dailymail.co.uk/news/article-2068777/Man-lost-arm-freak-accident-stump-transformed-tattoo-artist-dolphins-head.html#axzz2KJMOl4XN vom 8.2.2013.
267 Zur Ikonografie des Delfins siehe Liselotte Wehrhahn-Stauch: „Delphin“, in: Engelbert Kirschbaum (Hg.), *Lexikon der christlichen Ikonographie*, Band 1, Rom (u. a.): Herder 1994, Sp. 503–504; „[Art.] Delphin“, in: Gerd Heinz-Mohr, *Lexikon der Symbole. Bilder und Zeichen der christlichen Kunst*, Düsseldorf (u. a.): Diederichs 1971, S. 71–72; „[Art.] Delphin“, in: Sigrid Dittrich/Lothar Dittrich, *Lexikon der Tiersymbole. Tiere als Sinnbilder in der Malerei des 14.–17. Jahrhunderts*, Petersberg: Imhof 2004 (= Studien zur internationalen Architektur- und Kunstgeschichte, Band 22), S. 61–65.
268 Hier handelt es sich um eine Skulptur, da der Amputationsstumpf durch ein subtraktives Verfahren (Amputation) entstanden ist.
269 Zu Mastektomie-Tattoos siehe Mifflin 2013 – Women and Tattoo, S. 87–90; Peter Scheidel/Tobias Kurz: *Mastektomie – konventionelle, mamillenersetzende und mamillenerhaltende Verfahren*, Kooperatives

Mammazentrum Hamburg, Krankenhaus Jerusalem 2012, frauenheilkunde-aktuell.ch/frauenheilkunde-d/PDF-Ordner-FHA-Frauenheilkunde-aktuell/Frauenheilkunde-Aktuell-Ausgabe-12-04/Mastektomie-konventionelle-mamillenersetzende-mamillenerhaltende-Verfahren.pdf vom 4.4.14.

270 Ein Medienbericht zu illusionistischen Mamillen-Tattoos, die nach einer operativen Entfernung derselben angefertigt werden: Caitlin Kiernan: „Tattoo Therapy After Breast Cancer", in: *The New York Times* vom 3.6.2014 (New York), S. D6.

271 Weitere Beispiele verschiedener Mastektomie-Tattoos unter: p-ink.org vom 4.4.2014. Historische Beispiele von illusionistischen Tätowierungen, die den Eindruck eines am Körper befindlichen Kleidungsstückes suggerieren, befinden sich in Form von Erwähnungen oder Abbildungen in folgenden Publikationen: Cattani 1922 – Tatauieren, S. 21 f., 38; Riecke 1925 – Tatauierungswesen, S. 18 ff.; Bellmann [1934–1938] – Tatauierung, S. 64; Ruts/Schuler 2002 – BilderbuchMenschen, S. 51, 253; Engelhardt 1972 – Tätowierung, S. 78.

272 Siehe Verweise zum Trompe-l'Œil in der Stilllebenmalerei in Kapitel 6.4.

273 Die Falter-Darstellung ist nicht im strengen, mathematischen Sinn bilateral symmetrisch. Es gibt einige Unterschiede innerhalb der Zeichnung der Flügel und bei der Länge der Fühler. Zur Definition des Begriffs ‚Symmetrie' siehe Rudolf Wille: „Symmetrie – Versuch einer Begriffsbestimmung", in: Bernd Krimmel (Hg.), *Symmetrie in Kunst, Natur und Wissenschaft*, Band 1, Mathildenhöhe, Ausst.-Kat., Darmstadt 1986, S. 437–458. Zur bilateralen Symmetrie und ihrer Rolle in der Kunst wie in der Natur siehe Hermann Weyl: *Symmetrie*, Basel (u. a.): Birkhäuser 1981 (= Wissenschaft und Kultur, Band 11), zuerst erschienen 1955. Amerikanische Originalausgabe: *Symmetry*, Princeton University Press 1952 {übersetzt von Lulu Bechtolsheim}, S. 11–45; Josef Brandmüller: „Symmetrie in der bildenden Kunst", in: Heinrich Stork (Hg.), *Symmetrie*, Köln: Aulis-Verlag Deubner 1985, S. 212–223.

274 Dagobert Frey: „Zum Problem der Symmetrie in der bildenden Kunst", in: *Studium Generale*, Jg. 2, Heft 4/5, 1949, S. 268–278, hier S. 271.

275 Ebd., S. 272.

276 Inhalte des folgenden Absatzes aus ebd., S. 273.

277 Ebd., S. 274.

278 Julian S. Bielicki: „Psychopathologie des Bedürfnisses nach Symmetrie", in: *Daidalos*, Nr. 15 (Die Kunst der Symmetrie), 1985, S. 36–41, hier S. 39.

279 István Hargittai/Magdolna Hargittai: *Symmetrie. Eine neue Art, die Welt zu sehen*, Reinbek bei Hamburg: Rowohlt 1998 (= rororo science). Amerikanische Originalausgabe: *Symmetry: A Unifying Concept*, Bolinas: Shelter 1994 {übersetzt von Hainer Kober}, S. 27.

280 Ebd., S. 18.

281 Werner Hahn: *Symmetrie als Entwicklungsprinzip in Natur und Kunst*, Königstein: Langewiesche 1989, S. 29 f. Siehe auch Gerolf Steiner: „Über Symmetrie bei Tieren", in: Heinrich Stork (Hg.), *Symmetrie*, Köln: Aulis-Verlag Deubner 1985, S. 187–211, hier S. 188.

282 Vgl. Oskar Bätschmann: „Die Symmetrien von Ferdinand Hodler", in: Bernd Krimmel (Hg.), *Symmetrie in Kunst, Natur und Wissenschaft*, Band 1, Mathildenhöhe, Darmstadt, Ausst.-Kat., 1986, S. 355–372, hier S. 361.

283 Alois Riegl: *Historische Grammatik der bildenden Künste*, hrsg. von Karl M. Swoboda/Otto Pächt, Graz (u. a.): Böhlau 1966 (Buchmanuskript von 1897/1898), S. 21.

284 Ernst Haeckel: *Kunstformen der Natur*, Leipzig (u. a.): Bibliographisches Institut 1904.

285 Bätschmann 1986 – Symmetrien, S. 363; Zitat S. 355.

286 Zu Vitruvs Proportionsfigur siehe Frank Zöllner: „Anthropomorphismus: Das Maß des Menschen in der Architektur von Vitruv bis Le Corbusier", in: Otto Neumaier (Hg.), *Ist der Mensch das Maß aller Dinge? Beiträge zur Aktualität des Protagoras*, Möhnesee: Bibliopolis 2004 (= Arianna, Band 4), S. 307–344; Klaus Wolbert: „Symmetrie und Autonomie. Die Sehnsucht nach der Mitte oder Seelische Balance und freie Selbstbestimmung als kongruente Denkfiguren in Ästhetik und Kunsttheorie", in: Bernd Krimmel (Hg.), *Symmetrie in Kunst, Natur und Wissenschaft*, Band 1, Mathildenhöhe, Darmstadt, Ausst.-Kat., 1986, S. 331–354; Frank Fehrenbach: „Leonardo da Vinci: Proportionsstudie nach Vitruv", in: Christoph Markschies/

Ingeborg Reichle/Jochen Brüning et al. (Hg.), *Atlas der Weltbilder*, Berlin: Akademie 2011 (= Forschungsberichte Interdisziplinäre Arbeitsgruppen, Band 25), S. 168–179.

287 Vgl. hierzu Klaus Wolbert: „Symmetrien als Sprachformen der Kunst", in: Bernd Krimmel (Hg.), *Symmetrie in Kunst, Natur und Wissenschaft*, Band 2, Mathildenhöhe, Darmstadt, Ausst.-Kat., 1986, S. VII–XXIII, hier S. XVIII.

288 Rolf Wedewer: „Torso", in: Karl O. Blase (Hg.), *Torso als Prinzip*, Kasseler Kunstverein, Ausst.-Kat., 1982, S. 50–59, hier S. 50.

289 Karl O. Blase: „Vorwort", in: Karl O. Blase (Hg.), *Torso als Prinzip*, Kasseler Kunstverein, Ausst.-Kat., 1982, S. 6–8, hier S. 6 f. Weiterführend siehe Schade 1987 – Körper. Zur Fragmentierung des Körpers siehe Claudia Benthien/Christoph Wulf (Hg.): *Körperteile. Eine kulturelle Anatomie*, Reinbek bei Hamburg: Rowohlt Taschenbuch 2001 (= Rowohlts Enzyklopädie, Band 55642).

290 Wedewer 1982 – Torso, S. 50.

291 Gunter Schweikhart: „Torso: Zur Geschichte und Bedeutung zerstörter Antiken in Mittelalter und Neuzeit", in: Karl O. Blase (Hg.), *Torso als Prinzip*, Kasseler Kunstverein, Ausst.-Kat., 1982, S. 10–33, hier S. 10.

292 Ebd., S. 10–16.

293 Ebd., S. 16.

294 Zum Problem der Ergänzung von antiken Statuen siehe ebd., S. 23–27. Näheres zum Entstehungskontext siehe Kapitel 5.

295 Dasha Zhukova (Hg.): *Garage Magazine*, Nr. 1, 2011, S. 94 f., 120. Bei dem Akt handelt es sich um ein Still der begleitenden filmischen Dokumentation. Ryan Boucher: *Skin*, Ryan Hope (Regie), 2011, vimeo.com/41970974 vom 2.3.2012.

296 Zhukova 2011 – Garage Magazine, S. 121.

297 Vgl. Schweikhart 1982 – Torso, S. 30. Zur eigenen künstlerischen Form des Torsos siehe Werner Schnell: *Der Torso als Problem der modernen Kunst*, Berlin: Mann 1980; Linda Nochlin: *The Body in Pieces. The Fragment as a Metaphor of Modernity*, London: Thames and Hudson 1994; Hélène Pinet: „Weibliche Torsi in der Photographie", in: *Das Fragment. Der Körper in Stücken*, Schirn Kunsthalle, Frankfurt, Ausst.-Kat., 1990, S. 155–157; *Von Rodin bis Baselitz. Der Torso in der Skulptur der Moderne*, hrsg. von Wolfgang Brückle und Kathrin Elvers-Švamberk, Staatsgalerie Stuttgart, Ausst.-Kat., Ostfildern-Ruit: Hatje Cantz 2001. Zum Torso bei Man Ray siehe Kirsten A. Hoving: „Man Ray's Disarming Venuses: Deconstructing the Classical Torso in Surrealist Photography", in: *History of Photography*, Jg. 29, Nr. 2, 2005, S. 123–134.

298 Herbert Malecki: „Fragmentarische Überlegungen zur Dimension des Fragmentarischen", in: Karl O. Blase (Hg.), *Torso als Prinzip*, Kasseler Kunstverein, Ausst.-Kat., 1982, S. 34–48, hier S. 38 f.

299 Taylor lag auf einem leicht schräggestellten Brett. E-Mail-Korrespondenz Shauna Taylor/Ole Wittmann am 22.1.2015.

300 Vgl. hierzu Petra Lange-Berndt: „Unheimliche(s) Gestalten. Damien Hirsts ‚Naturgeschichte' und das historische Verfahren der Naßpräparation", in: Andreas Haus/Franck Hofmann/Änne Söll (Hg.), *Material im Prozess. Strategien ästhetischer Produktivität*, Berlin: Reimer 2000, S. 165–178.

301 Hirst war nicht an der Konzeption der Fotografie beteiligt. E-Mail-Korrespondenz Becky Poostchi (damalige Redakteurin des *Garage Magazine*)/Ole Wittmann am 7.4.2015. Siehe auch Kapitel 5.

302 Brian Dillon: „Hässliche Gefühle", in: Ann Gallagher (Hg.), *Damien Hirst*, Tate Modern, London, Ausst.-Kat., München (u.a.): Prestel 2012, S. 21–29, hier S. 21. Zu Hirsts „steril-klare[r] Industrie-Optik" und ihrem Bezug zur Medizin siehe Ulrich Blanché: *Konsumkunst. Kultur und Kommerz bei Banksy und Damien Hirst*, Bielefeld: transcript 2012 (= Image, Band 40), S. 268–274.

303 Eine Gegenposition hierzu bildet auch die Tattoo-Zeitschrift *Things & Ink*. Zur Darstellung von tätowierten Frauen in der Populärkultur siehe Sarah Held: „Das Schaf im Wolfspelz. Tätowierungen in der Popkultur", in: Ute Seiderer/Michael Fisch (Hg.), *Haut und Hülle. Umschlag und Verpackung. Techniken des Umschließens und Verkleidens*, Berlin: Rotbuch 2014, S. 304–316; Anna Felicity Friedman: *The Melodramatic Nostalgia of Tattoo Reporting*, 2014, tattoohistorian.com/2014/04/21/the-melodramatic-nostalgia-of-tattoo-reporting/ vom 6.5.2014.

304 Wille 1986 – Symmetrie, S. 453; Wolbert 1986 – Symmetrien, S. XV.

305 Weiterführend siehe Kapitel 6.5 und 7.

306 In einer Ausgabe des Magazins *TattooStyle* sind Tätowierungen von Fabian Nitz und Phil Kyle abgebildet, bei denen sich jeweils eine Hälfte des Falters auf einem Fuß befindet. O. V.: „Schmetterlinge", in: *TattooStyle*, Nr. 1, 2012, S. 12–18, hier S. 14, 16.

307 Terisa Green: *The Tattoo Encyclopedia. A Guide to Choosing Your Tattoo*, New York: Simon and Schuster 2003, S. 36. Bei Green finden sich auch einige Angaben zur Symbolik des Schmetterlings in der Tätowierung.

308 Henk Schiffmacher: *Encyclopedia for the Art and History of Tattooing*, hrsg. von Almar Seinen, Amsterdam: Carrera 2010. Niederländische Originalausgabe: *Lexicon der Tatoeages – Van Aarsgewei tot Zwitserland*, Amsterdam: Carrera 2008 {übersetzt von Ingmar Kloos}, S. 71.

309 Rödel charakterisiert das Motiv als „leicht und luftig, schillernd-bunt und scheinbar sorglos dahinflatternd, [...] ein rundum positives und fröhliches Motiv". Ebenso erwähnt Rödel die Auferstehungsmetaphorik der christlichen Ikonografie. Dirk-Boris Rödel: „Back to Basic. Die zehn Klassiker unter den Tattoo-Motiven", in: *TätowierMagazin*, Nr. 1, 2014, S. 132–135, hier S. 135. Zur Motivwahl und Platzierung von Tätowierungen bei Frauen siehe auch KÄCHELEN 2004 – TATAU, S. 244–246.

310 Zu den ersten Studien dieser Art gehören LOMBROSO 1876 – L'UOMO DELINQUENTE; LACASSAGNE 1881 – TATOUAGES.

311 Ebd.

312 Ebd., S. 21; siehe auch BAER 1893 – VERBRECHER, S. 232. Zur Tätowierung in französischen Strafbataillonen siehe Jérôme Pierrat/Eric Guillon: *Les vrais, les durs, les tatoués. Le tatouage à Biribi*, Clichy: Larivière 2004.

313 Hierbei handelte es sich um die damals gebräuchlichste Methode zur bildlichen Dokumentation von Tätowierungen. CAPLAN 2000 – NATIONAL TATTOOING, S. 163, insbesondere Fußnote 19.

314 Steve Gilbert: *Tattoo History. A Source Book*, New York: Juno 2000, S. 116. Laut Caplan beläuft sich die Gesamtzahl der Durchzeichnungen auf 1600 Stück. CAPLAN 2000 – NATIONAL TATTOOING, hier S. 161. Laut Pierrat und Guillon basieren Lacassagnes Forschungen auf der Sichtung von 2400 Tattoos, von denen etwa 1200 von der Haut 400 Inhaftierter durchgepaust wurden. Jérôme Pierrat/Eric Guillon: *Mauvais garçons. Portraits de tatoués, 1890–1930*, Paris: La manufacture de livres 2013, S. 8.

315 ANGEL 2013 – IN THE SKIN. Siehe auch ANGEL 2012 – TATTOO COLLECTORS.

316 E-Mail-Korrespondenz Gemma Angel/Ole Wittmann am 10.7.2013 und 22.10.2013. Angel in einer E-Mail vom 22.10.2013: „I've had a look through my photos, and unfortunately there are no butterflies in any of the drawings I photographed. In fact, the main visual source remaining in the archives in the *Documents divers sur les tatouage* (MS5255) is a design album containing the drawings of a Lyonnaise tattooist, dated 1889, which is interesting in itself. The rest of the archive consists mainly of correspondence and the odd postcard, and only 4 photographs (which have been reproduced elsewhere, so you're probably familiar with them). It was quite disappointing going there to find that almost nothing is left [...]. The card files with tracings that Lacassagne describes in his texts, and from which he reproduced images, were not there."

317 GILBERT 2000 – TATTOO HISTORY, S. 116. Da sich in Lacassagnes Publikation sowie in seinem in Lyon verwahrten Nachlass keine Abbildung eines Schmetterlingtattoos befindet, ist anzunehmen, dass Gilbert Zugang zu Zeichnungen hatte, die nicht in der Bibliothèque municipale de Lyon aufbewahrt werden. Möglich ist auch, dass Gilbert seine Erkenntnisse bezüglich der Motive aus der Sichtung von Fotografien gewann.

318 PIERRAT/GUILLON 2013 – PORTRAITS. Einige der Fotografien wurden bereits im Jahr 2004 veröffentlicht. PIERRAT/GUILLON 2004 – BIRIBI.

319 PIERRAT/GUILLON 2013 – PORTRAITS, S. 11 f.

320 Sein Sohn Jean wurde erst im Jahr 1886 geboren.

321 In der kriminalanthropologischen Literatur um die Jahrhundertwende wird immer wieder konstatiert, dass sich nur selten Tätowierungen auf den unteren Extremitäten befinden. Zur Platzierung von Tätowierungen heute siehe Mike Faille/Jake Edmiston: *Graphic: The Tattoo Industry*, National Post 2013, news.nationalpost.com/2013/08/16/graphic-the-tattoo-industry/ vom 21.8.2013.

322 In der Publikation befinden sich 162 Portraitfotografien. Abgelichtet wurden etwa 150 Personen, einige zusätzlich in der Rückansicht.

323 Pierrat/Guillon 2013 – Portraits, S. 64. Als Symbol der Diebe und Einbrecher wird der Schmetterling auch bei Hanns Ebensten erwähnt. Ebensten 1953 – Tattooing, S. 16 f. und S. 35. Siehe auch Delarue/Giraud 1950 – Tatouages, Abb. 28; Scutt/Gotch 1986 – Tattooing, S. 112, Abb. 128.

324 J. Strüder: „Kann man aus dem Bildgut der tätowierten Gefangenen auf ihren Charakter und ihre Verbrechensart schließen?“, in: *Die medizinische Welt*, Jg. 9, Nr. 41, 1935, S. 1485–1489; siehe auch Bammann 2006 – Tätowierungen, hier S. 42 ff.

325 25 der gezählten Schmetterlingstattoos sind symmetrisch auf dem Körper platziert, 16 asymmetrisch.

326 In folgenden Bänden wurden unter anderem Schmetterlingstattoos von Häftlingen in Form von Illustrationen und Fotografien veröffentlicht: Pichler 2011 – Gefängnistätowierungen, S. 53 und 89; Danzig Baldaev (Hg.): *Russian Criminal Tattoo Encyclopaedia*, 3 Bände, London: Fuel 2003–2008, 1. Band, S. 327, 2. Band, S. 296, 309, 339, 3. Band, S. 302 f.

327 Lauffer 1914/15 – Tätowierung, S. 10; Ulrich Bauche: „Nachlass des Tätowierers Christian Warlich“, in: *Beiträge zur deutschen Volks- und Altertumskunde*, Nr. 11, 1967, S. 107–108, hier S. 107. Das Jahr 1907 muss falsch überliefert worden sein, da das Museum erst 1908 gegründet wurde.

328 Lauffer 1914/15 – Tätowierung. In einem persönlichen Gespräch im Museum für Hamburgische Geschichte am 30.7.2013 teilte mir der Kurator der fotografischen Sammlung, Herr Olaf Matthes, mit, dass der Standort der Aufnahmen derzeit nicht bekannt sei. Wahrscheinlich befinde sich das bisher nicht inventarisierte Konvolut im Archiv des Museums.

329 Bauche 1967 – Nachlass Warlich, S. 107. Adolf Spamer bezeichnete Rodemich († 1919) als einen der „Bahnbrecher [...] der neueren Tätowierkunst St. Paulis“. Rodemich war gelernter Porzellanmaler und arbeitete von 1905 bis 1908 in einer Wirtschaft in der Friedrichstraße, später in der Taubenstraße. Spamer 1993 – Tätowierung, S. 61. Rodemichs Tätigkeit als Tätowierer lässt sich mit recht hoher Wahrscheinlichkeit bis in das Jahr 1871 zurückverfolgen: In den *Verhandlungen der Berliner Gesellschaft für Anthropologie, Ethnologie und Urgeschichte* aus dem Jahr 1890 wird von einem „ausserordentlich schön ausgeführten Mädchenkopf auf der Brust“ berichtet, der 19 Jahre zuvor, also 1871, von einem Porzellanmaler in Hamburg tätowiert wurde. Der Kopf sei in „ungefähr 3/4 Lebensgrösse ausgeführt [...] und zwar in blauer und rother Färbung. Diese Tättowirung macht den Eindruck einer Pastellmalerei. [...] Hr. R. Virchow rühmt gleichfalls die ungewöhnliche Schönheit der gleichmässig rothen Fleischtöne des abgebildeten Mädchenkopfes, welche in der That an Malerei erinnern.“ O. V.: „[Tätowierter Fabrikarbeiter]“, in: *Verhandlungen der Berliner Gesellschaft für Anthropologie, Ethnologie und Urgeschichte*, Band 22, 1890, S. 536.

330 Die Sichtung durch den Autor fand am 30.7.2013 statt.

331 Eine Darstellung von Amor und Psyche aus der Zeit der Jahrhundertwende existiert ebenso auf einem Musterblatt des englischen Tätowierers Joseph Hartley. Hardy 1995 – Tattoos, S. 100. Weiterführend zu Amor und Psyche siehe Kapitel 6.4.

332 Zur Bouguereau-Rezeption in der Arbeit des englischen Tätowierers Sutherland Macdonald und der Kunstkritik um 1900 siehe Lodder 2015 – Flash, hier S. 11; Lodder 2015 – Tatouage, die Veröffentlichung eines Tagungsbandes ist in Planung sowie Lodder 2017 (voraussichtlich) – Tattoo.

333 Die hier abgebildete Fotografie wurde im Jahr 2012 für eine Werbekampagne des schwedischen Textileinzelhandelsunternehmens Hennes & Mauritz aufgenommen. Eine Detailaufnahme von Molloys Arbeit liegt nicht vor. Auf Anfrage bei Molloy wurde mitgeteilt, dass er selbst keine Fotografie des Werkes besitze. Stattdessen verwies er auf eine ähnliche Arbeit, die sich auf seiner Website befindet. E-Mail-Korrespondenz Louis Molloy/Ole Wittmann am 15. und 16.8.2013. Abbildung der von Molloy erwähnten Arbeit auf seiner Internetseite: tattoos.co.uk/galleries/studio/ am 16.8.2013, Abb. 36. Weiterführend zu Bouguereau siehe Damien Bartoli/Frederick Ross: *William Bouguereau. Catalogue Raisonné of His Painted Work*, New York City (u. a.): Antique Collectors' Club 2010.

334 Annette Langer: *Amor und Psyche. Liebesgott ziert Beckham*, Spiegel Online 2010, spiegel.de/panorama/leute/amor-und-psyche-liebesgott-ziert-beckham-a-682475.html vom 12.8.2013.

335 Lal Hardy stach das Motiv auf den Arm des Profifußballers Jack Wilshere. instagram.com/p/hN9RfTy6QP/ vom 22.1.2014. Das gleiche Motiv setzte auch der Pariser Tätowierer Tin Tin auf einem seiner Kunden im Jahr 2013 um. instagram.com/p/jPCkazoi7I/ vom 22.1.2014.
336 Louis Vervaeck: *Le Tatouage en Belgique*, Brüssel: Hayez 1906, S. 207.
337 Jaeger 1905 – Tätowierungen.
338 Die Tabelle des 21. Bandes wurde um die Spalte „Wo und von wem wurde die Tätowierung vorgenommen?" erweitert.
339 Ebd., hier Band 21, S. 139 (Nr. 69), S. 141 (Nr. 73), S. 157 (Nr. 124), S. 159 (Nr. 128), S. 163 (Nr. 141), S. 165 (Nr. 150).
340 Hugo E. Luedecke: „Erotische Tätowierungen", in: *Anthropophyteia*, Band IV, 1907, S. 75–83. Zu erotischen Tätowierungen siehe auch Cattani 1922 – Tatauieren, S. 44 f.
341 Luedecke 1907 – Tätowierungen, S. 83.
342 Der vollständige Nachname lautet Schmidt-Wölfers. Spamer 1993 – Tätowierung, S. 62; Oettermann 1985 – Tätowierung, S. 86 f.
343 O. V.: „Leonardos ‚Abendmahl' als Tätowierung", in: *Hamburgischer Correspondent* (Morgen-Ausgabe), Jg. 182, Nr. 35 vom 20.1.1912, S. 3. Dieser Artikel wird auch bei Lauffer erwähnt. Lauffer 1914/15 – Tätowierung, S. 13 f. Bei der Trägerin handelt es sich um Emma de Burgh, gestochen wurde die Arbeit angeblich von Hori Chiyo aus Tokio. Oettermann 1985 – Tätowierung, S. 84 f. und Lodder 2013 – Art. Siehe auch Bolton 1897 – Pictures on Skin, S. 430 f. Zum *Abendmahl* in der Tätowierung siehe Carol Clerk: *Vintage Tattoos. The Book of Old-School Skin Art*, New York: Universe 2009, zuerst erschienen 2008, S. 172 ff. sowie Kapitel 2.2 der vorliegenden Arbeit. Zu Hori Chiyo siehe Oettermann 1991 – Tätowierung in Europa, S. 85; Guth, Christine M. E.: *Longfellow's Tattoos. Tourism, Collecting and Japan*, Seattle (u. a.): University of Washington Press 2004, S. 150 ff.
344 Gotthold 1914 – Tätowierungen, S. 37. Siehe auch James Bradley: „Body Commodification? Class and Tattoos in Victorian Britain", in: Jane Caplan (Hg.), *Written on the Body. The Tattoo in European and American History*, Princeton University Press 2000, S. 136–155. In diesem Zusammenhang sei darauf hingewiesen, dass die Tätowierung in England nicht so kriminalisiert wurde, wie es in Deutschland oder Frankreich der Fall war. Caplan 2006 – Tattoos and Criminality, hier S. 351 und 353.
345 Gotthold 1914 – Tätowierungen.
346 Ebd., S. 5.
347 Die Gesamtzahl der 75 untersuchten Personen setzt sich wie folgt zusammen: 12 „Normale", 47 „Geisteskranke", 16 „Kriminelle". An dieser Stelle sei erwähnt, dass Gotthold sich zur Definitions- und Abgrenzungsproblematik dieser Begriffe äußert. Ebd., S. 8.
348 Ebd., S. 13, Fall I; S. 26, Fall XLIII; S. 32, Fall X.
349 Cattani 1922 – Tatauieren, S. 45. Siehe auch Schönfeld 1960 – Körperbemalen, S. 100. Zur Tätowierung in der Oberschicht siehe auch Lodder 2017 (voraussichtlich) – Tattoo; Bradley 2000 – Class and Tattoos; Guth 2004 – Longfellow, S. 142–158; R. J. Stephen: „Tattooed Royalty. Queer Stories of a Queer Craze", in: *Harmsworth Magazine*, Nr. 1, 1898, S. 472–475; Laura Weissmüller: *Das Tattoo als Phänomen der Oberschicht*, Süddeutsche Zeitung 2013, sueddeutsche.de/kultur/koerperkunst-im-wandel-der-zeit-das-tattoo-ein-phaenomen -der-oberschicht-1.1794767 vom 18.10.2013.
350 Virchow 1897 – Tättowirungen, hier S. 330.
351 Cattani 1922 – Tatauieren, S. 46.
352 Tatsächlich handelt es sich nicht um von Burchett selbst verfasste Memoiren. Zur Entstehung des Buches siehe Jon Reiter: *King of Tattooists. The Life and Work of George Burchett*, Milwaukee: Solid State 2012, S. 212 f.
353 „No sooner was the story printed, than I was besieged by ladies of all ages with orders for a ‚dainty tattoo like the Egyptian princess's'." Burchett 1958 – Tattooist, S. 154. Weiterführend zum Fund der Mumie siehe Louis Keimer: *Remarques sur le tatouage dans l'Égypte Ancienne*, Kairo: L'Institut Français d'Archéologie Orientale 1948 (= Mémoires présentés à l'Institut d'Égypte, Band 53), S. 13–15.
354 Spamer 1993 – Tätowierung. Vgl. Kapitel 1.3.1.

355 Als darauf folgende Bestandsaufnahmen der Tätowierpraxis in Deutschland sind folgende Werke aufzuführen: Friederich 1993 – Tätowierungen; Feige 2003 – Tätowierung.

356 Spamer 1993 – Tätowierung, S. 52.

357 Ebd., S. 53.

358 Bolton 1897 – Pictures on Skin, hier S. 429.

359 Bolton 1902 – Tattoo Artist, hier S. 176.

360 Stephen 1898 – Tattooed Royalty, hier S. 473.

361 Burchett 1958 – Tattooist, S. 154 f.

362 Riecke 1925 – Tatauierungswesen, S. 23. Entsprechende Abbildungen auf Tafel II, Fig. 8; Tafel XXII, Fig. 83 in selbigem Band.

363 Amelia Klem Osterud: „The Metaphorical Snake Tattoo of Lady Randolph Churchill", in: *Things & Ink*, Nr. 2 (The Face Issue), 2013, S. 81–83. Vgl. auch Anna Felicity Friedman: *A Dozen Questions to Ask When Writing About Tattoo History and Culture*, 2015, tattoohistorian.com/2015/05/15/a-dozen-questions-to-ask-when-writing-about-tattoo-history-and-culture/ vom 21.5.2015.

364 Fritz Eller: „Ein Vorlagenbuch für Tätowierungen", in: *Archiv für Kriminal-Anthropologie und Kriminalistik*, Nr. 19, 1905, S. 60–67.

365 Gotthold 1914 – Tätowierungen, S. 10, Fall V (Fabrikarbeiter); S. 11, F. VIII (Dreher); S. 14, F. II (Maurer, mit „ballspielender" Kugelläuferin); S. 14, F. III (Schreiner); S. 15, F. IV (Bildhauer); S. 15, F. V (Arbeiter, Kugelläuferin „mit Flagge"); S. 18, F. XIV (Metzger, Kugelläuferin „mit Regimentsnummer 155 auf dem Bauch); S. 21, F. XXIV (Möbelträger); S. 22, F. XXX (Bäcker, „nackte" Kugelläuferin); S. 31, F. X (Maler). Auch bei Abraham Baer und Arthur Leppmann sind auf Kugeln balancierende Akrobaten erwähnt und wiedergegeben. Baer 1893 – Verbrecher, Tafel 2; Leppmann 1894 – Tätowiren, S. 197, 215 sowie Fig. 4, 6 und Abb. 5. Eine Darstellung einer jonglierenden Kugelläuferin befindet sich in einem Manuskript von Louis Vervaeck, das in der University of Chicago Special Collection aufbewahrt wird. Bei dem Träger handelt es sich um einen Brüsseler Bürger, der bei einem Aufenthalt in Indonesien tätowiert wurde. E-Mail-Korrespondenz Anna Felicity Friedman/Ole Wittmann am 4.10.2013. Abbildung siehe: Anna Felicity Friedman: *[Juggler in Vervaeck Manuscript]*, Tattoo History Daily 2013, tattoohistorian.tumblr.com/ vom 16.10.2013.

366 Gotthold 1914 – Tätowierungen, S. 48.

367 Als akrobatische Jongleure werden laut Ziethen und Allen all jene Artisten beschrieben, die auf rollenden Kugeln, Drahtseilen, Einrädern, Leitern und anderen Zirkusrequisiten jonglieren. Karl-Heinz Ziethen/Andrew Allen: *Juggling. The Art and Its Artists*, Berlin: Rausch und Lüft 1985, S. 296.

368 Ebd., siehe eingeklebtes Heft mit Übersetzung, S. 18.

369 „The Great Onri Troupe. Internationally famed for their wonderful juggling on rolling globes." Ebd., S. 212.

370 Zu den Schauplätzen des Pariser Nachtlebens der Belle Époque siehe: *Bordell und Boudoir. Schauplätze der Moderne*, hrsg. von Götz Adriani, Kunsthalle Tübingen, Ausst.-Kat., Ostfildern-Ruit: Hatje Cantz 2005, S. 33–39; Wieland Barthelmess: „Zwischen Montmartre und Champs-Élysées. Pariser Vergnügungsetablissements und ihre Stars in den 1890er Jahren", in: *Pariser Nächte. Henri de Toulouse-Lautrec*, hrsg. von Kunsthalle Bremen, Ausst.-Kat., 1994, S. 14–22.

371 Karl-Heinz Ziethen: *4,000 Years of Juggling*, Sainte Genevieve: Poignant 1981/82, 1. Band, S. 236. Ein weiteres Plakat zeigt Fruton als Attraktion des Pariser Orpheum. Ebd., S. 38.

372 Ziethen/Allen 1985 – Juggling, S. 153 f., 183, 197; Günter Bose/Erich Brinkmann: *Circus. Geschichte und Ästhetik einer niederen Kunst*, Berlin: Wagenbach 1978 (= Wagenbachs Taschenbücherei, Band 46), S. 128 und 172; Karl-Heinz Ziethen: *Die Kunst der Jonglerie*, Berlin: Henschel 1988, Abb. 25, 29, 102. Weitere Benennungen von auf Kugeln laufenden Jongleuren aus der Zeit der Jahrhundertwende sind bei Ziethen aufgeführt: Ziethen 1981/82 – Juggling, 1. Band, S. 232 und 236. Zu späteren Vertretern siehe ebd., 2. Band, S. 211–17, 252 und 315. Bis heute gilt das Jonglieren, während man auf einer „rollenden Kugel" steht, als Lernziel in einschlägigen Lehrbüchern. Dave Finnigan: *Alles über die Kunst des Jonglierens*, Köln: DuMont 1988. Amerikanische Originalausgabe: *The Complete Juggler*, New York: Random House 1987 {übersetzt von Gabi Hartmann und Paul Keast}, S. 413.

373 Siehe auch Picassos *Familie des Akrobaten* (1905), Abbildung in: Roland Berger/Dietmar Winkler: *Künstler, Clowns und Akrobaten. Der Zirkus in der bildenden Kunst*, Stuttgart (u.a.): Kohlhammer 1983, S. 140. Die Lithografie *Zirkus* von Heinrich Zille aus dem Jahr 1920 zeigt – neben anderen akrobatischen Darbietungen – eine Kugelläuferin, Abbildung in: ebd., S. 116. Bei Gerhard Marcks' Holzschnitt *Fortuna I* aus dem Jahr 1954 handelt es sich um eine weitere Darstellung der Schicksalsgöttin als Zirkusakrobatin, Abbildung in: *Vom Zauber der Manege. Zirkuswelten in der Kunst des 20. Jahrhunderts*, hrsg. von Nadine Steinacker, Kunsthaus Apolda Avantgarde, Ausst.-Kat., Weimar: Verlag und Datenbank für Geisteswissenschaften 2013, S. 53. Ebenso finden sich Abbildungen von auf Kugeln balancierenden Tieren: Berger/Winkler 1983 – Zirkus, S. 90, 209.

374 John Richardson: *Picasso. Leben und Werk*, München: Kindler 1991. Englische Originalausgabe: *A Life of Picasso*, London: Cape 1991 {übersetzt von Gerda Kurz und Siglinde Summerer}, S. 173, 346 ff., 357 f., 381. Zu Picassos Besuchen des Zirkus Médrano am Boulevard de Rochechouart siehe auch Dan Franck: *Montparnasse und Montmartre. Künstler und Literaten in Paris zu Beginn des 20. Jahrhunderts*, Berlin: Parthas 2011. Französische Originalausgabe: *Bohèmes*, Paris: Calman-Lévy 1998 {übersetzt von Petra van Cronenburg}, S. 108 f. Zum Motiv der Gaukler siehe außerdem Siegfried Gohr: *Ich suche nicht, ich finde. Pablo Picasso. Leben und Werk*, Köln: DuMont 2006, S. 51 f.

375 Patrick O'Brian: *Pablo Picasso. Eine Biographie*, Hamburg: Hoffmann und Campe 1979. Englische Originalausgabe: *Pablo Ruiz Picasso. A Biography*, London: Collins 1976 {übersetzt von Christian Spiel}, S. 172 f.

376 Richardson berichtet auch von Darbietungen auf den Pariser Boulevards. Richardson 1991 – Pablo Picasso, S. 348 f.

377 Riecke 1925 – Tatauierungswesen, S. 22. Siehe auch Wagner 1940 – Tätowierungsfrage, S. 25.

378 Riecke 1925 – Tatauierungswesen, S. 23. Entsprechende Abbildungen auf Tafel III, Fig. 13; Tafel IV, Fig. 15–17 in selbigem Band. Auch Bellmann und Wagner führen an, dass es sich bei einem großen Teil der Tätowierungen um Darstellungen aus dem Zirkusleben handelt. Bellmann [1934–1938] – Tatauierung, S. 63; Wagner 1940 – Tätowierungsfrage, S. 30. Zu Zirkusmotiven in der zeitgenössischen Tätowierung siehe Heide Heim: „Manege Frei. Menschen, Tiere, Kuriositäten", in: *TätowierMagazin*, Nr. 2, 2014, S. 132–136.

379 Riecke 1925 – Tatauierungswesen, S. 24.

380 Ebd., S. 24.

381 Ehrengard Meyer-Landrut: *Fortuna. Die Göttin des Glücks im Wandel der Zeiten*, München (u.a.): Deutscher Kunstverlag 1997.

382 Ebd., S. 7.

383 Ebd., S. 10 und 12.

384 Gotthold 1914 – Tätowierungen, S. 48; Meyer-Landrut 1997 – Fortuna, S. 9.

385 Die Abbildung einer weiteren schmetterlingsflügeligen Kugelläuferin befindet sich in Schönfeld 1960 – Körperbemalen, S. 119.

386 Meyer-Landrut 1997 – Fortuna, S. 179 und 182.

387 An dieser Stelle sei ergänzend erwähnt, dass die Zurschaustellung von Tätowierten in Zirkussen und auf Jahrmärkten zu der Zeit gängige Praxis war. Oettermann 2000 – Entertainers, Oettermann 1985 – Tätowierung, S. 75–94 und Schönfeld 1960 – Körperbemalen, S. 100–107. Zu tätowierten Schaustellerinnen siehe auch Osterud 2014 – Tattooed Lady; Landfester 2012 – Tätowierung, S. 313 ff.; Margo DeMello: „The Carnivalesque Body. Women and Tattoos", in: Donald E.T. Hardy (Hg.), *Pierced Hearts and True Love. A Century of Drawings for Tattoos*, The Drawing Center, New York, Ausst.-Kat., Honolulu: Hardy Marks 1995, S. 72–79; Eberhard 2011 – Zirkusfrauen; Igor Eberhard: „Nackt und doch bekleidet. Tätowierte Frauen und Damen in der Geschichte", in: Stefanie Dathe (Hg.), *Gestochen scharf*, Ausst.-Kat., Burgrieden-Rot 2013 (= Museum Villa Rot, Band 01/13), S. 21; Mifflin 2013 – Women and Tattoo; Luc Renaut: „Die Tradition der weiblichen Tätowierung seit dem Altertum. Schönheit, Liebesspiel und soziale Wertschätzung", in: Annette Geiger (Hg.), *Der schöne Körper. Mode und Kosmetik in Kunst und Gesellschaft*, Köln (u.a.): Böhlau 2008, S. 91–112.

388 In Günter Boses und Erich Brinkmanns Publikation *Circus* befinden sich beispielsweise Schmetterlingsflügel als Requisite auf einer Abbildung. Die Flügel sind am Kostüm einer Pferdeakrobatin angebracht. Bose/

Brinkmann 1978 – Circus, S. 44. Auf Auguste Renoirs Gemälde *Clown im Zirkus* aus dem Jahr 1868 trägt der Dargestellte ein mit Schmetterlingen verziertes Kostüm. Abbildung in: Berger/Winkler 1983 – Zirkus, S. 201. Auch die tätowierte Schaustellerin Miss Artoria trägt auf einer Fotografie ein Kostüm, das im Brustbereich mit einem großen Schmetterling dekoriert ist. Dathe 2013 – Gestochen scharf, S. 86. George Burchett fertigte eine Vorzeichnung für eine Tätowierung an, die eine stark kostümierte, schmetterlingsflügelige Frau zeigt. Ihr Kostüm sowie ihre Ballettschuhe weisen darauf hin, dass es sich um eine Tänzerin oder Akrobatin handelt. Reiter 2012 – George Burchett, S. 194.

389 Bellmann [1934–1938] – Tatauierung, S. 61 f.

390 Siehe Kapitel 5.

391 Amine Haase: „Zeuge der Zeit", in: *art*, Nr. 5, 1982, S. 34–45, hier S. 42.

392 Anne-Christin Klare: *Distanz und Nähe. Christian Schads Portrait des Rasenden Reporters Egon Erwin Kisch*, Magisterarbeit, Universität Hamburg 2009; Burcu Dogramaci: *Christian Schad: Seine Porträts der Zwanziger Jahre*, Magisterarbeit, Universität Hamburg 1996; Dogramaci 2011 – Tätowierungen.

393 Der Essay ist Teil folgender Publikation: Egon E. Kisch: „Der rasende Reporter (1925)", in: Bodo Uhse/ Gisela Kisch (Hg.), *Gesammelte Werke in Einzelausgaben*, Band V, 2. Auflage, Berlin (u. a.): Aufbau 1974, S. 7–280, hier S. 87–96. Eine Übernahme von Kischs Aussagen zur symbolischen Bedeutung des abgeschlagenen Kopfes findet sich bei: Klare 2009 – Egon Erwin Kisch, S. 22; Christian Schad: „Notizen zu meinen Bildern", in: *art*, Nr. 5, 1982, S. 44–45, hier S. 44; Annegret Großkopf: „Flügelmensch und schwarze Taube", in: Stern, Nr. 27, 1980, S. 168–172, hier S. 169.

394 Klare 2009 – Egon Erwin Kisch, S. 22–28.

395 Dogramaci 2011 – Tätowierungen, S. 37; Klare 2009 – Egon Erwin Kisch, S. 23–25; siehe auch Grosskopf 1980 – Christian Schad, hier S. 169.

396 Zur Datierung der Fotografie siehe Dogramaci 2011 – Tätowierungen, S. 37.

397 Schad 1982 – Notizen, hier S. 44.

398 Kisch (1925) 1974 – Rasende Reporter, hier S. 92–95.

399 Beschreibungen der körperlichen Veränderungen von Kastraten liefern Shih-shan H. Tsai: *The Eunuchs in the Ming Dynasty*, Albany: State University of New York Press 1996, S. 4 f. und G. C. Stent: „Chinese Eunuchs", in: *Journal of the North-China Branch of the Royal Asiatic Society*, Nr. 11, 1877, S. 143–184, hier S. 178–180.

400 Piotr O. Scholz: *Der entmannte Eros. Eine Kulturgeschichte*, Düsseldorf (u. a.): Artemis & Winkler 1997, S. 128 f.

401 Stent 1877 – Eunuchs, hier S. 170 ff.

402 Mary M. Anderson: *Hidden Power. The Palace Eunuchs of Imperial China*, Buffalo: Prometheus 1990, Ulrike Jugel: *Politische Funktion und soziale Stellung der Eunuchen zur späteren Hanzeit (25–220 n. Chr.)*, Wiesbaden: Steiner 1976 (= Münchener ostasiatische Studien, Band 15), zugl.: München, Univ., Diss., 1975; Ulrich H.-R. Mammitzsch: *Wei Chung-hsien (1568–1628). A Reappraisal of the Eunuch and the Factional Strife at the Late Ming Court*, Hawaii, Univ., Diss., 1968; Taisuke Mitamura: *Chinese Eunuchs. The Structure of Intimate Politics*, Rutland (u. a.): Tuttle 1970. Japanische Originalausgabe: *Kangan: Sokkin Seiji no Kozo*, Tokyo: Chuo Koron Sha 1963 {übersetzt von Charles A. Pomeroy}; Scholz 1997 – Entmannter Eros; Shaun Tougher (Hg.): *Eunuchs in Antiquity and Beyond*, London: The Classical Press of Wales 2002; Tsai 1996 – Eunuchs; Sun Yaoting/Ling Haicheng: *Der letzte Eunuch. Das Leben Sun Yaotings, letzter Eunuch des Kaisers Puyi, erzählt von ihm selbst*, Leipzig: Kiepenheuer 1993. {übersetzt aus dem chinesischen Originalmanuskript von Uwe Frankenhauser}. Zudem sei erwähnt, dass Straftätowierungen von politischen Gegnern zu Beginn der Ming-Dynastie abgeschafft wurden. Tsai 1996 – Eunuchs, S. 17.

403 Um das Jahr 1600 dienten etwa 100 000 Eunuchen der Ming-Dynastie. Ebd., S. 223.

404 Zu Straftätowierungen in der Edo-Zeit siehe Rödel 2004 – Japanische Tätowierungen, S. 28–31. Zur Art der Straftätowierung im antiken Rom siehe Gustafson 2000 – Roman Tattoo; Mark Gustafson: *Degradation & Dishonor: The Weight of the Roman Tattoo*, Humboldt-Universität zu Berlin 2014 (= Konferenz-Vortrag im Rahmen des Basisprojekts ‚Piktogramme' des Exellenzclusters Bild Wissen Gestaltung), der Vortrag wird in folgendem Tagungsband veröffentlicht: Därmann/Macho 2017 (voraussichtlich)

– Tätowierungen. Zu Nummerntätowierungen im Nationalsozialismus siehe Landfester 2012 – Tätowierung, S. 350–382; Nesselhauf 2014 – Tätowierung, S. 294–296. Oettermann 1985 – Tätowierung, S. 103–120; Schönfeld 1960 – Körperbemalen, S. 98 f., zu Strafzeichen S. 16–20; Finke 1996 – Tätowierungen, S. 159–167; Feige 2003 – Tätowierung, S. 108–111. Weiterführende Augenzeugenberichte in Klee 2012 – NS-Medizin, S. 33, 42 f., 250 f., 278, 398, 462; siehe auch Kogon (1946) 2009 – SS-Staat. Zu erhaltenen Präparaten von Nummerntätowierungen in der pathologischen Sammlung des University College London siehe Angel 2013 – In the Skin, S. 190–194; Gemma Angel: *A Dark Chapter in Tattoo History. Nazi Prisoner Tattoos*, UCL Researchers in Museums 2013, blogs.ucl.ac.uk/researchers-in-museums/2013/01/28/a-dark-chapter-in-tattoo-history-nazi-prisoner-tattoos/ vom 30.1.2013. Die Veröffentlichung folgender Vorträge ist in Planung: Iris Därmann: *Zur Nummerntätowierung im Konzentrations- und Vernichtungslager Auschwitz-Birkenau*, Humboldt-Universität zu Berlin 2014 (= Konferenz-Vortrag im Rahmen des Basisprojekts ‚Piktogramme' des Exellenzclusters Bild Wissen Gestaltung); Kai Kappel: *Die KZ-Häftlingstätowierung als Public Art. Zu einem Grenzfall deutscher Erinnerungskultur*, Humboldt-Universität zu Berlin 2014 (= Konferenz-Vortrag im Rahmen des Basisprojekts ‚Piktogramme' des Exellenzclusters Bild Wissen Gestaltung). Der entsprechende Tagungsband erscheint voraussichtlich 2017: Därmann/Macho 2017 (voraussichtlich) – Tätowierungen. Zur Nummerntätowierung in der bildenden Kunst siehe Gewerbemuseum 2014 – Tattoo, Kat.-Nr. 22 und Kathrin Hoffmann-Curtius: *Bilder zum Judenmord. Eine kommentierte Sichtung der Malerei und Zeichenkunst in Deutschland von 1945 bis zum Auschwitz-Prozess*, Marburg: Jonas 2014, insbes. S. 28, 151, 160, 199. Zu Experimenten mit Tätowierten und deren Tötung siehe Kapitel 1.3.1.

405 Stent 1877 – Eunuchs, hier S. 175 f.

406 Scholz 1997 – Entmannter Eros, S. 142.

407 Die einschlägige Literatur wird in Kapitel 4.7 aufgeführt.

408 Willem Robert van Gulik: *Irezumi. The Pattern of Dermatography in Japan*, Leiden: Brill 1982, zugl.: Leiden, Univ., Diss., 1982, S. 31 f. und Rödel 2004 – Japanische Tätowierungen, S. 34. Siehe auch Shuze Kuré: „Ueber Tätowierung bei Verbrechern", in: *Friedreich's Blätter für gerichtliche Medicin und Sanitätspolizei*, Jg. 49, 1898, S. 203–218, hier S. 208 und Martischnig 1987 – Tätowierung, S. 17.

409 *Beauty & Violence. Japanese Prints by Yoshitoshi, 1839–1892*, hrsg. von Eric van den Ing/Robert Schaap, Van Gogh Museum, Amsterdam, Ausst.-Kat., Society for Japanese Arts 1992, S. 23; Jack Hunter: *The Eye of Atrocity. Superviolent Art by Yoshitoshi*, Shinbaku 2012 (= Ukiyo-e Masters Series, Band 2). Derartige Darstellungen treten ebenso bei Katsushika Hokusai, Utagawa Kuniyoshi, Kitagawa Utamaro, Ito Seiu auf. Pascal Bagot: „Zwischen Leben und Tod. [Interview mit Horiyoshi III]", in: *TätowierMagazin*, Nr. 4, 2015, S. 32–37, hier S. 34.

410 Für weitere Abbildungen siehe Hardy/Carlucci et al. 1985 – Tatuaggio, S. 36; Stephan Oettermann (Hg.): *Christian Warlich. Tätowierungen. Vorlagealbum des Königs der Tätowierer*, 3. Auflage, Dortmund: Harenberg 1991 (= Die bibliophilen Taschenbücher, Band 277), zuerst erschienen 1981, S. 21, 50; Ruts/Schuler 2002 – BilderbuchMenschen, S. 153.

411 Horiyoshi III [Yoshihito Nakano]: *Namakubi zushu*, [Druckgrafik/Mappenwerk] 2004. Siehe auch Grime/Horitaka (Hg.): *Horiyoshi III*, San Jose: Nakano & Grimmelbein Kitamura 2008, zuerst erschienen 2006, S. 168–173. Eine Erwähnung des Namakubi-Topos befindet sich auch in einer Ausgabe des *TätowierMagazin*: Dirk-Boris Rödel: „Japanische Tattoo Motive", in: *TätowierMagazin*, Nr. 4, 2008, S. 128–133, insbesondere S. 133 und 129. Darüber hinaus befinden sich Beschreibungen des Topos in Zeitschriften und Fotografien entsprechender zeitgenössischer Tätowierungen auf von Internetnutzern gespeisten Websites. Das Vorkommen und die Verbreitung von Motiven in der zeitgenössischen Tätowierkultur lassen sich auf mehreren Wegen ermitteln. Zum einen besteht die Möglichkeit, Fachliteratur, Special-Interest-Publikumszeitschriften wie das *TätowierMagazin* oder Fachzeitschriften wie das *Tattoo Artist Magazine* zu sichten. Darüber hinaus können soziale Netzwerke zur Recherche genutzt werden. Ein Großteil der Tätowierer veröffentlichen Fotografien ihrer Arbeiten auf Internetseiten, wie beispielsweise Facebook oder Instagram, um sie zu präsentieren und mit anderen Nutzern zu teilen. Instagram bietet die Möglichkeit, hochgeladene Bilder oder Filme mit einem sogenannten Hashtag zu verschlagworten. Dies macht den Dienst zugleich zu

einer frei zugänglichen Bilddatenbank, die von derzeit monatlich 150 Millionen aktiven Nutzern gespeist wird. Sucht man nun nach dem Begriff ‚Namakubi', erscheint eine Fülle hochgeladener Fotografien, die entsprechende Tätowierungen zeigen. Diese führen in den meisten Fällen zum Autor der Arbeit. Siehe: statigr.am/tag/namakubi am 21.11.2013. Zu Instagram und dessen Nutzerzahlen siehe Evelyn M. Rusli: *150 Millionen Nutzer. Instagram wächst und setzt auf Werbung*, The Wall Street Journal 2013, wsj.de/article/SB1 0001424127887323595004579064314258080636.html vom 21.11.2013 und Jan Firsching: *Instagram Nutzerzahlen: 150 Mio. Nutzer. 60% außerhalb der USA*, Futurebiz 2013, futurebiz.de/artikel/instagram-nutzerzahlen-150-mio-nutzer-60-ausserhalb-usa/ vom 21.11.2013.

412 Bagot 2015 – Zwischen Leben und Tod, hier S. 36.

413 Ebd.

414 Ebd., hier S. 33, 37.

415 Michael Laukien: „Horihide. Der erste Botschafter der japanischen Tätowierkunst", in: *TätowierMagazin*, Nr. 4, 2015, S. 18–24, hier S. 24.

416 ‚*Nama*' bedeutet ‚frisch', ‚*kubi*' steht für ‚Kopf' oder ‚Nacken'. Bagot 2015 – Zwischen Leben und Tod, hier S. 34.

417 Ebd., hier S. 34 f.

418 Spamer 1993 – Tätowierung, S. 86 f. Zum Motiv des Dolches siehe Angel 2015 – Roses and Daggers.

419 Dass es sich bei der Kombination von Namakubi und Schmetterling nicht um ein traditionelles japanisches Motiv handelt, wurde von Yoshihito Nakano (Horiyoshi III) bestätigt. E-Mail-Korrespondenz Yoshihito Nakano/Ole Wittmann am 22.3.2015. Auch in zeitgenössischen Tätowierungen lässt sich diese Kombination finden, so beispielsweise bei einer Arbeit von Dana Helmuth: galleryoftattoosnow.com/SolidStateTattooHOSTED/images/gallery/anamakubisle evemain.jpg am 24.3.2015.

420 Zur Gestaltveränderung des Schmetterlings siehe Kapitel 6.4.

421 Zur Übernahme, Adaption, Kombination und Veränderung von Tattoo-Motiven am Beispiel des Palmenmotivs siehe auch Oettermann 1985 – Tätowierung, S. 50–52.

422 Kombinationen des Schmetterlingsmotivs mit Frauendarstellungen aus dem 20. Jahrhundert finden sich unter anderem in Hardy 1995 – Tattoos, S. 80, 100, 101. Hardy/Carlucci et al. 1985 – Tatuaggio, S. 25.

423 Spamer 1993 – Tätowierung, S. 84–86.

424 „3. Tatouages amoureux et érotiques […] Un motif très classique représente une femme nue avec des ailes de papillon largement déployées […]." Delarue/Giraud 1950 – Tatouages, S. 30, siehe auch Abbildung 18 und 34 im selben Band sowie die Abbildung einer „*Femme papillon*" in: Engelhardt 1972 – Tätowierung, S. 52. Das Motiv des Schmetterlings findet sich auch in den Vorlagen des Hamburger Tätowierers Herbert Hoffmann. Neben Schwalben, bunten Vögeln und Zierfischen symbolisieren Schmetterlinge im Kontext der Seefahrts-Tätowierungen laut Hoffmann die Sehnsucht nach der Idylle, Ruhe und Heimat. Herbert Hoffmann: *Herbert Hoffmann. Tattooing. Traditionelle Tattoo-Motive*, Mannheim: Huber 2008, keine Seitenzahlen vorhanden. Einige Fotografien Herbert Hoffmanns dokumentieren das Sujet von Schmetterling und Frau: Ruts/Schuler 2002 – BilderbuchMenschen, S. 187, 273. Auch in der US-amerikanischen und englischen Tätowiertradition lassen sich das Motiv des Falters und das des Frauenkopfes oder -leibes als Schmetterling nachweisen: Eva Karcher: *Tattoo. Rosie Camanga, Don Ed Hardy, Sailor Jerry Collins*, Bönnigheim: Wachter 1997, S. 20, 39; Spider Webb: *The Big Book of Tattoo*, Atglen: Schiffer 2002, u. a. S. 155, 187, 209, 443, 483, 486, 504; Donald E. T. Hardy (Hg.): *Sailor Jerry Collins. American Tattoo Master. In His Own Words*, San Francisco: Hardy Marks 2007, zuerst erschienen 1994, S. 35, 45, 51 f.; Clerk 2009 – Vintage Tattoos, S. 103, 107, 112, 115, 125, 162, 183, 198, 203, 213, 225–227, 230; Alan Govenar: *Ed Hardy. Beyond Skin*, Kempen: teNeues 2009, S. 38 f.; Chuck W. Eldridge: *‚Brooklyn Joe' Lieber*, Tattoo Archive 2008, tattooarchive.com/tattoo_history/lieber_joe.html vom 16.7.2013; Reiter 2012 – George Burchett, S. 43, 68, 74, 77, 79, 106, 156, 191, 194 f., 197; Jon Reiter: *These Old Blue Arms. The Life and Work of Amund Dietzel*, 2. Auflage, Milwaukee: Solid State 2011, zuerst erschienen 2010, S. 76, 96, 177; Ders.: *These Old Blue Arms. The Life and Work of Amund Dietzel*, Band 2, Milwaukee: Solid State 2011, S. 10 f., 26, 38, 58–60, 111, 123, 131.

425 SPAMER 1993 – TÄTOWIERUNG, S. 86, siehe auch S. 95. Auch Schönfeld führt das Sujet von Schmetterling und Frauenkopf als das Symbol für die „Flatterhaftigkeit des Weibes" auf. SCHÖNFELD 1960 – KÖRPERBEMALEN, S. 81 f. In einem Lexikon zur christlichen Ikonografie heißt es, der Schmetterling gelte als Hinweis auf die Leichtlebigkeit, vergängliche Schönheit und törichte Liebe. „[Art.] Insekten", in: Hannelore Sachs/Ernst Badstübner/Helga Neumann, *Christliche Ikonographie in Stichworten*, 7. Auflage, München (u. a.): Koehler & Amelang 1998, zuerst erschienen 1973, S. 194–195, hier S. 195. Siehe auch Arthur Henkel/Albrecht Schöne (Hg.): *Emblemata. Handbuch zur Sinnbildkunst des XVI. und XVII. Jahrhunderts*, Stuttgart: Metzler 1967, Sp. 911.

426 LE BLOND, LUCAS 1899 – TATOUAGE; PARENT-DUCHÂTELET 1837 – SITTENVERDERBNISS, S. 54 f.; Rudolph Bergh: „Über Tätowierungen der Prostituierten", in: *Monatshefte für praktische Dermatologie*, Nr. 5, Band 12, 1891, S. 205–217. Siehe auch BOAS 1910 – TÄTOWIERUNG; BAER 1893 – VERBRECHER, S. 238–240; SCHÖNFELD 1960 – KÖRPERBEMALEN, S. 94.

427 Bei beflügelten Amoretten handelt es sich jedoch um beliebte Motive. LE BLOND, LUCAS 1899 – TATOUAGE, S. 40 und 73.

428 CATTANI 1922 – TATAUIEREN, S. 44. Zur Verbreitung von Tätowierungen unter Prostituierten siehe auch Alfred Herz: *Tätowirung. Art und Verbreitung*, Leipzig: Schmidt & Baumann 1900, zugl.: Erlangen, Univ., Diss., 1899, S. 170–174; RIECKE 1925 – TATAUIERUNGSWESEN, S. 15 f.

429 Folgender Absatz aus LANDFESTER 2012 – TÄTOWIERUNG, S. 317 f.

430 Albert Parry: *Tattoo. Secrets of a Strange Art*, Mineola: Dover 2006, zuerst erschienen 1933, S. 4.

431 Jenn Ashworth: *Painted Ladies. Why Women get Tattoos*, The Guardian 2013, theguardian.com/fashion/2013/dec/13/painted-ladies-why-women-get-tattoos-inked vom 16.12.2013.

432 LANDFESTER 2012 – TÄTOWIERUNG, S. 318 f. Siehe hierzu auch Kapitel 1.3.3.

433 OETTERMANN 1991 – TÄTOWIERUNG IN EUROPA, hier S. 84. Tagebucheintrag vom 4. November aus Hugo Ball: *Die Flucht aus der Zeit (1927)*, hrsg. von Bernhard Echte, Zürich: Limmat 1992, S. 63.

434 DOGRAMACI 2011 – TÄTOWIERUNGEN, S. 36.

435 OETTERMANN 1985 – TÄTOWIERUNG, S. 89. Weiterführend zu Balls Rezeption der Tätowierung siehe Thomas Macho: *Ein blaues Herz auf der Stirn: Distinktionen des Schreckens*, Humboldt-Universität zu Berlin 2014 (= Konferenz-Vortrag im Rahmen des Basisprojekts ‚Piktogramme' des Exellenzclusters Bild Wissen Gestaltung), ein Tagungsband ist in Planung.

436 Zur Intimmodifikation siehe Ada Borkenhagen/Elmar Brähler (Hg.): *Intimmodifikationen. Spielarten und ihre psychosozialen Bedeutungen*, Gießen: Psychosozial 2010 (= Beiträge zur Sexualforschung, Band 95).

437 BAER 1893 – VERBRECHER, S. 230 f.; HERZ 1900 – TÄTOWIRUNG, S. 169; GOTTHOLD 1914 – TÄTOWIERUNGEN, S. 43; RIECKE 1925 – TATAUIERUNGSWESEN, S. 20 f.; SPAMER 1993 – TÄTOWIERUNG, S. 50; WAGNER 1940 – TÄTOWIERUNGSFRAGE, S. 41.

438 FEIGE 2003 – TÄTOWIERUNG, S. 74. Zu Ullrich siehe O. V.: *Ruth & Hans Ullrich*, Tattoo Archive 2000, tattooarchive.com/tattoo_history/ullrich_ruth_hans.html vom 15.5.2015.

439 Weitere Abbildungen der Tätowierung in WEBB 2002 – TATTOO, S. 20, 89. Weitere Beispiele für Falter-Tattoos in unmittelbarer Nähe zum weiblichen Schambereich finden sich in folgenden Publikationen: Sam Wood: *Motive, die unter die Haut gehen. Tätowierkunst heute*, Michelsneukirchen: Carussell 1981, S. 110, 112; WEBB 2002 – TATTOO, S. 284; HARDY 2007 – SAILOR JERRY COLLINS, S. 51 f.; BALDAEV 2003–2008 – RUSSIAN CRIMINAL TATTOO, 2. Band, S. 309, 3. Band, S. 302 f.

440 Das Foto wurde wenige Stunden nach Erscheinen von den Betreibern der Social-Media-Plattform Instagram gelöscht. Laut dem Amsterdam Tattoo Museum verstießen die Inhalte der Fotografie gegen die Nutzungsbedingungen von Instagram. Als Reaktion darauf wurde das Foto als zensierte Version – mit geschwärztem Intimbereich – am 17.9.2013 wiedereingestellt. instagram.com/p/eX-4bxuWmN/ am 21.1.2014. Die Fotografie stammt aus einem Sammelalbum des Hamburger Tätowierers Herbert Hoffmann, das sich im Besitz des Museums befindet. E-Mail-Korrespondenz Annemarie Beers (Amsterdam Tattoo Museum)/Ole Wittmann am 25.9.2013. Die Bereitstellung einer besseren respektive schärferen Druckvorlage durch das Museum war leider nicht möglich. Die Annahme, dass sich ein Abzug der Fotografie in dem Teil des umfangreichen Hoffmann-Nachlasses, der in der Kantonsbibliothek Appenzell Ausserrhoden verwahrt wird, befindet,

konnte nicht bestätigt werden. An dieser Stelle danke ich Frau Heidi Eisenhut (Kantonsbibliothek) für ihre Recherche.

441 Zur Kulturgeschichte des weiblichen Genitals siehe George Devereux: *Baubo. Die mythische Vulva*, Frankfurt am Main: Syndikat 1985 (= Taschenbücher Syndikat, EVA, Band 63) {aus dem Französischen von Eva Moldenhauer}; Monika Gsell: *Die Bedeutung der Baubo. Kulturgeschichtliche Studien zur Repräsentation des weiblichen Genitales*, Frankfurt am Main (u. a.): Stroemfeld 2001 (= Nexus, Band 47), zugl.: Basel, Univ., Diss., 1998; Grit Scholz: *Das Tor ins Leben. The Gate to Life*, Belzig: LebensGut 2007; Mithu M. Sanyal: *Vulva. Die Enthüllung des unsichtbaren Geschlechts*, Berlin: Wagenbach 2009; Ulrike Helmer: *Muschiland. Exkursionen in eine kulturelle Intimzone*, Sulzbach: Helmer 2012. Zum weiblichen Geschlecht in der bildenden Kunst und dessen Abbildungstradition siehe Ann-Sophie Lehmann: „Das unsichtbare Geschlecht. Zu einem abwesenden Teil des weiblichen Körpers in der bildenden Kunst", in: Claudia Benthien/Christoph Wulf (Hg.), *Körperteile. Eine kulturelle Anatomie*, Reinbek bei Hamburg: Rowohlt Taschenbuch 2001 (= Rowohlts Enzyklopädie, Band 55642), S. 316–339; Sanyal 2009 – Vulva, S. 137–187; Anja Zimmermann: „Gender als Kategorie kunsthistorischer Forschung", in: Anja Zimmermann (Hg.), *Kunstgeschichte und Gender. Eine Einführung*, Berlin: Reimer 2006, S. 9–35, hier S. 21. Zur Analogie Vulva/Kröte siehe Gsell 2001 – Baubo, S. 298–302 sowie Konstanze Thümmel: *‚Shark Wanted'. Untersuchungen zum Umgang zeitgenössischer Künstler mit lebenden und toten Tieren am Beispiel der Arbeiten von Damien Hirst*, Marburg: Tectum 1998 (= Edition Wissenschaft; Reihe Kunstgeschichte, Band 8), zugl.: Freiburg, Univ., Diss., 1997, S. 201.

442 Schiffmacher 2010 – Encyclopedia, S. 71.

443 Auf Anfrage bestätigte das Paul Rogers Tattoo Research Center (PRTRC), dass es einen derartigen Club, mit wenigen Mitgliedern, in den Vereinigten Staaten und Europa gab. „Yes, there was such a club, very limited membership on both side[s] of the Atlantic." E-Mail-Korrespondenz Chuck W. Eldridge (PRTRC)/Ole Wittmann am 18.2.2013.

444 O. V. 2000 – Ruth & Hans Ullrich; O. V.: *Mildred Hull*, Tattoo Archive 2003, tattooarchive.com/tattoo_history/hull_mildred.html vom 15.5.2015. Weiterführend zu Hull siehe Mifflin 2013 – Women and Tattoo, S. 32–35; A. A. Bernstein: „Queen of the Bowery", in: *New York Folklore Quarterly*, Jg. XXIII, Nr. 3, 1967, S. 196–201; Tattoo Archive: *Life & Times. Mildred Hull*, Winston-Salem [ohne Jahresangabe, wohl um 2003].

445 O. V. 2003 – Mildred Hull.

446 Vgl. Passage zur Arbeit von Valie Export und der Frauenbewegung in Kapitel 1.3.3.

447 Scutt/Gotch 1986 – Tattooing, S. 75–88.

448 Ebd., S. 85.

449 Zur Tätigkeit Blumbergs als Tätowierer siehe Spamer 1993 – Tätowierung, S. 71 f.

450 Ebd., S. 94.

451 Gerds 1996 – Tätowierungen, S. 52.

452 Spamer 1993 – Tätowierung, S. 94.

453 Ebd., S. 66. Warlich wurde im Jahr 1891 in Hannover geboren. Ebd., S. 64.

454 Ebd., S. 65 und 69 f. Im Jahr 1948 wurde die Kieler Straße in Clemens-Schultz-Straße umbenannt. Christian Hanke: *Hamburgs Straßennamen erzählen Geschichte*, 4. Auflage, Hamburg: Schubert 2006, zuerst erschienen 1997, S. 313.

455 Spamer 1993 – Tätowierung, S. 128, Fußnote 145.

456 Lars Amenda: *China in Hamburg*, Hamburg: Ellert & Richter 2011, S. 60.

457 Oettermann 1991 – Christian Warlich, S. 9, 11, 13 f., 20, 31 f., 44, 47 f., 60, 63 und 66. Das genuine Album wurde vom Autor am 30.7.2013 im Museum für Hamburgische Geschichte gesichtet. Laut unter der Inventarnummer 1965/7 hinterlegten Informationen handelte es sich um einen Ankauf von Elli Schmidt – der Tochter Warlichs – in Höhe von 500,– DM. Zum Verbleib des Nachlasses siehe Oettermann 1991 – Tätowierung in Europa, S. 97. Ein weiterer Teil des Nachlasses befindet sich in der Sammlung von William Robinson sowie bei den Nachkommen von Theodor Vetter. tattoo-museum.org am 28.1.2014.

458 Spamer 1993 – Tätowierung, S. 94.

459 Ebd., S. 69. Zum Austausch von euro-amerikanischem und japanischem Bildgut zwischen Horihide, Collins und Hardy siehe Kapitel 4.8 und Michael Laukien: „King of Tattoo. Der Hochadel der Tätowierkunst trifft sich in Tokio", in: *TätowierMagazin*, Nr. 1, 2014, S. 102–107, hier S. 106.
460 Die Schablonen wurden im Herbst 2014 vom Autor gesichtet, ein Teil von ihnen wurde im Rahmen der Ausstellung *Tattoo* im Museum für Kunst und Gewerbe Hamburg gezeigt. Ole Wittmann: „Christian Warlich: Der ‚König der Tätowierer'", in: Museum für Kunst und Gewerbe (Hg.), *Tattoo*, Ausst.-Kat. (Begleitheft zur Ausstellung), Hamburg 2015, S. 8. Das Schablonen-Konvolut ist Teil der Sammlung William Robinson.
461 Zum Japonismus siehe *Der Japonismus in der Malerei und Graphik des 19. Jahrhunderts*, hrsg. von Leopold Reidemeister, Staatliche Museen der Stiftung Preußischer Kulturbesitz im Haus am Waldsee, Berlin, Ausst.-Kat., 1965; Chisaburoh F. Yamada (Hg.): *Dialogue in Art. Japan and the West*, London: Zwemmer 1976; Siegfried Wichmann: *Japonismus. Ostasien-Europa. Begegnungen in der Kunst des 19. und 20. Jahrhunderts*, Herrsching: Schuler 1980; Claudia Delank: *Das imaginäre Japan in der Kunst. „Japanbilder" vom Jugendstil bis zum Bauhaus*, München: Iudicium 1996; Lionel Lambourne: *Japonisme. Cultural Crossings between Japan and the West*, London: Phaidon 2005; Franziska Ehmcke (Hg.): *Kunst und Kunsthandwerk Japans im interkulturellen Dialog (1850–1915)*, München: Iudicium 2008; Michiko Mae/Elisabeth Scherer (Hg.): *Nipponspiration. Japonismus und japanische Populärkultur im deutschsprachigen Raum*, Köln (u. a.): Böhlau 2013.
462 Zur Malerei Japans siehe Justus Brinckmann: *Kunst und Handwerk in Japan*, Berlin: Wagner 1889, S. 161–214. Zum Motiv des Hahns in der japanischen Kunst siehe *Colorful Realm. Japanese Bird-and-Flower Paintings by Ito Jakuchu*, hrsg. von Lippit/Yukio, National Gallery of Art, Washington, DC, Ausst.-Kat., University of Chicago Press 2012; Katsushika Hokusai: *Manga*, hrsg. von Takaoka Kazuya, Tokyo: PIE 2011, zuerst erschienen 1814–1878.
463 Nam-Sil Cho: *Otto Eckmann (1865–1902): Sein Beitrag zum Jugendstil durch die Rezeption des Japonismus*, Hamburg, Univ., Diss., 1988, S. 42.
464 Ebd., S. 43–45.
465 Ebd., S. 47. Siehe Kapitel „Der Buchdruck und die vervielfältigten Künste", in: Brinckmann 1889 – Japan, S. 215–294.
466 Cho 1988 – Eckmann, S. 47.
467 Ebd., S. 48.
468 Ebd., S. 53 f.
469 Ein von Warlich verwendetes Motiv wurde ausführlich in der Masterarbeit von Corinna Egdorf behandelt. Corinna L. Egdorf: *Das Tätowiermotiv der ‚Südseeschönheit'. Eine ikonologische und kulturtechnische Interpretation des Tätowierbildes der ‚Südseeschönheit' des Hamburger Tätowierers Christian Warlich (1890–1964)*, Masterarbeit, Humboldt-Universität zu Berlin 2015.
470 Spamer 1993 – Tätowierung, S. 66.
471 Ebd., S. 68.
472 Gerds 1996 – Tätowierungen, S. 38 f.
473 Cho 1988 – Eckmann, S. 93.
474 Brinckmann 1889 – Japan, S. 132 f. Zu Bettos in zeitgenössischen Reisebeschreibungen siehe Curt Netto: *Papierschmetterlinge aus Japan*, Leipzig: Weigel 1888, S. 256; Guth 2004 – Longfellow, S. 145.
475 Cho 1988 – Eckmann, S. 90.
476 Zur Bedeutung der Linie in der Tätowierung siehe Kapitel 2.2.
477 Spamer 1993 – Tätowierung, S. 95.
478 Govenar 2009 – Ed Hardy, S. 215.
479 Zur Kombination von Frauen und Flaggen siehe Ebensten 1953 – Tattooing, S. 51. Beispielhafte Abbildungen in Hardy 1995 – Tattoos; Reiter 2012 – George Burchett, S. 195.
480 Spamer 1993 – Tätowierung, S. 66.
481 Zum Motiv des Schmetterlings im Kontext des Japonismus siehe Wichmann 1980 – Japonismus, S. 92–94, 188–195, 300. Weiterführend siehe Gerhard Schack: *Horst Janssen. Drache und Schmetterling. Zeichnungen und Radierungen nach japanischen Vorbildern*, München: Prestel 1989.

482 Zum Motiv des Schmetterlings in Japan und China siehe Merrily Baird: *Symbols of Japan. Thematic Motifs in Art and Design*, New York: Rizzoli 2001, S. 101 f.; Georg M. Eberhard: *Der Schmetterlingstraum des Zhuangzi in Literatur und Theater des vormodernen China. Aspekte der Rezeptionsgeschichte eines philosophischen Textes als literarisches Motiv*, Magisterarbeit, Universität Hamburg 1995; T. Volker: *The Animal in Far Eastern Art. And Especially in the Art of the Japanese Netsuke With References to Chinese Origins, Traditions, Legends and Art*, Leiden: E. J. Brill 1950 (= Mededelingen van het Rijksmuseum voor Volkenkunde, Leiden, No. 6 en 7), S. 22–24; „[Art.] Schmetterling", in: Wolfram Eberhard, *Lexikon chinesischer Symbole. Geheime Sinnbilder in Kunst und Literatur, Leben und Denken der Chinesen*, Köln: Diederichs 1983, S. 256; „[Art.] Butterfly", in: Charles A. S. Williams, *Outlines of Chinese Symbolism and Art Motives. An alphabetical compendium of antique legends and beliefs, as reflected in the manners and customs of the Chinese*, 3. Auflage, Rutland (u. a.): Tuttle 1978, zuerst erschienen 1931, S. 51–52.

483 Baird 2001 – Symbols of Japan, S. 9–25.

484 Zum Falter im Kunsthandwerk siehe Wichmann 1980 – Japonismus sowie Sharon Ziesnitz: „Of Combs, Hair-needles and Butterflies", in: *Orientations*, Nr. 5, 1979, S. 42–48; *Zierkämme und ornamentaler Haarschmuck aus Japan. Aus der Sammlung Chiyo Okazaki*, hrsg. von Schmuckmuseum Pforzheim, Ausst.-Kat., 1978; Kurt Meissner: *Haartrachten der Japanerinnen* [ohne Jahresangabe, etwa Mitte des 20. Jahrhunderts] sowie weiterführend Alf Hiltebeitel/Barbara D. Miller (Hg.): *Hair. Its Power and Meaning in Asian Cultures*, Albany: State University of New York Press 1998; Walter Amstutz: *Japanese Emblems and Designs*, Zürich: Amstutz De Clivo 1970, S. 129, 131, 141. Zum Schmetterling in der Malerei und zu der von Wichmann beschriebenen Motivkombination des Falters und der Päonie siehe auch Lippit/Yukio 2012 – Ito Jakuchu, S. 4–7, 92–94. Eine zeitgenössische Umsetzung dieses Sujets im Medium der Tätowierung stach Alex Reinecke: Rödel 2004 – Japanische Tätowierungen, S. 96.

485 Beispiele von Schmetterlingsdarstellungen in der erotischen Kunst Japans in Albrecht-Dürer-Gesellschaft 1975 – Shunga; Buckland 2010 – Shunga; Fagioli 1998 – Shunga.

486 Erwin Schimitschek: *Insekten in der bildenden Kunst im Wandel der Zeiten in psychogenetischer Sicht*, Wien: Naturhistorisches Museum 1977 (= Veröffentlichungen des Naturhistorischen Museums Wien, Folge 14), S. 66.

487 Bei dem im Gemälde dargestellten Falter handelt es sich um einen Schwalbenschwanz. Staatliche Museen zu Berlin: *Wartende Schönheit*, SMB-digital, smb-digital.de/eMuseumPlus?service=ExternalInterface&module=collection&objectId=978447&viewType=detailView vom 26.7.2013. Weitere Beispiele von Schmetterlingsdarstellungen in japanischen Designvorlagen befinden sich in Carol B. Grafton: *Treasury of Japanese Designs & Motifs for Artists and Craftsmen*, New York: Dover 1983 (= Pictorial Archive), S. 76–81 und 56. Hierin befindet sich auch eine Variante (S. 76), die eine starke Ähnlichkeit mit dem oben genannten Design in Amstutz aufweist.

488 Eine eingehende Auseinandersetzung mit der japanischen Tätowierkunst liefern folgende Werke: Joest 1887 – Tätowiren; Kuré 1898 – Tätowierung; Ichiro Morita: *Irezumi. Japanese Tattooing*, Tokyo: Zuhushinsha 1966; Richie/Buruma 1980 – Japanese Tattoo; Gulik 1982 – Irezumi; Donald McCallum: „Historical and Cultural Dimensions of the Tattoo in Japan", in: Arnold Rubin (Hg.), *Marks of Civilization. Artistic Transformations of the Human Body*, 3. Auflage, Los Angeles: University of California 1995, zuerst erschienen 1988, S. 109–134; Japan Tattoo Institute (Hg.): *Japan's Tattoo Arts. Horiyoshi's World*, Tokyo: Ningen no Kagaku 2002, zuerst erschienen 1983; Donald E. T. Hardy: „Japanese Tattooing. Legacy and Essence", in: Donald E. T. Hardy (Hg.), *Pierced Hearts and True Love. A Century of Drawings for Tattoos*, The Drawing Center, New York, Ausst.-Kat., Honolulu: Hardy Marks 1995, S. 58–71; Fellman 1986 – Tattoo; Martischnig 1987 – Tätowierung; Rödel 2004 – Japanische Tätowierungen; Philippe Pons: *Peau de brocart. Le corps tatoué au Japon*, Paris: Seuil 2000; Takahiro Kitamura/Katie M. Kitamura: *Bushido. Legacies of the Japanese Tattoo*, Atglen: Schiffer 2001; Takahiro Kitamura: *Tattoos of the Floating World. Ukiyo-e Motifs in Japanese Tattoo*, Amsterdam: KIT 2008, zuerst erschienen 2003; Jack Mosher: *100 japanische Tattoomotive. Traditionelle Motive der japanischen Tätowierkunst, ihre Bedeutungen und Geschichten*, Mannheim: Huber 2005; *Wood. Skin. Ink. The Japanese Aesthetic in Modern Tattooing*, hrsg. von Paul Mullowney, Hui No'eau Visual Arts Center Makawao, Ausst.-Kat., San Francisco: Hardy Marks

2005; Grime/Horitaka 2008 – Horiyoshi III; Marc Schwaiger: *Ukiyo-e & Horimono. Tätowierungen in japanischen Holzschnitten und Holzschnitte in japanischen Tätowierungen*, Magisterarbeit, Universität Innsbruck 2006; Mark Poysden/Marco Bratt: *A History of Japanese Body Suit Tattooing*, Amsterdam: KIT 2006; Jill Mandelbaum: *Studying Horiyoshi III. A Westerner's Journey Into Japanese Tattoo*, Atglen: Schiffer 2008; Govenar 2009 – Ed Hardy; *Japan Tattoo. Tattoos in Japanese Prints*, hrsg. von Society for Japanese Arts, SieboldHuis, Leiden, Ausst.-Kat., 2009 (= Andon, Band 87). Siehe auch Gilbert 2000 – Tattoo History; Dinter 2005 – Tattoo; Philipp Schadner: *Tätowierung & Irezumi – An Expression of Resistance*, Diplomarbeit, Universität Wien 2010; Dirk-Boris Rödel: „Die japanische Tätowierkunst. Vom Fan-Accessoire zum Kunsthandwerk", in: Stefanie Dathe (Hg.), *Gestochen scharf.* Ausst.-Kat., Burgrieden-Rot 2013 (= Museum Villa Rot, Band 01/13), S. 33–36; Manami Okazaki: *Wabori. Traditional Japanese Tattoo*, Kingyo 2013.

489 Vervaeck 1906 – Tatouage, S. 7. Siehe auch Laurent Emile: *Le criminel aux points de vue anthropologique, psychologique et social*, Paris: Vigot Frères 1908, S. 109; Spamer 1993 – Tätowierung, S. 96. Zu Tätowierungen der Ethnien auf Hai-Nan siehe Hans Stübel: *Die Li-Stämme der Insel Hainan. Ein Beitrag zur Volkskunde Südchinas*, Berlin: Klinkhardt & Biermann 1937; Leonard Clark: „Among the Big Knot Lois of Hainan", in: *The National Geographic Magazine*, Jg. LXXIV, Nr. 3, 1938, S. 391–418; W. D. Hambly: *The History of Tattooing and Its Significance. With Some Account of Other Forms of Corporal Marking*, London: Witherby 1925, S. 38, 54; James G. Scott: *France and Tongking. A narrative of the Campaign of 1884 and the Occupation of Further India*, London: Fisher Unwin 1885, S. 348; O. V.: *Skin Deep: Chinese Minority Tattoo Culture*, China Culture 2005, chinaculture.org/gb/en_curiosity/2004-03/17/content_ 46352.htm vom 9.8.2013; Stina Björkell: *Skin Deep. The Art of Tattooing in China*, gbtimes 2011, gbtimes.com/lifestyle/skin-deep-art-tattooing-china vom 9.8.2013.

490 Gulik 1982 – Irezumi, S. 69. Siehe auch Morita 1966 – Irezumi, S. 114.

491 Richie/Buruma 1980 – Japanese Tattoo, S. 44. Im westlichen Sprachgebrauch wird der Wächterlöwe *(shishi)* auch als Tempelhund oder Foo-Hund bezeichnet. Zum Wächterlöwen in der Tätowierung siehe Poysden/Bratt 2006 – Body Suit, S. 169 f.; Mark Poysden: „Japanese Tattooing Today", in: Society for Japanese Arts (Hg.), *Japan Tattoo. Tattoos in Japanese Prints*, SieboldHuis, Leiden, Ausst.-Kat., 2009 (= Andon, Band 87), S. 44–56, hier S. 48. Zum Löwen in der chinesischen Symbolgeschichte siehe „[Art.] Löwe", in: Wolfram Eberhard, *Lexikon chinesischer Symbole. Geheime Sinnbilder in Kunst und Literatur, Leben und Denken der Chinesen*, Köln: Diederichs 1983, S. 181–182 und „[Art.] Lion", in: Charles A. S. Williams, *Outlines of Chinese Symbolism and Art Motives. An alphabetical compendium of antique legends and beliefs, as reflected in the manners and customs of the Chinese*, 3. Auflage, Rutland (u. a.): Tuttle 1978, zuerst erschienen 1931, S. 253–255. An dieser Stelle sei erwähnt, dass ein Großteil der japanischen Tattoo-Ikonografie chinesischen Ursprungs ist. Richie/Buruma 1980 – Japanese Tattoo, S. 40.

492 Guth 2004 – Longfellow, S. 154.

493 Kuré 1898 – Tätowierung, S. 204, 214.

494 Die Künstlernamen japanischer Tätowierer beginnen mit der Silbe *Hori*, wobei es sich um eine für zusammengesetzte Substantive verwendete Ableitung des japanischen Verbs *horu* handelt. Dies bedeutet ‚schnitzen', ‚gravieren' oder ‚tätowieren'. Der zweite Teil des Pseudonyms besteht üblicherweise aus einem Schriftzeichen des Familiennamens. Rödel 2004 – Japanische Tätowierungen, S. 60.

495 Siehe auch Abbildung in Grime/Horitaka 2008 – Horiyoshi III, S. 156.

496 Siehe auch Abbildungen in ebd., S. 190, 195.

497 Donald E. T. Hardy: *Wear Your Dreams. Träume, T-Shirts und Tattoos*, Berlin: Metrolit 2013, S. 248; Donald E. T. Hardy: „Advancing Culture", in: Grime/Horitaka (Hg.), *Horiyoshi III*, San Jose: Nakano & Grimmelbein Kitamura 2008, zuerst erschienen 2006, S. 15. Zum Werk Hardys siehe Govenar 2009 – Ed Hardy.

498 Hardy 2013 – Tattoos, S. 16. Siehe Hardy 1995 – Japanese Tattooing; Donald E. T. Hardy: „Tattooing East and West", in: Japan Tattoo Institute (Hg.), *Japan's Tattoo Arts. Horiyoshi's World*, Tokyo: Ningen no Kagaku 2002, zuerst erschienen 1983, S. 142–143. Zur Bedeutung Hardys siehe DeMello 2007 – Tattoo Community, S. 79–84; Rubin 1995 – Tattoo Renaissance. Weiterführend zu Collins siehe Hardy 2007 – Sailor Jerry Collins und Karcher 1997 – Tattoo.

499 Hardy 2013 – Tattoos, S. 11, vertiefend siehe S. 93–139.

500 Govenar 2009 – Ed Hardy, S. 13; DeMello 2007 – Tattoo Community, S. 73 f. Siehe auch Hardy 2013 – Tattoos, S. 141–169.

501 Ein europäischer Meister der traditionellen japanischen Tätowierung ist beispielsweise Alex Reinke (Horikitsune), der von Yoshihito Nakano (Horiyoshi III) ausgebildet wurde.

502 DeMello 2007 – Tattoo Community, S. 74 f.

503 Tucker 1981 – Tattoo, hier S. 43; Rubin 1995 – Tattoo Renaissance, hier S. 235; Fleming 2000 – Renaissance Tattoo, hier S. 61; Vandekerckhove 2006 – Tätowierung, S. 127 f. Siehe auch Sanders 2008 – Tattooing, S. 63 f. Vergleiche auch Kapitel 1. Der prominenteste Vertreter der künstlerisch ausgebildeten Tätowierer ist Donald ‚Ed' Hardy, der in den 1960er Jahren am San Francisco Art Institute studierte. Er schloss mit einen Bachelor of Fine Arts in Druckgrafik ab. Hardy bewarb sich für ein Graduiertenstudium an der Yale University und wurde angenommen. Ein angebotenes Vollstipendium sowie eine Anstellung als wissenschaftlicher Assistent lehnte er dann jedoch ab, um Tätowierer zu werden. DeMello 2007 – Tattoo Community, S. 79; Hardy 2013 – Tattoos, S. 58. Zu Hardys Studium in San Francisco siehe ebd., S. 39–58. Als eines der wenigen historischen Beispiele für einen künstlerisch vorgebildeten Tätowierer wäre der gelernte Porzellanmaler Karl Rodemich zu nennen. Siehe Kapitel 4.1. Zu zeitgenössischen Beispielen für künstlerische Vorbildung aus der deutschen Tätowierkultur siehe Sabrina Schleicher: „Dot-Works aus Neukölln. Der Berliner Kunstraum AKA verbindet Tattoos, Kunst, Design und Mode", in: *Kunstzeitung*, Nr. 186, 2012, S. 21; Stecher 2011 – Tattoos.

504 Hardy 2013 – Tattoos, S. 134. Weiterführend zu DeVita siehe Donald E.T. Hardy/Nick Bubash: *DeVita Unauthorized*, San Francisco: Hardy Marks 2012; Thom de Vita: „New York Underground", in: Donald E.T. Hardy (Hg.), *Art From the Heart*, Honolulu: Hardy Marks 1991 (= Tattootime, Band 5), S. 30–41. Zur Entwicklung der Tätowierung seit den 1960er Jahren siehe Rubin 1995 – Tattoo Renaissance; Alan Govenar: „Continuity and Change in the Aesthetics of Tattooing", in: Donald E.T. Hardy (Hg.), *Pierced Hearts and True Love. A Century of Drawings for Tattoos*, The Drawing Center, New York, Ausst.-Kat., Honolulu: Hardy Marks 1995, S. 80–87.

505 Vgl. Kapitel 4.

506 Als Publikationen ab dem Jahr 1940, in denen Schmetterlinge genannt oder zahlreich abgebildet werden, seien exemplarisch folgende aufgeführt: Wagner 1940 – Tätowierungsfrage, S. 8, 32 sowie Abb. 2 und 4; Engelhardt 1972 – Tätowierung; Wood 1981 – Tätowierkunst; Bryce Bannatyne Gallery 1992 – New Tattoo, S. 58; Hardy/Carlucci et al. 1985 – Tatuaggio, S. 65; Wróblewski 1987 – Tattoo; Jill Cohen/Robert Love (Hg.): *Tattoo Nation. Portraits of Celebrity Body Art*, Boston (u. a.): Bulfinch Press 2002; Baldaev 2003–2008 – Russian Criminal Tattoo; Pichler 2011 – Gefängnistätowierungen; Dominique Holmes: *The Painted Lady. The Art of Tattooing the Female Body*, London: Ryland Peters & Small 2013. Zahlreiche Abbildungen männlicher Träger von Schmetterlingstattoos insbesondere in Spider Webb: *Heavily Tattooed Men & Women*, Atglen: Schiffer 2002; Webb 2002 – Tattoo sowie Ruts/Schuler 2002 – BilderbuchMenschen, S. 17, 29, 35, 37, 50, 83, 87, 91, 109, 112, 116, 125, 165, 197 f., 209, 218, 223, 231, 239, 247, 253, 273. Zeitgenössische Beispiele, die in jüngster Vergangenheit tätowiert wurden, finden sich in folgenden Publikationen: Alex MacNaughton (Hg.): *London Tattoos*, München: Prestel 2011; R. Klanten/F. Schulze (Hg.): *Forever. The New Tattoo*, Berlin: Die Gestalten 2012.

507 Vollständige Sichtung aller Ausgaben des *TätowierMagazins* von Januar bis Dezember 2012 durch den Verfasser. Stichprobenartige Sichtung von Ausgaben folgender Tätowier-Magazine: *Inked Magazine* (USA), *Tattoo Life* (USA), *Total Tattoo Magazine* (GB). Zudem veröffentlichten diverse Magazine der letzten Jahre Artikel, die sich mit dem Schmetterling als Tattoo-Motiv beschäftigen: Sonja Hentschel: „Die Leichtigkeit des Seins. Der Schmetterling als Tattoo-Motiv", in: *TätowierMagazin*, Nr. 9, 2005, S. 130–133; O.V.: „Auch die Zarten kommen in den Garten. Schmetterlinge", in: *Tattoo-Spirit*, Nr. 33, 2008, S. 46–48; O.V.: „Plüschig putzige Flatterviecher: Schmetterlinge", in: *Tattoo-Spirit*, Nr. 36, 2008, S. 34; O. V. 2012 – Schmetterlinge. Zum Schmetterling als Motiv bei weiblichen Trägern in der zeitgenössischen Tätowierung siehe auch Holmes 2013 – Painted Lady, S. 52–57.

508 In zwölf Ausgaben befanden sich insgesamt 50 Abbildungen von Schmetterlingstattoos. 30 konnten weiblichen Trägern zugeordnet werden, 12 männlichen, 8 waren keinem Geschlecht zuzuordnen. Zudem gab es 15 Abbildungen von Schmetterlingsillustrationen.

509 Margot Mifflin beschreibt das Motiv als das historisch vorhersagbarste für Frauen und bezeichnet es als ein „gendered image". MIFFLIN 2013 – WOMEN AND TATTOO, S. 130.

510 „[Art.] Schmetterling", in: Sigrid Dittrich/Lothar Dittrich, *Lexikon der Tiersymbole. Tiere als Sinnbilder in der Malerei des 14.–17. Jahrhunderts*, Petersberg: Imhof 2004 (= Studien zur internationalen Architektur- und Kunstgeschichte, Band 22), S. 456–460, hier S. 456.

511 Auf die Korrelation von Tattoo-Format und Platzierung und den Aspekt der Symmetrie wird in Kapitel 3 näher eingegangen.

512 Siehe Kapitel 6.3 und 6.4.

513 Ein Gegensatz hierzu wäre beispielsweise das Tattoo eines Sinnspruchs in Textform oder ein tätowiertes Portrait.

514 ZHUKOVA 2011 – GARAGE MAGAZINE, S. 121. Das Projekt, in dessen Rahmen die Arbeit entstand, wurde zudem in einem von Zhukova produzierten Film dokumentiert. BOUCHER 2011 – SKIN.

515 Der Frage, ob es sich beim *Garage Magazine* eher um eine Mode- oder eine Kunstzeitschrift handelt, soll nicht nachgegangen werden. Hingewiesen sei jedoch auf ein Interview, in dem sich der Art Director Mike Meiré unter anderem zur Ausrichtung des Magazins äußert: Nils Binnberg: *Zwischen Pop und Porno*, Welt am Sonntag 2011, welt.de/print/wams/lifestyle/article13700810/Zwischen-Pop-und-Porno.html vom 15.11.2011.

516 Am Projekt beteiligte Künstler/Tätowierer, Träger: Jeff Koons/Mike Rubendall (M.R.), Li-Fan Chang; Richard Prince/M.R., Conrad Lochner; John Baldessari/Lindsay Carmichael (L.C.), Sean Ford Mackney; Raymond Pettibon/L.C., Aj English; Paul McCarthy/L.C., Emily Hope; Dr. Lakra/L.C., Presley Strong; Damien Hirst/Mo Coppoletta (M.C.), Jack Driver und Shauna Taylor; Jake und Dinos Chapman/M.C., Dinos Chapman. Eine Liste aller an der Produktion beteiligten Mitarbeiter befindet sich im Magazin: ZHUKOVA 2011 – GARAGE MAGAZINE, S. 124.

517 E-Mail-Korrespondenz Becky Poostchi/Ole Wittmann am 7.4.2015. Zum Projekt *Chaim Soutine* siehe Kapitel 1.3.3. Im Magazin wird Poostchis Position als „Managing Editor" bezeichnet, auf der Internetseite zum Projekt als „Concept and art curator". Ebd., S. 124; garagemag.com/art-inked/ am 9.4.2015.

518 Belinda White: *Damien Hirst's ‚Intimate' Tattoo Covers Garage Magazine's Debut*, The Telegraph 2011, fashion.telegraph.co.uk/article/TMG8724925/Damien-Hirsts-intimate-tattoo-covers-Garage-magazines-debut.html vom 15.11.2011.

519 Weiterführend zu Aufnahmen von Lyon siehe Robert Mapplethorpe: *Lady Lisa Lyon*, München: Schirmer-Mosel 1983.

520 In der Geschichte der Malerei hat dieser Umgang mit Licht und Schatten seinen Ursprung in der Kunst Caravaggios (Michelangelo Merisi da Caravaggio). Zum Chiaroscuro und dessen Weiterentwicklung zum Tenebrismus siehe Andreas Prater: *Licht und Farbe bei Caravaggio. Studien zur Ästhetik und Ikonologie des Helldunkels*, Stuttgart: Steiner 1992; Maria Rzepinska/Krystyna Malcharek: „Tenebrism in Baroque Painting and Its Ideological Background", in: *Artibus et Historiae*, Jg. 7, Nr. 13, 1986, S. 91–112.

521 Zur Anatomie von Schmetterlingen siehe Manfred Koch: *Wir bestimmen Schmetterlinge*, 3. Auflage, Radebeul: Neumann 1991, insbesondere S. 12–14.

522 Infolge der nicht erkennbaren Position der Figur im Raum und ihrer fragmentarischen Wiedergabe lässt sich anhand der Fotografie nicht bestimmen, ob es sich bei der Kameraperspektive um eine Untersicht auf einen stehenden Körper oder eine Aufsicht auf einen liegenden Körper handelt. In Kapitel 3.2 wurde dargelegt, dass Taylor auf einem leicht schräggestellten Brett lag. In der filmischen Dokumentation ist das entstehende Tattoo ohne perspektivische Verkürzung zu sehen. BOUCHER 2011 – SKIN.

523 Marisa Kakoulas: *Garage Magazine's ‚Inked' Spread*, Needles and Sins Tattoo Blog 2011, needlesandsins.com/2011/08/garage-magazines-inked-spread.html vom 9.2.2012. Dies wurde auch von Taylor bestätigt. E-Mail-Korrespondenz Shauna Taylor/Ole Wittmann am 22.1.2015.

524 Die Flügeloberseiten der Männchen sind mit blau schillernden Schuppen bedeckt, Weibchen können blau oder gelblich sein. P. J. DeVries/George Eujens Martinez: „The Morphology, Natural History, and Behavior of the Early Stages of Morpho cypris (Nymphalidae: Morphinae) – 140 Years after Formal Recognition of the Butterfly", in: *Journal of the New York Entomological Society*, Jg. 101, Nr. 4, 1993, S. 515–530, hier S. 516; E. Le Moult/P. Réal: *Les Morpho d'Amérique du Sud et Centrale*, Paris: Ed. du Cabinet Entomologique E. Le Moult 1962–63, S. 179 und Band II, Tafel VIII. Vorwiegend haben Weibchen jedoch eine gelbliche Färbung. Bernard D'Abrera: *Butterflies of South America*, Ferny Creek: Hill House 1984, S. 145.

525 Die Informationen im Folgenden sind Boucher 2011 – Skin entnommen sowie einem persönlichen Schriftverkehr. E-Mail-Korrespondenz Shauna Taylor/Ole Wittmann am 22.1.2015.

526 „Hirst and Slimane were involved in the casting process. Shauna Taylor was the perfect girl for this tattoo, she LOVED it from the moment she saw it –" E-Mail-Korrespondenz Becky Poostchi/Ole Wittmann am 7.4.2015.

527 „[...] and at every meeting she convinced me that this tattoo was meant to be hers and could not belong to anyone else. She had no fear, her father was a tattoo artist as well so I knew she was very familiar with the process and she wasn't going to have any regrets." E-Mail-Korrespondenz Becky Poostchi/Ole Wittmann am 7.4.2015.

528 Ebd.

529 Vgl. Kapitel 2 und 3.

530 E-Mail-Korrespondenz Shauna Taylor/Ole Wittmann am 22.1.2015.

531 Kakoulas 2011 – Garage Magazine's ‚Inked' Spread.

532 Dieser Vorgang wurde filmisch dokumentiert. Boucher 2011 – Skin.

533 E-Mail-Korrespondenz Shauna Taylor/Ole Wittmann am 22.1.2015. Siehe auch Boucher 2011 – Skin.

534 Becky Poostchi: „Jake and Dinos Head to Head", in: *Garage Magazine*, Nr. 1, 2011, S. 125–127, hier S. 126 f.

535 E-Mail-Korrespondenz Shauna Taylor/Ole Wittmann am 22.1.2015. Die Anfrage nach einer Fotografie des Werkes blieb unbeantwortet.

536 Vgl. Kapitel 3.2. „He photographed the participants in the way he wanted to." E-Mail-Korrespondenz Becky Poostchi/Ole Wittmann am 7.4.2015.

537 Anhand der Abbildung des Schmetterlings auf dem Aufkleber lässt sich die Art des Falters nicht eindeutig bestimmen. Möglicherweise handelt es sich um die Art *didius*, *amathonte*, *menelaus* oder *nestira*. Vgl. hierzu: D'Abrera 1984 – Butterflies; Le Moult/Réal 1962–63 – Morpho; Hilary L. Lewis: *Das große Buch der Schmetterlinge. Die Tagfalter der Welt. Mehr als 5000 Arten in über 6000 Farbfotos nach Faltern aus der Sammlung des Britischen Museums London*, Stuttgart: Ulmer 1974. Englische Originalausgabe: *Butterflies of the World*, London: Leventhal 1973 {übersetzt von Friedrich R. Heller}; Paul Smart: *Kosmos-Enzyklopädie der Schmetterlinge. Die Tagfalter der Erde in Farbe, über 2000 Arten in Lebensgröße*, Stuttgart: Franckh 1977.

538 Auch die Filmaufnahmen von Hirsts Tätowierung sind schwarz-weiß. Boucher 2011 – Skin.

539 White 2011 – Hirst's Tattoo.

540 Neben der gezeigten Abbildung aus Taylors Instagram-Profil wird die blaue Farbigkeit des Falter-Tattoos von Taylor in einer persönlichen Nachricht bestätigt. E-Mail-Korrespondenz Shauna Taylor/Ole Wittmann am 22.1.2015

541 „We made lots of colours of them from red to green – and green worked best when showed to the team." E-Mail-Korrespondenz Becky Poostchi/Ole Wittmann am 10.4.2015.

542 Klaus Gier: *Andy Warhols Record- und Cover Design. Studien zur grafischen und formgegenständlichen Gestaltung von Schallplatten und Schallplattenverpackungen durch Andy Warhol. Am Beispiel ‚The Velvet Underground & Nico' und ‚Sticky Fingers'*, Frankfurt am Main (u. a.): Lang 2001 (= Europäische Hochschulschriften: Reihe 28, Kunstgeschichte, Band 375), zugl.: Bonn, Univ., Diss., 2000, S. 108.

543 Binnberg 2011 – Pop und Porno.

544 Claudia Blümle/Anne von der Heiden: „Einleitung", in: Claudia Blümle/Anne von der Heiden (Hg.), *Blickzähmung und Augentäuschung. Zu Jacques Lacans Bildtheorie*, Zürich (u. a.): Diaphanes 2005, S. 7–42, hier S. 9. Zu Techniken und Praktiken des Verschleierns und Verkleidens siehe Ute Seiderer/Michael Fisch

(Hg.): *Haut und Hülle. Umschlag und Verpackung. Techniken des Umschließens und Verkleidens*, Berlin: Rotbuch 2014.

545 Beispielhaft für gemalte grüne Vorhänge seien folgende Werke genannt: Raffael (Raffaello Santi), *Die Sixtinische Madonna*, 1512/13, Öl auf Leinwand, 269,5 x 201 cm, Staatliche Kunstsammlungen Dresden, Gemäldegalerie Alte Meister; Nicolaes Maes, *Lauschende Dienstmagd und schimpfende Hausfrau*, 1655, Öl auf Holz, 46,4 x 72,1 cm, London, Mansion House, The Harold Samuel Collection; Jan Vermeer van Delft, *Brieflesendes Mädchen am offenen Fenster*, um 1659, Öl auf Leinwand, 83 x 64,5 cm, Staatliche Kunstsammlungen Dresden, Gemäldegalerie Alte Meister.

546 Giulio Mancini: *Considerazioni sulla pittura (ca. 1628),* hrsg. von Adriana Marucchi, Band 1, Rom: Accademia Nazionale dei Lincei 1956, S. 146. Die hier verwendete deutsche Übersetzung stammt aus Wolfgang Kemp: *Rembrandt: Die Heilige Familie oder die Kunst, einen Vorhang zu lüften*, Frankfurt am Main: Fischer Taschenbuch 1986 (= Kunststück, Band 3940), S. 27.

547 Ebd., S. 30.

548 Blümle/Heiden 2005 – Augentäuschung, S. 9.

549 „We had to have a sticker for legal reasons as we couldn't put the cover on shelves without." E-Mail-Korrespondenz Becky Poostchi/Ole Wittmann am 10.4.2015.

550 Wie bereits erwähnt, war die Verwendung von grünen Vorhängen gebräuchlich. So beispielsweise auch bei Caravaggio (Michelangelo Merisi da Caravaggio), *Amor als Sieger*, 1602, Öl auf Leinwand, 156 x 113 cm, Staatliche Museen zu Berlin, Gemäldegalerie. Howard Hibbard: *Caravaggio*, New York u. a.: Harper & Row 1983, S. 378.

551 Maxime Du Camp: *Les Convulsions de Paris (1881)*, Nachdruck, New York: AMS 1978 (= Band 2, Episodes de la Commune), S. 190. Die hier verwendete deutsche Übersetzung stammt aus Mariann Möhring: *Die begehrenswerte Frau als Thema. Eine Untersuchung des erotischen Akts am Beispiel von François Bouchers ‚Ruhendem Mädchen' und Gustave Courbets ‚Ursprung der Welt'*, Magisterarbeit, Universität Hamburg 2010, S. 48. Dort finden sich auch weiterführende Informationen zum Kontext des Zitates und zur Rezeptionsgeschichte des Werkes. Siehe ebenso Günter Metken: *Gustave Courbet, Der Ursprung der Welt: ein Lust-Stück*, München (u. a.): Prestel 1997.

552 Ebd., S. 10 f. Metken weist auch darauf hin, dass die Zugänglichkeit des Gemäldes im Museum seiner ursprünglichen Bestimmung widerspricht. Es war als „privates Genussmittel" gedacht, „indirekten Blicken und überhaupt der öffentlichen Betrachtung durch einen Vorhang entzogen, was an ein erotisches Andachtsbild denken läßt." Ebd., S. 54.

553 „Meiré suggested we picked a more generic looking butterfly to cover Hirsts more detailed one. It was more about referencing Warhol at this point – Damien was totally happy with that." E-Mail-Korrespondenz Becky Poostchi/Ole Wittmann am 10.4.2015.

554 Informationen im Folgenden aus Vinciane Pirenne-Delforge/Anne Ley: „Aphrodite", in: Hubert Cancik/Helmuth Schneider (Hg.), *Der neue Pauly. Enzyklopädie der Antike*, Band 1, Stuttgart (u. a.): Metzler 1996, Sp. 838–844; „[Art.] Aphrodite", in: Eric M. Moormann/Wilfried Uitterhoeve, *Lexikon der antiken Gestalten. Von Alexander bis Zeus*, Stuttgart: Kröner 2010, S. 79–88. Niederländische Originalausgabe: *Van Alexander tot Zeus. Figuren uit de klassieke mythologie en geschiedenis, met hun voortleven na de oudheid. Een Lexicon*, Amsterdam: Sun 2007 {übersetzt von Marinus Pütz}; „[Art.] Aphrodite", in: John Hazel/Michael Grant, *Lexikon der antiken Mythen und Gestalten*, München: List 1973, S. 57–60. Englische Originalausgabe: *Who's Who in Classical Mythology*, London: Weidenfeld and Nicolson 1973 {übersetzt von Holger Fließbach}.

555 Zur *Aphrodite von Knidos* siehe Berthold Hinz: *Aphrodite. Geschichte einer abendländischen Passion*, München: Hanser 1998.

556 „[Art.] Muschel", in: Gerd Heinz-Mohr, *Lexikon der Symbole. Bilder und Zeichen der christlichen Kunst*, Düsseldorf (u. a.): Diederichs 1971, S. 218–219, hier S. 219. Eine der prominentesten Muscheldarstellungen findet sich in Sandro Botticellis Gemälde *Die Geburt der Venus,* 1485/86, Tempera auf Leinwand, 172,5 x 278,5 cm, Florenz, Uffizien. Siehe hierzu Jan Lauts: *Die Geburt der Venus*, Stuttgart: Reclam 1958 (= Werkmonographien zur bildenden Kunst in Reclams Universal-Bibliothek, Band 25); Georges Didi-Huberman: *Venus öffnen. Nacktheit, Traum, Grausamkeit*, Zürich (u. a.): Diaphanes 2006 (= Das sich öffnende Bild, Band 1).

Französische Originalausgabe: *Ouvrir Venus*, Paris: Éditions Gallimard 1999 {übersetzt Mona Belkhodja und Marcus Coelen}.

557 Shauna Taylor in Boucher 2011 – Skin. Übersetzung vom Autor. Originalzitat: „No one else will ever give birth through a piece of Damien Hirst's art. I think it's safe to say I have the most conceptual contemporary vagina on the planet." Eine Abwandlung des Zitats: „Not one single other person will ever give birth through a Damien Hirst artwork – if I do give birth" in Zhukova 2011 – Garage Magazine, S. 94. Siehe auch New York Post: *Hirst Model Unzipped*, New York Post 2011, nypost.com/p/pagesix/hirst_model_unzipped_xWabrAwsawhgv6Dty90XeL#ixzz1WWsPyu8F vom 9.2.2012; Mifflin 2013 – Women and Tattoo; S. 127, 130.

558 Ebd., S. 130. Zum Gender-Aspekt in Bezug auf das Schmetterlingstattoo siehe Kapitel 4.4, 4.5 und 7.

559 Da es sich bei Damien Hirst um einen zeitgenössischen Künstler handelt und somit kein vollständiger Catalogue raisonné vorliegt, wurden das Online-Werkverzeichnis unter damienhirst.com/artworks/catalogue sowie die im Folgenden genannten Publikationen zum Nachweis von Arbeiten verwendet. Bei dem frühesten *Butterfly Colour Painting* handelt es sich um: Damien Hirst, *For Boys and Girls*, 1989–1992, Schmetterlinge und Lackfarbe auf Leinwand, Diptychon, je 121,9 x 121,9 cm; Abb. in damienhirst.com/for-boys-and-girls am 14.5.2014. Der Aspekt der Teilung wird unter anderem bei *Mother and Child Divided* thematisiert, siehe Kapitel 6.2.

560 damienhirst.com/artworks/catalogue am 6.5.2014. Ein Großteil der Arbeiten ist ebenso in folgenden Publikationen abgebildet: *Superstition*, hrsg. von Damien Hirst, Gagosian Gallery, London, Ausst.-Kat., Gagosian Gallery und Other Criteria 2007; Damien Hirst: *I Want to Spend the Rest of My Life Everywhere, with Everyone, One to One, Always, Forever, Now*, London: Booth-Clibborn 1997; *Damien Hirst*, hrsg. von Ann Gallagher, Tate Modern, London, Ausst.-Kat., München (u. a.): Prestel 2012.

561 Ebenso wie die Arbeit *butterfly, divided* sind die Grafiken der Serie *The Souls* nicht im Online-Werkverzeichnis aufgeführt. Jedoch wurde ein Ausstellungskatalog publiziert: *Damien Hirst. The Souls*, hrsg. von Paul Stolper und Other Criteria, Paul Stolper Gallery, London, Ausst.-Kat., 2011.

562 Diese These basiert auf dem oben genannten Online-Werkverzeichnis des Künstlers sowie bisher veröffentlichten Publikationen und müsste nochmals überprüft werden, sobald ein vollständiger Catalogue raisonné vorliegt. Zu Hirsts Verwendung des Schmetterlings als Material und Motiv siehe auch Blanché 2012 – Konsumkunst, S. 217–244.

563 Thümmel 1998 – Damien Hirst. Zur Verwendung lebender Tiere in der bildenden Kunst siehe Thomas Zaunschirm: „Im Zoo der Kunst. Seit wann und warum gibt es lebende Tiere in der bildenden Kunst?", in: *Kunstforum International*, Nr. 174, 2005, S. 39–103. Sein 4. Kapitel ‚Die alte und die neue Natur. Kunst als Forschung' (S. 84–93) geht unter anderem auf die Arbeiten von Damien Hirst ein.

564 Thümmels Dissertation wurde 14 Jahre vor der Umsetzung von *butterfly, divided* eingereicht.

565 Thümmel 1998 – Damien Hirst, S. 67 f.

566 Ebd., S. 27.

567 Ebd., S. 68.

568 Ebd., S. 69, 72.

569 Ebd., S. 69 f.

570 Ebd., S. 120.

571 Ebd., S. 73.

572 Ebd., S. 72 f.

573 Peter Herbstreuth: „Ein Interview mit Damien Hirst über ‚Some Went Mad, Some Ran Away'", in: *Kunstbulletin*, Nr. 5, 1994, S. 22–26, hier S. 24, zitiert nach Thümmel 1998 – Damien Hirst, S. 81.

574 Ebd., S. 81.

575 Ebd., S. 82.

576 Ebd., S. 86.

577 Dillon 2012 – Gefühle, hier S. 24.

578 Ebd., hier S. 24.

579 Thümmel 1998 – Damien Hirst, S. 89.

580 Anders als bei Wim Delvoyes Arbeit *Tim*. Siehe Kapitel 1.3.3.
581 Zur Einbeziehung des Betrachters in Hirsts Vitrinen siehe ebd., S. 90 f.
582 Ebd., S. 92.
583 Ebd., S. 92 f.
584 Den Wunsch, „die Kunst lebendiger zu machen", äußerte Hirst in einem Interview mit Konstanze Thümmel am 3.3.1995: „It all comes out of an urge to make art more alive." In: ebd., S. 239–252, hier S. 243.
585 Vergleiche Kapitel 6.3 und 6.4. Zum Tod im Werk von Hirst siehe ebd., S. 93–124.
586 Stolper/Other Criteria 2011 – The Souls.
587 Blanché 2012 – Konsumkunst, S. 219.
588 Thümmel 1998 – Damien Hirst, S. 99.
589 Ebd., S. 84.
590 Ebd., S. 102.
591 Ebd., S. 101.
592 Ebd., S. 117.
593 Ebd., S. 119.
594 Ebd., S. 124.
595 Ebd., S. 125.
596 In diesem Zusammenhang sei erwähnt, dass der Schmetterling in der griechisch-archaischen Kunst als Fruchtbarkeitszeichen gilt. Die ältesten Schmetterlingsdarstellungen seien aus geflügelten Phalli hervorgegangen. Vgl. Schimitschek 1977 – Insekten, S. 66.
597 Thümmel 1998 – Damien Hirst, S. 133.
598 Ebd., S. 134.
599 Ebd., S. 136.
600 Ebd., S. 145 f.
601 In einem Zeitungsartikel wurde Taylor mit folgenden Worten zitiert: „I was hoping it might feel kind of nice, but it was probably the worst pain I have felt. I thought I was going to pass out." New York Post 2011 – Hirst Model. Zum Problem der Definition von Gewalt siehe Klaus Wahl: *Aggression und Gewalt. Ein biologischer, psychologischer und sozialwissenschaftlicher Überblick*, Heidelberg: Spektrum 2009, S. 6–13. Zum Gewaltbegriff und zur Definition der ritualisierten Gewalt siehe Peter Imbusch: „Der Gewaltbegriff", in: W. Heitmeyer/J. Hagan (Hg.), *Internationales Handbuch der Gewaltforschung*, Wiesbaden: Westdeutscher Verlag 2002, S. 26–57, hier S. 41 f. Weiterführend siehe Jan P. Reemtsma: *Vertrauen und Gewalt. Versuch über eine besondere Konstellation der Moderne*, Hamburger Edition 2013, zuerst erschienen 2008, insbesondere S. 104 ff.
602 Imbusch 2002 – Gewalt, S. 41. Zum Aspekt des Schmerzes siehe auch Kapitel 1.1.
603 Dieser Aspekt wird nicht weiter ausgeführt, da das Tätowieren von Tieren kein Gegenstand der vorliegenden Arbeit ist. Weiterführend siehe Kampmann 2011 – Tattoo-Kunst, S. 43–45.
604 Siehe Kapitel 3.2.
605 Die Arbeit *Mother and Child Divided* beispielsweise ist aus dem Jahr 1993.
606 Thümmel 1998 – Damien Hirst, S. 147. Zu den Aspekten der Teilung, Öffnung und Präparation der Tierkörper bei Damien Hirst siehe auch Käthe K. Wenzel: *Fleisch als Werkstoff. Objekte auf der Schnittstelle von Kunst und Medizin*, Berlin: Weißensee 2005, zugl.: Berlin, Univ., Diss., 2002, S. 105–113; Lange-Berndt 2000 – Damien Hirst; Petra Lange-Berndt: *Animal Art. Präparierte Tiere in der Kunst, 1850–2000*, München: Schreiber 2009, zugl.: Hamburg, Univ., Diss., 2005, S. 193–233. Weiterführend zur Durchdringung und Offenlegung des Inneren siehe Benthien 2001 – Haut.
607 Damien Hirst: „Tod ist passiv, Denken an den Tod ist aktiv. Damien Hirst im Gespräch mit Noemi Smolik", in: *Kunstforum International*, Nr. 126, 1994, S. 212–221, hier S. 219.
608 Thümmel 1998 – Damien Hirst, S. 83.
609 Ebd., S. 83 und 177.
610 Ebd., S. 168.
611 Ebd., S. 171.

612 Ebd., S. 216.

613 Ebd., S. 218.

614 Lange-Berndt 2000 – Damien Hirst, hier S. 175.

615 Thümmel 1998 – Damien Hirst, S. 108. Zum Fleisch als Material in der bildenden Kunst siehe Wenzel 2005 – Fleisch.

616 „Zur Fortpflanzung haben [... Schmetterlinge ihr] ‚Hochzeitskleid' angelegt, und nach Paarung und Eiablage sterben sie." Thümmel 1998 – Damien Hirst, S. 133 f.

617 Ebd., S. 111.

618 Zum Alterungsprozess, der unter anderem in Form einer eintretenden Unschärfe der Tätowierung sichtbar wird, siehe Kapitel 2.1.

619 Ebd., S. 14.

620 Folgender Absatz aus ebd., S. 172 f. Beschreibungen von Hirsts Installationen mit lebenden Schmetterlingen befinden sich in ebd., S. 34 f. und 39.

621 Zu Schmetterlingssammlungen siehe Blanché 2012 – Konsumkunst, S. 235 f.; Sylvia Mader/Gerhard Tarmann: „Über die Darstellung von Schmetterlingen in sechs niederländischen Barockstillleben des Ferdinandeums", in: Bernhard Braun/Leo Andergassen (Hg.), *Kunst Beziehung. Festschrift für Gert Ammann zum 65. Geburtstag*, Innsbruck: Universitätsverlag Wagner 2008 (= Schlern-Schriften, Band 343), S. 255–268. Weiterführend liefert Gemma Angel einen Beitrag, der sich mit Haut-Präparaten beschäftigt, die unter anderem Schmetterlingstätowierungen tragen. Angel 2013 – In the Skin, hier insbesondere S. 154–156. Siehe auch Fend 2009 – Tattoos. Zu historischen Körperobjekten wie Reliquien oder Feuchtpräparaten siehe Lange-Berndt 2009 – Animal Art; Wenzel 2005 – Fleisch, hier insbesondere S. 41–82 sowie Horst Bredekamp/Jutta Helbig (Hg.): *Präparate*, Berlin: Akademie 2012 (= Bildwelten des Wissens, Band 9.1); Daniela Bohde: „Abgeschunden, gegerbt und beschriftet – die menschliche Haut als mahnendes Schaustück in der niederländischen Anatomietradition", in: Ulrike Zeuch (Hg.), *Verborgen im Buch, verborgen im Körper. Haut zwischen 1500 und 1800*, Herzog August Bibliothek Wolfenbüttel, Ausst.-Kat., Wiesbaden: Harrassowitz 2003 (= Ausstellungskataloge der Herzog-August-Bibliothek, Band 82), S. 131–138; Lange-Berndt 2000 – Damien Hirst und Markus Buschhaus: *Über den Körper im Bilde sein. Eine Medienarchäologie anatomischen Wissens*, Bielefeld: transcript 2005, zugl.: Düsseldorf, Univ., Diss., 2005. Zur musealen Tierpräparation siehe *Taxidermie. Zwischen Kunst und Natur. Tierpräparation im Museum*, hrsg. von Andreas Seidel, Museum für Naturkunde, Magdeburg, Ausst.-Kat., 1994 (= Museumsschrift – Museum für Naturkunde Magdeburg, Band 2). Zur Bedeutung von Präparaten und Schaukästen in der zeitgenössischen Tätowierkultur siehe Nicola Cook: „Tattoo Parlours and Taxidermy. Museum Aesthetics in the Tattoo Shop", in: *Things & Ink*, Nr. 4 (The Art Issue), 2013, S. 48–50.

622 Thümmel 1998 – Damien Hirst, S. 220.

623 Ebd., S. 221.

624 damienhirst.com/exaltant am 8.7.2014.

625 damienhirst.com/confession am 8.7.2014 und Damien Hirst: *I Want to Spend the Rest of My Life Everywhere, with Everyone, One to One, Always, Forever, Now*, Reduced edition, London: Booth-Clibborn 2005, S. 135. Weiterführend zur Symmetrie von Fensterrosen Suzanne Beeh-Lustenberger: „Fensterrosen – Ornament und Ganzheitssymbol", in: Bernd Krimmel (Hg.), *Symmetrie in Kunst, Natur und Wissenschaft*, Band 1, Mathildenhöhe, Darmstadt, Ausst.-Kat., 1986, S. 257–272. Zu Collagen aus Schmetterlingsflügeln im Kunsthandwerk siehe Elisa E. Torres: „Lepido-Mosaic Art", in: *Sawaddi*, Jg. 53, Nr. 3, 2007, S. 14–19.

626 Blanché 2012 – Konsumkunst, S. 222.

627 Vgl. ebd., S. 233.

628 Stolper/Other Criteria 2011 – The Souls.

629 damienhirst.com/exhibitions/solo/2010/the-souls am 24.7.2014.

630 Die Informationen zur Ausstellung und Herstellung der Folienprägung sind folgenden Zeitungsartikeln entnommen: Laura Mclean-Ferris: *Damien Hirst: The Souls, Paul Stolper Gallery, London*, The Independent 2010, independent.co.uk/arts-entertainment/art/reviews/ damien-hirst-the-souls-paul-stolper-gallery-london-2100862.html vom 6.2.2013; Laura Barnett: *Another View on Damien Hirst: The Souls*, The Guardian

2010, guardian.co.uk/culture/2010/oct/10/mark-tansley-damien-hirst-souls vom 6.2.2013; O. V.: *Damien Hirst: The Souls Collection*, Art Republic 2010, artrepublic.com/articles/229-damien-hirst-the-souls-collection.html vom 24.7.2014.

631 In der Paul Stolper Gallery, London, wurde vom 7.10.2010 bis zum 13.11.2010 eine Auswahl von 120 Blättern gezeigt. Vom 1.9.2011 bis zum 1.10.2011 folgte eine Ausstellung in der Osloer Dependance. paulstopler.com/exhibitions am 31.7.2014.

632 Michael Bracewell: *Damien Hirst ‚The Souls'*, Pressemitteilung Stolper + Friends, Oslo 2011. Ergänzend sei erwähnt, dass es sich bei *Jacob's ladder* um ein *Entomological Cabinet* handelt. damienhirst.com/jacobas-ladder am 31.7.2014. Siehe auch *Damien Hirst. Cornucopia*, hrsg. von Musée Océanographique de Monaco, Ausst.-Kat., London: Other Criteria/White Cube 2010.

633 damienhirst.com/artworks/catalogue?p=5&radiogroup_view=view_as_thumbs&category=43 am 30.7.2014.

634 Lebende Falter hingegen werden in Hirsts *Fact Paintings* dargestellt. damienhirst.com/ artworks/catalogue?p=2&radiogroup_view=view_as_thumbs&category=6 am 23.7.2014.

635 Barnett 2010 – Damien Hirst.

636 O. V. 2010 – The Souls. Die gleiche Aussage findet sich in einer Pressemitteilung zu *The Souls* Bracewell 2011 – The Souls.

637 Ebd. Zu den „Schillerfarben" der *Morphidae* siehe Peter Berz: „Die vier Verschiebungen des Blicks", in: Claudia Blümle/Anne von der Heiden (Hg.), *Blickzähmung und Augentäuschung. Zu Jacques Lacans Bildtheorie*, Zürich (u.a.): Diaphanes 2005, S. 183–216, hier S. 198–204.

638 Siehe Kapitel 4.

639 Das Vollinsekt wird als „Bild der Art" (Imago) gedacht. „[Art.] Imago", in: Ulrich Lehmann, *Paläontologisches Wörterbuch*, 4. Auflage, Stuttgart: Enke 1996, zuerst erschienen 1966, S. 114.

640 Die entsprechende Repräsentation des Lebens ist die Raupe. Vgl. Gerhard Seib: „[Art.] Schmetterling", in: Engelbert Kirschbaum (Hg.), *Lexikon der christlichen Ikonographie*, Band 4, Rom (u.a.): Herder 1994, Sp. 96 und Hermann Levinson/Anna Levinson: „Schmetterlinge und Vögel als Seelen-Überträger bei lebenden und verstorbenen Menschen", in: *DGaaE Nachrichten* [Zeitschrift der Deutschen Gesellschaft für allgemeine und angewandte Entomologie e.V.], Jg. 20, Nr. 1, 2006, S. 31–35, hier S. 33. Zur Symbolgeschichte des Schmetterlings und der Etymologie des Wortes siehe Gabriele Schuth: „Der Nachbar des Schönen ist der Tod. Zur Symbolgeschichte des Schmetterlings", in: *Geist und Leben*, Jg. 61, Nr. 6, 1988, S. 416–435. Zum Schmetterling in der Literatur siehe Johannes Werner: „‚Welch schönes Jenseits' oder: Der sinnbildliche Schmetterling", in: *Geist und Leben*, Jg. 68, Nr. 2, 1995, S. 87–92 und Schuth 1988 – Schmetterling. Weiterführend zur Symbolik des Schmetterlings: W. Deonna: „The Crab and the Butterfly. A Study in Animal Symbolism", in: *Journal of the Warburg and Courtauld Institutes*, Jg. 17, Nr. 1/2, 1954, S. 47–86; Daniel Kupper: „Überlegungen zum Schmetterling in Anselm Feuerbachs ‚Iphigenie'", in: Staatliche Kunstsammlungen in Baden-Württemberg (Hg.), *Jahrbuch der Staatlichen Kunstsammlungen in Baden-Württemberg*, Band 26, München (u.a.): Deutscher Kunstverlag 1989, S. 147–179. Zu Insekten in der bildenden Kunst siehe Schimitschek 1977 – Insekten, insbes. S. 66–68.

641 Otto Waser: „Über die äußere Erscheinung der Seele in den Vorstellungen der Völker, zumal der alten Griechen", in: *Archiv für Religionswissenschaft*, Band 16, 1913, S. 336–388, hier S. 383 und Werner 1995 – Schmetterling, hier S. 88. Werner geht insbesondere auf die Metamorphose und Auferstehungs-Metaphorik ein. In diesem Kontext beschreibt er ein Kreuzreliquiar mit einem Schmetterlingssymbol aus dem frühen 14. Jahrhundert. Zur Symbolik des Schmetterlings in Religion und Volksglauben siehe auch R. Riegler: „[Art.] Schmetterling", in: Hanns Bächtold-Stäubli (Hg.), *Handwörterbuch des deutschen Aberglaubens*, Band 7, Berlin (u.a.): de Gruyter 1987, zuerst erschienen 1935/1936, Sp. 1237–1254.

642 Folgender Absatz aus Werner 1995 – Schmetterling, S. 88 und 91.

643 Vgl. Mt. 13,31–13,32. Jesus erzählt bei Matthäus von folgendem Gleichnis: „[31] Wenn Gott jetzt seine Herrschaft aufrichtet, geht es ähnlich zu wie bei einem Senfkorn, das jemand auf seinen Acker gesät hat. [32] Es gibt keinen kleineren Samen; aber was daraus wächst, wird größer als alle anderen Gartenpflanzen. Es wird ein richtiger Baum, sodass die Vögel kommen und in seinen Zweigen ihre Nester bauen."

644 Apul. met. 4,28–6,24; verwendete Ausgabe: Apuleius: *Metamorphosen oder Der goldene Esel (2. Jh. n. Chr.). Lateinisch und deutsch*, hrsg. von Rudolf Helm, 2. Auflage, Berlin: Akademie 1956 (= Schriften und Quellen der Alten Welt, Band 1), S. 129–183. Der Inhalt der Erzählung von *Amor und Psyche* basiert auf der Eifersucht der Venus, deren Verehrung aufgrund von Psyches Schönheit nachlässt. Venus entsendet ihren Sohn Amor, um Psyche in einen „Menschen niedrigster Sorte" (4,31) verliebt zu machen. Jedoch verliebt er sich selbst in sie, macht sie zu seiner Gattin und schwängert sie. Als Psyche ihr Versprechen, nicht nach der Gestalt ihres Gemahls zu forschen, bricht, entschwindet er. Auf der Suche nach ihm gerät Psyche letztlich an Venus selbst, die ihr nahezu unerfüllbare Aufgaben stellt. Bei der Verrichtung der letzten fällt Psyche aufgrund ihrer Neugier in einen lähmenden Schlaf. Eros findet sie und es gelingt ihm, den Schlaf von ihr abzustreifen und sie durch einen unschädlichen Stich seines Pfeils zu wecken. Auf Cupidos Bitte hin legitimiert Jupiter die Ehe zwischen Amor und Psyche und bewirkt ihre Unsterblichkeit. Aus Liebe geht Voluptas hervor, die Personifikation der Wollust.

645 Kupper 1989 – Schmetterling, hier S. 152.

646 Zum Sujet von Amor und Psyche in der Kunst siehe Christiane Holm: *Amor und Psyche. Die Erfindung eines Mythos in Kunst, Wissenschaft und Alltagskultur (1765–1840)*, München (u. a.): Deutscher Kunstverlag 2006 (= Kunstwissenschaftliche Studien, Band 130), zugl.: Gießen, Univ., Diss., 2003; Florian Weiland-Pollerberg: *Amor und Psyche in der Renaissance. Medienspezifisches Erzählen im Bild*, Petersberg: Imhof 2004 (= Studien zur internationalen Architektur- und Kunstgeschichte, Band 20), zugl.: Konstanz, Univ., Diss., 2002 und „[Art.] Psyche", in: Eric M. Moormann/Wilfried Uitterhoeve, *Lexikon der antiken Gestalten. Von Alexander bis Zeus*, Stuttgart: Kröner 2010, S. 574–579. Niederländische Originalausgabe: *Van Alexander tot Zeus. Figuren uit de klassieke mythologie en geschiedenis, met hun voortleven na de oudheid. Een Lexicon*, Amsterdam: Sun 2007 {übersetzt von Marinus Pütz}.

647 Apuleius ist keineswegs der Urheber der Geschichte, von ihm stammt lediglich die älteste schriftliche Überlieferung des Mythos. Die Wurzeln der Erzählung liegen deutlich vor Apuleius' Werk: Die älteste Darstellung von Amor und Psyche als Paar findet sich auf einer Gemme des dritten vorchristlichen Jahrhunderts. Auch geben Funde der pompejanischen Wandmalerei Zeugnis über eine vor-apuleische Existenz der Erzählung. Georgios A. Megas: *Das Märchen von Amor und Psyche in der griechischen Volksüberlieferung*, Athenai: Grapheion Demosieumaton tes Akademias Athenon 1971 (= Pragmateiai tes Akademias Athenon, Band 30) {aus dem Griechischen von Hedwig Schwent-Bertos}, S. VII; Weiland-Pollerberg 2004 – Amor und Psyche, S. 11; Holm 2006 – Amor und Psyche, S. 68. Zur Herkunft der Erzählung siehe Richard Reitzenstein: *Das Märchen von Amor und Psyche bei Apuleius*, Leipzig (u. a.): Teubner 1912 und Megas 1971 – Amor und Psyche; Holm 2006 – Amor und Psyche, S. 73 ff.

648 Etymologisch leitet sich ‚Psyche' von ‚Hauch' und ‚Atem' ab. Seit Aristoteles ist die zoologische Bedeutung des Schmetterlings, genauer des Nachtfalters, verbürgt. Ebd., S. 67.

649 Waser geht davon aus, dass der Doppelsinn des Wortes eine Folge – und keine Veranlassung – von der Darstellung der Psyche als Schmetterling ist. Waser 1913 – Seele, S. 383. Die Äquivokation lässt sich auch laut Waser auf Aristoteles zurückführen.

650 Weiland-Pollerberg 2004 – Amor und Psyche, S. 13.

651 Apul. met. 4,34.

652 Apul. met. 6,16.

653 Apul. met. 6,20.

654 Apul. met. 6,21.

655 Apul. met. 6,23.

656 Apul. met. 6,23. Da keine vor-apuleische Überlieferung der Erzählung vorliegt, lassen sich keine Aussagen über einen genaueren Entstehungszeitraum des Mythos oder etwaige Veränderungen seines Inhaltes treffen. Ebenso unmöglich ist es, die frühe – möglicherweise nur mündliche – Textüberlieferung mit der antiken Bildüberlieferung abzugleichen. Den früheren, möglicherweise ägyptischen Ursprung der Erzählung diskutiert Richard Reitzenstein anhand von Darstellungen von Eros und Psyche auf ägyptisch-hellenistischen Terrakotten, auf denen Psyche ebenfalls mit Falterflügeln dargestellt ist. Richard Reitzenstein: „Eros und Psyche in der ägyptisch-griechischen Kleinkunst (1914)", in: Gerhard Binder/Reinhold Merkelbach (Hg.),

Amor und Psyche, Darmstadt: Wissenschaftliche Buchgesellschaft 1968 (= Wege der Forschung, Band 126), S. 159–174. Zur Darstellung des Sujets von Amor und Psyche in der hellenistischen Kleinkunst siehe auch Holm 2006 – Amor und Psyche, S. 68–73.

657 Reitzenstein 1912 – Amor und Psyche, S. 18.

658 Waser 1913 – Seele, S. 384. Der Schmetterling als Bild der Seele komme auf etruskischen Skarabäen des 5. Jahrhunderts vor. Ebd., S. 384. Siehe auch Holm 2006 – Amor und Psyche, S. 67 f. und Weiland-Pollerberg 2004 – Amor und Psyche, S. 14. Hermann und Anna Levinson konstatieren, dass Schmetterlinge im antiken Griechenland vom sechzehnten vorchristlichen bis zum dritten nachchristlichen Jahrhundert als Erscheinungsform der Seele und als Symbol für deren Unsterblichkeit galten. Hermann Levinson/Anna Levinson: „Vögel und Schmetterlinge als Erscheinungsform der menschlichen Seele. Ein zoologischer Streifzug durch die Kulturgeschichte", in: *Naturwissenschaftliche Rundschau*, Jg. 58, Nr. 10, 2005, S. 531–535, hier S. 532.

659 Dittrich/Dittrich 2004 – Schmetterling, hier S. 457. Schuth 1988 – Schmetterling, S. 417.

660 Otto Keller: *Die antike Tierwelt*, Band 2, Leipzig: Engelmann 1913, S. 437 f.; Zitat aus Riegler 1987 – Schmetterling, Sp. 1241.

661 Sein wissenschaftlicher Name *Acherontia atropos* ist an die Schicksalsgöttin Atropos angelehnt. Als eine der drei Moiren der griechischen Mythologie hat sie die Aufgabe inne, die Länge der Lebensfäden der Menschen festzulegen, sie beim Tode zu trennen und die Art des Ablebens zu bestimmen. „[Art.] Moiren", in: Eric M. Moormann/Wilfried Uitterhoeve, *Lexikon der antiken Gestalten. Von Alexander bis Zeus*, Stuttgart: Kröner 2010, S. 452–453. Niederländische Originalausgabe: *Van Alexander tot Zeus. Figuren uit de klassieke mythologie en geschiedenis, met hun voortleven na de oudheid. Een Lexicon*, Amsterdam: Sun 2007 {übersetzt von Marinus Pütz}; „[Art.] Fatae", in: John Hazel/Michael Grant, *Lexikon der antiken Mythen und Gestalten*, München: List 1973, S. 149. Englische Originalausgabe: *Who's Who in Classical Mythology*, London: Weidenfeld and Nicolson 1973 {übersetzt von Holger Fließbach}; Albert Henrichs: „[Art.] Moira", in: Hubert Cancik/Helmuth Schneider (Hg.), *Der neue Pauly. Enzyklopädie der Antike*, Band 8, Stuttgart (u. a.): Metzler 2000, Sp. 340–343.

662 Schuth 1988 – Schmetterling, S. 417.

663 Bernhard Uhde: „Psyche – ein Symbol? Zum Verständnis von Leben und Tod im frühgriechischen Denken", in: Gunther Stephenson (Hg.), *Leben und Tod in den Religionen. Symbol und Wirklichkeit*, Darmstadt: Wissenschaftliche Buchgesellschaft 1980, S. 103–118, hier S. 111. An dieser Stelle sei erwähnt, dass Benennungen des Schmetterlings nach der Fledermaus vorkommen. Der Name dieses Tieres wurde auf den Nachtfalter übertragen, da er wie das Fledertier lichtscheu und nachtaktiv ist. Riegler 1987 – Schmetterling, Sp. 1239.

664 Schuth 1988 – Schmetterling, S. 417 f. Siehe auch oben und Ulrich Lehmann (Hg.): *Paläontologisches Wörterbuch*, 4. Auflage, Stuttgart: Enke 1996, zuerst erschienen 1966, S. 114.

665 Uhde 1980 – Psyche, S. 116.

666 Schuth 1988 – Schmetterling, S. 418.

667 *William Bouguereau, 1825–1905*, hrsg. von Musée du Petit-Palais, Paris, Ausst.-Kat.: 1984, S. 246–249; Holm 2006 – Amor und Psyche; Weiland-Pollerberg 2004 – Amor und Psyche. Vgl. auch Kapitel 4.1.

668 Levinson/Levinson 2006 – Schmetterlinge, S. 31. Das Motiv der Beseelung und Auferstehung der Toten, bewirkt durch Psychen mit Schmetterlingsflügeln, findet sich bereits in einem Wandgemälde einer Synagoge aus dem 3. Jahrhundert n. Chr. Ebd., S. 31 f. Siehe ebenso: Levinson/Levinson 2005 – Schmetterlinge.

669 Dittrich/Dittrich 2004 – Schmetterling, S. 457.

670 „[Art.] Schmetterling", in: Jutta Seibert, *Lexikon christlicher Kunst. Themen, Gestalten, Symbole*, Freiburg (u. a.): Herder 1980, S. 280. Zum Vorkommen von Schmetterlingen in Werken der christlichen Kunst siehe auch Seib 1994 – Schmetterling und „[Art.] Schmetterling", in: Gerd Heinz-Mohr, *Lexikon der Symbole. Bilder und Zeichen der christlichen Kunst*, Düsseldorf (u. a.): Diederichs 1971, S. 259. Zur Auferstehungs-Symbolik siehe auch Dittrich/Dittrich 2004 – Schmetterling, S. 457. Zum Schmetterling

in niederländischen Barockstillleben siehe MADER/TARMANN 2008 – SCHMETTERLINGE. In der Stilllebenmalerei kann der Schmetterling nicht nur als Sinnbild der Auferstehung und Erlösung betrachtet werden, sondern ebenso als Symbol der Vergänglichkeit der Schönheit und des Irdischen im Gegensatz zur Beständigkeit des Göttlichen. Zu Trompe-l'Œil und Mimesis in der Stilllebenmalerei siehe Bernhard Siegert: „Der Blick als Bild-Störung. Zwischen Mimesis und Mimikry", in: Claudia Blümle/Anne von der Heiden (Hg.), *Blickzähmung und Augentäuschung. Zu Jacques Lacans Bildtheorie*, Zürich (u. a.): Diaphanes 2005, S. 103–126, hier S. 113–120. Zum Trompe-l'Œil in der Tätowierung siehe Kapitel 3.1.

671 BLANCHÉ 2012 – KONSUMKUNST, S. 219. Eine weitere, inflationäre Verwendung erfuhr das Motiv des Schmetterlings insbesondere im Biedermeier, so Blanché, wo es „gemeinhin weltfremd-nostalgisch-unbeschwerte, sommerlich ‚süße' Naturidyllen" unterstreicht. Ebd., S. 219.

672 RIEGLER 1987 – SCHMETTERLING, Sp. 1242.

673 Zum Prometheus-Sarkophag und dessen Beschreibung im Folgenden vgl. Paul Zanker/Björn C. Ewald: *Mit Mythen leben. Die Bilderwelt der römischen Sarkophage*, München: Hirmer 2004, S. 58–60 und HOLM 2006 – AMOR UND PSYCHE, S. 83 f.

674 MOORMANN/UITTERHOEVE 2010 – PSYCHE, S. 575 f.

675 „[Art.] T. Prometheus", in: Carl Robert, *Die antiken Sarkophag-Reliefs*, Band 3, Berlin: Grote'sche Verlagsbuchhandlung 1919, S. 436–449, hier S. 436.

676 Nach Wolfgang Kemp verwendet die christliche Kunst dieses Symbol in späterer Zeit ausschließlich als bewusste Antikenrezeption, meist im funeralen Bereich. Wolfgang Kemp: „[Art.] Seele", in: Engelbert Kirschbaum (Hg.), *Lexikon der christlichen Ikonographie*, Band 4, Rom (u. a.): Herder 1994, Sp. 138–142, hier Sp. 141.

677 ROBERT 1919 – PROMETHEUS, S. 436.

678 DITTRICH/DITTRICH 2004 – SCHMETTERLING, S. 457–459.

679 Amor sucht Psyche lediglich nachts auf [Apul. met. 5,4–5,5], damit sie ihn nicht zu Gesicht bekommt. Im Laufe der Erzählung widersetzt sie sich Amors Anweisung nicht herauszufinden, wer er ist [5,6], und beleuchtet ihn mit einer Öllampe [5,22].

680 HOLM 2006 – AMOR UND PSYCHE, S. 87.

681 Zur Zusammenarbeit von Halsman und Dalí siehe Anna K. Feldhaus: *Salvador Dalí & Philippe Halsman: Das gemeinsame Werk*, Heidelberg (u. a.): Kehrer 2015.

682 Thomas Harris/Ted Tally: *Das Schweigen der Lämmer*, Jonathan Demme (Regie), 1991. Bei dem Spielfilm handelt es sich um eine Verfilmung des gleichnamigen Romans. Thomas Harris: *The Silence of the Lambs*, New York: St. Martin's 1988.

683 Es wurden vier Schmetterlingsarten in 80 verschiedenen Farbvarianten umgesetzt, die Auflage beträgt jeweils 15 Stück. Siehe othercriteria.com/product/thesoulsI bis -thesoulsIV am 25.7.2014.

684 Die Verkaufspreise werden in Hirsts Online-Shop mit 3600 bis 4800 Pfund angegeben. othercriteria.com/product/thesoulsI bis -thesoulsIV am 25.7.2014. Zudem ist eine limitierte Edition des Ausstellungskataloges STOLPER/OTHER CRITERIA 2011 – THE SOULS zu einem Verkaufspreis von 1200 Pfund erhältlich. Er wird mit einem signierten Druck (Motiv: *Morpho cypris*) ausgeliefert, der auf 100 Stück limitiert ist. paulstolper.com/shop am 25.7.2014.

685 Es handelt sich um 320 Teil-Editionen, da vier Spezies in 80 Farbvarianten aufgelegt wurden. Die Werte basieren auf einer Zählung der vergriffenen Teil-Editionen auf othercriteria.com/product/thesoulsI bis -thesoulsIV am 1.8.2014. Der bisherige Umsatz ist vermutlich weitaus höher als 1 827 000 Pfund, da nur die ausverkauften Teil-Editionen mit dem Verweis „Sold Out" gekennzeichnet sind. Die Höhe des verkauften Anteils der übrigen Auflagen ist hingegen unbekannt.

686 Ingeborg Wiensowski nennt die Auktion eine „Performance", da Hirst die Distributionsstrategien des Marktes vorführte. Er verkaufte seine Arbeiten nicht – wie üblich – über eine Galerie oder einen Händler, sondern direkt über ein Auktionshaus, was die Höhe von Verkaufsprovisionen vermindert. Ingeborg Wiensowski: *Hirst Auktion in London. Schlachtfest mit dem goldenen Kalb*, Spiegel Online 2008, spiegel.de/kultur/gesellschaft/hirst-auktion-in-london-schlachtfest-mit-dem-goldenen-kalb-a-578527.html vom 4.8.2014. Informationen zur Versteigerung ebenso aus Annette Reuther: *Hirst übertrifft alle Erwartungen*, art 2008,

art-magazin.de/kunstmarkt/10454/damien_hirst vom 4.8.2014. Siehe auch Michael Bracewell: „Beautiful Inside My Head Forever", in: Ann Gallagher (Hg.), *Damien Hirst*, Tate Modern, London, Ausst.-Kat., München (u. a.): Prestel 2012, S. 180–181.

687 Matthias Thibaut: *Nur Idealisten können teuer kaufen*, Handelsblatt 2012, handelsblatt.com/panorama/kunstmarkt/vermoegensanlage-kunst-nur-idealisten-koennen-teuer-kaufen/7305486.html vom 25.7.2014. Zur Kunst als Konsum- und Investitionsgut siehe Ulrike Klein: *Der Kunstmarkt. Zur Interaktion von Ästhetik und Ökonomie*, Frankfurt am Main (u. a.): Lang 1993 (= Europäische Hochschulschriften, Reihe 5, Volks- und Betriebswirtschaft, Band 1407), zugl.: St. Gallen, Univ., Diss., 1993; Tasos Zembylas: *Kunst oder Nichtkunst. Über Bedingungen und Instanzen ästhetischer Beurteilungen*, Wien: WUV 1997. Zur Preisbildung bei Hirst siehe Isabelle Graw: *Der große Preis. Kunst zwischen Markt und Celebrity Culture*, Köln: DuMont 2008, S. 41–44; Ruth Polleit Riechert: *Preisentwicklung und Marketing im zeitgenössischen Kunstmarkt des 21. Jahrhunderts von 2000 bis 2007*, Hamburg: Dr. Kovac 2013 (= Schriften zur Kunstgeschichte, Band 43), zugl.: Düsseldorf, Univ., Diss., 2010, S. 92. Weiterführend siehe Nina T. Zahner: *Die neuen Regeln der Kunst. Andy Warhol und der Umbau des Kunstbetriebs im 20. Jahrhundert*, Frankfurt am Main (u. a.): Campus 2006, zugl.: Bamberg, Univ., Diss., 2005; Robert Fleck: *Das Kunstsystem im 21. Jahrhundert. Museen, Künstler, Sammler, Galerien*, Wien: Passagen 2013 (= Passagen Kunst).

688 Blanché 2012 – Konsumkunst, S. 218. Zur Ausstellung der Installation siehe S. 217.

689 Ebd., S. 218.

690 Graw 2008 – Kunstmarkt, S. 42.

691 Ebd., S. 43.

692 Holger Liebs: *Das goldene Kalb*, Süddeutsche Zeitung 2010, sueddeutsche.de/kultur/kuenstler-damien-hirst-das-goldene-kalb-1.215731 vom 7.8.2014; Colin Gleadell: *How Damien Hirst Tried to Transform the Art Market*, The Telegraph 2012, telegraph.co.uk/culture/art/art-features/9157252/How-Damien-Hirst-tried-to-transform-the-art-market.html vom 7.8.2014; Franziska Bossy: *Hirst-Schau in der Tate Modern: Schnapp Dir die Kohle, Hai!*, Spiegel Online 2012, spiegel.de/kultur/gesellschaft/damien-hirst-in-zehn-zahlen-zur-werkschau-in-der-tate-modern-in-london-a-825283.html vom 7.8.2014. Die Breite der Palette der Merchandising-Produkte von Hirst zeigt sich auf der Internetseite seines Online-Shops: othercriteria.com/browse/all/everything-else am 8.8.2014. Siehe dazu Blanché 2012 – Konsumkunst, S. 276 und 243. Zur Vermarktung von Künstlern siehe Polleit Riechert 2013 – Kunstmarkt, S. 62.

693 Blanché 2012 – Konsumkunst, S. 242.

694 Zitat und folgender Absatz aus Graw 2008 – Kunstmarkt, S. 41 f.

695 Siehe hierzu Michael Baxandall: *Painting and Experience in Fifteenth Century Italy. A Primer in the Social History of Pictoral Style*, Oxford: Clarendon 1972, S. 3–27.

696 Vgl. Kapitel 5.

697 Blanché 2012 – Konsumkunst, S. 251 f.; Thümmel 1998 – Damien Hirst, S. 19.

698 Zu Zhukovas Aktivitäten im Bereich der zeitgenössischen Kunst siehe Edward Helmore: *Dasha, Dasha, Dasha*, The Wall Street Journal 2011, online.wsj.com/news/articles/SB10001424052748703421204576329420182131288 vom 19.8.2014. Inzwischen heißt ihre Organisation Garage Center of Contemporary Art. Zum Freundschaftsverhältnis von Hirst und Zhukova siehe Derek Blasberg: *Dasha Zhukova: Queen of the Art Scene*, Harper's Bazaar 2012, harpersbazaar.com/celebrity/news/dasha-zhukova-interview-0912#slide-1 vom 19.8.2012.

699 Eine Aufzählung aller beteiligten Künstler, Tätowierer und Träger befindet sich im 5. Kapitel.

700 White 2011 – Hirst's Tattoo.

701 Eric Wilson: *Art and Fashion in Dasha Zhukova's Garage*, The New York Times 2011, nytimes.com/2011/08/25/fashion/art-and-fashion-in-dasha-zhukovas-garage.html?_r=3&adxnnl=1&adxnnlx=1328773904-VpEH8dd68yNh9NpBzQFQ9Q vom 9.2.2012; Amy Fleming: *The Girl with the Damien Hirst Tattoo*, The Guardian 2011, guardian.co.uk/lifeandstyle/the-womens-blog-with-jane-martinson/2011/sep/01/girl-with-the-damian-hirst-tattoo vom 2.2.2013.

702 Siehe Dathe 2013 – Tätowierung, S. 14. Abbildungen in Dathe 2013 – Gestochen scharf, S. 82 f.

703 Oettermann verwendet den Terminus in Bezug auf die Häftlingstätowierungen in Auschwitz. Oettermann 1985 – Tätowierung, S. 109.

704 Mit der Rolle des Trägers bei der Konzeption von Tattoos hat sich folgende Arbeit beschäftigt: Lodder 2010 – Body Art.

705 Diese Beobachtungen ließen sich weiterführend auf das aktuelle internationale Forschungsprojekt *Bilderfahrzeuge – Warburg's Legacy and the Future of Iconology* beziehen, das ebendiese ‚Wanderung' von Motiven durch verschiedene Kulturräume und den damit einhergehenden Transfer von Bildkonzepten sowie dabei möglicherweise eintretende Bedeutungsveränderungen untersucht.

706 Brinckmann 1889 – Japan, S. 133. Diese Auffassung des Trägers ließe sich ebenso gewinnbringend mit Warburgs Konzept der ‚Bilderfahrzeuge' parallelisieren. Vgl. Elena Tolstichin: *„Wandelnde Gemälde" oder: Das Bilderfahrzeug Körper*, Forschungsverbund „Bilderfahrzeuge. Aby Warburg's Legacy and the Future of Iconology" 2015, https://iconology.hypotheses.org/1281 vom 30.6.2015.

707 Metken 1997 – Gustave Courbet, S. 36.

708 Weiterführend siehe Scutt/Gotch 1986 – Tattooing, S. 77.

709 Landfester 2012 – Tätowierung, S. 317.

710 Mifflin 2013 – Women and Tattoo, S. 130.

711 Schiffmacher 2010 – Encyclopedia, S. 71.

712 Der Terminus ‚*wanna do*' leitet sich von ‚ *[I] want to do*' ab, wobei sich das ‚*I*' auf den Tätowierer bezieht. Die Umsetzung einer solchen Arbeit unterliegt natürlich weniger strengen Rahmenbedingungen als Hirsts Werk. Die Platzierung ist meist variabel, zudem werden üblicherweise verschiedene ‚*wanna do*'-Designs – beispielsweise im Rahmen einer Tattoo-Convention – angeboten, von denen der Kunde eine Vorlage auswählen kann.

713 Thümmel 1998 – Damien Hirst, S. 239–252, hier S. 243.

714 Wie beispielsweise die Arbeit *The Physical Impossibility of Death in the Mind of Someone Living*, 1991, Glas, Stahl, Silikon, Monofil, Hai, Formaldehyd-Lösung, 217 x 542 x 180 cm. Weiterführend siehe Lange-Berndt 2009 – Animal Art, S. 201–209.

715 Julian Stallabrass: *High Art Lite. The Rise and Fall of Young British Art*, London: Verso 2006, zuerst erschienen 1999, S. 4 und 2.

716 Vgl. ebd., S. 4.

717 Ebd., S. 9.

718 Ebd., S. 63.

719 Hinsichtlich dieses Absatzes vgl. ebd., S. 31.

Literatur

Adriani 2005 – Bordell und Boudoir.
Bordell und Boudoir. Schauplätze der Moderne, hrsg. von Götz Adriani, Kunsthalle Tübingen, Ausst.-Kat., Ostfildern-Ruit: Hatje Cantz 2005.

Albrecht-Dürer-Gesellschaft 1975 – Shunga.
Shunga. Meisterwerke der erotischen Kunst Japans, hrsg. von Albrecht-Dürer-Gesellschaft, Galerie im Pilatushaus, Nürnberg, Ausst.-Kat., 1975.

Amenda 2011 – China in Hamburg.
Amenda, Lars: *China in Hamburg*, Hamburg: Ellert & Richter 2011.

Amstutz 1970 – Japanese Emblems.
Amstutz, Walter: *Japanese Emblems and Designs*, Zürich: Amstutz De Clivo 1970.

Anderson 1990 – Eunuchs.
Anderson, Mary M.: *Hidden Power. The Palace Eunuchs of Imperial China*, Buffalo: Prometheus 1990.

Angel 2013 – In the Skin.
Angel, Gemma: *In the Skin. An Ethnographic-Historical Approach to a Museum Collection of Preserved Tattoos*, London, Univ., Diss., 2013.

Angel 2012 – Sailors' Tattoo.
—: *From the Storage Archives. The Unseen Sailors' Tattoo*, Life & 6 Months 2012, lifeand6months.com/2012/05/22/from-the-storage-archives-the-unseen-sailors-tattoo/ vom 10.1.2013.

Angel 2012 – Tattoo Collectors.
—: „The Tattoo Collectors. Inscribing Criminality in Nineteenth Century France“, in: Horst Bredekamp/Jutta Helbig (Hg.), *Präparate*, Berlin: Akademie 2012 (= Bildwelten des Wissens, Band 9.1), S. 29–38.

Angel 2013 – Nazi Prisoner Tattoos.
—: *A Dark Chapter in Tattoo History. Nazi Prisoner Tattoos*, UCL Researchers in Museums 2013, blogs.ucl.ac.uk/researchers-in-museums/2013/01/28/a-dark-chapter-in-tattoo-history-nazi-prisoner-tattoos/ vom 30.1.2013.

Angel 2013 – Tattoo in Medical-Legal Debate.
—: „Atavistic Marks and Risky Practices. The Tattoo in Medical-Legal Debate, 1850–1950“, in: Jonathan Reinarz/Kevin Siena (Hg.), *A Medical History of Skin. Scratching the Surface*, London: Pickering & Chatto 2013 (= Studies for the Society for the Social History Medicine, Band 10), S. 165–179.

Angel 2015 – Roses and Daggers.
—: „Roses and Daggers: Expressions of Emotional Pain and Devotion in 19th-Century Tattoos“, in: Caroline Rosenthal/Dirk Vanderbeke (Hg.), *Probing the Skin. Cultural Representations of Our Contact Zone*, Cambridge Scholars Publishing 2015, S. 211–238.

Antoszewski/Sitek et al. 2010 – Tattooing and body piercing.
Antoszewski, Boguslaw/Sitek, Aneta/Fijalkowska, Marta/Kasielska, Anna/Kruk-Jeromin, Julia: „Tattooing and body piercing – what motivates you to do it?“, in: *International Journal of Social Psychiatry*, Jg. 56, Nr. 5, 2010, S. 471–479, zuerst online erschienen am 3.8.2009.

Apuleius (2. Jh. n. Chr.) 1956 – Metamorphosen.
Apuleius: *Metamorphosen oder Der goldene Esel (2. Jh. n. Chr.). Lateinisch und deutsch*, hrsg. von Rudolf Helm, 2. Auflage, Berlin: Akademie 1956 (= Schriften und Quellen der Alten Welt, Band 1).

Ashworth 2013 – Painted Ladies.
Ashworth, Jenn: *Painted Ladies. Why Women get Tattoos*, The Guardian 2013, theguardian.com/fashion/2013/dec/13/painted-ladies-why-women-get-tattoos-inked vom 16.12.2013.

Atkinson 2003 – Body Art.
Atkinson, Michael: *Tattooed. The Sociogenesis of a Body Art*, University of Toronto Press 2003.

Badepolizeiverordnung 1932.
„Badepolizeiverordnung“ (Nr. 13778), in: *Preußische Gesetzsammlung*, Nr. 46, ausgegeben am 22.8.1932, S. 280 und eine Ergänzung (Nr. 13796), in: *Preußische*

Gesetzsammlung, Nr. 56, ausgegeben am 30.9.1932, S. 324.

Baer 1893 – Verbrecher.
Baer, Abraham: *Der Verbrecher in anthropologischer Beziehung*, Leipzig: Thieme 1893.

Bagot 2015 – Zwischen Leben und Tod.
Bagot, Pascal: „Zwischen Leben und Tod. [Interview mit Horiyoshi III]", in: *TätowierMagazin*, Nr. 4, 2015, S. 32–37.

Baird 2001 – Symbols of Japan.
Baird, Merrily: *Symbols of Japan. Thematic Motifs in Art and Design*, New York: Rizzoli 2001.

Baldaev 2003-2008 – Russian Criminal Tattoo.
Baldaev, Danzig (Hg.): *Russian Criminal Tattoo Encyclopaedia*, 3 Bände, London: Fuel 2003-2008.

Ball (1927) 1992 – Flucht aus der Zeit.
Ball, Hugo: *Die Flucht aus der Zeit (1927)*, hrsg. von Bernhard Echte, Zürich: Limmat 1992.

Bammann 2006 – Tätowierungen.
Bammann, Kai: „Eine kurze Geschichte der Tätowierungen im Lichte der kriminologischen Forschung", in: Kai Bammann/Heino Stöver (Hg.), *Tätowierungen im Strafvollzug. Hafterfahrungen, die unter die Haut gehen*, Oldenburg: BIS-Verlag der Carl-von-Ossietzky-Universität Oldenburg 2006 (= Gesundheitsförderung im Justizvollzug, Band 13), S. 39–52.

Bammann 2006 – Warum tätowieren?
—: „Warum lassen Menschen sich heute tätowieren? Und warum werden es immer mehr? Einige Notizen und Forschungssplitter", in: Bammann/Stöver 2006 – Tätowierungen im Strafvollzug, S. 13–37.

Bammann 2008 – Körper als Zeichen.
—: „Der Körper als Zeichen und Symbol. Tattoo, Piercing und *body modification* als Medium von Exklusion und Inklusion in der modernen Gesellschaft", in: Daniela Klimke (Hg.), *Exklusion in der Marktgesellschaft*, Wiesbaden: VS Verlag für Sozialwissenschaften 2008, S. 257–271.

Bammann/Stöver 2006 – Tätowierungen im Strafvollzug.
Bammann, Kai/Stöver, Heino (Hg.): *Tätowierungen im Strafvollzug. Hafterfahrungen, die unter die Haut gehen*, Oldenburg: BIS-Verlag der Carl-von-Ossietzky-Universität Oldenburg 2006 (= Gesundheitsförderung im Justizvollzug, Band 13).

Barnett 2010 – Damien Hirst.
Barnett, Laura: *Another View on Damien Hirst: The Souls*, The Guardian 2010, guardian.co.uk/culture/2010/oct/10/mark-tansley-damien-hirst-souls vom 6.2.2013.

Barthelmess 1994 – Paris.
Barthelmess, Wieland: „Zwischen Montmartre und Champs-Élysées. Pariser Vergnügungsetablissements und ihre Stars in den 1890er Jahren", in: *Pariser Nächte. Henri de Toulouse-Lautrec*, hrsg. von Kunsthalle Bremen, Ausst.-Kat., 1994, S. 14–22.

Bartoli/Ross 2010 – William Bouguereau.
Bartoli, Damien/Ross, Frederick: *William Bouguereau. Catalogue Raisonné of His Painted Work*, New York City (u. a.): Antique Collectors' Club 2010.

Bätschmann 1986 – Symmetrien.
Bätschmann, Oskar: „Die Symmetrien von Ferdinand Hodler", in: Bernd Krimmel (Hg.), *Symmetrie in Kunst, Natur und Wissenschaft*, Band 1, Mathildenhöhe, Darmstadt, Ausst.-Kat., 1986 (= Band 1 – Texte), S. 355–372.

Bauche 1967 – Nachlass Warlich.
Bauche, Ulrich: „Nachlass des Tätowierers Christian Warlich", in: *Beiträge zur deutschen Volks- und Altertumskunde*, Nr. 11, 1967, S. 107–108.

Baxandall 1972 – Painting.
Baxandall, Michael: *Painting and Experience in Fifteenth Century Italy. A Primer in the Social History of Pictoral Style*, Oxford: Clarendon 1972.

Beeh-Lustenberger 1986 – Fensterrosen.
Beeh-Lustenberger, Suzanne: „Fensterrosen – Ornament und Ganzheitssymbol", in: Bernd Krimmel (Hg.), *Symmetrie in Kunst, Natur und Wissenschaft*, Band 1, Mathildenhöhe, Darmstadt, Ausst.-Kat., 1986, S. 257–272.

Bellmann [1934-1938] – Tatauierung.
Bellmann, Herbert: „Die Tatauierung", in: *Handbuch der Deutschen Volkskunde*, Nr. 3, [1934-1938], S. 57–65.

Benthien 2001 – Haut.
Benthien, Claudia: *Haut. Literaturgeschichte, Körperbilder, Grenzdiskurse*, 2. Auflage, Reinbek bei Hamburg: Rowohlt Taschenbuch 2001 (= Rowohlts Enzyklopädie, Band 55626), zuerst erschienen 1999.

Benthien/Wulf 2001 – Körperteile.
Benthien, Claudia/Wulf, Christoph (Hg.): *Körperteile. Eine kulturelle Anatomie*, Reinbek bei Hamburg: Rowohlt Taschenbuch 2001 (= Rowohlts Enzyklopädie, Band 55642).

Berchon 1869 – Tatouage.
Berchon, Jean A. E.: *Histoire Médicale du Tatouage*, Paris 1869.

Berger/Winkler 1983 – Zirkus.
Berger, Roland/Winkler, Dietmar: *Künstler, Clowns und Akrobaten. Der Zirkus in der bildenden Kunst*, Stuttgart (u. a.): Kohlhammer 1983.
Bergh 1891 – Tätowierungen.
Bergh, Rudolph: „Über Tätowierungen der Prostituierten", in: *Monatshefte für praktische Dermatologie*, Nr. 5, Band 12, 1891, S. 205–217.
Bernstein 1967 – Mildred Hull.
Bernstein, A. A.: „Queen of the Bowery", in: *New York Folklore Quarterly*, Jg. XXIII, Nr. 3, 1967, S. 196–201.
Berz 2005 – Verschiebungen des Blicks.
Berz, Peter: „Die vier Verschiebungen des Blicks", in: Claudia Blümle/Anne von der Heiden (Hg.), *Blickzähmung und Augentäuschung. Zu Jacques Lacans Bildtheorie*, Zürich (u. a.): Diaphanes 2005, S. 183–216.
Bidlo 2010 – Tattoo.
Bidlo, Oliver D.: *Tattoo. Die Einschreibung des Anderen*, Essen: Oldib 2010.
Bielicki 1985 – Symmetrie.
Bielicki, Julian S.: „Psychopathologie des Bedürfnisses nach Symmetrie", in: *Daidalos*, Nr. 15 (Die Kunst der Symmetrie), 1985, S. 36–41.
Binnberg 2011 – Pop und Porno.
Binnberg, Nils: *Zwischen Pop und Porno*, Welt am Sonntag 2011, welt.de/print/wams/lifestyle/article13700810/Zwischen-Pop-und-Porno.html vom 15.11.2011.
Bischof 2006 – Subkulturen.
Bischof, Katrin: *Tätowierungen in Subkulturen. Hintergründe, Ausdrucksformen, Bedeutung in der sozialen Arbeit*, Saarbrücken: VDM Verlag Dr. Müller 2006.
Björkell 2011 – Tattooing in China.
Björkell, Stina: *Skin Deep. The Art of Tattooing in China*, gbtimes 2011, gbtimes.com/lifestyle/skin-deep-art-tattooing-china vom 9.8.2013.
Blackley 1997 – Goldie.
Goldie, hrsg. von Roger Blackley, Auckland Art Gallery Toi o Tamaki, Ausst.-Kat., 1997.
Blanché 2012 – Konsumkunst.
Blanché, Ulrich: *Konsumkunst. Kultur und Kommerz bei Banksy und Damien Hirst*, Bielefeld: transcript 2012 (= Image, Band 40).
Blasberg 2012 – Dasha Zhukova.
Blasberg, Derek: *Dasha Zhukova: Queen of the Art Scene*, Harper's Bazaar 2012, harpersbazaar.com/celebrity/news/dasha-zhukova-interview-0912#slide-1 vom 19.8.2012.
Blase 1982 – Torso.
Blase, Karl O.: „Vorwort", in: Karl O. Blase (Hg.), *Torso als Prinzip*, Kasseler Kunstverein, Ausst.-Kat., 1982, S. 6–8.
Blümle/Heiden 2005 – Augentäuschung.
Blümle, Claudia/Heiden, Anne von der: „Einleitung", in: Claudia Blümle/Anne von der Heiden (Hg.), *Blickzähmung und Augentäuschung. Zu Jacques Lacans Bildtheorie*, Zürich (u. a.): Diaphanes 2005, S. 7–42.
Boas 1910 – Tätowierung.
Boas, Kurt: „Über die Sitte und Bedeutung des Tätowierens bei Prostituierten", in: *Archiv für Kriminal-Anthropologie und Kriminalistik*, Band 39, Heft 1 und 2, 1910, S. 2–5.
Bode 2007 – Gerichtliche Medizin.
Bode, Christian: *Zur Geschichte der Gerichtlichen Medizin an der Universität Jena im Zeitraum von 1901 bis 1945*, Jena, Univ., Diss., 2007.
Bohde 2003 – Haut.
Bohde, Daniela: „Abgeschunden, gegerbt und beschriftet – die menschliche Haut als mahnendes Schaustück in der niederländischen Anatomietradition", in: Ulrike Zeuch (Hg.), *Verborgen im Buch, verborgen im Körper. Haut zwischen 1500 und 1800*, Herzog August Bibliothek Wolfenbüttel, Ausst.-Kat., Wiesbaden: Harrassowitz 2003 (= Ausstellungskataloge der Herzog-August-Bibliothek, Band 82), S. 131–138.
Bohde/Fend 2007 – Inkarnat.
Bohde, Daniela/Fend, Mechthild (Hg.): *Weder Haut noch Fleisch. Das Inkarnat in der Kunstgeschichte*, Berlin: Gebrüder Mann 2007 (= Neue Frankfurter Forschungen zur Kunst, Band 3).
Bolton 1897 – Pictures on Skin.
Bolton, Gambier: „Pictures on the Human Skin", in: *The Strand Magazine*, Nr. 13, 1897, S. 425–434.
Bolton 1902 – Tattoo Artist.
—: „A Tattoo Artist", in: *Pearson's Magazine*, Jg. 14, Nr. 80, 1902, S. 174–179.
Bonani/Ivy et al. 1994 – Ötztal Ice Man.
Bonani, Georges/Ivy, Susan D./Hajdas, Irena/Niklaus, Thomas R./Suter, Martin: „AMS 14C Age Determinations of Tissue, Bone and Grass Samples From the Ötztal Ice Man", in: *Radiocarbon*, Jg. 36, Nr. 2, 1994, S. 247–250.
Borkenhagen/Brähler 2010 – Intimmodifikationen.
Borkenhagen, Ada/Brähler, Elmar (Hg.): *Intimmodifikationen. Spielarten und ihre psychosozialen Bedeutungen*, Gießen: Psychosozial 2010 (= Beiträge zur Sexualforschung, Band 95).

Bose/Brinkmann 1978 – Circus.
Bose, Günter/Brinkmann, Erich: *Circus. Geschichte und Ästhetik einer niederen Kunst*, Berlin: Wagenbach 1978 (= Wagenbachs Taschenbücherei, Band 46).

Bossy 2012 – Hirst.
Bossy, Franziska: *Hirst-Schau in der Tate Modern: Schnapp Dir die Kohle, Hai!*, Spiegel Online 2012, spiegel.de/kultur/gesellschaft/damien-hirst-in-zehn-zahlen-zur-werkschau-in-der-tate-modern-in-london-a-825283.html vom 7.8.2014.

Boucher 2011 – Skin.
Boucher, Ryan: *Skin*, Ryan Hope (Regie), 2011, vimeo.com/41970974 vom 2.3.2012.

Bracewell 2011 – The Souls.
Bracewell, Michael: *Damien Hirst ‚The Souls'*, Pressemitteilung Stolper + Friends, Oslo 2011.

Bracewell 2012 – Hirst.
—: „Beautiful Inside My Head Forever", in: Ann Gallagher (Hg.), *Damien Hirst*, Tate Modern, London, Ausst.-Kat., München (u. a.): Prestel 2012, S. 180–181.

Bradley 2000 – Class and Tattoos.
Bradley, James: „Body Commodification? Class and Tattoos in Victorian Britain", in: Jane Caplan (Hg.), *Written on the Body. The Tattoo in European and American History*, Princeton University Press 2000, S. 136–155.

Brähler 2009 – Verbreitung von Tätowierungen.
Brähler, Elmar: *Verbreitung von Tätowierungen, Piercing und Körperhaarentfernung in Deutschland*, Pressemitteilung Universität Leipzig 2009.

Brandmüller 1985 – Symmetrie.
Brandmüller, Josef: „Symmetrie in der bildenden Kunst", in: Heinrich Stork (Hg.), *Symmetrie*, Köln: Aulis-Verlag Deubner 1985, S. 212–223.

Brandts Museum 2014 – Tattoo.
Tattoo. From Maritime Heroes to World Art, hrsg. von Brandts Museum for Art and Visual Culture, Odense, Ausst.-Kat., 2014.

Braverman 2012 – Tattoo.
Braverman, Samantha: *One in Five U. S. Adults Now Has a Tattoo*, The Harris Poll 2012, harrisinteractive.com/NewsRoom/HarrisPolls/tabid/447/mid/1508/articleId/970/ctl/ReadCustom%20Default/Default.aspx vom 24.2.2012.

Bredekamp 2003 – Bildwissenschaft.
Bredekamp, Horst: „Bildwissenschaft", in: Ulrich Pfisterer (Hg.), *Metzler Lexikon Kunstwissenschaft. Ideen, Methoden, Begriffe*, Darmstadt: Wissenschaftliche Buchgesellschaft 2003, S. 56–58.

Bredekamp/Helbig 2012 – Präparate.
Bredekamp, Horst/Helbig, Jutta (Hg.): *Präparate*, Berlin: Akademie 2012 (= Bildwelten des Wissens, Band 9.1).

Breyvogel 2005 – Jugendkulturen.
Breyvogel, Wilfried (Hg.): *Eine Einführung in Jugendkulturen. Veganismus und Tattoos*, Wiesbaden: VS Verlag für Sozialwissenschaften 2005.

Brinckmann 1889 – Japan.
Brinckmann, Justus: *Kunst und Handwerk in Japan*, Berlin: Wagner 1889.

Brooks 2014 – Amanda Wachob.
Brooks, Katherine: *Tattoo Artist Amanda Wachob Transforms Skin Into Watercolor Paintings*, Huffington Post 2014, huffingtonpost.com/2014/12/11/amanda-wachob vom 15.1.2014.

Brückle/Elvers-Švamberk 2001 – Torso.
Von Rodin bis Baselitz. Der Torso in der Skulptur der Moderne, hrsg. von Wolfgang Brückle und Kathrin Elvers-Švamberk, Staatsgalerie Stuttgart, Ausst.-Kat., Ostfildern-Ruit: Hatje Cantz 2001.

Brunner 2008 – Performancekunst.
Brunner, Markus: „‚Körper im Schmerz'. Zur Körperpolitik der Performancekunst von Stelarc und Valie Export", in: Paula-Irene Villa (Hg.), *Schön normal. Manipulationen am Körper als Technologien des Selbst*, Bielefeld: transcript 2008 (= KörperKulturen), S. 21–40.

Bryce Bannatyne Gallery 1992 – New Tattoo.
Forever Yes. Art of the New Tattoo, hrsg. von Bryce Bannatyne Gallery, Santa Monica, Ausst.-Kat., Honolulu: Hardy Marks 1992.

Buckland 2010 – Shunga.
Buckland, Rosina: *Shunga. Erotic Art in Japan*, London: British Museum Press 2010.

Burchett 1958 – Tattooist.
Burchett, George: *Memoirs of a Tattooist. From the Notes, Diaries and Letters of the late ‚King of Tattooists'*, hrsg. von Peter Leighton, London: Oldbourne 1958.

Buschhaus 2005 – Körper.
Buschhaus, Markus: *Über den Körper im Bilde sein. Eine Medienarchäologie anatomischen Wissens*, Bielefeld: transcript 2005, zugl.: Düsseldorf, Univ., Diss., 2005.

Caplan 2000 – National Tattooing.
Caplan, Jane: „‚National Tattooing': Traditions of Tattooing in Nineteenth-century Europe", in: Jane Caplan (Hg.), *Written on the Body. The Tattoo in European and American History*, Princeton University Press 2000, S. 156–173.

Caplan 2006 – Tattoos and Criminality.
—: „„One of the Strangest Relicts of a Former State'. Tattoos and the Discourses of Criminality in Europe, 1880–1920", in: Peter Becker/Richard F. Wetzell (Hg.), *Criminals and Their Scientists. The History of Criminology in International Perspective*, Cambridge (u. a.): Cambridge University Press 2006, S. 337–361.

Cattani 1922 – Tatauieren.
Cattani, Paul: *Das Tatauieren. Eine monographische Darstellung vom psychologischen, ethnologischen, medizinischen, gerichtlich-medizinischen, biologischen, histologischen und therapeutischen Standpunkt aus*, Basel: Schwabe 1922.

Cherdron 2007 – Identität.
Cherdron, Alexander: *Untersuchung psychologischer Hintergründe und der Beeinflussung des Identitäts- und Körpergefühls bei tätowierten und gepiercten Personen unter besonderer Betrachtung von Geschlechterunterschieden*, Frankfurt a. M., Univ., Diss., 2007.

Cho 1988 – Eckmann.
Cho, Nam-Sil: *Otto Eckmann (1865–1902): Sein Beitrag zum Jugendstil durch die Rezeption des Japonismus*, Hamburg, Univ., Diss., 1988.

Clark 1938 – Hainan.
Clark, Leonard: „Among the Big Knot Lois of Hainan", in: *The National Geographic Magazine*, Jg. LXXIV, Nr. 3, 1938, S. 391–418.

Clerk 2009 – Vintage Tattoos.
Clerk, Carol: *Vintage Tattoos. The Book of Old-School Skin Art*, New York: Universe 2009, zuerst erschienen 2008.

Cohen/Love 2002 – Tattoo Nation.
Cohen, Jill/Love, Robert (Hg.): *Tattoo Nation. Portraits of Celebrity Body Art*, Boston (u. a.): Bulfinch Press 2002.

Connor 2004 – Book of Skin.
Connor, Steven: *The Book of Skin*, Ithaca: Cornell University Press 2004.

Cook 2013 – Tattoo and Taxidermy.
Cook, Nicola: „Tattoo Parlours and Taxidermy. Museum Aesthetics in the Tattoo Shop", in: *Things & Ink*, Nr. 4 (The Art Issue), 2013, S. 48–50.

D'Abrera 1984 – Butterflies.
D'Abrera, Bernard: *Butterflies of South America*, Ferny Creek: Hill House 1984.

Dahl (1953) 2001 – Skin.
Dahl, Roald: „Skin (1953)", in: *Skin. And Other Stories*, London: Puffin 2001, zuerst erschienen 2000, S. I-21, „Skin" zuerst erschienen in: *Someone Like You*, New York: Knopf 1953.

Dankemeyer 2011 – Haut Couture.
Dankemeyer, Iris: „Haut Couture. Zeitgenössische Tätowierung zwischen Mode und Authentzitätsbedürfnis", in: Sabine Kampmann/Anja Herrmann/Jörg Petri et al. (Hg.), *Tattoo*, Bielefeld: transcript 2011 (= *Querformat*, Heft 4), S. 14–18.

Därmann 2014 – Nummerntätowierung.
Därmann, Iris: *Zur Nummerntätowierung im Konzentrations- und Vernichtungslager Auschwitz-Birkenau*, Humboldt-Universität zu Berlin 2014 (= Konferenz-Vortrag im Rahmen des Basisprojekts ‚Piktogramme' des Exellenzclusters Bild Wissen Gestaltung).

Därmann/Macho 2017 (voraussichtlich) – Tätowierungen.
Därmann, Iris/Macho, Thomas (Hg.): *Unter die Haut. Tätowierungen als Logo- und Piktogramme*, München: Fink 2017 (voraussichtlich).

Darwin 1859 – Origin of Species.
Darwin, Charles: *On the Origin of Species. By Means of Natural Selection or the Preservation of Favoured Races in the Struggle For Life*, London: John Murray 1859.

Darwin 1875 – Reise.
—: *Reise eines Naturforschers um die Welt*, Stuttgart: E. Schweizerbart'sche Verlagshandlung (E. Koch) 1875.

Dathe 2013 – Tätowierung.
Dathe, Stefanie: „Gestochen scharf. Tätowierung in der Kunst", in: Stefanie Dathe (Hg.), *Gestochen scharf*, Ausst.-Kat., Burgrieden-Rot 2013 (= Museum Villa Rot, Band 01/13), S. 10–16.

Dathe 2013 – Gestochen scharf.
— *Gestochen scharf*, Ausst.-Kat., Burgrieden-Rot 2013 (= Museum Villa Rot, Band 01/13).

Daubenberger 2018 (voraussichtlich) – Tätowierung.
Daubenberger, Jennifer: *Die Tätowierung in der zeitgenössischen Kunst (Arbeitstitel)*, Karlsruhe, Univ., Diss., 2018 (voraussichtlich).

Daubenberger 2008 – Hautbilder.
—: *Hautbilder, Körperbilder. Eine kunstwissenschaftliche Annäherung an die europäische Tätowierung*, Masterarbeit, Technische Hochschule Karlsruhe 2008.

Daubenberger 2011 – Tattooing.
—: „„A Skin Deep Creed'. Tattooing as an Everlasting, Visual Language in Relation to Spiritual and Ideological Beliefs", in: *Image*, Nr. 14, 2011, S. 19–29.

Daubenberger 2014 – Tätowierung.
—: „Die Ambivalenz der Tätowierung. Verschleierung des Körperlichen, Betonung des Körperlichen", in: Philipp Stoellger (Hg.), *Un/Sichtbar. Wie Bilder un/sichtbar machen*, Würzburg: Königshausen & Neumann

2014 (= Interpretation Interdisziplinär, Band 13), S. 173–195.

Delank 1996 – Japan.
Delank, Claudia: *Das imaginäre Japan in der Kunst. „Japanbilder" vom Jugendstil bis zum Bauhaus*, München: Iudicium 1996.

Delarue/Giraud 1950 – Tatouages.
Delarue, Jacques/Giraud, Robert: *Les tatouages du ‚milieu'*, Paris: La Roulotte 1950.

DeMello 1995 – American Tattooing.
DeMello, Margo: „Not Just For Bikers Anymore. Popular Representations of American Tattooing", in: *Journal of Popular Culture*, Jg. 29, Nr. 3, 1995, S. 37–52.

DeMello 1995 – Women and Tattoos.
—: „The Carnivalesque Body. Women and Tattoos", in: Donald E.T. Hardy (Hg.), *Pierced Hearts and True Love. A Century of Drawings for Tattoos*, The Drawing Center, New York, Ausst.-Kat., Honolulu: Hardy Marks 1995, S. 72–79.

DeMello 2007 – Tattoo Community.
—: *Bodies of Inscription. A Cultural History of the Modern Tattoo Community*, 6. Auflage, Durham: Duke University Press 2007, zuerst erschienen 2000.

Deonna 1954 – Crab and Butterfly.
Deonna, W.: „The Crab and the Butterfly. A Study in Animal Symbolism", in: *Journal of the Warburg and Courtauld Institutes*, Jg. 17, Nr. 1/2, 1954, S. 47–86.

Deter-Wolf/Robitaille al. 2016 – Oldest tattoos.
Deter-Wolf, Aaron/Robitaille, Benoît/Krutak, Lars/Galliot, Sébastien: „The world's oldest tattoos", in: *Journal of Archaeological Science*, Reports 5, 2016, S. 19–24.

Devereux 1985 – Baubo.
Devereux, George: *Baubo. Die mythische Vulva*, Frankfurt am Main: Syndikat 1985 (= Taschenbücher Syndikat, EVA, Band 63) {aus dem Französischen von Eva Moldenhauer}.

DeVries/Martinez 1993 – Morpho cypris.
DeVries, P.J./Martinez, George Eujens: „The Morphology, Natural History, and Behavior of the Early Stages of Morpho cypris (Nymphalidae: Morphinae) – 140 Years after Formal Recognition of the Butterfly", in: *Journal of the New York Entomological Society*, Jg. 101, Nr. 4, 1993, S. 515–530.

Didi-Huberman 2006 – Venus.
Didi-Huberman, Georges: *Venus öffnen. Nacktheit, Traum, Grausamkeit*, Zürich (u.a.): Diaphanes 2006 (= Das sich öffnende Bild, Band 1). Französische Originalausgabe: *Ouvrir Venus*, Paris: Éditions Gallimard 1999 {übersetzt von Mona Belkhodja und Marcus Coelen}.

Dillon 2012 – Gefühle.
Dillon, Brian: „Hässliche Gefühle", in: Ann Gallagher (Hg.), *Damien Hirst*, Tate Modern, London, Ausst.-Kat., München (u.a.): Prestel 2012, S. 21–29.

Dinter 2005 – Tattoo.
Dinter, Maarten H. van: *The World of Tattoo. An Illustrated History*, Amsterdam: KIT 2005.

Dittmeyer 2014 – Passion und Martyrium.
Dittmeyer, Daria: *Gewalt und Heil. Bildliche Inszenierungen von Passion und Martyrium im späten Mittelalter*, Köln (u.a.): Böhlau 2014 (= Sensus. Studien zur mittelalterlichen Kunst, Band 5), zugl.: Hamburg, Univ., Diss., 2012.

Dittrich/Dittrich 2004 – Lexikon der Tiersymbole.
Dittrich, Sigrid/Dittrich, Lothar (Hg.): *Lexikon der Tiersymbole. Tiere als Sinnbilder in der Malerei des 14.–17. Jahrhunderts*, Petersberg: Imhof 2004 (= Studien zur internationalen Architektur- und Kunstgeschichte, Band 22).

Dittrich/Dittrich 2004 – Delphin.
„[Art.] Delphin", in: Dittrich/Dittrich 2004 – Lexikon der Tiersymbole, S. 61–65.

Dittrich/Dittrich 2004 – Schmetterling.
„[Art.] Schmetterling", in: Dittrich/Dittrich 2004 – Lexikon der Tiersymbole, S. 456–460.

Dogramaci 1996 – Christian Schad.
Dogramaci, Burcu: *Christian Schad: Seine Porträts der Zwanziger Jahre*, Magisterarbeit, Universität Hamburg 1996.

Dogramaci 2011 – Tätowierungen.
—: „Doppelte Leinwand. Tätowierungen in der Malerei der Neuen Sachlichkeit", in: Sabine Kampmann/Anja Herrmann/Jörg Petri et al. (Hg.): *Tattoo*, Bielefeld: transcript 2011 (= *Querformat*, Heft 4), S. 36–39.

Du Camp (1881) 1978 – Paris.
Du Camp, Maxime: *Les Convulsions de Paris (1881)*, Nachdruck, New York: AMS 1978 (= Band 2, Episodes de la Commune).

Eames 2011 – Aging Tattoos.
Eames, Ian: „Effect of Aging on Tattoos", in: *Mathematics Today*, Jg. 47, Nr. 2, 2011, S. 90–92.

Ebensten 1953 – Tattooing.
Ebensten, Hanns: *Pierced Hearts and True Love. An Illustrated History of the Origin and Development of European Tattooing and a Survey of its Present State*, 2. Auflage, London: Verschoyle 1953.

Eberhard 1995 – Schmetterlingstraum.
Eberhard, Georg M.: *Der Schmetterlingstraum des Zhuangzi in Literatur und Theater des vormodernen China. Aspekte der Rezeptionsgeschichte eines philosophischen Textes als literarisches Motiv*, Magisterarbeit, Universität Hamburg 1995.

Eberhard 2011 – Zirkusfrauen.
Eberhard, Igor: „‚Das blaue Weib' und andere Zirkusfrauen. Theoretische Aspekte von Tätowierungen unter besonderer Berücksichtigung von ‚Tätowierten Damen' in Zirkus und Schaubuden untersucht am Beispiel der Sammlung Walther Schönfeld", in: *Mitteilungen der Anthropologischen Gesellschaft in Wien*, Nr. 141, 2011, S. 305–328.

Eberhard 2013 – Walther Schönfeld.
—: „‚Unserer heutigen Welt ist es fremd geworden'. Zur theoretischen Konzeption von Tätowierungen am Beispiel der Darstellung Tätowierter bei Walther Schönfeld", in: *Curare*, Jg. 36, Nr. 1 und 2, 2013, S. 46–63.

Eberhard 2013 – Tätowierungen.
—: „Ins Fleisch geschrieben. Tätowierungen zwischen Jahrmarkt und Kaiserhof", in: Stefanie Dathe (Hg.), *Gestochen scharf*, Ausst.-Kat., Burgrieden-Rot 2013 (= Museum Villa Rot, Band 01/13), S. 55–56.

Eberhard 2013 – Tätowierte Frauen.
—: „Nackt und doch bekleidet. Tätowierte Frauen und Damen in der Geschichte", in: Dathe 2013 – Gestochen scharf, S. 21.

Eberhard 1983 – Lexikon chinesischer Symbole.
Eberhard, Wolfram: *Lexikon chinesischer Symbole. Geheime Sinnbilder in Kunst und Literatur, Leben und Denken der Chinesen,* Köln: Diederichs 1983.

Eberhard 1983 – Löwe.
„[Art.] Löwe", in: Eberhard 1983 – Lexikon chinesischer Symbole, S. 181–182.

Eberhard 1983 – Schmetterling.
„[Art.] Schmetterling", in: Eberhard 1983 – Lexikon chinesischer Symbole, S. 256.

Egdorf 2015 – Südseeschönheit.
Egdorf, Corinna L.: *Das Tätowiermotiv der ‚Südseeschönheit'. Eine ikonologische und kulturtechnische Interpretation des Tätowierbildes der ‚Südseeschönheit' des Hamburger Tätowierers Christian Warlich (1890–1964)*, Masterarbeit, Humboldt-Universität zu Berlin 2015.

Ehmcke 2008 – Japan.
Ehmcke, Franziska (Hg.): *Kunst und Kunsthandwerk Japans im interkulturellen Dialog (1850–1915)*, München: Iudicium 2008.

Eldridge 2008 – Brooklyn Joe Lieber.
Eldridge, Chuck W.: *‚Brooklyn Joe' Lieber*, Tattoo Archive 2008, tattooarchive.com/tattoo_history/lieber_joe.html vom 16.7.2013.

Elkins 1999 – Images.
Elkins, James: *The Domain of Images*, Ithaca (u. a.): Cornell University Press 1999.

Eller 1905 – Vorlagenbuch.
Eller, Fritz: „Ein Vorlagenbuch für Tätowierungen", in: *Archiv für Kriminal-Anthropologie und Kriminalistik*, Nr. 19, 1905, S. 60–67.

Emile 1908 – Le criminel.
Emile, Laurent: *Le criminel aux points de vue anthropologique, psychologique et social*, Paris: Vigot Frères 1908.

Engelhardt 1972 – Tätowierung.
Engelhardt, Dietrich von: *Das Bild auf der menschlichen Haut. Motive und Motivationen der Tätowierung*, München: Moos 1972 (= Welt der Bilder, Band 1).

Fagioli 1998 – Shunga.
Fagioli, Marco: *Shunga. Ars amandi in Japan*, Tübingen: Wasmuth 1998. Italienische Originalausgabe: *Shunga. Ars amandi in Giappone*, Firenze: Octavo 1997 {übersetzt von Anton Ebner}.

Faille/Edmiston 2013 – Tattoo Industry.
Faille, Mike/Edmiston, Jake: *Graphic: The Tattoo Industry*, National Post 2013, news.nationalpost.com/2013/08/16/graphic-the-tattoo-industry/ vom 21.8.2013.

Fehrenbach 2002 – Sfumato.
Fehrenbach, Frank: „Der oszillierende Blick. Sfumato und die Optik des späten Leonardo", in: *Zeitschrift für Kunstgeschichte*, Band 65, Heft 4, 2002, S. 522–544.

Fehrenbach 2011 – Vitruv.
—: „Leonardo da Vinci: Proportionsstudie nach Vitruv", in: Christoph Markschies/Ingeborg Reichle/Jochen Brüning et al. (Hg.), *Atlas der Weltbilder*, Berlin: Akademie 2011 (= Forschungsberichte Interdisziplinäre Arbeitsgruppen, Band 25), S. 168–179.

Feige 2001 – Tattoo-Theo.
Feige, Marcel: *Tattoo-Theo. Der Tätowierte vom Kiez. Die Biographie der großen Hamburger Tattoo-Legende*, Berlin: Schwarzkopf & Schwarzkopf 2001.

Feige 2003 – Tätowierung.
—: *Ein Tattoo ist für immer. Die Geschichte der Tätowierung in Deutschland*, Berlin: Schwarzkopf & Schwarzkopf 2003.

Feldhaus 2012 – Halsmann und Dalí.
Feldhaus, Anna K.: *Salvador Dalí & Philippe Halsman: Das gemeinsame Werk*, Heidelberg (u. a.): Kehrer 2015.

Fellman 1986 – Tattoo.
Fellman, Sandi: *The Japanese Tattoo*, New York: Abbeville 1986.
Fend 2002 – Haut.
Fend, Mechthild: „Haut“, in: Monika Wagner/Dietmar Rübel/Sebastian Hackenschmidt (Hg.), *Lexikon des künstlerischen Materials. Werkstoffe der modernen Kunst von Abfall bis Zinn*, München: C.H.Beck 2002 (= Beck'sche Reihe, Band 1497), S. 140–145.
Fend 2003 – Valie Export.
—: „Zeichen in der Oberfläche. Valie Exports *body sign action*“, in: *Psychoanalyse im Widerspruch*, Jg. 15, Nr. 29, 2003, S. 51–59.
Fend 2009 – Tattoos.
—: „Emblems of Durability: Tattoos, Preserves and Photographs“, Special Issue: *Transplantations*, in: *Performance Research*, Jg. 14, Nr. 4, 2009, S. 45–52.
Fenske 2007 – Tattoos.
Fenske, Mindy: *Tattoos in American Visual Culture*, New York: Palgrave Macmillan 2007.
Finke 1996 – Tätowierungen.
Finke, Frank-Peter: *Tätowierungen in modernen Gesellschaften*, Osnabrück: Rasch 1996 (= Osnabrücker sozialwissenschaftliche Schriften, Band 1), zugl.: Osnabrück, Univ., Diss., 1995.
Finnigan 1988 – Jonglieren.
Finnigan, Dave: *Alles über die Kunst des Jonglierens*, Köln: DuMont 1988. Amerikanische Originalausgabe: *The Complete Juggler*, New York: Random House 1987 {übersetzt von Gabi Hartmann und Paul Keast}.
Firsching 2013 – Instagram.
Firsching, Jan: *Instagram Nutzerzahlen: 150 Mio. Nutzer. 60% außerhalb der USA*, Futurebiz 2013, futurebiz.de/artikel/instagram-nutzerzahlen-150-mio-nutzer-60-ausserhalb-usa/ vom 21.11.2013.
Fisher 2002 – Tattooing.
Fisher, Jill A.: „Tattooing the Body, Marking Culture“, in: *Body & Society*, Jg. 8, Nr. 4, 2002, S. 91–107.
Fleck 2013 – Kunstsystem.
Fleck, Robert: *Das Kunstsystem im 21. Jahrhundert. Museen, Künstler, Sammler, Galerien*, Wien: Passagen 2013 (= Passagen Kunst).
Fleming 2011 – Hirst Tattoo.
Fleming, Amy: *The Girl with the Damien Hirst Tattoo*, The Guardian 2011, guardian.co.uk/lifeandstyle/the-womens-blog-with-jane-martinson/2011/sep/01/girl-with-the-damian-hirst-tattoo vom 2.2.2013.
Fleming 2000 – Renaissance Tattoo.
Fleming, Juliet: „The Renaissance Tattoo“, in: Jane Caplan (Hg.), *Written on the Body. The Tattoo in European and American History*, Princeton University Press 2000, S. 61–82.
Fleming 2000 – Lombroso's Influence.
Fleming, Rebecca B.: „Scanty Goatees and Palmar Tattoos. Cesare Lombroso's Influence on Science and Popular Opinion“, in: *The Concord Review*, Jg. 10, Nr. 3, 2000.
Fletcher 1882 – Tattooing.
Fletcher, Robert: *Tattooing Among Civilized People*, Anthropological Society of Washington 1882 (= Vortrag), veröffentlicht in Washington, D.C.: Judd & Detweiler 1883.
Franck 2011 – Künstler in Paris.
Franck, Dan: *Montparnasse und Montmartre. Künstler und Literaten in Paris zu Beginn des 20. Jahrhunderts*, Berlin: Parthas 2011. Französische Originalausgabe: *Bohèmes*, Paris: Calman-Lévy 1998 {übersetzt von Petra van Cronenburg}.
Frank 2009 – Polynesische Tätowierung.
Frank, Michael C.: „‚Ein unauslöschliches Zeichen‘. Die polynesische Tätowierung in Reiseberichten des 18. und 19. Jahrhunderts“, in: Barbara Thums/Annette Werberger (Hg.), *Was übrig bleibt. Von Resten, Residuen und Relikten*, Berlin: Trafo 2009 (= Frankfurter kulturwissenschaftliche Beiträge, Band 4), S. 163–190.
Frank 2014 – Facial Tattooing.
—: *“His Face Damaged for Life”: The Taboo of Facial Tattooing in European and American Texts about the Marquesas Islands*, Humboldt-Universität zu Berlin 2014 (= Konferenz-Vortrag im Rahmen des Basisprojekts ‚Piktogramme‘ des Exellenzclusters Bild Wissen Gestaltung).
Frey 1949 – Symmetrie.
Frey, Dagobert: „Zum Problem der Symmetrie in der bildenden Kunst“, in: *Studium Generale*, Jg. 2, Heft 4/5, 1949, S. 268–278.
Friederich 1993 – Tätowierungen.
Friederich, Matthias: *Tätowierungen in Deutschland. Eine kultursoziologische Untersuchung in der Gegenwart*, Würzburg: Königshausen & Neumann 1993 (= Quellen und Forschungen zur europäischen Ethnologie, Band 14), zugl.: Marburg, Univ., Diss., 1991.
Friedman 2012 – Transculturites.
Friedman, Anna Felicity: *Tattooed Transculturites. Western Expatriates Among Amerindian and Pacific Islander Societies, 1500–1900*, Chicago, Univ., Diss., 2012.
Friedman 2013 – Juggler.
—: *[Juggler in Vervaeck Manuscript]*, Tattoo History Daily 2013, tattoohistorian.tumblr.com/ vom 16.10.2013.

FRIEDMAN 2013 – TATTOO HISTORIAN.
—: „Tattoo Historian", in: *Tattoo Culture Magazine*, Jg. 1, Nr. 1, 2013, S. 58–59.
FRIEDMAN 2014 – TATTOO REPORTING.
—: *The Melodramatic Nostalgia of Tattoo Reporting*, 2014, tattoohistorian.com/2014/04/21/the-melodramatic-nostalgia-of-tattoo-reporting/ vom 6.5.2014.
FRIEDMAN 2015 – WRITING ABOUT TATTOO.
—: *A Dozen Questions to Ask When Writing About Tattoo History and Culture*, 2015, tattoohistorian.com/2015/05/15/a-dozen-questions-to-ask-when-writing-about-tattoo-history-and-culture/ vom 21.5.2015.
FRIEDMAN 2015 – CONSIDERATIONS ÉTHIQUES.
—: *Conduite irresponsable ou art légitime? Considerations éthiques sur le tatouage dans les performances artistiques contemporaines*, Musée du quai Branly, Paris 2015 (= Vortrag im Rahmen der Konferenz ‚Images tatouées' und der Ausstellung ‚Tatoueurs Tatoués').

GALLAGHER 2012 – DAMIEN HIRST.
Damien Hirst, hrsg. von Ann Gallagher, Tate Modern, London, Ausst.-Kat., München (u. a.): Prestel 2012.
GERDS 1996 – TÄTOWIERUNGEN.
Gerds, Peter: *Anker, Kreuz und flammend Herz*, [Tätowierungen], 2. Auflage, Rostock: Hinstorff 1996 (= Hinstorff-Miniaturen), zuerst erschienen 1988.
GEWERBEMUSEUM 2014 – TATTOO.
Tattoo, hrsg. von Gewerbemuseum, Winterthur, Ausst.-Kat. (Begleitheft zur Ausstellung), 2014.
GIER 2001 – ANDY WARHOL.
Gier, Klaus: *Andy Warhols Record- und Cover Design. Studien zur grafischen und formgegenständlichen Gestaltung von Schallplatten und Schallplattenverpackungen durch Andy Warhol. Am Beispiel ‚The Velvet Underground & Nico' und ‚Sticky Fingers'*, Frankfurt am Main (u. a.): Lang 2001 (= Europäische Hochschulschriften: Reihe 28, Kunstgeschichte, Band 375), zugl.: Bonn, Univ., Diss., 2000.
GILBERT 2000 – TATTOO HISTORY.
Gilbert, Steve: *Tattoo History. A Source Book*, New York: Juno 2000.
GLEADELL 2012 – DAMIEN HIRST.
Gleadell, Colin: *How Damien Hirst Tried to Transform the Art Market*, The Telegraph 2012, telegraph.co.uk/culture/art/art-features/9157252/How-Damien-Hirst-tried-to-transform-the-art-market.html vom 7.8.2014.
GOHR 2006 – PABLO PICASSO.
Gohr, Siegfried: *Ich suche nicht, ich finde. Pablo Picasso. Leben und Werk*, Köln: DuMont 2006.
GOTTHOLD 1914 – TÄTOWIERUNGEN.
Gotthold, Karl: *Vergleichende Untersuchungen über die Tätowierung bei Normalen, Geisteskranken und Kriminellen*, Halle: Marhold 1914, zugl.: Giessen, Univ., Diss., 1914.
GOVENAR 1995 – TATTOOING.
Govenar, Alan: „Continuity and Change in the Aesthetics of Tattooing", in: Donald E.T. Hardy (Hg.), *Pierced Hearts and True Love. A Century of Drawings for Tattoos*, The Drawing Center, New York, Ausst.-Kat., Honolulu: Hardy Marks 1995, S. 80–87.
GOVENAR 2009 – ED HARDY.
—: *Ed Hardy. Beyond Skin*, Kempen: teNeues 2009.
GRAFTON 1983 – JAPANESE DESIGNS.
Grafton, Carol B.: *Treasury of Japanese Designs & Motifs for Artists and Craftsmen*, New York: Dover 1983 (= Pictorial Archive).
GRAHAM 1965 – MAORI PAINTINGS.
Graham, J. C.: *Maori Paintings. Pictures from the Partridge Collection of Paintings by Gottfried Lindauer*, Wellington (u. a.): Reed 1965.
GRAW 2008 – KUNSTMARKT.
Graw, Isabelle: *Der große Preis. Kunst zwischen Markt und Celebrity Culture*, Köln: DuMont 2008.
GREEN 2003 – TATTOO.
Green, Terisa: *The Tattoo Encyclopedia. A Guide to Choosing Your Tattoo*, New York: Simon and Schuster 2003.
GRIME/HORITAKA 2008 – HORIYOSHI III.
Grime/Horitaka (Hg.): *Horiyoshi III*, San Jose: Nakano & Grimmelbein Kitamura 2008, zuerst erschienen 2006.
GRÖBEN (1694) 2013 – REISE-BESCHREIBUNG.
Gröben, Otto Friedrich von der: *Orientalische Reise-Beschreibung des Brandenburgischen Adelichen Pilgers Otto Friedrich von der Gröben: Nebst der Brandenburgischen Schifffahrt nach Guinea, und der Verrichtung zu Morea, unter ihrem Titel (1694)*, hrsg. von Ulrich van der Heyden, Hildesheim (u. a.): Olms 2013.
GROSSKOPF 1980 – CHRISTIAN SCHAD.
Großkopf, Annegret: „Flügelmensch und schwarze Taube", in: *Stern*, Nr. 27, 1980, S. 168–172.
GSELL 2001 – BAUBO.
Gsell, Monika: *Die Bedeutung der Baubo. Kulturgeschichtliche Studien zur Repräsentation des weiblichen Genitales*, Frankfurt am Main (u. a.): Stroemfeld 2001 (= Nexus, Band 47), zugl.: Basel, Univ., Diss., 1998.
GUÉGUEN/ARMSTRONG 2012 – TATTOOS.
Guéguen, Nicolas/Armstrong, Myrna: *Tattoos, Piercings, and Drinking*, hrsg. von Alcoholism: Clinical & Experimental Research 2012, eurekalert.org/pub_releases/2012-04/ace-tpa040812.php vom 20.8.2012.

Guerra/Vanzetti [2010] – Loos.
Guerra, Carla/Vanzetti, Bartolomeo: *Loos Tribal Tattoo* [2010], guerravanzetti.com und guerravanzetti.com/index.php/mak vom 17.9.2013.
Guerra/Vanzetti 2011 – Loos.
—: „Loos Tribal Tattoo. Ein Rekonstruktionsversuch", in: Sabine Kampmann/Anja Herrmann/Jörg Petri et al. (Hg.): *Tattoo*, Bielefeld: transcript 2011 (= *Querformat*, Heft 4), S. 56–58.
Gulik 1982 – Irezumi.
Gulik, Willem Robert van: *Irezumi. The Pattern of Dermatography in Japan*, Leiden: Brill 1982, zugl.: Leiden, Univ., Diss., 1982.
Guo/Roettger et al. 2008 – Delinquency.
Guo, Guang/Roettger, Michael E./Cai, Tianji: „The Integration of Genetic Propensities into Social-Control Models of Delinquency and Violence Among Male Youths", in: *American Sociological Review*, Jg. 73, Nr. 4, 2008, S. 543–568.
Gustafson 2000 – Roman Tattoo.
Gustafson, Mark: „The Tattoo in the Later Roman Empire and Beyond", in: Jane Caplan (Hg.), *Written on the Body. The Tattoo in European and American History*, Princeton University Press 2000, S. 17–31.
Gustafson 2014 – Roman Tattoo.
—: *Degradation & Dishonor: The Weight of the Roman Tattoo*, Humboldt-Universität zu Berlin 2014 (= Konferenz-Vortrag im Rahmen des Basisprojekts ‚Piktogramme' des Exellenzclusters Bild Wissen Gestaltung).
Guth 2004 – Longfellow.
Guth, Christine M. E.: *Longfellow's Tattoos. Tourism, Collecting and Japan*, Seattle (u. a.): University of Washington Press 2004.

Haase 1982 – Christian Schad.
Haase, Amine: „Zeuge der Zeit", in: *art*, Nr. 5, 1982, S. 34–45.
Haberlandt 1885 – Tätowirung.
Haberlandt, Michael: „Über die Verbreitung und den Sinn der Tätowirung", in: *Mittheilungen der Anthropologischen Gesellschaft in Wien*, Band XV, 1885, S. 53–57.
Haeckel 1904 – Natur.
Haeckel, Ernst: *Kunstformen der Natur*, Leipzig (u. a.): Bibliographisches Institut 1904.
Hahn 1989 – Symmetrie.
Hahn, Werner: *Symmetrie als Entwicklungsprinzip in Natur und Kunst*, Königstein: Langewiesche 1989.
Halnon/Cohen 2006 – Tattoos.
Halnon, Karen B./Cohen, Saundra: „Muscles, Motorcycles and Tattoos. Gentrification in a New Frontier", in: *Journal of Consumer Culture*, Jg. 6, Nr. 1, 2006, S. 33–56.
Hambly 1925 – Tattooing.
Hambly, W. D.: *The History of Tattooing and Its Significance. With Some Account of Other Forms of Corporal Marking*, London: Witherby 1925.
Hanke 2006 – Strassennamen.
Hanke, Christian: *Hamburgs Straßennamen erzählen Geschichte*, 4. Auflage, Hamburg: Schubert 2006, zuerst erschienen 1997.
Hardy 1988 – New Tribalism.
Hardy, Donald E. T. (Hg.): *New Tribalism*, Honolulu: Hardy Marks 1988 (= Tattootime, Band 1), zuerst erschienen 1982.
Hardy 1995 – Japanese Tattooing.
—: „Japanese Tattooing. Legacy and Essence", in: Donald E. T. Hardy (Hg.), *Pierced Hearts and True Love. A Century of Drawings for Tattoos*, The Drawing Center, New York, Ausst.-Kat., Honolulu: Hardy Marks 1995, S. 58–71.
Hardy 1995 – Tattoos.
Pierced Hearts and True Love. A Century of Drawings for Tattoos, hrsg. von Donald E. T. Hardy, The Drawing Center, New York, Ausst.-Kat., Honolulu: Hardy Marks 1995.
Hardy 1995 – Tattooing as a Medium.
Hardy, Donald E. T.: „Tattooing as a Medium", in: Hardy 1995 – Tattoos, S. 14–27.
Hardy 2002 – Tattooing.
—: „Tattooing East and West", in: Japan Tattoo Institute (Hg.), *Japan's Tattoo Arts. Horiyoshi's World*, Tokyo: Ningen no Kagaku 2002, zuerst erschienen 1983, S. 142–143.
Hardy 2007 – Sailor Jerry Collins.
—: *Sailor Jerry Collins. American Tattoo Master. In His Own Words*, San Francisco: Hardy Marks 2007, zuerst erschienen 1994.
Hardy 2008 – Advancing Culture.
—: „Advancing Culture", in: Grime/Horitaka (Hg.), *Horiyoshi III*, San Jose: Nakano & Grimmelbein Kitamura 2008, zuerst erschienen 2006, S. 15.
Hardy 2013 – Tattoos.
—: *Wear Your Dreams. Träume, T-Shirts und Tattoos*, Berlin: Metrolit 2013.
Hardy/Bubash 2012 – Thom DeVita.
Hardy, Donald E. T./Bubash, Nick: *DeVita Unauthorized*, San Francisco: Hardy Marks 2012.

HARDY/CARLUCCI ET AL. 1985 – TATUAGGIO.
L'asino e la zebra. Origini e tendenze del tatuaggio contemporaneo, hrsg. von Donald E.T. Hardy/Simona Carlucci/Giorgio Ursini Uršic, Mercati Traianei, Ausst.-Kat., Rom: De Luca 1985.
HARGITTAI/HARGITTAI 1998 – SYMMETRIE.
Hargittai, István/Hargittai, Magdolna: *Symmetrie. Eine neue Art, die Welt zu sehen*, Reinbek bei Hamburg: Rowohlt 1998 (= rororo science). Amerikanische Originalausgabe: *Symmetry: A Unifying Concept*, Bolinas: Shelter 1994 {übersetzt von Hainer Kober}.
HARRIS 1988 – SILENCE OF THE LAMBS.
Harris, Thomas: *The Silence of the Lambs*, New York: St. Martin's 1988.
HARRIS/TALLY 1991 – SCHWEIGEN DER LÄMMER.
Harris, Thomas/Tally, Ted: *Das Schweigen der Lämmer*, Jonathan Demme (Regie), 1991.
HAZEL/GRANT 1973 – LEXIKON DER ANTIKEN MYTHEN.
Hazel, John/Grant, Michael: *Lexikon der antiken Mythen und Gestalten*, München: List 1973. Englische Originalausgabe: *Who's Who in Classical Mythology*, London: Weidenfeld and Nicolson 1973 {übersetzt von Holger Fließbach}.
HAZEL/GRANT 1973 – APHRODITE.
„[Art.] Aphrodite", in: Hazel/Grant 1973 – Lexikon der antiken Mythen, S. 57–60.
HAZEL/GRANT 1973 – FATAE.
„[Art.] Fatae", in: Hazel/Grant 1973 – Lexikon der antiken Mythen, S. 149.
HEIM 2014 – MANEGE.
Heim, Heide: „Manege Frei. Menschen, Tiere, Kuriositäten", in: *TätowierMagazin*, Nr. 2, 2014, S. 132–136.
HEINZ-MOHR 1971 – LEXIKON DER SYMBOLE.
Heinz-Mohr, Gerd: *Lexikon der Symbole. Bilder und Zeichen der christlichen Kunst*, Düsseldorf (u. a.): Diederichs 1971.
HEINZ-MOHR 1971 – DELPHIN.
„[Art.] Delphin", in: Heinz-Mohr 1971 – Lexikon der Symbole, S. 71–72.
HEINZ-MOHR 1971 – MUSCHEL.
„[Art.] Muschel", in: Heinz-Mohr 1971 – Lexikon der Symbole, S. 218–219.
HEINZ-MOHR 1971 – SCHMETTERLING.
„[Art.] Schmetterling", in: Heinz-Mohr 1971 – Lexikon der Symbole, S. 259.
HELAS 2003 – PERFORMANZ.
Helas, Philine: „Theatralität und Performanz", in: Ulrich Pfisterer (Hg.), *Metzler Lexikon Kunstwissenschaft. Ideen, Methoden, Begriffe*, Darmstadt: Wissenschaftliche Buchgesellschaft 2003, S. 352–354.
HELD 2014 – TÄTOWIERUNGEN.
Held, Sarah: „Das Schaf im Wolfspelz. Tätowierungen in der Popkultur", in: Ute Seiderer/Michael Fisch (Hg.), *Haut und Hülle. Umschlag und Verpackung. Techniken des Umschließens und Verkleidens*, Berlin: Rotbuch 2014, S. 304–316.
HELMER 2012 – INTIMZONE.
Helmer, Ulrike: *Muschiland. Exkursionen in eine kulturelle Intimzone*, Sulzbach: Helmer 2012.
HELMORE 2011 – DASHA.
Helmore, Edward: *Dasha, Dasha, Dasha*, The Wall Street Journal 2011, online.wsj.com/news/articles/SB1 0001424052748703421204576329420182131288 vom 19.8.2014.
HENKEL/SCHÖNE 1967 – EMBLEMATA.
Henkel, Arthur/Schöne, Albrecht (Hg.): *Emblemata. Handbuch zur Sinnbildkunst des XVI. und XVII. Jahrhunderts*, Stuttgart: Metzler 1967.
HENRICHS 2000 – MOIRA.
Henrichs, Albert: „[Art.] Moira", in: Hubert Cancik/Helmuth Schneider (Hg.), *Der neue Pauly. Enzyklopädie der Antike*, Band 8, Stuttgart (u. a.): Metzler 2000, Sp. 340–343.
HENTSCHEL 2005 – SCHMETTERLING.
Hentschel, Sonja: „Die Leichtigkeit des Seins. Der Schmetterling als Tattoo-Motiv", in: *TätowierMagazin*, Nr. 9, 2005, S. 130–133.
HERBSTREUTH 1994 – DAMIEN HIRST.
Herbstreuth, Peter: „Ein Interview mit Damien Hirst über ‚Some Went Mad, Some Ran Away'", in: *Kunstbulletin*, Nr. 5, 1994, S. 22–26.
HERDEN 2009 – ERICH WAGNER.
Herden, Ralf B.: *Promotion über Tätowierungen auf gegerbter Haut. Ließ der SS-Arzt Wagner für seine Doktorarbeit Menschenhaut gerben?*, Suite101 2009, suite101.de/article/promotion-und-taetowierung-ein-thema-fuer-die-ss-a54729#axzz2Eqq4HDOx vom 12.12.2012.
HERZ 1900 – TÄTOWIRUNG.
Herz, Alfred: *Tätowirung. Art und Verbreitung*, Leipzig: Schmidt & Baumann 1900, zugl.: Erlangen, Univ., Diss., 1899.
HIBBARD 1983 – CARAVAGGIO.
Hibbard, Howard: *Caravaggio*, New York u. a.: Harper & Row 1983.
HILTEBEITEL/MILLER 1998 – HAIR.
Hiltebeitel, Alf/Miller, Barbara D. (Hg.): *Hair. Its Power and Meaning in Asian Cultures*, Albany: State University of New York Press 1998.

Hinojosa/Ortega 2010 – Dr. Lakra.
Dr. Lakra, hrsg. von Amelia Hinojosa/Damián Ortega, The Institute of Contemporary Art, Boston, Ausst.-Kat., Barcelona: RM 2010.

Hinz 1998 – Aphrodite.
Hinz, Berthold: *Aphrodite. Geschichte einer abendländischen Passion*, München: Hanser 1998.

Hirst 1994 – Tod.
Hirst, Damien: „Tod ist passiv, Denken an den Tod ist aktiv. Damien Hirst im Gespräch mit Noemi Smolik", in: *Kunstforum International*, Nr. 126, 1994, S. 212–221.

Hirst 1997 – I Want to Spend.
—: *I Want to Spend the Rest of My Life Everywhere, with Everyone, One to One, Always, Forever, Now*, London: Booth-Clibborn 1997.

Hirst 2005 – I Want to Spend.
—: *I Want to Spend the Rest of My Life Everywhere, with Everyone, One to One, Always, Forever, Now*, Reduced edition, London: Booth-Clibborn 2005.

Hirst 2007 – Superstition.
Superstition, hrsg. von Damien Hirst, Gagosian Gallery, London, Ausst.-Kat., Gagosian Gallery und Other Criteria 2007.

Hobbs, Mary A.:
A Mortal Work of Art, BBC 2013, bbc.co.uk/programmes/b039pdtg vom 10.9.2013.

Hoffmann 2008 – Herbert Hoffmann.
Hoffmann, Herbert: *Herbert Hoffmann. Tattooing. Traditionelle Tattoo-Motive*, Mannheim: Huber 2008.

Hoffmann 1972 – Realkunst.
Hoffmann, Klaus: *Kunst-im-Kopf. Aspekte der Realkunst*, Köln: DuMont Schauberg 1972.

Hoffmann-Curtius 2014 – Judenmord.
Hoffmann-Curtius, Kathrin: *Bilder zum Judenmord. Eine kommentierte Sichtung der Malerei und Zeichenkunst in Deutschland von 1945 bis zum Auschwitz-Prozess*, Marburg: Jonas 2014.

Hokusai (1814–1878) 2011 – Manga.
Hokusai, Katsushika: *Manga*, hrsg. von Takaoka Kazuya, Tokyo: PIE 2011, zuerst erschienen 1814–1878.

Hollmann/Tesch 2010 – Augentäuschung.
Hollmann, Eckhard/Tesch, Jürgen: *Die Kunst der Augentäuschung*, Neuauflage, München: Prestel 2010, zuerst erschienen 2004.

Holm 2006 – Amor und Psyche.
Holm, Christiane: *Amor und Psyche. Die Erfindung eines Mythos in Kunst, Wissenschaft und Alltagskultur (1765–1840)*, München (u. a.): Deutscher Kunstverlag 2006 (= Kunstwissenschaftliche Studien, Band 130), zugl.: Gießen, Univ., Diss., 2003.

Holmes 2013 – Painted Lady.
Holmes, Dominique: *The Painted Lady. The Art of Tattooing the Female Body*, London: Ryland Peters & Small 2013.

Honisch 2012 – Tätowierung.
Honisch, Pascal: „Geschichte und Wahrnehmung der Tätowierung. Im Zuge einer Analyse der gesellschaftsnivellierenden Funktionen von Körperlichkeit", in: Aline Lenzhofer/Igor Eberhard/Isabelle Poncette et al. (Hg.), *Stich:Punkte. Theorie und Praxis der Tätowierung*, Wien: HammockTreeRecords 2012 (= Reihe Junge Wissenschaft, Band 3), S. 23–42.

Horiyoshi III 2004 – Namakubi zushu.
Horiyoshi III [Yoshihito Nakano]: *Namakubi zushu*, [Druckgrafik/Mappenwerk] 2004.

Hoving 2005 – Man Ray.
Hoving, Kirsten A.: „Man Ray's Disarming Venuses: Deconstructing the Classical Torso in Surrealist Photography", in: *History of Photography*, Jg. 29, Nr. 2, 2005, S. 123–134.

Huber 2010 – Design MAK.
Huber, Birgit: *Design Criminals Or a New Joy into the World. Neue Ausstellung im Rahmen der Kooperation ‚design> neue strategien' von departure und MAK [Österreichisches Museum für angewandte Kunst / Gegenwartskunst]*, Departure Wirtschaft, Kunst und Kultur 2010, expertenpool.departure.at/jart/prj3/departure_web/main.jart?rel=de&reserve-mode=reserve&content-id=1315200993345&presse_id=1279309298154 vom 14.5.2015.

Hund 2001 – TätowiererInnen.
Hund, Andrea: „Renaissance eines Kunsthandwerks. Zum Berufsbild der TätowiererInnen auf Conventions. Ein ethnographischer Praxisbericht", in: *parapluie*, Nr. 12, 2001.

Hunter 2012 – Yoshitoshi.
Hunter, Jack: *The Eye of Atrocity. Superviolent Art by Yoshitoshi*, Shinbaku 2012 (= Ukiyo-e Masters Series, Band 2).

Imbusch 2002 – Gewalt.
Imbusch, Peter: „Der Gewaltbegriff", in: W. Heitmeyer/J. Hagan (Hg.), *Internationales Handbuch der Gewaltforschung*, Wiesbaden: Westdeutscher Verlag 2002, S. 26–57.

Ing/Schaap 1992 – Yoshitoshi.
Beauty & Violence. Japanese Prints by Yoshitoshi, 1839–1892, hrsg. von Eric van den Ing/Robert Schaap, Van

Gogh Museum, Amsterdam, Ausst.-Kat., Society for Japanese Arts 1992.

Institut für Deutsche Kultur- und Wirtschaftspropaganda [ca. 1937] – Antibolschewistische Ausstellung.
Institut für Deutsche Kultur- und Wirtschaftspropaganda: *Große antibolschewistische Ausstellung*, Nebentitel: Bolschewismus ohne Maske, Berlin: Verlag für Kultur- und Wirtschaftswerbung Daenell & Co. [ca. 1937].

Jaeger 1905 – Tätowierungen.
Jaeger, Johannes: „Tätowierungen von 150 Verbrechern mit Personalbeschreibung“, in: *Archiv für Kriminal-Anthropologie und Kriminalistik*, Band 18 und 21, 1905, S. 141–168 und 116–167.

Japan Tattoo Institute 2002 – Tattoo.
Japan Tattoo Institute (Hg.): *Japan's Tattoo Arts. Horiyoshi's World*, Tokyo: Ningen no Kagaku 2002, zuerst erschienen 1983.

Joest 1887 – Tätowiren.
Joest, Wilhelm: *Tätowiren, Narbenzeichnen und Körperbemalen. Ein Beitrag zur vergleichenden Ethnologie*, Berlin: Asher 1887.

Jones 1998 – Body Art.
Jones, Amelia: *Body Art. Performing the Subject*, Minneapolis (u. a.): University of Minnesota Press 1998.

Jugel 1976 – Eunuchen.
Jugel, Ulrike: *Politische Funktion und soziale Stellung der Eunuchen zur späteren Hanzeit (25–220 n. Chr.)*, Wiesbaden: Steiner 1976 (= Münchener ostasiatische Studien, Band 15), zugl.: München, Univ., Diss., 1975.

Jung 2007 – Haut.
Jung, Ernst G. (Hg.): *Kleine Kulturgeschichte der Haut*, Darmstadt: Steinkopff 2007.

Kächelen 2004 – Tatau.
Kächelen, Wolf-Peter: *Tatau und Tattoo. Eine Epigrafik der Identitätskonstruktion*, Aachen: Shaker 2004 (= Berichte aus der Sozialwissenschaft), zugl.: Tübingen, Univ., Diss., 2003.

Kakoulas 2011 – Garage Magazine's ‚Inked' Spread.
Kakoulas, Marisa: *Garage Magazine's ‚Inked' Spread*, Needles and Sins Tattoo Blog 2011, needlesandsins.com/2011/08/garage-magazines-inked-spread.html vom 9.2.2012.

Kakoulas 2011 – Aging Tattoos.
—: *Mathematical Model on Aging Tattoos*, Needles and Sins Tattoo Blog 2011, needlesandsins.com/2011/04/mathematical-model-on-aging-tattoos.html vom 19.3.2012.

Kampmann 2011 – Tattoo-Kunst.
Kampmann, Sabine: „Tattoo-Kunst und Kunst-Tattoos. Die Tätowierung als künstlerisches Medium seit den 1970er Jahren“, in: Sabine Kampmann/Anja Herrmann/Jörg Petri et al. (Hg.), *Tattoo*, Bielefeld: transcript 2011 (= *Querformat*, Heft 4), S. 40–49.

Kappel 2014 – Häftlingstätowierung.
Kappel, Kai: *Die KZ-Häftlingstätowierung als Public Art. Zu einem Grenzfall deutscher Erinnerungskultur*, Humboldt-Universität zu Berlin 2014 (= Konferenz-Vortrag im Rahmen des Basisprojekts ‚Piktogramme' des Exellenzclusters Bild Wissen Gestaltung).

Karcher 1984 – Otto Dix.
Karcher, Eva: *Eros und Tod im Werk von Otto Dix. Studien zur Geschichte des Körpers in den zwanziger Jahren*, Münster: Lit 1984 (= Kunstgeschichte: Form und Interesse, Band 7), zugl.: München, Univ., Diss., 1984.

Karcher 1997 – Tattoo.
—: *Tattoo. Rosie Camanga, Don Ed Hardy, Sailor Jerry Collins*, Bönnigheim: Wachter 1997.

Kasten 2006 – Body-Modification.
Kasten, Erich: *Body-Modification. Psychologische und medizinische Aspekte von Piercing, Tattoo, Selbstverletzung und anderen Körperveränderungen*, München: Reinhardt 2006.

Keimer 1948 – Tatouage.
Keimer, Louis: *Remarques sur le tatouage dans l'Égypte Ancienne*, Kairo: L'Institut Français d'Archéologie Orientale 1948 (= Mémoires présentés à l'Institut d'Égypte, Band 53).

Keller 1913 – Antike Tierwelt.
Keller, Otto: *Die antike Tierwelt*, Band 2, Leipzig: Engelmann 1913.

Kemp 1986 – Rembrandt.
Kemp, Wolfgang: *Rembrandt: Die Heilige Familie oder die Kunst, einen Vorhang zu lüften*, Frankfurt am Main: Fischer Taschenbuch 1986 (= Kunststück, Band 3940).

Kemp 1992 – Betrachter.
—: *Der Betrachter ist im Bild. Kunstwissenschaft und Rezeptionsästhetik*, Neuausg., erw. und bibliogr. auf den neuesten Stand gebracht, Berlin: Reimer 1992 (= Kunstgeschichte zur Einführung), zuerst erschienen 1985.

Kemp 1992 – Selbstporträt.
—: „Teleologie der Malerei. Selbstporträt und Zukunftsreflexion bei Poussin und Velázquez“, in: Matthias Winner (Hg.), *Der Künstler über sich in*

seinem Werk, Weinheim: VCH, Acta Humaniora 1992, S. 407–433.

KEMP 1994 – SEELE.
—: „[Art.] Seele", in: Engelbert Kirschbaum (Hg.), *Lexikon der christlichen Ikonographie*, Band 4, Rom (u. a.): Herder 1994, Sp. 138–142.

KEMP 2003 – KUNSTWERK UND BETRACHTER.
—: „Kunstwerk und Betrachter: Der rezeptionsästhetische Ansatz", in: Hans Belting/Heinrich Dilly/Wolfgang Kemp et al. (Hg.), *Kunstgeschichte. Eine Einführung*, 6., überarbeitete und erweiterte Auflage, Berlin: Reimer 2003, zuerst erschienen 1996, S. 247–265.

KIERNAN 2014 – BREAST CANCER.
Kiernan, Caitlin: „Tattoo Therapy After Breast Cancer", in: *The New York Times* vom 3.6.2014 (New York), S. D6.

KISCH (1925) 1974 – RASENDE REPORTER.
Kisch, Egon E.: „Der rasende Reporter (1925)", in: Bodo Uhse/Gisela Kisch (Hg.), *Gesammelte Werke in Einzelausgaben*, Band V, 2. Auflage, Berlin (u. a.): Aufbau 1974, S. 7–280.

KITAMURA 2008 – UKIYO-E.
Kitamura, Takahiro: *Tattoos of the Floating World. Ukiyo-e Motifs in Japanese Tattoo*, Amsterdam: KIT 2008, zuerst erschienen 2003.

KITAMURA 2009 – SHIGE.
—: *Shige*, San Jose: State of Grace 2009.

KITAMURA/KITAMURA 2001 – BUSHIDO.
Kitamura, Takahiro/Kitamura, Katie M.: *Bushido. Legacies of the Japanese Tattoo*, Atglen: Schiffer 2001.

KITTELMANN/SCHMITZ 2014 – GOTTFRIED LINDAUER.
Gottfried Lindauer. Die Maori-Portraits, hrsg. von Udo Kittelmann/Britta Schmitz, Nationalgalerie, Staatliche Museen zu Berlin, Ausst.-Kat., Köln: König 2014.

KLANTEN/SCHULZE 2012 – NEW TATTOO.
Klanten, R./Schulze, F. (Hg.): *Forever. The New Tattoo*, Berlin: Die Gestalten 2012.

KLARE 2009 – EGON ERWIN KISCH.
Klare, Anne-Christin: *Distanz und Nähe. Christian Schads Portrait des Rasenden Reporters Egon Erwin Kisch*, Magisterarbeit, Universität Hamburg 2009.

KLEE 2012 – NS-MEDIZIN.
Klee, Ernst: *Auschwitz, die NS-Medizin und ihre Opfer*, 5. Auflage, Frankfurt am Main: Fischer 2012 (= Die Zeit des Nationalsozialismus, Band 14906), zuerst erschienen 1997.

KLEES-WAMBACH 1976 – TÄTOWIEREN.
Klees-Wambach, Marie-Louise: *Kriminologische und kriminalistische Aspekte des Tätowierens bei Rechtsbrechern*, Freiburg im Breisgau, Univ., Diss., 1976.

KLEIN 1993 – KUNSTMARKT.
Klein, Ulrike: *Der Kunstmarkt. Zur Interaktion von Ästhetik und Ökonomie*, Frankfurt am Main (u. a.): Lang 1993 (= Europäische Hochschulschriften, Reihe 5, Volks- und Betriebswirtschaft, Band 1407), zugl.: St. Gallen, Univ., Diss., 1993.

KOCH 1991 – SCHMETTERLINGE.
Koch, Manfred: *Wir bestimmen Schmetterlinge*, 3. Auflage, Radebeul: Neumann 1991.

KOGON (1946) 2009 – SS-STAAT.
Kogon, Eugen: *Der SS-Staat. Das System der deutschen Konzentrationslager (1946)*, Hamburg: Nikol 2009, zuerst erschienen 1946.

KOSUT 2014 – ARTIFICATION.
Kosut, Mary: „The Artification of Tattoo: Transformations within a Cultural Field", in: *Cultural Sociology*, Jg. 8, Nr. 2, 2014, S. 142–158.

KRATOCHWILL 2010 – TÄTOWIERUNGEN.
Kratochwill, Sandra: *Stich-Wort: Aktion. Tätowierungen in europäischen Performances seit 1960*, Diplomarbeit, Katholisch-Theologische Privatuniversität Linz 2010.

KRUTAK 2011 – ARCTIC.
Krutak, Lars: *Tattoos of the Early Hunter-Gatherers of the Arctic*, The Vanishing Tattoo 2011, vanishingtattoo.com/arctic_tattoos.htm vom 3.12.2014.

KRUTAK 2012 – MAGICAL TATTOOS.
—: *Spiritual Skin. Magical Tattoos and Scarification*, Aschaffenburg: Reuss 2012.

KUNSTHALLE EMDEN 2012 – TÄTOWIER-PROJEKT.
Kunsthalle Emden: *Große Resonanz auf das Tätowier-Projekt in der Kunsthalle Emden*, 2012, kunsthalle-emden.de/kunst-die-unter-die-haut-geht/ vom 3.9.2012.

KUNTER 1971 – TATAUIERUNG.
Kunter, Manfred: „Zur Geschichte der Tatauierung und Körperbemalung in Europa", in: *Paideuma*, Band XVII, 1971, S. 1–20.

KUPPER 1989 – SCHMETTERLING.
Kupper, Daniel: „Überlegungen zum Schmetterling in Anselm Feuerbachs ‚Iphigenie'", in: Staatliche Kunstsammlungen in Baden-Württemberg (Hg.), *Jahrbuch der Staatlichen Kunstsammlungen in Baden-Württemberg*, Band 26, München (u. a.): Deutscher Kunstverlag 1989, S. 147–179.

Kuré 1898 – Tätowierung.
Kuré, Shuze: „Ueber Tätowierung bei Verbrechern“, in: *Friedreich's Blätter für gerichtliche Medicin und Sanitätspolizei*, Jg. 49, 1898, S. 203–218.
Kurella 1893 – Verbrecher.
Kurella, Hans: *Naturgeschichte des Verbrechers. Grundzüge der Criminellen Anthropologie und Criminalpsychologie. Für Gerichtsärzte, Psychiater, Juristen und Verwaltungsbeamte*, Stuttgart: Enke 1893.
Kuwahara 2005 – Tattoo.
Kuwahara, Makiko: *Tattoo. An Anthropology*, Oxford (u. a.): Berg 2005.

Lacassagne 1881 – Tatouages.
Lacassagne, Alexandre: *Les tatouages. Étude anthropologique et médico-légale*, Paris: Balliere 1881.
Lacassagne 1932 – Tatouage artistique.
Lacassagne, Jean: „Un cas de tatouage artistique exécuté en France“, in: *Bulletin de la Société Française de Dermatologie et de Syphiligraphie*, Jg. 39, 1932, S. 322–323.
Lacassagne 1933 – Tatouage.
—: „Le tatouage ornemental“, in: *Aesculape*, Nr. 10, 1933, S. 258–263.
Lambert 2003 – Prison Tattoos.
Lambert, Alix: *Russian Prison Tattoos. Codes of Authority, Domination, and Struggle*, Atglen: Schiffer 2003.
Lambourne 2005 – Japonisme.
Lambourne, Lionel: *Japonisme. Cultural Crossings between Japan and the West*, London: Phaidon 2005.
Landfester 2005 – Tätowierung.
Landfester, Ulrike: „Gestochen scharf. Die Tätowierung als Erinnerungsfigur“, in: Roland Borgards (Hg.), *Schmerz und Erinnerung*, München: Fink 2005, S. 83–98.
Landfester 2012 – Tätowierung.
—: *Stichworte. Tätowierung und europäische Schriftkultur*, Berlin: Matthes & Seitz 2012 (= Blaue Reihe Wissenschaft, Band 18).
Lange 2011 – Tattoos Age.
Lange, Catherine de: *Short Sharp Science: Mathematical model reveals how tattoos age*, New Scientist 2011, newscientist.com/blogs/shortsharpscience/2011/04/mathematic-model-reveals-how-t.html vom 9.2.2012.
Lange-Berndt 2000 – Damien Hirst.
Lange-Berndt, Petra: „Unheimliche(s) Gestalten. Damien Hirsts ‚Naturgeschichte‘ und das historische Verfahren der Naßpräparation“, in: Andreas Haus/Franck Hofmann/Änne Söll (Hg.), *Material im Prozess. Strategien ästhetischer Produktivität*, Berlin: Reimer 2000, S. 165–178.
Lange-Berndt 2009 – Animal Art.
—: *Animal Art. Präparierte Tiere in der Kunst, 1850–2000*, München: Schreiber 2009, zugl.: Hamburg, Univ., Diss., 2005.
Langer 2010 – David Beckham.
Langer, Annette: *Amor und Psyche. Liebesgott ziert Beckham*, Spiegel Online 2010, spiegel.de/panorama/leute/amor-und-psyche-liebesgott-ziert-beckham-a-682475.html vom 12.8.2013.
Lauffer 1914/15 – Tätowierung.
Lauffer, Otto: „Über die Geschichte und den heutigen volkstümlichen Gebrauch der Tätowierung in Deutschland“, in: *Wörter und Sachen*, Nr. 6, 1914/15, S. 1–14.
Laukien 2014 – King of Tattoo.
Laukien, Michael: „King of Tattoo. Der Hochadel der Tätowierkunst trifft sich in Tokio“, in: *TätowierMagazin*, Nr. 1, 2014, S. 102–107.
Laukien 2015 – Horihide.
—: „Horihide. Der erste Botschafter der japanischen Tätowierkunst“, in: *TätowierMagazin*, Nr. 4, 2015, S. 18–24.
Lauts 1958 – Venus.
Lauts, Jan: *Die Geburt der Venus*, Stuttgart: Reclam 1958 (= Werkmonographien zur bildenden Kunst in Reclams Universal-Bibliothek, Band 25).
Le Blond, Lucas 1899 – Tatouage.
Le Blond, Albert/Lucas, Arthur: *Du tatouage chez les prostituées*, Paris: Société d'éditions scientifiques 1899.
Le Moult/Réal 1962-63 – Morpho.
Le Moult, E./Réal, P.: *Les Morpho d'Amérique du Sud et Centrale*, Paris: Ed. du Cabinet Entomologique E. Le Moult 1962-63.
Lee 2011 – Bloodwork.
Lee, Adrian: *Bloodwork. Bodies*, San Jose: Analog Tattoo Arts Kolectiv 2011.
Lehmann 2001 – Geschlecht.
Lehmann, Ann-Sophie: „Das unsichtbare Geschlecht. Zu einem abwesenden Teil des weiblichen Körpers in der bildenden Kunst“, in: Claudia Benthien/Christoph Wulf (Hg.), *Körperteile. Eine kulturelle Anatomie*, Reinbek bei Hamburg: Rowohlt Taschenbuch 2001 (= Rowohlts Enzyklopädie, Band 55642), S. 316–339.
Lehmann 1996 – Paläontologie.
Lehmann, Ulrich (Hg.): *Paläontologisches Wörterbuch*, 4. Auflage, Stuttgart: Enke 1996, zuerst erschienen 1966.
Lehmann 1996 – Imago.
„[Art.] Imago“, in: Lehmann 1996 – Paläontologie, S. 114.

Lemma 2010 – Body Modification.
Lemma, Alessandra: *Under the Skin. A Psychoanalytic Study of Body Modification*, New York: Routledge 2010.

Lenzhofer/Eberhard et al. 2012 – Tätowierung.
Lenzhofer, Aline/Eberhard, Igor/Poncette, Isabelle et al. (Hg.): *Stich:Punkte. Theorie und Praxis der Tätowierung*, Wien: HammockTreeRecords 2012 (= Reihe Junge Wissenschaft, Band 3).

Lenzhofer 2012 – Body Sign Action.
Lenzhofer, Aline: „Ikonographie des Werkes *Body Sign Action* von Valie Export", in: Lenzhofer/Eberhard et al. 2012 – Tätowierung, S. 109–129.

Leppmann 1894 – Tätowiren.
Leppmann, Arthur: „Die criminalpsychologische und criminalpraktische Bedeutung des Tätowirens der Verbrecher", in: *Vierteljahrsschrift für gerichtliche Medizin und öffentliches Sanitätswesen*, Folge 3, Band 8, 1894, S. 193–218.

Lesson 1820 – Tatouage.
Lesson, R. P.: „Du tatouage chez les différens peuples de la terre", in: *Annales maritimes et coloniales*, Teil II, 1820, S. 280–292.

Levinson/Levinson 2005 – Schmetterlinge.
Levinson, Hermann/Levinson, Anna: „Vögel und Schmetterlinge als Erscheinungsform der menschlichen Seele. Ein zoologischer Streifzug durch die Kulturgeschichte", in: *Naturwissenschaftliche Rundschau*, Jg. 58, Nr. 10, 2005, S. 531–535.

Levinson/Levinson 2006 – Schmetterlinge.
—: „Schmetterlinge und Vögel als Seelen-Überträger bei lebenden und verstorbenen Menschen", in: *DGaaE Nachrichten* [Zeitschrift der Deutschen Gesellschaft für allgemeine und angewandte Entomologie e. V.], Jg. 20, Nr. 1, 2006, S. 31–35.

Lewis 1974 – Schmetterlinge.
Lewis, Hilary L.: *Das große Buch der Schmetterlinge. Die Tagfalter der Welt. Mehr als 5000 Arten in über 6000 Farbfotos nach Faltern aus der Sammlung des Britischen Museums London*, Stuttgart: Ulmer 1974. Englische Originalausgabe: *Butterflies of the World*, London: Leventhal 1973 {übersetzt von Friedrich R. Heller}.

Liebs 2010 – Damien Hirst.
Liebs, Holger: *Das goldene Kalb*, Süddeutsche Zeitung 2010, sueddeutsche.de/kultur/kuenstler-damien-hirst-das-goldene-kalb-1.215731 vom 7.8.2014.

Lippit/Yukio 2012 – Ito Jakuchu.
Colorful Realm. Japanese Bird-and-Flower Paintings by Ito Jakuchu, hrsg. von Lippit/Yukio, National Gallery of Art, Washington, DC, Ausst.-Kat., University of Chicago Press 2012.

Lobstädt 2011 – Tätowierung.
Lobstädt, Tobias: *Tätowierung, Narzissmus und Theatralität. Selbstwertgewinn durch die Gestaltung des Körpers*, Wiesbaden: VS Verlag für Sozialwissenschaften; Springer Fachmedien 2011, zugl.: Duisburg-Essen, Univ., Diss., 2011.

Lodder 2010 – Body Art.
Lodder, Matthew C.: *Body Art: Body Modification as Artistic Practice*, Reading, Univ., Diss., 2010.

Lodder 2013 – Art.
—: „But is it Art?", in: *Things & Ink*, Nr. 4 (The Art Issue), 2013, S. 48–50.

Lodder 2015 – Flash.
—: „Vom Papier auf die Haut", in: Edgar Hoill/Matthias Reuss (Hg.), *Tattoo Masters Flash Collection. Selected Styles Around the World*, Teil I, Aschaffenburg: Reuss 2015, S. 10–11.

Lodder 2015 – Tatouage.
—: *„Au mieux, joli et insignifiant; au pire, vulgaire et stupide." Le tatouage et l'estampe à Londres à la fin de l'époque victorienne*, Musée du quai Branly, Paris 2015 (= Vortrag im Rahmen der Konferenz ‚Images tatouées' und der Ausstellung ‚Tatoueurs Tatoués').

Lodder 2017 (voraussichtlich) – Tattoo.
—: *Tattoo: An Art History*, London: IB Tauris 2017 (voraussichtlich).

Lombroso 1876 – L'uomo delinquente.
Lombroso, Cesare: *L'uomo delinquente. In rapporto all'antropologia, alla giurisprudenza ed alle discipline carcerarie*, Turin: Bocca 1876.

Lombroso 1887 – Verbrecher.
—: *Der Verbrecher in anthropologischer, ärztlicher und juristischer Beziehung*, hrsg. von M. O. Fraenkel, Band 1, Hamburg: J. F. Richter 1887. Italienischer Originaltitel: *L'uomo delinquente. In rapporto all'antropologia, alla giurisprudenza ed alle discipline carcerarie*, Turin: Bocca 1876 {in deutscher Bearbeitung von M. O. Fraenkel}.

Lombroso 1897 – L'uomo delinquente.
—: *L'uomo delinquente. In rapporto all'antropologia, alla giurisprudenza eo alla psichiatria. Atlante*, 5. Auflage, Turin: Bocca 1897.

Loos (1908) 1962 – Ornament.
Loos, Adolf: „Ornament und verbrechen (1908)", in: Franz Glück (Hg.), *Adolf Loos. Sämtliche Schriften in zwei Bänden*, Wien (u. a.): Herold 1962, S. 276–288.

Luedecke 1907 – Tätowierungen.
Luedecke, Hugo E.: „Erotische Tätowierungen", in: *Anthropophyteia*, Band IV, 1907, S. 75–83.
Lundius 1711 – Heiligthümer.
Lundius, Johannes: *Die Alten Jüdischen Heiligthümer, Gottesdienste und Gewohnheiten, für Augen gestellet, In einer ausführlichen Beschreibung des gantzen Levitischen Priesterthums, Und fünff unterschiedenen Büchern [...]*, Hamburg: Fickweiler 1711, zuerst erschienen 1701 (postum).

Ma 2008 – Loos.
Ma, Klaralinda: „Der ‚Fall' Loos", in: Inge Podbrecky/Rainald Franz (Hg.), *Leben mit Loos*, Wien (u. a.): Böhlau 2008 (= Schriften des Verbands Österreichischer Kunsthistorikerinnen und Kunsthistoriker, Band 3), S. 161–171.
Macho 2014 – Blaues Herz.
Macho, Thomas: *Ein blaues Herz auf der Stirn: Distinktionen des Schreckens*, Humboldt-Universität zu Berlin 2014 (= Konferenz-Vortrag im Rahmen des Basisprojekts ‚Piktogramme' des Exellenzclusters Bild Wissen Gestaltung).
MacNaughton 2011 – Tattoos.
MacNaughton, Alex (Hg.): *London Tattoos*, München: Prestel 2011.
Mader/Tarmann 2008 – Schmetterlinge.
Mader, Sylvia/Tarmann, Gerhard: „Über die Darstellung von Schmetterlingen in sechs niederländischen Barockstillleben des Ferdinandeums", in: Bernhard Braun/Leo Andergassen (Hg.), *Kunst Beziehung. Festschrift für Gert Ammann zum 65. Geburtstag*, Innsbruck: Universitätsverlag Wagner 2008 (= Schlern-Schriften, Band 343), S. 255–268.
Mae/Scherer 2013 – Nipponspiration.
Mae, Michiko/Scherer, Elisabeth (Hg.): *Nipponspiration. Japonismus und japanische Populärkultur im deutschsprachigen Raum*, Köln (u. a.): Böhlau 2013.
Malecki 1982 – Fragmentarisch.
Malecki, Herbert: „Fragmentarische Überlegungen zur Dimension des Fragmentarischen", in: Karl O. Blase (Hg.), *Torso als Prinzip*, Kasseler Kunstverein, Ausst.-Kat., 1982, S. 34–48.
Mammitzsch 1968 – Eunuch.
Mammitzsch, Ulrich H.-R.: *Wei Chung-hsien (1568–1628). A Reappraisal of the Eunuch and the Factional Strife at the Late Ming Court*, Hawaii, Univ., Diss., 1968.
Mancini (ca. 1628) 1956 – Pittura.
Mancini, Giulio: *Considerazioni sulla pittura (ca. 1628)*, hrsg. von Adriana Marucchi, Band 1, Rom: Accademia Nazionale dei Lincei 1956.
Mandelbaum 2008 – Horiyoshi III.
Mandelbaum, Jill: *Studying Horiyoshi III. A Westerner's Journey Into Japanese Tattoo*, Atglen: Schiffer 2008.
Manojlovic/Plöger et al. 2013 – Haut.
Zuerst war die Haut, hrsg. von Igor Manojlovic/Oliver Plöger/Jan Arend, Galerie Ruttkowski 68, Köln, Ausst., 2013 (= Lionheart Tattoo Gallery, Ausstellung Nr. 14).
Mapplethorpe 1983 – Lisa Lyon.
Mapplethorpe, Robert: *Lady Lisa Lyon*, München: Schirmer-Mosel 1983.
Marhenke-Constantinescu/May 1995 – Shunga.
Marhenke-Constantinescu, Dorit/May, Ekkehard: *Shunga, Erotic Art in Japan. Erotische Holzschnitte des 16. bis 19. Jahrhunderts*, Heidelberg: Braus 1995.
Martischnig 1987 – Tätowierung.
Martischnig, Michael: *Tätowierung ostasiatischer Art. Zu Sozialgeschichte und handwerklicher Ausführung von gewerblichem Hautstich in Vergangenheit und Gegenwart in Japan*, Wien: Verlag der Österreichischen Akademie der Wissenschaften 1987 (= Mitteilungen des Instituts für Gegenwartsvolkskunde, Band 19).
Maschka 1899 – Tätowierungsfrage.
Maschka, K.: „Zur Tätowierungsfrage", in: *Archiv für Kriminal-Anthropologie und Kriminalistik*, Band 1, Heft 4, 1899, S. 320–330.
McCallum 1995 – Tattoo.
McCallum, Donald: „Historical and Cultural Dimensions of the Tattoo in Japan", in: Arnold Rubin (Hg.), *Marks of Civilization. Artistic Transformations of the Human Body*, 3. Auflage, Los Angeles: University of California 1995, zuerst erschienen 1988, S. 109–134.
Mclean-Ferris 2010 – The Souls.
Mclean-Ferris, Laura: *Damien Hirst: The Souls, Paul Stolper Gallery, London*, The Independent 2010, independent.co.uk/arts-entertainment/art/reviews/damien-hirst-the-souls-paul-stolper-gallery-london-2100862.html vom 6.2.2013.
Megas 1971 – Amor und Psyche.
Megas, Georgios A.: *Das Märchen von Amor und Psyche in der griechischen Volksüberlieferung*, Athenai: Grapheion Demosieumaton tes Akademias Athenon 1971 (= Pragmateiai tes Akademias Athenon, Band 30) {aus dem Griechischen von Hedwig Schwent-Bertos}.

Meinardus 1991 – Jerusalem-Pilger.
Meinardus, Otto F. A.: „Jerusalemer Pilgerstätten auf Hamburger Armen. Zur Tätowierung eines Hamburger Jerusalem-Pilgers, 1669", in: *Beiträge zur deutschen Volks- und Altertumskunde*, Nr. 26, 1991, S. 117–122.

Meissner – Haartrachten.
Meissner, Kurt: *Haartrachten der Japanerinnen* [ohne Jahresangabe, etwa Mitte des 20. Jahrhunderts].

Metken 1997 – Gustave Courbet.
Metken, Günter: *Gustave Courbet, Der Ursprung der Welt: ein Lust-Stück*, München (u. a.): Prestel 1997.

Meyer 2008 – Performance Art.
Meyer, Helge: *Schmerz als Bild. Leiden und Selbstverletzung in der Performance Art*, Bielefeld: transcript 2008 (= Kultur- und Medientheorie), zugl.: Stuttgart, Univ., Diss., 2007.

Meyer 2011 – Tätowierung.
Meyer, Roland: „Exzess der Gegenwart. Ökonomie der Tätowierung um 1900", in: Sabine Kampmann/Anja Herrmann/Jörg Petri et al. (Hg.), *Tattoo*, Bielefeld: transcript 2011 (= *Querformat*, Heft 4), S. 51–54.

Meyer-Landrut 1997 – Fortuna.
Meyer-Landrut, Ehrengard: *Fortuna. Die Göttin des Glücks im Wandel der Zeiten*, München (u. a.): Deutscher Kunstverlag 1997.

Mifflin 2012 – Inkside Out.
Mifflin, Margot: *Inkside Out*, Artnews 2012, artnews.com/2012/12/10/%C2%ADinkside-out/ vom 24.3.2015.

Mifflin 2013 – Women and Tattoo.
—: *Bodies of Subversion. A Secret History of Women and Tattoo*, 3. Auflage, New York: Power House 2013, zuerst erschienen 1997.

Mifflin 2014 – Art and Tattoo.
—: „Cultures at a Crossroads: Fine Art and Tattoo", in: Brandts Museum for Art and Visual Culture (Hg.), *Tattoo. From Maritime Heroes to World Art*, Ausst.-Kat., Odense 2014, S. 96–101.

Mitamura 1970 – Eunuchs.
Mitamura, Taisuke: *Chinese Eunuchs. The Structure of Intimate Politics*, Rutland (u. a.): Tuttle 1970. Japanische Originalausgabe: *Kangan: Sokkin Seiji no Kozo*, Tokyo: Chuo Koron Sha 1963 {übersetzt von Charles A. Pomeroy}.

Möhring 2004 – Körperbildung.
Möhring, Maren: *Marmorleiber. Körperbildung in der deutschen Nacktkultur (1890–1930)*, Köln (u. a.): Böhlau 2004 (= Kölner historische Abhandlungen, Band 42), zugl.: München, Univ., Diss., 2001.

Möhring 2010 – Akt.
Möhring, Mariann: *Die begehrenswerte Frau als Thema. Eine Untersuchung des erotischen Akts am Beispiel von François Bouchers ‚Ruhendem Mädchen' und Gustave Courbets ‚Ursprung der Welt'*, Magisterarbeit, Universität Hamburg 2010.

Moormann/Uitterhoeve 2010 – Lexikon der antiken Gestalten.
Moormann, Eric M./Uitterhoeve, Wilfried: *Lexikon der antiken Gestalten. Von Alexander bis Zeus*, Stuttgart: Kröner 2010. Niederländische Originalausgabe: *Van Alexander tot Zeus. Figuren uit de klassieke mythologie en geschiedenis, met hun voortleven na de oudheid. Een Lexicon*, Amsterdam: Sun 2007 {übersetzt von Marinus Pütz}.

Moormann/Uitterhoeve 2010 – Aphrodite.
„[Art.] Aphrodite", in: Moormann/Uitterhoeve 2010 – Lexikon der antiken Gestalten, S. 79–88.

Moormann/Uitterhoeve 2010 – Moiren.
„[Art.] Moiren", in: Moormann/Uitterhoeve 2010 – Lexikon der antiken Gestalten, S. 452–453.

Moormann/Uitterhoeve 2010 – Psyche.
„[Art.] Psyche", in: Moormann/Uitterhoeve 2010 – Lexikon der antiken Gestalten, S. 574–579.

Morey [2011] – Dan Sinnes.
Morey, Crystal: *Crystal Morey Talks to Dan Sinnes About His Genital Genius*, Tattoo Artist Magazine [2011], tattooartistmagazineblog.com/2011/10/10/crystal-morey-dan-sinnes-tattoos-genital-penis-vagina-tattoo-artist-magazine-blog/ vom 26.2.2015.

Morineau 2007 – Yves Klein.
Morineau, Camille: „Von der Imprägnation zum Abdruck, vom Künstler zum Modell, von der Farbe zu ihrer Inkarnation", in: Museum Moderner Kunst Stiftung Ludwig Wien (Hg.), *Yves Klein*, Ausst.-Kat., Wien (u. a.): Springer 2007, S. 119–130.

Morita 1966 – Irezumi.
Morita, Ichiro: *Irezumi. Japanese Tattooing*, Tokyo: Zuhushinsha 1966.

Mosher 2005 – Tattoomotive.
Mosher, Jack: *100 japanische Tattoomotive. Traditionelle Motive der japanischen Tätowierkunst, ihre Bedeutungen und Geschichten*, Mannheim: Huber 2005.

Mullowney 2005 – Tattooing:
Wood. Skin. Ink. The Japanese Aesthetic in Modern Tattooing, hrsg. von Paul Mullowney, Hui No'eau Visual Arts Center Makawao, Ausst.-Kat., San Francisco: Hardy Marks 2005.

Musée du Petit-Palais 1984 – William Bouguereau.
William Bouguereau, 1825–1905, hrsg. von Musée du Petit-Palais, Paris, Ausst.-Kat., 1984.

Musée Océanographique de Monaco 2010 – Damien Hirst.
Damien Hirst. Cornucopia, hrsg. von Musée Océanographique de Monaco, Ausst.-Kat., London: Other Criteria/White Cube 2010.

Museum für Kunst und Gewerbe 2015 – Tattoo.
Tattoo, hrsg. von Museum für Kunst und Gewerbe Hamburg, Ausst.-Kat. (Begleitheft zur Ausstellung), 2015.

Nesselhauf 2014 – Tätowierung.
Nesselhauf, Jonas: „Auf dem Körper, unter der Haut. Eine kurze Literaturgeschichte der Tätowierung", in: Ute Seiderer/Michael Fisch (Hg.), *Haut und Hülle. Umschlag und Verpackung. Techniken des Umschließens und Verkleidens*, Berlin: Rotbuch 2014, S. 289–303.

Netto 1888 – Japan.
Netto, Curt: *Papierschmetterlinge aus Japan*, Leipzig: Weigel 1888.

Neuendorf 2014 – New Museum.
Neuendorf, Henri: *New Museum Makes Push to Classify Tattoos as Art*, Artnet 2014, news.artnet.com/in-brief/new-museum-makes-push-to-classify-tattoos-as-art-195316 vom 15.1.2015.

New York Post 2011 – Hirst Model.
New York Post: *Hirst Model Unzipped*, New York Post 2011, nypost.com/p/pagesix/hirst_ model_unzipped_ xWabrAwsawhgv6Dty9oXeL#ixzz1WWsPyu8F vom 9.2.2012.

Nochlin 1994 – Fragment.
Nochlin, Linda: *The Body in Pieces. The Fragment as a Metaphor of Modernity*, London: Thames and Hudson 1994.

O.V. 1890 – Rodemich.
O.V.: „[Tätowierter Fabrikarbeiter]", in: *Verhandlungen der Berliner Gesellschaft für Anthropologie, Ethnologie und Urgeschichte*, Band 22, 1890, S. 536.

O.V. 1912 – Leonardos Abendmahl.
—: „Leonardos ‚Abendmahl' als Tätowierung", in: *Hamburgischer Correspondent* (Morgen-Ausgabe), Jg. 182, Nr. 35 vom 20.1.1912, S. 3.

O.V. 1938 – Anordnung Himmler.
—: „Volksbelustigung – aber ohne Auswüchse! Anordnung Reichsführer SS Himmler", in: *8 Uhr-Blatt*, Jg. 20, Nr. 33 vom 8.2.1938, S. 8.

O.V. 1951 – Albert Heinze.
—: „Schlange auf der Stirn", in: *Der Spiegel*, Nr. 10, 1951, S. 8–9.

O.V. 2000 – Ruth & Hans Ullrich.
—: *Ruth & Hans Ullrich*, Tattoo Archive 2000, tattooarchive.com/tattoo_history/ullrich_ruth_hans.html vom 15.5.2015.

O.V. 2003 – Mildred Hull.
—: *Mildred Hull*, Tattoo Archive 2003, tattooarchive.com/tattoo_history/hull_mildred.html vom 15.5.2015.

O.V. 2005 – Chinese Tattoo.
—: *Skin Deep: Chinese Minority Tattoo Culture*, China Culture 2005, chinaculture.org/gb/en_curiosity/2004-03/17/content_46352.htm vom 9.8.2013.

O.V. 2007 – Künstler.
—: *Tätowierer sind keine Künstler*, Handelsblatt 2007, handelsblatt.com/karriere/nachrichten/urteil-des-bundessozialgerichts-taetowierer-sind-keine-kuenstler/2775864.html vom 12.12.2012.

O.V. 2008 – Schmetterlinge.
—: „Auch die Zarten kommen in den Garten. Schmetterlinge", in: *Tattoo-Spirit*, Nr. 33, 2008, S. 46–48.

O.V. 2008 – Schmetterling.
—: „Plüschig putzige Flatterviecher: Schmetterlinge", in: *Tattoo-Spirit*, Nr. 36, 2008, S. 34.

O.V. 2008 – Künstler.
—: *Tätowierer als Künstler anerkannt*, Spiegel Online 2008, spiegel.de/kultur/gesellschaft/gerichtsentscheidung-taetowierer-als-kuenstler-anerkannt-a-536890.html vom 12.12.2012.

O.V. 2010 – The Souls.
—: *Damien Hirst: The Souls Collection*, Art Republic 2010, artrepublic.com/articles/229-damien-hirst-the-souls-collection.html vom 24.7.2014.

O.V. 2012 – Kunsthalle Emden.
—: *Kunst geht in Emden unter die Haut*, Hannoversche Allgemeine 2012, haz.de/Nachrichten/Kultur/Uebersicht/Kunst-geht-in-Emden-unter-die-Haut vom 3.9.2012.

O.V. 2012 – Schmetterlinge.
—: „Schmetterlinge", in: *TattooStyle*, Nr. 1, 2012, S. 12–18.

O'Brian 1979 – Pablo Picasso.
O'Brian, Patrick: *Pablo Picasso. Eine Biographie*, Hamburg: Hoffmann und Campe 1979. Englische

Originalausgabe: *Pablo Ruiz Picasso. A Biography*, London: Collins 1976 {übersetzt von Christian Spiel}.

O'Doherty 1992 – Die weisse Zelle.
O'Doherty, Brian: „Die weiße Zelle und ihre Vorgänger", in: Wolfgang Kemp (Hg.), *Der Betrachter ist im Bild. Kunstwissenschaft und Rezeptionsästhetik*, Neuausg., erw. und bibliogr. auf den neuesten Stand gebracht, Berlin: Reimer 1992 (= Kunstgeschichte zur Einführung), zuerst erschienen 1985, S. 333–347.

Oberer 2013 – Tätowierung.
Oberer, Raffaela: *Die Tätowierung in der modernen Kunst. Ein Überblick über Geschichte, Entwicklung und Vorkommen der Hautstichkunst im Werk moderner Künstler*, Saarbrücken: AV Akademikerverlag 2013 (= Reihe Geisteswissenschaften), zugl.: Graz, Univ., Diplomarbeit, 2011.

Oettermann 1985 – Tätowierung.
Oettermann, Stephan: *Zeichen auf der Haut. Die Geschichte der Tätowierung in Europa*, 2. Auflage, Frankfurt am Main: Syndikat 1985 (= Taschenbücher Syndikat, EVA, Band 61), zuerst erschienen 1979.

Oettermann 1991 – Christian Warlich.
—: *Christian Warlich. Tätowierungen. Vorlagealbum des Königs der Tätowierer*, 3. Auflage, Dortmund: Harenberg 1991 (= Die bibliophilen Taschenbücher, Band 277), zuerst erschienen 1981.

Oettermann 1991 – Tätowierung in Europa.
—: „Tätowierung in Europa", in: Oettermann 1991 – Christian Warlich, S. 76–98.

Oettermann 2000 – Entertainers.
—: „On Display: Tattooed Entertainers in America and Germany", in: Jane Caplan (Hg.), *Written on the Body. The Tattoo in European and American History*, Princeton University Press 2000, S. 193–211.

Okazaki 2013 – Wabori.
Okazaki, Manami: *Wabori. Traditional Japanese Tattoo*, Kingyo 2013.

Omori 2011 – Ed Hardy.
Omori, Emiko (Regie): *Ed Hardy: Tattoo the World*, 2011.

Orend/Gagné 2009 – Logo Tattoos.
Orend, Angela/Gagné, Patricia: „Corporate Logo Tattoos and the Commodification of the Body", in: *Journal of Contemporary Ethnography*, Jg. 38, Nr. 4, 2009, S. 493–517.

Ortwig/Kryszons 2011 – Dordrechts Museum.
Ortwig, Jari/Kryszons, Jan: „Kunst, die unter die Haut geht", in: Sabine Kampmann/Anja Herrmann/Jörg Petri et al. (Hg.), *Tattoo*, Bielefeld: transcript 2011 (= *Querformat*, Heft 4), S. 64–69.

Osterud 2013 – Churchill.
Osterud, Amelia Klem: „The Metaphorical Snake Tattoo of Lady Randolph Churchill", in: *Things & Ink*, Nr. 2 (The Face Issue), 2013, S. 81–83.

Osterud 2014 – Tattooed Lady.
—: *The Tattooed Lady: A History*, Golden: Taylor Trade 2014, zuerst erschienen 2009.

Pabst/Letofsky-Papst et al. 2009 – Tyrolean Iceman.
Pabst, M. A./Letofsky-Papst, I./Bock, E./Moser, M./Dorfer, L./Egarter-Vigl, E./Hofer, F.: „The Tattoos of the Tyrolean Iceman. A Light Microscopical, Ultrastructural and Element Analytical Study", in: *Journal of Archaeological Science*, Jg. 36, Nr. 10, 2009, S. 2335–2341.

Pacha 1960 – Tätowierung.
Pacha, Maleen: *Herz in der Hose. Die Geheimnisse der Tätowierung*, München: Feder 1960.

Paleari 2003 – Leu Family.
Paleari, Fabio: *The Leu Family's Iron*, London: Trolley 2003.

Parent-Duchâtelet 1836 – Prostitution.
Parent-Duchâtelet, Alexandre-Jean-Baptiste: *De la prostitution dans la ville de Paris. Considérée sous le rapport de l'hygiène publique, de la morale et de l'administration*, Paris: Baillière 1836.

Parent-Duchâtelet 1837 – Sittenverderbniss.
—: *Die Sittenverderbniß (la Prostitution) des weiblichen Geschlechts in Paris. Aus dem gesichtspunkte der Polizei, öffentlichen Gesundheitspflege und Sittlichkeit*, 1. Teil, Leipzig: Fleischer 1837. Französische Originalausgabe: Parent-Duchâtelet 1836 – Prostitution {übersetzt von G. W. Becker}.

Parry (1933) 2006 – Tattoo.
Parry, Albert: *Tattoo. Secrets of a Strange Art*, Mineola: Dover 2006, zuerst erschienen 1933.

Pearlstein/Castellón 1978 – Aesthetics of Graffiti.
Aesthetics of Graffiti, hrsg. von Howard J. Pearlstein und Rolando Castellón, Museum of Modern Art, San Francisco, Ausst.-Kat., 1978.

Petermann 1993 – Tätowierung.
Petermann, Werner: „Die Kunst, die unter die Haut geht", in: Adolf Spamer, *Die Tätowierung in den deutschen Hafenstädten. Ein Versuch zur Erfassung ihrer Formen und ihres Bildgutes*, hrsg. von Markus Eberwein/Werner Petermann, München: Trickster 1993, S. 7–17.

Pfisterer/Zimmermann 2005 – Kunstwerk.
Pfisterer, Ulrich/Zimmermann, Anja (Hg.): *Animationen, Transgressionen. Das Kunstwerk als Lebewesen*, Berlin: Akademie 2005 (= Hamburger Forschungen zur Kunstgeschichte. Studien, Theorien, Quellen, Band 4).

Picabia 1998.
Francis Picabia. Classique et Merveilleux, Galerie Beaubourg, Vence, Ausst.-Kat., Paris: Éditions de la Différence 1998.

Pichler 2011 – Gefängnistätowierungen.
Pichler, Klaus: *Fürs Leben gezeichnet. Gefängnistätowierungen und ihre Träger*, Salzburg: Fotohof 2011.

Pierrat/Guillon 2004 – Biribi.
Pierrat, Jérôme/Guillon, Eric: *Les vrais, les durs, les tatoués. Le tatouage à Biribi*, Clichy: Larivière 2004.

Pierrat/Guillon 2013 – Portraits.
—: *Mauvais garçons. Portraits de tatoués, 1890–1930*, Paris: La manufacture de livres 2013.

Pinet 1990 – Torsi.
Pinet, Hélène: „Weibliche Torsi in der Photographie", in: *Das Fragment. Der Körper in Stücken*, Schirn Kunsthalle, Frankfurt, Ausst.-Kat., 1990, S. 155–157.

Pirenne-Delforge/Ley 1996 – Aphrodite.
Pirenne-Delforge, Vinciane/Ley, Anne: „Aphrodite", in: Hubert Cancik/Helmuth Schneider (Hg.), *Der neue Pauly. Enzyklopädie der Antike*, Band 1, Stuttgart (u. a.): Metzler 1996, Sp. 838–844.

Pitts 2003 – Body Modification.
Pitts, Victoria L.: *In The Flesh. The Cultural Politics of Body Modification*, New York: Palgrave Macmillan 2003.

Polleit Riechert 2013 – Kunstmarkt.
Polleit Riechert, Ruth: *Preisentwicklung und Marketing im zeitgenössischen Kunstmarkt des 21. Jahrhunderts von 2000 bis 2007*, Hamburg: Dr. Kovac 2013 (= Schriften zur Kunstgeschichte, Band 43), zugl.: Düsseldorf, Univ., Diss., 2010.

Pons 2000 – Corps tatoué.
Pons, Philippe: *Peau de brocart. Le corps tatoué au Japon*, Paris: Seuil 2000.

Poostchi 2011 – Chapmans.
Poostchi, Becky: „Jake and Dinos Head to Head", in: *Garage Magazine*, Nr. 1, 2011, S. 125–127.

Poysden 2009 – Tattooing.
Poysden, Mark: „Japanese Tattooing Today", in: Society for Japanese Arts (Hg.), *Japan Tattoo. Tattoos in Japanese Prints*, SieboldHuis, Leiden, Ausst.-Kat., 2009 (= Andon, Band 87), S. 44–56.

Poysden/Bratt 2006 – Body Suit.
Poysden, Mark/Bratt, Marco: *A History of Japanese Body Suit Tattooing*, Amsterdam: KIT 2006.

Prater 1992 – Caravaggio.
Prater, Andreas: *Licht und Farbe bei Caravaggio. Studien zur Ästhetik und Ikonologie des Helldunkels*, Stuttgart: Steiner 1992.

Prüwer 2012 – Body Modification.
Prüwer, Tobias: *Fürs Leben gezeichnet. Body Modification und Körperdiskurse*, Berlin: Parodos 2012 (= Gedanken, Band 12).

Purdy 1896 – Tattooing.
Purdy, W. D.: *Tattooing. How to tattoo, what to use & how to use them*, London: Pike's Steam 1896.

Reemtsma 2013 – Vertrauen und Gewalt.
Reemtsma, Jan P.: *Vertrauen und Gewalt. Versuch über eine besondere Konstellation der Moderne*, Hamburger Edition 2013, zuerst erschienen 2008.

Reidemeister 1965 – Japonismus.
Der Japonismus in der Malerei und Graphik des 19. Jahrhunderts, hrsg. von Leopold Reidemeister, Staatliche Museen der Stiftung Preußischer Kulturbesitz im Haus am Waldsee, Berlin, Ausst.-Kat., 1965.

Reinke/Sedholm 2014 – Mick Tattoo.
Reinke, Alex/Sedholm, Matti (Hg.): *Mick*, London: Kofuu Senju 2014.

Reiter 2011 – Amund Dietzel.
Reiter, Jon: *These Old Blue Arms. The Life and Work of Amund Dietzel*, 2. Auflage, Milwaukee: Solid State 2011, zuerst erschienen 2010.

Reiter 2011 – Amund Dietzel (2).
—: *These Old Blue Arms. The Life and Work of Amund Dietzel*, Band 2, Milwaukee: Solid State 2011.

Reiter 2012 – George Burchett.
—: *King of Tattooists. The Life and Work of George Burchett*, Milwaukee: Solid State 2012.

Reitzenstein 1912 – Amor und Psyche.
Reitzenstein, Richard: *Das Märchen von Amor und Psyche bei Apuleius*, Leipzig (u. a.): Teubner 1912.

Reitzenstein (1914) 1968 – Eros und Psyche.
—: „Eros und Psyche in der ägyptisch-griechischen Kleinkunst (1914)", in: Gerhard Binder/Reinhold Merkelbach (Hg.), *Amor und Psyche*, Darmstadt: Wissenschaftliche Buchgesellschaft 1968 (= Wege der Forschung, Band 126), S. 159–174.

Renaut 2008 – Tätowierung.
Renaut, Luc: „Die Tradition der weiblichen Tätowierung seit dem Altertum. Schönheit, Liebesspiel und soziale Wertschätzung", in: Annette Geiger (Hg.), *Der*

schöne Körper. Mode und Kosmetik in Kunst und Gesellschaft, Köln (u. a.): Böhlau 2008, S. 91–112.
REUTHER 2008 – DAMIEN HIRST.
Reuther, Annette: *Hirst übertrifft alle Erwartungen*, art 2008, art-magazin.de/kunstmarkt/10454/damien_hirst vom 4.8.2014.
REYNOLDS 2011 – HEINE BRAECK.
Reynolds, Emma: *Man Who Lost Arm in Freak Accident Has Stump Transformed by Tattoo Artist into Dolphin's Head*, Mail Online 2011, dailymail.co.uk/news/article-2068777/Man-lost-arm-freak-accident-stump-transformed-tattoo-artist-dolphins-head.html#axzz2KJMOl4XN vom 8.2.2013.
RICHARDSON 1991 – PABLO PICASSO.
Richardson, John: *Picasso. Leben und Werk*, München: Kindler 1991. Englische Originalausgabe: *A Life of Picasso*, London: Cape 1991 {übersetzt von Gerda Kurz und Siglinde Summerer}.
RICHIE/BURUMA 1980 – JAPANESE TATTOO.
Richie, Donald/Buruma, Ian: *The Japanese Tattoo*, New York (u. a.): Weatherhill 1980.
RICHTER 1985 – TATTOO.
Richter, Stefan: *Tattoo*, London (u. a.): Quartet 1985.
RIECKE 1925 – TATAUIERUNGSWESEN.
Riecke, Erhard: *Das Tatauierungswesen im heutigen Europa*, Jena: Fischer 1925.
RIEGL (1897/1898) 1966 – GRAMMATIK.
Riegl, Alois: *Historische Grammatik der bildenden Künste*, hrsg. von Karl M. Swoboda/Otto Pächt, Graz (u. a.): Böhlau 1966 (Buchmanuskript von 1897/1898).
RIEGLER 1987 – SCHMETTERLING.
Riegler, R.: „[Art.] Schmetterling", in: Hanns Bächtold-Stäubli (Hg.), *Handwörterbuch des deutschen Aberglaubens*, Band 7, Berlin (u. a.): de Gruyter 1987, zuerst erschienen 1935/1936, Sp. 1237–1254.
RILKE 1929 – BRIEFE.
Rilke, Rainer M.: *Briefe an einen jungen Dichter*, Leipzig: Insel 1929 (= Insel-Bücherei, Band 406).
ROBERT 1919 – PROMETHEUS.
„[Art.] T. Prometheus", in: Carl Robert, *Die antiken Sarkophag-Reliefs*, Band 3, Berlin: Grote'sche Verlagsbuchhandlung 1919, S. 436–449.
RÖDEL 2004 – JAPANISCHE TÄTOWIERUNGEN.
Rödel, Dirk-Boris: *Alles über japanische Tätowierungen. Die japanische Tätowierkunst der Edo-Zeit und ihre Entwicklung bis zur Gegenwart*, Uhlstädt-Kirchhasel: Arun 2004, zugl.: Tübingen, Univ., Magisterarbeit, 1999.
RÖDEL 2008 – TATTOO MOTIVE.
—: „Japanische Tattoo Motive", in: *TätowierMagazin*, Nr. 4, 2008, S. 128–133.
RÖDEL 2013 – TÄTOWIERKUNST.
—: „Die japanische Tätowierkunst. Vom Fan-Accessoire zum Kunsthandwerk", in: Stefanie Dathe (Hg.), *Gestochen scharf.* Ausst.-Kat., Burgrieden-Rot 2013 (= Museum Villa Rot, Band 01/13), S. 33–36.
RÖDEL 2014 – TATTOO-MOTIVE.
—: „Back to Basic. Die zehn Klassiker unter den Tattoo-Motiven", in: *TätowierMagazin*, Nr. 1, 2014, S. 132–135.
ROHR 2010 – TATTOOS.
Rohr, Elisabeth: „Vom sakralen Ritual zum jugendkulturellen Design. Zur sozialen und psychischen Bedeutung von Piercings und Tattoos", in: Anke Abraham/Beatrice Müller (Hg.), *Körperhandeln und Körpererleben. Multidisziplinäre Perspektiven auf ein brisantes Feld*, Bielefeld: transcript 2010 (= KörperKulturen), S. 225–243.
ROSEN 2003 – DISEGNO UND COLORE.
Rosen, Valeska v.: „Disegno und Colore", in: Ulrich Pfisterer (Hg.), *Metzler Lexikon Kunstwissenschaft. Ideen, Methoden, Begriffe*, Darmstadt: Wissenschaftliche Buchgesellschaft 2003, S. 71–73.
ROSENTHAL/VANDERBEKE 2015 – SKIN.
Rosenthal, Caroline/Vanderbeke, Dirk (Hg.): *Probing the Skin. Cultural Representations of Our Contact Zone*, Cambridge Scholars Publishing 2015.
RUBIN 1995 – TATTOO RENAISSANCE.
Rubin, Arnold: „The Tattoo Renaissance", in: Arnold Rubin (Hg.), *Marks of Civilization. Artistic Transformations of the Human Body*, 3. Auflage, Los Angeles: University of California 1995, zuerst erschienen 1988, S. 233–262.
RUHNKE 1974 – TÄTOWIERUNG.
Ruhnke, Christa: *Die Tätowierung. Eine soziokulturelle und medizinische Betrachtung*, Marburg, Univ., Diss., 1974.
RUKSCHCIO/SCHACHEL 1982 – ADOLF LOOS.
Rukschcio, Burkhard/Schachel, Roland: *Adolf Loos. Leben und Werk*, Salzburg (u. a.): Residenz 1982 (= Veröffentlichungen der Albertina, Band 17).
RUSLI 2013 – INSTAGRAM.
Rusli, Evelyn M.: *150 Millionen Nutzer. Instagram wächst und setzt auf Werbung*, The Wall Street Journal 2013, wsj.de/article/SB10001424127887323595004579064314258080636.html vom 21.11.2013.

Ruts/Schuler 2002 – BilderbuchMenschen.
Ruts, Oliver/Schuler, Andrea: *BilderbuchMenschen. Tätowierte Passionen. 1878–1952. Portraitiert und photographiert von Herbert Hoffmann*, Berlin: Memoria Pulp 2002.
Rzepinska/Malcharek 1986 – Tenebrism.
Rzepinska, Maria/Malcharek, Krystyna: „Tenebrism in Baroque Painting and Its Ideological Background“, in: *Artibus et Historiae*, Jg. 7, Nr. 13, 1986, S. 91–112.

Sachs/Badstübner et al. 1998 – Insekten.
„[Art.] Insekten“, in: Hannelore Sachs/Ernst Badstübner/Helga Neumann, *Christliche Ikonographie in Stichworten*, 7. Auflage, München (u. a.): Koehler & Amelang 1998, zuerst erschienen 1973, S. 194–195.
Sachs-Hombach 2005 – Bildwissenschaft.
Sachs-Hombach, Klaus (Hg.): *Bildwissenschaft. Disziplinen, Themen, Methoden*, Frankfurt am Main: Suhrkamp 2005 (= Suhrkamp-Taschenbuch Wissenschaft, Band 1751).
Saldern 2008 – Zwickel-Erlass.
Saldern, Adelheid v.: „Der Zwickel-Erlass von 1932 oder: Die ‚Nacktheit der deutschen Seele‘“, in: Belinda Davis/Thomas Lindenberger/Michael Wildt (Hg.), *Alltag, Erfahrung, Eigensinn. Historisch-anthropologische Erkundungen*, Frankfurt am Main (u. a.): Campus 2008, S. 169–187.
Sanders 2008 – Tattooing.
Sanders, Clinton R.: *Customizing the Body. The Art and Culture of Tattooing*, 2. Auflage, Philadelphia: Temple University Press 2008, zuerst erschienen 1989.
Sanyal 2009 – Vulva.
Sanyal, Mithu M.: *Vulva. Die Enthüllung des unsichtbaren Geschlechts*, Berlin: Wagenbach 2009.
Savill 2013 – Tattooable.
Savill, Kelli: „What Makes a Piece of Art Tattooable“, in: *Things & Ink*, Nr. 4 (The Art Issue), 2013, S. 32–33.
Schack 1989 – Horst Janssen.
Schack, Gerhard: *Horst Janssen. Drache und Schmetterling. Zeichnungen und Radierungen nach japanischen Vorbildern*, München: Prestel 1989.
Schad 1982 – Notizen.
Schad, Christian: „Notizen zu meinen Bildern“, in: *art*, Nr. 5, 1982, S. 44–45.
Schade 1987 – Körper.
Schade, Sigrid: „Der Mythos des ‚Ganzen Körpers‘. Das Fragmentarische in der Kunst des 20. Jahrhunderts als Dekonstruktion bürgerlicher Totalitätskonzepte“, in: Ilsebill Barta (Hg.), *Frauen, Bilder, Männer, Mythen. Kunsthistorische Beiträge*, Berlin: Reimer 1987 (= Kunsthistorikerinnentagung, Band 3), S. 239–260.
Schade 1994 – Andere Körper.
—: „Andere Körper. Kunst, Politik und Repräsentation in den 80er und 90er Jahren“, in: Sigrid Schade (Hg.), *Andere Körper*, Offenes Kulturhaus Linz, Ausst.-Kat., Wien: Passagen 1994 (= Offenes Kulturhaus, Band 8), S. 10–25.
Schadner 2010 – Tätowierung.
Schadner, Philipp: *Tätowierung & Irezumi – An Expression of Resistance*, Diplomarbeit, Universität Wien 2010.
Scheidel/Kurz 2012 – Mastektomie.
Scheidel, Peter/Kurz, Tobias: *Mastektomie – konventionelle, mamillenersetzende und mamillenerhaltende Verfahren*, Kooperatives Mammazentrum Hamburg, Krankenhaus Jerusalem 2012, frauenheilkunde-aktuell.ch/frauenheilkunde-d/PDF-Ordner-FHA-Frauenheilkunde-aktuell/Frauenheilkunde-Aktuell-Ausgabe-12-04/Mastektomie-konventionelle-mamillenersetzende-mamillenerhaltende-Verfahren.pdf vom 4.4.14.
Schiffmacher 2010 – Encyclopedia.
Schiffmacher, Henk: *Encyclopedia for the Art and History of Tattooing*, hrsg. von Almar Seinen, Amsterdam: Carrera 2010. Niederländische Originalausgabe: *Lexicon der Tatoeages – Van Aarsgewei tot Zwitserland*, Amsterdam: Carrera 2008 {übersetzt von Ingmar Kloos}.
Schimitschek 1977 – Insekten.
Schimitschek, Erwin: *Insekten in der bildenden Kunst im Wandel der Zeiten in psychogenetischer Sicht*, Wien: Naturhistorisches Museum 1977 (= Veröffentlichungen des Naturhistorischen Museums Wien, Folge 14).
Schleicher 2012 – AKA.
Schleicher, Sabrina: „Dot-Works aus Neukölln. Der Berliner Kunstraum AKA verbindet Tattoos, Kunst, Design und Mode“, in: *Kunstzeitung*, Nr. 186, 2012, S. 21.
Schlosser 1908 – Wunderkammern.
Schlosser, Julius v.: *Die Kunst- und Wunderkammern der Spätrenaissance. Ein Beitrag zur Geschichte des Sammelwesens*, Leipzig: Klinkhardt & Biermann 1908 (= Monographien des Kunstgewerbes, Band 11).
Schmidt 1996 – Tattoo.
Tattoo. Bilder die unter die Haut gehen, hrsg. von Hans-Werner Schmidt, Kunsthalle zu Kiel, Ausst.-Kat., 1996.
Schmook 1993 – Gesunkenes Kulturgut.
Schmook, Reinhard: *‚Gesunkenes Kulturgut – primitive Gemeinschaft‘. Der Germanist Hans Naumann*

(1886–1951) in seiner Bedeutung für die Volkskunde, Wien: Helmut-P.-Fielhauer-Freundeskreis – Gesellschaft für Volkskunde und Kulturanalyse c/o Institut für Volkskunde der Universität Wien 1993 (= Beiträge zur Volkskunde und Kulturanalyse, Band 7), zugl.: Berlin, Univ., Diss., 1988.

Schmuckmuseum Pforzheim 1978 – Zierkämme.
Zierkämme und ornamentaler Haarschmuck aus Japan. Aus der Sammlung Chiyo Okazaki, hrsg. von Schmuckmuseum Pforzheim, Ausst.-Kat., 1978.

Schneede 2002 – Körper.
Schneede, Marina: *Mit Haut und Haaren. Der Körper in der zeitgenössischen Kunst*, Köln: DuMont 2002.

Schnell 1980 – Torso.
Schnell, Werner: *Der Torso als Problem der modernen Kunst*, Berlin: Mann 1980.

Scholz 2007 – Tor ins Leben.
Scholz, Grit: *Das Tor ins Leben. The Gate to Life*, Belzig: LebensGut 2007.

Scholz 1997 – Entmannter Eros.
Scholz, Piotr O.: *Der entmannte Eros. Eine Kulturgeschichte*, Düsseldorf (u. a.): Artemis & Winkler 1997.

Schönfeld 1960 – Körperbemalen.
Schönfeld, Walther: *Körperbemalen, Brandmarken, Tätowieren. Nach griechischen, römischen Schriftstellern, Dichtern, neuzeitlichen Veröffentlichungen und eigenen Erfahrungen, vorzüglich in Europa*, Heidelberg: Hüthig 1960.

Schulte von Drach 2010 – Verbrecher.
Schulte von Drach, Markus C.: *Gibt es den geborenen Verbrecher?*, Süddeutsche Zeitung 2010, sueddeutsche.de/wissen/frage-der-woche-gibt-es-den-geborenen-verbrecher-1.598237 vom 29.12.2014.

Schuth 1988 – Schmetterling.
Schuth, Gabriele: „Der Nachbar des Schönen ist der Tod. Zur Symbolgeschichte des Schmetterlings“, in: *Geist und Leben*, Jg. 61, Nr. 6, 1988, S. 416–435.

Schwaiger 2006 – Ukiyo-e & Horimono.
Schwaiger, Marc: *Ukiyo-e & Horimono. Tätowierungen in japanischen Holzschnitten und Holzschnitte in japanischen Tätowierungen*, Magisterarbeit, Universität Innsbruck 2006.

Schweikhart 1982 – Torso.
Schweikhart, Gunter: „Torso: Zur Geschichte und Bedeutung zerstörter Antiken in Mittelalter und Neuzeit“, in: Karl O. Blase (Hg.), *Torso als Prinzip*, Kasseler Kunstverein, Ausst.-Kat., 1982, S. 10–33.

Scott 1885 – Tongking.
Scott, James G.: *France and Tongking. A narrative of the Campaign of 1884 and the Occupation of Further India*, London: Fisher Unwin 1885.

Screech 2009 – Erotic Images.
Screech, Timon: *Sex and the Floating World. Erotic Images in Japan, 1700–1820*, 2. Auflage, London: Reaktion 2009, zuerst erschienen 1999.

Scutt/Gotch 1986 – Tattooing.
Scutt, Robert W. B./Gotch, Christopher: *Art, Sex and Symbol. The Mystery of Tattooing*, 2. Auflage, London (u. a.): Cornwall Books 1986, zuerst erschienen 1974.

Seib 1994 – Schmetterling.
Seib, Gerhard: „[Art.] Schmetterling“, in: Engelbert Kirschbaum (Hg.), *Lexikon der christlichen Ikonographie*, Band 4, Rom (u. a.): Herder 1994, Sp. 96.

Seibert 1980 – Schmetterling.
„[Art.] Schmetterling“, in: Jutta Seibert, *Lexikon christlicher Kunst. Themen, Gestalten, Symbole*, Freiburg (u. a.): Herder 1980, S. 280.

Seidel 1994 – Taxidermie.
Taxidermie. Zwischen Kunst und Natur. Tierpräparation im Museum, hrsg. von Andreas Seidel, Museum für Naturkunde, Magdeburg, Ausst.-Kat., 1994 (= Museumsschrift – Museum für Naturkunde Magdeburg, Band 2).

Seiderer/Fisch 2014 – Haut und Hülle.
Seiderer, Ute/Fisch, Michael (Hg.): *Haut und Hülle. Umschlag und Verpackung. Techniken des Umschließens und Verkleidens*, Berlin: Rotbuch 2014.

Semper (1856) 1987 – Schmuck.
Semper, Gottfried: *Über die formelle Gesetzmässigkeit des Schmuckes und dessen Bedeutung als Kunstsymbol (1856)*, hrsg. von Hein Stünke, Berlin: Alexander 1987 (= Schriften zur Kunsttheorie, Band 3).

Shaver/Miyamoto et al. 1998 – Work Coats.
Shaver, Cynthia/Miyamoto, Noriko/Yoshioka, Sachio: *Hanten and Happi. Traditional Japanese Work Coats: Bold Designs and Colorful Images*, Kyoto: Shikosha 1998 (= Sumi Collection).

Siegert 2005 – Bild-Störung.
Siegert, Bernhard: „Der Blick als Bild-Störung. Zwischen Mimesis und Mimikry“, in: Claudia Blümle/Anne von der Heiden (Hg.), *Blickzähmung und Augentäuschung. Zu Jacques Lacans Bildtheorie*, Zürich (u. a.): Diaphanes 2005, S. 103–126.

Simon 2013 – Tattoo.
Simon, Stefan: *Was ein kleines Tattoo mit Kunst zu tun hat*, Südkurier 2013, suedkurier.de/region/schwarzwald-baar-heuberg/tuttlingen/Was-ein-kleines-Tattoo-mit-Kunst-zu-tun-hat;art372539,6154695 vom 22.7.2013.

Smart 1977 – Tagfalter.
Smart, Paul: *Kosmos-Enzyklopädie der Schmetterlinge. Die Tagfalter der Erde in Farbe, über 2000 Arten in Lebensgröße*, Stuttgart: Franckh 1977.
Society for Japanese Arts 2009 – Japan Tattoo.
Japan Tattoo. Tattoos in Japanese Prints, hrsg. von Society for Japanese Arts, SieboldHuis, Leiden, Ausst.-Kat., 2009 (= Andon, Band 87).
Spamer 1993 – Tätowierung.
Spamer, Adolf: *Die Tätowierung in den deutschen Hafenstädten. Ein Versuch zur Erfassung ihrer Formen und ihres Bildgutes*, hrsg. von Markus Eberwein/Werner Petermann, München: Trickster 1993, zuerst erschienen 1933 (in: *Niederdeutsche Zeitschrift für Volkskunde*, Nr. 11, 1933, S. 1–55; 129–182).
Spiegler 2003 – Canvas.
Spiegler, Marc: „When Human Beings Are the Canvas", in: *Art News*, Juni, 2003, S. 94–97.
Staatliche Museen zu Berlin – , Nishikawa Sukenobu.
Staatliche Museen zu Berlin: *Wartende Schönheit*, SMB-digital, smb-digital.de/eMuseumPlus?service=External Interface&module=collection&objectId=978447&viewType=detailView vom 26.7.2013.
Stallabrass 2006 – Young British Art.
Stallabrass, Julian: *High Art Lite. The Rise and Fall of Young British Art*, London: Verso 2006, zuerst erschienen 1999.
Stecher 2011 – Tattoos.
Stecher, Hanno: *Tattoos als Mainstream: Kunst, die unter die Haut geht*, Zeit Online 2011, zeit.de/lebensart/mode/2011-05/tattoo-kunst-aka vom 9.2.2012.
Steinacker 2013 – Zirkuswelten.
Vom Zauber der Manege. Zirkuswelten in der Kunst des 20. Jahrhunderts, hrsg. von Nadine Steinacker, Kunsthaus Apolda Avantgarde, Ausst.-Kat., Weimar: Verlag und Datenbank für Geisteswissenschaften 2013.
Steiner 1985 – Symmetrie bei Tieren.
Steiner, Gerolf: „Über Symmetrie bei Tieren", in: Heinrich Stork (Hg.), *Symmetrie*, Köln: Aulis-Verlag Deubner 1985, S. 187–211.
Stent 1877 – Eunuchs.
Stent, G. C.: „Chinese Eunuchs", in: *Journal of the North-China Branch of the Royal Asiatic Society*, Nr. 11, 1877, S. 143–184.
Stephen 1898 – Tattooed Royalty.
Stephen, R. J.: „Tattooed Royalty. Queer Stories of a Queer Craze", in: *Harmsworth Magazine*, Nr. 1, 1898, S. 472–475.
Steward 1990 – Tattoos.
Steward, Samuel M.: *Bad Boys and Tough Tattoos. A Social History of the Tattoo with Gangs, Sailors and Street-Corner Punks 1950–1965*, Binghamton: Haworth 1990 (= Haworth series in gay & lesbian studies, Band 3).
Stich 1994 – Yves Klein.
Yves Klein, hrsg. von Sidra Stich, Museum Ludwig, Köln, Ausst.-Kat., Stuttgart: Cantz 1994.
Stockinger 2000 – Folterstudio.
Stockinger, Günther: „Freiwillig ins Folterstudio", in: *Der Spiegel*, Nr. 13, 2000, S. 298–300.
Stolper/Other Criteria 2011 – The Souls.
Damien Hirst. The Souls, hrsg. von Paul Stolper und Other Criteria, Paul Stolper Gallery, London, Ausst.-Kat., 2011.
Strasser 2005 – Verbrechermenschen.
Strasser, Peter: *Verbrechermenschen. Zur kriminalwissenschaftlichen Erzeugung des Bösen*, 2. Auflage, Frankfurt am Main (u. a.): Campus 2005 (= Campus-Bibliothek), zuerst erschienen 1984.
Strüder 1935 – Charakter.
Strüder, J.: „Kann man aus dem Bildgut der tätowierten Gefangenen auf ihren Charakter und ihre Verbrechensart schließen?", in: *Die medizinische Welt*, Jg. 9, Nr. 41, 1935, S. 1485–1489.
Stübel 1937 – Li-Stämme.
Stübel, Hans: *Die Li-Stämme der Insel Hainan. Ein Beitrag zur Volkskunde Südchinas*, Berlin: Klinkhardt & Biermann 1937.
Sullivan 2001 – Tattooed Bodies.
Sullivan, Nikki: *Tattooed Bodies. Subjectivity, Textuality, Ethics, and Pleasure*, Westport: Praeger 2001.
Sweetman 1999 – Body Modification.
Sweetman, Paul: „Anchoring the (Postmodern) Self? Body Modification, Fashion and Identity", in: *Body & Society*, Jg. 5, Nr. 2-3, 1999, S. 51–76.

Tattoo Archive – Mildred Hull.
Tattoo Archive: *Life & Times. Mildred Hull*, Winston-Salem [ohne Jahresangabe, wohl um 2003].
Thibaut 2012 – Idealisten.
Thibaut, Matthias: *Nur Idealisten können teuer kaufen*, Handelsblatt 2012, handelsblatt.com/panorama/kunstmarkt/vermoegensanlage-kunst-nur-idealisten-koennen-teuer-kaufen/7305486.html vom 25.7.2014.
Thiele 1999 – Valie Export.
Thiele, Carmela: „Kunst als Gegenwehr", in: *Kritisches Lexikon der Gegenwartskunst*, Nr. 47, Heft 18, 1999, S. 3–11.

Thomas/Cole et al. 2005 – Tattoo.
Thomas, Nicholas/Cole, Anna/Douglas, Bronwen (Hg.): *Tattoo. Bodies, Art and Exchange in the Pacific and the West*, London: Reaktion 2005.
Thümmel 1998 – Damien Hirst.
Thümmel, Konstanze: *‚Shark Wanted'. Untersuchungen zum Umgang zeitgenössischer Künstler mit lebenden und toten Tieren am Beispiel der Arbeiten von Damien Hirst*, Marburg: Tectum 1998 (= Edition Wissenschaft; Reihe Kunstgeschichte, Band 8), zugl.: Freiburg, Univ., Diss., 1997.
Tolstichin 2015 – Bilderfahrzeug.
Tolstichin, Elena: *„Wandelnde Gemälde" oder: Das Bilderfahrzeug Körper*, Forschungsverbund „Bilderfahrzeuge. Aby Warburg's Legacy and the Future of Iconology" 2015, https://iconology.hypotheses.org/1281 vom 30.6.2015.
Torres 2007 – Lepido-Mosaic Art.
Torres, Elisa E.: „Lepido-Mosaic Art", in: *Sawaddi*, Jg. 53, Nr. 3, 2007, S. 14–19.
Tougher 2002 – Eunuchs.
Tougher, Shaun (Hg.): *Eunuchs in Antiquity and Beyond*, London: The Classical Press of Wales 2002.
Trampisch/Brandau 2014 – Tattoos.
Trampisch, Hans J./Brandau, Katja: *Tattoos und Piercings in Deutschland. Eine Querschnittsstudie*, Ruhr-Universität Bochum 2014, aktuell.ruhr-uni-bochum.de/meldung/2014/05/meld02014.html.de vom 29.12.2014.
Tsai 1996 – Eunuchs.
Tsai, Shih-shan H.: *The Eunuchs in the Ming Dynasty*, Albany: State University of New York Press 1996.
Tucker 1981 – Tattoo.
Tucker, Marcia: „Tattoo. The State of the Art", in: *Artforum*, Jg. 19, Nr. 9, 1981, S. 42–47.

Uhde 1980 – Psyche.
Uhde, Bernhard: „Psyche – ein Symbol? Zum Verständnis von Leben und Tod im frühgriechischen Denken", in: Gunther Stephenson (Hg.), *Leben und Tod in den Religionen. Symbol und Wirklichkeit*, Darmstadt: Wissenschaftliche Buchgesellschaft 1980, S. 103–118.
Ullrich 2002 – Unschärfe.
Ullrich, Wolfgang: *Die Geschichte der Unschärfe*, Berlin: Wagenbach 2002 (= Kleine kulturwissenschaftliche Bibliothek, Band 69).

Vail 1999 – Two Art Worlds.
Vail, D. A.: „The Commodification of Time in Two Art Worlds", in: *Symbolic Interaction*, Band 22, Ausgabe 4, 1999, S. 325–344.
Vail 1999 – Tattoo Collectors.
—: „The Outside of a Thigh Is Half a Back. Negotiating the Canvas Among Fine Art Tattoo Collectors", in: *The Journal of Arts Management, Law, and Society*, Jg. 28, Nr. 4, 1999, S. 261–276.
Vail 2000 – Tattooists.
—: „Slingin' Ink or Scratching Skin? Producing Culture and Claiming Legitimacy Among Fine Art Tattooists", in: *Current Research on Occupations and Professions*, Band 11, 2000, S. 55–73.
Vail 1999 – Collector.
Vail, Angus D.: „Tattoos Are Like Potato Chips … You Can't Have Just One. The Process of Becoming and Being A Collector", in: *Deviant Behavior: An Interdisciplinary Journal*, Nr. 20, 1999, S. 253–273.
Vandekerckhove 2006 – Tätowierung.
Vandekerckhove, Lieven: *Tätowierung. Zur Soziogenese von Schönheitsnormen*, Frankfurt am Main: Anabas 2006. Niederländische Originalausgabe: *Tatoeage. Over de sociogenese van schoonheidsnormen*, Leuven: Acco 2002 {übersetzt von Jan Lanneau}.
Varnedoe 1990 – High & Low.
High & Low. Moderne Kunst und Trivialkultur, hrsg. von Kirk Varnedoe/ Adam Gopnik, Museum of Modern Art, New York, Ausst.-Kat., München: Prestel 1990.
Vervaeck 1906 – Tatouage.
Vervaeck, Louis: *Le Tatouage en Belgique*, Brüssel: Hayez 1906.
Vialetto 2014 – Tattoo.
Time. Tattoo Art Today, hrsg. von Miki Vialetto, Somerset House, London, Ausst.-Kat., Mailand: Mediafriends 2014.
Villa 2008 – Körper.
Villa, Paula-Irene (Hg.): *Schön normal. Manipulationen am Körper als Technologien des Selbst*, Bielefeld: transcript 2008 (= KörperKulturen).
Virchow 1872 – Constanti.
Virchow, Rudolf: „Der tättowirte Suliote Constanti", in: *Zeitschrift für Ethnologie*, Band 4 (Verhandlungen, Sitzung vom 15.6.1872), 1872, S. 201–202.
Virchow 1897 – Tättowirungen.
—: „[Europäische] Tättowirungen", in: *Verhandlungen der Berliner Gesellschaft für Anthropologie, Ethnologie und Urgeschichte*, 1897, S. 328–331.
Vita 1991 – New York.
Vita, Thom de: „New York Underground", in: Donald E.T. Hardy (Hg.), *Art From the Heart*, Honolulu: Hardy Marks 1991 (= Tattootime, Band 5), S. 30–41.

Volker 1950 – Animal.
Volker, T.: *The Animal in Far Eastern Art. And Especially in the Art of the Japanese Netsuke With References to Chinese Origins, Traditions, Legends and Art*, Leiden: E. J. Brill 1950 (= Mededelingen van het Rijksmuseum voor Volkenkunde, Leiden, No. 6 en 7).

Vries 1974 – Kunstverständnis.
Vries, Gerd de (Hg.): *Über Kunst. On Art. Künstlertexte zum veränderten Kunstverständnis nach 1965. Artists' Writings on the Changed Notion of Art After 1965*, Köln: DuMont Schauberg 1974 (= DuMont Kunst, Praxis) {übersetzt von Wilhelm Höck und Gerd de Vries}.

Wagner 1940 – Tätowierungsfrage.
Wagner, Erich: *Ein Beitrag zur Tätowierungsfrage*, Jena, Univ., Diss., 1940.

Wagner 1998 – Stellungnahme
Wagner, Monika: Stellungnahme zu der Frage, ob es sich bei der Tätigkeit von Herrn Ralph Tiedemann als Tätowierer um eine künstlerische Tätigkeit im Bereich der bildenden Kunst handelt, Akte des Sozialgerichts Hamburg, Aktenzeichen 22 KR 365/95, 1998.

Wagner 2001 – Material.
—: *Das Material der Kunst. Eine andere Geschichte der Moderne*, München: C.H.Beck 2001.

Wagner 2003 – Material.
—: „Material", in: Ulrich Pfisterer (Hg.), *Metzler Lexikon Kunstwissenschaft. Ideen, Methoden, Begriffe*, Darmstadt: Wissenschaftliche Buchgesellschaft 2003, S. 230–233.

Wahl 2009 – Gewalt.
Wahl, Klaus: *Aggression und Gewalt. Ein biologischer, psychologischer und sozialwissenschaftlicher Überblick*, Heidelberg: Spektrum 2009.

Waser 1913 – Seele.
Waser, Otto: „Über die äußere Erscheinung der Seele in den Vorstellungen der Völker, zumal der alten Griechen", in: *Archiv für Religionswissenschaft*, Band 16, 1913, S. 336–388.

Webb 2002 – Heavily Tattooed.
Webb, Spider: *Heavily Tattooed Men & Women*, Atglen: Schiffer 2002.

Webb 2002 – Art of Tattooing.
—: *Pushing Ink. The Fine Art of Tattooing*, Atglen: Schiffer 2002, zuerst erschienen 1979.

Webb 2002 – Tattoo.
—: *The Big Book of Tattoo*, Atglen: Schiffer 2002.

Wedewer 1982 – Torso.
Wedewer, Rolf: „Torso", in: Karl O. Blase (Hg.), *Torso als Prinzip*, Kasseler Kunstverein, Ausst.-Kat., 1982, S. 50–59.

Wehrhahn-Stauch 1994 – Delphin.
Wehrhahn-Stauch, Liselotte: „Delphin", in: Engelbert Kirschbaum (Hg.), *Lexikon der christlichen Ikonographie*, Band 1, Rom (u. a.): Herder 1994, Sp. 503–504.

Weiland-Pollerberg 2004 – Amor und Psyche.
Weiland-Pollerberg, Florian: *Amor und Psyche in der Renaissance. Medienspezifisches Erzählen im Bild*, Petersberg: Imhof 2004 (= Studien zur internationalen Architektur- und Kunstgeschichte, Band 20), zugl.: Konstanz, Univ., Diss., 2002.

Weissmüller 2013 – Oberschicht.
Weissmüller, Laura: *Das Tattoo als Phänomen der Oberschicht*, Süddeutsche Zeitung 2013, sueddeutsche.de/kultur/koerperkunst-im-wandel-der-zeit-das-tattoo-ein-phaenomen-der-oberschicht-1.1794767 vom 18.10.2013.

Weleda 2011 – Santiago Serra.
Weleda, Katrin: „Santiago Serras ‚Tattooed Lines'", in: Sabine Kampmann/Anja Herrmann/Jörg Petri et al. (Hg.), *Tattoo*, Bielefeld: transcript 2011 (= *Querformat*, Heft 4), S. 73–77.

Wellmann 2005 – Unschärfe.
Wellmann, Marc: *Die Entdeckung der Unschärfe in Optik und Malerei. Zum Verhältnis von Kunst und Wissenschaft zwischen dem 15. und dem 19. Jahrhundert*, Frankfurt am Main (u. a.): Lang 2005, zugl.: Berlin, Univ., Diss., 2004.

Wellmann 2011 – Unschärfeschichten.
—: „Unschärfeschichten in der Geschichte der Malerei", in: Hubertus Gaßner/Daniel Koep (Hg.), *Unscharf. Nach Gerhard Richter*, Hamburger Kunsthalle, Ausst.-Kat., Ostfildern: Hatje Cantz 2011, S. 50–61.

Wenzel 2005 – Fleisch.
Wenzel, Käthe K.: *Fleisch als Werkstoff. Objekte auf der Schnittstelle von Kunst und Medizin*, Berlin: Weißensee 2005, zugl.: Berlin, Univ., Diss., 2002.

Werner 1995 – Schmetterling.
Werner, Johannes: „‚Welch schönes Jenseits' oder: Der sinnbildliche Schmetterling", in: *Geist und Leben*, Jg. 68, Nr. 2, 1995, S. 87–92.

Westheider/Philipp 2010 – Illusion.
Täuschend echt. Illusion und Wirklichkeit in der Kunst, hrsg. von Ortrud Westheider/Michael Philipp, Bucerius Kunst Forum, Hamburg, Ausst.-Kat., München: Hirmer 2010 (= Publikationen des Bucerius Kunst Forums).

Weyl 1981 – Symmetrie.
Weyl, Hermann: *Symmetrie*, Basel (u. a.): Birkhäuser 1981 (= Wissenschaft und Kultur, Band 11), zuerst erschienen 1955. Amerikanische Originalausgabe: *Symmetry*, Princeton University Press 1952 {übersetzt von Lulu Bechtolsheim}.

White 2011 – Hirst's Tattoo.
White, Belinda: *Damien Hirst's ‚Intimate' Tattoo Covers Garage Magazine's Debut*, The Telegraph 2011, fashion.telegraph.co.uk/article/TMG8724925/Damien-Hirsts-intimate-tattoo-covers-Garage-magazines-debut.html vom 15.11.2011.

Wichmann 1980 – Japonismus.
Wichmann, Siegfried: *Japonismus. Ostasien-Europa. Begegnungen in der Kunst des 19. und 20. Jahrhunderts*, Herrsching: Schuler 1980.

Wiensowski 2008 – Hirst Auktion.
Wiensowski, Ingeborg: *Hirst Auktion in London. Schlachtfest mit dem goldenen Kalb*, Spiegel Online 2008, spiegel.de/kultur/gesellschaft/hirst-auktion-in-london-schlachtfest-mit-dem-goldenen-kalb-a-578527.html vom 4.8.2014.

Wille 1986 – Symmetrie.
Wille, Rudolf: „Symmetrie – Versuch einer Begriffsbestimmung", in: Bernd Krimmel (Hg.), *Symmetrie in Kunst, Natur und Wissenschaft*, Band 1, Mathildenhöhe, Ausst.-Kat., Darmstadt 1986, S. 437–458.

Williams 1978 – Chinese Symbolism.
Williams, Charles A. S.: *Outlines of Chinese Symbolism and Art Motives. An alphabetical compendium of antique legends and beliefs, as reflected in the manners and customs of the Chinese*, 3. Auflage, Rutland (u. a.): Tuttle 1978, zuerst erschienen 1931.

Williams 1978 – Butterfly.
„[Art.] Butterfly", in: Williams 1978 – Chinese Symbolism, S. 51–52.

Williams 1978 – Lion.
„[Art.] Lion", in: Williams 1978 – Chinese Symbolism, S. 253–255.

Wilson 2011 – Dasha Zhukova.
Wilson, Eric: *Art and Fashion in Dasha Zhukova's Garage*, The New York Times 2011, nytimes.com/2011/08/25/fashion/art-and-fashion-in-dasha-zhukovas-garage.html?_r=3&adxnnl=1&adxnnlx=1328773904-VpEH8dd68yNh9NpBzQFQ9Q vom 9.2.2012.

Witkin 1991 – Cynthesis.
Witkin, Cynthia: „Cynthesis Tattooing", in: Donald E.T. Hardy (Hg.), *Art From the Heart*, Honolulu: Hardy Marks 1991 (= Tattootime, Band 5), S. 43–51.

Wittmann/Kes One 3001 2011 – Haut.
Wittmann, Ole: „‚Gummihaut ist das Schlimmste, was es gibt.' Das Material Haut in der Tätowierkunst. Ein Interview von Ole Wittmann mit dem Tätowierer Kes One 3001", in: Sabine Kampmann/Anja Herrmann/Jörg Petri et al. (Hg.), *Tattoo*, Bielefeld: transcript 2011 (= *Querformat*, Heft 4), S. 20–24.

Wittmann 2012 – Tattoo.
—: *Skin and the Body as Canvas. Material Specific Aspects of the Art of Tattoo*, The Open University, Milton Keynes 2012 (= Konferenz-Vortrag im Rahmen der 38th AAH Annual Conference, Session Tattoo Art History).

Wittmann 2015 – Christian Warlich.
—: „Christian Warlich: Der ‚König der Tätowierer'", in: Museum für Kunst und Gewerbe (Hg.), *Tattoo*, Ausst.-Kat. (Begleitheft zur Ausstellung), Hamburg 2015, S. 8.

Wohlrab/Fink et al. 2005 – Tätowierungen.
Wohlrab, Silke/Fink, Bernhard/Kappeler, Peter M.: „Menschlicher Körperschmuck aus evolutionärer Perspektive. Diversität und Funktionen von Tätowierungen, Piercings und Skarifizierungen", in: *Mitteilungen der Anthropologischen Gesellschaft in Wien*, Band 134/135, 2005, S. 1–10.

Wolbert 1986 – Symmetrie.
Wolbert, Klaus: „Symmetrie und Autonomie. Die Sehnsucht nach der Mitte oder Seelische Balance und freie Selbstbestimmung als kongruente Denkfiguren in Ästhetik und Kunsttheorie", in: Bernd Krimmel (Hg.), *Symmetrie in Kunst, Natur und Wissenschaft*, Band 1, Mathildenhöhe, Darmstadt, Ausst.-Kat., 1986, S. 331–354.

Wolbert 1986 – Symmetrien.
—: „Symmetrien als Sprachformen der Kunst", in: Bernd Krimmel (Hg.), *Symmetrie in Kunst, Natur und Wissenschaft*, Band 2, Mathildenhöhe, Darmstadt, Ausst.-Kat., 1986, S. VII–XXIII.

Wood 1981 – Tätowierkunst.
Wood, Sam: *Motive, die unter die Haut gehen. Tätowierkunst heute*, Michelsneukirchen: Carussell 1981.

Wróblewski 1987 – Tattoo.
Wróblewski, Chris: *Tattoo. Pigments of Imagination*, New York: van der Marck 1987.

Wulffen 1908 – Verbrecher.
Wulffen, Erich: *Psychologie des Verbrechers. Ein Handbuch für Juristen, Ärtze, Pädagogen und Gebildete aller Stände*, Band 1, Groß-Lichterfelde-Ost: Langenscheidt 1908.

Wuttke 1872 – Schrift.
Wuttke, Heinrich: *Geschichte der Schrift und des Schrifttums von den rohen Anfängen des Schreibens in der Tatuirung bis zur Legung elektromagnetischer Drähte*, Leipzig: Fleischer 1872.

Yamada 1976 – Japan.
Yamada, Chisaburoh F. (Hg.): *Dialogue in Art. Japan and the West*, London: Zwemmer 1976.
Yaoting/Haicheng 1993 – Eunuch.
Yaoting, Sun/Haicheng, Ling: *Der letzte Eunuch. Das Leben Sun Yaotings, letzter Eunuch des Kaisers Puyi, erzählt von ihm selbst*, Leipzig: Kiepenheuer 1993 {übersetzt aus dem chinesischen Originalmanuskript von Uwe Frankenhauser}.

Zahner 2006 – Kunstbetrieb.
Zahner, Nina T.: *Die neuen Regeln der Kunst. Andy Warhol und der Umbau des Kunstbetriebs im 20. Jahrhundert*, Frankfurt am Main (u. a.): Campus 2006, zugl.: Bamberg, Univ., Diss., 2005.
Zanker/Ewald 2004 – Sarkophage.
Zanker, Paul/Ewald, Björn C.: *Mit Mythen leben. Die Bilderwelt der römischen Sarkophage*, München: Hirmer 2004.
Zaunschirm 2005 – Tiere.
Zaunschirm, Thomas: „Im Zoo der Kunst. Seit wann und warum gibt es lebende Tiere in der bildenden Kunst?“, in: *Kunstforum International*, Nr. 174, 2005, S. 39–103.
Zell 2000 – Valie Export.
Zell, Andrea: *Valie Export. Inszenierung von Schmerz. Selbstverletzung in den frühen Aktionen*, Berlin: Reimer 2000, zugl.: München, Univ., Diss., 1998.
Zembylas 1997 – Kunst.
Zembylas, Tasos: *Kunst oder Nichtkunst. Über Bedingungen und Instanzen ästhetischer Beurteilungen*, Wien: WUV 1997.
Zhukova 2011 – Garage Magazine.
Zhukova, Dasha (Hg.): *Garage Magazine*, Nr. 1, 2011.
Ziesnitz 1979 – Butterflies.
Ziesnitz, Sharon: „Of Combs, Hair-needles and Butterflies“, in: *Orientations*, Nr. 5, 1979, S. 42–48.
Ziethen 1981/82 – Juggling.
Ziethen, Karl-Heinz: *4,000 Years of Juggling*, Sainte Genevieve: Poignant 1981/82.
Ziethen 1988 – Jonglerie.
—: *Die Kunst der Jonglerie*, Berlin: Henschel 1988.
Ziethen/Allen 1985 – Juggling.
Ziethen, Karl-Heinz/Allen, Andrew: *Juggling. The Art and Its Artists*, Berlin: Rausch und Lüft 1985.
Zimmermann 2001 – Abject Art.
Zimmermann, Anja: *Skandalöse Bilder – Skandalöse Körper. Abject art vom Surrealismus bis zu den Culture Wars*, Berlin: Reimer 2001, zugl.: Tübingen, Univ., Diss., 2001.
Zimmermann 2002 – Performances.
—: „‚Sorry for Having to Make You Suffer‘. Body, Spectator, and the Gaze in the Performances of Yves Klein, Gina Pane, and Orlan“, in: *Discourse*, Nr. 24.3, 2002, S. 27–46.
Zimmermann 2006 – Gender.
—: „Gender als Kategorie kunsthistorischer Forschung“, in: Anja Zimmermann (Hg.), *Kunstgeschichte und Gender. Eine Einführung*, Berlin: Reimer 2006, S. 9–35.
Zimmermann/Zimmermann 1981 – Tätowierungen.
Zimmermann, Regina/Zimmermann, Konrad: „Antike Tätowierungen aus heutiger Sicht“, in: *Der Hautarzt*, Jg. 32, 1981, S. 324–330.
Zöllner 2004 – Anthropomorphismus.
Zöllner, Frank: „Anthropomorphismus: Das Maß des Menschen in der Architektur von Vitruv bis Le Corbusier“, in: Otto Neumaier (Hg.), *Ist der Mensch das Maß aller Dinge? Beiträge zur Aktualität des Protagoras*, Möhnesee: Bibliopolis 2004 (= Arianna, Band 4), S. 307–344.
Zylka 2014 – Venus.
Zylka, Jenni: *Venus im Neonregenmantel*, Der Tagesspiegel 2014, tagesspiegel.de/kultur/lady-gaga-gibt-konzert-in-berlin-venus-im-neonregenmantel/10820306.html vom 10.3.2015.

Abbildungsverzeichnis

Bildtitel in eckigen Klammern stammen vom Autor.

Schwarzweißabbildungen

Abb. 1
Damien Hirst, *butterfly, divided*, Foto: Hedi Slimane.
ZHUKOVA 2011 – GARAGE MAGAZINE, S. 121.
Abb. 2
Jörg Breu d. Ä., *Dornenkrönung.*
MORRALL 2001 – JÖRG BREU, Abb. 1.2.
Abb. 3
Hans Martin Winterstein, *[Die tätowierten Arme des Itzehoer Jerusalempilgers Ratge Stubbe aus dem Jahre 1669].*
LUNDIUS 1711 – HEILIGTHÜMER, S. 732. Fundort: Staats- und Universitätsbibliothek Hamburg
Abb. 4
Carla Guerra, Bartolomeo Vanzetti, *Loos Tribal Tattoo.*
GUERRA/VANZETTI 2011 – LOOS, S. 58 sowie guerra-vanzetti.com am 17.9.2013.
Abb. 5
Adolf Loos, Signet.
GUERRA/VANZETTI 2011 – LOOS, S. 58 sowie guerra-vanzetti.com am 17.9.2013.
Abb. 6
Carla Guerra, Bartolomeo Vanzetti, *Adolf Loos mit Elsie Altmann-Loos im Gänsehäufel in Wien, um 1920.*
GUERRA/VANZETTI 2011 – LOOS, S. 57 sowie guerra-vanzetti.com am 17.9.2013.
Abb. 7
Carla Guerra, Bartolomeo Vanzetti, *Adolf Loos in einem unbekannten (Wiener?) Interieur, vermutlich 1898/99.*
GUERRA/VANZETTI 2011 – LOOS, S. 56 sowie guerra-vanzetti.com am 17.9.2013.
Die Abbildung des Kopfes ist folgender Fotografie entnommen: Otto Mayer (Dresden), *[Bildnis Adolf Loos]*, um 1898/99, Fotografie Abb. Nr. 30 in: RUKSCHCIO/SCHACHEL 1982 – ADOLF LOOS, S. 34.
Abb. 8
Carla Guerra, Bartolomeo Vanzetti, *Adolf Loos, an einem Fenster posierend, um 1902.*
GUERRA/VANZETTI 2011 – LOOS, S. 56 sowie guerra-vanzetti.com am 17.9.2013.
Die Abbildung des Kopfes ist folgender Fotografie entnommen: Otto Mayer (Dresden), *[Bildnis Adolf Loos]*, März 1903 (?), Fotografie Abb. Nr. 65 in: RUKSCHCIO/SCHACHEL 1982 – ADOLF LOOS, S. 74.
Abb. 9
Carla Guerra, Bartolomeo Vanzetti, *Adolf Loos bei einem Badeausflug (Salzkammergut oder Semmering), vermutlich im Sommer 1903.*
GUERRA/VANZETTI 2011 – LOOS, S. 57 sowie guerra-vanzetti.com am 17.9.2013.
Die Abbildung des Kopfes ist folgender Fotografie entnommen: Otto Mayer (Dresden), *[Bildnis Adolf Loos]*, März 1903 (?), Fotografie Abb. Nr. 86 in: RUKSCHCIO/SCHACHEL 1982 – ADOLF LOOS, S. 91.
Abb. 10
Timm Ulrichs, *Selbst-Signierung (Tätowierung).*
DATHE 2013 – GESTOCHEN SCHARF, S. 66
© VG Bild-Kunst, Bonn 2017.
Abb. 11
Timm Ulrichs, *Copyright by Timm Ulrichs.*
DATHE 2013 – GESTOCHEN SCHARF, S. 67.
© VG Bild-Kunst, Bonn 2017.
Abb. 12
Aktfotografie eines Mannes.
FEIGE 2003 – TÄTOWIERUNG, S. 108.
Abb. 13
Fotografie eines Mannes.
FEIGE 2003 – TÄTOWIERUNG, S. 56.
Abb. 14
Fotografie eines Mannes.
FEIGE 2003 – TÄTOWIERUNG, S. 109.

Abb. 15
Pfau mit aufgestelltem Federrad, Foto: Jean Lacassagne.
Lacassagne 1933 – Tatouage, S. 263.
Abb. 16
George Morrow, Karikatur.
Punch, 5.5.1915, S. 353.
Abb. 17
Valie Export, *Body Sign B [Body Sign Action]*, Foto: Kurt Steinhausen.
Schneede 2002 – Körper, S. 57. © VG Bild-Kunst, Bonn 2017.
Abb. 18–20
Ian Eames, Alterung von Tätowierungen.
Eames 2011 – Aging Tattoos, S. 92.
Abb. 21
Ian Eames, Alterung eines Tattoo-Designs.
Eames 2011 – Aging Tattoos, S. 91.
Abb. 22
Bob Tyrrell, Tätowierung.
bobtyrrell.com/tattoos/tattoos_41090.html am 14.5.2015.
Abb. 23
Cynthia Witkin, Tätowierung.
Witkin 1991 – Cynthesis, S. 47.
Abb. 24–25
Bob Done, Drew Horner, Peter Lagergren, Tätowierungen, Foto: Matthew Lodder.
Archiv des Verfassers.
Abb. 26
Thomas Hooper, Tätowierung.
Archiv des Verfassers.
Abb. 27
Formen japanischer Tätowierungen, Illustration.
Martischnig 1987 – Tätowierung, Abb. 17.
Abb. 28
[Katze, die eine Maus jagt], Tätowierung.
Schönfeld 1960 – Körperbemalen, S. 86.
Abb. 29
Herbert Hoffmann, Fotografie.
Ruts/Schuler 2002 – BilderbuchMenschen, S. 241.
Abb. 30
[Nur für Dich], Tätowierung.
Wood 1981 – Tätowierkunst, S. 30.
Abb. 31
[Katze auf einer Brustwarze], Tätowierung, Foto: Baur, 1972.
Engelhardt 1972 – Tätowierung, S. 74.
Abb. 32
Shane Wallin, Tätowierung, Foto: John Swanson.
tattooartistmagazineblog.com/2015/04/01/tam-presents-mastectomy-tattoos-wartist-shane-wallin/ am 22.5.2015.
Abb. 33
David Allen, Tätowierung.
allentattoo.com/mastectomy am 22.5.2015.
Abb. 34
Hedi Slimane, *[Shauna Taylor]*.
Zhukova 2011 – Garage Magazine, S. 94/95.
Abb. 35
Shane G. Coley, Tätowierung.
shanetattoos.com/2010_05_01_archive.html am 23.5.2015.
Abb. 36
Jody Dawber, Tätowierung.
distilleryimage8.s3.amazonaws.com/d3ff3712a9d-c11e2a1ff22000a1fcee4_7.jpg am 23.5.2015.
Abb. 37
Tätowierung.
Pierrat/Guillon 2013 – Portraits, S. 139.
Abb. 38
Tätowierung.
Pierrat/Guillon 2013 – Portraits, S. 105.
Abb. 39
Tätowierung.
Pierrat/Guillon 2013 – Portraits, S. 30.
Abb. 40
Tätowierung.
Pierrat/Guillon 2013 – Portraits, S. 81.
Abb. 41
Tätowierter Mann aus Hamburg, Fotografie, Stiftung Historische Museen Hamburg, Museum für Hamburgische Geschichte.
Abb. 42
Karl Rodemich, *[Schmetterlinge]*, Foto: Ole Wittmann.
Stiftung Historische Museen Hamburg, Museum für Hamburgische Geschichte.
Abb. 43
Karl Rodemich, *[Amor und Psyche]*, Foto: Ole Wittmann.
Stiftung Historische Museen Hamburg, Museum für Hamburgische Geschichte.
Abb. 44
William Adolphe Bouguereau, *Psyché et l'Amour.*
Bartoli, Damien/Ross, Frederick: *William Bouguereau. Catalogue Raisonné of His Painted Work*, New York

City (u.a.): Antique Collectors' Club 2010, S. 254, Tafel 202.
Abb. 45
Louis Molloy, *[Amor und Psyche]*, Foto: Hennes & Mauritz, 2012.
sphotos-h.ak.fbcdn.net/hphotos-ak-frc3/467290_10150966087916571_1244115205_o.jpg?dl=1 am 28.5.2015.
Abb. 46
Der ‚Fakir' Hugo Schm. [Schmidt-Wölfers], Fotografie.
LUEDECKE 1907 – TÄTOWIERUNGEN, VII. Tafel.
Abb. 47
Kugeltänzerin, Vorlagezeichnung.
ELLER 1905 – VORLAGENBUCH, S. 62.
Abb. 48
[Joseph Wallenda], Plakat.
ZIETHEN/ALLEN 1985 – JUGGLING, S. 297.
Abb. 49
[The Great Onri Troupe], Plakat.
ZIETHEN/ALLEN 1985 – JUGGLING, S. 212.
Abb. 50
[Johnsonlee], Plakat.
ZIETHEN/ALLEN 1985 – JUGGLING, S. 29.
Abb. 51
Pablo Picasso, *Acrobate à la Boule.*
arts-museum.ru/data/fonds/europe_and_america/j/1001_2000/7195_Devochka_na_share/index.php?lang=de am 28.5.2015. © Succession Picasso/VG Bild-Kunst, Bonn 2017.
Abb. 52
Siegesgöttin mit Kranz und Palmenzweig auf einer Kugel, Fresko.
MEYER-LANDRUT 1997 – FORTUNA, S. 11.
Abb. 53
[Egon Erwin Kisch], Fotografie.
Patka, Marcus G. (Hg.): *Der rasende Reporter Egon Erwin Kisch. Eine Biographie in Bildern*, Berlin: Aufbau 1998, S. 30.
Abb. 54
George Burchett, Vorlagezeichnung.
HARDY 1995 – TATTOOS, S. 32.
Abb. 55
A. A. Palade, Vorlagezeichnung.
HARDY 1995 – TATTOOS, S. 101.
Abb. 56
Wilhelm Blumberg, Vorlagezeichnungen.
Spamer, Adolf: „Die Tätowierung in den deutschen Hafenstädten. Ein Versuch zur Erfassung ihrer Formen und ihres Bildgutes“, in: *Niederdeutsche Zeitschrift für Volkskunde*, 11, 1933, S. 1–55 (Heft 1/2), 129–182 (Heft 3/4), hier S. 55.
Abb. 57
[‚Nandl, die fesche Tirolerin'], Fotografie.
OETTERMANN 1985 – TÄTOWIERUNG, S. 90.
Abb. 58
[Ruth Ullrich], Fotografie.
FEIGE 2003 – TÄTOWIERUNG, S. 74.
Abb. 59
[Frauenakt], Fotografie.
Riemschneider, Burkhard/Schiffmacher, Henk (Hg.): *1000 Tattoos*, Köln: Taschen 2005, zuerst erschienen 1996, S. 249.
Abb. 60
Herbert Hoffmann (?), Fotografie.
Amsterdam Tattoo Museum.
Abb. 61
Fotografie.
SCUTT/GOTCH 1986 – TATTOOING, S. 88.
Abb. 62
Fotografie.
SCUTT/GOTCH 1986 – TATTOOING, S. 87.
Abb. 63
Fotografie.
SCUTT/GOTCH 1986 – TATTOOING, S. 13.
Abb. 64
Herbert Hoffmann, *[Portrait Alfred Jirschik]* (Detail).
RUTS/SCHULER 2002 – BILDERBUCHMENSCHEN, S. 215.
Abb. 65
Vorlagezeichnung.
SCHIFFMACHER 2010 – ENCYCLOPEDIA, S. 207.
Abb. 66–69
Luis Usabal, Postkartenillustrationen.
Archiv des Verfassers.
Abb. 70–72
Postkartenillustrationen.
Archiv des Verfassers.
Abb. 73
Chôchô-Mage (Frisur).
MEISSNER – HAARTRACHTEN.
Abb. 74
Japanisches Design.
AMSTUTZ 1970 – JAPANESE EMBLEMS, S. 129.
Abb. 75
Nishikawa Sukenobu, *Wartende Schönheit.*
Staatliche Museen zu Berlin – Preußischer Kulturbesitz, Museum für Asiatische Kunst, Ostasien.

Abb. 76
Hishikawa Moronobu, *Liebespaare* (Detail).
Albrecht-Dürer-Gesellschaft 1975 – Shunga, Nr. 2.
Abb. 77
[Yoshitsugu Muramatsu (Shodai Horiyoshi)], Fotografie.
Grime/Horitaka 2008 – Horiyoshi III, S. 18.
Abb. 78
Yoshihito Nakano (Horiyoshi III), *Rosen und Schmetterlinge.*
Grime/Horitaka 2008 – Horiyoshi III, S. 100.
Abb. 79–80
Mike Meiré, *Garage Magazine.*
Zhukova 2011 – Garage Magazine, Titel.
Abb. 81
Robert Mapplethorpe, *Lydia Cheng.*
Ausst.-Kat.: *Mapplethorpe.* Hrsg. von Germano Celant. Museum für Kunst und Gewerbe Hamburg, Mailand: Electa 1992, S. 233.
Abb. 82
Man Ray, *Le Violon d'Ingres.*
May Ray Trust ADAGP. © Man Ray Trust, Paris/ VG Bild-Kunst, Bonn 2017.
Abb. 83
Robert Mapplethorpe, *Lisa Lyon.*
Ausst.-Kat.: *Mapplethorpe.* Hrsg. von Germano Celant. Museum für Kunst und Gewerbe Hamburg, Mailand: Electa 1992, S. 49.
Abb. 84
frieze, Zeitschriften-Cover.
frieze.com/issue/category/issue_00/ am 1.6.2015.
Abb. 85
Gustave Courbet, *L'origine du monde.*
RMN-Grand Palais (Musée d'Orsay).
Abb. 86
André Masson, *Panneau-masque de L'origine du monde.*
Metken 1997 – Gustave Courbet, S. 11.
© VG Bild-Kunst, Bonn 2017.
Abb. 87
Damien Hirst, *The Rose Window, Durham Cathedral.*
damienhirst.com/the-rose-window-durham-cathed am 2.6.2015.
Abb. 88
Damien Hirst, *Idea leuconoe in Nerium oleander.*
damienhirst.com/idea-leuconoe-in-nerium-oleand am 2.6.2015.
Abb. 89
Damien Hirst, *A Pure Virginal White Kiss.*
damienhirst.com/a-pure-virginal-white-kiss am 2.6.2015.
Abb. 90
Damien Hirst, *Elate.*
damienhirst.com/elate am 2.6.2015.
Abb. 91
Damien Hirst, *The Sorrow (with Magpie).*
damienhirst.com/the-sorrow-with-magpie am 2.6.2015.
Abb. 92
Damien Hirst, *In and Out of Love (White Paintings and Butterflies).*
damienhirst.com/in-and-out-of-love-white-pain-1 am 2.6.2015.
Abb. 93
Damien Hirst, *Still Pursuing Impossible Desires.*
damienhirst.com/still-pursuing-impossible-desi am 2.6.2015.
Abb. 94
Damien Hirst, *The Judged.*
damienhirst.com/the-judged am 2.6.2015.
Abb. 95
Damien Hirst, *In and Out of Love (White Paintings and Live Butterflies)* (Detail).
damienhirst.com/in-and-out-of-love-white-pain am 2.6.2015.
Abb. 96
Damien Hirst, *The Souls.*
paulstolper.com/Exhibitions/Installations/16-damien-hirst#!prettyPhoto[gallery]/1/ am 2.6.2015.
Abb. 97
Damien Hirst, *A Thousand Years.*
damienhirst.com/a-thousand-years am 2.6.2015.
Abb. 98
Damien Hirst, *In & Out of Love (Butterfly Paintings and Ashtrays)* (Detail).
Hirst 2005 – I Want to Spend, S. 133.
Abb. 99
Damien Hirst, *Mother and Child Divided.*
damien-hirst.com/mother-and-child-divided-1 am 14.5.2014 sowie Hirst 1997 – I Want to Spend, S. 298–308.
Abb. 100
Jean Dubuffet, *Belle au regard masqué.*
bpk / Nationalgalerie, SMB, Sammlung Scharf-Gerstenberg. © VG Bild-Kunst, Bonn 2017.
Abb. 101
Damien Hirst, *Heaven.*
damienhirst.com/heaven am 2.6.2015.
Abb. 102
[Beseelung Adams], Mosaik (Detail).

LEVINSON/LEVINSON 2006 – SCHMETTERLINGE, S. 33 sowie Bettini, Sergio: *I mosaici medioevali di S. Marco*, Mailand: Fratelli Fabbri 1965, S. 14.
Abb. 103
Prometheus-Sarkopharg.
ZANKER/EWALD 2004 – SARKOPHAGE, S. 58 f.
Abb. 104
Philippe Halsman, *Salvador Dalí, ‚In Voluptate Mors', New York, 1951.*
magnumphotos.com/image/NYC36585.html am 2.6.2015.
Abb. 105
Dawn Baillie, *Das Schweigen der Lämmer.*
Orion Pictures Corporation.
Abb. 106
Damien Hirst, *For the Love of God.*
damienhirst.com/for-the-love-of-god am 2.6.2015.

Farbabbildungen

Farbabb. 1
Wim Delvoye, *Tim* und *Donata*, Foto: Michael Lio.
tattootim.files.wordpress.com/2014/02/tim.jpg am 15.4.2015. © VG Bild-Kunst, Bonn 2017.
Farbabb. 2
Wim Delvoye, *Tim.*
gewerbemuseum.ch/fileadmin/user_upload/Gewerbemuseum/Ausstellungen/pressematerial/Pressematerial_2013/Tattoo/TIM_WimDelvoye_VGBildKunstBonn2008_300dpiA5.jpg am 15.4.2015. © VG Bild-Kunst, Bonn 2017.
Farbabb. 3
Filip Leu, Tätowierung.
leufamilyiron.com/site/tattoo.php?aid=1&bpid=&cid=&searchscaption=&page=26&limit=13 am 20.3.2012.
Farbabb. 4
Mario Sanchez, Tätowierung.
mario-tattoos.com/tattoos/tattoos_54834.html am 20.3.2012.
Farbabb. 5
Boris, Tätowierung.
boristattoo.com [Bild Nr. 196] am 14.5.2015.
Farbabb. 6
Fabio Moro, Tätowierung.
morotattoo.com/tattoos/ am 14.5.2015.
Farbabb. 7
Kamil Mocet, Tätowierung.
kamiltattoos.com am 20.3.2012.
Farbabb. 8
Amanda Wachob, Tätowierung.
i.huffpost.com/gadgets/slideshows/292379/slide_292379_ 2345742_free.jpg am 14.5.2015.
Farbabb. 9
Jamie Summers, Tätowierungen, Foto: Jamie Summers.
RUBIN 1995 – TATTOO RENAISSANCE, S. 257.
Farbabb. 10
Amanda Wachob, Tätowierung.
emilyuram.files.wordpress.com/2012/08/skin_20_marg.jpg am 18.5.2015.
Farbabb. 11
Cynthia Witkin, Tätowierung.
WITKIN 1991 – CYNTHESIS, S. 44.
Farbabb. 12
Ivan Krivorouchko, Tätowierung.
TätowierMagazin, Nr. 3, 2012, S. 139.
Farbabb. 13
Tiny Miss Becca, Tätowierung.
jaynedoetattoo.com am 20.3.2012.
Farbabb. 14
Mareike Hundt, Fotografie (Detail).
KAMPMANN 2011 – TATTOO, Titelblatt.
Farbabb. 15
Mick Tattoo, Tätowierung, Foto: Oliver Plöger.
Archiv des Verfassers.
Farbabb. 16
Utagawa Kuniyoshi, *Tanmeijirôgenshôgo.*
Museum für Kunst und Gewerbe Hamburg.
Farbabb. 17
Tätowirte Japaner, Lithografie.
JOEST 1887 – TATOWIREN, Tafel XI.
Farbabb. 18
Valio Ska, *[Delfin].*
huffingtonpost.co.uk/2011/12/02/dolphin-tattoo-arm-amputee_n_1125103.html am 3.4.2014.
Farbabb. 19
Vinnie Myers, Tätowierung.
vice.com/de/read/berlebende-von-brustkrebs-haben-den-michelangelo-der-nippeltattoos-gefunden am 4.6.2013. bizarbin.com/wp-content/uploads/2013/02/3d-tattoos-036.jpg am 22.5.2015.
Farbabb. 20
Lippo Tattoo, Tätowierung.
Farbabb. 21
Tätowierung.
bizarbin.com/wp-content/uploads/2013/02/3d-tattoos-016.jpg am 22.5.2015.

Farbabb. 22
Tätowierung.
bizarbin.com/wp-content/uploads/2013/02/terminator-tattoo1.jpg am 22.5.2015.
Farbabb. 23
Tätowierung.
bizarbin.com/wp-content/uploads/2013/02/3d-Tattoos-005.jpg am 22.5.2015.
Farbabb. 24
Lippo Tattoo, Tätowierung.
bizarbin.com/wp-content/uploads/2013/02/3d-Tattoos-021.jpg am 22.5.2015.
Farbabb. 25
Alina Fokina, Tätowierung
laughingsquid.com/forearm-tattoo-of-popeye-the-sailor-mans-fist-blending-into-the-customers-hand/ am 22.5.2015
Farbabb. 26
Christian Schad, *Bildnis Egon Erwin Kisch,* Foto: Elke Walford.
© Hamburger Kunsthalle/bpk
© Christian Schad Stiftung Aschaffenburg/VG Bild-Kunst, Bonn 2017.
Farbabb. 27
Christian Schad, *Bildnis Egon Erwin Kisch*, Detail, vgl. Farbabb. 26, Foto: Elke Walford.
© Hamburger Kunsthalle/bpk
© Christian Schad Stiftung Aschaffenburg/VG Bild-Kunst, Bonn 2017.
Farbabb. 28
Tamamura Kihei, *Tätowierter Rikschafahrer mit Kundin.*
Museum für Kunst und Gewerbe Hamburg.
Farbabb. 29
Christian Warlich, *[Schmetterling]*, Foto: Christoph Irrgang.
Stiftung Historische Museen Hamburg/Museum für Hamburgische Geschichte.
Farbabb. 30–31
Christian Warlich, *[Schmetterlingsfrauen]*, Fotos: Christoph Irrgang.
Stiftung Historische Museen Hamburg/Museum für Hamburgische Geschichte.
Farbabb. 32
Christian Warlich, *[Hahn und Schmetterling].*
Stiftung Historische Museen Hamburg/Museum für Hamburgische Geschichte.
Farbabb. 33
Norman ‚Sailor Jerry' Collins, Tätowierung.
Hardy 2007 – Sailor Jerry Collins, S. 28.
Farbabb. 34
Mike Meiré, *Garage Magazine.*
Zhukova 2011 – Garage Magazine, Titel.
Farbabb. 35
Damien Hirst/Mo Coppoletta, *butterfly, divided.*
Zhukova 2011 – Garage Magazine, S. 119.
Farbabb. 36
Shauna Taylor, bearbeitete Fotografie.
instagram.com/shaunaxtaylor/ am 1.6.2015.
Farbabb. 37
Andy Warhol, *The Velvet Underground & Nico.*
Fundort: Staats- und Universitätsbibliothek Hamburg
© 2016 The Andy Warhol Foundation for the Visual Arts, Inc./Artists Rights Society (ARS), New York
© The Velvet Underground Trust
Farbabb. 38
Damien Hirst, *Briareus.*
damienhirst.com/briareus am 2.6.2015.
Farbabb. 39–42
Damien Hirst, *The Souls [Blätter aus Serien I–IV, Details].*
paulstolper.com/artists/portfoliolistchoice/40-damien-hirst-the-souls am 2.6.2015.

Personenregister

Farbabbildungen

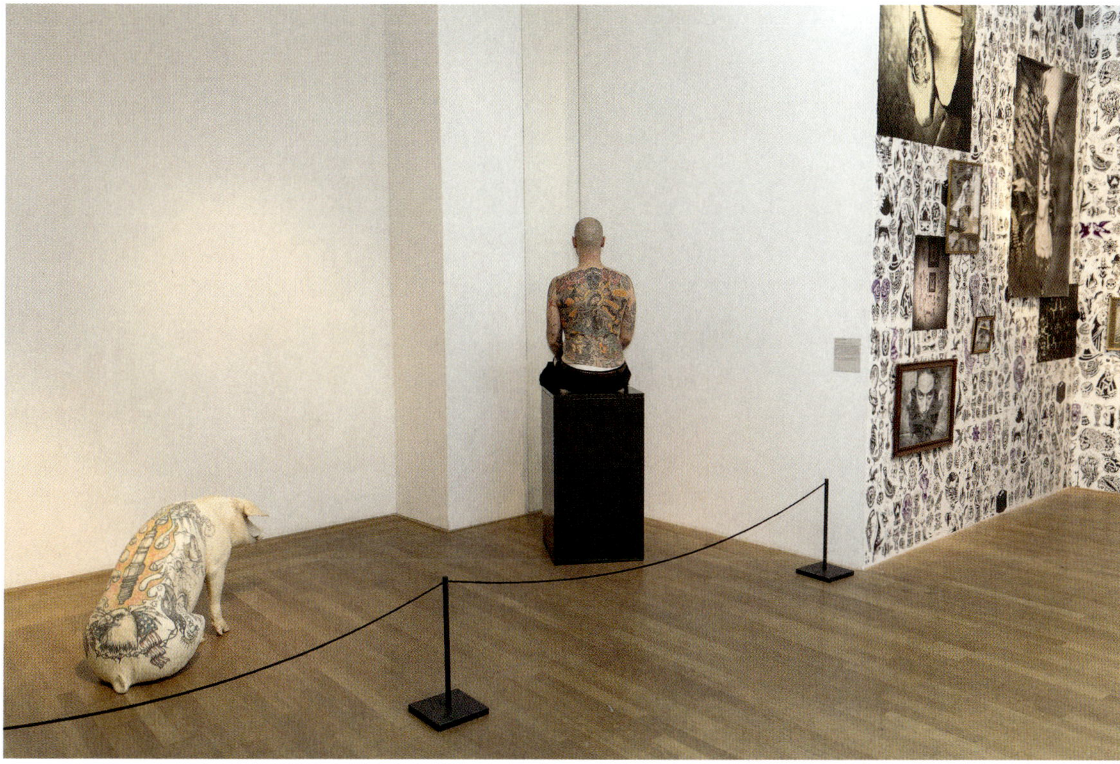

Farbabb. 1 Wim Delvoye, *Tim*, 2008, Tätowierung sowie *Donata*, 2005, Schwein tätowiert und ausgestopft. [Fotografie aufgenommen im Gewerbemuseum Winterthur im Rahmen der Ausstellung Tattoo (7.9.2013–9.6.2014)].

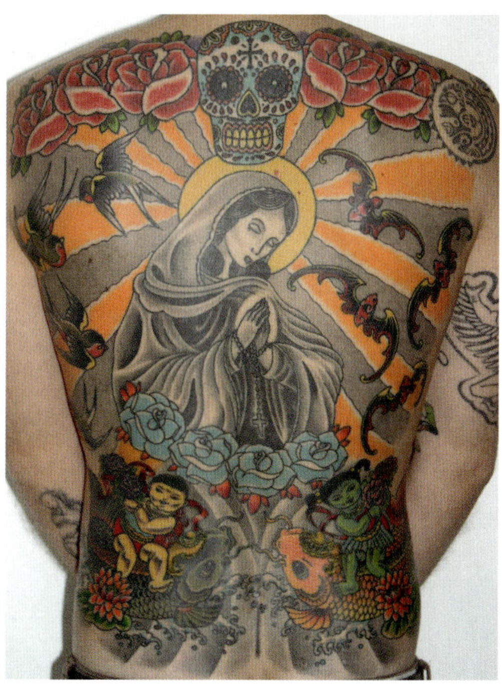

Farbabb. 2 Wim Delvoye, *Tim*, 2008, Tätowierung.

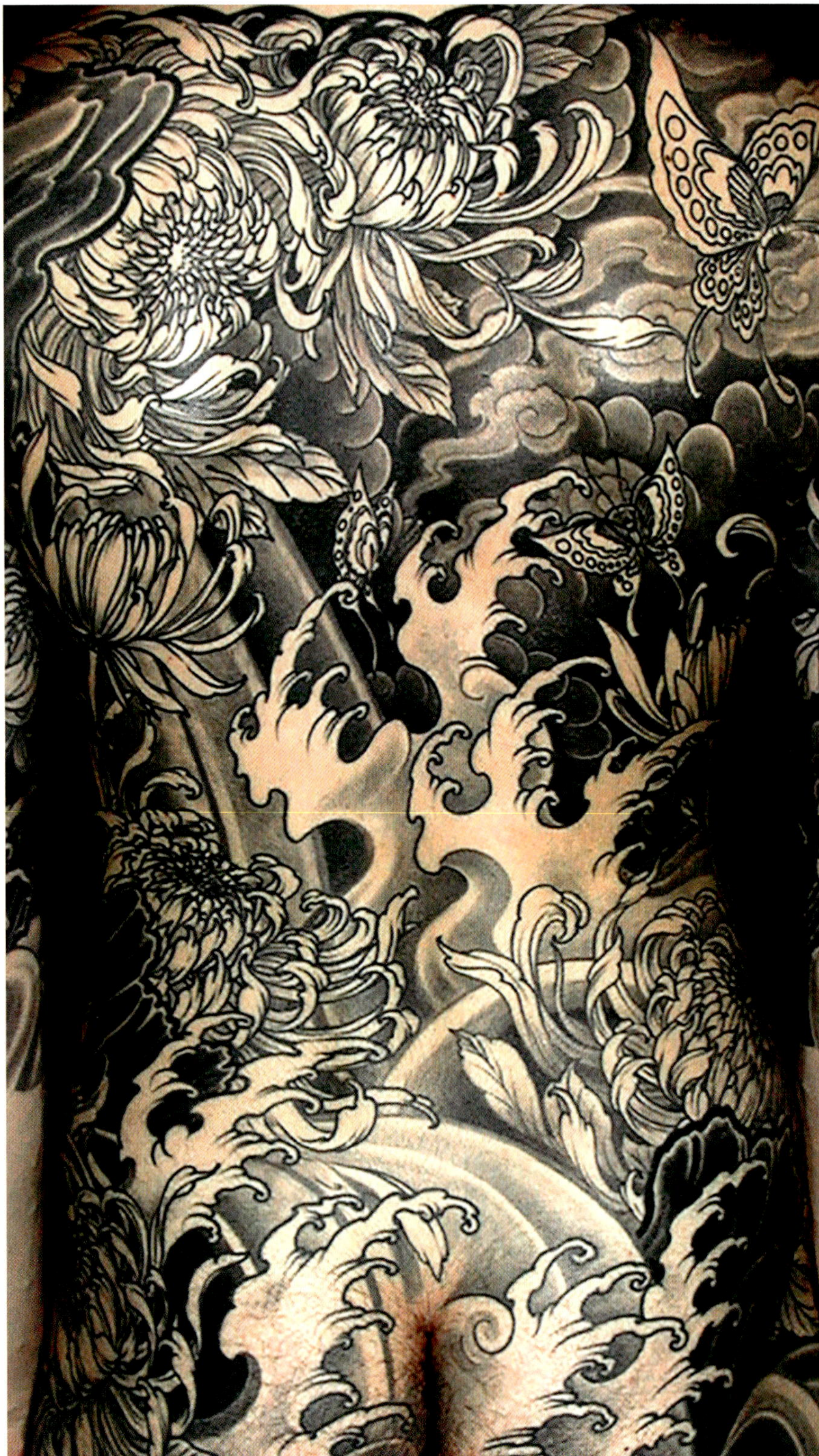

Farbabb. 3 Filip Leu, vermutlich zwischen 2000 und 2012, Tätowierung.

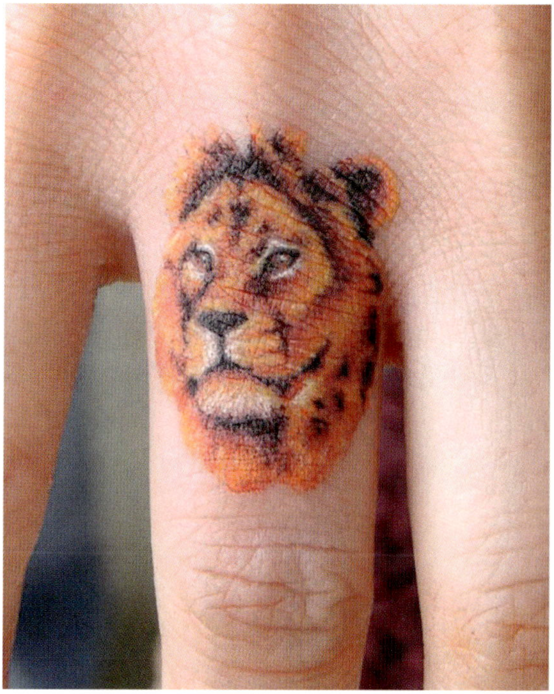

Farbabb. 4 Mario Sanchez, zwischen 2000 und 2012, Tätowierung

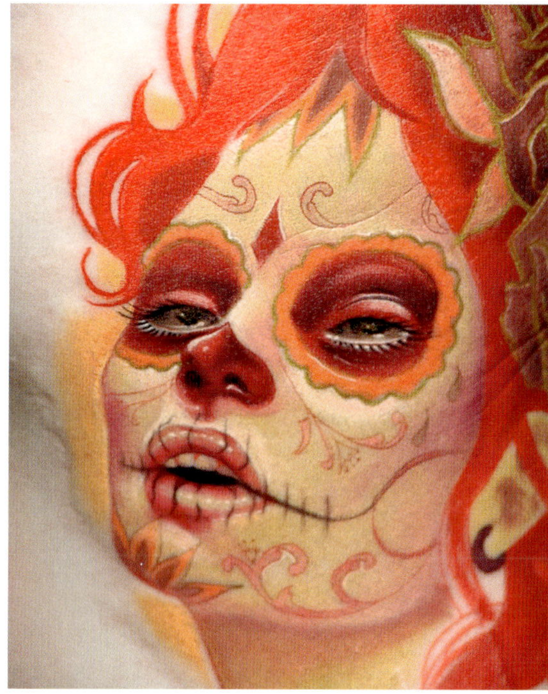

Farbabb. 5 Boris, 2009, Tätowierung.

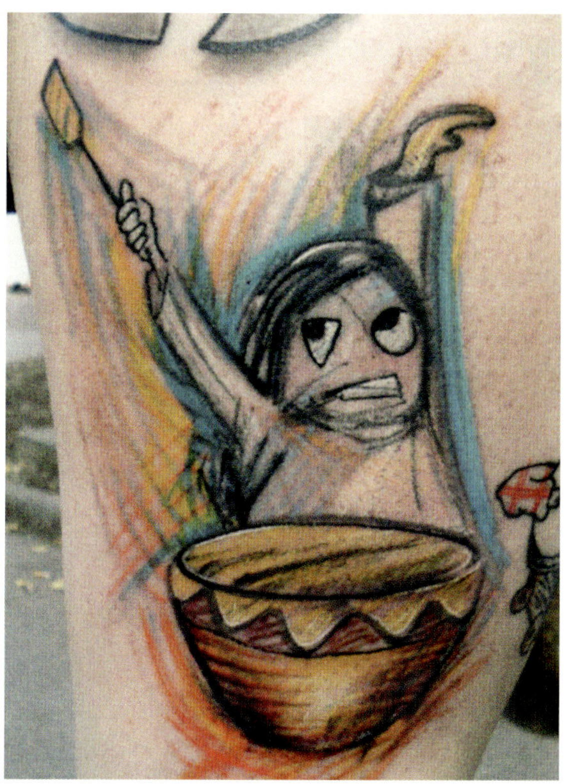

Farbabb. 6 Fabio Moro, zwischen 2000 und 2012, Tätowierung.

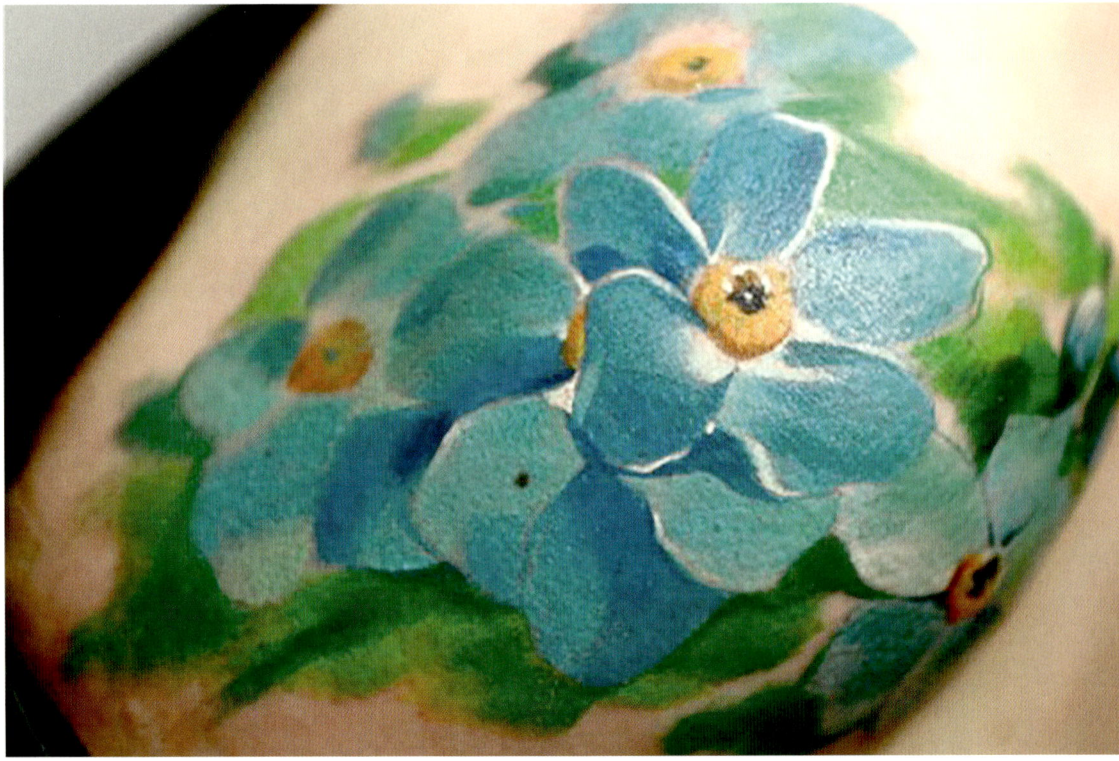

Farbabb. 7 Kamil Mocet, zwischen 2000 und 2012, Tätowierung.

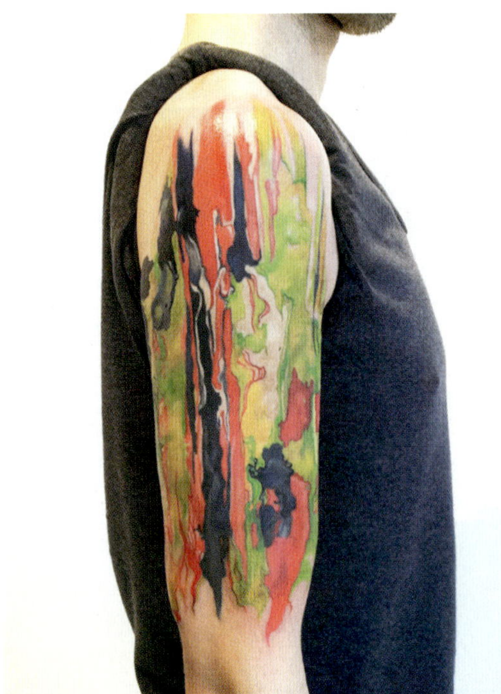

Farbabb. 8 Amanda Wachob, um 2012/13, Tätowierung.

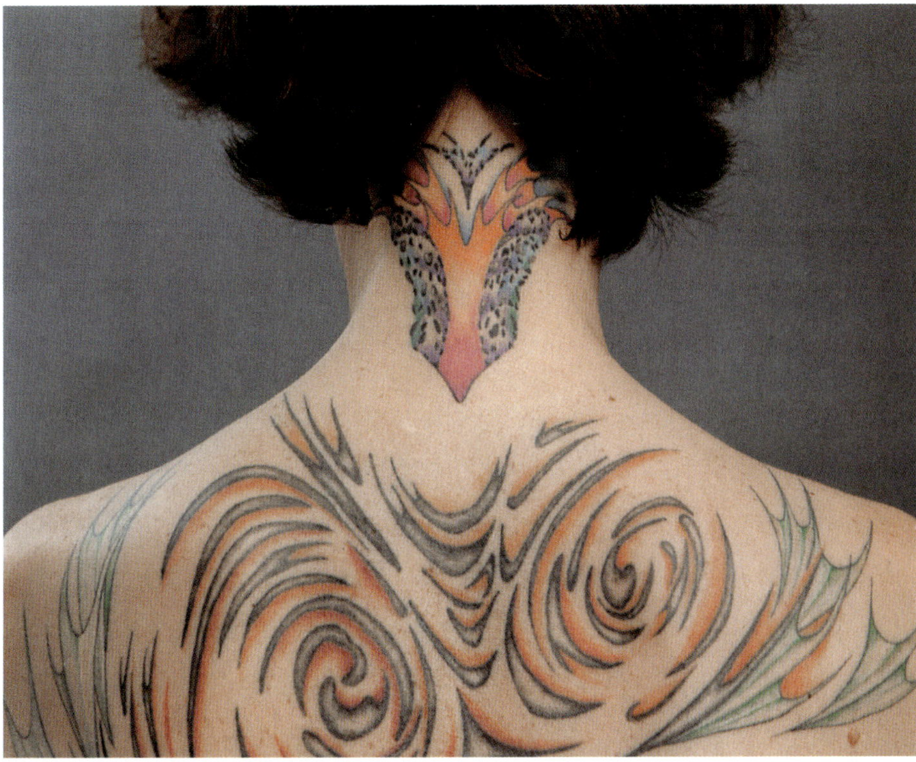

Farbabb. 9 Jamie Summers, 1980, Tätowierungen.

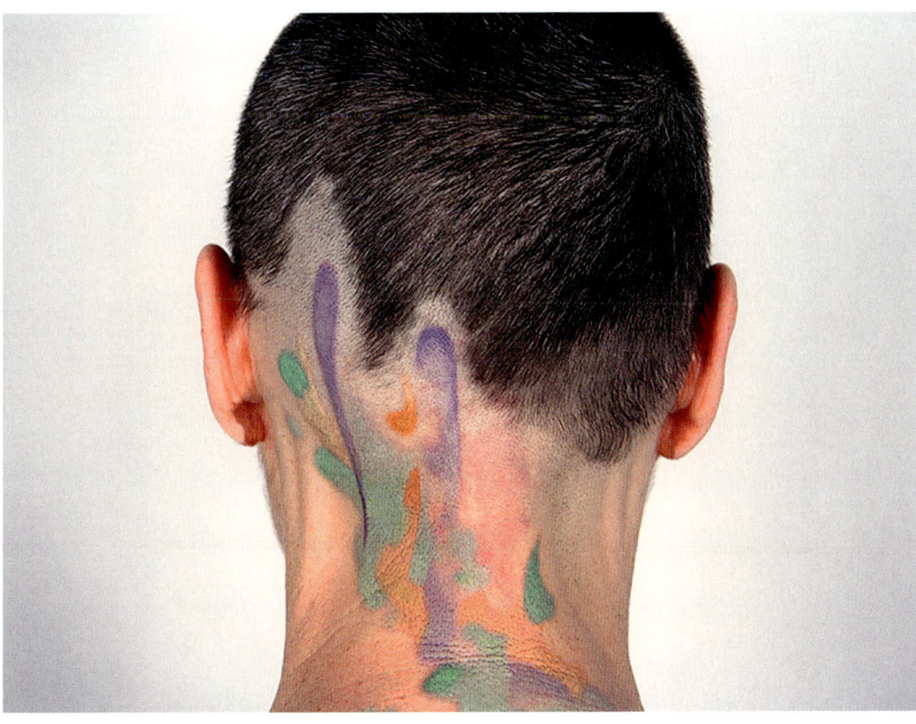

Farbabb. 10 Amanda Wachob, um 2009, Tätowierung.

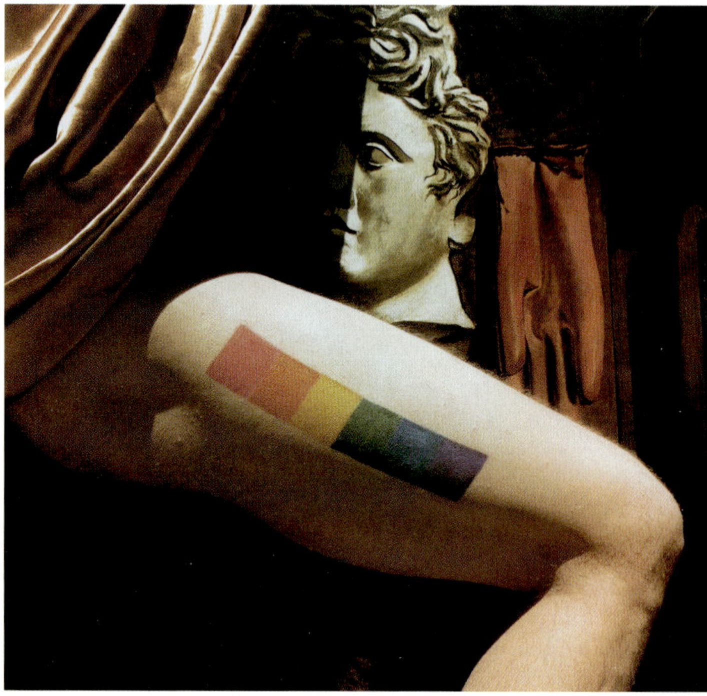

Farbabb. 11 Cynthia Witkin, *Color Bar*, 1985, Tätowierung.

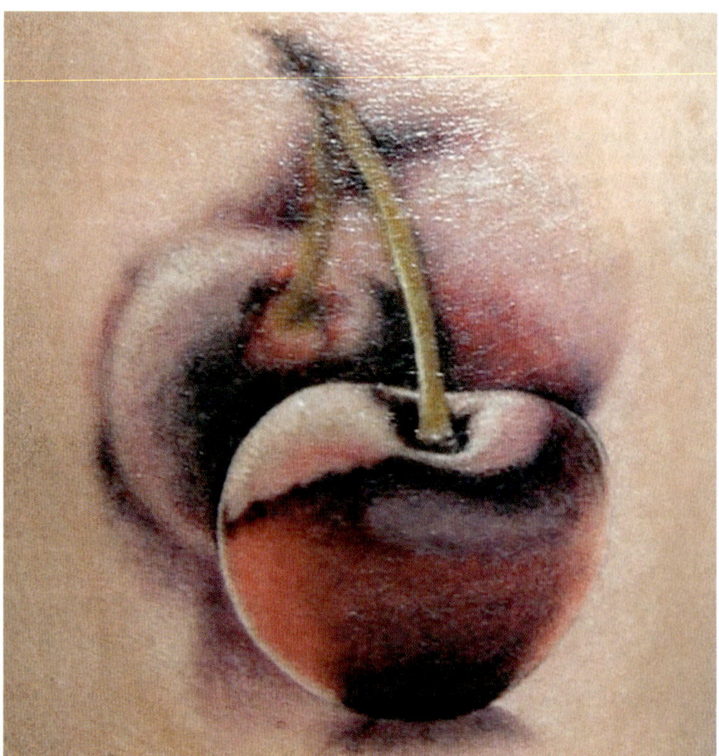

Farbabb. 12 Ivan Krivorouchko, um 2012, Tätowierung.

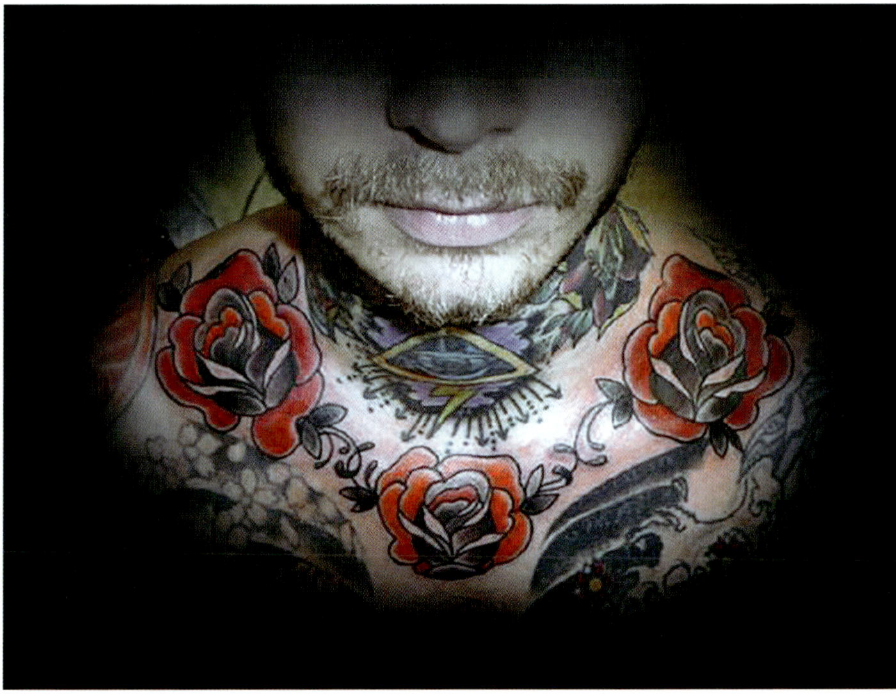

Farbabb. 13 Tiny Miss Becca, um 2010, Tätowierung.

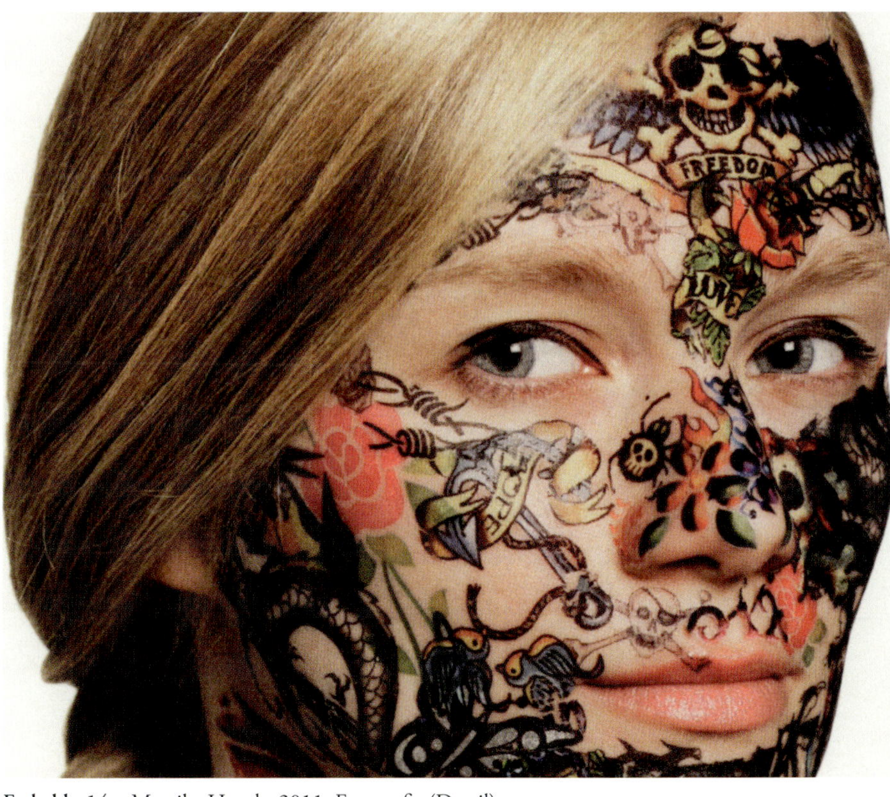

Farbabb. 14 Mareike Hundt, 2011, Fotografie (Detail).

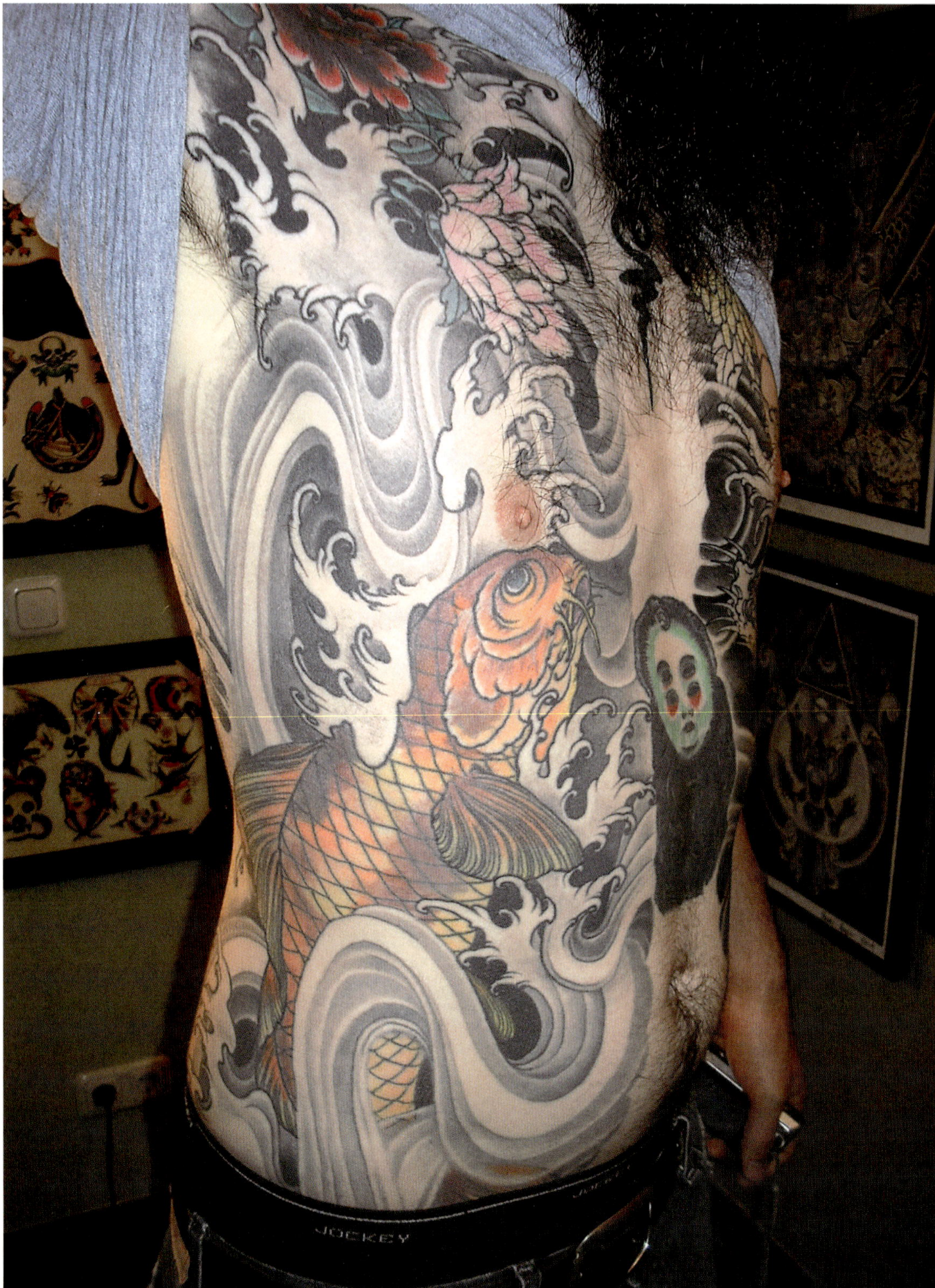

Farbabb. 15 Mick Tattoo, zwischen 2000 und 2010, Tätowierung.

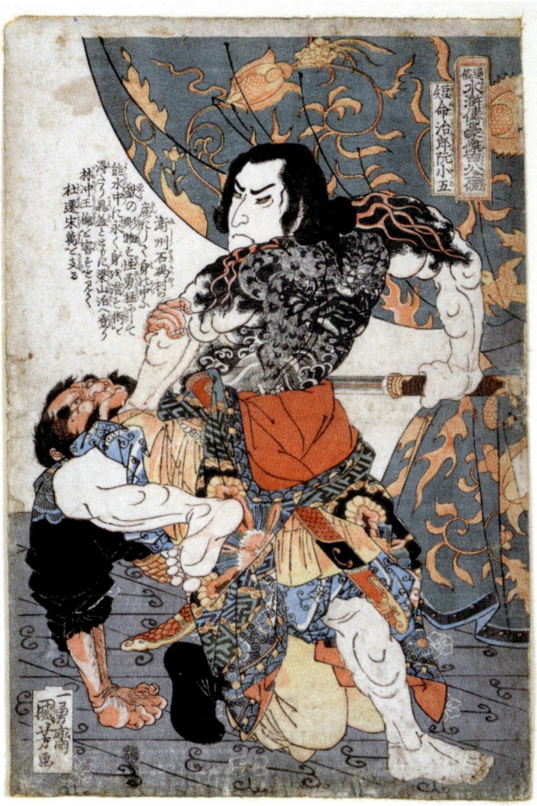

Farbabb. 16 Utagawa Kuniyoshi, *Tanmeijirôgenshôgo*, 1827–1830, Farbholzschnitt, Papier, 38,7 × 26 cm, Hamburg, Museum für Kunst und Gewerbe.

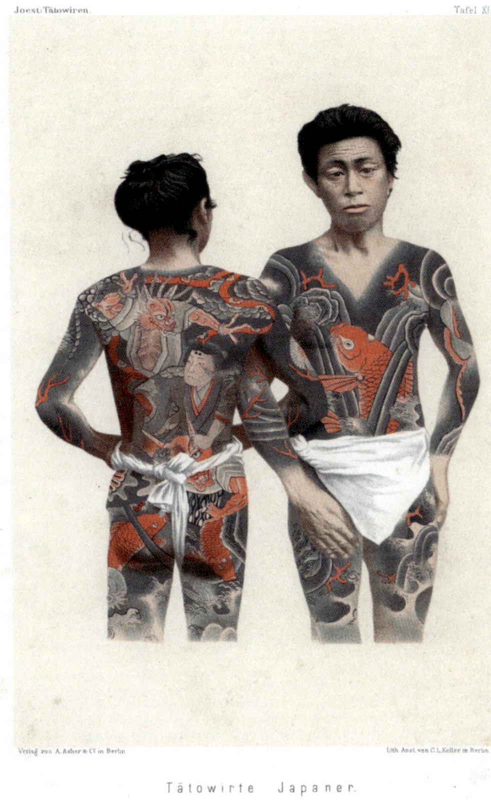

Farbabb. 17 *Tätowirte Japaner*, vor 1887, Lithografie (Lith. Anst. von C. L. Keller, Berlin).

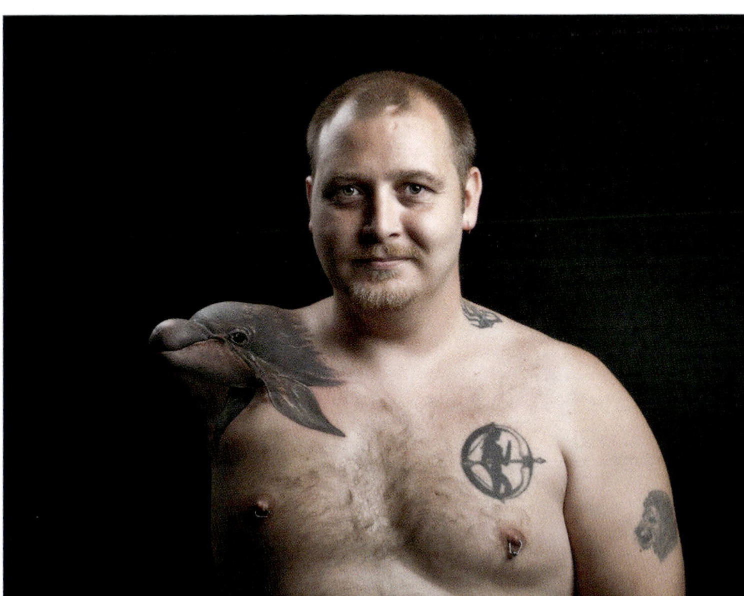

Farbabb. 18 Valio Ska, *[Delfin]*, 2011, Tätowierung.

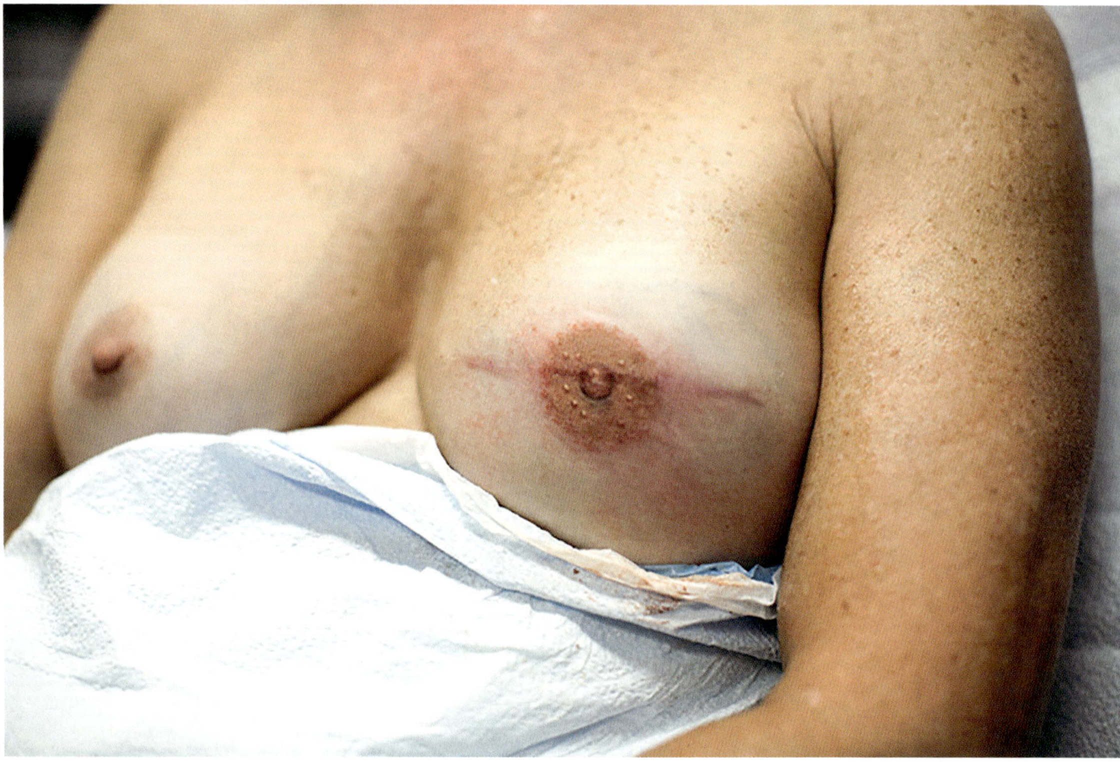

Farbabb. 19 Vinnie Myers, um 2013, Tätowierung.

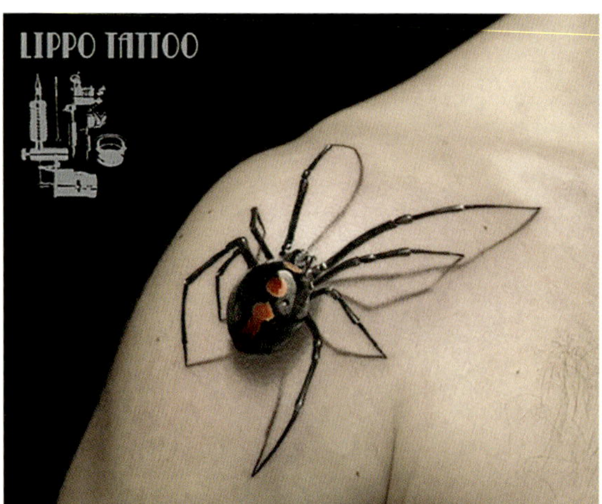

Farbabb. 20 Lippo Tattoo, um 2012, Tätowierung.

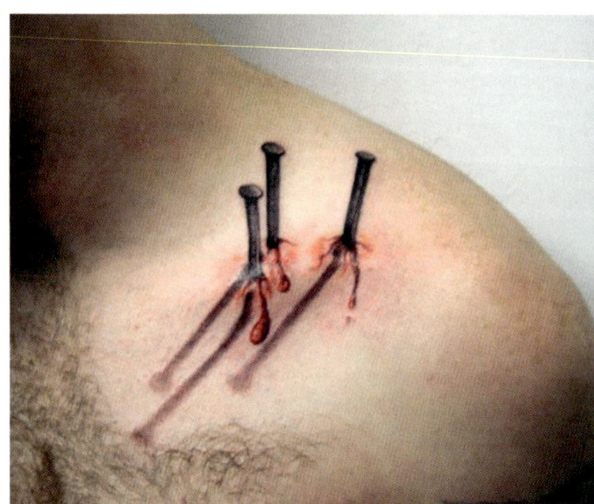

Farbabb. 21 Tätowierung, vor 2013.

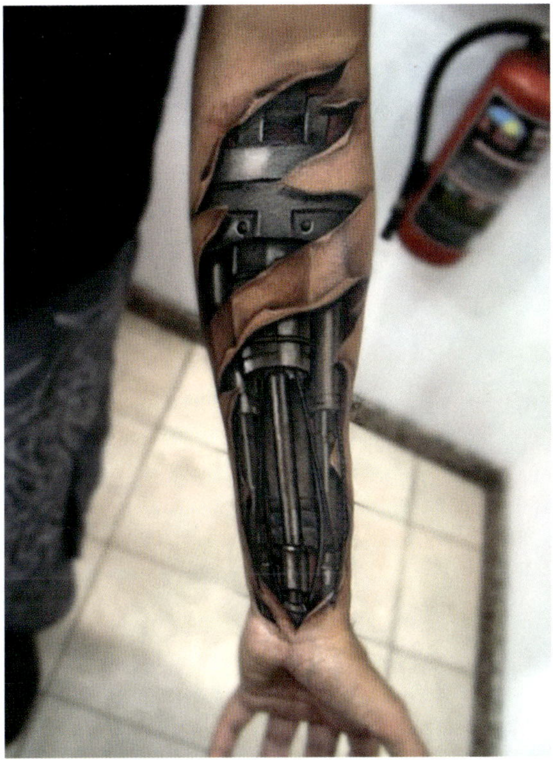

Farbabb. 22 Tätowierung, vor 2013.

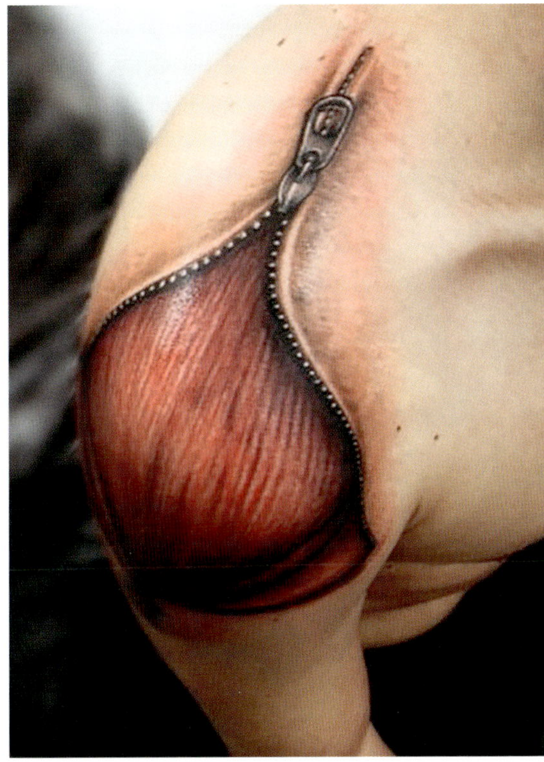

Farbabb. 23 Tätowierung, vor 2013.

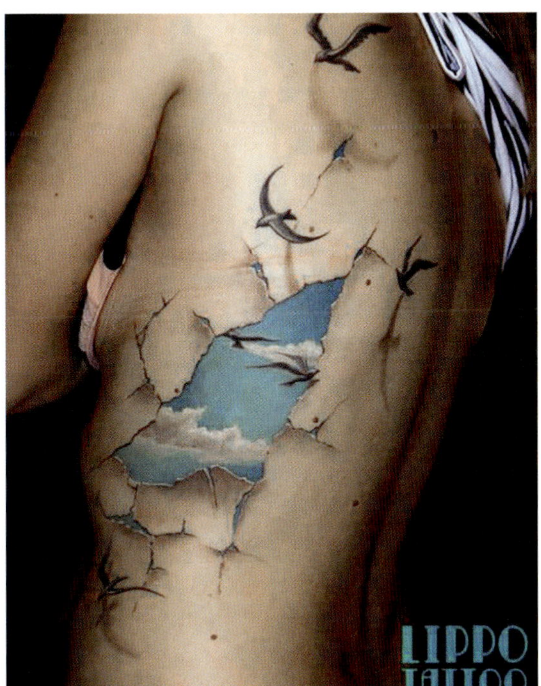

Farbabb. 24 Lippo Tattoo, um 2012, Tätowierung.

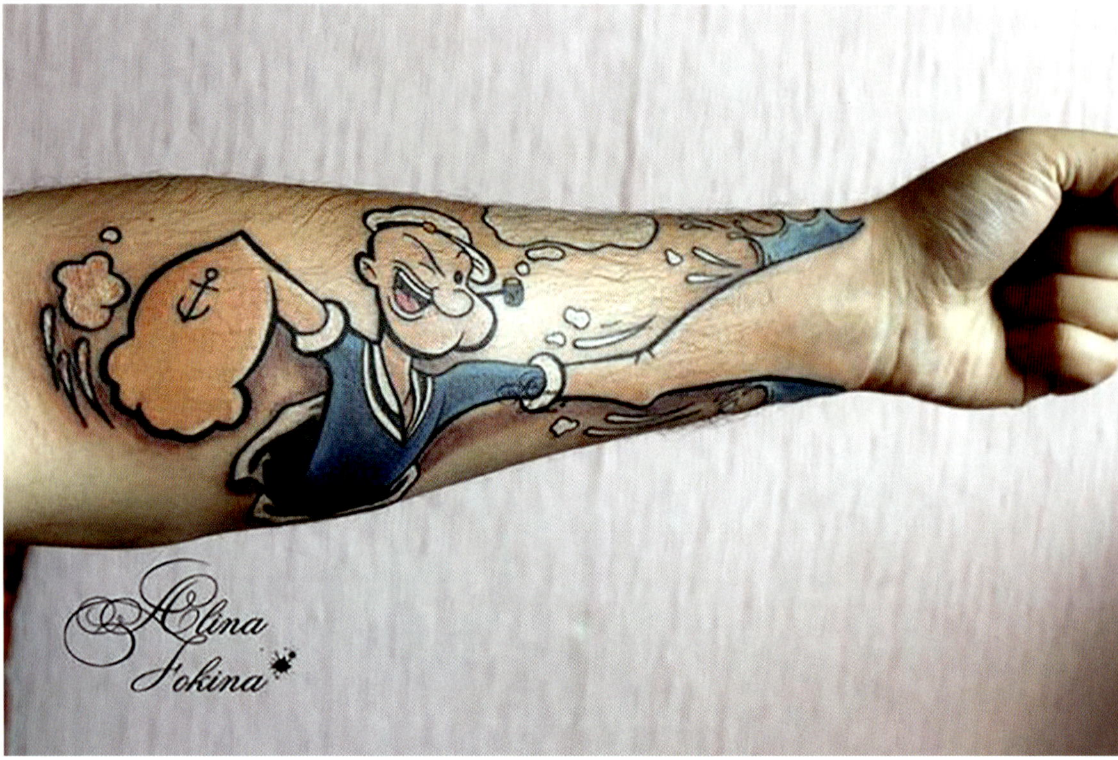

Farbabb. 25 Alina Fokina, vermutlich 2014, Tätowierung.

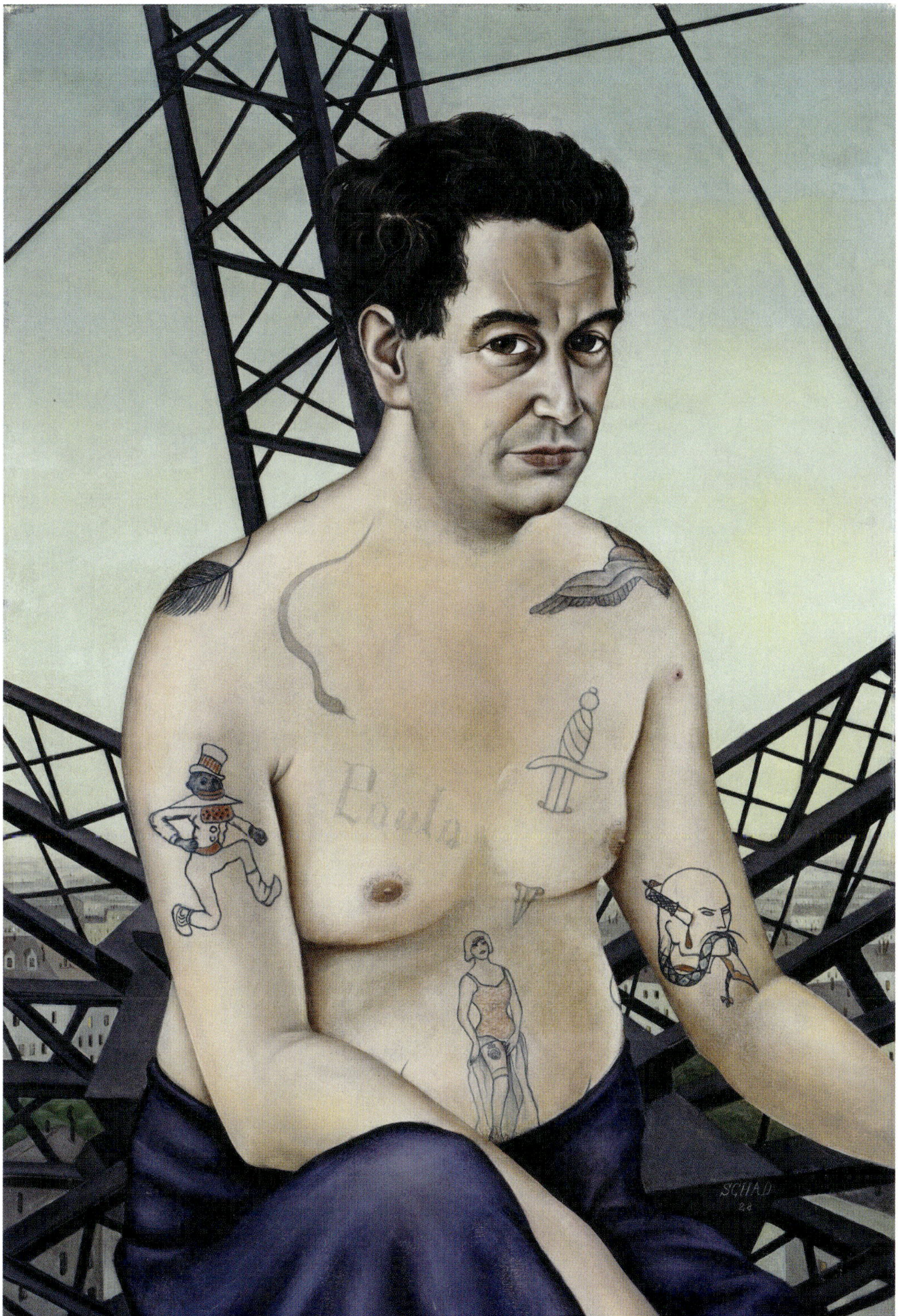

Farbabb. 26 Christian Schad, *Bildnis Egon Erwin Kisch*, 1928, Öl auf Leinwand, 90,5 × 61,5 cm, Hamburger Kunsthalle.

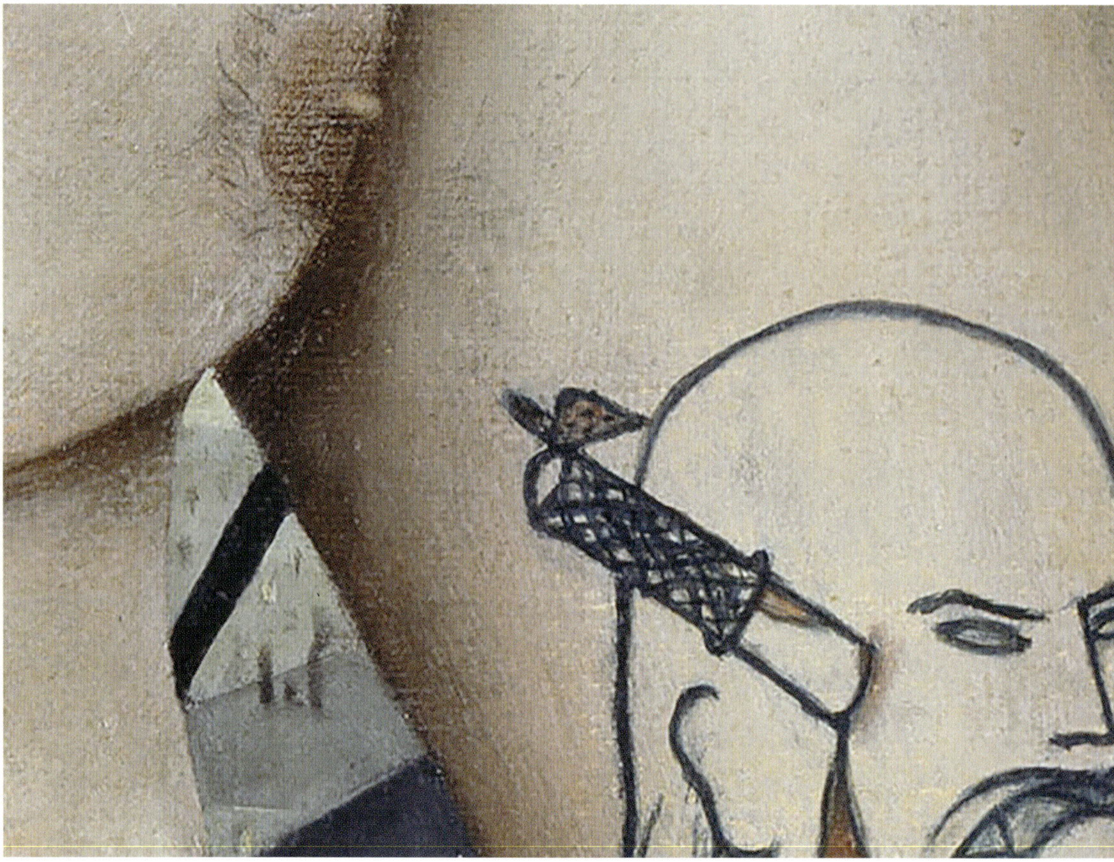

Farbabb. 27 Christian Schad, *Bildnis Egon Erwin Kisch*, Detail, vgl. Farbabb. 26.

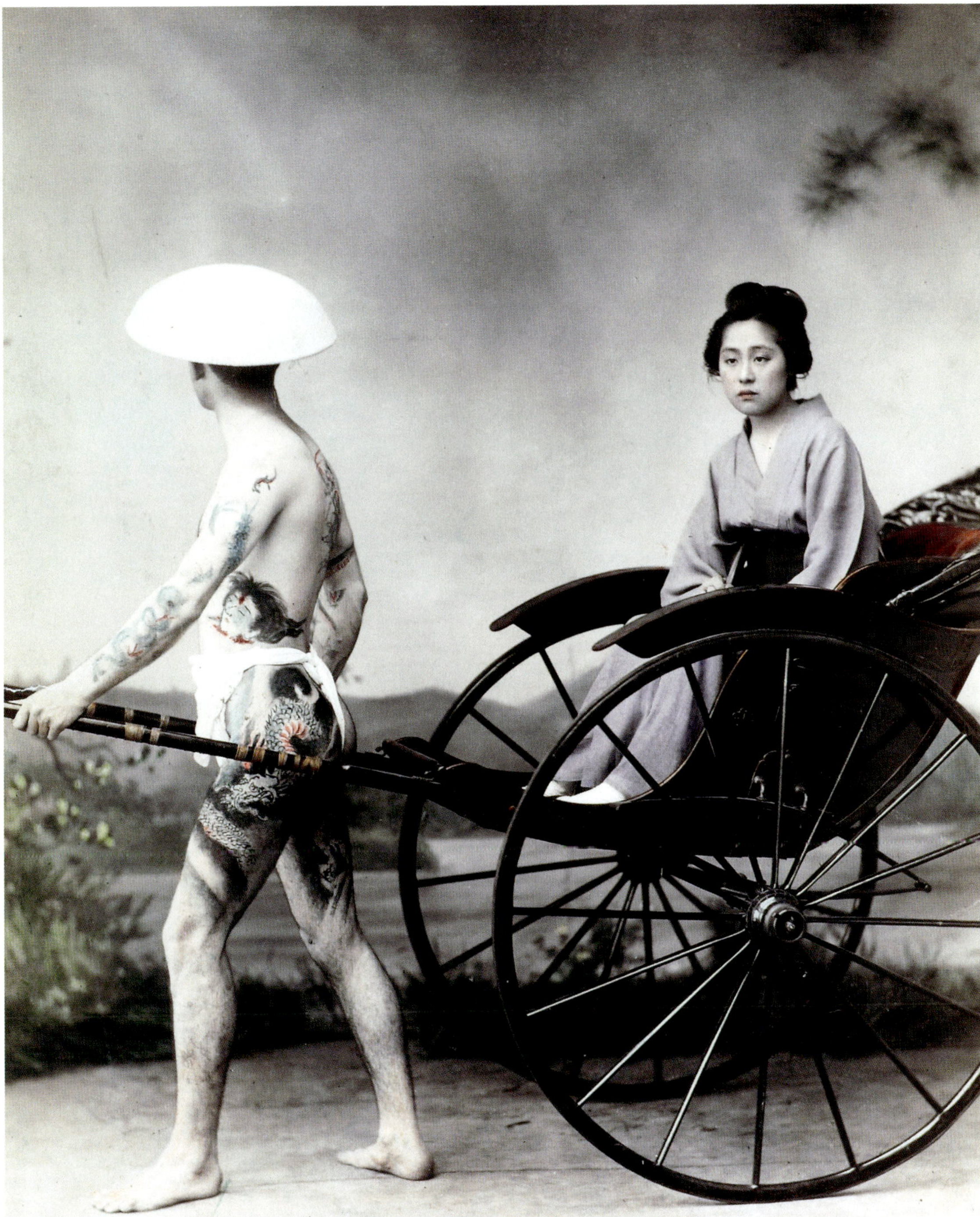

Farbabb. 28 Tamamura Kihei, *Tätowierter Rikschafahrer mit Kundin*, 1880–1890, Albumin, handkoloriert, Hamburg, Museum für Kunst und Gewerbe.

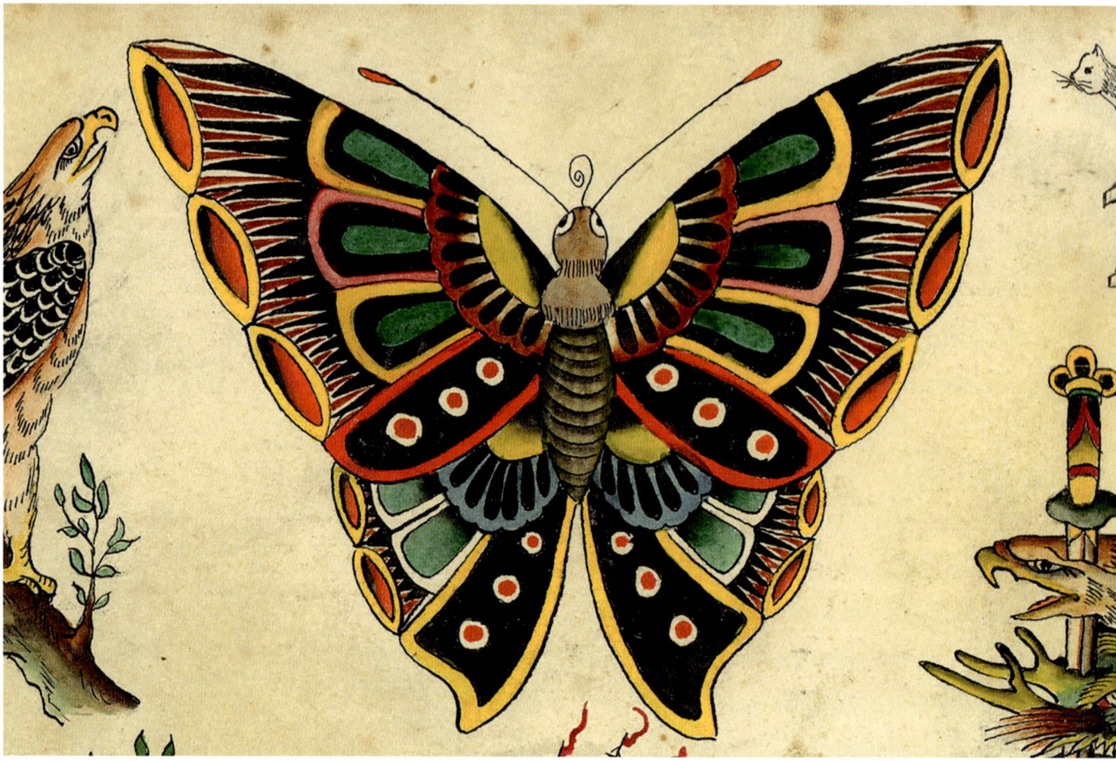

Farbabb. 29 Christian Warlich, *[Schmetterling]*, 1. Hälfte 20. Jh., Vorlagezeichnung (Detail aus einem Vorlagealbum), Tinte und Wasserfarben auf Papier, Stiftung Historische Museen Hamburg, Museum für Hamburgische Geschichte.

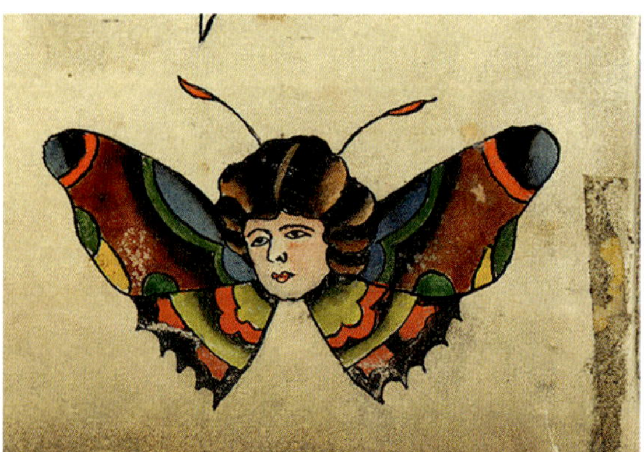

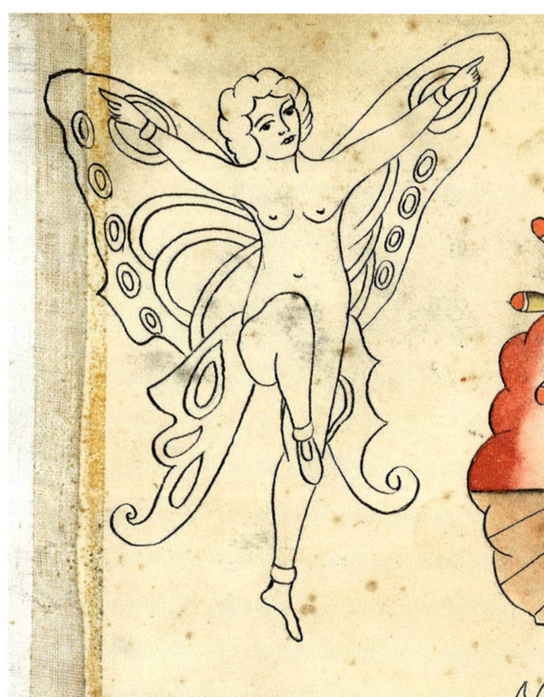

Farbabb. 30–31 Christian Warlich, *[Schmetterlingsfrauen]*, 1. Hälfte 20. Jh., Vorlagezeichnungen (Details aus einem Vorlagealbum), Tinte und Wasserfarben auf Papier, Stiftung Historische Museen Hamburg, Museum für Hamburgische Geschichte.

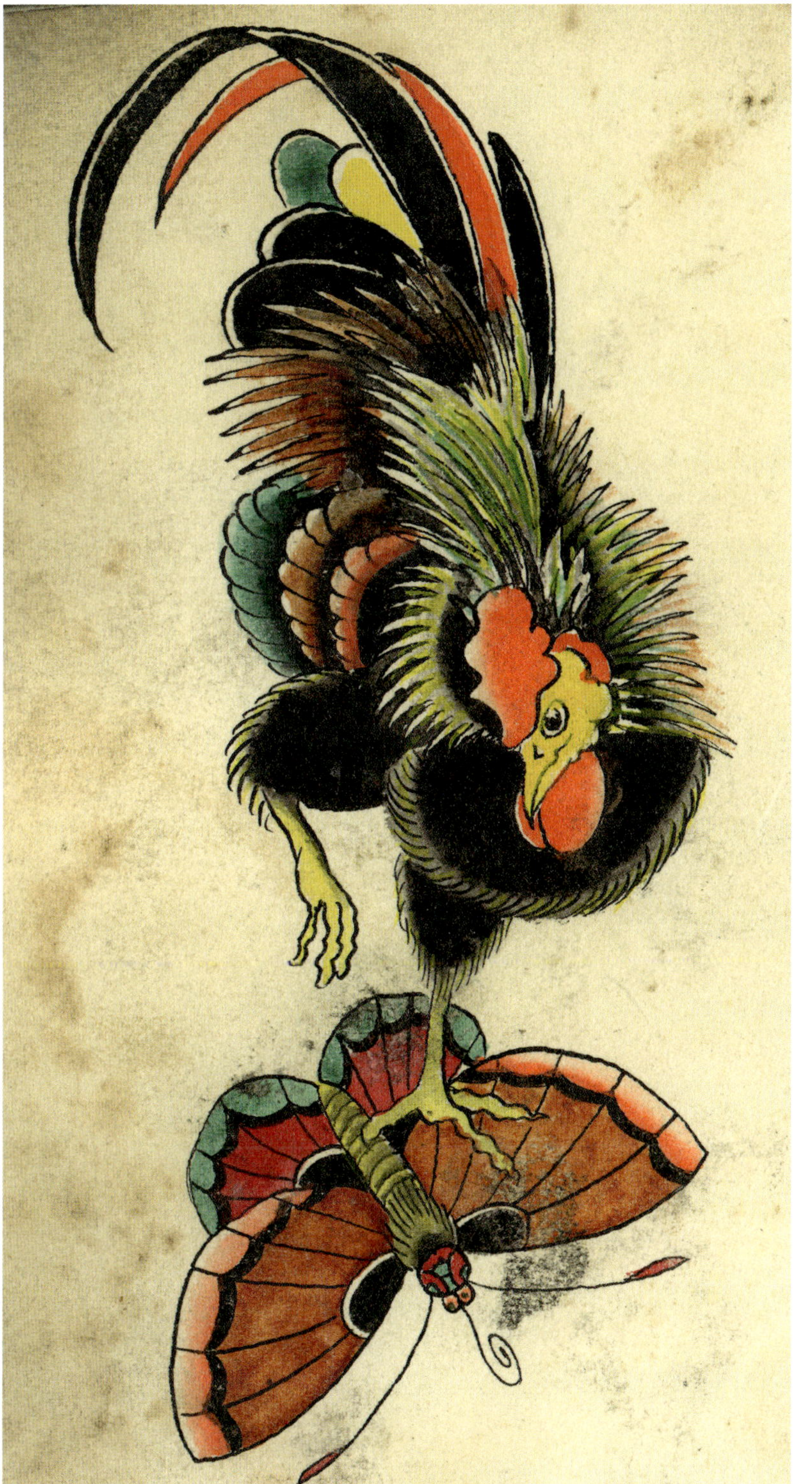

Farbabb. 32 Christian Warlich, *[Hahn und Schmetterling]*, 1. Hälfte 20. Jh., Vorlagezeichnung (Detail aus einem Vorlagealbum), Tinte und Wasserfarben auf Papier, Stiftung Historische Museen Hamburg, Museum für Hamburgische Geschichte.

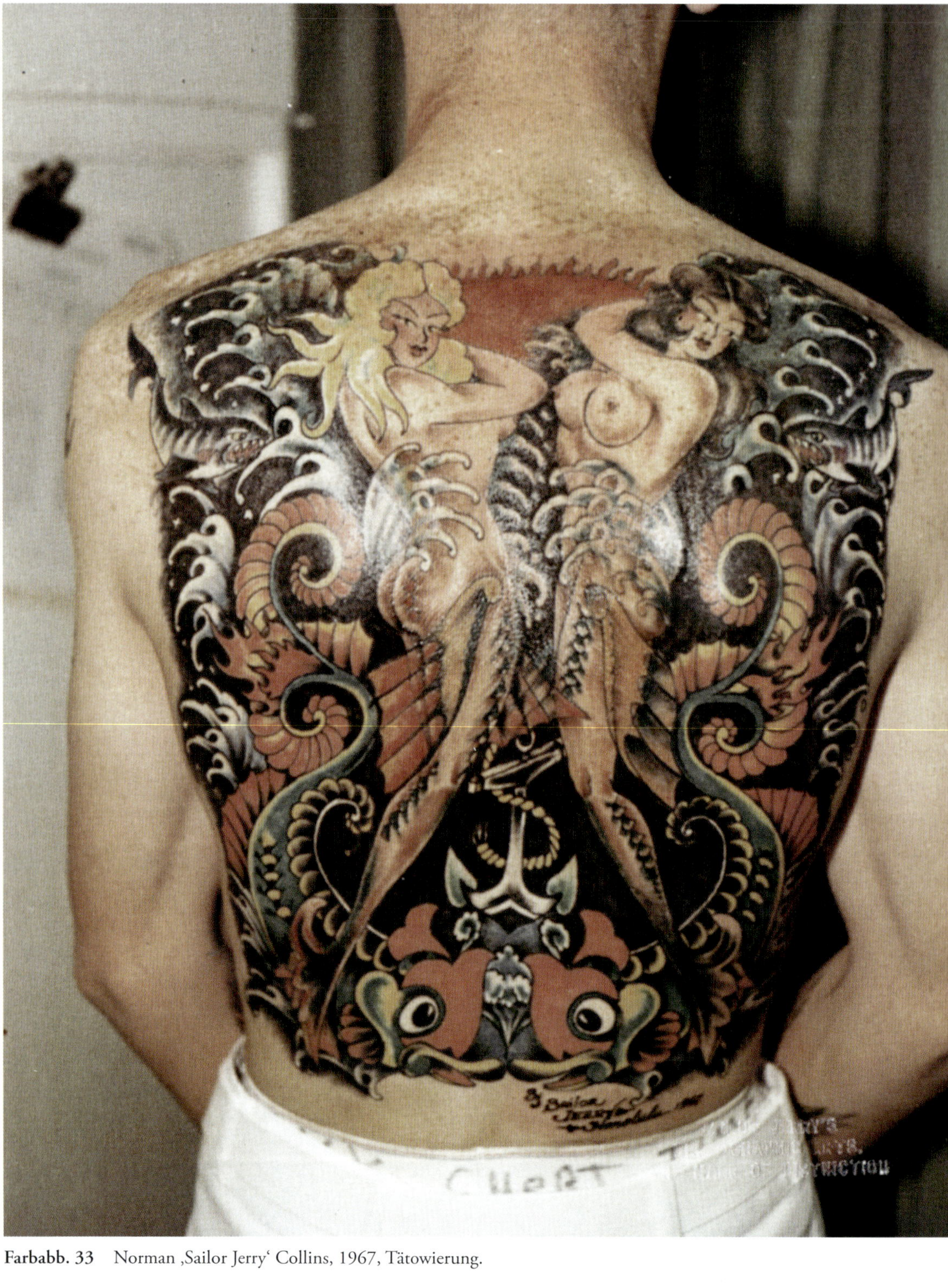

Farbabb. 33 Norman ‚Sailor Jerry' Collins, 1967, Tätowierung.

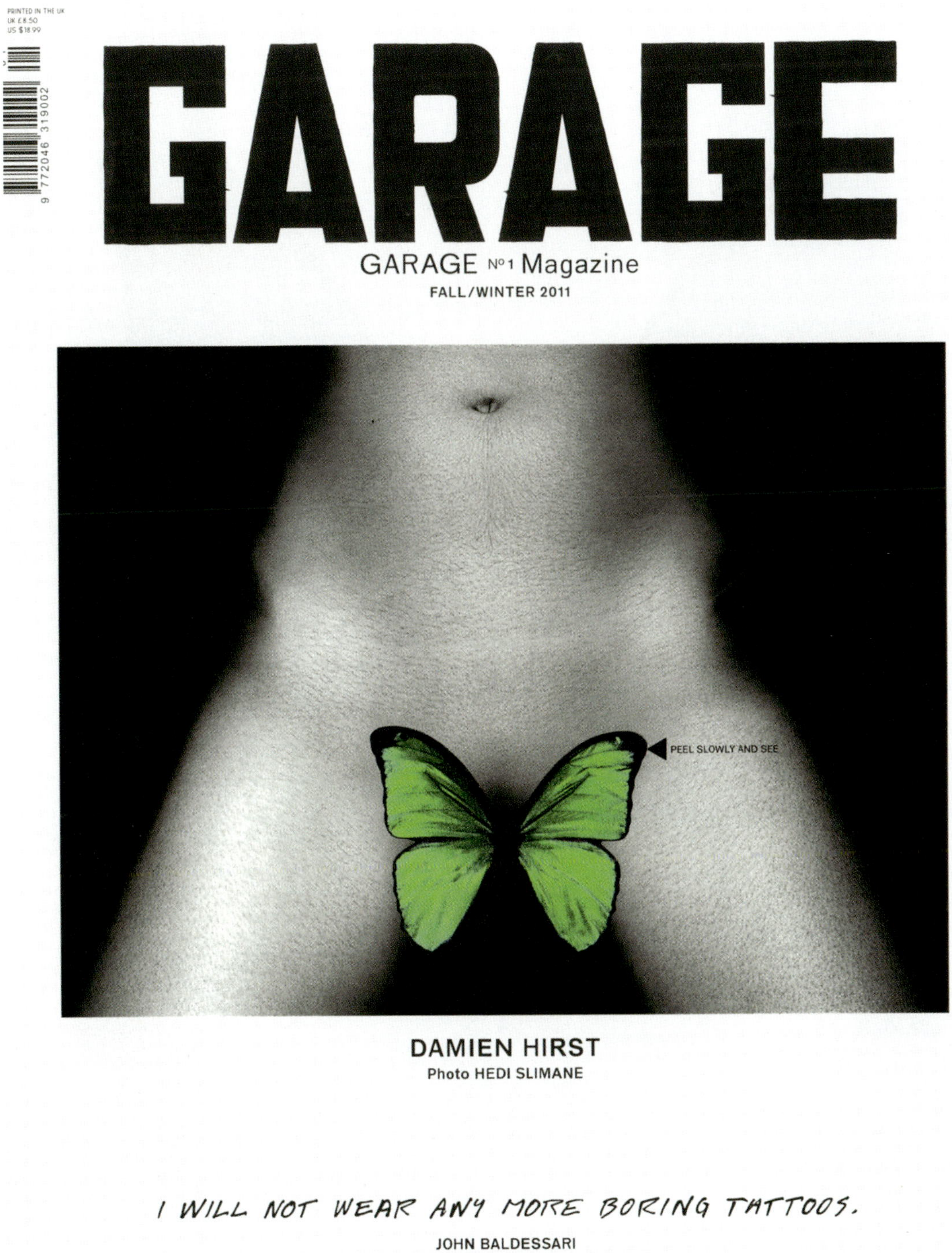

Farbabb. 34 Mike Meiré, *Garage Magazine*, 2011, Zeitschriften-Cover.

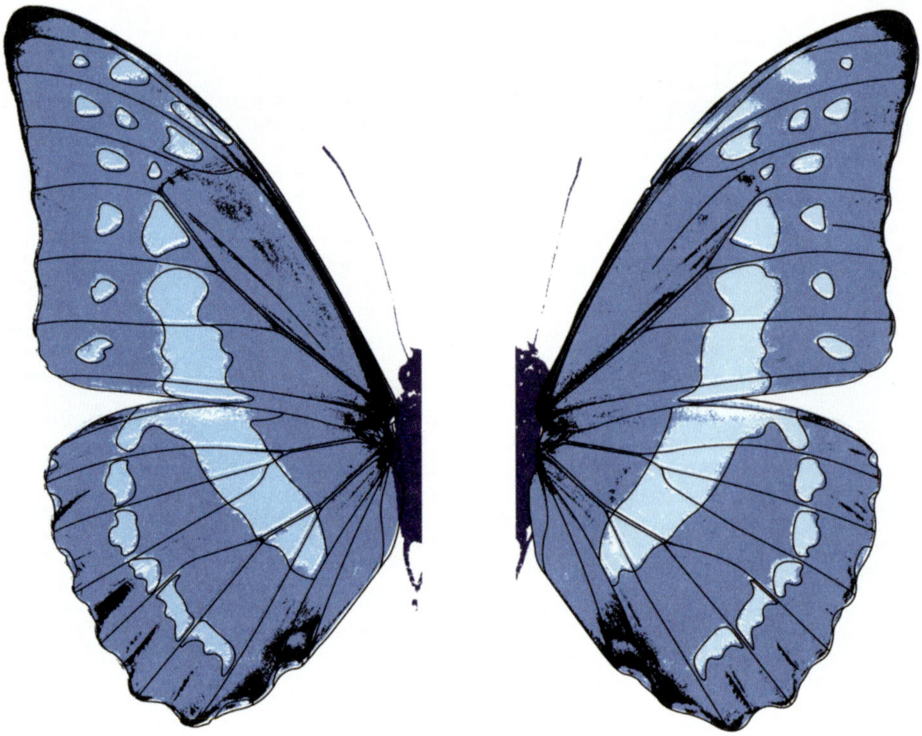

Farbabb. 35 Damien Hirst/Mo Coppoletta, *butterfly, divided*, 2011, Illustration (Tattoo-Vorlage).

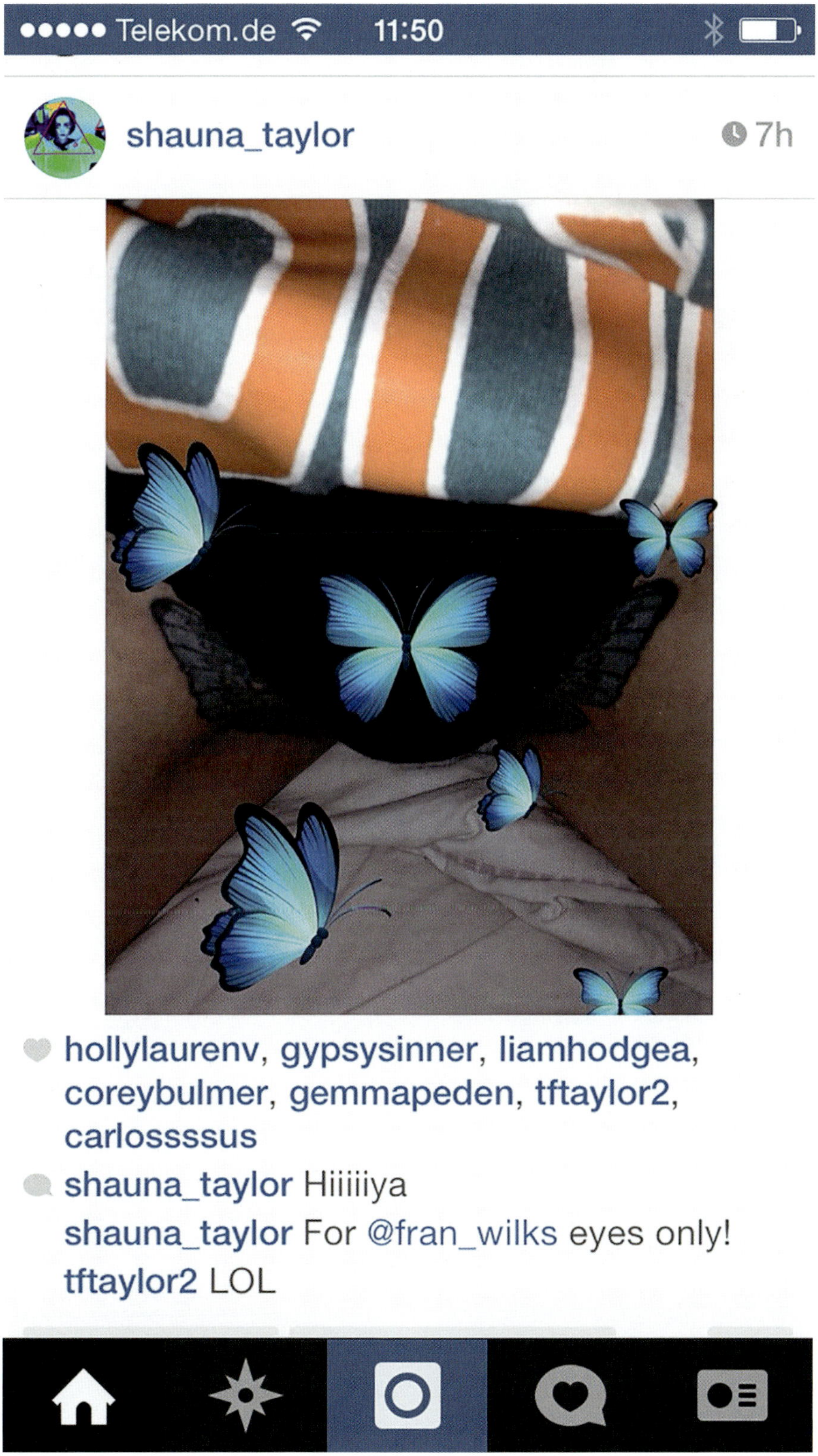

Farbabb. 36 Shauna Taylor, 2014, bearbeitete Fotografie.

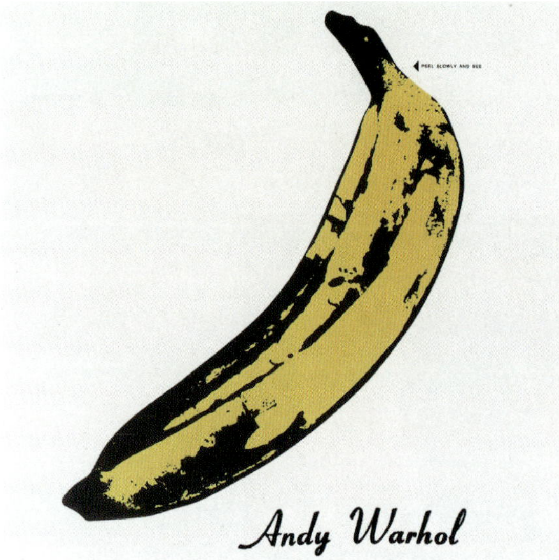

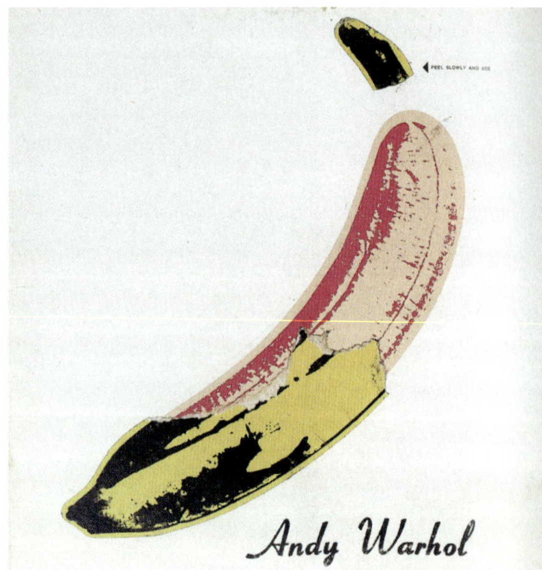

Farbabb. 37 Andy Warhol, *The Velvet Underground & Nico*, 1967, Schallplatten-Cover, Universal Music.

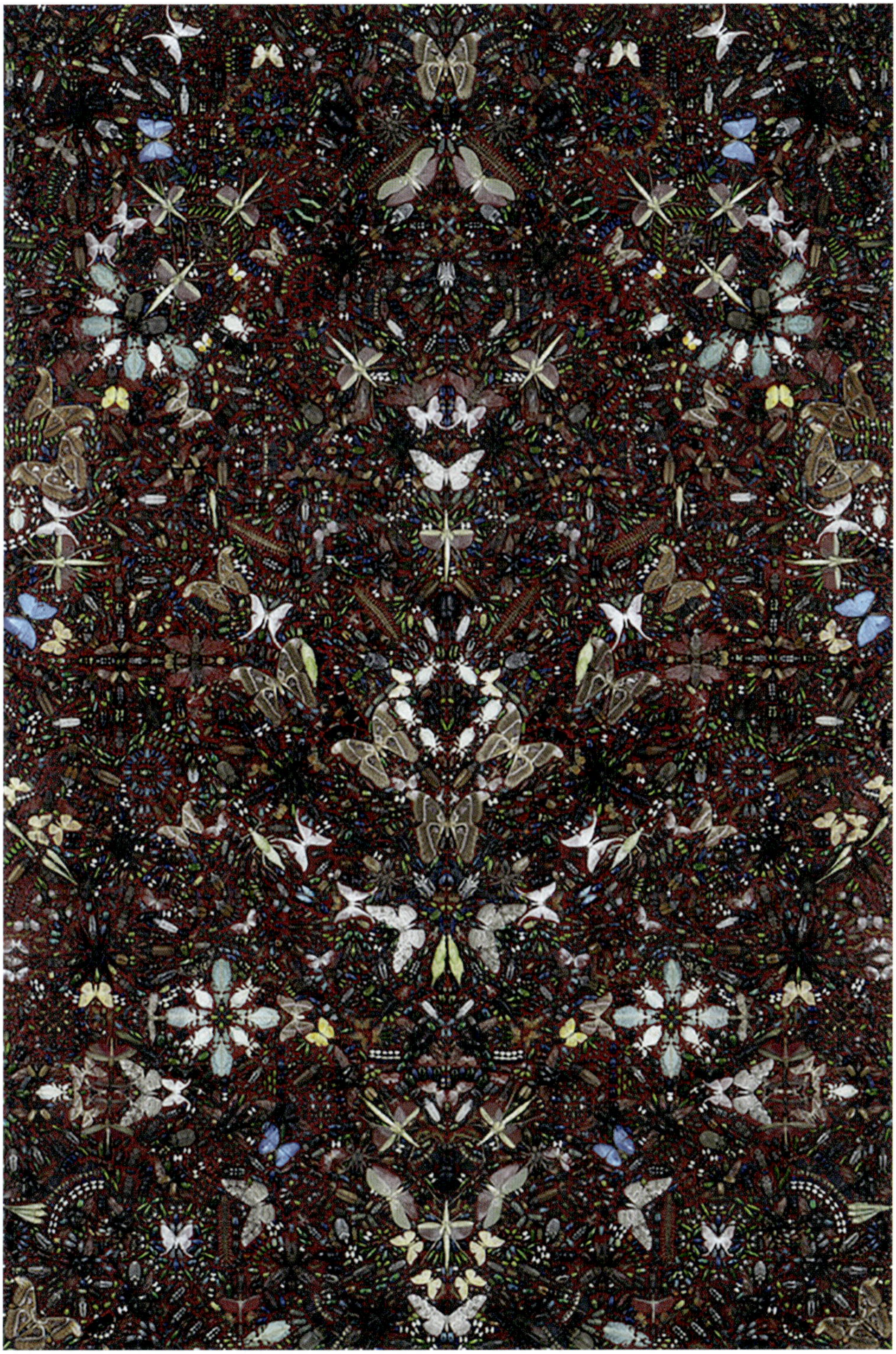

Farbabb. 38 Damien Hirst, *Briareus*, 2012, entomologische Präparate, Hammerite-Farbe auf Leinwand, 365,8 × 243,8 cm, Privatsammlung.

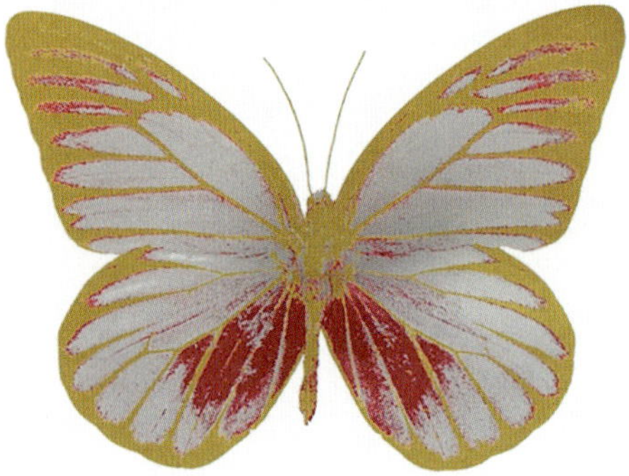

Farbabb. 39 Damien Hirst, *The Souls I (Silver Gloss/Fuchsia Pink/Oriental Gold)* (Detail), 2010, Prägefoliendruck, 72 × 51 cm.

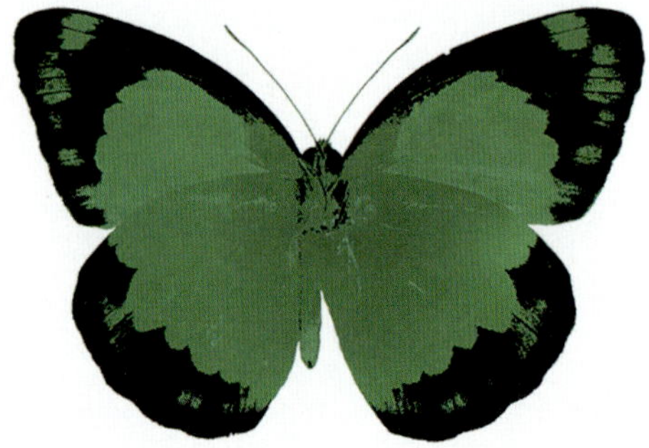

Farbabb. 40 Damien Hirst, *The Souls II (Emerald Green/Raven Black/Blind Impression)* (Detail), 2010, Prägefoliendruck, 72 × 51 cm.

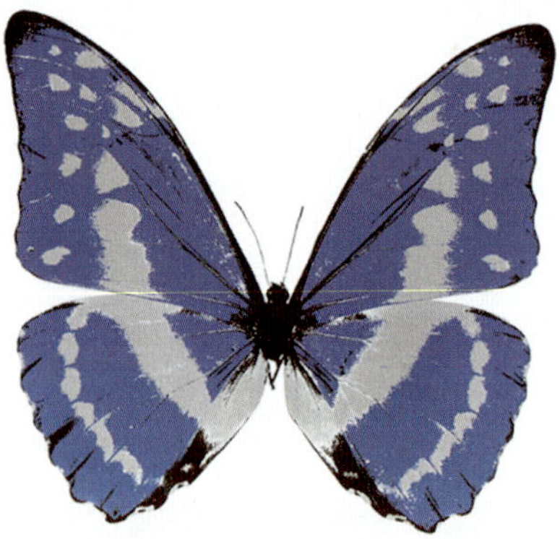

Farbabb. 41 Damien Hirst, *The Souls III (Frost Blue/Silver Gloss/Chocolate)* (Detail), 2010, Prägefoliendruck, 72 × 51 cm.

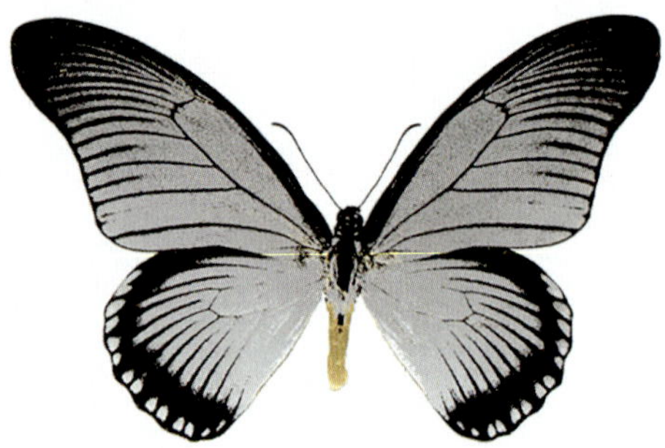

Farbabb. 42 Damien Hirst, *The Souls IV (Silver Gloss/Raven Black/African Gold)* (Detail), 2010, Prägefoliendruck, 72 × 51 cm.